KB169429

走出疑古時代

走出疑古時代

Copyright ⓒ 2007 by Li Xueqin

Korean Translation Copyright ⓒ 2019 by Geulhangari Publishing Co.

This translation is published by arrangement with Changchun Publishing & Media Group Co., Ltd.
through SilkRoad Agency, Seoul, Korea.

All rights reserved.

이 책의 한국어판 저작권은 실크로드 에이전시를 통해 Changchun Publishing & Media Group Co., Ltd.와
독점 계약한 (주)글항아리에 있습니다. 저작권법에 의해 한국 내에서 보호를 받는 저작물이므로 무단 전재와
복제를 금합니다.

의고시대를
걸어
나오며

走出疑古時代

중국 고대
문명의 기원에 대한
탐색

리쉐친李學勤 지음
이유표 옮김

글항아리

자
서

『의고시대를 걸어 나오며』는 필자가 지난 몇 년 중국의 고대 문명을 지속적으로 탐색한 결과물이다.

스스로의 연구 능력 한계를 잘 알고 있기에, 연구 범위를 중국 고대 문명의 앞부분, 문명의 기원부터 한대 초반까지로 설정했다. 이 시기 중국 문명은 장대하고 휘황찬란해 마치 먼 바다를 바라보는 것 같아 그 가장자리를 보기 어려웠다. 요사이 몇 년 다른 많은 업무로 인해 연구할 수 있었던 과제는 몇 가지에 지나지 않았다. 이에 필자는 이 책을 여섯 장으로 나누었다.

제1장은 중국 고대 문명의 기원 및 그 초기의 발전에 대해 서술했다. 중국 문명의 기원에 관한 문제는 최근 20~30년 국내외 학계에서 주목하는 주제로 쟁점 또한 매우 많다. 제1장의 '1. 중국 고대 문명의 기원'에서는 이 책에 수록된 모든 논문의 관점을 종합했고 관련 견해에 대한 윤곽을 그렸

다. 또 이와 관련한 몇 편의 논문을 실었다. 예컨대, 제2장 2·3절에서 량주 문화良渚文化의 부호符號를 논한 것은 문자의 기원과도 관계가 있다.

고옥古玉의 연구는 고고 발굴이 늘어남에 따라 급속하게 발전했다. 옥기 玉器는 고대 중국에서 특수하고도 중요한 의의를 갖는다. 이 분야 연구는 장 차 청동기 연구와 어깨를 나란히 할 것이라고 믿는다. 필자가 연구한 대부 분은 초기 옥기에 관한 것으로 제2장에 수록했다.

최근 발굴된 고고 유물은 고대 역사 문화 연구에서 중요한 가치를 지닌 다. 필자는 능력의 한계로 인해 일부만 선택해 고찰했다. 제3장에서 다루는 푸양濮陽 시수이포西水坡에서 발견된 무덤, 천문의 사상四象, 베이징北京 류리허 琉璃河 출토 금문金文과 주周 초기 연燕나라 책봉, 싼먼샤三門峽 상춘링上村嶺에서 발견된 무덤과 괵국虢國의 역사 등이 그것이다. 독자 여러분이 흥미를 갖기 바란다.

중원 지역 이외 고고 발굴에 대해서는 제4장에서 심혈을 기울여 연구했 다. 특히 쓰촨四川 광한廣漢 싼싱두이三星堆와 장시江西 신간新幹 다양저우大洋洲 두 곳에서의 중요한 발견으로,[당시 역사와 문화에 대한 사람들의 인식이 바뀌게 되었다.] 다양한 방면과 관점에서 토론과 연구가 필요하다고 생각한다.

국외에서 발견된 또는 국외에 소장된 중국 문물에 대한 관찰과 연구 또 한 필자의 연구 분야 중 하나다. 제5장에서는 국외에 흩어진 중국의 문화 재, 국외에서 출토된 중국 문물 혹은 중국 문화와 비교할 가치가 있는 문물 에 대해 다루었다.

독자의 이해를 돕기 위해 이 책에서 필자가 중점적으로 논한 문제들에 대해 소개하고자 한다.

상고 시기의 우주론cosmology 한나라 이전 [중국의] 우주 인식은 특징이 명확하고 철학적·과학사적 의의가 풍부했다. 당시 몇 가지 관념은 아주 오래 전까지 그 기원을 거슬러 올라갈 수 있다. 제2장 '4. 한산 링자탄 옥귀·옥판論含山凌家灘玉龜玉版', 제3장 '1. 시수이포 용호묘와 사상의 기원西水坡龍虎墓與四象的起源' 등이 우주론과 관련이 있다. '한산 링자탄 옥귀·옥판'은 "A Neolithic Jade Plaque and Ancient Chinese Cosmology"라는 제목으로 1992년 미국아시아학회The Association for Asian Studies 연례회의에서 발표되었다.

도철문의 변천 소위 도철문饕餮紋은 중국의 고고학·미술사·신화학 등의 학과에서 모두 중요하게 여기지만 도철문의 성격과 원류에 대해서는 지금까지 명확하지 않다. 제2장 '1. 량주 문화 옥기와 도철문의 변화良渚文化玉器與饕餮紋的演變'에서는 도철문에 대해 다루었다. 그 요지는 영국 런던대 동양아프리카연구대학SOAS 퍼시벌데이비드[중국예술]재단에서 개최한 '상대 청동기 장식의 의의' 학술토론회에 제출했었다. 제3장 2절, 제4장 7절에서도 이 문제에 대해 언급했다.

중원과 변경 지역의 문화 교류 찬란한 고대 중국의 문명은 각 민족과 각 지역민이 함께 만든 것이었다. 필자는 고대 중원지역과 변경지역의 문화가 서로 영향을 주고받았음을 일관되게 주장해왔다. 중원 문화는 멀리 떨어진 지역에까지 강력하게 영향을 끼쳤고 동시에 변경지역에서 생성된 문화 요인 또한 중원지역에서 찾아볼 수 있다. 이 주장에 대해 많은 지면을 할애했다. 특히 제4장에서 집중적으로 다루었다.

초기 중국과 외국의 관계 제5장에서는 일본·한국·아프가니스탄에서 발견된 유물을 소개했고, 이는 당시 중국의 대외 문화 교류와 관계가 있다. 일례로, 일본과 아프가니스탄에서 출토된 청동 거울은 졸저『비교고고학 수필比較考古學隨筆』(1991)에서 논의한 내용을 뒷받침할 수 있다. 일전에 필자는 최신 사료를 토대로 상나라와 동남아 사이의 통로에 대해 다루고 이 통로와 '서남 실크로드'의 관계를 상호 증명하는 논문을 썼지만 아쉽게도 이 책에는 수록하지 못했다. 비교고고학 방면의 탐구를 앞으로도 계속 시도할 생각이다.

그리고 서문을 빌려 책의 제목에 대해서도 말하고자 한다. 2년 전 필자는 한 좌담회에서 행한 발언을 정리하고 제목을 '의고시대를 걸어 나오며走出疑古時代'라고 붙여 책의 '도론'으로 삼았다. 이 제목을 보면 평유란馮友蘭 선생이 1930년대에 제창한 '신고信古, 의고疑古, 석고釋古' 이론을 쉽게 연상할 수 있다. 필자는 도론에서 평유란 선생의 말을 인용했다.

평유란 선생의 이 이론은『고사변古史辨』제6책(1937) 서문에서 볼 수 있고, 근래 들어 점점 더 주목을 받고 있다. 신고, 의고, 석고는 문헌 기록상의 고대 역사 문화 문제를 어떻게 보아야 하는지를 일컫는 것이다. 의고는 청말 금문경학今文經學의 일파가 주도한 사상으로 옛사람들의 고문헌에 대한 맹목을 배격하고, 고대사를 보편적이고 이성적인 판단이 필요한 것으로 보았다. 의고 사조는 사상사에서 매우 큰 진보적 역할을 했지만 과도한 의심으로 인해 고대사의 공백을 면하기 어려웠다. 이 사조가 끼친 깊은 영향으로 고대 역사 문화에 대해 실사구시적 평가가 요구되었고, 이와 관련된 관점의 제약에서 벗어날 수 있었다. 평 선생이 제시한 석고가 의고를 대체한다는 주장은 실로 탁견이었다. 필자가 도론에서 언급한 내용에 대해 석고를 고고考古로 고쳐야 한다는 사람들도 있었지만 고고는 석고의 키포인트고, 석고는 고고보다 그 함의하는 바가 훨씬 더 광범위하다 하겠다.

　필자는 펑유란 선생의 이론이 그가 다년간 교편을 잡은 칭화대학 학풍과 관련이 있다고 생각한다. 주지하다시피, 1925년 칭화국학연구원淸華國學硏究院이 설립되었고, 량치차오梁啓超, 왕궈웨이王國維, 천인췌陳寅恪, 자오위안런趙元任이 지도교수로 선임되었으며, 리지李濟가 강사로 선임되었다. 당시 량런궁梁任公(량치차오)도 이곳에서 여러 해 강의했다. 그는 '금문학파에 대한 맹렬한 선전활동'에 동의했지만 『중국근삼백년학술사中國近三百年學術史』 강의에서는 시각의 균형을 유지했다. 왕궈웨이 선생은 고문 등의 문제에 대해 많은 연구를 했고, 『고사신증古史新證』(1994)에서 지상과 지하에서 발굴한 사료를 서로 검증하는['땅 밑의 신자료로 종이 위의 자료를 검증'하는] '이중증거법二重證據法'을 제시했다. 리지 선생의 1926년 산시山西 샤현夏縣 시인춘西陰村 유지遺址 발굴은 중국인이 독자적으로 진행한 발굴의 시초다. 칭화국학연구원의 많은 학자가 고대 중국에 대해 탐구했고, 석고의 설 제창에 선도 역할을 했다.

　신고, 의고, 석고 이론은 이미 [중국] 학술사의 현안으로 자리 잡았다. 오늘날 중국의 고고학·역사학·문헌학의 발달 수준이 상당히 높은 만큼 이러한 분야의 성과를 충분히 통섭해 중국 고대의 역사와 문화에 대해 좀 더 진일보한 해석을 내놓을 수 있었다. 그뿐 아니라 우리는 중국의 고대 문명을 인류 문명의 역사 속에서 고찰, 이해, 비교, 평가함으로써 이론의 정교함을 추구하는 데도 공헌할 수 있을 것이다. 이는 필자가 장기적으로 기대하는 목표지만 그 능력이 미치지 못해 괴롭기만 하다. 독자 여러분 앞에 선보이는 이 책은 단지 최근 연구 성과에 대한 보고서일 뿐이다. 잘못된 부분이 있으면 독자 여러분께서 가르침을 주시기 바란다.

랴오닝대학출판사가 학술 발전의 정신에 관심을 갖는 것에 깊은 경의와 감사의 뜻을 전한다.

저자
1994년 5월 26일
중국사회과학원 거처에서

절기가 막 망종에 이르러 베이징의 아침과 저녁은 아직 선선하지만 낮은 이미 너무 더워 책상 앞에 앉아 있으니 땀이 멈추지 않는다. 지난 며칠 힘을 다해 이 책의 가쇄본을 다 읽었다.

이 책을 제작하는 과정 중 많은 일을 해준 리전윈李縉雲에게 감사의 뜻을 표한다. 이 책의 도론인 '의고시대를 걸어 나오며'의 강연 기록은 리링李零과 웨이츠魏赤 두 선생이 정리해주었다.

제5장 중 '침각문 삼각원과 및 기타針刻紋三角援戈及其他'와 '선궤에 대한 초보적 연구鮮簋的初步研究'는 영국 런던대학 SOAS에 재직 중인 세라 앨런Sarah Allan과 공동으로 저술한 것이다.

이상 몇 가지는 여기에 설명할 필요가 있다고 생각한다.

고대를 연구하는 책은 편집 및 인쇄 과정이 상당히 복잡하다. 필자는 랴오닝대학출판사, 책임편집자 왕이메이王逸梅 여사와 황융형黃永恒 선생에게 재차 깊은 감사의 뜻을 표한다.

저자

1994년 6월

『의고시대를 걸어 나오며』 초판 발행 후 2년 동안 필자는 이 책을 어떻게 구매할 수 있는지 독자들로부터 계속 문의를 받았고, 출판사에 직접 편지를 보낸 독자들도 있었다. 이 책에 관심을 가져준 독자들에게 이 자리를 빌려 깊은 감사의 뜻을 표한다.

『의고시대를 걸어 나오며』에 대해 평을 해주신 여러 선생님께 특히 감사드린다. 필자가 이 책에서 언급한 "오늘날 출토된 유물을 이용해 몇 개의 거점을 정한 다음 고서들을 정렬한다"는 내용에 대해 칭화대학 거자오광葛兆光 선생은 필자의 또 다른 필자의 또 다른 저서(『간백일적과 학술사簡帛佚籍與學術史』)에 대한 서평에서 이를 "고적의 '정렬排队'"이라고 적절하게 언급했다(『독서讀書』, 1995년 제11기).

푸단대학復旦大學 첸원중錢文忠 선생은 이에 대해 다음과 같이 평했다. "리쉐친 선생은 이 방법을 사용해 기존의 상대 연대만 배열할 수 있었던 불완전함을 보완하고 정확한 절대 연대[절대 연령]를 확정하려 시도했다. 그러나 리 선생이 사례를 들어 확정한 것은 여전히 상대 연대였다. 초기 역사에서 고대 천문학 연구가 예컨대 일식 등의 기록에 근거해 극소수의 몇 개 날짜를 확정하는 것을 제외하고 우리는 알 수 있는 바가 거의 없다. 서주 이전 초기 중국사 편년의 불완전함은 앞으로 우리가 상고사에 대해 학제적으로 종합 고찰할 수 있는 새로운 계기가 될 것인가?"(『원후이독서주보文匯讀書周報』, 1997년 3월 22일)

이것은 지금부터 연구해야 하는 과제다. 국가중점연구프로젝트인 '하상주단대공정夏商周斷代工程'은 자연과학과 인문과학·사회과학이 서로 결합하고, 학제간 연구를 통해 하·상·주의 연대학을 연구해서 지금까지 역사학, 문헌학, 고문자학, 역사지리학, 고고학, 연대 측정 기술과학, 천문학, 세계 고대사 등의 분야가 연관되어 있다. 1996년 5월, 리톄잉李鐵映, 쑹젠宋健이 주재하는 회의에서 쑹젠이 발표한 「의고를 초월하고, 미망에서 벗어나자超越疑古, 走出迷茫」라는 보고가 『과기일보科技日報』 『광명일보光明日報』에 발표되었다. 이것은 여러 학문이 융합해 중국 고대 문명을 연구하기 시작한 역사적 의의를 갖는 출발점이다.

『의고시대를 걸어 나오며』의 수정판은 초판의 일부 오류를 교정하고, 출판사의 요구에 따라 최근의 글 7편을 골라 제6장 '계속해서 보이는 새로운 지식續見新知'을 추가했다. 초판은 43편의 논문으로 구성되었지만, 수정판은 딱 50편의 논문으로 구성되었다. 제6장 말미에 실린 "'신고, 의고, '석고'를 말하다談"信古, 疑古, 釋古"'와 '『의고시대를 걸어 나오며』에 대한 몇 가지 설명

對『走出疑古時代』的幾個說明'은 독자들이 이 책의 도론과 함께 참고할 수 있도록 했다.

라오닝대학출판사는 이 책의 수정판 발행을 위해 수고를 마다하지 않았다. 출판사 측의 노력을 잊지 못할 것이다.

리쉐친
1997년 4월 17일

『의고시대를 걸어 나오며』는 필자가 10여 년 전에 출간한 논문집이다. 책 제목은 필자가 1992년 베이징대학 학술좌담회에서 행한 발언 내용을 정리한 원고의 제목이지만 이에 대한 생각은 1981년의 「중국 고대 문명을 새로이 평가하다重新估價中國古代文明」와 이후의 「고서를 돌이켜 보다對古書的反思」로 거슬러 올라간다.[1]

이 책은 랴오닝교육출판사 위샤오췬俞曉群 선생의 소개로 1994년 랴오닝대학출판사에서 처음 출간되었다. 1997년 수정본이 출간되어 '계속해서 보이는 새로운 지식' 장에 7개 논문을 추가했다. 현재 창춘출판사長春出版社에서 최신판을 간행하면서 일부 오탈자 수정과 함께 최근 집필한 다섯 편을 제6장에 추가하여 수록했다.

'의고시대를 걸어 나오며'의 관점은 지난 10여 년 동안 수많은 학자의 관심을 받았다. 특히 1998년 9월 뤄양대학洛陽大學 동방문화연구원東方文化研究院이 개최한 '20세기 의고 사조 회고 학술토론회二十世紀疑古思潮回顧學術研討會', 2006년 10월 산둥대학山東大學, 중화서국中華書局과 『역사연구歷史研究』 편집부가 주관한 '상고사 재건의 새로운 방향과 『고사변』 제1책 출판 80주년 국제학술토론회上古史重建的新路向暨『古史辨』第一册出判八十週年國際學術研討會'에서 모두 '의고시대를 걸어 나오며'에 대한 논평들이 있었고, 뤄양대학 학술토론회의 논문집은 이미 출판되었다.[2]

또한 신문지상의 관련 보도도 되도록 다 읽으려고 했다. 책의 잘못된 부분을 바로잡아주시고 지적해주신 데 깊이 감사드린다. 국외 학자들 또한 이와 관련된 토론에 주목해 미국의 학술지 『당대 중국사상Contemporary Chinese Thought』에서 "'의고'를 의심한다Doubting of the 'Doubting of Antiquity'"라는 제목으로 특집호를 간행해 필자의 「의고시대를 걸어 나오며」를 번역하여 게재했다.[3] 『의고시대를 걸어 나오며』 최신판의 표지에 표기한 영문 제목은 위 학술지에서 인용한 것이다.

이 자리를 빌려 창춘출판사의 여러 선생님께 마음 깊이 감사의 뜻을 전하고, 장중량張中良 선생은 많은 노력과 시간을 들여 이 책의 많은 부분을 고치고 다듬어주었다.

독자 여러분의 지속적인 비평을 기대한다.

리쉐친

2006년 11월 20일 밤

일러두기

본문의 [ ]는 원문의 이해를 돕기 위해 옮긴이가 추가한 부분이다.

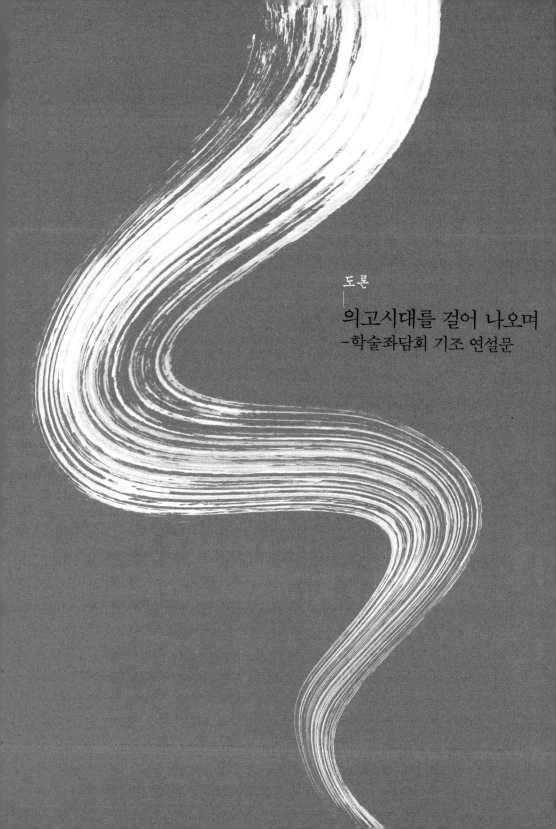

도론

의고시대를 걸어 나오며
-학술좌담회 기조 연설문

고고와
사상 문화 연구

최근의 주목할 새로운 고고학적 발견이 고대 역사와 문화 연구에, 특히 이 자리에 계시는 모든 분이 관심을 갖는 사상 문화 연구에 어떠한 영향을 끼칠 수 있는가? 이는 연구할 가치가 있는 주제입니다. 고고학적 발견이 역사 연구에 끼치는 영향은 아주 큽니다. 이 점은 현재 누구나가 인정할 것입니다. 어쩌면 상식일지도 모릅니다. 그러나 극소수만이 사상 문화를 연구하는 데 고고학이 영향을 준다고 생각할 뿐 많은 수가 여기에 충분한 관심을 기울이지 않습니다. 왜일까요? 저는 고고학이 원래 사상 문화 연구를 강조하지 않았기 때문이라 생각합니다. [이는] 특히 [고고학이] 영국의 고든 차일드 Gordon Childe의 영향을 오랫동안 받았기 때문입니다. 차일드는, 주지하시다시피, 어느 정도 마르크스주의자라 할 수 있습니다. 예컨대『인류사의 사건들 What Happened in History』(1942) 등을 통해 그가 마르크스주의를 바탕으로 하고 있음을 알 수 있습니다. 다만 우리가 주의해야 할 것은 그가 고고학적으로 덴마크학파의 영향을 받았다는 점입니다. 덴마크학파는 원래 박물관학을 연구했습니다. 덴마크학파의 창시자는 '석기시대' '청동기시대' '철기시대' 같은 학술 용어를 만들어낸 사람으로,● 박물관학을 연구하면서 유물을 배치할 뿐 그 자세한 설명을 곁들이지 않았기에 사상 문화를 이야기할 수 없었습니다. 따라서 차일드의 책도 이러한 영향을 받고 있습니다. 우리 모두가 알고 있듯이 구소련에서는 오랫동안 고고연구소를 '고고연구소'라 부르지 않았고, '고고학'이라는 말도 사용하지 않은 채, 그것을 '물질문화연구소物質文化硏究所'라고 칭했습니다. 그렇다면 '물질문화'는 무엇일까요? 이는 모호한 개념입니다. 고고학적으로 발견된 유물을 '물질문화'라는 개념으로 한정지을 수 없습니다. 고고 발견을 통해 출토된 유물이 어떻게 모두 '물질문화'겠습니까? 저는 한 번도 그렇게 생각한 적이 없습니다. 그래서 저는 『동주와 진대 문명東周與秦代文明』에서도 이 점을 특별히 강조했는데, 많은 학자가 이를 인용한 것을 보면 제 말이 어느 정도 설득력이 있는 것 같습니다. 저는 고고학적으로 발견된 유물 예컨대 묘장墓葬 같은 경우는 일정한 장례의식을 거쳤을 것이고 일정한 예제禮制도 있었을 것이기에, 이 유물들은 모두 당시의 사회와 풍속 습관을 반영하고 있다고 생각합니다. 고고학을 물질적으로만 보는 학자들이 있을지도 모르는데, 제가 생각하는 고고학도 고려해볼 만합니다. 이는 제 개인적 생각으로 여러분의 질정을 구하는 바입니다. 저는 오

● 덴마크 선사고고학자 크리스티안 위르겐센 톰센Christian Jürgensen Thomsen(1788~1865). 덴마크 국립박물관의 유물을 인류가 사용한 주요 연장인 석기·청동기·철기로 시기를 3분해 전시하고 이후 이를 삼시기법三時期法으로 체계화했다.

늘 고고 문화가 정신적인 것에 어떠한 영향을 끼치는지 이야기해보고자 합
니다.

의고시대를 걸어 나오며

고고학적인 것과 역사학적인 것을 함께 놓고 연구하는 것 특히 지하에서 출
토된 것과 전래 문헌을 함께 놓고 연구하는 것은 방법론적으로 볼 때, 우리
모두가 존경하는, 왕궈웨이(1877~1927) 선생이 제창한 것입니다. 이는 여러
분 모두 잘 아시리라 생각합니다. 왕궈웨이 선생이 제창한 '이중증거법二重證
據法' 곧 지하의 것을 지상의 것과 상호 인증하는 방법론은 아주 유명합니다.
이 방법론은 중국 현대 고고학의 성립에 기틀을 다졌습니다.

　왕징안王靜安[정안은 왕궈웨이의 자字] 선생은 '이중증거법'을 이야기했고, 근
자에 듣자하니 홍콩의 라오쭝이饒宗頤 선생이 고고학적 출토 유물을 두 부분
으로 나누어 '삼중증거법三重證據法'을 제창했다고 합니다. 여기서 3중증거가
바로 고고학적으로 발견된 고문자古文字 자료입니다. 고고 자료를 일반적 고
고 자료와 고문자 자료로 분리할 수 있다면, 후자가 바로 3중증거입니다. 초

간楚簡 같은 것이 3중입니다. 고고학적 발견은 기본적으로 두 가지 곧 글자가 있는 것과 글자가 없는 것으로 나눌 수 있습니다. 글자가 있는 유물이 더 풍부한 정보를 제공해주는 점은 당연합니다. 글자가 있는 출토 자료는 일반적 출토 자료와 크게 다르기 때문에 따로 분류할 수 있는 것입니다.

그렇다면 먼저 비교적 간단히, 글자가 없는 일반적 출토 자료에 대해 애기해볼까요? 저는 글자가 없는 출토 자료는 정신문화뿐 아니라 고서를 연구하는 데도 아주 유용하다고 생각합니다. 특별히 추천하고 싶은 논문은 바로『문물文物』1992년 제4기에 발표된 장창서우張長壽 선생의「'장류'와 '황유' "墻柳"與"荒帷"」입니다. 논문은 동어銅魚에 대해 이야기하고 있는데, 이는 예서禮書의 정현鄭玄 주注에서만 볼 수 있는 것으로 고고 자료를 이용해 분명하게 밝힐 수 있었습니다. 오늘 이들 연구에 대해 많은 이야기를 할 수는 없습니다. 고고 출토 유물, 혹은 유적, 혹은 묘장, 혹은 건축, 혹은 복식, 혹은 각종 기물의 형체形制 등이 모두 고서 기록의 진위를 이해하는 데 도움을 줍니다. 묘장에서 나온 동어는 관개棺蓋 상의 장식으로, 하나하나 꿰어져 연결되어 있습니다. 이러한 유물은, 주지하듯, 주로 서주西周 후기에서 춘추春秋 시기의 것입니다. 최근 싼먼샤三門峽의 괵국虢國 묘지에서 동어가 아주 많이 발견되었습니다. 장창서우 선생은 괵국 묘지의 묘를 열어본 후, '이는 우리가 평시豐西에서 발굴한 것과 같다'고 했습니다. 고고학적으로 발굴된 묘가 대부분 도굴당했던 데 비해, 괵국 묘지는 그렇지 않았습니다. 이와 같은 자료로 고서의 기록을 인증할 수 있는데, 이 인증을 통해『의례儀禮』가 확실히 춘추 시기의 문화를 말한다는 점과, 최소한『의례』의 상당 부분이 춘추 시기의 것과 관련 있다는 점을 알 수 있습니다.

이는 모두 문자가 없는 유물입니다. 저는 이 자료들이 비교적 직접적인 자료라 생각합니다. 비교적 간접적인 자료도 있습니다. 간접적인 자료라 완전히 정확하다고는 할 수 없지만 그 속에서 어느 정도 감을 잡을 수는 있습니다. 예컨대, 여러분은 얼마 전 량주 문화良渚文化의 옥종玉琮을 본 적이 있을 것입니다. 이 옥종은 한 가지 분명한 특징을 갖고 있습니다. 측면에서 보면 옥종이지만 위에서 보면 벽의 형식으로 만든 옥벽과 같습니다. 벽은, 많은 사람이 알고 있듯, 하늘에 제사 지내는 의례에 쓰이고 종은 땅에 제사 지내는 의례에 쓰입니다. 이 대옥종大玉琮은 바로 하늘과 땅을 결합한 것입니다. 물론 이는 추론에 불과한지라 직접적으로 증명할 수는 없습니다. 대옥종은 간접적인 것으로 방금 언급한 동어처럼 직접적인 것과는 다릅니다. 이러한 간접적인 것은 많은 사례를 들 수 있습니다. 이 점은 우리가 많은 문제에 대한 연구가 충분치 못함을 증명하고, 또한 옛사람들이 원래 옳게 말한 것에 대해 후학들이 의심을 했지만 결국 다시 선학들의 견해가 옳음을 증명하기도 합니다.

적절한지는 모르지만, [북송 초 경학가] 섭숭의聶崇義의 『삼례도三禮圖』를 사례로 들어보겠습니다. 그 내용은 한漢과 육조六朝 시대의 그림이 전승된 것일 가능성이 매우 높습니다. 기물을 동물 형상으로 그려놓고 그 등에 술잔尊을 붙여놓았습니다. 송宋나라 때 모방한 청동기 가운데 이와 같은 모양이 아주 많습니다. 후세 사람들은 이런 기물은 날조된 것으로 술잔을 등에 지고 있는 동물 형상은 사실상 없다고 주장하기도 합니다. 그러나 현재 이러한 기물이 몇 점 소개된 바 있습니다. 최근 문물정화전文物精華展에서 하나를 본 적 있는데 완전히 『삼례도』 속의 모습이었습니다. 『삼례도』에 수록된 것이 모두 옳다고는 할 수 없지만 아무런 근거가 없다고도 할 수 없습니다. 우리는 고대의 기물에 대해 섣불리 의심해서는 안 됩니다.

물론 오늘날 더욱 중요한 것은 그래도 문자가 있는 자료입니다. 문자가 있는 고고 자료가 바로 3중증거입니다. 그것은 더욱 중요한 만큼 그 영향력도 특별히 클 수밖에 없습니다. 왕징안 선생이 거론한 근대 이후 중요한 대발견은 모두 문자가 있는 자료였습니다. 1920년대, 그가 쓴 「최근 20~30년 동안 중국에서 새로 발견된 학문近二三十年中國新發見之學問」이 가장 먼저 어디에 발표되었는지 아십니까? 먼저 『청화주간淸華週刊』에 발표되었고 나중에 또 『과학科學』지에 발표되었습니다. 『과학』은 루위다오盧于道가 책임편집한 것으로 그와 빙즈秉志, 후셴쑤胡先驌 등 당시 미국에 유학했던 학생들이 돌아와 중국과학사中國科學社를 설립하고, 『과학』과 『과학화보科學畫報』 등을 출판했습니다. 『과학화보』는 루위다오와 그의 부인 루사오징룽盧邵瀞容이 편집을 맡은 잡지입니다. 이 두 사람을 언급할 때마다 저는 탄복하게 됩니다. 비록 오늘날 제가 문사文史를 공부하고 있지만, 저는 원래 과학을 배우고 싶었습니다. 제 보잘것없는 과학지식은 모두 그들이 출판한 이 두 잡지를 통해 배운 것입니다. 왕징안 선생의 논문이 수록된 『과학』을 한 권 소장하고 있었는데 지금은 진귀한 희귀본이 되었습니다.

왕징안 선생은 중국 역대로 등장한 신학문은 모두 새로운 발견을 통한 것이라 했습니다. 왕궈웨이 선생은 아주 많은 실례를 들었는데, 그중 가장 중요한 것이 한의 공벽서孔壁書와 서진西晉의 급총죽서汲冢竹書로 모두 옛 서적입니다. 이 서적들의 발견은 중국 문화와 학술의 발전에 크나큰 촉진제 역할을 했습니다. 그 역할은 지금도 볼 수 있습니다. 우리가 오늘날 새롭게 발견한 것이 최소한 그때보다는 많지 않겠습니까? 하지만 중요성에서 조금 떨어지기는 합니다. 예컨대, 아직까지 『상서尙書』가 발견되지 않았기 때문입니다.[●] 장정랑張政烺(1912~2005) 선생은 언젠가는 『상서』가 발견되면 좋겠다고 줄곧 말씀하시곤 했습니다.

지금까지 『상서』가 발견되지 않았지만, [그 외 새롭게 발견된 유물은] 최소한 양적으로 보면 고대보다 결코 떨어지지 않고 그 영향 또한 아주 큽니다. 1970년대 이후 계속해서 새로운 유물이 발견되면서 당시의 책을 직접적으로 접할 수 있게 되었습니다. 개인적으로 이 유물들을 전면적으로 철저하게 연구하기는 우리 세대에서 끝낼 수 있는 것은 아니라고 생각합니다. 급총죽서 같은 경우는 청淸대에 이르러서도 계속해서 연구가 진행되었고 [이후로도] 고사古史 연구에 큰 영향을 미치고 있기 때문입니다. 따라서 이러한 새로운 발견 성과의 영향은 아주 오랜 시간이 지나야만 제대로 볼 수 있을 것입니다.

고고학적 영향에 대해서는 제 견해를 밝힌 바 있습니다. 고대의 물건은 공간적으로나 시간적으로나 현재와 일정한 거리를 두고 있습니다. 이 거리는 반드시 정보를 통해서만 극복할 수 있습니다. 고대가 우리에게 준 정보는 바로 고서입니다. 이 길 말고 다른 길은 없습니다. 하지만 고고학적 물건은 그렇지 않습니다. 이는 또 다른 길입니다. 고서는 대대로 전해져 내려온 것으로 왜곡되거나 변화되기도 했습니다. 고서는 고의든 아니든 왜곡이 있을 수 있지만, 고고학적으로 얻어진 자료는 그렇지 않습니다. 고서를 통해

[●] 2008년 칭화대학에 소장된 소위 '칭화간淸華簡' 가운데 「금등金縢」 「열명說命」 등 『상서』류 문헌이 나오면서 관련 연구가 활발해졌다.

우리는 고대가 남긴 유물을 직접적으로 볼 수 있기 때문입니다. 현재 우리는 진위 논쟁辨僞을 고려할 필요가 없는 고대의 서적을 직접적으로 열람할 기회를 얻었습니다.

고서의 면모는 우리가 상상하는 바와 크게 다릅니다. 우리는 이 점을 충분히 인지해야 합니다. 가끔 저는 우리가 체득한 것을 바탕으로 공안국孔安國 혹은 속석束晳과 순욱荀勖 등의 중대한 성과를 느껴야 한다고 말하곤 합니다. 공안국은 고문자를 예서로 옮기는 작업을 했는데, 당시 공안국은 전국시대 문자에 대해 잘 몰랐기 때문에 학술적으로 많은 문제를 일으켰습니다. 물론 어떤 방면에서는 우리보다 더 많이 이해하고 있었겠지만, 공안국 또한 중국의 많은 사람이 이미 번체자를 못 읽는 것처럼 기본적으로 고문자에 대한 이해력이 부족했습니다. 번체자를 쓰지 않은 지 몇 년 되었습니까? 물론 현재 사회적으로 번체자는 아직 존재합니다. 하지만, 공안국이 살았던 시대[전한]에서는 사회적으로 이미 고문자가 유행하지 않은지라 사람들은 고문자에 대한 교양을 쌓을 수 없었습니다.

오늘날 볼 수 있는 이와 같은 고서들은 정보를 획득하는 새로운 길을 열어주었습니다. 우리는 이를 통해 당시 사람들의 사상과 학술을 직접적으로 볼 수 있습니다. 이 기회는 옛사람들에게는 없던 것입니다. 2000여 년간 이러한 기회는 거의 없었으니까요. 과거의 많은 것은 이미 사라졌습니다. [남조 제齊] 왕승건王僧虔(425~485)이 보았다고 하는 과두문蝌蚪文 「고공기考工記」는 결과적으로 전승되지 못했습니다. 또 부혁傅奕(555~639)본 『노자老子』에서는, 서주徐州에서 항우項羽의 첩妾 묘가 발견되었고, 그 속에서 『노자』가 출토되었다고 했지만 누구도 그 내용을 기록해 남기지 않았습니다. 교감기만 남겼는데, 어떤 것이 항우의 첩 묘에서 나온 것인지 알 수 없습니다. 혹 『한간汗簡』
에 보이는 『고노자古老子』일까요? 이런 점에서 오늘날 우리가 가장 먼저 해
야 할 일은 새로 발견된 서적을 정리하고 관련 정보를 기록해 발표하는 것
입니다. 학계에서는 이 서적들을 충분히 흡수해 그 영향을 받아야 한다고
하는데, 물론 이미 큰 영향을 끼치고 있기는 하지만, 이는 겨우 맛보기일
뿐입니다.

　우리가 발견한 유물들, 현재 이미 발견된 유물 가운데 오늘 여러분에게
가장 필요한 것이 바로 진률秦律과 한률漢律일 것입니다. 과거의 한률 연구 예
컨대 선자번沈家本(1840~1913)과 청수더程樹德(1877~1944)가 한률을 모아 편찬
하면서 얼마나 큰 힘을 들였는지 모릅니다. 진률의 경우는 제대로 그 맥락
을 잡지 못한지라, 청수더는 책을 편찬하면서 『십조율고十朝律考』라 하지 못하
고 『구조율고九朝律考』라고 할 수밖에 없었습니다.● 하지만 놀랍게도 최근에
[1975년 12월] [후베이湖北성] 윈멍雲夢 수이후디睡虎地(수호지)와 [광둥廣東성] 룽강
龍崗 두 곳에서 진률이 발견되었습니다. 진률은 비교적 빨리 발표되었습니다.
[후베이성] 장링江陵 장자산張家山에서 발견된 두 종류의 한률 죽간은 아직 발
표되지 않고 있지만,●● 아주 좋은 자료라는 것은 말씀드릴 수 있습니다. 저
는 학자들에게 [수이후디의 진률에 보이는] '예신첩隸臣妾'●●●에 대해 성급하게

● 한나라부터 수隋나라에 이르는 9왕조의 법률만 고증하고 진률은 기록하지 못한 데서 '구조율고'라
　고 이름했다는 의미다.
●● 1983년 12월에서 1984년 1월에 발견된 죽간으로 2001년 중국 문물출판사文物出版社에서 출판되
　었다.
●●● 죄인과 그 가족을 관부의 노비로 삼는 형벌 제도 또는 그 기록. 일종의 형도刑徒로서 남자의 경우
　를 예신, 여자의 경우를 예첩이라 불렀다.

토론하지 말 것을 줄곧 권해왔습니다. 조금 더 기다리시는 게 좋습니다. 아직 발표되지 않은 자료에 관련 내용이 많은데, 성급하게 잘못 말했다가 어떻게 수습하겠습니까. 장자산 죽간은 그 수가 아주 많습니다. 한 세트는 총 1200매 정도인데 내용은 윈멍 수이후디 죽간과 비슷합니다. 진률을 수이후디에 부장한 '희喜'라는 사람은 그 신분이 영사令史인데, 그가 베낀 진률에는 중요한 내용이 많이 빠져 있습니다. 한률을 장자산에 부장한 이가 어떤 사람인지 알 수 없지만, 그는 영사보다 높은 관직으로 보이고, 그가 베낀 법률은 대다수가 형률刑律입니다. 이 죽간에서 가장 인상 깊었던 것은 「도률盜律」과 「적률賊律」로, 그 상세함이 당률唐律과 견주어도 손색이 없을 정도입니다. 한률은 각종 정황을 고려했는데, 살인을 예로 들면, 각종 상황·대상·친속 관계 등을 고려할 정도로 아주 상세합니다. 이것을 미루어 보면, 한에서 당까지 형률의 발전이 그리 크지 않았습니다.

또 많은 사람이 관심을 가질 만한 것으로는 마왕두이馬王堆 백서帛書 『주역周易』이, 그중에서도 「역전易傳」이 있습니다. 저는 「역전」 중의 「역지의易之意」가 지금의 「계사 하繫辭下」보다 한 단락이 더 많지만, 이 단락은 현재 「계사」와 철학적으로 같은 의미를 내포하고 있다고 말씀드릴 수 있습니다. 이 또한 아주 좋은 자료입니다.

이외에도 아주 중요한 발견이 있습니다. 예컨대 [허베이河北성] 딩현定縣 바자오랑八角廊의 전한前漢 시대 『논어』 죽간으로, 현재 우리가 알고 있는 판본의 75퍼센트 정도가 기록되어 있을 것으로 추정합니다. 또 [안후이성] 푸양阜陽 솽구두이雙古堆● 한묘에서 출토된 『주역』은 점괘에 사용되던 것으로 『화주림火珠林』과 같은 종류입니다.

그렇다면 문제는 바로 새롭게 발견된 자료들의 절대 다수가 실전失傳된 책이며, 설사 전래된다 해도 아주 다를 것이라는 점입니다. 일례로, 마왕두이 백서 『노자』는 왜 「덕경德經」이 「도경道經」 앞에 있을까요? 이 문제는 토론해봐야 합니다. 『노자』를 기록할 때 상편과 하편이 뒤바뀌었을 것이라는 타이완臺灣 학자들의 의견 또한 말이 안 되는 건 아닙니다. 당시의 기술상 착오가 잠시 유행한 판본을 만들어냈다는 것입니다. 개인적으로는 이 설을 받아들이지 않지만, 그래도 고려해볼 견해입니다.

● 　원문에는 푸양 바지아오랑 한간으로 되어 있으나, 푸양 『주역』의 출토지는 솽구두이로 알려져 있기에 바지아오랑을 솽구두이로 고친다.

학술사의 재인식

지금까지 말한 것은 여러 문제를 불러왔습니다. 저는 새로운 자료의 학술사적 영향은 그 자료들 자체에만 있는 것은 아니라고 생각합니다. 새로 출토된 『주역』은 당연히 『주역』 연구에 아주 좋은 자료입니다. 『노자』 또한 노자 연구에 아주 유용합니다. 『손자孫子』도 손자 연구에 아주 중요합니다. 다만 제가 생각하기에 더 중요한 점은 바로 출토 자료가 보여주는 당시의 학술적 면모입니다. 이러한 면모는 우리가 과거에 생각했던 것과 상당히 다르기에 아주 큰 문제라 할 수 있습니다. 이를 통해 한 가지 결론을 도출해낼 수 있습니다. 바로 학술사 연구의 관점을 바꿀 필요가 있다는 점입니다.

물론 이 영향을 어떻게 평가할 것인가, 우리는 결론 내릴 수 없습니다. 비록 제가 여기 계신 여러분보다 몇 살 더 먹었지만, 여기 계신 분들 또한 그 결론을 완전히 내리지 못할 것입니다. 많은 자료가 끊임없이 발견되고 있어서 어느 정도 심도 있는 연구가 진행되어야 그 성과를 볼 수 있기 때문입니다. 그러나 한 가지 확실히 말할 수 있는 것은 바로 학술사를 다시 써야 할지 모른다는 점입니다. 이는 선진先秦과 진한秦漢 학술사의 문제이거니와 전체 학술사의 문제입니다. 새로운 자료는 이 점에서 특별히 중요합니다. 과거에 우리가 내렸던 결론의 영향으로, 과거에 나타났던 사조의 영향으로 인식되었던 학술사의 면모는 지금 볼 때 사실과 상당히 큰 차이가 있음을 인식할 수 있습니다.

우리의 사조는 어떤 것일까요? 바로 여러분 모두 깊은 영향을 받은 의고疑古 사조입니다. 계속해서 의고 사조에 대한 제 생각을 말씀드리겠습니다.

여러분 모두 제가 『인문잡지人文雜誌』 증간增刊에 발표한 글을 본 적이 있을 것입니다. 여기서 몇 가지 설명을 드리겠습니다. 저는 어려서부터 『고사변古史辨』을 읽었습니다. 어릴 적 헌책을 파는 노점에 갔다가 『고사변』 제3상책을 사서 보고는 그 책에 빠져들고 말았습니다. 그래서 『고사변』 전체를 구매해 읽었습니다. 청말부터 시작된 의고 사조는 기본적으로 진보입니다. 사상적으로 볼 때 '충결망라衝決網羅[억압적 관계의 그물을 찢다]'라 할 수 있을 정도로 아주 큰 진보를 이뤘다는 데에 의의가 있고 긍정적으로 볼 수 있습니다. 의고 사조가 당시 역사적 우상偶像을 한 번에 날려버리고 경서의 권위를 상실시키면서 사상적 해방을 일으킨 건 물론 아주 좋은 것입니다. 그러나 부작용 또한 있었습니다. 오늘날 마음을 가라앉히고 논하지 않을 수 없는데, 의고 사조는 고서에 대한 수많은 '원가착안冤假錯案[억울한 안건, 조작된 안건, 잘못 판결된 안건]'을 만들었습니다.

청말부터 나타난 이 사조는 중국만이 아니라 외국에도 있었습니다. 예컨대, 일본의 시라도리 구라키치白鳥庫吉(1865~1942)는 「요순우말살론堯舜禹抹殺論」을 쓰지 않았습니까? 일본의 명문名文입니다. 이상하게도, 이 글이 어째서 중국에 보이지 않는 걸까요? 이 글은 반드시 번역되어야 한다고 생각합니다. 프랑스의 앙리 마스페로Henri Maspero(1883~1945) 같은 학자의 글 역시 이러한 풍격을 띠고 있고 시기적으로도 비교적 이릅니다. 청말 이후의 견해가 왜 중국에 이처럼 큰 영향을 끼치게 된 것일까요? 이는 청대 학술사로 거슬러 올라가 파악해볼 수 있습니다.

저는 항상 청대 유학자들이 학술적으로 거대한 성과를 남겼다고 생각합니다. 그러나 청대 유학자들에게도 안 좋은 관습이 있어 지금까지도 영향을 미치고 있는데, 바로 문호門戶[문벌, 당파]를 너무 중시했다는 점입니다. 물론 이와 같은 인습은 명말에도 있었습니다. 명말부터 문호를 중시하는 문화가 시작되었지만, 명말청초의 대학자들은 그래도 아주 개방적이었습니다. 이른바 [명말청초의] '삼대가三大家', 하물며 '사공자四公子'라고 하는 학자들도 무엇을 공부하든 상관없이 아주 개방적이었습니다.• 이뿐 아니라 강서江西의 역당구자易堂九子•• 같은 비교적 작은 사상가들 또한 모두 개방적이었고 문호의 색채가 없었습니다. 그러나 청대 들어 자신의 학술을 확립한 다음에 사람들이 문호를 특별히 강조하기 시작했습니다. 조금 더 얘기해보면, 첫번째

- 삼대가는 왕부지王夫之, 고염무顧炎武, 황종희黃宗羲를, 사공자는 진정혜陳貞慧, 방이지方以智, 후방역侯方域, 모양冒襄을 말한다
- •• 위희魏禧, 위제서魏際瑞, 위례魏禮(이상 삼형제), 이등교李騰蛟, 팽사망彭士望, 구유병邱維屛, 임시익林時益, 팽임彭任, 증찬曾燦. '역당'은 이들이 자주 회합을 가진 곳으로, 위희의 아버지 위조봉魏兆鳳이 명이 망한 뒤 머리를 깎고 은거하며 지낸 취미봉翠微峰의 집 이름을 그 스스로 역당易堂이라 불렀다 한다.

로 한학漢學과 송학末學을 분리해, 먼저 송학을 한 방에 날려버렸습니다. 처음에 송학의 영향력은 그래도 아주 큰 편이었습니다. 이광지李光地(1642~1718) 같은 학자들은 송학을 아주 중시했습니다. 그러나 이후 한학이 조금씩 발전하면서 한학과 송학 간의 문호가 분리되고 말았습니다. 강번江藩(1761~1831)의 『한학사승기漢學師承記』가 바로 그 증거입니다. 한학과 송학이 분리된 후, 한학에서도 전한과 후한後漢 사이의, 금문今文과 고문古文 사이의 분리도 나타났습니다. 그후 금문과 고문 속에서도 다시 분리가 나타나 문호는 점점 더 잘게 나뉘고 학술적 시야 또한 점차 더 좁아져서 보는 책도 갈수록 줄어들었습니다. 이처럼 문호를 나누는 방법이 어떤 면에서 보면 바로 고서의 진위 판별辨僞라 할 수 있습니다. 이와 같은 문호 중시는 정말 해서는 안 되는 일이었습니다. 우리가 학술사를 쓴다면, 이렇게 해서는 안 된다고 생각합니다.

여기서 지적하고 싶은 바는 곧 고서 진위 판별에서 청말 의고 사조가 오히려 송학을 계승했다는 점입니다. 송대 사람들이 고서 진위 판별을 시작했다는 점에서 의고 사조는 송학을 완전히 계승했습니다. 송명 이학末明理學의 특징 중 하나가 바로 한당漢唐의 주소注疏에 의존하지 않고 고서를 직접적으로 읽었다는 점입니다. 이는 물론 아주 좋은 태도입니다. 저는 줄곧 송대 사람들의 조기 유학에 대한 인식은 어떤 면에서 보면 한대 사람들의 그것보다 오히려 더 정확할 수도 있다고 말하는데, 송대 사람들은 이후의 사설師說을 고려하지 않고 고서를 직접 읽었다는 점에서 어떤 부분에서는 [송대 사람들을] 참고할 가치가 있기 때문입니다. 그러나 이런 경향이 지속되다 보면 종국에는 '사심자용師心自用[자기가 생각하는 일은 다 옳다 하여 그대로만 함]'으로 변하기도 하는데 특히 명대 사람 가운데는 속서불관束書不觀[책을 묶어놓고 읽지

않읽]한 자들도 있었습니다. 청대 사람들은 이와 같은 분위기를 바꾸었지만,
문호지견門戶之見이 가져온 부작용 중에는 아주 중요한 지점이 있습니다.

고서의 새로운 증명:
갑골금문

오늘날 고대 문헌을 연구할 때 고서의 진위와 연대는 여전히 아주 중요한 문제입니다. 이 방면에서 이정표에 해당하는 두 종의 책이 있습니다. 첫번째가 바로 1950년대 장신청張心澂이 쓴 『위서통고僞書通考』로 각 도서관에 비치되어 있을 것입니다(리링의 첨언: 국외 한학자들도 반드시 이 책을 읽는다. 그들은 어떤 책을 사용할 때 반드시 이 책을 먼저 참고한다). 이 책의 앞부분에 몇 가지 방법론이 있습니다. 이는 장신청의 고서 진위 판별 방법을 나타내는 것으로 그 영향력은 위자시余嘉錫(1884~1955) 선생의 책을 보지 않아도 될 정도로 큽니다. 위 선생의 책 곧 『고서통례古書通例』(1985)는 상하이에서 출판되었는데, 사실 『고서통례』는 장신청의 책보다 더 좋습니다. 두번째는 바로 정량수鄭良樹(1940~2016)가 쓴 『속위서통고續僞書通考』(1997)인데, 이 책을 보신 적 있으신지요? 이 책에도 방법론에 대한 부분이 있는데, 장신청의 것과 비교해보면 시대가 많이 변했음을 알 수 있을 것입니다. 『속위서통고』를 쓴 정량수 선생은 타이완대학臺灣大學을 졸업하고 말레이시아대학 중문과 학과장으로 있다가 지금은 홍콩 중문대학中文大學에 있습니다.● 『속위서통고』를 보면 근 20~30년 동안 진위 판별에 관한 인식이 크게 변했음을 분명히 알 수 있습니다. 이러한 변화를 이끈 것이 바로 고고학적 발견입니다. 이는 현재 학계가 의고사상을 긍정하기도 하면서 지양하기도 한다는 것을 말해줍니다. 이 점은 분명합니다. 특히 새로 발견된 유물을 통해 볼 때, 여러 문제를 비교적 분명하게 해결할 수 있습니다. 여기서 고문자와 문헌의 관계에 대해 몇 가지 예를 들어보겠습니다.

그럼 간독簡牘과 백서帛書 이외의 것을 말씀드리겠습니다. 간독과 백서를 제외한 자료를 통해서도 고서를 인증할 수 있습니다. 예컨대, 갑골문甲骨文입니다. 이와 관련해 먼저 드리고 싶은 말은 갑골문에 나타나는 기록은 한계가 있다는 점입니다. 갑골문에 없다고 해서 그것이 상商나라 때 있을 수 없다고 생각해서는 안 됩니다. 이 점은 아주 중요합니다. 이미 어떤 학자가 지적했듯, 갑골복사卜辭의 문체가 당시의 유일한 문체는 아닙니다. 이 견해는 아주 큰 의의가 있는 것으로, 시대별로 서로 다른 문체가 존재했고 지금도 그러합니다. 신문 사설 및 외교 문서와 일상적 편지의 문체는 절대 서로 비교할 수 없습니다. 갑골문은 아주 적은 문자로 표현해야 해서 많은 허사를 사용하지 못하고 되도록 간결한 문체를 써야 했습니다. 당시에 쓰인 다

● 2013년부터 말레이시아 남방대학학원Southern University College에 재직하다가, 2016년 11월에 사망했다.

의고시대를 걸어 나오며

른 글을 보면 문체가 분명히 다릅니다. 예컨대, 『서경書經』「상서商書」의 여러 편장 및 『시경詩經』「상송商頌」과 상나라의 관계는 완전히 긍정할 수 있습니다. 둥쭤빈董作賓(1895~1963) 선생은 「왕약왈고王若曰考」를 쓴 적이 있는데, 이 논문에서 인용한 갑골문에 "王若曰: 羌女 ……" 등의 말이 보입니다. 위의 '강녀羌女'에 대해, 물론 각종 해석이 존재하지만, 가장 좋은 해석은 '강, 여 ……'입니다. 이것은 강인羌人에 대한 일종의 통지문으로 "왕이 이렇게 말씀 하셨다. 강! 너는 ……"이라 해석할 수 있습니다. 이를 통해 당시에 '고誥'라 는 일종의 문체가 있었음을 알 수 있습니다. 이로써 우리는 「상서」에 보이는 '왕약 왈王若曰'과 '미자약 왈微子若曰'이 결코 주나라 사람들이 의작擬作한 것이 아님을 증명할 수 있습니다.

또 한 가지 예를 들면, 현재 대다수 사람은 갑골문 속에 사계四季가 나타 나지 않는다고 말하곤 하지만, 저는 그렇게 보지 않습니다. 물론 지금까지의 갑골문에는 '하夏'와 '동冬' 자가 보이지 않습니다. 그러나 이것이 당시에 사계 절 관념이 없었음을 증명하지는 않습니다. 상식적으로 봐도 그렇지 않습니 다. 저는 여러 차례 노동 하방下放 되어 농사일을 좀 해봤습니다. 화베이華北 지방에 살고 있다면 사계절 관념이 없을 수 없습니다. 이는 아주 분명한 이 치입니다. 갑골문에 '사방四方' '사풍四風'이 있는 것으로 보아 사계도 있었을 것입니다. 사방풍四方風의 관념은 곧 사계절과 아주 밀접한 관계를 갖기 때문 입니다. 저 춘생春生, 하장夏長, 추수秋收, 동장冬藏●을 표시하는 명칭인 '석析'이

● "봄에는 싹을 돋게 하고, 여름에는 길러주고, 가을에는 거둬들이고, 겨울에는 갈무리하는" 사계절 의 변화를 일컫는다.

나 '인因' 등은 바로 여기서 유래한 것인데,● 어떻게 [갑골문에] 사계절이 없었겠습니까? 사실 과거 위싱우于省吾(1896~1984) 선생이 『갑골문자석림甲骨文字釋林』에서 이미 언급한 바 있습니다. 사방의 바람 이름을 새긴 갑골이 사계절 관념을 명확하게 증명한다고 말입니다. 최근, 저는 논문을 쓰고 싶은 주제가 있습니다. 『산해경山海經』에서 사방풍을 이야기하는 부분에, 여러분께서 별로 주의하지 못한 내용일지도 모르지만, '해와 달의 길고 짧음을 맡는다司日月之長短'라는 내용이 있습니다. 이 '사일월지장단'은 곧 바람과 그 바람이 불어오는 방향이 사계와 관계가 있음을 설명합니다. 그래서 갑골문 속의 많은 자료를 가지고도 문헌을 논증할 수 있다는 것입니다. 후허우쉬안胡厚宣(1911~1995) 선생은 먼저 사방에서 불어오는 바람의 이름이 갖는 의의를 제시한 적 있는데, 학계에 아주 큰 공헌을 했습니다.

금문도 마찬가지입니다. 금문은 청동기에 주조해내는 것이라 많은 내용을 기록할 수 없는 한계가 있지만, 갑골문처럼 금문에 없는 내용은 당시에도 없었다고 말할 수 없습니다. 금문을 가지고 문헌을 인증할 수 있는 곳은 아주 많습니다. 일례로, 제가 논문에서 다뤘던 『일주서逸周書』「채공祭公」●● 편의 몇 구절은 금문과 완전히 일치하고, 「채공」 편의 오자誤字까지도 발견할

● 석석析은 동풍을 관장하는 신, '인因'은 남풍을 관장하는 신이라고 한다. 유명한 '사방풍 우견갑골牛肩胛骨'에 새겨진 내용이다. 1944년 갑골학자·사학자 후허우쉬안은 이 견갑골의 문자를 해석해 "동방의 신은 석석析이고, 바람은 협協, 남방의 신은 협夾이고 바람은 미微라고 했다. 그러나 근래 학자들은 『산해경山海經』「대황경大荒經」의 기록을 참고해 協을 인因, 微를 개凱라고 풀이하기도 한다.

●● 祭가 사람 이름이나 나라 이름으로 쓰일 때는 발음이 '채'다. 두예杜預의 『춘추경전집해春秋經典集解』를 보면 은공隱公 3년 '祭足'이나 희공僖公 24년 '祭나라' 발음을 모두 '側界切'로 달아놓았다. 따라서 이 발음은 '채'로 읽어야 한다.

수 있습니다. 또 금문에 자주 보이는 '釐鮇'를 「채공」편에서는 '執和'로 잘못 기록해습니다. 이렇게 우리는 「채공」편이 서주 시기의 작품임을 알 수 있습니다.

다른 명문들을 통해서도 이와 같은 예를 발견할 수 있습니다. 얼마 전 저는 산시陝西에서 출토된 사혜정史惠鼎에 관한 소논문을 쓴 적이 있습니다. 이 정은 그리 중요하지 않지만 '일취월장日就月將'이라는 구절이 기록되어 있는데, 『시경』의 「경지敬之」편에서 나온 말입니다. 「경지」편은 주 성왕成王● 시기에 만들어진 것이라 전해지는데, 사혜정은 서주 후기 것으로 당연히 인용할 수 있습니다. 또 중산왕中山王의 청동기에서는 훗날 『대대예기大戴禮記』에 수록된 구절이 보이는데, 이 구절은 악무자樂武子에서 나왔을 가능성이 있는데, 이는 춘추 시대의 것입니다. 우리는 중산왕 명문을 통해, 중산국中山國 사람들이 『시詩』뿐 아니라 『좌전左傳』도 배웠을 수 있음을 알아차릴 수 있는데, 둘 다 유가의 작품입니다. 이는 갑골문과 금문으로, 또한 간독과 백서도 당연히 중요합니다.

● 　주 성왕의 재위는, 하상주단대공정에 의하면, 기원전 1042~기원전 1021년이다.

고서의 새로운 증명:
간독백서

최근 간독과 백서에 대해 몇 가지 의견이 있는데, 아마 학술사적 연구에 어느 정도 도움이 될 거라 생각합니다. 제 생각에, 가장 이상적인 바는 오늘날 출토되는 자료들로 몇 가지 기준을 세운 다음에 다른 고서를 기준에 따라 분류하는 것입니다. 과거에 고서와 고서의 관계를 연구할 때, 예컨대 어떤 고서가 먼저 생성된 것인지에 대해 추정은 할 수 있었지만 절대적 연대를 확정할 수는 없었습니다. A, B, C 세 종류 책이 있는데 그 생성 연대가 A가 B보다 이르고, B가 C보다 이르다고 합시다. 시기적으로 앞에 놓을 수도 뒤에 놓을 수도 있었지만, 당시로서는 상대적 연대 설정만 가능했습니다. 절대적 연대 설정이 상당히 어려웠던지라 A, B, C 세 종류의 순서만 체계적으로 설정해놓는 것만으로도 충분했습니다. 그러나 오늘날의 고고학 자료들은 어느 정도 절대적 연대를 구성할 수 있는 기준을 제공해줄 수 있습니다.

의고시대를 걸어 나오며

물론 수많은 증거가 필요하기에 지금도 부족하다고 할 수 있지만, 최소한 몇 가지 기준 설정은 가능하다고 생각합니다. 예를 들어보겠습니다. 먼저, 제가 여러 번 검토하면서 글로 썼던, 신양信陽 창타이관長臺關에서 출토된 초간입니다. 1956년, 신양 창타이관 1호 대묘大墓에서 죽간 두 세트가 발굴되었습니다. 당시 저는 젊은 혈기로 시간을 다투는 것을 좋아해 죽간이 발표된 후 바로 글을 하나 써서 『광명일보』에 실었습니다. 저는 죽간 가운데 한 편을 유가의 작품이라 보았는데, 죽간에서 '선왕先王' '삼대三代' '주공周公' 같은 단어가 보여서 유가적 분위기가 아주 짙다고 생각한 것입니다. 다들 제 견해를 인정했습니다. 이 글 발표 후 오랫동안 제 글에 아무런 문제가 없다고 여겨, 생각도 하지 않았습니다. 이후 '문화대혁명文化大革命' 시기 중산대학中山大學의 몇몇 학자가 이 죽간에서 몇 구절이 고서에 보이는데, 바로 『태평어람太平御覽』에 보이는 『묵자墨子』의 일문佚文이라는 관점을 제기했습니다. 다시 몇 년이 지난 후, 저는 다시 이 죽간을 봤습니다. 특히 신양 창타이관의 발굴 보고가 나왔던 터라 더 정확한 판독문이 있었습니다, 그 판독문을 보면서 제가 애초에 잘못 생각했음을 알 수 있었습니다. 『묵자』의 일문이라면, 그것이 어떻게 유가 작품일 수 있겠습니까? 이후 연구를 통해 알게 된 바는 바로 『묵자』에도 '삼대' '선왕' '주공' 등의 단어가 보인다는 것이었습니다. 이에 저는 이 죽간이 『묵자』의 일편이고, 그중 신도적申徒狄과 주공의 대화가 보인다는 글을 한 편 써서 쉬중수徐中舒 선생 기념 논문집에 실었습니다. 그후 리자하오李家浩 선생이 쓴 글을 봤는데, 그는 이 죽간에 보이는 '주공 왈'의 다음 글자를 '易(이)'로 읽고, '신도적'의 '狄(적)' 자로 해석했습니다. 이는 이 단락이 주공과 신도적의 대화임을 완전히 증명해주는 것이었습니다. 신도적은 전국시대 사람이라, 여기서 주공은 우리가 알고 있는 주공 단旦이 아니라 서주군西周君일 것입니다. 이『묵자』일편의 확정은 아주 중요합니다. 창타이관 무덤은 전국시대 중기의 것으로, 이 일편은『묵자』중에서도 특히 늦게 편찬된 것으로 보이는「귀의貴義」「공맹公孟」등과 유사합니다. 이 편장들은 학자들이 묵자가 직접 썼을 것이라 여기는『묵자』의 앞부분「명귀明鬼」「절장節葬」등보다 훨씬 뒤에 편찬된 것으로 여겨지는 편장입니다. 묵자가 죽은 해는, 주지하듯, 주 안왕周安王(재위 기원전 402~기원전 376) 시기로 전국 중기 초엽입니다. 묵자는 초楚에 간 적이 있고 초 혜왕楚惠王을 만난 적도 있기에 이 지역에서 묵가의 작품이 보이는 것은 아주 자연스러운 일이라 할 수 있습니다. 이는 과거 우리가『묵자』중 뒤늦게 편찬된 것으로 본 편장들이 사실 조금도 늦지 않고, 늦더라도 묵자보다 한 세대 뒤의 사람이 편찬했음을 설명해줍니다. 또『묵자』맨 마지막「성수城守」각 편을 진간秦簡과 대조해보면, 이 편장을 진대 사람들이 썼다는 점을 알 수 있습니다. 곧 묵학墨學이 진나라에 전파된 후에 진나라에서 편찬된 것입니다. 특히 이 편에서 '왕王'으로 칭하는 부분도 있고 '공公'으로 칭하는 부분도 있는데, 후자는 진이 아직 왕을 칭하기 전에 곧 진 혜문왕惠文王 이전에 쓰인 것이며, 이는 상술한 일편의 연대와 크게 차이가 나지 않습니다. 따라서 우리는『묵자』각 편의 연대에 대해 새롭게 연구해야 할 필요가 있다고 생각합니다.

또 1942년 창사長沙 쯔단쿠子彈庫에서 출토된 초나라 백서를 예로 들 수 있습니다. 초백서가 출토된 묘장의 연대는 확정적입니다. 1973년, 후난성박물관에서 이 묘장을 정리할 때 또 한 폭의 백화帛畵[비단 위에 그린 중국 고대의 그림]가 발견되었습니다. 이 연대는 도기陶器의 배열 등을 놓고 볼 때, 전국시대 중후기가 분명한데, 바로 기원전 300년 정도입니다. 따라서 초백서가 내포하는 사상 또한 기원전 300년에 분명히 존재하던 것입니다. 결코 이 이후에 나타난 사상이 아닙니다. 이 또한 중요한 기준점이 될 수 있습니다. 초백서는 일종의 음양陰陽 수술數術적 성격을 띠는 학술사적으로 상당한 가치가 있는 것입니다. 초백서는 많은 사상 문화적 요소를 내포하고 있습니다. 초백서는 연대가 확정된 만큼 여기서 내포하는 사상 문화적 요소 또한 결코 기원전 300년 이후에 나타난 게 아닙니다. 여기서부터 출발해 일련의 의의가 있는 추론을 할 수 있는데, 이는 학술사적으로 도움이 되는 연구가 될 것입니다.

　반대로, 연대를 확정할 수 있는 문헌을 기준으로 출토 자료의 시대를 추정할 수도 있습니다. 『할관자鶡冠子』가 가장 좋은 사례입니다. 『할관자』는 현재 세계적으로 연구가 활발한데, 제가 얼마 전 미국에 가서 『할관자』에 대해 이야기할 때도 이를 연구하는 학자들을 볼 수 있었습니다. 『할관자』는 연대가 비교적 분명합니다. 그 연대에 대한 상하 범위는 20년도 안됩니다. 가장 분명한 것은 방난龐煖이 죽은 연대는 이미 알려져 있다는 점입니다. 『할관자』에서는 방난을 '방자龐子'라 부르고 있는데, 이는 그 학생들이 스승을 부르는 호칭입니다. 이 밖에 진시황에 대한 피휘避諱가 보이는 것을 통해 이 책이 또한 진대를 거쳐 편찬되었다고 볼 수 있습니다. 이를 자세히 생각해보면, 『할관자』의 연대가 전국시대 최후 몇 년에서 진대 분서焚書 이전을 벗어나지 않음을 알 수 있습니다. 주지하시다시피, 백서 『황제서黄帝書』가 발견되지 않았다면 『할관자』는 억울하게도 위서라는 오명을 벗지 못했을 것입니다. 『할관자』는 당唐 유종원柳宗元 때 이미 위서로 부정되었습니다. 그후로 유종원에 대한 숭배가 깊어지면서 극소수만이『할관자』를 인정할 뿐이라, 그럴듯한『할관자』주석본도 나오지 않았습니다.『할관자』의 판본은 명대의 두 판본이 있는데, 하나는 명대에 송대 판본을 번각한 것으로『사부총간四部叢刊』에 영인되어 있는 판본이고, 다른 하나는『도장道藏』에 수록되어 있는 판본입니다. 두 판본은 차이가 크지 않습니다. 주석 가운데 가장 이른 것은 북송 육전陸佃의 주석입니다. 당 사본『할관자』는 날조된 것입니다. 얼마 전, 천구잉陳鼓應 선생이 저를 찾아와 소논문 한 편을 요청했는데, 그때 저는『할관자』의 연대 문제에 대해 얘기했습니다. 그 논문은 아주 급하게 쓰느라 비교적 문장이 거친데 여러분의 많은 비평을 바랍니다. 제가 제시한 몇 가지 사례를 볼 때『할관자』는 마왕두이 백서 중에서 발견된『황제서』를 인용하기 때문에『황제서』가『할관자』보다 빠르다는 것을 증명합니다. 특히 '오정五正'과 같은 단어는 쯔단쿠 초백서에서도 보이는 것으로『할관자』의 연대를 설명하는 데 도움을 주고 있습니다.

어떻든 제 생각은 현재 출토된 많은 자료가 전승 문헌과 서로 관계를 맺고 있다는 점입니다.『할관자』는, 출토된 것은 아니지만 백서『황제서』와 아주 비슷해서 초나라 사람의 작품임이 확실할 뿐 아니라 시대적으로도 비교적 이릅니다. 이러한 사례는 우리에게 '일정한 거점定點'을 제공해주기 때문에 더 많은 추론을 이끌어낼 수 있습니다. 이렇게 추론된 결과는, 아주 분명하게 드러나는데, 바로 의고 사조와 상반된다는 점입니다. 이는 우리에게 아주 큰 편리를 제공해주는데, 바로 학술사를 아주 풍부하게 만든다는 것입니다. 과거 많은 책에서는『할관자』는 거론할 수 없었습니다. 철학사적인 책에서『할관자』를 거론한 게 있었는지도 기억나지 않습니다.『할관자』는 과거에 많은 사람이 거론할 가치도 느끼지 못했던 책이지만, 지금은 할 이야기가 많은 책이 되었습니다. 그 속에 담긴 아주 많은 철학적 개념은 모두 매우 중요한 것입니다. 따라서 우리는 새로운 관점으로 이 책을 대해야 합니다.

앞서 저는 학술사를 반드시 다시 써야 한다고 했습니다. 선진과 한 대의 것뿐 아니라 그 이후 시대도 다시 써야 한다는 말입니다. 한대 이후의 학술사에 대해 몇 마디 해보겠습니다. 학술적으로 또 문화적으로 발전하기 위해서는 앞 시대 사람들의 한계를 지양해야 하는데, 이는 불가피한 것입니다. 이렇게 하지 않으면 발전할 수 없습니다. 그들의 문호지견을 배제하지 않는다면 새로운 어떤 성과도 이룩할 수 없습니다. 제가 심각하게 느낀 바가 있습니다. 제가 백서 『주역』을 맨 처음 봤을 때, 먼저 그 배열 순서 곧 괘의 선후 배열을 주의 깊게 살폈습니다. 그것과 지금의 판본 가운데 어떤 게 더 먼저일까요? 저는 백서 『주역』이 더 늦은 것이라 생각합니다. 왜냐면 백서본은 완전히 음양설에 따라 배열되어 있기 때문입니다. 백서본은 경씨역京氏易*과 아주 비슷하지만 경씨역보다 간단하고 체계적이지 못할 뿐입니다. 백서본은 실제로 분궁分宮되어 있는데, 곧 하괘下卦로 분궁한 것은 후대에 나온 『원포元包』** 같은 것보다는 훨씬 좋습니다. 백서본의 괘서卦序를 따라 괘위도卦位圖를 그려보면, 정리에 참가했던 학자들이 모두 발견했듯, 송대 사람들이 말한 선천괘先天卦와 아주 유사하지만 네 모퉁이 괘에서 90도 차이가 납니다. 왜 그럴까요? 이는 바로 「설괘說卦」에서 말하는 '천지정위天地定位[천지

---

* 전한시대 경방京房이 전한 주역 일파. 현재 『경씨역전京氏易傳』 세 권이 전해온다.
** 『원포경元包經』. 남북조시대 후기 위원숭衛元嵩이 지은 역학易學 저작이다.

가 자리를 정한다]'와 관련된 몇 마디가 백서본과 현재의 『주역』이 서로 조금 다르기 때문입니다. 지금의 『주역』대로 해보면 선천괘위를 그려낼 수 있습니다. 이렇게 보면, 상빙허尙秉和 및 한역漢易 연구 학자들 예컨대 스즈키 요시지로鈴木由次郎의 『한역연구漢易硏究』 같은 책에서 지적한 한대에 이미 선천괘의 관념이 있었음은 정확하다고 할 수 있습니다. 따라서 송대 역학을 연구할 때 말하는 이른바 '하도낙서河圖洛書'와 같은 기본적 관념은 송대 사람들이 발명한 게 아닙니다. 청대 사람들이 문호를 주장할 때, 사람들에게 '모자帽子[죄명, 딱지]'를 씌우는 특징이 있었습니다. 당시 가장 큰 '모자'는 바로 '이씨二氏[불교와 도교]로, 그들은 송대 사람들의 괘도卦圖가 진단陳摶에게서 나왔다고 고증하면서, 진단에게 '모자'를 씌웠습니다. 진단은 [오대 말 북송 초의] 도사老道가 아닙니까? 진단을 도사라고 한다면, 당신은 응당 유가의 정종正宗을 버린 것입니다. 하지만, 도교라 해서 한대의 것을 보존할 수 없습니까? 심지어 선진 시대의 것은요? 예컨대, 지금 우리가 참고하는 『주역참동계周易參同契』에 보존되어 있는 건 비교적 시대가 이른 것입니다. 한역은 원래 상수象數를 근본으로 삼았지만, 왕필王弼이 상수를 일소하면서 잊히고 말았습니다. 유학자들은 이를 잊었지만, 도교에서는 이를 보존하고 있었고 오히려 발전시킬 수 있었는데, 어째서 안 되는 것인가요? 우리가 문호를 따지지 않는다면, 이 문제는 아주 쉽게 해결할 수 있습니다.

그 밖에 마왕두이 백서 『오행五行』에서도 많은 것을 발견해낼 수 있습니다. 송학의 많은 학자는 기본적으로 오행이 선진 시기에 존재하지 않았다고 여기는데, 마왕두이 백서에 모두 보존되어 있습니다. 일례로, '이理'와 '성性' 같은 것은 백서에서 모두 언급하고 있습니다. 이 또한 이상할 바가 없습니다. 송학은 원래 자사子思와 맹자 일파의 유학思孟之學을 근본으로 삼고 있는데, 『오행』이 바로 사맹학파의 맥을 잇는 작품이기 때문입니다. 현재 발견된 새로운 자료에서 시작해 다시 각종 전승 문헌을 보면, 송대 사람들이 말하는 증삼曾參, 자사, 맹자의 학맥은 확실히 존재하던 것입니다. 『오행』의 작자가 바로 이 학맥을 잇는 학자입니다. 이러한 관점에서 보면, 송학의 어떤 부분은 바로 선진과 비교적 가깝다고 할 수 있습니다.

방금 언급한 송학●도 청대 사람들이 한학●●과 송학을 구분한 데서 나타
난 문제입니다. 한대에 물론 금문경今文經과 고문경古文經이 존재했지만, 문제
는 몇몇 학자가 이야기하는 대로 금문이 한 파를 이루고 고문이 한 파를 이
루어서 둘이 [과연] 서로 물과 불처럼 대립했는가 하는 점입니다. 이는 새롭
게 검토해볼 만한 문제입니다. 저는 얼마 전에 소논문 「『금고학고』와 『오경
이의』『今古學考』與『五經異義』」를 썼는데, 사실 논문이라기보다는 독서차기讀書箚記
라 할 수 있으므로, 장다이녠張岱年 선생이 책임편집한 『국학총서國學叢書』 제
1종 『국학금론國學今論』에 실려 있습니다. 『금고학고』는 청말 금문 경학자 랴

● 宋學. 성性과 리理를 둘러싸고 이치를 탐구하는 학문. 송나라 때 흥성해 송학이라고 한다.
●● 漢學. 전적典籍의 훈고와 고증을 중시하는 학문. 한나라 때 흥성했고, 다시 청나라 때 고증학의 유
행으로 일시를 풍미했다.

오핑廖平 선생의 명저로 캉유웨이康有爲의 경학 사상에 큰 영향을 끼친 책입니다. 금문학과 고문학에 같은 점수를 부여하는 것은 요씨廖氏 경학經學이 '처음 변할初變' 때의 종지宗旨로, 『금고학고』는 주로 후한 학자 허신許愼의 『오경이의』를 근거로 한대 학문을 금문파와 고문파로 엄격하게 구분했습니다. 이런 관점은 이미 경학사에서 상식이 되었습니다. 그러나 허신의 『오경이의』를 자세히 들여다보면, 많은 부분에서 『금고학고』와 다른 점을 발견할 수 있습니다. 허신 본인이 「설문해자 서說文解字序」에서 "맹씨孟氏의 『주역』, 공씨孔氏의 『상서』, 모씨毛氏의 『시경』『예禮』『주관周官』, 좌씨左氏의 『춘추春秋』『논어』『효경孝經』은 모두 고문이다"[1]라고 했는데, 여기서 보이는 '맹씨의 『주역』'은 곧 맹희孟喜의 학문으로 분명히 금문에 속하지 고문에 속하지 않습니다. 이를 통해 허신 본인도 결코 고문을 전문적으로 공부한 사람이 아님을 알 수 있습니다. 그의 『오경이의』를 보면, 금문경을 높일 때도 있고 고문경을 높일 때도 있는데, 이 점은 허신 본인이 '문호'를 나누지 않았다는 것입니다. 『금고학고』는 억지로 '맹씨'를 '비씨費氏'로 고쳤는데, 이는 근거가 없는 것입니다. 이는 또한 학술사에 존재하는 수많은 관건성 문제를 오늘날 반드시 재고해봐야 함을 말해주는 사례라 할 수 있습니다.

평유란 선생은 일찍이 '신고信古 → 의고疑古 → 석고釋古'의 '삼단계'설을 제기한 바 있습니다. 훗날 어떤 학자는 '석고'를 '고고考古'로 바꾸는 게 낫다고 말하기도 했습니다. 고고는, 앞에서 이미 수차례 이야기했듯, 아주 중요한 것입니다. 제가 최근에 궈모뤄郭沫若 선생(1892~1978)의 탄생 100주년을 기념하는 글에서, 고고학으로 고사를 탐색하는 학문 분위기를 창도한 궈모뤄 선생의 공적을 특별히 강조한 바 있습니다. 그러나 현재 여러분이 이야기하는 '고고'는 기본적으로 야외고고학田野考古, field archaeology을 일컫는 것으로, 그 함의가 '석고'처럼 넓지 않습니다. 제가 이야기하고 싶은 바는, 오늘날의 학계가 아직까지 '의고' 단계에서 벗어나지 못한 부분이 있다는 점입니다. 아직까지 구시대적 관점의 속박에서 벗어나지 못한 것입니다. 현재의 조건 속에서 우리는 '의고'시대를 벗어나야 합니다. 이는 필요할뿐더러 가능성도 있습니다.

우리는 이론을 이야기하고 방법을 이야기합니다. 우리는 '의고'시대 때 할 수 없었던 문헌 연구와 고고 연구를 결합할 수 있습니다. 이러한 방법을 충분히 이용해 고대 역사와 문화 연구의 새로운 국면을 개척할 수 있습니다. 이는 모든 중국의 고대 문명에 대해 새롭게 가치를 매기는 일입니다.

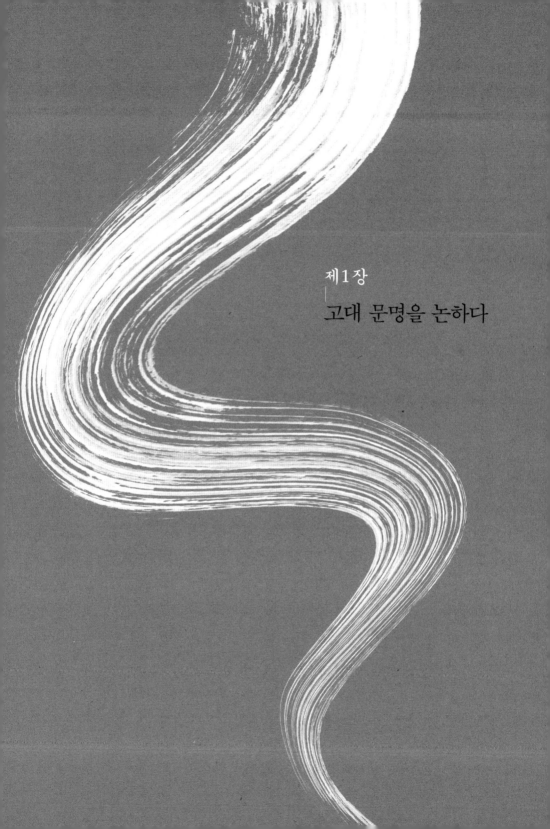

제1장

고대 문명을 논하다

중국 고대 문명의 기원

유구한 역사를 지닌 중국의 고대 문명은 인류 문명사상 중요한 지위를 차지하고 있다. 이 문명이 언제 어디서 탄생했는지 또 어떻게 흥기하고 빛을 발했는지는 중국 학자들뿐 아니라 세계 여러 나라 학계에서도 뜨거운 연구 과제다.

문명 기원의 문제는 마르크스주의적 관점에 따르면, 바로 계급사회와 국가 기원의 문제라 할 수 있다. 칼 마르크스Karl Marx와 프리드리히 엥겔스 Friedrich Engels는 만년에 미국 학자 루이스 헨리 모건Lewis Henry Morgan의 저작인 『고대사회Ancient Society』(1877)를 자세히 연구했다. 마르크스는 「모건의 『고대사회』 요약」(1880~1881)을 썼고, 엥겔스는 1884년 『가족, 사유재산, 국가의 기원Der Ursprung der Familie, des Privateigentums und des Staats』을 썼다. 엥겔스는 이 고전 속에서 유물사관에 입각해 인류가 야만에서 문명으로 발전해가는 역정을 자세히 분석했다. 엥겔스는 그리스·로마와 독일 등의 실례를 근거로 씨족제도가 어떻게 해체되었고 씨족 조직이 어떻게 파괴되었으며, 이를 소멸시킨 경제적 조건에 대해 탐색하고, '문명 시대의 기초는 한 계급의 다른 한 계급에 대한 수탈이다'[1]라는 것을 지적했다. 이러한 연구와 결론은 마르크스주의의 문명 기원에 관한 기본 이론으로 정립되었다.

엥겔스는 역사적 조건으로 인해 중국에 대해 구체적으로 다루지 못했다. 마르크스주의가 중국에 들어온 후, 학자들은 『가족, 사유재산, 국가의 기원』의 이론을 중국 고대사 연구에 응용하기 시작했다. 1929년 궈모뤄 선생은 『중국 고대사회 연구中國古代社會研究』를 편찬했는데, 그는 엥겔스의 이 고전적 저작[『가족, 사유재산, 국가의 기원』]을 나침반으로 삼아 엥겔스가 지적하지 못한 중국의 고대사회를 연구했다. 이후로 적잖은 마르크스주의 사학자가 나타나 궈모뤄의 작업을 계속했다.

10월혁명(1917) 후, 중국 문명의 기원 문제를 연구하는 소련 학자가 나타나기도 했다. 서양에서 엥겔스의 관점은 인류학계와 고고학계에 영향을 끼쳤는데, 예컨대 영국의 고고학자 차일드의 선사 고고와 고대 문명에 관한 견해에서 보이는 신석기시대 혁명과 도시 혁명 같은 관념으로, 이를 통해 엥겔스의 관점이 상당히 광범위하게 전파되었음을 알 수 있다. 1960년대 말부터 서양학계에서는 문명 기원 문제에 대한 뜨거운 토론이 진행되어 일련의 연구 논저가 출판되었다. 일례로 1968년 글린 대니얼Glyn Daniel(1914~1986)의 『최초의 문명: 문명 기원의 고고학The First Civilizations: The Archaeology of Their Origins』, 1975년 엘먼 R. 서비스Elman R. Service의 『국가와 문명의 기원: 문화 진화의 과정Origins of the State and Civilization: The Process of Cultural

Evolution』, 1979년 P. R. S. 무레이P. R. S. Mooey가 책임편집한『문명의 기원The Origins of Civilization』, 서비스와 로널드 코언Ronald Cohen이 책임편집한『국가의 기원: 정치적 진화의 인류학Origins of the State: The Anthropology of Political Evolution』 등은 모두 이러한 추세를 대표한다. 이 논저들은 중국의 고대 문명과 어느 정도씩은 연관이 된다.

근 10년 이래[1980년대경부터] 중국 학계에서는 문명의 기원이 아주 뜨거운 주제 가운데 하나였다. 사학계와 고고학계는 마르크스주의 역사관을 응용해 진지한 연구를 진행하면서 수많은 성과를 발표했다. 이러한 새로운 사상과 관점은『중국 고대사회 연구』등과 같은 초기의 작품과 비교해볼 때 현저히 발전된 것이다. 이를 종합하면 몇 가지 특징을 발견할 수 있다.

첫째, 이론의 심화.

중국 문명의 기원 문제를 연구한 저작은 대부분 마르크스주의 이론을 기본으로 견지하고 동시에 근대 후기 국외 여러 논저의 관점을 거울삼아 흡수했다. 이는 문명의 지표 혹은 요소를 주제로 한 토론에서 두드러지게 나타났다. 마르크스주의 이론에 의하면, 계급과 국가는 문명 생성의 근본적 지표지만 어떤 고대사회를 판단할 때 특히 고고학적으로 발견된 구체적인 고대 유적이 문명사회에 속하는지에 대해서는 몇 가지 요소를 근거로 제시해야 한다. 국외 저작 중 앞서 언급한 영국 대니얼의『최초의 문명』에서는 문자와 도시와 복잡한 의례 중심 등 세 요소를 열거하면서, 그중 두 요소를 갖추고 있으면 문명에 속하는 것으로 판단할 수 있다고 했다. 일본의 가이즈카 시게키貝塚茂樹는『중국 고대사학의 발전中國古代史學の發展』(1946/1977)의「보기補記」에서 청동기, 궁전 유적, 문자 세 요소를 문명의 조건으로 열거했다.

1983년 샤나이夏鼐 선생은 일본방송협회의 요청으로 공개 강연을 한 적이 있는데, 그중 한 번은 '중국 문명의 기원'이 주제였다. 그는 다음과 같이 말했다. "현재 사학계는 보통 '문명'이라는 단어를 씨족제도가 해체되어 국가 조직의 단계로 들어선 사회 단계를 가리키는 말로 쓴다. 이러한 사회 속에는 정치조직상의 국가 외에도, 정치(왕실과 관청[정부와 부처])·경제(수공업외 상업까지)·문화(종교 포함) 등 각 방면 활동의 중심지로 작용하는 도시가 있었다. 이들 사회는 보통 문자를 발명하고 또 문자를 이용해 기록을 남겼으며 모두 금속을 야련冶煉할 줄 알았다. 이와 같은 문명의 지표 가운데 문자가 가장 중요하다."[2] 샤나이 선생의 견해는 현재 중국 학계에서 비교적 통용되고 있다.

둘째, 고고학의 중요성 강조.

『중국 고대사회 연구』가 나왔을 때, 현대 고고학은 중국에서 겨우 싹을 틔우는 정도여서 많은 성과를 얻지 못했다. 중국 고고학은 60여 년의 피나는 노력 끝에 이미 세계적으로 빛나는 성과를 이룩했다. 중국 고대 문명은 그 생성과 형성 시기를 포함해 이미 고고학자들의 호미를 통해 점점 분명하게 그 모습을 드러내고 있다.

세계 여러 고대 문명의 기원 문제는 모두 예외 없이 고고학적 성과와 연구로 해답을 찾아가고 있다. 원시사회에서 문명사회로 발전해나가는 단계에서, 문자는 맹아적 상태(어떤 곳에서는 아예 발생하지도 않았다)에 머물러 있었기에 체계적 기록을 남길 수 없었다. 고대 중국에서는 수많은 전적이 기록되어 지금까지 전승되는 것이 적지 않지만, 초기 문명 자료는 제한적일 수

밖에 없다. 이런 점에서 고고학적 자료를 중심으로 이 분야를 연구해야 한다는 것이 학계의 상식이 되었다.

셋째, 전설傳說의 가치 중시.

앞서 고고학의 중요성을 언급했는데, 이는 결코 전승 문헌에 기록된 고사 전설이 아무런 의의가 없다는 말은 아니다. 청말 이래로 흥기한 의고 사조는 전설이 가리키는 시대가 오래된 시기일수록 후세 사람이 위작한 부분이 많기 때문에 그것을 더욱 믿을 수 없다고 했다. 1950년대 이미 학자들은 이에 대한 반론을 제기해, 고사 전설을 세밀하게 정리·분석하면서 역사적으로 가치 있는 많은 단서를 찾아냈다. 어떤 학자는 전설을 근거로 고고학적 조사를 진행하기도 했는데, 쉬빙창徐炳昶 선생의 위시豫西(허난성 서부 지역) 하夏 문화 조사 작업은 많은 사람의 주의를 끌었다.

1982년 말, 인다尹達 선생이 학술지 『사전연구史前硏究』의 창간을 기념하면서 쓴 「마음에서 우러나오는 바람衷心的願望」은 그의 마지막 학술 논문이 되었다. 그는 이 글에서 다음과 같은 물음을 던졌다. "중국 고대사회의 전설은 정말로 완전히 위조된 것인가? 의문점이 가득하고 그럴듯하면서도 아닌 것 같은 신화적 고사 전설 가운데, 진정한 사회역사적 요소가 있는 것은 아닐까?" 그는 고고학적 발전이 이미 "신화적 전설이 지닌 진정한 역사적 요소를 충분히 증명할 수 있게 되었기 때문에 이러한 전설을 완전히 말살해서는 안 된다"고 했다.[3]

넷째, 문명 기원의 일원론적 관점에 반대.

고적古籍 속에 보이는 전설에 대한 연구 성과 가운데 사오왕핑邵望平의 『상서』「우공禹貢」에 관한 논문이 아주 흥미롭다.[4] 사오왕핑은 기원전 4000~기원전 3000년경 특히 그 중기와 후기, 황허강黃河과 창장강長江 유역의 선사 문화에 큰 사회적 변혁이 발생해 [중국이] 고고학에서 말하는 룽산龍山 시대 에 진입했음을 지적했다. 이 시대에 형성된 룽산 문화 집단이 바로 중국 문 명 형성의 기틀이 되었다. 「우공」에 기록된 구주九州는 당시의 문화권과 거의 일치한다. 그 내용의 진실성과 유구함은 결코 후세 사람들이 상상해서 날조 할 만한 것이 아니다. 사오왕펑은 중국 고대 문명이 황허강과 창장강 유역을 기반으로 하고 중원 지역을 중심으로 한 다원적인 것으로 여겼다. 과거 고 고학은 충분한 자료를 얻지 못해 중국 문명이 중원에서 기원했다는 일원론 적 관점을 타파하지 못했지만, 현재의 고고학은 이미 중국 문명 기원에 대 한 기초를 새롭게 다져서 일원론적 전통 관점이 타파될 수 있게 되었다.

문명 기원에 대한 일원론이 타파된 것은 전국 각지에서 고고학적 작업이 한층 더 보편적으로 전개된 결과였다. 각 지역에서의 고고학적 성과로 문화 적 진보 상황이 갈수록 분명해지면서, 각종 문명의 발생 과정 또한 점점 뚜 렷하게 드러났다. 아래에서는 중국 사학계와 고고학계가 마르크스주의 역 사관을 응용해 이룩한 중국 고대 문명 기원 연구의 초보적 성과를 몇 가지 부문에서 간단히 정리하고자 한다.

금속의 사용

생산력은, 마르크스주의 역사관에 따르면, 경제 인프라 가운데 가 장 활발한 요소이며, 생산력과 관련한 생산 도구의 진보는 생산력 발전의 지표가 된다.

적잖은 고국古國의 문명 시대는, 현대 고고학이 증명하듯, 청동시대의 도래와 대체적으로 일치한다. 중국의 청동시대가 언제 시작되었는가는 오랫동안 학계의 주목을 받아온 과제다.

상나라는 주지하듯 이미 청동기시대였다. 게다가 청동기의 제작 공예는 아주 고도로 발전되어 있었다. 그러나 1950년대까지, 사람들이 알고 있던 상대 청동기는 상나라 후기(대략 기원전 1300년 상나라 왕 반경盤庚이 은殷으로 천도한 이후)의 기물이었다. 이는 고고학에서 '은허기 청동기殷墟期靑銅器'라 부른다. 은허기보다 이른 상대의 청동기는, 허난河南 정저우鄭州와 후이현輝縣 등의 발굴을 통해 확정되었다. 정저우 얼리강二里岡에서 출토된 청동기는 비교적 많아 고고학에서는 '얼리강기 청동기二里岡期靑銅器'라 부른다.

얼리강기 청동기는 상대 초기의 것으로 그 공예는 물론 은허기의 수준에 미치지 못하지만 그래도 어느 정도 발전된 상태였다. 얼리강기 청동기의 특징을 보면, 기벽器壁이 비교적 얇고, 문양도 비교적 간단하지만 예기禮器, 병기兵器, 공구工具 등이 모두 갖춰져 있다. 은허기의 주요한 기종器種이 이미 이 시기에 이미 다 갖춰진 것이다. 그 체적이 아주 커서 높이가 1미터에 이르는 방정方鼎은 은허기 최대 청동기 후모무방정后母戊方鼎[1.33미터]보다 0.33미터 낮을 뿐이다. 얼리강기 청동기는 지역적으로 상당히 광범위하게 출토되었다. 멀리는 창장강 중류의 후베이 황피黃陂, 산시陝西 한중漢中의 청구城固에서까지 적잖게 발견되었다. 게다가 그 형체와 문양은 정저우 등지에서 출토된 것과 대체로 일치한다. 이는 상 초기의 청동기 공예가 결코 원시적이지 않았음을 설명해준다.

얼리강기보다 더 이른 청동기는 주로 허난 옌스偃師 얼리터우二里頭에서 발

의고시대를 걸어 나오며

견된 것으로, 고고학에서는 '얼리터우 문화 청동기二里頭文化靑銅器'라 부른다. 몇몇 학자는 얼리터우 문화를 하 문화로 여기는데, 이 의견이 틀리지 않다면 얼리터우 문화 청동기는 바로 하 왕조 시기의 것이 된다. 어찌되었든 얼리터우 문화는 분명 청동기 문화로, 출토 기물이 얼리강기의 상대 청동기에 비해 거칠고 간단하지만, 그래도 원시적 수준은 아니다. 발굴자의 통계에 의하면, 얼리터우 유적 예기로는 정鼎[귀 둘 달린 세 발 솥], 작爵(수량이 가장 많다. [참새 부리 모양의 세 발 술잔]), 고觚[나팔을 세워놓은 듯한 술잔], 가斝[주둥이가 둥글고 발이 셋 달린 술잔], 화盉[술을 담는 주전자 모양의 용기]가, 병기兵器로는 과戈[낫처럼 생긴 긴 창], 척戚[무용이나 의식에 사용하던 도끼], 전족箭鏃[화살촉]이, 공구工具로는 착鑿[끌], 분錛[자귀], 추錐[송곳], 찬鑽[작은 송곳], 곽鐰(도질 거푸집陶范 발견), 도刀, 각도刻刀[새김칼], 어구魚鉤[낚시바늘] 등이 있고, 그 밖에도 동령銅鈴[청동요령], 동포銅泡[청동 단추 모양 장식], 동식패銅飾牌[청동 장식 패] 등이 있다. 이들 기물의 공예는 자못 복잡한데, 합범법合范法[거푸집을 한 쌍 맞붙여 주조하는 방법]으로 주조했고 분주分鑄·접주接鑄 등의 기술을 사용했다. 어떤 기물은 아름다운 녹송석綠松石으로 상감되기도 했고, 많은 문양이 보이며, 유금鎏金한 흔적이 보이는 기물도 있다.[5] 이는 당시 사람들이 더욱 크고 복잡한 청동기를 제작할 수 있었음을 보여주는 것으로, 어쩌면 아직 발견하지 못한 큰 무덤 속에 [그러한 청동기가] 보존되어 있는지도 모른다.

과거 어떤 사람은 은허기 청동기는 아주 발달했지만, 이보다 이른 연원을 발견하지 못한다는 점에서, 청동기 생산 기술이 중국 밖에서 전래된 것이라 여기기도 했다. 현재 얼리터우 문화의 발견으로 중국 청동기의 전통을 하대까지 끌어 올렸는데, 그렇다면 이와 같은 전통의 근원은 도대체 어디에 있는 것일가?

최근의 고고 작업 중, 청하이青海, 간쑤甘肅, 산시陝西에서 허난, 산시山西, 허베이, 징진京津, 베이징과 톈진, 네이멍구內蒙古와 산둥山東에서까지 모두 얼리터우 문화보다 이르거나 비슷한 시기의 동기 혹은 동기 제작 유적이 발견되었다. 그중 시대가 가장 이른 것은 1973년 산시陝西 린퉁臨潼 장자이姜寨 양사오 문화仰韶文化 시기의 거주지에서 발견된 반원형 구리 조각이다.[6] 이 유적의 탄소측정연대는 대략 기원전 4700년이다. 이 구리 조각을 과학적으로 분석한 결과 아연이 함유된 황동黃銅으로 밝혀졌다. 아연이 함유된 동광석으로 제련했을 것이라 보고 있다. 같은 유적에서 나온 동관 하나 역시 황동이었다.

1987년 네이멍구 아오한기敖漢旗 시타이西臺의 홍산 문화紅山文化 거주지 유적에서 발견된 도질 거푸집 조각들은 낚싯바늘을 주조하기 위한 것으로 보인다.[7] 홍산 문화의 하한 연대는 기원전 3000년경으로 도질 거푸집은 이 연대보다 늦지 않을 것이다.

1975년 간쑤 둥샹東鄉 린자林家에서 출토된 거주지 유적의 북쪽 벽 아래에서는 동도銅刀 하나가 발견되었다. 이 유적은 간쑤 양사오 문화仰韶文化의 마자야오 유형馬家窯類型이며 탄소측정연대는 대략 기원전 3200년이다. 이 수치는 조금 이르게 측정된 것일 수 있지만, 그래도 대체로 기원전 3000년경으로 보인다. 과학적 감정을 거친 이 동도銅刀는 주석을 함유한 청동으로, 두 거푸집 사이에 구리를 부어 제작한 것인데 현재까지 발견된 중국 최고最古의 청동기다.

이상은 초기 중국 청동기에 대한 사례다. 어떤 학자는 여러 발견을 근거로 양사오 문화를 후기 신석기시대에서 초기 동석기 병용 시대로, 룽산 시대를 후기 동석기 병용 시대로 구분하기도 한다.[8] 어떤 학자는 룽산 시대 중후기를 청동기시대로 보기도 한다.[9] 주의해야 할 것은 상술한 초기 청동기는 모두 야주治鑄를 거쳤다는 점이다. 야금사의 일반적 규율을 살펴보면, 청동기 야주 공예를 발명하기 전, 천연 구리를 단타鍛打해 동기를 제조하는 단계를 거쳤는데, 이때의 동기는 순동純銅 곧 홍동紅銅으로 제작한 작은 동기다. 외국의 동석기 병용 시대는 주로 이러한 기물로, 중국에서는 아직까지 이 단계가 보이지 않고 있다. 어떤 논문에서는 이를 중국 야금사의 특징으로 여기고, 중국에서는 이 단계를 거치지 않았다고 주장하기도 한다.[10] 정말로 그러한지는 훗날의 고고 작업을 통해 증명될 것이다.

문자의 탄생

　　모건은 『고대사회』에서 '문명'은 '표음자모의 발명과 문자의 사용에서 시작'된다고 했다. 엥겔스는 이 설을 받아들이면서 아울러 야만사회의 고급 단계는 '문자가 발명되고, 문자가 문헌 기록에 응용되는 과도기를 거쳐 문명 시대에 이른다'[11]고 했다. 이를 통해 보면, 문자는 문명의 중요한 요소다. 중국 고대 문자는 주로 초기의 한자다. 한자의 기원과 관련해 『순자荀子』와 『여씨춘추呂氏春秋』 등 고서에는 황제黃帝 시대의 창힐蒼頡이 문자를 발명했다고 기록되어 있다. 황제의 연대는 대략 기원전 3000년 전기라 하는데, 이 전설은 물론 고고 자료의 증명을 거쳐야 한다.

　　많은 사람은 은허의 갑골문을 최초의 문자로 여기는데, 이는 정확한 것이 아니다. 갑골문은 상대 후기의 문자에 지나지 않는데도 문자 낱자는 이미 4000자를 초과한다. 게다가 갑골문은 글자의 구조를 볼 때 전통적으로 이야기하는 소위 '육서六書'가 이미 구비되었다. 따라서 갑골문은 상당히 발전된 문자라는 점에서 그 이전에 분명 아주 긴 시간의 발전 과정을 거쳤을 것이다.

최근 중국 문자의 기원과 관련된 토론은 주로 연대가 비교적 이른 도기陶器 위에 새겨진 각획 부호刻劃符號와 관련 있다. 각획 부호는 이미 오래전에 발견되었다. 1930년대, 산둥 장추章丘 청쯔야城子崖의 고고 발굴에서 각획 부호가 들어간 룽산 문화 도기 파편이 발견되었지만 큰 주목을 받지 못했다. 1950년대, 산시 시안西安 반포半坡의 발굴에서 양사오 문화 도기의 각획 부호가 다량으로 발견되었다. 이는 『시안반포西安半坡』(1963)에 발표되자마자 고문자학자들의 관심을 불러일으켰다.

각획 부호가 있는 양사오 문화 도기는 모두 반포 유형에 속한다. 지금까지 웨이허강渭河 유역 산시성 시안, 창안長安, 린퉁, 허양合陽, 퉁촨銅川, 바오지寶鷄와 간쑤성甘肅省 친안秦安 등 적잖은 곳에서 발견되었다. 반포 유형보다 이른 시기 문화의 도기에서도 각획 부호가 나타난다. 반포 유형의 도기 부호는 대부분 도기를 굽기 전에 새긴 것이고, 부호가 새겨진 도기의 절대 다수가 도발陶缽[아가리가 매우 넓은 도기]이다. 부호의 위치 또한 고정적인데, 보통 아가리 밖 검은색 대연帶緣[도기 아가리 밖에 띠처럼 둘러친 부분]에 있다. 부호 중에는 간단한 것도 있고 상당히 복잡한 것도 있으며 문자에 가까운 것도 있는데, 예컨대, 린퉁 장자이에서 발견된 부호는 갑골문의 '岳(악)' 자와 아주

• 　한자를 만들고 응용하는 원리인 상형象形, 지사指事, 형성形聲, 회의會意, 전주轉注, 가차假借.

비슷하다.

양사오 문화의 반포 유형보다 늦은 적잖은 문화에서도 유사한 도기 부호가 발견되었는데, 어떤 것은 붓 같은 도구로 쓰여 있었다. 일례로, 칭하이 러두樂都 류완柳灣에서 출토된 마창 유형馬廠類型 채도호彩陶壺의 하복부下腹部 외면에 붓 같은 도구로 쓰인 부호가 많이 발견되었는데, 통계에 따르면 50여 종이나 된다고 한다. 룽산 시대의 문화와 얼리터우 문화의 도기에서도 적잖은 부호가 나왔다. 허난성 덩펑登封 왕청강王城崗의 룽산 문화 후기 회갱灰坑[재구덩이] 두 곳에서 출토된 도기 조각에는 이상하고 복잡한 부호가 새겨져 있는데 문자와 아주 비슷하다.[12] 산시성山西省 샹펀襄汾 타오쓰陶寺의 룽산 문화 타오쓰 유형 후기의 거주지에서 출토된 도편호陶扁壺●에서 붓으로 쓴 주서朱書를 한 '字(자)'와 두 부호가 발견되었다.[13] 상나라 전기 곧 얼리강기 도기상의 부호는 분명 갑골문의 문자와 아주 비슷하다. 종합해보면, 양사오 문화 이래의 도기 부호는 갑골문과 같은 문자에 점점 다가가는 추세라 말할 수 있다.

문자의 기원과 도기 부호의 관계는 다른 고대 문명 속에서 실례를 찾을 수 있다. 어떤 외국 학자의 연구에 따르면, 고대 이집트 문자의 기원은 기원전 4000~기원전 3000년경의 도기상에 그려지거나 부조된 혹은 각획된 부호로 거슬러 올라간다.[14] 이 연대는 중국 도기 부호의 연대와 비슷하다.

이와 같은 부호가 도기에만 나타나는 것은 아니다. 1984~1987년 허난성 우양舞陽 자후賈湖에서 발굴을 진행할 때,[15] 페이리강 문화裵李崗文化에 상당

● 편호는 편평扁平한 동체胴體를 가진 호형(壺形, 항아리) 용기를 말한다.

하는 묘장에서 완전한 모양의 거북이 배딱지와, 부호가 새겨진 거북딱지 파편 두 개가 발견되었는데, 어떤 글자는 갑골문의 '目(목)' 자와 비슷했고 어떤 글자는 '戶(호)' 자와 비슷했다. 이 밖에 자루 모양의 돌 장식에도 새겨진 부호가 있었다. 이 부호는 탄소측정연대에 의하면 늦어도 기원전 5500년경의 것이라 한다. 이 의미 있는 발견에 대해서는 더욱 심화된 연구가 필요하다.

위에서 언급한 각종 부호가 어떠한 성질을 갖는지에 대해서는 학계의 의견이 분분하다. 그리고 학자 대부분이 원시문자일 가능성을 제기한 도기 부호도 있는데, 바로 다원커우 문화大汶口文化의 도기 부호다.

다원커우 문화는 기원전 4300년~기원전 2500년, 산둥성과 장쑤성江蘇省 북부 및 허난성 동부 일대에 분포했다. 그 후신後身이 바로 산둥 룽산 문화다. 도기 부호는 다원커우 문화 후기에 속하는데, 가장 먼저 발견된 것이 1959년 산둥성 닝양寧陽 바오터우堡頭 곧 다원커우 유지遺址에서 출토된 다량의 회도준灰陶尊으로, 붓으로 쓴 주색朱色 부호가 있다. 이후, 산둥성 쥐현莒縣과 주청諸城에서도 계속해서 회도준이 다량 발견되었는데, 모두 기물의 한두 곳에 부호가 새겨져 있었고, 새겨진 다음에 붉은색으로 덧칠한 것도 있다. 이들 부호의 위치와 구조는 상대 청동기 명문과 흡사하다. 1977년 탕란唐蘭 선생은 몇 가지 부호를 '莫' '斤(근)' '戌(술)' '炅(경)' 등의 글자로 풀이했다. 지금까지 이러한 부호는 모두 9종이나 된다.[16]

주목할 것은 다원커우 문화와 이웃하는 량주 문화에서도 유사한 부호가 발견된다는 점이다. 량주 문화는 다원커우 문화 중후기에 장쑤성 남부에서 저장성浙江省 북부에 분포했다. 량주 문화의 어떤 도기에는 각획 부호가 쭉 연결되어 있기도 하고, 적잖은 옥기에도 부호가 있다. 부호가 있는 옥기는 그 종류가 벽璧, 종琮, 환環, 비권臂圈● 등이고 부호가 새겨진 위치 또한 독특한데, 기물의 문양과 섞여 있다. 어떤 부호는 아주 눈에 띄기도 하는데, 부호 주위에 테두리를 더하거나, 혹은 가는 선으로 채우기도 했다. 량주 문화 옥기 부호는 이미 11종이 발견되었는데, 그중 5종이 다원커우 도기 부호와 같거나 흡사하다. 이들 부호를 고문자학적 방법으로 분석하면 대부분 판독해낼 수 있다.[17]

다원커우 문화와 량주 문화는, 서로 자못 다른 문화에 속하지만, 밀접한 관계를 맺고 있다. 1987년 장쑤성 신이화팅新沂花廳에서 발굴된 다량의 다원커우 문화 묘장에서 적잖은 량주 문화 옥기가 출토된 것은 이 두 문화의 사람들이 서로 왕래하고 있었음을 설명해준다. 두 지역 부호 사이에 상통성이 있다는 점은 어쩌면 이 부호들이 원시문자였을 가능성을 나타내준다고 할 수 있다.

도시의 출현

원시 도시의 생성은 마르크스주의 역사관에 의하면 고대 문명 진보의 중요한 지표로, 학계에서는 보편적으로 도시의 생성 문제를 중요시한다. 다만 무엇을 도시라 하고 도시가 원시 취락과 어떻게 다른지는 여전히 토론 중인 문제다. 많은 학자는, 도시의 가장 중요한 지표가 바로 계급적 사

● '벽'은 그릇 가운데에 둥근 구멍이 있는 원반 모양의 옥기를, '종'은 그릇 가운데에 동그란 구멍이 있는 사각형의 옥기를, '환'은 둥근 형태의 옥기를, '비권'은 팔찌를 말한다.

회 구조의 반영이라 생각한다. 도시에 성벽이 꼭 있을 필요는 없다. 일례로, 중국 상대 후기의 은허는 수년간의 발굴을 거쳐 궁전 기단을 두르고 있는 방어성 구학溝壑[구렁. 땅이 움쑥하게 팬 곳]이 발견되었지만 성벽은 발견되지 않았다. 인구의 규모 또한 도시의 참고 지표인데, 대니얼은 최소한 5000명을 수용할 수 있어야 도시로 인정할 수 있다고 주장한다.

은허는 전형적인 중국 고대 도시로, 궁전 기단, 능묘, 거주 유적과 수공업 유지를 포함하고 있어서 은허를 도시로 보는 데 이견이 없다. 상대 초기의 도시로는 허난성 옌스 스샹거우상청尸鄕溝商城 및 정저우상청鄭州商城과 후베이성湖北省 황피 판룽청盤龍城을 들 수 있다. 옌스 상청은 1983년에 발굴되었으며 그 위치는 옌스현 서쪽 다화이수촌大槐樹村 남쪽에 위치하고 남쪽으로는 뤄허강洛河에 임한다. 성의 동쪽·북쪽·남쪽의 성벽을 조사한 결과, 남북 간 거리는 1700여 미터에 동서로 가장 긴 곳은 1215미터이며, 면적은 대략 190만 제곱미터다. 성 내부에서는 대형 건축 기단과 도로 등이 발견되었다. 이 성은 상대 초기에 건설된 것으로, 그 지역은 고서에 기록된 탕湯 임금이 도읍으로 삼았다는 서박西亳과 일치한다. 정저우상청은 1952년에 발견되었으며 유지의 총면적은 2.5제곱킬로미터에 달한다. 성벽의 길이는 동쪽과 남쪽이 각각 1700미터, 서쪽 성벽이 1870미터, 북쪽 성벽이 1690미터다. 성 안에서는 대형 건축 기단이 발견되었고 성 밖에서도 많은 수공업 유지와 묘장 등의 유적이 발견되었다. 어떤 학자는 이 성을 상나라 왕 중정仲丁의 도성인 오隞로 여기고 있다. 판룽청은 1954년에 발견되었고 창장강 북안에서 멀지 않은 곳에 자리하며, 성은 남북으로 약 290미터 동서로 약 270미터로 비교적 작은 편이나, 성 내부에서 건축 기단이 발견되었고 성 밖에서도 거주 유지와 수공업 유지 및 묘장 등이 발견되었다. 이러한 자료는 상대 초기에 이미 규모가 큰 도시가 있었으며, 어떤 도시는 왕의 도읍이었고 어떤 도시는 제후국의 도읍이었음을 말해준다.

앞서 예로 든 허난성 옌스 얼리터우 유지는 스샹거우상청에서 멀지 않은 곳에 자리한다. 어쩌면 하 문화에 속할지도 모르는 이 유적을 하나라 수도 짐심斟鄩이라 주장하는 학자도 있다. 이 유적에서는, 역시 성벽은 발견되지 않았지만, 대형 궁전 기단 및 거주 유지 그리고 수공업 유지와 묘장 등이 발견되었다.

이보다 더 이른 시기의 도시 유적 또한 이미 적지 않게 발견되었다.

가장 먼저 발견된 것은 산둥성 장추 청쯔야 고성이다. 1928년 이후 발굴 때 도시 유적을 발견했지만 인식적 한계로 그 연대를 확정짓지 못했었다. 이 지역은, 1989~1990년 실지 탐사를 하면서 발굴한 결과, 룽산의 문화와 웨스 문화岳石文化([시기적으로 보면] 대체로 얼리터우 문화에 상당한다), 그리고 주나라 시기 세 성城이 중첩된 유적임이 증명되었다. 가장 밑에서 발견된 룽산 문화의 성지城址는 평면으로 방형方形에 가까운데, 남북으로 긴 거리는 약 530미터이고 동서로 긴 거리는 약 430여 미터에, 면적은 약 20만 제곱미터다. 1930년대에 발견된 성지는 실지 탐사를 통해 세 성 가운데 웨스 문화의 고성으로 밝혀졌다.[18]

1930년대 허난성 안양安陽 허우강后崗에서 발견된 단단히 다져진 룽산 문화의 담장 또한 당시의 성지였을 가능성이 있다.

최근 발견된 룽산 문화 성지로는 허난성 덩펑 왕청강, 화이양淮陽 핑량타이平糧臺와 산둥성 서우광壽光 볜셴왕邊線王 등 여러 곳이 있다. 예컨대, 덩펑 왕청강 성지는 동서로 연결된 두 작은 성을 포함해 총면적이 대략 2만 제곱미터이고 성 안에서는 건축 기단이 발견되었다. 화이양 핑량타이 성지는 정방형으로 면적은 대략 3.4만 제곱미터에, 성 안에서는 건축 기단이, 성문에서는 문지기방門衛房 건축이 발견되었고, 배수관도排水管道 등의 유적 또한 발견되었다. 서우광 볜셴왕 성지는 계단형에, 면적은 약 4.4만 제곱미터로, 내성과 외성이 있으며 성의 기단 밑에서 터를 다질 때 묻은 희생犧牲이 발견되기도 했다.[19] 주목할 점은 핑량타이 고성의 남·북 성문과 성내 건축 기단이 직선상에 자리 잡고 있는 것으로, 이는 후대 도시에 보이는 [남북을 관통하는] 중축선中軸線 구도의 초기 형태라 할 수 있다.[20]

룽산 문화 성지는 고서에 기재되어 있는 상고시대 도읍과 상통하는 면이 있다. 일례로, 태호太昊는 전설에 의하면 진陳에 도읍했다고 하는데 진은 곧 지금의 화이양이고, 우禹 임금의 도성인 양성陽城은 곧 지금의 덩펑이다. 안양 허우강은 은허 범위 내에 있으니 더 말할 것도 없다. 주대에 화이양은 진국陳國의, 서우광은 기국紀國의, 장추는 담국譚國의 도읍이었다. 이와 같은 정황은 결코 우연이 아닐 것이다.

북방에서는 샤자뎬 하층 문화夏家店下層文化(시대적으로 얼리터우 문화와 상나라 얼리강기에 상당)의 성지가 발견되었다. 이 성지에서는 돌을 쌓아 담장을 만든 것이 많이 보이는데, 네이멍구 츠펑赤峰 일대에서 발견된 석성石城 43곳의 면적은 보통 1~2만 제곱미터다. 성 안에서는 돌을 쌓아 만든 건물의 기단이 발견되었는데 가장 많게는 600곳 이상이나 되었다. 이러한 석성은 분포에 따라 세 지역으로 나눌 수 있는데, 각 지역의 가운데에는 하나의 큰 성이 있고 그중 가장 큰 성은 면적이 10만 제곱미터나 된다. 샤자뎬 하층 문화에도 흙을 다져 만든 성지가 발견되었다. 예컨대, 네이멍구 아오한기敖漢旗 다디에즈大甸子 성지는 그 면적이 6만 제곱미터인데, 그에 딸린 상당히 큰 묘지에서는 여러 세트의 도기가 부장된 대묘가 발견되기도 했다.[21] 네이멍구 바오터우包頭 아산阿善, 량청涼城 라오후산老虎山에서도 석성이 발견되었는데, 이 연대는 더 올라갈 수 있다.[22]

츠펑에서 발견된 석성군石城群의 구조가 암시하듯, 그 한가운데에 자리 잡은 큰 성은 신분이 고귀한 자가 거주한 '궁성宮城'이었을 것이다. 이로 유추해 보면, 룽산 문화에서 면적이 비교적 작은 성지 또한 '궁성'일 가능성이 있고, 일반 백성은 성 밖을 빙 둘러서 주거지를 형성했을 것이다. 이 점은 이후 고고 작업의 성지 주위 실지 조사를 하면서 더욱 주의해야 할 부분이다.

예제의 형성

마르크스주의 역사관을 보면, 사유제와 계급 및 국가가 생성된 이후에는 반드시 그에 상응하는 전장제도典章制度가 따른다고 한다. 따라서 의례적 건축 또한 문명의 지표로 볼 수 있다. 주의할 것은 중국 고대의 제사 숭배는 예제의 일부로 조상을 공경히 제사 지내는 특징이 있어서 군주의 궁실은 종묘와 분리될 수 없었다는 점이다. 그런 만큼 [중국의] 고대 도시 가운데는 두드러지고 독립적인 의례적 건축이 드물다. 그러나 연대가 비교적 이른 고고 유지 가운데서는 의례적 건축의 존재가 발견되기도 하는데, 몇 가지 예를 들어보겠다.

1983년, 랴오닝성遼寧省 링위안凌源과 젠핑建平 사이 뉴허량牛河梁에서 홍산 문화의 '여신묘女神廟' 유적이 발견되었다. 뉴허량 주량主梁 베이산추北山丘 꼭대기에 평평한 곳이 있는데, 여신묘 유적은 그 평평한 곳 남측의 완만한 비탈에 자리하고 있었다. 이 유적은 두 건축물로 조성되었는데, 하나는 단칸이고 하나는 여러 칸이었다. 출토된 유물에는 진흙 인상人像 및 용과 호랑이 상의 잔편들도 있었다. 인상은 여성의 모습을 하고 있었고 둔부 안에서 골격 잔해가 발견되기도 했다. 같이 출토된 도기 안에서는 아주 큰 채도누공기彩陶鏤孔器●의 파편이 발견되었는데, 이는 분명 제사에 쓰이던 것이다.[23] 최근에는 이곳에서 '피라미드' 모양의 건축물이 발견되었다고 한다.

1987년, 저장성 위항余杭 야오산瑤山에서 량주 문화의 '제단祭壇' 유적이 발견되었다. 이 유적은 야오산 산정의 서북쪽에 자리하고 평면으로 어떤 패턴을 드러내고 있다. 그 중심에는 붉은 토대土臺가 있고 회색토灰色土의 위구圍溝[해자垓字 즉 주위에 둘러 판 도랑 또는 못]가 둘려 있다. 서쪽·북쪽·남쪽의 삼면은 황갈색토黃褐色土가 쌓여 있고, 역석礫石[자갈]이 토대에 깔려 있으며 그 서쪽과 북쪽 가장자리에는 역석을 층층이 쌓은 석감石龕[돌 두둑]이 있다. 전체 제단은 면적이 약 400제곱미터로 그 남쪽 부분은 같은 문화에 속하는 묘장에 의해 조금 파손되었다. 이 토대를 근거로 발굴자는 이 유적이 하늘과 땅에 제사 지내는 것을 주 용도로 하는 제단이라 추측했다.[24]

치자 문화齊家文化에서도 제사 유적이 발견되었다. 간쑤성 융징永靖 다허좡大何莊과 친웨이자秦魏家에서 [돌을 둥글게 땅에 박은] '석원권石圓圈' 6곳이 발굴되었는데, 그 주위에서는 소뼈와 양뼈, 복골卜骨[고대에 점을 칠 때 사용한 동물

● '누공'은 구멍을 뚫는 장식을 말한다.

의고시대를 걸어 나오며

뼈]이 발견되어 제단과 성질이 유사한 것으로 보고 있다.[25]

이와 관련해 의례에 쓰이는 전용 기물 곧 예기禮器가 나타났다. 그중 가장 특색 있는 것이 바로 옥기다. 중국 고대인들은 윤택하고 빛나는 옥(그중 일부는 현대적 기준으로 볼 때 석질石質에 속한다)에 대해 특수한 관념과 감정이 있었다. 그래서 적잖은 고고 문화에서 정교한 옥기가 발견되었고, 이는 상주商周 옥기의 선구가 되었다. 그 사례를 들어보겠다.

훙산 문화 옥기 가운데 중요한 것은 용의 형태를 띠는 결玦(곧 옥룡玉龍), 구운형勾雲形[갈고리형 구름 모양]의 패옥佩玉, 용도를 알 수 없는 통형기筒形器[원통형 도기] 등이 있다. 이 밖에 벽, [세 개의 원(구멍)이 연속해 나란히 나 있는 옥기인] 삼련벽三聯璧, 환, 거북이와 올빼미 등 동물 형태의 장식물도 나왔다. 1973년, 랴오닝성 푸신阜新에서 새로 발견된 두 훙산 문화 석관묘石棺墓에서도 옥기가 상당량 부장되어 있었고, 묘장의 양식 또한 아주 특별했다.[26]

량주 문화의 중요한 옥기로는 벽, 종, 황璜[반원형의 패옥佩玉], 규圭[옥으로 만든 홀笏], 환, 월鉞[장수가 출정할 때 임금이 부신符信으로 주던 도끼 모양의 의장], 관식冠飾[관 장식] 등이 있다. 최근 장쑤성 우현吳縣 차오세산草鞋山과 상하이上海 칭푸青浦 푸취안산福泉山, 저장성 위항 판산反山과 야오산 등지의 량주 문화 묘장에서도 다량의 옥기가 출토되었다.[27] 많은 옥기에 보이는 수면문獸面紋은 상주시대 가장 유행했던 '도철饕餮' 문양의 전신前身으로 여겨진다.[28]

룽산 문화 옥기는 특히 산둥성에서 출토된 것이 가장 정교했다. 어떤 것은 수면獸面 같은 것을 새겨 넣기도 했는데, 발굴된 것은 그리 많지 않다.

치자 문화의 옥기로는 벽, 종, 황, 산鏟 등이 있다. 간쑤성 우웨이武威 황냥냥타이皇娘娘臺의 묘 하나에서만 벽이 83개 출토되기도 했다.[29]

얼리터우 문화의 옥기로는 벽, 종, 장璋[규圭의 반쪽처럼 생긴 옥기] 등이 있다. 얼리터우 유지에서 출토된 기첨歧尖[규圭 모양의 머리 부분이 중간은 둥글게 들어가고 양쪽 끝은 뾰족한 것] 모양의 아장牙璋●은 산시성陝西省 선무神木 스마오石峁(어쩌면 룽산 문화)에서 발견된 것 및 쓰촨四川 광한廣漢 싼싱두이三星堆(상대 후기에 속한다)에서 발견된 것과 형태가 아주 비슷하다.

종합해보면, 『주례周禮』에 기록된 여섯 예옥禮玉은 상술한 문화 속에서 모두 그 연원을 찾아볼 수 있다. 이러한 옥기는 모두 병기와 공구 같은 실용적(칼과 도끼 같은 것이 있지만 날은 모두 무디다)인 것이 없는 점으로 보아 의례용이 분명하며, 소유자의 신분이 표기되어 있기도 하다.

또한 고고 유적에서는 비실용적인 정교하고 아름다운 도기가 출토되기도 했는데, 산둥 룽산 문화의 종이처럼 가벼운 단각흑도蛋殼黑陶[단각 즉 알껍데기처럼 얇은 흑도] 같은 것은 한눈에 봐도 비실용적이다. 샤자뎬 하층 문화의 [다양하게 채색이 된] 채회도기彩繪陶器는 상대 청동기의 아름다운 문양과 아주 비슷하다. 이러한 것은 의례에 사용되었고 특수 신분계층의 부장품으로 사용되기도 했다.

어떤 학자는 샹펀 타오쓰의 초기 묘지(기원전 약 2500년)에 대해 다음과 같이 말한다. "여기서 출토된 예기는 우연한 것이 아니다. 그중에는 채회(칠)목기彩繪(漆)木器, 채회도기, 옥석기玉石器로 구성된 가구家具, 취사도구炊器, 식기食器, 주기酒器, 성저기盛貯器[저장·보관 용기], 무기武器, 공구工具, 악기樂器, 장식물飾物 등이 있다. 또 반룡문蟠龍紋[아직 승천하지 아니하고 땅에 서려 있는 용

●　옥으로 만든 일종의 홀笏, 양쪽에 돌기가 있는 형태다.

의 무늬] 도반陶盤[도기 쟁반]과 상 왕릉에서도 일찍이 사용했던 타고鼉鼓·특경特磬●이 가장 주목을 끈다. (…) 이들 부장품 조합을 통해 본다면, 그후 상주商周 귀족이 사용했던 예기와 악기는 여기서 이미 초보적 규모를 형성했다."[30]

빈부의 분화

　　　마르크스주의 역사관은 사유제의 출현과 계급의 분화에 따라 사회적으로 반드시 빈부의 분화가 발생한다고 보아, 빈부의 분화 현상 또한 고대 문명 연구자들이 주목하는 부분이 되었다.

　원시사회에서 씨족의 재부는 공유되었다. 고고 유적에서 보이는 거주 유지와 묘장의 집체성과 평등성에서 이를 확인해볼 수 있다. 주지하다시피 양사오 문화의 취락과 공동묘지의 모습이 이러했다.

　그러나 양사오 문화에서 보이는 특수한 묘장 등을 통해 이 시기에 이미 불평등으로 향하는 여러 단서가 나타났음을 알 수 있다. 산시성陝西省 화현華縣 위안쥔먀오元君廟 묘지에서 이처럼 특수한 묘장 5기가 발견되고, 한 남성 노인묘의 2층대 섬돌에는 역석이 있었다. 시안 반포의 한 소녀묘 목관木棺에서는, 옥이추玉耳墜[옥귀고리], 도기, 석주石珠[돌구슬] 등의 부장품이 나왔다. 린퉁 장자이의 소녀묘에서는 옥이추와 도기 외에도 8577개의 골주骨珠[뼈구슬]

───

●　'타고'는 악어와 비슷한 천산갑이라는 동물의 껍질로 멘 북을 말한다. '특경'은 아악기로, 석부石部에 속하는 타악기다. 편경보다 크고 한 가자架子(편종·편경 따위를 달아 놓는 틀)에 하나만 달며, 풍류를 그칠 때에 친다.

로 만든 관식串飾이 발견되기도 했다.

다원커우 문화 묘장의 빈부 격차는 매우 분명해져서 이 시기에 이미 부장품이 풍부한 대묘가 출현했다. 산둥성 타이안泰安 다원커우 유지의 묘장을 예로 들면, 13호묘 같은 초기의 대묘는 성인 남녀의 합장묘로 원목圓木을 층층이 쌓은 목곽木槨이고, 많은 도기가 부장되어 있었으며 이 밖에도 상아로 만든 종琮과 조각된 통筒 등의 진귀한 물품이 나왔다. 10호묘 같은 후기의 대묘에도 목곽이 있었는데, 묘주는 성년 여자이고, 상아 빗과 녹송석 관식, 옥비권玉臂圈[옥팔찌]과 옥지환玉指環[옥가락지] 등의 장식품이 나왔고, 채도와 백도白陶 등 기물이 약 90개 정도 부장되어 있었으며, 또 상아를 쪼아서 만든 통象牙彫筒 등의 물품도 있었다.[31]

다원커우 문화를 계승한 산둥 룽산 문화에서도 대묘가 출현했다. 1989년 산둥성 린취臨朐 시주평西朱封에서 발견된 대묘 2기는, 하나는 1곽 1관이었고 다른 하나는 2곽 1관이었다. 전자(202호묘)를 예로 들어보면, 묘주는 성인이고, 아주 정교한 누공감록송석옥계鏤空嵌綠松石玉笄[녹송석을 투각透刻해 문양을 만든 비녀]와 인면문人面紋을 부조해넣은 옥잠玉簪[옥비녀], 녹송석추綠松石墜[녹송석 드리개], 관식, 옥월[옥도끼], 옥도玉刀 등이 관에서 나왔다. 그 밖에 도기(단각 도배陶杯 포함), 골기骨器, 채회기명彩繪器皿[채색된 그릇붙이] 등은 관과 곽 사이의 변상邊箱[묘 시신의 양 옆구리 부분에 부장한 상자]에서 발견되었다.[32]

산시성 샹펀 타오쓰 룽산 문화의 후장묘厚葬墓[화려한 부장품 등 후하고 성대하게 장례 치른 묘]는 앞에서 언급한 바와 같다.

량주 문화의 후장묘로는 저장성 위항 판산의 묘지를 예로 들 수 있다. 이 묘지의 연대는 대략 기원전 3000년 혹은 그보다 약간 늦은 시기다. 판산反

山이라는 말 자체가 곧 매장을 위해 인공적으로 쌓은 토대를 가리키는 것으로, 토방량土方量은 약 2만 제곱미터에 이른다. 대 위에 묘장 11개가 질서 있게 배열되어 있다. 부장품으로는, 도기와 석기 외에 다량의 옥기와 상아기象牙器, 도주涂珠[진흙 구슬], 옥을 박아 넣은嵌玉 칠기가 있었다.[33] 이와 유사한 후장묘가 저장성 자싱嘉興 췌무차오雀幕橋에서 발굴된 목곽 대묘 등 그 밖의 몇 군데에서 발견되기도 했다.

빈부 격차는 생산품의 축적 및 교환의 확대와 직접적 관계가 있다. 당시에는 금속과 가축, 심지어 노예까지도 화폐로 기능할 수 있었다. 중국에서는 보편적으로 돼지가 이러한 기능을 하면서 재부의 지표가 되었다. 화현華縣 양사오 문화의 후장묘에는 돼지 하악골이, 다원커우 문화의 대묘에서는 돼지머리가 부장된 사례가 있고, 다원커우 10호묘에서는 돼지머리가 14개나 나왔다. 어떤 학자는 다음과 같이 지적한다. "그것[돼지]은 재부이기도 했고 화폐이기도 하다. 따라서 신분과 지위에 따라 묘장에 부장된 그 수數 또한 다른 것이다. 수령首領과 일반 구성원이 다르고, 빈자와 부자가 다르다. 치자 문화의 묘장에 부장된 돼지머리를 예로 들면, 많게는 68두, 그 다음이 30여 두, 10여 두이고, 적은 것은 3~5두 혹은 1~2두이고, 어떤 것은 하나도 나오지 않았다."[34] 빈부의 차이는 이러한 방면에서 더욱 분명하게 나타난다.

인생인순의 발단

인생인순人牲人殉 곧 사람을 제사의 희생으로 쓰거나 무덤에 순장품으로 쓰는 것은 고대 세계의 아주 많은 지역에서 나타났던 일이다. 중국 사학계에서 장기간에 걸친 토론이 있었지만 지금도 많은 사람이 관심을 갖고 있는 만큼, 여기서 언급할 필요가 있다.

여러 보고서 가운데 보이는 가장 이른 시기의 인순 사례로는 1987년 허난성 푸양濮陽 시수이포西水坡 35호묘를 들 수 있다.[35] 이 묘장은 양사오 문화로, 탄소연대측정에 따르면 기원전 4500년 이후의 것이라 한다. 묘장에 특이한 것이 보이는데, 묘주는 성년 남성으로 묘실의 중앙에 위치하고 있고, 양측에는 조개껍데기를 깔아 용과 호랑이 모양을 만들어놓았다. 발굴 간보簡報에 따르면, 묘실의 동쪽·북쪽·서쪽에 작은 감실龕室이 있고, 감실마다 한 사람씩 들어가 있었다. 감별할 수 있는 것은 북감과 서감의 것인데, 북감에는 16세 정도의 남자가, 서감에는 12세 정도의 여자아이가 있었고, 두 손이 모두 골반 아래에 눌려 있었으며, 여자아이는 머리에 날카로운 것으로 잘린 흔적으로 보아 순장된 것으로 파악되고 있다. 어떤 학자는 작은 감실들이 45호묘와 같은 층위에 있지 않다며 발굴 간보에 의의를 제기하기도 했다.[36] 하지만 발굴자는 계속해서 3명 모두 순장된 것이라는 관점을 견지하는데, 이 사례가 성립될 수 있는지는 지금 정론을 내릴 수는 없다.

가장 이른 시기의 인생 사례 또한 양사오 문화에 속하는 것이다. 시안 반포 유지의 하나인 장방형 건물의 거주면 아래에서 날카로운 것에 의해 손상된 사람의 두개골과 도관陶罐[도기 항아리]이 하나 나왔는데, 『시안 반포』의 보고서에 보인다. 연구에 의하면, 이는 어쩌면 건물을 지을 때의 전기인생奠基人牲[건물을 지을 때 사람을 희생으로 써서 건물 아래에 묻는 것]일 수도 있다.

1987년, 장쑤성 신이화팅 다원커우 문화 묘지에서 인생과 인순이 발견되었다. 모두 대묘에서 나온 것으로, 16호 묘장 묘주의 왼쪽 아래에서는 17세 이하로 추정되는 소년이 나왔고 다리 뒤에서는 소녀가 나왔다. 18호 묘장 묘주의 오른쪽에는 몸을 옆으로 뉜 성인 여자가, 왼쪽에는 영아가 있었다. 20호 묘장 묘주는 성년 남자인데, 다리 뒤에서 소년 둘이 나왔고, 16호 묘실 밖에서는 어린아이의 유골이 몇 구나 나왔다.[37]

이와 동시에, 보도에 따르면 상하이 칭푸 푸취안산의 량주 문화 묘장에서도 인순이 발견되었으나,[38] 아직 자세한 내용은 발표되지 않았다.[39]

허난성 안양, 탕인湯陰, 융청永城, 덩펑 등지의 룽산 문화 유적에서도 전기 인생이 수차례 발견되었는데, 어린아이를 주로 희생으로 썼고 심지어 영아를 쓰기도 했다.

간쑤성 우웨이 황냥냥타이와 융징 친웨이자의 치자 문화 묘지에서도 성년 남자의 합장묘가 발견되었다. 여자는 한 구 혹은 두 구로 몸을 옆으로 뉜 채 남자를 향하고 있었고, 부장품 또한 남자의 것이 더 많았다. 이 또한 여자를 남편의 순장으로 쓴 실례로 보인다. 네이멍구 이커자오멍伊克昭盟 이진휘뤄기伊金霍洛旗 주카이거우朱開溝의 주카이거우 문화의 묘지에서도 유사한 현상이 발견되었다. 어떤 여자는 결박 상태로 보이고, 또 목곽이 출토된 어떤 묘에서는 남자는 목곽 안에 여자는 곽 밖에 안치된 사례도 있다. 묘주의 다리 밑에서는 어린아이가 나왔다.

얼리터우 문화의 옌스 얼리터우 유지에서 발견된 대형 건축 유적의 주위에서는 많은 사람의 유골이 발견되었는데, 고정적 형식으로 매장된 것이 아니라 어떤 것은 결박된 채였고 또 어떤 것은 머리와 몸이 분리된 채였으며, 적잖은 유골이 가축과 함께 매장되어 있었다. 연구에 따르면, 이들 모두 제

고대 문명을 논하다

사에 인생으로 쓰인 것이다.[40]

이상의 인생인순의 참혹한 현상은 모두 상대에 행해진 인생인순의 선성先
聲이라 할 수 있다.

중국 고대의 각종 문명을 구성하는 요소의 연원에 대한 서술은 일단 여
기까지 하기로 한다. 문명 구성 요소의 발생이 문명 시대의 출현과 일치하
지 않는다는 점은 반드시 인정해야 한다. 이러한 요소의 발생과 발전에 대
해서는 아직 해결되지 않은 것이 많다. 기존의 자료들이 산발적이고 체계적
이지 못하기 때문이다. 바로 이러한 이유에서, 아직 충분한 여건이 마련되지
않아 이들 자료를 근거로 중국 문명 기원의 역사를 평범한 진술로는 이야기
할 수 없는 상황이다. 과거 오랜 기간, 세계 학계에서는 상나라를 중국 고대
문명의 기원으로 여겼다. 이런 관점은 지금도 적잖은 영향을 끼치고 있다.
하지만 지금 볼 때, 중국 문명은 상당히 긴 시간을 더 거슬러 올라가야 한
다고 생각한다. 최근 아주 많은 학자가 중국 고대 문명이 기원전 3000년 무
렵에 형성되었다는 연구 성과를 발표했다. 곧 고고학적 룽산 시대로,[41] 이는
『사기史記』가 「오제본기五帝本紀」에서 시작되는 것과 큰 차이가 없다.

중국에서 현대적 고고학의 역사는 그리 길지 않다. 지금이야말로 [고고학
이] 바야흐로 힘차게 발전하는 시기다. 머지않은 미래에, 마르크스주의 역사
관에 입각해 펼쳐지는 야외고고학 작업이 중국 고대 문명의 기원을 연구하
는 데 더욱 풍부한 중요한 근거를 제시해주어 이 문제를 해결할 나침반이
될 것이라 믿는다.

현대의 고대사와 고고학적 각도에서, 어떻게 중국의 염황이제炎黃二帝 곧 염제炎帝와 황제黃帝의 사적을 바라보아야 할까. 이는 오랜 기간 해결되지 못한 과제다. 주지하듯, 사마천의 『사기』는 「오제본기」에서 시작되는데, 「오제본기」는 바로 황제의 역사에서 시작하며 염제와 황제의 관계에 대해서도 언급하고 있다. 이처럼 중요한 기록을 우리는 소홀히 할 수도 없고 연구하지 않을 수도 없지만, '의고 사조'가 성행하던 근 수십 년 염제와 황제의 사적은 거의 완전히 부정되다시피 했다. 일반적으로 학자들은 그 내용을 허구적이라 여기면서 역사 연구의 범위 밖으로 밀어낸 것이다. 그런 만큼 염제와 황제를 언급하려면 반드시 의고 사조에 대한 평가부터 내려야 한다.

의고 사조의 기원은 19세기 말의 청말로 거슬러 올라갈 수 있다. 당시 사람들은 서양의 지식을 구하면서 중국 고대 역사를 포함한 전통 관념에 의심을 품고 비판하는 태도를 취했다. 사실, 중국 고대사에 대한 의고 사조는 중국에서만이 아니라 거의 비슷한 시기 일본과 유럽에서도 나타났다. 이들의 견해는 중국 학자들에게 다소 영향을 주기도 했다. 신해혁명 이후, 중국뿐 아니라 외국에서도 의고 사조가 발전한바, 일본 시라도리 구라키치의 '요순우 말살론'은 아주 유명하다. 당시 중국의 사상사적 관점에서 의고 사조의 진보적 의의는 긍정할 수 있는데, 이 사조는 생겨난 후 봉건적 사상의 그물을 찢어버리는 데 공을 세웠고, 훗날 '타도공가점打倒孔家店'●과 연계되면서 진보적으로 작용했음은 충분히 인정할 수 있기 때문이다.

그러나 오늘날 이 시대를 회고해볼 때, 고대사와 고대 문화를 너무 심하게 부정해 고대 역사 문화의 공백을 초래한 한계성과 부족성을 지적하지 않을 수 없다. 당시 의고 사조를 보면, '동주 이전의 역사는 없다'라는 극단적 담론까지 나타났다. 과거에 이야기하던 중국의 5000년 역사 문화가 한순간에 절반으로 축소되어 그 이전 역사를 공백으로 만들어버린 것이다.

이미 적잖은 학자가 의고 사조를 극복할 방법을 내놓았다. 어떤 학자는 '석고'로 의고를 대체해야 한다면서 '신고 → 의고 → 석고'의 삼단계설을 주창했고, 어떤 학자는 '고고考古'가 '의고'를 대신해 고대사를 재구성해야 한다고 했다. 그렇다면 중국의 고대사를 어떻게 새롭게 인식할 수 있을까? 나는 주로 두 가지에 있다고 본다. 첫째는 새로운 이론으로, 먼저 마르크스주의 이론의 적용이다. 궈모뤄 선생이 1929년에 편찬하고 1930년에 출판한 『중국 고대사회 연구』는 바로 마르크스주의 이론으로 중국 고대사를 연구하

● 5·4신문화운동 시기에 전통 관념의 중심이던 유가학파를 타도하자는 구호. '공가점'은 공자를 비유한다.

고 새롭게 인식한 효시다. 궈 선생은 책의 서언에서 엥겔스의 『가족, 사유재산, 국가의 기원』이 다루지 못한 중국 고대사를 보충해야 한다고 강조했다.[1] 둘째는 현대 고고학이다. 1920년대부터 중국에 자리 잡은 현대적 고고학은 전래 문헌 외에도 고대사를 인식할 새로운 길을 개척해주었다. 이 두 가지가 결합되면서 중국 고대사 연구가 오늘날과 같은 면모를 갖게 했다.

최근 중국 고대사 전설에 대한 아주 체계적인 연구가 진행되고 있는데, 쉬쉬성徐旭生(빙창炳昶) 선생의 공헌이 가장 독보적이라 할 수 있다. 그는 『중국고사의 전설시대中國古史的傳說時代』에서 "전설과 신화는 아주 가깝지만, 오히려 서로 구분되는 두 가지로, 절대 혼동해서는 안 된다"는 점을 지적했다. 전설에는 신화가 섞여 들어가기 마련이다. 그러나 "아주 오래된 옛날의 전설은 역사적 성분과 핵심이 보존되어 있어 결코 허황되게 날조된 것이 아니다"[2] 라는 것이다. 이 관점은 의고 사조의 부작용을 제거하는 데 아주 큰 도움이 되었다. 필자는 중국 고대의 역사 전설 특히 염제와 황제의 전설을 단순한 신화적 이야기로 여겨서는 안 된다고 생각한다. 이들 전설은 분명 신화적 색채를 띠고 있다. 그러나 그 속에 함축되어 있는 역사적 '성분과 핵심'을 부정한다면 중국인의 문화적 특징 곧 자고로 역사적 전통을 중시하는 특징을 말살해버리고 만다. 어떤 외국 학자는 중국인을 역사적 민족이라 이야기했는데, 일리가 있는 말이다. 중국은 우·하·상·주虞·夏·商·周의 역사를 기록한 『상서』로부터 지금까지 끊임없이 역사가 기록되어 있다. 이 점에서는 세계적으로도 비교될 민족이 아주 드물 것이다. 중국은 역대로 역사를 중시했고 사관史官을 존중했다. 사관은 왕조에서 아주 특수한 지위와 역할을 맡았다. 『한서漢書』「예문지藝文志」를 예로 들어보면, "옛날의 왕들은 대대로 사관을 두었는데, 임금의 거동을 반드시 기록해, 언행을 신중히 하게 했고, 법식을 밝혔다"[3]라고 했다. 태사太史라는 관직은, 『주례』 등 옛 기록을 보면 알 수 있듯, 등급이 높지는 않지만 어느 정도 선에서는 육경六卿에 비견되기도 했다.[4] 이처럼 역사를 중시하는 중국적 특징과 의의는 결코 과소평가할 수 없다. 역사를 중시하는 전통의 형성은 수십 년 수백 년에 걸쳐 이룩된 것이 아니라 더욱 심원한 근원을 간직한 것이다. 고대의 역사 전설은 바로 이러한 전통의 일부분이다.

중국사회과학원 역사연구소와 고고연구소 소장을 지낸 인다 선생 또한 고대 역사 전설의 의의를 아주 높이 평가한 바 있다. 그는 서거하기 전 발표한 마지막 논문인 『사전연구』 발간사 「마음에서 우러나오는 바람」에서, 고대사와 관련된 전설의 역사적 배경과 내용을 밝혀야 하고 고고학을 결합해 좋은 연구를 해야 한다고 지적했다.[5] 이는 인다 선생이 결코 가볍게 한 말이 아니라 그의 수십 년간에 걸친 고고학적 연구와 고사 연구를 통해 축적된 경험에서 우러나온 것이라 생각한다. 물론 어떻게 고고학적 성과와 고사 전설을 결합할 것인가는 매우 쉽지 않은 문제다. 필자는 개인적으로 어떤 고고 문화를 전설 속의 인물과 가볍게 연결해서는 결코 안 된다고 생각한다. 이것은 오해를 넘어 혼란까지 야기할 수 있기 때문이다. 독일 학자 볼프람 에버하르트Wolfram Eberhard는 이렇게 말했다. "고고학 연구가 중국에서 거대한 진전을 이뤘지만, 사회 조직을 연구 주제로 삼았을 때 고고학은 여전히 그리 좋은 연구 방법은 아니었다. 유럽의 고고학 연구가 100여 년간 진행되었다 하더라도, 대부분의 상황에서 여전히 고고학적 문화와 문헌 기록 문화를 서로 연결할 수 없었다. 발굴 유적의 분포는 종족의 분포와 현저히 다르기 때문인데, 중국의 상황도 이와 같다. 고고학자는 물질 유적을 근거로 몇 몇 문화를 복원하면서 이러한 문화의 전파와 천이遷移를 논하기도 했다. 그러나 지금까지 고고학적 문화를 문헌 기록 문화 및 종족과 결합했던 그 어떠한 시도도 결국엔 신빙성이 부족한 가설에 불과했다."[6] 이 말은 모두가 깊게 생각해볼 가치가 있는 것이다.

이 글을 빌려 독자들에게 논문 한 편을 소개해주려 한다. 중국사회과학원 고고연구소 사오왕핑이 쓴 「우공구주의 고고학 연구禹貢九州的考古學研究」[7]다. 제목이 조금 이상해 보일지도 모른다. 많은 사람은 「우공」을 아주 늦은 시기의 작품으로 이해하면서, 전국시대 심지어는 그보다 더 늦은 시기에 나온 것으로 여기는데, 어떻게 「우공」 구주에 대한 고고학적 연구를 진행할 수 있단 말인가?● 이 문제에 대해 많은 독자가 흥미를 가질 것이라 생각한다. 개인적으로 볼 때, 이 논문의 공헌은 바로 현대 중국 고고학의 새로운 발전 추세인 문화구역文化區系적 이론을 써서 「우공」을 해석하려 했다는 점이다. 바꾸어 말하면, 중국 선사 문화를 몇 가지 문화권으로 나눈 다음에, 이 문화권과 「우공」의 구주를 하나씩 대비한 점이다. 그 대비 결과, 「우공」 구주는 결코 상상으로 날조한 것이 아니라 깊은 역사적 배경을 지니고 있음을 알 수 있었다. 이 논문은 최소한 연구 방법적으로 사람들에게 적잖은 아이디어를 줄 수 있고, 더 나아가 비교적 이른 청동기 문화의 문화권과도 결합해본다면, 「우공」의 가치에 대해 더 심도 있는 인식을 할 수 있을 것이다.

● 「우공」은 중국 구주九州의 지리와 산물에 대해 기술한 고대의 지리서로, 『서경』 「하서夏書」의 편명이다. '우공 구주'는 우가 다스릴 때에 전국을 나눈 9개의 주로, 형荊·양梁·옹雍·예豫·서徐·양揚·청靑·연兗·기冀를 말한다.

이러한 관점에서, 우리는 염제와 황제의 전설에 대해서도 새롭게 이해해야 한다. 고사 전설은, 적잖은 학자가 염황 문화에 대해 토론할 때 말한 것처럼, 복희伏羲와 신농神農에서 황제에 이르기까지 중화 문명 맹아의 형성과 발전 과정을 표현하는 것이다. 『사기』는 『대대예기』 「오제덕五帝德」의 관점을 써서 황제를 「오제본기」의 맨 앞에 두었는데, 이는 [황제를] 중화 문명 형성에서 일종의 지표로 삼은 것이라 할 수 있다. 「오제본기」에서는 황제가 "옮겨 다니며 왕래할 때 고정된 주거지가 없었고, 군사들의 진채를 숙영 장소로 삼았다"8라고 했다. 아직 부락 시대의 유풍이 남아 있지만, 관리와 감독을 설치해 "역법에 따라 장래의 절기를 예측했다." 또 "천지의 규율, 음양오행의 조짐, 삶과 죽음의 학설, 국가 존망의 어려운 이치에 따랐다. 때에 맞게 온갖 곡식과 초목을 심고, 각종 조수와 곤충을 순하게 길들였다. [황제의 덕은] 해, 달, 별, 물, 흙, 돌, 금, 옥에까지 두루 미쳤고, 마음과 힘, 귀와 눈을 부지런히 놀려 물, 불, 재물을 절약했다"라는 기록도 있다.9 이 대목에도 초기 문명의 특징이 잘 드러나 있다. 따라서 염제와 황제의 전설을 중화 문명의 기원으로 여기는 것 또한 결코 현대인이 창조한 게 아니라 옛날부터 있었던 설이다.

　「오제본기」는 「오제덕」의 내용을 이어받았다는 한계로 염제에 대한 내용이 그리 많지 않다. 이에 대해서는 『사기』의 '삼가주三家注'●가 보충하는바, 『사기정의史記正義』의 일문佚文에 보면, "염제는 뇌사耒耜[쟁기]를 만들어 백성을 이롭게 했고, 오곡 심는 것을 백성에게 가르쳐서 '신농'이라 불렸다. 황제는

●　『사기』에 대한 주요 주석서인 유송劉宋 배인裴駰의 『사기집해史記集解』, 당 사마정司馬貞의 『사기색은』, 당 장수절張守節의 『사기정의』를 합쳐서 이르는 말.

수레興, 의복服, 궁궐宮室 등을 제정해 '헌원씨軒轅氏'라 불렸다. 소호少昊는 일월의 시작을 본뜰 수 있고 태호의 도를 본받을 수 있어서 '소호씨少昊氏'라 불렸다. 이 말은 그 덕을 본떴다는 의미다"[10]라 했다. 여기서도 염제와 중화 문명 기원 사이의 밀접한 관계를 볼 수 있다. 염제와 황제의 관계에 대해서는 고서에 여러 설이 보인다. 그중 유행하는 한 가지 설은 황제와 염제가 형제 사이로 모두 소전씨少典氏의 아들이라는 것이다. 『국어國語』에 보면 "소전은 유교씨有蟜氏의 딸을 취해 황제와 염제를 낳았다"[11]라고 한다. 사실 전설에 보이는 누가 누구를 낳았다는 모든 기록이 실제적 친자관계를 나타내는 것이 아니라는 점은 중국 고사 전설을 연구하는 학자라면 누구나 잘 알고 있는 바다. 『사기색은史記索隱』은 이에 대해 아주 훌륭한 고증을 했다. "소전은 제후국의 이름이지 인명이 아니다. (…) [소전을] 염제·황제와 연결시켰지만, 『제왕세기帝王世紀』에 따르면 중간에 모두 여덟 제왕 500여 년에 이르는 차이가 있는데, 소전을 그 부친의 이름이라 한다면, 어찌 황제가 500여 년이 지난 후 염제를 대신해 천자가 될 수 있겠는가? 어찌 [황제가] 그렇게 장수할 수 있겠는가? 또 「진본기秦本紀」에 따르면, '전욱씨顓頊氏의 자손 가운데 '여수女脩'라는 이가 있는데, 현조玄鳥의 알을 삼켜 대업大業을 낳았고, 대업은 소전씨를 취해 백예柏翳를 낳았다'라고 했으니, 소전은 국호이지 인명이 아님을 알 수 있다. 황제는 곧 소전씨의 후대 자손이니 (…) 그러므로 『좌전』에 이르길 '고양씨高陽氏에게는 재자才子 여덟이 있었다'라고 했으니, 또한 [이는] 그 후대 자손 가운데 '자子'라 칭한 이들을 일컫는 것이다." 여기서 주의해야 할 두 가지가 있다. 첫째, 소전은 사람이 아니라 한 방국方國 부족의 호칭으로, 염제와 황제는 모두 소전씨에서 분화되었다는 점이다. 둘째, 염제와 황제는 시간적으로 비교적 긴 차이를 보이는데, 『제왕세기』에 따르면 염제가 황제보다 8세대 앞선디는 점이다.

또 염제와 황제는 각기 다른 구역에 거주했다는 것도 설명되어야 한다. 황제의 구역은 비교적 분명해, 그가 지금의 [허난성] 신정에 도읍한 것은 주지하는 바다. 황제는 또한 웅씨熊氏를 일컫기도 하는데, 신정은 바로 웅씨의 옛터로 알려져 있고 황제가 거처했던 옛 유지遺址이기도 하다. 이 지점은 바로 중원의 한가운데라 황제가 중원을 대표한다는 점은 아주 분명하다. 본기에서 황제는 "동쪽으로는 바다에 이르러 환산丸山과 대종岱宗에 오르고, 서쪽으로는 공동空桐에 이르러 계두산鷄頭山에 오르며, 남쪽으로는 장강長江에 이르러 웅산熊山과 상산湘山에 오르고, 북쪽으로는 훈육葷粥을 쫓아내고 부산釜山에서 부절을 맞춰 신의를 쌓았으며, 탁록涿鹿의 언덕에 고을邑을 만들었다"[12]라고 한다. 황제의 활동 범위는 바로 중원을 축심으로 삼고 있었던 것이다. 염제는 그렇지 않았다. 그는, 전설에 따르면, '강수姜水'에서 자랐다고는 하지만 '본래 열산烈山에서 일어나'[13] 진陳에 도읍했다고도 한다. 진은 회양 지역으로 지금의 허난성 동남쪽에 있었다. 『산해경』을 보면, 염제의 후손으로 축융祝融이 있었고 축융의 후손으로 공공共工이 있었다고 하는데, 이들은 남방 계통이다. 따라서 우리는 황제와 염제가 서로 다른 두 지역을 대표함을 볼 수 있는데, 하나는 중원 전통이고 다른 하나는 남방 전통이다. 이런 지역적 관념은 우리가 고사 전설을 연구하는 데서 자못 의의가 있는 것으로, 여기서 자세히 언급하지는 않겠지만, 과거 쉬쉬성 선생과 멍원퉁蒙文通 선생 등도 이와 유사한 견해를 갖고 있었다.

최근, 선사 시대부터 문명 형성 시기에 관한 고고학적 연구에서도 아주 중요한 성과가 나왔는데, 바로 과거 중원 중심의 일원론적 관점을 바로잡았다는 점이다. 중원을 중심으로 한 일원론의 형성에는 여러 원인이 있었는데 그중 가장 중요한 것이 당시 고고 발굴이 중원 지역에 국한되어 있었다는 점이다. 이후 고고 사업의 발전과 확대는 자연스럽게 사람들의 시야를 넓혀주게 되었다. 지금에 와서 볼 때, 중원 문명의 기원은 일원적인 것이 아니고 문명 기원의 여러 요소 또한 한 지역에서 발생한 게 아니라 여러 지역에서 각기 숙성되어 나타난 것이다. 문명이 어느 지역에서 형성되고 진전을 이루었는지는 또 다른 문제로, 적어도 기원을 가지고 말하려면, 반드시 여러 지역의 상호작용을 보아야 한다. 이는 중화 문명이 드넓은 공간에서 여러 민족이 공동으로 창조한 휘황찬란한 성과임을 말해준다.

오랜 시간 사람들은 황하를 중화 문명의 요람으로 인식했는데, 이는 지금도 여전히 유효한 것임은 분명하다. 특히 문명 초기의 여러 국가는 확실히 황허강 유역에 도읍을 건설했다. 그러나 문명의 기원을 이야기할 때 최근의 고고학적 성과를 고려해본다면 창장강 유역 또한 똑같이 중요한 작용을 했다고 인정해야 한다. 창장강은, 고고학적 문화를 통해 보면, 상당히 진보적이었고 결코 낙후된 지역으로 볼 수 없다. 중국 고고학 발전에 관심을 갖는 사람이라면 누구나 이처럼 인식할 것이라 생각한다. 따라서 어떤 학자는 중국도 황허강과 창장강의 '양하 유역兩河流域' 문명이라 주장하기도 한다. 황허강 유역의 문화와 창장강 유역의 문화는 서로 관계가 있으면서도 또 서로 다른 특징을 보여주기도 하는데, 이는 두 문화가 상호 영향을 주면서 교류하고 융합했던 흔적이라 할 수 있다. 이 점은 염제와 황제가 거처했다는 두 지역과 꼭 부합하는 것으로 결코 우연이라 할 수 없다.

황제 이후의 고사 전설에서도 황허강 유역과 창장강 유역의 관계를 볼 수 있다. 최근 필자는 소논문에서 이와 관련한 문제를 다룬 바 있다.[14] 황제의 아들은,『국어』에 근거해보면, 모두 25명으로 그중 성을 얻은 자가 14명이라고 하지만 12성만 기록되어 있다. 곧 희姬, 유酉, 기祁, 기己, 등滕, 잠箴, 임任, 순荀, 희僖, 길姞, 현儇, 의依 성이다.『대대예기』「제계帝繫」에는 황제의 두 아들 후예의 계보가 상세하게 기록되어 있다. 이와 함께 『기년紀年』『산해경』『세본世本』『사기』 등을 참고해보면, 고대의 중요한 왕조와 방국이 모두 이 두 아들에게서 나왔음을 볼 수 있다. 이를 도식화하면 다음과 같다(생략된 것도 있다).

「제계」에 보면, "청양靑陽(현호)은 저수泜水에 내려와 거했고 창의는 약수若水에 내려와 거했다."'저수'는『사기』에 '강수江水'라 기록되어 있는데, 한대에

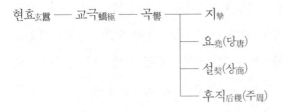

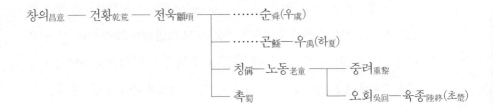

글자를 흘려 쓸 때, '泜(저)' 자와 '江(강)' 자가 서로 비슷한 데서 기인했다. 저수는 지금의 허난성 사허강沙河으로, 루산魯山 서쪽에서 발원해 예현葉縣을 지나 루허강汝河으로 흘러들어간다. 창의가 거처한 '약수'는 지금의 야룽강雅礱江으로, 쓰촨성 서쪽을 지나 진사강金沙江으로 흘러든다. 전욱 또한 약수에서 태어났는데, 이는 『여씨춘추』 「고악古樂」 편에 보인다. 따라서 황제의 두 아들이 또한 북쪽과 남쪽에 나누어 거주하고 있었음을 볼 수 있다. 현효 계통은 예컨대 제곡·당요·상·주는 모두 북방에 있었고, 창의 계통은 대부분 남방에 있었거나 혹은 남방과 관련이 있었다. 예컨대 우순虞舜은 "창오蒼梧의 들에서 붕어해, 강남江南 구의九疑에 장사 지냈다"[15]라고 하고, 하우夏禹는 석뉴石紐에서 태어나 회계會稽에서 붕어했으며, 초와 촉은 남방의 제후였다.

필자는 한 논문에서 다음처럼 언급했다. "하·상·주 삼대의 기원이 같다는 「제계」 같은 계보는 근대에 아무런 근거도 없는 날조子虛杜撰라는 비판을 받기도 했다. 그러나 각종 고서에 기록된 전설이 기본적으로 서로 유사하다는 점에서 그 의의를 결코 무시할 수는 없다. 필자는 이러한 전설을 자세히 살펴보면 사실을 밝힐 단서를 발견할 수 있을 것이라 생각한다." 곧, 염제와 황제 및 그 후예에 대한 여러 전설은 완전히 허구적인 뜬구름 잡는 이야기만은 아니라는 것이다. 물론 염제와 황제가 어떠한 인물이었는지 정확히 알 수는 없기 때문에, 이와 같은 방면에 초점을 맞추어 연구할 수는 없다. 다만, 중화 문명의 형성과 염황 이제의 전설이 서로 밀접한 관계인 점은 말할 수 있다는 것이다.

염제와 황제의 사적과 황제 이후의 전설 계보는 다음의 두 문제를 설명해준다. 글의 편폭 제한으로 간단하게 기술해보겠다.

첫째, 중화 문명의 기원은 많은 논저에 기록된 것보다 더 이르다는 점인데, 더욱이 상당히 긴 역사적 시간만큼이나 이르다는 점이다. 의고 사조의 영향으로 중국의 역사는, 앞서 언급했듯, 시간적으로 한 번에 거의 절반 정도로 짧아졌다. 마치 동주 이전의, 최소한 서주 후기 '공화共和' 이전의 역사는 모두 공백이 되어버렸다. 이후 갑골문의 발견과 은허의 발굴로 상대 후기의 존재가 부정될 수 없게 되었고, 고대사의 상한선도 '반경천은盤庚遷殷'까지로 곧 기원전 1300년 즈음 상나라의 왕 반경이 은으로 천도할 때까지로 조정되었다. 적잖은 중국 이외의 역사 연표는 바로 이렇게 만들어졌다. 따라서 '은' 이전은 완전히 공백지가 되어 그 전설 시대든 고고학 문화든 모두 연표 속으로 편입되지 못하는 실정이다. 이는 다른 나라의 고대 국가와 비교할 때 아주 불공평한 것이다. 현재, 중화 문명의 기원은 상대 이전까지 올라가는 것이 분명한데, 어느 시기까지 끌어 올릴 수 있는지는 향후의 고고학 작업과 고사 연구의 진전에 달렸다.

둘째, 아주 이른 시기의 중화 문명은 그 맹아가 발생해 자라날 때부터 아주 광범위하게 분포되어 있었다는 점이다. 고고학적으로 적잖은 학자가 '룽산 시대'라는 말을 사용하는데, 이는 북방부터 남방에 이르는 아주 광대한 범위 속에 존재한 여러 문화에 공통적 특징이 나타난다는 것을 의미한다. 이와 같은 상황은 또한 하나의 문화적 '장場'을 형성했음을 비유하는 것으로, 그 광대한 범위는 세계 고대 속에서도 극히 드물다. 이 문화의 '장'은 바로 하·상·주 삼대가 통일 국가를 이룰 수 있었던 기초가 되었다고 생각한다. 염황이제의 전설 및 황제가 25명의 아들을 낳았고, 그중 12명이 성을 가졌다는 전설은 바로 이처럼 공통적인 문화적 '장'이 갖추어져 있었다는 것과 관계가 있다. 고사 전설을 맞추어 룽산 시대의 각종 문화를 고찰해보면, 중국 문명의 기원과 형성 과정에 대한 진일보된 성과를 얻을 수 있을 것이다. 특히 한 가지 지적하고 싶은 바는, 여기서 민족적 단결과 통일이 바로 중국 전통 문화의 중요한 특징임을 볼 수 있다는 점이다. 오랜 역사적 과정 속에서 여러 차례 분열도 있었지만, 결국에 가서는 통일로 귀결되는 이러한 민족정신은 선사 시기부터 이미 그 실마리를 보이고 있었던 것이다.

고본 『죽서기년』과 하대사

하대夏代의 역사 문화를 탐구하는 학자는 모두 『죽서기년竹書紀年』을 인용한다. 특히 하대의 연대와 도읍 등을 연구할 때 『죽서기년』을 떠나서는 연구를 할 수 없다. 『죽서기년』에 보이는 하대의 기록은 도대체 어떠한 위치를 차지하는가? 신빙성은 어느 정도인가? 이는 여기서 설명하고자 하는 문제다. 그 토론 대상은 고본 『죽서기년』으로, 금본今本 『죽서기년』은 논의에서 제외한다.

『죽서기년』은 주지하다시피 진晉 무제武帝 시기 [지금의 허난성] 급현汲縣의 고묘古墓에서 발견된 죽간의 일종이다. 발견된 시간은, 여러 설이 있지만 학자들의 선행 연구를 보자면, 태강太康 2년 곧 서기 281년이 비교적 정확하다고 할 수 있다.[1] 이 고묘는 출토 지점이 급현 서쪽, 지지地志에 의하면 항전 [중일전쟁] 전에 발견된 산뱌오진山彪鎭 대묘 일대이고, 죽간의 내용 및 함께 출토된 기물을 통해 전국 시대의 묘장으로 비정할 수 있다. 당시 출토된 죽간은 순욱과 화교和嶠 등 학자들의 손을 거쳐 정리되었는데 모두 75권(편)이나 된다. 그중『죽서기년』이 12권 혹은 13편이라고 한다. 역대 학자들은『죽서기년』에 대해 아주 많은 연구를 했는데 모두 전국시대 위魏나라의 역사서라 여기고 있다. 그 시대적 하한선은 위 양왕襄王 20년으로 곧 기원전 299년이다.[2] 이를 통해『죽서기년』의 원본은 전국시대 중엽에 쓰인 것이라 추정할 수 있다.

『죽서기년』의 가치는 여러 분야에서 나타나는데 먼저 전국사 분야에서의 가치를 생각해볼 수 있다. 청대 이래 많은 학자가 고본『죽서기년』을 이용해『사기』전국시대 부분을 교정하면서 아주 탁월한 성과를 냈다. 오늘날,『사기』「육국연표六國年表」를 그대로 맹신하는 학자는 없을 것이다.『죽서기년』은 지하에서 출토된 전국시대의 원본으로, 전국시대 사람이 전국시대의 일을 서술한 것이라 보면『죽서기년』의 가치는 쉽게 이해될 수 있다. 특히 위나라 관련 사적은 자연스럽게 더욱 신뢰할 수 있다.

『죽서기년』은 전국 이전의 역사에 대해서도 전국시대 기록만큼이나 중요한 가치를 지닐까? 이에 대해서는 이 책의 성질에 대해 자세하게 분석하면서 살펴볼 필요가 있다.

춘추시대의 역사서로는『춘추』경전이 전래되고 있다. 기록이 가장 풍부한『좌전』은 한때 그 신빙성을 의심받기도 했지만, 최근의 연구를 통해 그 진실성과 신빙성이 더욱 분명해졌다.『죽서기년』의 춘추시대 부분은, 현재 그 전해지는 것이 그리 많지 않지만, 다음과 같은 몇 가지를 발견해낼 수 있다.

첫째, 춘추 열국 가운데 진국晉國의 기록만이 자세해 기타 문헌에 보이지 않는 사건도 기록되어 있다. 예컨대, 진 문후文侯가 휴왕携王을 살해한 것이나, 진 무공武公이 순荀을 멸한 것 등이다. 어떤 기록은 『춘추』 경전과 차이를 보이는데, 일례로 진 무공 8년, "주사周師와 괵사虢師가 위를 에워싸고 예백芮伯 만萬을 취해, 동쪽으로 옮겼다"[3]는 기록으로, 『좌전』 환공桓公 4년에 의하면 이때 위를 에워싼 것은 왕사王師와 진사秦師다.[4]

둘째, 『춘추』와 내용이 같기도 하고 대동소이하기도 하다. 몇 가지 예를 들어보겠다.

『죽서기년』: "노 은공隱公 및 주 장공邾莊公이 고멸姑蔑에서 맹약했다." 『춘추』 은공 원년: "공公 및 주의보邾儀父가 멸蔑에서 맹약했다."[5]

『죽서기년』: "기자紀子 백伯과 거자莒子가 밀密에서 맹약했다."[6] 『춘추』 은공 2년과 같다. 『좌전』 경문에는 '伯(백)' 자가 '帛(백)'으로 되어 있을 뿐이다.

『죽서기년』: "노 환공, 기후紀侯 및 거자가 구사區蛇에서 맹약했다." 『춘추』 환공 12년: "공이 기후 및 거자를 만나 곡지曲池에서 맹약했다."[7] '杞(기)'는 『공양전公羊傳』과 『곡량전穀梁傳』에 '紀(기)'로 되어 있고, '곡지'도 『공양전』에는 '毆蛇(구사)'로 되어 있다.

『죽서기년』: "송오宋五에 운석이 떨어졌다."[8] 『춘추』 희공僖公 16년 전傳의 글과 같다.

『죽서기년』: "제 양공襄公이 기병紀邢, 자鄑, 오郚를 멸했다." 혹은 "제 양공이 기紀를 멸하고 기紀를 옮겼다"라고 인용된 것도 있다. 『춘추』 장공 원년: "제사가 기병, 자, 오를 옮겼다."[9]

『죽서기년』: "제인齊人이 수遂에서 섬멸되었다."[10] 『춘추』 장공 17년에 같은

의고시대를 걸어 나오며

기록이 있다.

『죽서기년』: "정鄭이 그 군대를 버렸다."[11] 『춘추』 민공閔公 2년에 같은 기록이 있다.

『죽서기년』: "진 헌공晉獻公이 우虞나라 군대와 힘을 합치고 괵號을 쳐서 하양夏陽을 멸했다." 『춘추』 희공 2년: "우나라 군대와 진나라 군대가 하양을 멸했다."[12]

『죽서기년』: "혜공惠公이 사로잡혔다." 『춘추』 희공 15년: "진후晉侯를 사로잡았다."[13]

『죽서기년』: "주 양왕襄王이 하양에서 제후를 만났다." 『춘추』 희공 28년: "천왕天王이 하양에서 사냥했다."[14]

『죽서기년』: "초楚 낭와囊瓦가 정鄭으로 달아났다." 『춘추』 정공定公 4년: "초楚의 낭와囊瓦가 출국해 정鄭으로 달아났다."[15]

직접 『죽서기년』의 원본을 확인한 두예杜預는 『죽서기년』의 "문의文意가 『춘추』 경문과 크게 유사하다"라고 지적하고, 이러한 까닭에 "국사國史는 모두 사실에 근거한 이야기를 받들어 당시의 일을 기록"한 것이라 했다.[16] 『죽서기년』에서 근거로 삼는 것은 『맹자孟子』 「이루離婁」 편에 언급된 진사晉史 『승乘』일 것이다. 그러나 이는, 『죽서기년』이 시법諡法[시호諡號를 정하던 방법]을 많이 쓰는 것을 볼 때, 『승乘』의 원문 그 자체는 아닐 것이다.

『춘추』 희공 28년의 "천왕이 하양에서 사냥했다"에 대한 『좌전』의 기록은 "이는 회會다. 진후가 왕을 불러 제후들에게 알현하게 하고, 또 왕으로 하여금 사냥을 하게 했다. 중니仲尼가 말하길, '이는 신이 임금을 부른 것으로 교훈으로 삼을 수 없다.' 그래서 '천왕이 하양에서 사냥했다'라고 기록한 것이다. 그 땅이 천자와 제후가 만날 장소가 아님을 말했는데, 이 또한 천자의 덕을 밝힌 것이다"[17]라고 했다. 『사기』「진세가晉世家」에서는 "공자가 사기를 읽다가, 진 문공文公에 이르러 말하길, '제후는 임금을 부를 수 없다'라고 했다. '왕이 하양에서 사냥했다'라고 한 것은 『춘추』가 기록하기를 꺼린 것이다"[18]라고 했다. 이것은 피휘의 의도가 분명하다. 이는 유가의 영향을 받은 것으로 반드시 진대 『승』의 체례라고 볼 수는 없다. 이 또한 『죽서기년』에 비교적 명확한 사상적 경향이 있었음을 설명해준다.

『죽서기년』의 사상적 경향은 다음과 같은 흔적을 통해 볼 수 있다.

첫째는 '이변을 기록하는' 경향이다. 『춘추』도 재난과 이변을 기록했지만 『죽서기년』처럼 많지는 않다. 예컨대, 『통감외기通鑑外記』 권1의 주에서 『기년』을 인용해 "삼묘三苗●가 장차 망하려 할 때, 하늘에서 피비가 내렸고, 여름에 얼음이 얼었으며, 땅이 갈라져 황천黃泉에 다다랐고, 청룡이 종묘에 나타났으며, 해가 밤에 나왔으나 낮에는 해가 나오지 않았다"[19]라고 했다. 이는, 『노사路史』「후기后紀」의 주에 따르면, 『묵자』의 설과 비슷하다. 또 상나라 주紂 임금 때 "하늘이 매우 어두워졌다"고 했고, 주 소왕昭王 19년엔 "하늘이 매우 어두워져서, 꿩과 토끼가 모두 놀랐다" "밤에 오색빛이 자미紫微●●를 관통했다"라고 했다.[20] 주 목왕穆王 때 초楚(일설에는 '월越' 혹은 '우紆'라고도 한다)를 정벌할 때, "크게 구사九師를 일으키고 동쪽으로 구강九江에 이르러, 큰 자라와 악어를 꾸짖어서 교량으로 삼았다"라고 했고, 목왕이 남정南征할 때

● 　중국 요순 시대에 강江, 회淮, 형주荊州에 자리 잡고 있던 만족蠻族의 명칭.

●● 　큰곰자리 부근에 있는 별자리 자미원紫微垣의 별 이름. 북두칠성의 동북쪽에 있는 15개의 별 가운데 하나로, 중국 천자天子의 운명과 관련된다고 한다. '궁궐'을 비유적으로 이르기도 한다.

의고시대를 걸어 나오며

는 "군자는 학鶴이 되고, 소인은 올빼미飛鴞가 되었다"라고 했다.[21] 주 선왕宣王 때는 "토끼가 호鎬에서 춤을 추었다" "말이 여우가 되었다", 주 혜왕惠王 때는 "정인鄭人이 왕부에 들어와 옥을 취하니, 옥이 물여우蜮가 되어 사람을 쏘았다"라 했고, 진 헌공 때는 "주양周陽에서는 토끼가 저자에서 춤을 추었다"라 했다.[22] 이러한 기록은『죽서기년』의 작자가 재이감응災異感應을 믿어 신화 전설을 수집하는 데 주력한 경향을 반영하지만, 책 속에 기록된 전설은 전국 시기의 색채를 짙게 띠고 있다.

『죽서기년』과 함께 급총汲冢에서 출토된 자료 가운데『목천자전穆天子傳』이 있다. 여기에 수록된「주목왕미인성희사사周穆王美人盛姬死事」의 기록이『죽서기년』과 달라, 학자들은 보통『죽서기년』은 역사 기록이고,『목천자전』은 전설이라 여긴다. 이는 옳은 판단이라 생각되지만,『목천자전』과『죽서기년』은 얼마간 서로 관련성이 있다고 생각된다. 예컨대,『죽서기년』의 "북당北唐의 임금이 와서 알현해, 여마驪馬 한 필을 바쳤는데, 이가 녹이綠耳를 낳았다"[23]의 '녹이'는『목천자전』에 보이는 목왕의 여덟 준마 가운데 하나다. 또『죽서기년』의 "목왕이 북정하면서 유사流沙가 천리에 이르는 땅과 새털이 천리에 가득 덮인 땅을 행군했다"라는 기록과『목천자전』의 "서왕모西王母의 나라에서 북쪽으로 나는 새飛鳥가 털갈이하는 광활한 들에 이르기까지 1900리다"[24] 등의 기록은 서로 부합한다.『죽서기년』에 또 분명히 기록되기를 "목왕 17년, 서쪽으로 곤륜구崑崙丘를 정벌해 서왕모를 만났다. 그해 서왕모의 사신이 와서 알현하니, 소궁昭宮에서 사신을 맞이했다." "목왕이 서왕모를 만나니, 서왕모가 목왕을 만류하면서 말하길 '사람을 끌고 가는 새鳥謂人가 있습니다' 라고 했다."[25] 곽박郭璞은 이를 인용해『목천자전』을 증명했다. 이 점에서, 또

『죽서기년』이 『목천자전』과 같은 묘에서 출토되었다는 점에서, 두 기록의 상응함은 결코 우연이라 할 수 없다.

『죽서기년』의 하대夏代 부분 또한 이와 같은 전설적 성격의 내용을 적잖게 포함하고 있다. 일례로, 하후夏后 개開●가 구초九招●●에 맞춰 춤을 추었다는 것은 『초사楚辭』『산해경』의 기록과 상응하지만,[26] 『산해경』의 "하후 개가 하늘에 올라가 세 번 빈객이 되었다"[27]는 기록은 분명 신화 전설이다.

"낙백洛伯 용用과 하백河伯 풍이馮夷가 다투었다"[28]는 기록이 있는데, 하백 풍이는 『목천자전』에 '하백무이河伯無夷'라 되어 있다. 두 백伯은 보통 신神의 이름으로 여겨졌다. 『죽서기년』 '왕해王亥'의 이야기에 나오는 '하백'도 신화적 의미를 담고 있을 것이다.([청대] 뇌학기雷學淇 등 학자들은 [하백을] 실제 존재했던 고국의 이름이라 여기는데,[29] 아직 토론이 필요하다.)

제근帝廑 곧 윤갑胤甲[하나라 제13대 왕] 때 "하늘에 요얼妖孼[요사한 귀신의 재앙]이 있어, 해 열 개가 동시에 떴다"[30]는 기록은 물론 신화다.

『태평어람』 등에서 인용한 『죽서기년』의 자료에 다음 내용이 보인다.

후걸后桀이 민산岷山을 정벌하니, 민산(혹은 민산 장왕岷山莊王)이 걸에게 딸 둘을 시집보냈는데, 하나는 완琬이라 하고 하나는 염琰이라 했다. 걸이 두 딸을 받았으나, 아들이 없자, 초화지옥苕華之玉[아름다운 보옥 이름]에 그 이름을 새겼는데, 초옥에는 완을 화옥에는 염을 새기고, 그 원비元妃

● 　우禹 임금의 아들 계啓. 한 경제의 이름을 피휘한 것이다.
●● 　순 임금의 음악. 구소九韶와 같다.

를 낙洛에 바치니, 이름이 말희씨妹喜氏였다. 말희씨가 이윤伊尹과 교제하면서, 하나라와 틈을 벌렸다.[31]

이 또한 전설이다. 그중 '말희'가 하나라 멸망에 끼친 영향에 대해서는 더욱 주의할 필요가 있다.

말희가 이윤과 교제했다는 일은 다른 사적의 기록과 다르다. 여기서, 『죽서기년』의 기록 가운데 다른 문헌과 어긋나는 부분에 대해 지적할 필요가 있다. 이는 바로 위와 같은 신화 전설과 관련된 이야기에서 두드러진다.

첫째, 순이 요를 찬탈한 이야기. "순이 요를 평양平陽에 가두고서, 제위를 취했다" "순이 요를 가두고서, 다시 단주丹朱[요의 아들]를 가로막아 그 아비와 서로 만나지 못하게 했다."[32] 이와 관련된 기록으로 또 다음을 들 수 있다. "후직이 제帝의 아들 단주를 단수丹水로 유배했다."[33]

둘째, 계啓가 익益●의 왕위를 찬탈한 이야기. "익이 계의 자리를 간섭하자, 계가 그를 죽여버렸다."[34]

셋째, 이윤이 태갑太甲[상나라 탕왕의 손자로 상 제4대 임금]의 왕위를 찬탈한 이야기. "이윤이 태갑을 동桐으로 유배하고서 스스로 즉위했다. 이윤이 즉위하여 태갑을 쫓아낸 지 7년, 태갑이 몰래 동에서 탈출해 이윤을 죽이고, 그 아들 이척伊陟, 이분伊奮을 세워 그 아비의 전택을 회복해준 다음에 이를 나누게 했다.[35]

이 이야기들은 모두 권술과 폭력으로 왕위를 찬탈한다는 측면에서 곧 전

● 『죽서기년』에 따르면 우禹 임금은 본래 익에게 왕위를 물려줬으나 우 임금의 아들 계가 익을 죽이고 왕위를 빼앗았다고 한다.

고대 문명을 논하다

국 시기 유세가들의 유세 경향을 띤다는 측면에서 서로 유사한 성격을 볼 수 있다. 이외의 일로 말하자면, 인쉬 복사에 보이는 이윤의 제사는 아주 융숭하다. 그가 태갑을 폐위해 즉위하고 또 태갑에 의해 주살된 죄인이라면 어떻게 그렇게 융숭한 지위를 누릴 수 있었겠는가? 사실 전국시대의 유세가들은 열국에서 유세할 때 이러한 전설을 이용하곤 했다. 녹모수鹿毛壽가 연왕燕王 쾌噲에게 유세할 때, 쾌가 그의 재상인 자지子之에게 양위할 것을 설득할 때, 바로 계가 익을 찬탈한 일을 사례로 들었다.[36] 전국 시기 제자백가의 작품을 읽다보면, 많은 고사가 작자적 관점의 영향을 받았고 심지어 어떤 고사는 작자의 관점에 의해 변형되기도 했음을 알 수 있다. 이는 곧 제자서諸子書의 특징으로,『죽서기년』도 이런 사상적 경향을 띤다.

『죽서기년』의 이와 같은 경향 때문에, 우리는『죽서기년』을 인용할 때 특히 하대처럼 비교적 오래된 시대의 기록을 인용할 때는 반드시 사실적 요소를 구별해내어 분석하는 데 주의해야 한다.

비록 이와 같더라도,『죽서기년』은 하대사 연구에 여전히 가장 중요한 책이다. 하나라의 계보·사적·도읍·연대 등 네 방면에 대한『죽서기년』의 가치를 토론해보자.

하나라의 계보에 대해서는『사기』「하본기夏本紀」에 상세하다. 전국 말년 조趙나라 사람이 편찬한『세본』의 계보는,「사기색은」을 통해 알 수 있듯, 대체로「하본기」와 일치하지만 제괴帝槐[하나라 제8대 왕]를 제분帝奮으로 해놓고, 제발帝發[하나라 제16대 왕]과 걸[하나라 제17대 왕이자 마지막 왕]을 모두 제고帝皋[하나라 제15대 왕]의 아들이라 한 두 곳에서 중요한 차이를 보인다. 현전하는『죽서기년』의 하대 기록은, 그리 많지 않지만, 왕의 이름만 놓고 보면 중강中康과 공갑孔甲 외에는 모두 기록되어 있다. 제괴가 후분后奮이라 기록된 것은 『세본』과 같고, 제경帝扃이 불강不降의 동생이라는 것은 「히본기」와 같다. 이 밖에, 『죽서기년』에는 하나라 왕의 별칭도 기록되어 있는데, 제근이 곧 윤갑이고, 제발은 또 후경后敬으로 이름한다는 것 등이다. 따라서 『죽서기년』의 발견은 하나라 계보를 조금 더 확인시켜주었고, 최소한 전국 중엽 사람들이 하나라 계보를 이렇게 인식했음을 증명해준다.

하대의 역사적 사실 가운데 가장 중요하고 또 다른 책에 보이지 않는 것이 바로 하나라와 제이諸夷의 관계다. 『죽서기년』의 관련 내용을 보자. 상相이 일찍이 회이淮夷, 풍이風夷, 황이黃夷를 정벌할 때 우이于夷가 사신을 보내왔다. 소강少康 때 방이方夷가 사신을 보내왔다. 저杼가 동해東海를 정벌해 왕수王壽(혹은 삼수三壽)에 이르렀다. 분芬 때 견이畎夷, 우이, 방이, 황이, 백이白夷, 적이赤夷, 현이玄夷, 풍이, 양이陽夷 등 구이九夷가 와서 복종했다九夷來御. 망芒은 "구九[이夷]에 봉작을 수여했고" 설洩은 "견이, 백이, 적이, 현이, 풍이, 양이" 등 육이六夷에 봉작을 수여했다. 발發(걸의 전대 왕) 때도 여전히 제이諸夷는 왕문王門에 사신을 보내왔다는 일이 기록되어 있다. 이로 볼 때, 제이를 통치하는 것이 하나라의 대사大事였음을 추측할 수 있다. 회수淮水와 사수泗水 사이의 구이九夷와 비교적 남쪽의 회이를 순복順服시킬 수 있느냐는 하 왕조의 성쇠와 직접적 관계가 있었다. 이는 우리가 하 역사를 인식할 때 깊이 생각해봐야 할 지점이다.

하대 각 왕의 도읍에 대해서는 『죽서기년』의 기록이 다른 문헌보다 상세하다. '우가 양성에 도읍했다'의 설이 가장 먼저 보이는 것이 『죽서기년』이다. 그 설은 『세본』의 「거편居篇」과 같다. 곧 "우가 양성에 도읍했다"[37]는 것이 전국 중엽에 이미 통설이었음을 볼 수 있다. 이는 우의 도읍에 관한 가장 이른 기록이다. 태강太康·예羿·상相·저杼·윤갑·걸이 거주한 곳도『죽서기년』에 모두 기록되어 있다. 주지하다시피, 현전하는『세본』이 전국 말기에 쓰인 것이지만 계보를 기록한 종류의 서적은 그 근원이 오래다.『주례』「소사小史」에는 곧 "계보에 이름을 올리는"[38] 직무를 맡았다는 기록이 있다. 이와 같은 종류의 서적은 계보의 전승만 기록하지는 않는데,『세본』의「거편」과「작편作篇」등이 그 좋은 사례다.『죽서기년』에 서술된 도읍은 옛날부터 전해지는 이러한 서적에서 유래했을 가능성이 있다.

『죽서기년』의 내용은 연대 면에서 더욱 가치가 있는데 아래 네 가지로 토론해볼 수 있다.

첫째, 현전하는『죽서기년』의 각 조목으로 살펴보면, 원래는 하대 각 왕의 재위 연수도 모두 기록되어 있었을 것이다. 지금 볼 수 있는 것은, 우 45년, 계 39년(혹 29년), 분 44년, 불강 59년(혹 69년), 호昊(혹 皐) 3년이고, 또 윤갑은 최소 40년간 재위했음을 추정할 수 있다.『사기』「삼대세표三代世表」에서 사마천司馬遷은 다음처럼 말한다. "내가 보첩의 기록을 읽어보니, 황제 이래로 모두 연수가 기록되어 있었다. 그 역대 보첩이 오덕五德의 시작과 끝을 전한 기록을 상고해보니, 옛 기록이 다 일치하지 않고 어긋나거나 차이가 있었다."[39] 이를 통해 당시 보첩의 기록에 모두 각 왕의 재위 연수가 있었지만 서로 차이가 있어 사마천이 채용하지 않았을 뿐임을 알 수 있다. 1977년 안후이安徽 푸양 솽구두이 1호묘에서 출토된 죽간 가운데「연표」같은 것도 있는데, '위로는 서주부터 아래로는 한까지, 주진周秦 이래 각 군왕의 재위 연수가 기록되어 있다고 한다.[40] 이는 곧 이러한 문헌의 실례다. 안타까운 점은 현전 『죽서기년』에 남아 있는 하夏 왕의 연수가 완전치 않다는 것이다.

『죽서기년』에 실린 하 왕 연대의 신뢰성에 대해서는 이를 검증할 다른 증거가 없는 실정이다. 현전 『죽서기년』에 남아 있는 상 왕의 재위 연수를 보면, 무을武乙은 최소 35년, 태정太丁(곧 문정文丁)은 최소 11년으로 『상서』「무일無逸」과 부합하지 않는다. 「무일」은 주초에 만들어진 것으로, 무을·문정과 시간적으로 멀지 않기에, 『죽서기년』보다 더욱 실제에 가깝다 할 수 있다. 따라서 『죽서기년』에 기록된 하 왕의 재위 연수는 비교적 오래된 하나의 설일 뿐, 이에 완전히 얽매여서는 안 된다.

둘째, 『죽서기년』이 제공하는 하대의 총연수다. 『태평어람』은 『죽서기년』을 인용해, "우부터 걸까지 17대로, 왕이 있을 때와 없을 때를 모두 포함해 471년이었다"라 했고, 『노사』「후기」의 주에서는 "궁窮●과 한寒●●을 포함해 472년이다"라 했다.[41] 여기서 말하는 "왕이 없을 때無王"는 바로 후예后羿와 한착寒浞이 통치하던 시기를 가리킨다. 이 밖에도, 『역위계람도易緯稽覽圖』의 431년설과 『제왕세기』의 432년설도 있지만,[42] 모두 『죽서기년』보다 늦게 나온 것이다. 물론 『역위계람도』 등의 설도 그 기원이 비교적 이를 가능성이 있다.

셋째, 『죽서기년』에는, 하대의 총연수 외에도, 상대와 서주의 총연수도 기록되어 있다. 상대는 "탕이 하를 멸망시켰을 때부터 수受(곧 걸)에 이르기까지, 29왕 496년이다"라 했고, 서주에 대해서는 "무왕이 은을 멸망시켰을 때

●　하나라 제6대 왕. 후예后羿를 유궁씨有窮氏라고도 한다. 하 왕실과 다른 성씨인데도 왕위를 찬탈한 후 나라 이름을 바꾸지 않았다.

●●　하나라 제7대 임금 한착寒浞. 후예의 재상이었지만 나중에 후예를 죽이고 왕위에 올랐다.

부터 유왕幽王에 이르기까지 모두 257년이다"라 했다.[43] 상대의 총연수는 『역위계람도』와 같지만 서주의 총연수는 특수하다.

『진서晋書』「속석전束晳傳」은 『죽서기년』의 "하대가 은대보다 길다"[44]라고 했지만, 지금 현전하는 『죽서기년』은 은대가 하대보다 길다. 이에 대해 『죽서기년』을 연구하는 학자들 모두 만족할 해석을 내리지 못하고 있다. 일찍이 『죽서기년』의 원본을 상세히 읽었던 두예와 『죽서기년』과 다른 책의 차이를 토론했던 [당대] 유지기劉知幾(661~721)도 이 점을 언급하지 않았다. 이른바 "하대가 은대보다 길다"라는 말은, 어쩌면 『죽서기년』을 정리하는 과정에서 생긴 하나의 설로, 처음 판독을 확정하고 나서 나중에 개정되었을 가능성이 있다. 『죽서기년』 죽간은 분명 위나라 고문古文으로 쓰였을 것인데, 현재 이러한 글자체에 대한 지식으로 미루어 봐도 판독해내기가 어렵다. 서진 때 학자들도 판독하는 것이 어려워 수정을 반복하면서 편찬했으리란 사실을 어렵지 않게 상상해볼 수 있다.

후한 안제安帝 연광延光 2년(123년), 상서령尚書令 진충陳忠이 상소문을 올려 유흠劉歆의 역술曆術을 비판하면서, "『춘추』와 합해 연수를 마음대로 정하면서, 하대의 연수를 줄여 주대에 더했는데, 표와 본기를 상고해보니, 그 차이가 수백 년"이나 된다고 했다.[45] 이는 한대 역법가曆法家 일파의 주장으로, "하대가 은대보다 길다"는 「속석전」의 기록과 관계가 있다고 할 수는 없지만, 이 기록을 통해 한대에도 하대의 총연수에 대해 서로 의견이 달랐음을 알 수 있다.

『죽서기년』의 서주·상대·하대의 총연수를 통해, 『기년』의 작자가 생각하는 하대의 절대연대를 추산할 수 있다. 이는 결코 현재 중국에서 통용되는 하대 연대는 아니다. 이는 『죽서기년』에만 의존하지 않고, 서주·상대·하대의 연수를 가려 취한 이후에 합산하는 것이다. 이 방법은 왕조별로 볼 때 더 합리적일 수 있으나, 여러 사료에서 근거를 취하는 것이라 체계성이 떨어진다는 단점이 있다. 예컨대, 상대를 보통 600년 정도로 보는데 이는 『좌전』 선공宣公 3년의 '600년載祀六百'설을 근거로 하는 것으로 『죽서기년』보다 약 100년이 많다.

넷째, 『수서隋書』 「율력지律曆志」에서 『죽서기년』을 인용해 "요 임금 원년 경자景子"[46]라 했다. '경景'은 당唐대 '병丙'을 피휘해 쓴 것으로,● '경자景子'는 원래 '병자丙子'로 되어 있었다. 이는 간지로 기년을 하는 방식인데, 『죽서기년』을 연구한 선대 학자들은 이를 불신하는 경향이 강했다. 일례로, [청대] 주우증朱右曾의 『죽서기년존진竹書紀年存眞』은 간지로 기년을 하는 것은 왕망王莽 시기에 시작된 것이라 역설하면서, '병자' 두 글자는 순욱과 화교 등이 덧붙인 것이라 여겼다.[47] 최근 출토 문물은 이와 같은 견해가 잘못임을 이미 증명했다. 한초에 이미 체계적 간지 기년이 있었기 때문에 『죽서기년』에도 이러한 기년법을 썼을 가능성이 있다.

'요원년병자堯元年丙子'는 『죽서기년』의 작자가 역법에 정통해 요 이후의 기년은 체계가 잡혀 있음을 보여주는데, 이는 후세의 각종 기년과 마찬가지로 일정한 역법 학설을 배경으로 하는 것이다. 『죽서기년』은 하대 연대 연구에 특별한 의의를 지니는데, 바로 『죽서기년』이 현재 우리가 알고 있는 연대를 연구하는 시스템 가운데 가장 오래된 것이기 때문이다.

● 당 고조 이연李淵의 부친이어서 세조世祖로 추존된 이병李昺의 이름을 피휘한 것이다. 병昺에 丙이 포함되어 있고 발음도 같으므로 이를 피휘하여 경景으로 썼다.

종합해보면, 『죽서기년』은 전국 중엽 위나라 사람이 편찬한 사서로 그 시대적 색채와 사상적 경향을 담고 있다. 다만 하대 부분에 반영된 귀중한 가치는 아직 제대로 주목받지 못하는 것이 많은 실정이다. 이후 하대의 역사와 문화를 탐색할 때 『죽서기년』에 대한 연구와 이용이 더욱 많아져야 할 것이다.

의고시대를 걸어 나오며

은허 갑골문이 가장 먼저 발견된 것은 언제인가? 1898년 아니면 1899년? 이는 학자들 사이에 쟁론이 계속되고 있는 문제다. 1898년 아니면 1899년이다. 갑골문의 발견은 여러 방면에서 의의를 갖는다. 은허 발굴은 고고학적으로 1928년부터 시작되어 중국 현대 고고학 성립의 지표가 되었고, 고문자학적으로 갑골학이라는 학문이 열리는 계기가 되었으며, 역사학적으로 상대의 존재가 확증되면서 중국 고대사 연구를 중건하는 초석이 되었다.

최근, 중국 갑골학과 상대사 연구는 현저히 발전했다. 이는 먼저 많은 논저의 발표로 나타났다. 안양사범학원이 주관하는 『은도학간殷都學刊』은 1987년 제1기부터 「은상문화논저목殷商文化論著目, 1980~1985」를 연재했는데, 이는 이 방면의 연구 논저가 빼곡하게 들어찰 정도로 성황을 누리는 현실을 반영하는 것이다. 중국고문자연구회中國古文字研究會의 연례 학회에서도 갑골문과 상대사 논문이 많이 발표되어, 중화서국에서 발간하는『고문자연구古文字研究』를 통해 나오고 있다. 1982년 미국 호놀룰루에서 상 문명 국제토론회가, 1984년 중국 안양에서 전국 상사 학술토론회全國商史學術討論會가 개최되었으며, 1987년에도 안양에서 중국 은상 문화 국제토론회中國殷商文化國際討論會가 열렸다. 회의 때마다 논문집이 출판되었고, 또 중국은상문화학회中國殷商文化學會도 성립되었다.

이 시기의 연구 동향에 대해서는 몇 가지 주목할 부분이 있다.

첫째, 기초적 연구에 중점이 두어져 있었다는 점이다. 적잖은 학자가 이 부분에 힘을 쏟았다. 어떤 학자는 자료 정리와 판독에 힘을 쏟았고, 어떤 학자는 기존의 연구 성과를 종합하는 통론을 저술했으며, 어떤 학자는 필요한 공구서工具書를 편찬하기도 했다. 이것이 학문 분과의 진보와 발전에 중요한 토대를 마련해주었음은 의심할 여지가 없다.

갑골문의 정리와 저록 분야의 중요한 성과로는 궈모뤄가 책임편집하고 후허우쉬안이 총편집한『갑골문합집甲骨文合集』을 들 수 있다. 이 책의 도판 13책은 이미 모두 출판되었고, 판독도 이미 정리를 마친 상태다.● 중국 건국 이후 발굴된 은허 갑골문은 주로 샤오툰 남지小屯南地에서 발견된 것으로, 이미『샤오툰 남지 갑골小屯南地甲骨』이 편찬된 바 있고, 중국 이외의 지역에 소장된 갑골을 수집한 것으로는『영국 소장 갑골집英國所藏甲骨集』이 있다. 야오샤오쑤이姚孝遂와 샤오딩肖丁은 샤오툰 남지 갑골에 대해 판독을 하고, 이밖에 상술한 각 저록과 일본의 마츠마루 미치오松丸道雄의『도쿄대학 동양문

●　『갑골문합집』은 1978~1982년 중화서국에서 출판되었고,『갑골문합집석문釋文』은 1999년에 중국 사회과학출판사에서 출판되었다.

화연구소장 갑골문자東京大學東洋文化研究所藏甲骨文字』(1983), 캐나다 쉬진슝許進雄의 『화이트씨 등 소장 갑골문집懷特氏等收藏甲骨文集』●에 수록된 갑골들에 대해 모사하고 판독문을 더해 『은허갑골각사모석총집殷墟甲骨刻辭摹釋總集』(1988)을 출판했다.

최근에는 또 갑골문 연구의 통론적 저작도 여럿 출판되었다. 편폭이 비교적 큰 것으로는 우하오쿤吳浩坤과 판유潘悠의 『중국갑골학사中國甲骨學史』(1985, 원래 제목은 『갑골학 인론甲骨學引論』)로 갑골 연구의 역사와 내용을 정리한 것이다.●● 또 천웨이잔陳煒湛의 『갑골문 간론甲骨文簡論』(1987)은 내용이 아주 상세하다.●●● 공구서로 멍스카이孟世凱가 편찬한 『갑골학 소사전甲骨學小辭典』(1987)과 자오청趙誠의 『갑골문 간명사전甲骨文簡明詞典』(1988)도 갑골학의 내용을 개관하는 역할을 했다. 왕위신王宇信은 『건국 이래 갑골문 연구建國以來甲骨文研究』(1981)를 저술했고, 최근에는 또 『갑골학 통론甲骨學通論』(1989)●●●●을 출판했다.

갑골문 연구 성과를 개술한 책이 비교적 많다고는 하지만, 이러한 성과를 이용한 체계적인 상대사의 편찬은 오랫동안 시도되지 않다가, 1983년 펑방중彭邦炯이 『상사탐미商史探微』라는 최초의 상나라 단대사斷代史[시대를 한 왕조에 한정해 기술한 중국의 역사서]를 편찬해 많은 사람의 호응을 얻었다.

● Hsu Chin-Hsiung, *Oracle Bones from the White and Other Collections*, Toronto, Canada: Royal Ontario Museum, 1979.
●● 국내에서는 『중국갑골학사』(양동숙 옮김, 동문선, 2002)로 번역·출판되었다.
●●● 국내에서는 『甲骨文導論』(이규갑 외 옮김, 학고방, 2002)으로 번역·출판되었다.
●●●●국내에서는 『갑골학 통론』(이재석 옮김, 동문선, 2004)으로 번역·출판되었다.

둘째, 새로운 관점에 주목한 토론이었다는 점이다. 야외 고고 발굴 작업을 통해 끊임없이 새로운 발견이 이어지면서, 자료도 그만큼 많이 쌓이게 되었고, 오랫동안 정설로 여겨지던 몇 가지 설이 점차 흔들리게 되었다. 학자들이 새로운 관점을 제기할 때마다 아주 열렬한 토론이 이어지면서 학문의 진보를 촉진했다. 서로 다른 관점으로 토론하는 쌍방 모두 연구를 심화하는 데 크게 공헌했다고 할 수 있다.

상대 도성都城에 대한 토론은 그 좋은 사례다. 1983년, 허난 옌스 다화이 수촌 서남쪽에서 대형 상대 성지가 발견되었는데, 바로 모두 잘 알고 있는 옌스 스샹거우 상청이다. 이는 안양 은허, 정저우 상청, 옌스 얼리터우 유지 이후에 발견된 또 하나의 상나라 왕도의 유적일 가능성이 있다. 여러 유적의 연대와 성질에 대해서는 일찍부터 쟁론이 있었는데, 스샹거우 상청의 위치와 문헌에 기술된 탕의 도읍인 서박이 서로 부합하는 만큼, 이 새로운 발견은 관련 토론에 새로운 빛줄기를 제공하면서 토론의 양상을 바꾸어놓기에 충분했다. 이 유적이 정말로 서박에 속한다면, 그보다 이른 얼리터우 유적으로 대표되는 얼리터우 문화는 바로 하나라의 문화가 되는 것이다.

친원성秦文生은 「은허는 은의 도읍이 아님을 고찰함殷墟非殷都考」(『정저우대학학보鄭州大學學報』 1985년 제1기)에서 상대 후기의 도성은 안양에 있지 않았다고 주장했다. 이는 일본학자 미야자키 이치사다宮崎市定가 1970년에 발표한 「중국 상고시대의 도시국가와 그 묘지: 상읍은 어디에 있었는가中國上古の都市國家とその墓地: 商邑は何處にあったか」(『동양사연구東洋史研究』 제28권 제4호)와 유사한 견해다. 국외에서는 미야자키의 의견을 지지하는 학자들이 있었지만 중국에서는 친원성이 처음 제기한 것이다.

또 다른 예로 상대 '인순(순장)'에 대한 발전적 논의가 이루어졌다. 1985년 출판된 『가오청 타이시 상대 유지藁城台西商代遺址』에서는 특이한 인순 현상을 열거했다. 일례로, 순장자가 묘주와 같은 관에서 나오기도 했는데, 묘주는 남자고 순장인은 비교적 어린 남녀 혹은 연령이 묘주와 비슷한 중년 남자였다. 1986년부터 발굴되기 시작한 시안 라오뉴포老牛坡 상대 묘에서도 순장인이 묘주와 같은 관에 매장된 사례가 있었다. 이는 순장인이 노예라는 일반적 이해와 차이가 있어 보인다. 어떤 학자는 문헌과 고고 자료를 결합해, 인순 및 인제人祭에 대한 새로운 해석을 내놓기도 했다. 이는 상대 사회 성질을 이해하는 데 자못 큰 영향을 끼쳤다.

갑골 분기에 대한 새로운 토론 또한 중요한 사례다. 지난 반세기 동안은 둥쭤빈의 5분기설이 유행했다. 갑골 재료를 다섯 시기로 분류함에 따라 수많은 상대사 연구 또한 모두 이러한 틀에서 이루어졌다. 과거 천멍자陳夢家와 일본의 가이즈카 시게키 등이 둥씨의 '문무정 복사文武丁卜辭'설을 수정했는데, [이 수정이] 고고학적 발굴로 정확하다는 것이 증명되었다. 최근 은허 부호婦好[은/상나라 무정 왕의 비妃이자 여장군]와 샤오툰 남지 갑골의 발견으로, '역조 복사歷組卜辭'에 대한 토론이 일어났는데, 바로 둥씨가 원래 획정했던 무을과 문정 시기 갑골문은 마땅히 무정武丁에서 조경祖庚에 이르는 시기로 보아야 한다는 것이다. 이것이 옳다면, 기존 둥씨의 설에 근거해 나타났던 상대 역사 문화에 대한 여러 추론은 비교적 큰 수정이 불가피할 것이다.

셋째, 사상 문화 방면의 연구를 개척했다는 점이다. 상대의 문화와 사상·종교·신화 등에 대한 탐구는 사회 경제를 강조했던 지난 시기 분위기로 인해 상대적으로 적었다. 왕궈웨이에서 궈모뤄에 이르기까지 초기 연구자들은 이 방면에서 이미 아주 많은 성과를 냈지만, 후학들은 이를 충분히 계승해 발전시키지 못했다. 그러나 최근 비교적 많은 학자가 이 부분에 힘을 쏟고 있다. 1987년에 열린 중국 은상 문화 국제토론회에서 사상 문화 관련 논문들이 주목받은 일은 바로 이 영역의 발전 추세를 나타내는 것이라 할 수 있다. 다만, 중국 학자들의 성과보다는 국외 학자들의 성과가 많다는 점이 아쉬울 따름이다.

상대의 사상과 이후 중국 전통문화의 관계, 이는 이제 학계의 주목을 받기 시작한 연구 과제다. 일례로, 창정광常正光이 1987년 회의에서 발표한 「은대 방술과 음양오행 사상의 기초殷代方術與陰陽五行思想的基礎」는 은대의 천문학 발전 및 역법 제정이 바로 방술의 중요한 성과임을 논하고, 이를 통해 오행설과 음양설의 기원에 대해 탐색한 논문이다. 최근 몇 편의 논문에서 상대에 이미 봄·여름·가을·겨울 사계절이 존재했다는 것이 주장되기도 했고, 어떤 학자는 이를 통해 당시에 이미 사방사시四方四時를 구성하는 우주 구조 개념宇宙間架觀念이 존재했다고 추론하기도 했는데, 이와 같은 성과는 창씨의 생각과 일치하는 것이라 할 수 있다. 이러한 연구를 계속 발전시켜나가면 중요한 성과를 얻을 수 있을 것이다.

이상의 서술로 상대사와 갑골학 연구의 현상現狀을 모두 개괄할 수는 없다. 이는 그 일부분일 뿐이다. 마찬가지로 이 학문의 추후 동향에 대해서도 몇 가지 개인적 의견을 제시할 수 있을 뿐이다.

궈모뤄의 『중국 고대사회 연구』를 필두로 하여 특히 상대의 사회 경제 연구는 일련의 이론적 문제들과 분리할 수 없다. 중국사 시대 구분 문제에서 아시아적 생산방식과 관련된 토론은 최근 아주 뜨겁게 진행되고 있다. 상대

사 연구에 이러한 서로 다른 관점들을 반영한다면 관련 연구를 더욱 심도 있게 진행할 수 있을 것이다.

필자는 앞서 학계의 전통적인 관념이 중국 고대 문명을 저평가했다고 언급했는데 상대에 대해서도 그렇다. 일련의 고고 발견이 표명해주듯, 얼리터우 문화와 은허보다 이른 시기의 상 문화 또한 상당한 수준을 갖춘 청동 문화이며 동시에 상대 문화는 그 분포가 과거 사람들이 상상했던 것보다 훨씬 광범위하다. 이는 상대 사회 문화의 발전에 대해 실사구시적 태도로 새롭게 평가해야 함을 말해준다.

상대 문화의 분포와 전파는 상 왕조가 통치한 범위와 다르지만, 양자 사이에는 일정한 관계가 있기 마련이다. 최근 쓰촨성 광한 싼싱두이 발굴은 상대 문화가 그렇게 먼 지역에까지도 강렬한 영향을 끼쳤음을 증명해주었다. 이미 은허의 점복에 사용된 귀갑龜甲 중 말레이반도에서 나온 것을 과학적으로 감정해낸 바 있고, 최근에는 동남아 지역에서 나온 글자가 새겨진 귀갑 하나를 감정해내기도 했으며, 은허 부호묘婦好墓의 옥기 중에는 감정 결과 신장新疆의 허텐옥和田玉으로 제작된 것도 있다고 한다. 곧 상나라는 외국을 포함한 사방으로 아주 광범위한 교역을 한 것으로 보인다는 점에서, 상대의 사회 성격을 인식할 때 이러한 논거를 고려하지 않으면 안 된다.

갑골문에 대해서도 더욱 심도 있는 이해가 필요하다. 갑골은 상대 점복 유물로 주로 왕실의 것이다. 따라서 갑골은, 그 수량이 10만 건을 초과하고 그 내용이 아주 광범위하고 풍부하다고 해도, 어떻든 당시 사회 문화의 모든 방면을 포괄하지는 못한다. 그러나 갑골문에 기록이 되어 있지 않다고 해서 그것이 당시에 존재하지 않았다고 여겨서는 안 된다. 또한 갑골문을 척도로 상대 관련 전래 문헌을 평가해, 갑골문의 문례文例와 맞지 않는 것은 후대 사람들의 위탁이라 여기는 것도 좋지 않다 이 점을 분명히 하는 것은 갑골 자료를 발전적으로 이용하는 데도 유리하고 또한 문헌과 갑골문을 결합해 연구하는 데도 유리하다. 상대사는 반드시 문헌, 갑골문, 기타 고고 자료라는 세 가지를 근거로 해야 전면적 연구를 할 수 있다고 생각한다.

갑골문의 풍부한 내용에 대해서도 반드시 진일보한 탐색이 필요하다. 아직도 갑골문에 관한 지식이 크게 부족한 실정이다. 여전히 해석되지 않은 갑골문자가 많고, 여전히 이해되지 않은 문구가 많으며, 갑골문에 나타난 제도에 대해서도 이해되지 않는 것이 더 많은 상태다. 추시구이裘錫圭는 최근 「은허 복사의 명령어•가 의문구인지에 관한 고찰關於殷墟卜辭的命辭是否問句的考察」을 쓰면서 거의 전부에 가까운 갑골문을 어떻게 이해하느냐에 대한 문제를 다루기도 했다.

상대 문헌에 대해서도 발전된 연구가 필요하다. 많은 자료는 전승 문헌이 쓸 만하다는 것을 충분히 증명하고 있다. 류치위劉起釪는 논문에서 『상서』 다섯 편의 신뢰성에 대해 다음처럼 지적한 바 있다. "어떤 사람들은 상인商人의 가장 믿을 만한 문자가 갑골문인데, 그 문구가 아주 간단하고 구조도 아주 고박古樸하며, 어법도 비교적 원시적이어서, 그 시대에 『상서』 각 편과 같은 장편의 대작이 나타날 수 없다고 여긴다. 사실 이것은 복사卜辭라는 한 측면을 가지고 문제를 본 것이다." 이는 아주 정확한 생각이다. 「상송」에 대해서도 사실 이와 같은 관점으로 보아야 한다.

• 곧 거북점을 명하는 말.

상대사 영역에서도 새로운 연구 방법의 도입이 필요하다. 예를 들어, 비교 역사학적 방법, 상대를 여러 다른 문명 고국과 비교하는 것은 이미 몇몇 외국 학자가 시도해보았지만 중국 학자들의 시도는 그리 많지 않다. 이전에 발표한 졸저에서 상대 연구의 다섯 '문門'을 제기한 적이 있다. 이 다섯 '문'은 곧 다섯 가지 길로, 전통 역사 문헌, 청동기, 갑골문, 고고학, 이론 모델이다. 새로운 방법의 운용은 더 많은 길을 찾아내야 할지도 모른다. 예컨대, 은례殷禮 연구 같은 것이다. 공자는 은례를 실증할 자료가 부족하다고 탄식한 바 있다. 그러나 공자는 또한 은례와 주례 사이에는 유소손익有所損益(곧 주례는 은례 중에 필요한 것은 더하고 필요 없는 것은 뺀 것)뿐이라 하기도 했다. 왕궈웨이는 『은주제도론殷周制度論』(1917)에서 상대와 주대의 차이점●을 파악하는 데 주력하면서, '중국 정치와 문화의 변혁이 은주 교체기만큼 극렬한 적이 없었다'라고 말하기도 했다. 이런 관점은 은과 주 제도의 연관성을 고찰하는 데 방해가 되었다. 저우위안周原● 갑골과 같은 고고학적인 새로운 발견은 상주 문화의 계승 관계를 증명해주었고, 상주 교체기 금문에 대한 연구에서도 이 점이 증명되었다. 주례로 은례를 미루어 보는 것 곧 주대 예제에 대한 지식을 이용해 상대 문헌과 갑골문, 고고 자료에 반영된 제도를 연구하는 것은 아주 소수만이 시도했다. 이는 이후 상대사를 연구하는 길의 하나로 어쩌면 상대사 연구에 새로운 국면을 열지도 모른다.

●　　주 왕조 성립 전 주족의 근거지. 1976년부터 발굴이 시작되었다.

고대 문명을 논하다

하·상·주는 우리에게서 얼마나 멀까?

역사책에서 이야기하는 '삼대三代'는 아주 요원한 하대, 상대, 주대다. 주 왕조의 멸망만 해도 이미 2260여 년 전의 일이고, 상 왕조의 멸망은 비교적 통행되는 연표로 볼 때 약 3000여 년 전의 일, 하 왕조의 멸망은 약 3600여 년 전의 일, 하 왕조의 건립은 이미 4100~4200년 전의 일이다. 우리는 자신의 유년 시절의 일도 제대로 기억할 수도 없고 증조부 이상 조상의 이름도 제대로 말하기 힘들 때가 많기에, 하·상·주 삼대의 역사는 저 은하계 밖에 존재하는 성운이나 성계星系처럼 너무나 멀리 떨어진 것처럼 느껴질 수밖에 없다.

그러나 삼대는 우리로부터 그렇게 멀리 떨어져 있지 않은 것도 같다. 진한 이후 역대 많은 학자에게 삼대는 성현의 시대로 이상적인 왕국이었다. 당시 적잖은 사람이 삼대 이후의 책은 읽지 말라고 주장하고, 심지어 말을 할 때도 반드시 '삼대'를 이야기해야 한다고 할 정도로 그들은 평생의 정력을 모두 성경현전聖經賢傳을 풀어내는 데 썼다. 송대 이학의 선하 가운데 한 사람[주희]은 이와 같은 관점을 반영해 삼대 이후 천지天地는 비가 새는 지붕을 겨우 지탱한 것架漏過時에 불과하고, 인심도 담쟁이덩굴 따위를 끌어와 지붕을 기우며 날을 보내는 것牽補度日에 불과한 것이라 말하기도 했다. 물론 이러한 관점은 진화론이 전파되면서 이미 구시대의 산물이 되었다. 현대인이 삼대에 보이는 흥미도 역사적 의식에서 나온 것이다. "역사? 그거 어디다 써?"라는 말을 종종 듣는다. 맞는 말이다. 역사는 먹을 수도 없고 입을 수도 없어 나라와 민생에 보탬이 되지 않는다고 여길 수도 있다. 그러나 노동자, 농사꾼, 군인, 상인 등 역사학이나 고고학과 전혀 관련되지 않은 영역의 사람들이라도 다소간 역사의식에 흥미를 갖게 마련이다. 이는 중국 수천 년의 문명이 역사적 긴 물줄기 속에서 형성·유전되어온 것으로, 국외에 기거하는 화교와 그 후손이 중국 고대 문명에 갖는 감정을 보면 쉽게 이해할 수 있을 것이다. 고대 문명을 인식하려면 역사의 도움을 받아야 하고, 중국 문명의 역사를 연구한려면 삼대로 거슬러 올라갈 수밖에 없다. 이러한 점에서 삼대가 비록 요원하다고 하나 문명의 맥락에서 보면 또한 우리와 상당히 가깝다고 할 수 있다.

삼대는 중국 고대 문명이 틀을 잡고 흥성해나가던 시기로 인류 문명사적으로 아주 중요한 지위를 차지하고 있다. 삼대라는 아주 긴 역사적 시간을 탐색하고 연구하는 데 아주 많은 방법과 루트를 생각해볼 수 있다. 1980년, 미국 하버드대학 인류학과에 재직하던 장광즈張光直 선생의 『상대문명 Shang Civilization』은 예일대학출판사가 기획한 '중국 초기 문명 총서Early Chinese

Civilizations Series'의 첫번째 저작이다.● 그는 책에서 '상대로 향하는 다섯 길'을 열거했는데, 바로 '전통적 역사 문헌' '청동기' '갑골문' '고고학' '이론 모델'이다. 이 '다섯 길'을 중국적 용어로 바꿔보면 역사학, 문헌학, 고고학, 고문자학, 이론의 탐색이다. 따라서 '다섯 길'은 사실상 상대 문명을 다각도로, 종합적으로 연구하는 주요 도로다. 필자가 강조하고 싶은 것은, 이는 상대를 연구하는 '길'이거니와 하·상·주 삼대 연구에도 모두 적용될 수 있다는 점이다.

삼대 문명을 어떻게 학제간 종합 연구로 진행할 것인가? 이에 대해서는 장광즈 선생의 논저를 참고하면 좋을 것 같다. 그의 논문집 『중국 청동시대中國靑銅時代』는 1982년 홍콩중문대학출판사에서 출판되었고 1983년 싼롄서점을 통해서도 나왔으며(타이완판도 있다고 들었는데 아직 보지 못했다),●● 일본에서도 번역본이 나왔다(小南一郎·間瀨收芳 譯, 平凡社, 1989). 이후, 또 필자는 싼롄서점에서 간행된 『중국 청동시대』 제2집도 읽었다.[1] 학술 연구는 예술 유파와 같이 가법家法이 있고 노선路數이 있는데, 두 『중국 청동시대』 논집은 장광즈 선생의 연구 노선을 대표하는 것이다.

그렇다면 이 두 논문집은 역사학 책인가 고고학 책인가? 학계에는 역사학과 고고학을 구분하려는 습관이 있다. 많은 대학에서 고고 전공을 역사학과에 두지 않고 있으며, 사실상 교수든 학생이든 역사와 고고를 확실하

● 장광즈 선생은 리쉐친이 이 글을 발표했을 때인 1990년에 하버드대학에 재직 중이었으나 2001년에 사망했다.

●● 타이완판은 1983년 롄징출판공사聯經出版公司를 통해 간행되었다. 국내에서는 『중국 청동기 시대』(하영삼 옮김, 학고방, 2013)로 번역·출간되었다.

게 구분하려 든다. 역사를 배우는 사람은 오로지 문헌을 다루고 고고를 배우는 사람은 오로지 야외 작업만 하면서, 마치 우물 물이 강으로 흘러들어가지 않듯 서로 왕래하지 않으려 한다. 이는 역사학과 고고학 쌍방 모두에 좋을 것이 없다. 고고학과 역사학의 관계를 강조하는 것은 결코 고고학의 과학적 독립성을 깎아내리지 않는다. 바로 영국 고고학자이자 고고학사 전문가 글린 대니얼은 『고고학 150년考古學一百五十年, A Hundred and Fifty Years of Archaeology』[2]에서 월터 윌러드 테일러(주니어)Walter Willard Taylor, Jr., 1913~1997의 말을 인용해 다음과 같이 말했다. "고고학자의 목적은 절대적으로 정확한 발굴과 발굴 보고서의 출판에 있지 않고, 정확한 지층 비교에도 있지 않으며, 테일러가 문화로 잘못 호칭한 기물 유형의 구분에 있는 것이 아니라 역사를 저술하는 데 있다. 테일러는 자신이 주장하는 종합 연구를 고고학이 받아들일 것을 극력으로 주장했는데, 이는 바로 내가 이 책『고고학 150년』에서 계속해서 주창한 방법이다. (…) 고고학자의 작업이 중요한가는 결코 그가 발굴한 [유물의] 수량, 규모, 횟수에 있는 것이 아니라 그가 저술하거나 새롭게 편찬한 것이 인류 초기 역사 규명에 얼마만큼 공헌했는가에 달려 있다."

　장광즈 선생이 받은 학문적 훈련과 배경을 보면 그는 순수한 고고학자다. 그는 1950년대부터 국립타이완대학 고고인류학과와 하버드대학 인류학과 대학원을 졸업하고, 타이완 유적 발굴을 주도했다. 그는 『중국 청동시대』 일본어판 서문에서 타이완을 포함한 중국 동남 연해 지역 선사시대 고고에 흥미를 느끼고 이것이 자신의 주 연구 대상이라 밝혔다. 그러나 이 책의 '전언前言'에서 그가 힘주어 강조한 것은 '전공專業과 통섭通業'의 문제였다. 그는

『중국 청동시대』의 "목적 가운데 하나는 바로 구체적 사례를 가지고 고대 중국의 연구가 '전공'인지 '통섭'인지를 시험해보려는 것이다. 나는 이른바 '본업本行' 관념이 사람들에게 적지 않게 해를 끼쳤다고 생각한다. 어떤 사물이나 현상에 대한 깊은 연구에 장기간의 심도 있는 훈련이 필요하다는 것은 맞는 말이다. 그러나 현재 이른바 본업 또는 전공이라는 하는 것의 구분 기준은 역사의 우연한 전통일 뿐 현실적 이유는 전혀 없다. '중국 고대사'는 종종 사료의 성격에 따라 전공을 나누는데, 고문자를 전공으로 하는 사람이 있는가 하면, 역사를 전공으로 하는 사람도 있고, 미술을 전공으로 하는 사람이 있는가 하면, 고고를 전공으로 하는 사람도 있다. 고문자를 하는 사람은 또 갑골문과 금문으로 나뉘기도 한다. 이러한 경향 때문에 중국 고대사는 사분오열되었고, 당시 문화적·사회적 각 방면의 유기적 관계 또한 파악하기 어려워지고 말았다." 이 말은 시대적 병폐를 제대로 지적한 것으로, 필자가 칭화대학에서 공부할 때 스승이셨던 진룽쑨金龍蓀(웨린岳霖) 선생께서 우리에게 장학성章學誠(1738~1801)의 『문사통의文史通義』에 보이는 '전專'과 '통通'에 관한 의론을 특별히 읽어보라고 강조하셨던 것이 떠올랐다. 『문사통의』 「박약편博約篇」에 이르길, "학學은 반드시 마음으로 터득해야 하고, 업業은 반드시 전문 영역의 정밀함을 귀하게 여기며, 유類는 반드시 확대 보충을 필요로 하고, 도道는 반드시 완전한 헤아림에 이르러야 한다. (…) 넓으면서도 잡스럽지 않고, 간략하면서도 빠뜨림이 없게 되면, 거의 학술의 순정함과 견고함에 이를 수 있을 테니, 선현의 소득을 지키고 후인의 연구를 기다리는 방법을 어쩌면 장차 볼 수 있을지도 모른다"라고 했다.[3] 학문 분과는 점차 세분화하는 방향으로 발전하면서도 또한 점차 두루 통섭하는 종합 연구를 필요로 하고 있다. 고대 문화 사회를 연구하는 노학자들을 보면, 전문 영역의 정밀함이 후대로 확장되어 보충되지 않음이 없고, 후학들도 그들의 학문을 이것저것으로 규정지을 수 없으니, 이것이야말로 대가의 풍모가 아닌가 싶다.

『중국청동시대』의 "주요 목적은 중국 청동시대 문화와 사회의 주요 특징 몇 가지에 대해 전체적인 토론"을 하는 것이다. 『중국청동시대』 제1집과 2집에 수록된 논문 총 22편은 아주 다양한 방면에 걸친 성과를 보여준다. 여기서는 장 선생의 『중국청동시대』를 선택해 하·상·주 삼대에 대한 몇 가지 전면적 견해에 대해서만 검토해보고자 한다.

하·상·주 사이의 관계는 도대체 어떠했는가? 이는 영향이 자못 큰 문제이기도 하다. 주지하다시피, 공자는 이 문제에 대해 은은 하례를 계승하고 주는 은례를 계승해 그 사이에는 덜고 더한 것밖에는 없다고 주장했다. 따라서 역대 전통적인 견해에 의하면 하·상·주는 통치자의 교체에 불과하고 제도와 인민은 그대로 일맥상통한다고 한다. 심지어 당에서 송으로 바뀌고, 명에서 청으로 바뀐 것도 다르지 않다고 생각했다. 여기에 독특한 이의를 제기한 사람이 바로 청말민초의 왕궈웨이다. 그는 『은주제도론』이라는 명저에서 "중국 정치와 문화의 변혁이 은주 교체殷周之際만큼 격렬했던 적은 없었다"라고 하면서, 또 "은주 사이의 대변혁은 겉으로 보면 성씨 및 집안의 흥망과 도읍의 전이에 불과하다 할 수 있지만, 그 내면을 들여다보면 구제도가 폐기되고 신제도가 일어나고, 구문화가 폐기되고 새로운 문화가 일어난 것이다"라고 했다. 이 설은 발표되고 나서 한 세대를 풍미했다. 1930년대에는 또 푸쓰녠傅斯年이 『이하동서설夷夏東西說』을 발표했다.● 그는 하·상·주 삼대를 동서의 두 계통으로 정리하면서 "이夷와 상商은 동방 계통에 속하고, 하와 주는 서방 계통에 속한다"라고 했다. 이러한 견해는 역사학계뿐 아니라 중원 고고 연구 영역에서 지금까지도 큰 영향을 끼치고 있다.

『중국 청동시대』 제1집에 수록된 「하·상·주 삼대의 고고로부터 삼대의 관계와 중국 고대 국가의 형성을 논함從夏商周三代考古論三代關係與中國古代國家的形成」에서는 이처럼 말했다. "우리가 삼대를 보는 관점은 다음과 같다. 하·상·주는 문화적으로 한 계통이어서 모두 중국 문화지만, 피차지간에 지역적 차이는 존재한다. 다른 방면으로는 정치적으로 하·상·주 삼대는 서로 대립하던 정치집단이었다. 마지막으로, 하·상·주 삼대를 횡적 관계로 보는 것이 삼대 관계와 삼대 발전을 이해하는 관건이다." 장광즈 선생의 이러한 견해는 삼대의 시간적인 수직적 관계와 또한 그 수평적 관계를 고려한 것이다. 하·상·주가 서로 대립하던 정치집단이었음은 『이하동서설』의 요점을 흡수한 것이고, 하·상·주가 문화적으로 한 계통이었음은 『은주제도론』 이후의 주된 관점과 다른 것이다. 장광즈 선생은 『중국 청동시대』에 수록된 다른 논문에서 또 다음과 같이 말했다. "현존하는 문헌과 고고학적 증거에 근거할 때, 하·상·주 삼대 모두 공통적인 중국 문명을 특징으로 하고 있다. 이는 지역적 범위가 비교적 좁은 중국 문명의 초기 단계, 하와 상에서만이 아니라, 청동기의 광범위한 분포가 보여주듯, 그 범위가 화난華南의 광대한 영역까지도 포함하는 중국 문명의 후기 단계에서도 그러하다."

고고학적으로 은상 문화와 주나라 문화는 아주 익숙한 것이다. 얼리터우

• 국내에서는 『이하동서설』(정재석 역주, 우리역사연구재단, 2011)로 번역·출판되었다.

문화와 관련된 문화 유형을 하 문화로 인정할 수 있다면, 그 면모 또한 모두 이미 잘 알고 있는 것이다. 하·상·주 삼대가 지닌 여러 주요한 요소의 관계를 자세히 고찰하는 것은, 상술한 장광즈 선생의 논점을 뒷받침하는 것이라 할 수 있다. 이 세 문화가 지역별·시대별·종족별로 구분되기는 하지만, 결국에 가서는 대동소이하게 모두 중국 중원 지역(광의의) 문화에 속하기 때문이다. 1987년 초, 일본 도쿄에서 열린 '중국 고문자와 은주 문화中國古文字と殷周文化' 토론회에서, 필자는 상주 양대 문자의 일관성을 사례로 상주 문화의 연속적 계승을 주장한 적이 있는데, [이 주장은] 이 논점에 대한 보충 자료로 이용할 수 있을 것 같다.[4]

중국은 자고로 다민족 국가다. 중국 경내境內에는 아직도 고대의 민족이 분포하고 있고 그 문화적 면모 또한 하·상·주 삼대 문화처럼 서로간에 비교적 큰 차이를 보이고 있다. 몇 년 전 발굴한 쓰촨 지역의 촉 문화를 가지고 논하면, 광한 싼싱두이 두 기물갱器物坑 출토품은 이미 그 독특함과 정교함으로 세계에 널리 알려졌다. 기물갱은 C14 연대 측정 결과 상대 말기에 해당하고, 중원 문화의 영향이 느껴지는 많은 기물이 있기는 하지만, 자체적 지역 특성 또한 상당히 강렬하다. 당시 촉 문화는 자체적 발전과 특징을 지녔던 문화다. 촉 문화와 중원 지역 문화의 관계는 하·상·주 사이의 관계와는 다르다. 따라서 필자는 장광즈 선생이 「하·상·주 삼대의 도제와 삼대 문화의 공통점 및 차이점夏商周三代都制與三代文化異同」에서 "하·상·주 삼대 모두 독특한 중국 고대 문명의 구성 요소로, 그들 간 차이는 문화적·민족적 구별에서의 중요성보다는 중요치 않다"는 것과 또 "삼대의 문화는, 물질 유적을 통해 보면, 서로 비슷하다. 물론 이들이 동일 민족은 아니었지만 적어도 동일한 부류의 민족이었을 것이다"[5]라고 지적한 견해에 찬성한다. 삼대의 문화가 기본적으로 비슷하다는 견해는 어떻게 보면 왕궈웨이 이전의 관점으로 돌아간 것이라 할 수 있다.

중국 고대 청동기의 성질과 의의는 비교적 큰 문제이기도 하다. 청동기에 대한 장광즈 선생의 견해 또한 아주 신선하다. 그는 중국 청동시대의 중요한 특징 하나가 "바로 샤머니즘에 쓰이는 도구로서 중국 고대 예술품이 정권 집중을 달성하고 촉진하는 측면에 끼친 중요한 작용이다. 정권의 집중은 중국 역사상 재부財富의 집중과 계속해서 긴밀하게 결합되었으며 재부의 집중 또한 문명 탄생의 기초가 되었고, 중국 고대의 예술은 문명 기원 단계에서 결정적 작용을 했다"[6]라고 말한다. 그가 이와 같은 결론을 낸 방법은 신화와 예술사 연구로 그 방법도 아주 독특했다. 장 선생이 1960년대에 발표한 몇 편의 논문 예컨대『중국 청동시대』제1집에 실린「상주 신화의 분류商周神話之分類」「상주 신화와 미술에 보이는 사람과 동물 관계의 변화商周神話與美術中所見人與動物關係之演變」에서 이 설의 실마리를 볼 수 있다. 그는 하버드대학에서 강의한 1981년에서 1982년까지 이에 대한 체계적 연구를 하면서『미술, 신화와 제사美術·神話與祭祀, Art, Myth and Ritual: The Path to Political Authority in Ancient China』, Cambridge, Mass.: Harvard University Press, 1983; 郭淨 譯, 瀋陽: 遼寧教育出版社, 1988)를 출판했다.『중국청동시대』제2집에 수록된 논문들도 거의 모두 이 문제와 관련되어 있다.

이 문제는 신화부터 이야기해도 무방할 것 같다. 중국 고대에도, 다른 고대 문명과 마찬가지로, 신화가 있었다. 중국의 신화는 어떤 것은 아주 아름답고 오묘하지만, 다른 고대 문명과 비교할 때, 양이 적고 유형도 다르다. 세계 각지에서 발견되는 가장 보편적인 신화로 홍수 전설을 들 수 있는데, 홍수 전설은 중국에서도 『상서』 첫 편인 「요전堯典」에 보인다. 그러나 다른 지역의 홍수 전설은 모두 하늘로부터 쏟아진 홍수가 인류를 멸망시키고 소수만이 남게 되어 현재 인류의 선조를 이루게 되었다고 하지만, 「요전」에서는 홍수가 산과 언덕을 둘러싸자, 우禹가 명을 받고 사람들을 동원해 이를 다스리고 [나라를] 안정시켰다는 것으로 그 사상적 함의에서 다른 지역의 홍수 전설과 분명한 차이를 보이기 때문에 다른 전설과 동일 선상에서 논할 수 없다. 그 속에 반영된 서로 다른 관념은 잘 곱씹어볼 필요가 있다.

중국 고대 신화 연구는 이미 그 역사가 수십 년이라 세계적으로 적잖은 논저가 나왔다. 장광즈 선생 연구의 특징은 바로 고고학을 상주商周 신화 및 미술과 결합해 아주 독특한 학설을 이루었다는 점이다. 그는 상주 양대의 신화 및 미술 속에 보이는 동물을 전문적으로 연구하면서 다음처럼 말했다. "상주의 신화와 미술 속에서 동물은 아주 중요한 지위에 있다. (…) 신화 속에서 동물은 족군族群의 조상부터 상제의 사자使者까지, 영웅 조상의 반려부터 영웅이 죽인 악마[적 존재]까지 다양한 역할을 맡고 있다. 동물이 신화 속에서 차지하는 중요한 지위는 표면적으로 보이는 것보다 더 크다고 할 수 있다."[7] 동물의 이런 특수한 지위와 역할은 당시 보편적으로 존재하던 샤머니즘에서 비롯하는 것이다. 장광즈 선생은 고대의 무당과 샤머니즘에 대해 상세히 토론한 논문에서, 무당은 "하늘을 알고 땅을 알며, 또 하늘에 통할 수 있고 땅에 통할 수 있는 전문가"이고, 동물은 바로 무당이 천지와 통할 때 이용하는 도구라고 했다. 청동기 특히 청동 예기禮器는 그 사용자가 무당이고 그 용도는 바로 '백성과 신을 통하게通民神' 하고 '하늘과 땅을 통하게

通天地'하는 것이기에 예기 위에 도철, 비유肥遺, 기夔, 용, 규虬와 같은 신화적 동물이 충만하다는 것이다.

중국의 고옥 중 가장 중요한 것 가운데 하나인 '종琮' 또한 이와 같은 학설로 해석해볼 수 있다. 장광즈 선생은 『중국 청동시대』 제2집의 「'종' 그리고 그 중국 고대사적 의의를 말하다談'琮'及其在中國古史上的意義」에서 종에 대해 전문적으로 토론하며, [밖은 각지고 안은 둥근] 외방내원外方內圓의 종에 대해 "방형과 원형을 서로 꿴 것은 바로 땅과 하늘의 원리를 관통시킨 것이다. 형상만 놓고 볼 때, 종은 천지관통의 상징이고 또한 바로 천지를 관통시키는 수단 혹은 도구다"라고 했다. 종의 윗면에도 모두 신기한 동물 문양이 새겨져 있다.

이러한 연구는 천명자 선생을 떠올리게 한다. 70여 년 전, 천 선생의 「상대의 신화와 샤머니즘商代的神話與巫術」[8]은, 신화학의 각도에서 상대 고고와 고문자학의 성과를 연구해 새로운 연구 영역을 개척한 의의가 있지만, 많은 사람에게서 이미 잊혀버렸고 선생도 그 내용을 자신의 『은허 복사 종술殷墟卜辭綜述』(초판 1956)에 충분히 반영하지 못했다. 그러나 최근 많은 국외 학자가 오히려 이 논문을 아주 높이 평가하고 있다. 어떻든 신화학적 연구는 고대 문화 연구에서 아주 중요하고, 어쩌면 앞서 제기한 '다섯 길' 밖에 있는 또 하나의 사통팔달한 길이 아닌가 싶다. '통섭'하기 위해서는 고대 문화와 사회에 대한 전면적인 토론이 이루어져야 하며, 신화 연구 역시 반드시 거쳐야 하는 길이다.

『중국 청동시대』 제1집의 '전언'에 보면 소개할 만한 단락이 있다. "'통섭'을 철저하게 하려면 중국의 자료와 중국의 연구 성과를 세계 각지의 상황과 비교해야 한다. 중국의 상황은 전 세계 인류의 수없이 변하는 각종 상황의 하나에 불과해서 세계의 변화를 이해하지 못하면 중국의 현 상황도 이해할 수 없다. (…) 중국 특색의 학문을 할 때 중국적 훈련을 하지 않으면 학문의 깊이에 도달할 수 없지만 중국 특색의 학문을 강구하면서 세계적 시각을 갖추지 못하면 우물 안 개구리 신세와 같아서 영원히 폐쇄적이고 불철저한 처지에서 벗어날 수 없다." 요 몇 년, 학계에는 '비교'의 담론이 유행했어도 고고학을 말하는 경우가 많지 않았는데, 사실 필자가 보기에 비교고고학적 연구는 특히 필요한 것이다. 중국 대학의 역사 전공 학생들은 모두 세계사를 필수로 이수해야 하지만, 고고학 전공 학생들에게는 세계 고고학 혹은 외국 고고학 수업이 하나도 없는 실정이다. 그만큼 고고학 범위에서 세계적 시각을 이야기한다는 것은 또한 쉽지 않다. 예컨대, 중국 문명의 기원 문제가 자못 뜨거운데, 이 문제는 비교연구와 동떨어질 수 없는 것 같고 세계적 시각과도 따로 놓고 볼 수 없는 것 같다.

장광즈 선생이 미국에 오랫동안 있었던 관계로, 그의 논저 중에는 중국 고대 문명과 아메리카 고대 문명을 비교한 것이 특히 많은 편이다. 일례로, 그는 멕시코 찰카칭고 유적의 올메크Olmec 문화 석각의 아亞 자 형 기호를 을 중국 고고에서 발견한 '아 자 형 기호'와 대비했는데 아주 흥미로운 주제다. 그는 중국의 은상 문명이 아메리카·마야 등 문명과 같은 뿌리를 갖고 있을 것이라 여기고, 그 뿌리를 인디언이 아직 아시아에 있던 1만여 년 전의 구석기시대로 거슬러 올라가 이를 '마야·중국 문화 연속체'라 부를 수 있다고 했다.9 이것은 상주 이래로 중국인이 아메리카로 건너갔다는 수많은 설 가운데 가장 근거 있는 설이다.

이 책[『중국 청동시대』 제2집]에는 중국 문명의 기원에 관한 적잖은 논문 또한 수록되어 있다. 장 선생은 중국 문명 기원을 둘러싼 토론은 문명 기원의 역사 단계와 지역 문제, 중국 문명은 일원적이냐 다원적이냐는 문제늘에 국한되어서는 안 되고, 중국 문명이 '어떻게' 형성되었고, '왜' 그처럼 형성되었으며, 그 형성은 어떠한 요소들과 관련이 있고, 그 형식은 또 그 내용을 어떻게 반영하는가에 대한 탐색이 필요하다고 여겼다. 그는 문명의 탄생은 반드시 재부의 축적과 집중의 과정을 거친다는 데 동의한다. 중국 문명의 기원을 연구하려면 반드시 중국 고대 어느 시기에 재부가 축적되었고, 어떻게 이와 같은 축적이 생겨났으며, 언제 재부의 집중이 이루어졌고, 또 어떻게 그처럼 집중되었는지 고찰해야 한다는 것이다. 선생은 그 논문 속에서 아래 몇 가지 관련 현상을 열거했다.

첫째, 중국 고대 문명 시기의 생산 공구와 기술은 문명 탄생 이전의 생산 공구와 기술에서 본질적인 개량이 없었다.

둘째, 종족제도는 중국 고대 문명 사회 속에서의 계급 분화와 재부 집중의 중요한 기초다.

셋째, 천인합일天人合一의 우주관은 선사 시기부터 내려온 것으로 중국 고대 재부의 축적과 집중에 중요한 순단을 제공했다.

이 셋은 모두 '연속성'을 특징으로 삼고 있다. 따라서 장광즈 선생은 문명 기원에 대한 서방의 몇 가지 일반 법칙이 중국에 적용될 수 없다고 주장했다. 중국의 형태는 '연속적' 형태이고 서방의 형태는 '파열적' 형태라 할 수 있는데, 세계적으로 봤을 때 중국의 형태야말로 문명 전환의 주요한 형태로, 서방의 형태는 예외에 속하는 형태로 여겼다. 『중국 청동시대』 제2집 맨 마지막 「연속과 파열連續與破裂, Continuity and Rupture」이 바로 그 논문이다.

이와 같은 연구는 또 저명한 학자 허우와이루侯外廬(1903~1987) 선생을 생각나게 한다. 그는 많은 논문에서 고대 동방과 서방의 상이한 문명 노정 문제를 다뤘다. 아래 몇 마디 소개해보겠다. "고대사회에서 서방과 동방의 서로 다른 노정은, 엥겔스의 가족·사유재산·국가라는 세 항목을 문명 노정의 지표로 삼아본다면, '고전고대(그리스, 로마)'는 가족에서 사유재산을 거쳐 다시 국가로 이르렀고, (⋯) 따라서 전자는 [옛것(묵은 것)은 가고 새것이 이를 대신하는] 신진대사新陳代謝로 새로운 것이 옛것을 무너뜨린 중국 현대사의 혁명 노선과 같다. 후자는 오히려 [옛것과 새것이 칡덩굴처럼 얽혀 있는] 신진규갈新陳糾葛로 옛것이 새것을 가로막은 중국 현대사의 유신維新 노선과 같다."[10] 허우와이루 선생은 고고학적 관점에서 이 문제를 연구한 것은 아니지만, 관점에서 장광즈 선생과 분명히 비슷하다. 이것을 바로 [걷는 길은 달라도 이르는 곳은 같은] '수도동귀殊道同歸'라고 할 수 있을까? 이로 미루어 보면, 우리가 찬성하든 어떻든 간에 이러한 관점의 중요성은 결코 무시할 수 없는 것이다. 이는 중국 고대 문명 기원 및 발전의 근본적 특징과 관련된 문제로, 하·상·주 삼대를 논하더라도 모두가 관심을 가질 만한 문제다.

따라서, 다시 이 글 첫머리에서 언급한 하·상·주가 우리와 얼마나 멀리 떨어져 있는가에 대한 문제로 돌아가보자. 하·상·주 삼대는 요원한 과거지만 박물관의 진열품에 불과하지는 않다. 삼대의 제도·사상·우주관이 우리에게 얼마나 낯선지를 막론하고, 삼대는 결국 중국 고대 문명의 연원이고, 중국 전통 문화를 연구하면서 삼대까지 거슬러 올라가지 않을 수는 없다. 이 점을 인식한다면, 삼대가 우리와 결코 그렇게 요원하지만은 않을 것이다.

천하의 중심

실크로드는 세계적으로 회자하는 연구 과제로, 최근 이에 대한 중국의 관련 논저도 점점 많아지고 있지만 아직 적지 않은 의문이 존재하고 있어서 더 깊은 연구가 필요하다. 실크로드라는 말은 원래 1877년 독일 학자 페르디난트 폰 리히트호펜Ferdinand von Richthofen이 제기한 것으로, 지금까지 100여 년 동안 사용되고 있지만, 학계에는 이 단어를 해석하고 이해하는 데서 자못 다른 의견이 있다. 대략적으로, 현재 '실크로드'는 좁고 넓은 의미두 가지 의미가 있다. 좁은 의미의 실크로드는 한당 시기 비단을 서쪽으로 운반하던 길로, 여러 저작에서 말하는 바와 같이, 장안에서 중앙아시아와 서아시아를 거쳐 지중해 서안에 이르는 약 7000킬로미터의 노정을 가리킨다. 넓은 의미의 실크로드는 유라시아대륙 고대의 동서 교통로로, 그 역사가 선진 시기로 거슬러 올라가며, 해상과 육상의 노선을 포함한다. 최근 학계의 연구 추세를 관찰해보면, 학자 대부분이 넓은 개념으로 실크로드를 사용하는 경향이 있다. 일례로, [선푸웨이沈福偉의] 『중서문화교류사中西文化交流史』(1985)에서는 진秦 이전의 실크로드에 대해 전문적으로 서술한 장절이 마련되었고, 1988년 일본 나라奈良에서 열린 '실크로드 대문명전'에는 '오아시스와 초원의 길' '바다의 길' '불교미술 동쪽 전래의 길' 등의 꼭지가 마련되어 그 범위가 더욱 광범해졌다. 실크로드 연구는 분명히 날로 그 연구 깊이와 넓이가 더해질 터다.

낙양洛陽과 실크로드의 관계는 새롭고 중요한 연구 과제다. 과거에 실크로드를 말하면 자연스럽게 장안이 연상되었는데, 이는 의심할 여지 없이 필연적인 것으로 좁은 의미의 실크로드 관념으로 볼 때 자연스럽게 장안의 역사적 작용을 강조할 수밖에 없기 때문이다. 특히 한 무제武帝가 장건張騫을 파견해 서역의 교통로를 열었을 때, 좁은 의미의 실크로드의 기점이 바로 장안이었다. 전한 및 이후 당조唐朝의 번영과 흥성은 세계사적인 큰 일로 당시의 수도가 바로 장안이었다. 천리 땅에 걸친 견고한 성, 이 장안은 자연스레 동서 교통로의 대중심이 된 것이다. 그러나 넓은 의미의 실크로드 관념으로는, 낙양 또한 아주 큰 중요성을 지니고 있다. 우리가 실크로드를 연구할 때 낙양이 누려야 할 지위를 반드시 인정해주어야 한다.

장안과 낙양을 포함한 중국의 고도古都는 모두 국가 정치의 핵심이자 교통과 상업의 축이었다. 이러한 형세의 출현은 시대적으로 아주 이른 것으로, 고고학적 작업이 증명해주듯, 적어도 상대 말기의 은나라 도읍이 이미 이러했다. 주지하다시피 은허의 발굴 시간이 가장 길었는데, 유적에서 아주 많은 외래 물품이 발견되었다. 일례로, 남방의 코끼리, 바다의 고래, 신장의

고대 문명을 논하다

허톈옥으로 만든 옥기, 동남아에서 온 것으로 감정된 귀갑 등이 그러하다. 어떤 갑골에는 면포토로土盧라는 식물 뿌리로 짠 포布가 붙어 있기도 했는데, 이것들은 모두 외국에서 온 것일 가능성이 있다. 이는 당시 중국의 수도에는 이미 중국 변방 및 외국과 상당한 규모의 왕래가 있었음을 설명해준다. 당시의 왕조를 아주 폐쇄적으로 보는 관점은 이미 유행이 지나간 설이다. 상조 멸망 이후 지금의 뤄양에 있던 주나라 도읍 성주成周가 흥기했는데, 이 주 도읍은 분명 은나라 도읍보다 더 중요한 역할을 했을 것이다.

고대 중국인의 사상 속에서 낙양 일대 지역은 천하의 중심天下之中이었다. 『사기』 「화식열전貨殖列傳」에 보면, "옛날 당인唐人(요堯)은 하동河東에 도읍했고, 은인殷人은 하내河內에 도읍했으며, 주인周人은 하남河南에 도읍했다. 대저 삼하三河[하동, 하내, 하남]는 천하의 중심으로 솥의 세 다리와 같아 왕들이 돌아가면서 도읍했는데, 나라를 세운 후 각 나라는 수백 년에서 수천 년간 (…) 그 도읍은 제후들이 모이는 곳이었다."[1] 엄격히 말하자면, 삼하 가운데 하남 곧 지금의 뤄양이 천하의 중심으로 '토중土中' '지중地中'이라 불리기도 했다. 일례로, 『일주서』 「작락作雒」은 주 성왕 시기 주공이 성주를 건설한 사적을 서술하고 있다. "주공이 공경히 후세를 생각하며 말하길, '나는 주 왕실이 연속되지 못할까 걱정하여, 천하의 중심에 도읍하게 하노라.' 정권을 성왕에게 돌려줄 때에 이르러, 이에 '토중'에 대읍大邑 성주를 건설하니 (…) 천하의 대도회天下之大湊로 삼는다."[2] "토중"은 곧 대지의 중심이라는 뜻이다. "천하의 대도회"라는 것 또한 사통팔방 요지라는 뜻으로, 조회朝會, 조세, 교통, 상업의 중심이다.

주나라 사람들은 성주가 천하 대지의 중심이라는 관념을 자신들의 우주

의고시대를 걸어 나오며

관과 융회하기도 했다. 『주례』「대사도大司徒」에 기록된 의기儀器를 사용해 '해의 그림자日影'를 측량하고 천하의 중심을 확정하는 방법은 다음과 같다. "해 그림자가 1척 5촌이면 '지중'이라 하니, 천지가 합하는 바요 사시四時가 만나는 바이며, 풍우風雨가 만나는 바요 음양이 조화되는 곳이다. 그러하면 백물이 성하고 편안하니, 이에 왕국을 여기에 세운다."[3] 하짓날에 8척 높이의 나무대 '표表'를 세우고, 정오에 나무대 그림자가 '표' 아래 정북쪽으로 뻗어서 측정용 자 '규圭'까지 길이가 1척 5촌이 되면, 이 조건에 부합하는 지점이 바로 천하의 중심이라는 것이다. 이러한 지점이 고대의 양성陽城에 있었는데, 지금의 덩펑 가오청진告成鎭으로, 현존하는 관성대觀星臺가 바로 주공이 해 그림자를 측정한 유적이라 한다. 이는, 청대 학자 강영江永이 지적했듯, 옛사람들이 오랜 시간 낙양 일대에 도읍을 정했기에, 그곳 해 그림자의 특징을 뽑아 천하 중심의 표준으로 삼았기 때문이다.

이를 통해 알 수 있듯, 낙양 부근 일대가 천하의 중심이라는 관념은 아주 오래전에 나타났다. 양성은 문헌에 따르면 하나라 우왕의 도읍이었으며, 주 무왕이 설계한 훗날 성주의 위치가 바로 하나라 사람들의 거주지였던 것이다. 『일주서』「탁읍度邑」과 『사기』「주본기周本紀」는 무왕이 어떻게 새로운 도읍을 건설하려 했고, 그 계획을 어떻게 주공에게 말했는지를 설명하고 있다. 최근 출토된 성왕 시기 청동기 '하준何尊' 명문銘文에 보면, 무왕 당시 제단을 쌓아 하늘에 제사를 지내면서 천하의 중심에 새로운 도읍을 건설하고, 거기서 백성을 다스리겠다고 말하는 내용이 있다. 이는 성주의 중요성을 한층 더 설득력 있게 설명해주고, 또한 우리에게 낙양 일대가 예로부터 원근 사람들이 왕래하면서 모이던 곳이었음을 말해준다.

주 왕조와 서토西土의 관계는 결코 무시할 수 없다. 본원적으로, 주나라 사람들은 은례 중국이 서북쪽에서 흥기했고, 그 북쪽과 서쪽과 남쪽 세 방향의 여러 민족과 자못 밀접한 관계를 맺고 있었다. 주지하다시피, 주 무왕이 은 주왕을 정벌한 전쟁에는 바로 서북과 서남의 몇몇 소수민족이 참여했다. 곧 주나라 사람들 등 뒤에 대서북大西北● 지역이 있었고, 서북의 민족과 역외 여러 나라 부족 사이에 교류가 있었던 것이다. 당시 유라시아대륙이 어떻게 연결되어 있었는가는 세계 학자들이 일찍부터 적잖이 연구해온 주제지만, 아직 더 많은 고고 연구를 통해 증명되어야 한다.

서진西晉 초기, 전국戰國 묘에서 발견된 죽간 서적 『죽서기년』과 『목천자전』은 모두 주 목왕의 서행西行 고사를 싣고 있다. 이러한 이야기는 어느 정도 신화적 색채를 띠고 있기는 하지만, 최근 서주 청동기 명문의 연구를 통해 그 문헌에 보이는 사람들이 허구의 인물이 아니라 실재한 인물임이 이미 증명되었다는 점에서, 주나라 사람들과 서역을 연결해주는 교통로의 진실을 반영하고 있다고도 할 수 있다. 주의할 것은 주 목왕 서행의 기점과 종점 모두 성주였다는 점이다(『목천자전』에는 '종주宗周'라 기록되어 있다). 따라서 성주가 이른바 광활한 서북으로 이어지는 거리를 계산해보면 중국의 강역을 크게 초월해버린다. 이는 적어도 선진 시기 사람들의 동서 교통에 대한 인식을 나타내주는 것이다.

앞서 말한 바에 따르면, 선진 실크로드의 남상濫觴에 대해 토론할 때 낙양의 지위와 의의를 중시하지 않을 수 없음을 통감한다. 전한 이후 경제가 몰

● 중국의 광활한 서북부 지역. 산시陝西, 닝샤, 간쑤, 칭하이, 신장 5성 및 자치구와 네이멍구 서부의 일부를 포함한다.

라보리만치 융성해지고, 북위北魏시대에 이르렀을 때 낙양은 "파미르고원葱嶺 서쪽으로 대진大秦에 이르기까지, 수많은 나라와 두시가 기꺼이 귀부하지 않음이 없었고, 상호商胡와 판객販客이 매일같이 변방 관문을 찾아왔다"4●라고 할 정도로, 그 번화함을 상상하기 어렵지 않다는 것은 모두들 더욱 잘 아는 사실이다.

● '상호'는 서역에서 들어와 상업에 종사하는 호인胡人들을, '판객'은 행상인들을 말한다.

『주역』에 관한
몇 가지 문제

학계에 이른바 『주역』열이 불어닥친 지 이미 수년이 되었다. 1990년 봄에
출판된 『중국도서평론中國圖書評論』에서도 이와 관련된 꼭지를 만들어 다음
과 같이 말했다. "3000여 년 깊은 잠을 자던 『역경易經』이 현재 뜨거운 화제
가 되고 있는데, 이는 당초에 예상치 못한 것이다. 그러나 결국 열기가 뜨거
워지면서, 하나의 '역학'이라는 학문이 형성되었을 뿐 아니라 그 여러 전문
가가 나타났고 학회나 단체도 수없이 들어섰고, [그 열기가] 국외에까지 미
쳤다." 따라서 관련 연구 성과가 수없이 많아져 눈이 모자랄 정도가 되었다.
『주역』은 고대에 '육경六經'의 머리이자, 삼현三玄●의 하나로 여겨졌다. 역사 문
화를 연구할 때 [주역]을 당연히 소홀히 할 수 없다. 다만 『주역』은 원래 복

●　　『주역』 『노자』 『장자』를 가리킨다. 우주만물의 오묘한 진리를 담고 있다고 여겨 '현玄'으로 칭했다.

서ト筮의 책이라 사람들은 모두 이 책에 흐르는 신비로운 감각을 이야기할 뿐이다. 심지어 『주역』 경전의 기원과 시대에 관해 학자들 사이에 존재하는 수많은 관점이 『주역』을 더욱 수수께끼로 만들어버렸다. 최근 일련의 고고 발견은 『주역』 연구에 새로운 단서를 제공해주었다. 그중 1973년 말 후난 창사 마왕두이 3호 한묘漢墓에서 출토된 백서 『주역』 경전의 내용은 더욱 중요하다. 백서 『주역』의 연구를 준비하면서 필자는 고고학과 문헌학의 측면에서 『주역』에 대해 고찰하는 『주역경전소원周易經傳溯源』이라는 작은 책을 썼다.[1] 여기서는 『주역경전소원』의 요점을 뽑아 몇 가지 문제로 개괄해 『주역』에 흥미를 느끼는 독자들에게 참고 자료로 제공하려 한다.

문: 『역』은 언제 기원했는가?

답: 『역』 「계사繫辭」에 이르길, "옛날 포희씨包犧氏 곧 복희씨가 천하의 왕 노릇 할 때, 머리를 들어 하늘의 운행을 관찰하고, 머리를 숙여 땅의 섭리를 관찰하며, 가까이에서는 자기 몸에서 취하고, 멀리에서는 만물에서 취하여 처음으로 팔괘를 만들어, 신명의 덕에 통달하게 하고, 만물의 실정을 유추하게 했다."[2] 이 기록은 『역』의 기초가 되는 팔괘가 선사先史 포희씨 시대에 처음 나타났음을 이야기해준다.

현재 고고학적으로 발견된 『역』 관련 자료 가운데, 가장 이른 것은 은주 시기의 서수筮數다. 서수는 일련의 숫자로 어떤 것은 세 개 어떤 것은 여섯 개가 이어져 있는데, 홀수는 양이 되고 짝수는 음이 된다는 원칙에 따라 『역』 괘에 맞추어볼 수 있다. 예컨대, '一一六八八一'은 바로 '하진상손下震上巽'의 익益괘가 되는 것이다.●● 이러한 서수는 송대에 발견된 서주 청동기에 이미 나타났지만 주목을 받지 못했다. 1950년대, 서주 갑골문에서 서수가 발견되기 시작했는데, 필자는 이들『역』의 '九' '六' 사이 유사한 점을 지적한 바 있다.[3] 1978년, 장정랑 선생은 그 숫자들이 바로『역』의 괘와 관련 있음을 명확하게 증명했다. 1984년, 진징팡金景芳 선생은 그 숫자늘이 섬서占筮를 할 때 얻어진 수의 기록임을 증명했다. 따라서 그 숫자들을 '서수'라 부를 수 있다.

지금까지 알려진 서수의 가장 이른 사례는 바로 은허에서 출토된 것이다. 그 사례를 보면 기물에 응용되어, 도기·석기·청동기를 제작하던 거푸집 등에 보이기도 하고 갑골에 보이기도 하는데, 주나라 사람들이 현지에서 사용하던 것과 은나라 사람들이 사용하던 것은 아주 다르다. 이와 같은 사례는 모두 은허 중기 곧 은왕 무을과 문정 시기보다 이르지 않다. 산시陝西 등지의 상말주초 유적에서는 서수의 사례가 크게 증가된다. 이는 주나라 사람들이 은나라 사람들보다 서법筮法을 더욱 광범위하게 응용하면서 서수를 기록했음을 설명해준다. 당시의 서수는 이미 비교적 복잡하고 성숙된 단계에 있어서 그 연원은 분명 더 거슬러 올라갈 것이다. 장래의 고고 발견을 기다린다.

문: 은주의 점술 방법은 어떠한 관계가 있는가?

답: 문헌에 보면, 은주 양대에 모두 점술 방법이 있었다. 바로 시초蓍草[점칠 때 쓰는 톱풀]를 사용해 계수計數하는 점복의 습속이다. 선진 고서『세본』에 보면, "무함巫咸이 서筮를 만들었다作"라는 기록이 있다. 무함은 탕의 현손 대무大戊 시기의 사람이다.『세본』과 같은 책의 관례에 따르면, '작作'이 반드

•• '一一六八八一'의 위에서 아래로 내려오는 효를 가리키는 것으로, '一一六'은 홀수-홀수-짝수로 양-양-음이라 ☴의 손괘巽卦로 볼 수 있고, '六八一'은 짝수-짝수-홀수로 음-음-양이라 ☳의 진괘震卦로 볼 수 있다.

시 창조를 의미하는 것은 아니다. [그것은] 어쩌면 개진해 발전시킨 것을 의미할 수도 있다. 어떻든 은나라 사람들에게 자신만의 점술 방법이 있었던 것은 긍정할 수 있다.

주나라 사람들은, 고고 출토 자료가 보여주듯, 점술 방법에서 비교적 큰 발전을 이뤘다. 『계사』의 "『역』이 흥기한 것은 은의 말세와 주의 덕이 성했을 때인가? 문왕과 주왕紂王의 일이 있었던 때인가?"[4]라는 말과 서로 인증할 수 있다. 『좌전』의 기록에, 노 소공昭公 2년(기원전 540), 진후晉侯가 한선자韓宣子를 보내 노를 빙문하게 했을 때, 한선자는 태사太史가 있는 곳에서 『역상易象』과 『노춘추魯春秋』 두 책을 보고 찬탄했다. "내 이제야 주공의 덕과 주나라가 천자 노릇을 할 수 있음을 알았다." 『역상』을 보고서 주나라가 천자 노릇 할 수 있음을 연상한 것은 바로 문왕과 『역』이 밀접한 관계를 맺고 있기 때문이다.

문: 복법卜法과 서법은 또 어떠한 관계가 있는가?

답: 복법과 서법은 본래 점복의 두 방법이지만, 옛사람들은 항상 이 둘을 병용하고 서로 참조했다. 그러나 옛사람들은 이 두 점치는 방법을 동일한 등급으로 여기지 않았다. 이른바 '서경귀중筮輕龜重' '서단귀장筮短龜長'이라는 말처럼, 복법은 재료를 구하기 어렵고 절차가 번잡해서 더욱 중요하게 여겨졌다. 사람은 그 신분이 존귀해질수록 더욱 중대한 일을 점치게 되어 복법을 쓸 일도 더욱 많아지게 된다. 『예기禮記』 「표기表記」에서는 "천자에게는 서법이 없다"[5]•라고 말하기까지 했다. 은허에는 은나라 사람들의 서법 유적이

• 천자는 천하에서 가장 고귀한 사람이므로 시초점인 서법을 쓰지 않고 오직 거북점인 복법만 쓴다는 뜻이다.

아주 드문데, 어쩌면 은허가 당시의 왕도王都였기 때문일지도 모른다.

옛사람들은 항상 복법을 쓰기 전에 먼저 서법을 썼다. 예컨대『주례』「서인筮人」의 정주鄭注에 이렇게 이른다. "복법을 쓰기 전에 먼저 서법을 쓰는데, 서법에서 흉凶이 나오면 점치는 것을 그치고 복법을 쓰지 않는다."[6] 때때로 그들은 서법으로 얻은 서수를 복법용 갑골에 기록하기도 했다. 오늘날 우리가 보는 갑골상의 서수는 바로 이와 같은 연고로 기록된 것이다.

최근 발견된 전국시대 죽간에 점복의 기록이 조금 있는데, 또한 서법 다음에 복법을 쓰고, 문자의 격식도 은말·서주와 크게 다르지 않았다. 이는 당시 서법을 먼저 쓰고 복법을 쓰는 전통 습관을 쭉 이어온 것을 증명한다.

문:『주역』의 경문은 언제 형성된 것인가?

답: 이 문제는 사실 아주 오래전에 구제강顧頡剛 선생이 해결한 것이다. 구 선생은 「주역 괘효사에 보이는 고사周易卦爻辭中的故事」(1929)에서 왕궈웨이 선생 등의 고대사 연구를 인용해,『주역』경문에 보이는 "왕해가 역易에서 소를 잃다" "고종高宗이 귀방鬼方●을 정벌하다" "제을帝乙이 동생을 시집보내다" "기자箕子의 명이明夷" "강후康侯●●에게 말을 많이 하사하다"[7] 등의 사적을 상세히 고증해 서술하면서『주역』괘효사의 '형성 연대는 마땅히 서주 초엽'으로 봐야 한다고 추정했는데, 그 설이 상당히 정확해서 학자들이 많이 따르고 있다. 이후 어떤 학자가 경문에 더욱 늦은 시기의 고사가 있다고 주장하기도 했지만 이를 확증하지는 못했다.

● 은나라 시대, 중국 서쪽 변경 지방에 살던 이민족.

●● 강후를 기존에는 임금 대신 나라를 편안히 다스리는 제후로 봤으나, 근래 연구에 의하면 주 무왕의 아우인 위衛나라 강숙康叔이라고 한다.

경문에 보이는 은에서 서주 초기까지의 사적 기록은 후세 사람이 위탁할 수 없는 것이고 이뿐 아니라 해답을 찾기 어려운 것도 있다. 예컨대, 여旅괘 '상구上九'를 보자. "새가 그 둥지를 태우니, 나그네가 먼저는 웃고 뒤에는 부르짖는구나. 역에서 소를 잃으니, 흉하도다."[8] 나그네는 곧 은의 선조인 왕해다. 『산해경』에 왕해가 두 손으로 새鳥를 잡아 막 그 머리를 먹으려는 일이 기록되어 있는데, 갑골문 '왕해'의 '亥(해)' 자에는 항상 '鳥(조)'가 구성 요소로 들어가 있다. 그러나 왕해의 사적이 새와 도대체 어떤 관련이 있는지 후세 사람들은 알 방도가 없었다. 또 「귀매歸妹」의 '육오六五'에 "제을이 여동생을 시집보내니, 그 임금의 소매가 그 여동생의 소매보다 좋지 못하다"[9]라고 했다. 제을 시기는 은 왕조가 쇠퇴할 때로, 그는 왕해, 상갑上甲처럼 전설의 색채가 농후한 먼 조상도 아니었고, 또 탕, 태갑, 조을祖乙, 무정, 조갑祖甲처럼 공적이 혁혁히 이름난 왕도 아니었다. 이 고사는 큰 의의도 없어서 쉽게 잊힐 만한 것인데, 이 고사가 『주역』 경문에 보이는 것은 그것이 기록된 연대가 비교적 이르다는 한 가지 표지다.

문: 공자 이전에 『주역』을 학술적으로 연구했는가?

답: 『주역』은 본래 일종의 점서로, 오랫동안 전해지면서 단지 점복의 근거로만 사용되었다. 그러나 춘추 시기, 점점 괘상에 대해 분석하는 사람들이 생기면서 의리義理를 토론하기 시작했다. 『좌전』과 『국어』에 그 몇 가지 사례가 보존되어 있다. 일례로, 『좌전』 장공 22년에 주나라 태사周史가 『주역』을 갖고 진후陳侯를 만난 적이 있었는데, 서법으로 점을 치니, 「관」지「비」觀之否'가 나왔다. 태사가 이를 풀이했다. "이는 '나라의 밝은 빛을 봄이니, 다른 나라 왕에게 빈객 노릇을 함이 이로우니라'를 이른 것입니다. 이 아이는 진陳을

대신해 나라를 가질 것입니다! 하지만 여기 있지 않고 다른 나라에 거주할 것이며, 그 자신이 아니라 그 자손에게 일어날 일입니다. 빛은 멀리 떨어진 다른 곳에서 밝아올 것입니다. 곤坤은 땅이고, 손巽은 바람이며, 건乾은 하늘입니다. 바람巽이 땅 위에서 하늘乾이 되니 그것이 산입니다.● 산의 자원을 갖고 하늘의 빛으로 비추며 이에 땅 위에 거주한다. 그러므로 '나라의 밝은 빛을 봄이니, 다른 나라 왕에게 빈객 노릇을 함이 이로우니라'라고 한 것입니다."[10] 이러한 분석은 후대의 「역전」과 자못 비슷한 것이다. 다시 『좌전』 양공 9년에 기록된 목강穆姜이 '원형리정元亨利貞'을 논한 말은 「문언文言」에서 직접 인용되기도 했다.●●

앞에서 필자는 노나라 태사에게 『역상』이라는 책이 있다는 것을 거론했다. 과거 어떤 학자는 『역상』이 바로 『주역』의 괘효사라 말하기도 했지만, 이는 옳지 않다. 왜냐하면 진晉에도 『주역』이 전해지고 있었기에, 『역상』이 『주역』의 경문이라면 한선자가 찬탄했을 리가 없기 때문이다. 『역상』은 분명 괘상을 논술한 책일 것이다. 한선자가 노나라를 방문했을 때 공자는 겨우 12

●　관괘觀卦는 상괘가 풍風(☴)이고 하괘가 지地(☷)다. 관괘가 변한 비괘否卦를 얻었으므로 상괘인 풍風의 음효가 변해서 천天(☰)이 되었음을 알 수 있다. 그래서 바람이 땅 위에서 하늘이 되었다고 한 것이다. 또 비괘는 상괘가 하늘天(☰), 하괘가 지地(☷)이므로 전체 괘상이 산山을 나타내는 간艮(☶)과 같다.

●●　『좌전』 양공 9년에 "元, 體之長也, 亨, 嘉之會也, 利, 義之和也, 貞, 事之幹也, 體仁足以長人, 嘉德足以合禮, 利物足以和義, 貞固足以幹事"라고 했고, 『주역』 「건乾·문언」에서는 "元者, 善之長也, 亨者, 嘉之會也, 利者, 義之和也, 貞者, 事之幹也. 君子, 體仁足以長人, 嘉會足以合禮, 利物足以和義, 貞固足以幹事"라고 했다. 개별 글자 간의 차이가 간혹 있기는 하지만, 대체적인 뜻은 "원元은 몸(혹은 선)의 우두머리이고, 형亨은 가례 중에서 주빈이 만나는 것이며, 리利는 의義의 조화로움이고, 정貞은 일을 처리하는 근간이다. 인을 체현하면 사람의 우두머리가 될 수 있고, 덕을 아름답게 하면 예를 조화롭게 할 수 있으며, 만물을 이롭게 하면 의를 조화롭게 할 수 있고, 마음을 곧고 굳게 하면 일을 잘 처리할 수 있다"로 일치한다.

세웠다.

문: 공자와 『주역』은 어떠한 관계가 있는가?

답: 이 문제는, 고서의 기록을 맹신하는 사람들에게는 문제조차 되지 않는다. 『논어』 「술이述而」 편에서 공자는 "내게 나이 몇 년을 더 보태, 50까지 『역』을 배우게 해준다면 큰 과오를 없게 할 수 있을 것이다"[11]라고 했다. 『사기』 「공자세가孔子世家」에서도 이르길, "공자가 만년에 『역』을 좋아해 「단彖」·「계繫」·「상象」·「설괘」·「문언」 편에 문장을 보탰다. 『역』을 읽음에 가죽 끈이 세 번이나 끊어졌다. 공자가 말하길, '내게 몇 년만 더 빌려준다면, 나는 『역』에 대해서 명실상부하게 통달할 수 있을 것이다'"[12]라고 했다. 이를 통해 공자가 만년에 『주역』을 아주 좋아해 스스로 「역전」(최소한 그 일부분이라도)을 편찬했음을 알 수 있다.

「술이」 편의 "내게 나이 몇 년을 더 보태, 50까지 『역』을 배우게 해준다면 큰 과오를 없게 할 수 있을 것이다"라는 구절은, 한대漢代의 『노론魯論』에는 '易(역)' 자가 '亦(역)' 자로 되어 있다. 그렇다면 공자와 『역』은 아무 관계도 없어 보인다. 사실 '易'과 '亦'이 음이 비슷해[중국어로 'yi(이)'] 잘못 쓰인 사례는, 고음古音을 놓고 볼 때, 양한 교체기 이후에나 가능한 일이다. 게다가 『사기』에 이미 '易'이라 되어 있어서 '亦'으로 쓰인 이문異文은 사실상 큰 가치가 없다고 할 수 있다.

마왕두이 백서 『주역』의 전문傳文에 「요要」라고 제목이 붙은 부분이 있는데, 공자와 자공子貢의 문답으로, "스승님께서 나이가 드시어 『역』을 좋아하셨다"[13]라고 기록하고 있다. 특히 주목할 것은 공자가 "후세의 선비들이 나를 의심한다면, 혹시 『역』 때문일까?[14]라고 한 부분이다. 이는 『맹자』에 기록된 공자의 말 "나를 알아주는 이도 오직 『춘추』를 볼 것이며, 내게 죄를 주는 이도 오직 『춘추』를 볼 것이다."[15]라고 한 것과 아주 유사하다. 공자가 "나를 알아주는 이" "내게 죄를 주는 이"는 "오직 『춘추』를 볼 것이다"라고 한 것은, 그가 『춘추』의 일부 내용을 삭제한 때문이다. 따라서 공자와 『역』의 관계에서 공자는 분명 단순한 독자에만 머물지 않고 일정한 의미에서 작자 역할을 했다고 할 수 있다. 공자가 지은 부분은 경문을 해석한 「역전」일 수밖에 없다.

문: 「역전」의 형성 연대에 관해서는 또 어떠한 다른 증거가 있는가?

답: 어떤 학자들은 「역전」의 연대가 아주 늦다고 보는데, 이는 각종 전적을 자세히 살피지 않은 때문이다. 선진에서 한초에 이르는 시기의 수많은 고서는 모두 「역전」을 인용하고 있는데, 문구를 인용하기도 하고 그 사상을 암시하기도 했다. 이것이 연대를 밝히는 데 도움을 줄 수 있을 것이라 생각한다. 예컨대, 『예기』에서 자사가 지었다고 하는 「방기坊記」·「중용中庸」·「표기」·「치의緇衣」 등 편이 있다. 그 체재와 문장의 기미가 「문언」·「계사」와 아주 비슷하고 『역』을 인용한 부분도 아주 많다. 「문언」을 인용한 몇 구절이 보이기도 한다. 또 『예기』 중에 공손니자公孫尼子가 지었다고 하는 「악기樂記」는 「계사」를 더욱 직접적으로 인용하기도 했다. 자사와 공손니자는 모두 '칠십 제자七十子의 제자' 뻘로, 둘이 「역전」을 인용한 것을 보면 「역전」의 저작 시기는 공자의 칠십 제자가 활동한 시기보다 늦을 수 없다.

자사와 공손니자는 모두 『역』을 전수하지 않아 『역』학으로 유명하지는 않다. 좀 더 늦은 시기의 순자荀子는 『역』으로 유명한 사람이다. 순자는 일찍이 공자와 자궁子弓을 나란히 일컫기도 했는데, 자궁은 바로 『역』을 전한 초나라 사람 간비자궁馯臂子弓으로, 순자의 학술이 그에게서 나온 것이어서 『순자』에는 『주역』 경전을 인용한 부분이 많다. 여기서도 「역전」의 형성이 비교적 이르다는 사실을 볼 수 있다.

물론 선진 시기의 「역전」과 지금 우리가 보는 「역전」이 완전히 같다고는 할 수 없다. 고대에는 책이 만들어지기까지 비교적 긴 과정을 거치게 마련이기 때문이다. 그러나 「역전」의 형성은 『논어』와 비슷한 연대이며 공자와의 관계도 아주 밀접하다.

문: 마왕두이 백서 『주역』의 내용과 의의에 대한 소개를 부탁한다.

답: 백서 『주역』에는 경經과 전傳이 있다. 경문 판독문은 이미 『문물』 1984년 제3기를 통해 발표되었는데, 그 괘사와 효사는 전래본과 비교했을 때 통가자通假字[어음이 같거나 비슷한 글자를 빌려 쓴 글자]가 많기는 하지만 기본적으로는 비슷하다. 그러나 64괘의 순서는 완전히 다르다. 백서는 64괘를 상괘가 같은 것끼리 여덟 조로 분류했다. 상괘의 순서는 건乾·간艮·감坎·진震·곤坤·태兌·리離·손巽이고, 하괘下卦는 상괘와 같은 것을 먼저 취한 후, 건·곤·간·태·감·리·진·손의 순서대로 정리했다. 이는 백서 「역전」 중 "천지가 자리를 정하고, 산택山澤의 기가 통하고, 불과 물이 서로 이기려 들고, 우레와 바람이 서로 싸운다"16(이 구절은 전래본의 「설괘」에 있는데, 약간 차이가 있다)에 근거한 것으로, 또한 일종의 음양설의 철학적 이치에 따라 배열된 것이다. 이러한 괘서卦序는 전래본의 괘서보다 늦게 나타났음이 분명하다.

백서의 전문傳文에는 「이삼자문二三子問」 두 편과 「계사」 「역지의易之義」 「요」 「무화繆和」 「소력昭力」이 한 편씩 들어가 있다. 현재 「계사」는 『마왕두이 한묘문물馬王堆漢墓文物』(후난출판사, 1992)을 통해 공간公刊되었다. 백서의 「계사」는 전래본 「계사 상」의 제1장에서 제7장, 제9장에서 제12장까지를 포함하고, 또 전래본 「계사 하」의 제1장에서 제3장, 제4장과 제7장의 일부분, 제9장을 포함한다. 백서의 「역지의」는 「계사 하」의 일부분과 「설괘」의 시작 부분, 전래본 「역전」에 보이지 않는 일문佚文 2100자가 실려 있는데, 아주 중요한 내용이다. 백서 「역전」의 기타 각 편 또한『역』학 연구에 큰 도움이 되고 있다.

백서『주역』은 물론 교감校勘에서도 아주 높은 가치를 지닌다. 그러나 백서에는 오류가 적지 않은데, 그럴듯한 오류로 인해 오독하기 쉬우니 연구할 때 반드시 주의를 기울여야 한다. 더욱 중요한 것은 백서 「역전」에 보이는 전대미문의 일문은 확실히『주역』연구에 귀중한 자료들이기에 일단 공간이 되면 반드시 토론의 열기가 크게 일어날 것이라는 점이다.

문:『주역』외『연산連山』과『귀장歸藏』은 도대체 존재했는가?

답:『주례』의 기록에 의하면, 태복太卜의 관이 '삼역三易'을 담당한다고 했다. "첫째는『연산』이라 하고, 둘째는『귀장』이라 하며, 셋째는『주역』이라 한다. 그 경經의 괘는 모두 여덟 개고, 그것을 구별해 모두 육십사 개다."[17] 이를 근거로『주역』처럼『연산』과『귀장』에도 팔괘와 육십사괘가 있다는 것을 알 수 있다.『상서』『좌전』『국어』등을 보면, 당시에 확실히 '삼역'의 운용이 있었다.『예기』「예운편禮運篇」및 그 정현의 주에서는『귀장』(곧『곤건坤乾』)을 은대의 음양지서陰陽之書로 여겼고, 이 때문에 어떤 문헌에서는『연산』을 하대의 책으로 추론하기도 했다.

『연산』과『귀장』은『한서』「예문지」에 보이지 않는다. 그러나 한인漢人 환담桓譚은 두 책이 모두 존재한다고 말했고, 또『연산』에 8만 자,『귀장』에 4300자가 있다고 기록했다. 진대晉代의 간보干寶, 송대의 나필羅泌, 나평羅苹, 이과李過

등은 『귀장』의 부분 괘명을 기록했는데, 명칭이 기괴해 이를 믿는 사람은 거의 없다. 예상치 못했던 것은, 백서 『주역』 경문의 괘명 가운데 『귀장』이 괘명과 같거나 혹은 유사한 것이 약간 있다는 점이다. 예컨대, 「함咸」괘는 백서에 「흠欽」괘라 했는데, 『귀장』에도 「흠」괘가 있고, 「겸謙」괘는 백서에 「겸兼」으로 되어 있는데 『귀장』도 이와 같다. 이렇게 보면, 『귀장』이 한漢 이후에도 전해졌다는 확실한 근거를 가지게 된 만큼 결코 완전히 날조된 것이라 할 수 없다.

고고 자료에서 발견된 서수가 혹 『연산』이나 『귀장』에 속하는 것인지는 현재 증거가 충분치 않기 때문에 좀더 발전된 논의를 기다려야 한다.

서양의 중국 고대 연구 새 경향

국외의 '중국학中國學'(곧 '한학')은 역사가 유구해 그 저작이 숲을 이룰 정도지만, '중국학사史'에 대한 연구는 아주 소수만이 관심을 갖는 영역이다. 이 방면의 가장 이른 저작은 구소련에서 1925년에 출판된 바실리 바르톨드Барто льд Василий Владимирович의 『유럽과 러시아의 동방 연구사История изучен ия Востока в Европе и России』(독일어와 일본어 번역본이 있음)다. 일본학자 이시다 미키노스케石田幹之助가 1932년에 『유럽인들의 중국 연구歐人の支那研究』를 저술했고 1942년에는 또 『구미의 중국 연구歐米に於ける支那研究』를 출판했는데, 그 영향이 비교적 컸다. 그 밖에 아오키 도미타로青木富太郎는 『동양학의 성립과 발전東洋學の成立とその發展』을 1940년에 간행했다. 중국의 유일한 전문 저서로는 모둥인莫東寅의 『한학발달사漢學發達史』(문화文化출판사, 1949)가 있는데 바로 이시다 미키노스케의 저작을 기초로 편역한 것이다. 중화인민공화국 건

국 이후 지금까지, '중국학'사를 전면적으로 연구·소개한 저작은 나오지 않았다. 이는 현재 중국의 개방 추세 측면에서 볼 때 정말 말도 안 되는 일이다.

'중국학'사를 연구하려면, '중국학'의 기원 및 그 각종 유파의 형성 과정을 이해해야 한다. 더 중요한 것은 최근 국외 '중국학'계의 성과와 동향을 파악하는 일이다. '중국학'의 범위가 넓어지면서 유파도 복잡다단해져 각 방면의 연구에 대해서는 나누어 소개하고 토론할 필요가 있다. 필자는 이 글을 통해 서양(일본을 포함한) 학계의 중국 고대(한대까지) 역사 문화 연구를 개인적 견문에 근거해 개술하면서 근 10여 년의 사례를 들고자 한다. 이를 통해 국외 '중국학' 동태의 일부라도 살펴볼 수 있기를 희망한다.

1940년대, 미국의 존 킹 페어뱅크John King Fairbank 등의 주도로 이른바 '신중국학'이 흥기했다. '신중국학'의 특징 하나는 바로 연구의 중점을 근현대에 두는 것이다. 이러한 학풍은 미국이 중심이 되어 일시에 일본 및 유럽에서까지 풍미하기도 했다. 최근, 근현대 중국을 연구하는 인재가 양적으로 이미 팽창함과 동시에 중국의 국제적 영향력 또한 날로 커짐에 따라, 사람들의 중국 고대 문화에 대한 인식의 요구가 촉구되었다. 이에 중국 고대 연구도 흥기하게 되었고 각 대학에서 중국 고대사를 공부하는 학생들도 많아지면서, 이 방면에 대한 새로운 학자들이 점차 배양되었다. 이는 서양의 중국 고대사 연구가 이뤄낸 발전의 뚜렷한 표지다.

중국 고대사 연구를 발전적으로 추진하기 위해 정보의 수집·전파를 강화한 것 또한 서양의 중국 고대사 연구 발전의 또 한 가지 뚜렷한 표지다. 이와 관련해 두드러지는 것은 미국 고대중국연구회Society for the Study of Early

China가 출판하는 연간『고대중국Early China』이다. 이 잡지는 논문, 번역문, 연구 간보, 학술 소식 등을 포함하는데 주로 영미권 국가들을 보도하면서도 중국, 일본, 동구권 국가들의 상황 또한 반영하고 있다. 잡지는 1975년에 창간되어 지금까지 15권이 간행되었으며,• 필자는 과거에 이미 이 잡지를 소개한 바 있다.¹ 이 연구회는 또『고대중국통신An Annual Journal of the Society for the Study of Early China』을 출판해 더욱 신속하게 중국 고대사 관련 소식을 제공하고 있다. 『통신』은 데이비드 W. 판케니어David W. Pankenier가 주간(최근에는 존 S. 메이저John S. Major와 판케니어 공동 편집)을 맡아, 컴퓨터를 충분히 이용해, 학계 동태, 학술회의 기요, 보고회·토론회·전람회와 출판 예고, 진행 중인 연구 프로젝트, 중국 학술 교류 상황 등을 다루고 있다. 제1권 제1기의 주요 내용은 에드워드 쇼너시Edward L. Shaughnessy의 1987년 '중국은상문화국제토론회中國殷商文化國際討論會'에 대한 평론, 1988년 중국·미국·캐나다·오스트레일리아 등지에서 거행된 각종 회의와 전람회 등의 통지, 애리조나대학 존 W. 올슨John W. Olsen과 중국과학원中國科學院 신장 분원이 합작해 신장에서 진행된 구석기시대 고고 조사 보도, 오스트레일리아국립대학 노엘 바너드Noel Barnard가 진행 중인 작업, 중국 서신, 타이완 고궁박물원故宮博物院의 최근 전시 및 연구 프로젝트 등등이었다.

최근 서양 학자들의 중국 고대사 연구는 다음 몇 가지 특징으로 정리해 볼 수 있다.

문명 기원의 탐색을 중시 중국 고대 문명은 세계적으로 얼마 되지 않는

• 2018년 11월 현재 40권까지 나와 있다.

독립적으로 형성된 고대 문명 가운데 하나다. 중국 문명의 기원 연구는 세계 인류 문명사 연구에서 특수한 의의를 갖는다. 1970년대에 문명 기원 문제는 학계에 뜨거운 화두였다. 세계적으로 유행한 엘먼 서비스의 『국가와 문명의 기원』(뉴욕, 1975), 서비스와 코언이 책임편집한 『국가의 기원』(필라델피아, 1978) 등이 바로 당시에 나온 책이다.

1978년, 영국 옥스퍼드대학 울프슨칼리지에서는 '문명의 기원'이라는 제목의 강좌가 열렸다. 이 강좌는 1970년에 시작되었는데, 강연자들에게 새로운 학술 발견 혹은 연구 방법을 개술하게 했다. 1978년의 강좌는 케임브리지의 그레이엄 클라크Grahame Clark 교수가 인류의 어렵·채집에서 농경으로의 진행에 대한 강연을 시작으로, 이어 네 전문가가 각각 근동[서아시아], 유럽, 중국과 미주 도시의 출현에 대한 토론을 진행했다. 그중 중국 관련 강연은 런던대학 SOAS의 윌리엄 왓슨William Watson이 「고대 중국의 도시City in ancient China」라는 제목으로 진행했다. 이 강연은 1979년 애시몰리안박물관Ashmolean Museum of Art and Archaeology의 무레이가 편집해 『문명의 기원』으로 출판되었다.[2]

공교롭게도 같은 해 6월, 미국 캘리포니아 버클리대학에서 '중국 문명의 기원'이라는 제목의 학술토론회가 개최되었다. 논문집은 캘리포니아 버클리대학의 데이비드 N. 키틀리David N. Keightley가 편집해 1983년 출판되었다(『중국 문명의 기원The Origins of Chinese Civilization』, 캘리포니아대학출판사). 논문은 환경과 농업, 문화와 사람, 언어와 문자, 부족과 국가 등 네 부분으로 구성되었고, 키틀리가 서문을, 하버드대학의 장광즈 교수가 결론을 썼다. 주목해야 할 것은 회의 참가자들의 구성으로, 고고학·역사학·인류학·언어학·미술사 등의 전문가뿐 아니라 유전학·지리학·야금학·원예학 등의 학자들도 있었다는 점이다. 이로써 더욱 광범위한 토론이 진행될 수 있었다. 비교적 중요한 논제로는, 쌀과 기장 농업의 기원, 문자의 기원, 부족의 성격, 국가 형성의 과정 및 생태 지리 분구의 문화적 의의, 신석기시대 중원과 동해안의 교류 영향, 하·상·주 삼대의 관계 등등이었다.

문화사적 각도 강조 서양의 '중국학'자는 중국 고대 사상 문화 연구를 일관되게 중시했는데, 최근에는 특히 고대의 종교와 신화에 치중되었다. 이 방면에서, 그들의 연구 방법과 관점은 본인이 속한 철학 유파 혹은 사회학 유파와 밀접한 관계가 있다. 다시 말해, 서양에서 유행하는 각종 철학이나 사회학 학설이 모두 '중국학'에 다소 영향을 끼치고 있다는 것이다.

영국 런던대학 SOAS 세라 앨런을 예로 들어보겠다. 그녀는 1930년대 베이징대학에 재직했던 독일 교수 에버하르트의 학생이다. 에버하르트는 중국을 떠난 후 1937년에서 1948년까지 터키 앙카라대학에서 학생들을 가르쳤고, 1948년부터 1976년 퇴직할 때까지 미국 캘리포니아 버클리대학에서 사회학과 교수를 지냈다. 1979년 앨런과 앨빈 P. 코언Alvin P. Cohen이 책임 편집한 논문집 『중국의 종교 전설Legend, Lore, and Religion in China』(샌프란시스코, 1979)은 에버하르트의 칠순 기념 논문집으로 모두 에버하르트의 제자들로 필진을 꾸렸다. 앨런은 이 논문집에서 「현대 중국 민간 종교의 상대 기초 Shang Foundations of Modern Chinese Folk Religion」를 실었다. 1981년, 앨런은 『선양과 세습: 고대 중국의 왕조 전설The Heir and the Sage: Dynastic Legend in Early China』(샌프란시스코, 1981)을 출판했다.● 이 책에서 앨런은 중국 고대 왕조 전승의 문

● 국내에서는 『선양과 세습』(오만종 옮김, 예문서원, 2009)으로 번역·출간되었다.

헌 기록에 대해 신화학 구조의 각도로 분석을 했는데, 여기에는 에버하르트의 사회학·역사학과 클로드 레비 스트로스Claude Levi Strauss의 구조주의적 영향이 아주 선명하게 투영되어 있다. 그녀는 또 『거북의 비밀Shape of the Turtle』도 저술했는데, 이 책은 1992년 쓰촨인민출판사에서 『龜之謎』라는 제목으로 번역·출판되기도 했다.●

장광즈 교수는 고고학을 결합해 고대 신화 전설에 대한 수많은 연구를 수행했다. 그의 성과를 모은 『중국청동시대』 제1집과 제2집이 베이징에서 출판되기도 했다(싼롄서점, 1983, 1990). 여기서 말하려는 것은 그의 저작 『예술, 신화 그리고 종교적 의식美術, 神話與祭祀』이다.●● 이 책은 『중국청동시대』 수록 논문의 관점을 발전시킨 것으로 특히 샤머니즘이 고대 정권의 형성과 축적에 어떠한 역할을 했는지를 토론했다. 이 책에 수록된 「무속 그리고 정치학Shamanism and Politics」 「권력으로 가는 길, 예술Art as the Path to Authority」 「권력으로 가는 길, 저술Writing as the Path to Authority」 등에는 적잖은 새로운 견해가 보인다.

중국 고대 예제 연구는 근래에 아주 유행하고 있다. 여기에는 아주 전문적인 주제에 대한 탐구도 보이는데, 예컨대 독일 클라우디우스 C. 뮐러Claudius C Müller의 『주한周漢 시기 사社의 연구Untersuchungen zum Erdalter she im China der Chou-und Han-Zeit』(뮌헨, 1978)는 바로 종교와 전설 가운데 '사'에서 드

● 국내에서는 『거북의 비밀, 중국인의 우주와 신화』(오만종 옮김, 예문서원, 2002)로 번역·출간되었다.

●● K. C. Chang, *Art, Myth and Ritual: The Path to Political Authority in Ancient China*, Cambridge, Mass.: Harvard University Press, 1983. 국내에서는 『신화 미술 제사』(이철 옮김, 동문선, 1990)로 번역·출간되었다.

리는 제사와 관련된 여러 소재를 연구한 것이다. 이는 에두아르 샤반Édouard Chavannes(1865~1918) 이후, 아무도 연구하지 않았던 분야라 할 수 있다. 뮐러의 저작은 서양 학자들이 예서禮書의 기록을 연구하고 있을뿐더러 낭시의 민간 예속까지도 더욱 강조해 연구하고 있음을 나타내준다. 미국 학자 도널드 하퍼Donald Harper는 바로 민간 예속과 문화의 관계를 전문적으로 연구하고 있다. 그는 『오십이병방: 역문과 결론The Wu Shih Erh Ping Fang: Translation and Prolegomena』(앤아버, 1982)에서 창사 마왕두이 한묘에서 출토된 백서 『오십이병방五十二病方』에 대한 훌륭한 역주를 하고, 백서에 반영된 민간 종교와 샤머니즘에 대해 기술했다. 또 그가 저술한 논문 예컨대 『하버드 아시아 연구 Harvard Journal of Asiatic Studies』에 발표된 운몽진간雲夢秦簡 『일서日書』의 '힐詰'에 대한 논문(제45권 제2기)과 [후한] 왕연수王延壽의 「몽부夢賦」에 관한 논문(제47권 제1기) 또한 유사한 주제를 연구한 것이다.

비교연구의 방법 독일·일본의 여러 학자는 일찍부터 '글로벌 히스토리世界史相'의 개념을 제기하면서, 전 인류 역사 문화 발전에 대해 비교와 종합적 관찰을 했다. 최근에도 비교론적으로 고대사를 연구하는 방법론을 강조하는 학자들이 있다. 일례로, 일본의 미카미 스구오三上次男 교수가 아오야마대학 역사과를 세울 때, 글로벌한 시각으로 동양사를 연구할 것을 제기한 바 있다. 아오야마대학青山大學과 가쿠슈인대학學習院大學은 중국고대사연구회中國古代史研究會의 핵심이다. 이 연구회는 1954년부터 논문집을 출판했는데, 첫 책의 제목이 『중국고대사의 제문제中國古代史の諸問題』였고, 이후 『중국고대사연구』를 제목으로 삼아, 현재까지 다섯 권을 출판했다(유잔카쿠雄山閣출판, 1982).

1986년 6월, 미국 버지니아 주 에어라이에서 열린 '고대 중국과 사회과

의고시대를 걸어 나오며

학 일반 법칙Ancient China and Social Science Generalizations'학술토론회는 비교연구를 강조하는 아주 좋은 사례다. 이 토론회는 '모델, 법칙과 비교Models, Generalizations, and Comparisons'라는 세션을 특별히 설정하기도 했는데, 사실 비교방법론을 운용한 논문은 이 세션 외에도 적지 않았다. 미주연구원School of American Research의 조너선 하스Jonathan Haas는 「중국과 신세계 문명: 비교와 대조China and the New World: Comparisons and Contrasts」를, 애리조나대학의 노먼 요피Norman Yoffee는 「고대 중국과 메소포타미아: 비교, 대조, 그리고 고대 문명의 진화Ancient China and Mesopotamia: Comparisons, Contrasts, and the Evolution of Ancient Civilizations」를 발표했다. 두 논문 모두 상대와 기타 고대 문명을 상세히 비교한 것이다. 하스와 요피는 각각 아메리카와 메소포타미아 고고에 풍부한 지식과 경험을 갖고 있어서, 그들의 논술은 이차자료를 인용한 일반 논문들과는 큰 차이가 있었다.

하버드대학 역사과 로빈 예이츠Robin Yates는 「고대 중국 노예사회의 비교역사연구Ancient China's Slave Society in Comparative and Historical Perspective」에서 노예제의 정의에 대해 상세히 다룬 후, 노예제를 중국 고대 특히 진률의 예신첩 문제와 연관시켜 서술했다. 이 논문의 중문 번역본은 이미 『중국사연구』(1986년 제4기)를 통해 발표되었다.

고대 문헌의 새로운 평가 서양의 '중국학'은 중국 경적經籍의 소개·연구에서 시작되어, 원래 유교 문화권인 일본에 이르러서는 더욱 많은 학자가 대를 이어 중국 경적을 연구하고 있다. 최근 어떤 학자는 고대 문헌을 정리하고 고정考訂하는 분야에서 새로운 성과를 내기도 했고, 또 어떤 학자는 새로운 각도에서 문헌에 대한 새로운 해석을 내놓기도 했다.

고대 문헌을 정리하고 고정하는 분야에서는 비교적 이른 시기의 책을 예로 들고자 하는데, 바로 고바야시 누부아키小林信明의 『고문상서』의 연구古文尚書の研究』(다이슈칸大修館, 1959)이다. 고바야시는 책에서 당사본唐寫本과 일본 옛 초본抄本 예고정隸古定●『상서』를 주요 자료로 삼아 『고문상서古文尚書』의 연원과 전래에 대해 정밀히 고찰했다. 책은 다량의 예고정 문자 자료와 그 상세한 정리를 담고 있다. 고문자학의 각도에서 발전적 연구를 한다면, 이 책은 『상서』학에 반드시 중요한 공헌을 할 것이다.

이와 유사한 저작으로는 가나야 오사무金谷治가 편찬한 『당초본 정씨주 「논어」 집성唐抄本鄭氏注論語集成』(헤이본샤平凡社, 1978)을 들 수 있다. 책은 세 부분으로 나뉘는데, 첫번째 부분은 당 복천수卜天壽 초본 『논어정씨주論語鄭氏注』, 두번째 부분은 둔황본敦煌本 4종 및 투르판본 『논어정씨주』, 세번째 부분은 통론적 성격의 '정현과 『논어』'다. 가나야의 『논어』 정주 특히 '공씨본孔氏本' 문제에 대해서는 아주 정밀한 견해가 보인다.

최근, 『주역』에 대한 국외의 관심도가 높아져 관련 서적이 크게 유행하고 있다. 예컨대, 구소련의 율리안 슈추츠스키Юлиан Константинович Щуцкий의 『중국 경전 「역경」Китайская классическая 「Книга перемен」』(1937)은 이미 영문으로 번역·출판되었다(프린스턴대학 출판부, 1979).●● 그중 가장 유행하는 책은 아마 캘리포니아 버클리대학의 고에너지물리학자 프리초프 카프라Fritjof Capra가 쓴 『물리학의 도The Tao of Physics』일 것이다. 이 책은 현대 물리

●　진나라 이전의 고문자 전적을 한나라 예서隸書로 확정한 것.

●●　Julian Shchutski, William MacDonald & Tsuyoshi Hasegawa(eds.) *Researches on the I Ching*, Princeton: Princeton University Press, 1979.

학 이론과 동양 신비주의 우주관을 연결하기 위한 목적으로, 1975년 출판 이후 베스트셀러가 되었고 페이퍼백으로도 출판되어 계속 재판되고 있다.•

1988년 여름, 일본의 저명한 '이와나미 신서巖波新書'가 창간 50년을 기념해 많은 신작을 출판했는데, 그중 다카다 아쓰시高田淳의 『역 이야기易のはなし』가 독자들의 가장 큰 환영을 받았다. 다카다는 가쿠슈인대학 문학부 교수로 중국사상사를 전공했다. 『역 이야기』는 [명말청초] 왕선산王船山[왕부지]의 학설에 근거해 『주역』을 풀이한 것 외에도, 동서문화론을 배경으로 『주역』이 서양에 끼친 영향까지도 다뤘다. 그는 조지프 니덤Joseph Needham의 중국 문명론, 고트프리트 빌헬름 라이프니츠Gottfried Wilhelm Leibniz의 이진법과 『역』의 관계, 카프라의 현대 물리학과 『역』의 관계, 또 카를 구스타프 융Carl Gustav Jung의 심리학과 『역』의 관계를 이야기했다. 그중 맨 마지막에 융이 어떻게 리하르트 빌헬름Richard Wilhelm으로부터 『주역』의 사상을 전수받았는지를 기술하는데, 이는 중국 학자 가운데 아주 적은 사람만이 알고 있다.

제자백가 관련 연구 성과는 더욱 많다. 일례로, 영국 런던대학 SOAS 앵거스 찰스 그레이엄Angus Charles Graham의 『도의 논쟁자들Disputers of the Tao』(일리노이, 1989),•• 같은 학교 P. M. 톰슨P. M. Thompson의 『신자일문愼子逸文, The Shen Tzu Fragments』(옥스퍼드, 1979), 캐나다 몬트리올대학 샤를 르 블랑Charles Le Blanc의 『회남자: 한초 사상의 철학 종합Huai-nan Tzu: Philosophical Synthesis in Early

---

• 책의 부제는 "An Exploration of the Parallels Between Modern Physics and Eastern Mysticism"이다. 국내에서는 『현대 물리학과 동양사상』(김용정·이성범 옮김, 범양사, 1985, 개정판 2006)으로 번역·출간되었다.
•• 국내에서는 『도의 논쟁자들: 중국 고대 철학 논쟁』(나성 옮김, 새물결, 2001)으로 번역·출간되었다.

Han Thought』(홍콩대학출판사, 1985), 이스라엘 요아브 아리엘Yoav Ariel의 『공총자
孔叢子: 공씨 집안 대가들의 선집: 제1-10, 12-14장 연구와 번역K'Ung-Ts'ung-Tzu:
The K'Ung Family Masters' Anthology: A Study and Translation of Chapters 1-10, 12-14』(프린스턴
대학출판부, 1989) 등 세기가 어려울 정도로 많다.

고고학과 고문자학의 성과를 결합 중국 고고학과 고문자학은 최근 빠르
게 발전해 날로 성과가 나오고 있다. 서양 학자들은 중국의 고고 발견을 신
속히 보도하기 위해 만전을 기하고 있는데, 보도를 보자마자 바로 전재轉載
해가는 경우도 있었다. 예컨대, 앞서 소개한 『고대중국통신』 창간호는 1988
년 1월에 출간되었는데, 1987년 12월 13일 『인민일보人民日報』의 허난성 우양
자후에서 발견된 8000년 전의 귀갑 각획 부호의 보도를 바로 번역·게재한
것이다.

중국 고고학 신발견에 대한 연구 속도 또한 아주 빠르다. 1975년 말 운
몽진간이 발견되어 1976년 3월부터 이를 보도하기 시작했는데, 일본 『요미
우리신문讀賣新聞』이 3월 15일에 바로 「중국 출토 진시황제 전쟁사, 건축법 등
진귀 죽간」이라는 제목의 보도를 하자마자 각 신문사에서도 연속적으로 소
식을 전했고 그 내용은 갈수록 정확해졌다. 4월 1일, 석간 『마이니치신문每
日新聞』에는 첫번째 역술성譯述性 보도가 실렸는데, 바로 고사카 준이치香坂順一
의 「진대 죽간 출토의 의의」였다. 1977년, 오바 오사무大庭脩, 고가 노보루古
賀登, 호리 쓰요시堀毅, 이지마 카즈토시飯島和俊 등의 학자가 논문을 발표했고,
영국 케임브리지대학 마이클 로위Michael Loewe 박사도 진간에 대한 논문을
같은 해에 『통보通報, T'oung Pao』에 발표했다. 이는 중국 학자들의 논문 간행과
거의 같은 시기였다.

1985년 일본 고마자와대학의 이지마 다케츠구飯島武次 조교수는『하은 문화의 고고학 연구夏殷文化の考古学研究』(야마카와출판사)를 출판했다. 이는 얼리터우 문화를 연구한 저작으로, 얼리터우 문화의 분포와 하은 유지, 유지와 문화층, 궁전 기지基址, 소형 건축 유지, 묘장, 도기, 청동기, 옥기, 하은 문화 고고학의 여러 문제 등 9장으로 이뤄져 있으며 분량이 약 500페이지에 달한다. 중국 고고학계가 아직까지 토론 중인 이 주제에 대해, 이지마 씨의 신속한 연구와 풍부한 수확은 아주 깊은 인상을 남겼다.

한자의 기원과 발전에 관한 연구도 서양 학계의 주목을 받았다. 먼저 이 분야에 대한 성과를 소개하자면, 현재 케임브리지대학도서관의 찰스 에일머Charles Aylmer다. 미국의 윌리엄 볼츠William Boltz의 「고대 중국 문자World Archaeology」(『세계인류학World Archaeology』 1986년 제17권 제3기)는 이에 대한 종합적 논술을 했다. 프랑스 학자 레옹 반데르미히Léon Vandermeersch는 일본어로 쓴 「한자의 발생漢字の発生」(『게이오기주쿠대학언어문화연구소기요慶応義塾大学言語文化研究所紀要』 제16호, 1984)에서 한자의 성질 및 그 기원에 대한 독특한 견해를 제기한 바 있다. 갑골문과 금문의 연구는 최근 더욱 활발해지면서 중국 고대사 연구에 더 큰 영향을 끼치고 있다. 일본의 저명한 학자 가이즈카 시게키 교수의 저작집은 이미 출판되었다. 도쿄대학 동양문화연구소東洋文化研究所 마츠마루 미치오 교수의 저작으로『서주청동기 및 그 국가西周青銅器とその国家』(도쿄대학출판회東京大學出版會, 1980)가 있고, 고베대학 이토 마치하루伊藤道治의 저작으로『중국 고대국가의 지배구조: 서주 봉건제도와 금문中国古代国家の支配構造: 西周封建制度と金文』(주오코론신샤中央公論新社, 1987)이 있다. 갑골문과 금문을 전문적으로 연구하면서 중국 고대 역사 문화를 탐구하는 학자들은 일본과 구미 등지에 적지 않은데, 대부분 중국을 방문해 중국고문자연구회 등의 학술회의에 참가한 바 있다. 물론 중국 학자들이 잘 모르는 국외 연구자들도 있는데, 대표적인 학자가 바로 독일의 울리히 웅거Ulrich Unger 교수로, 그는 금문을 전문적으로 연구하면서 아주 많은 성과를 내고 있으며, 이들 성과는 『통보』와 여러 논문집·전간專刊 등에 실렸다.

서양 학자들의 중국 고고학 연구는 현대 과학기술 수단을 충분히 이용하고 있다. 일례로, 탄소측정법과 청동기의 각종 감정鑑定 분석으로 얻어진 성과는 모두들 잘 알고 있는 것으로, 이 분야의 전문가 또한 항상 중국 학자들과 협력·교류하고 있다. 현재 서양 박물관 혹은 연구기관에서 출판되는 중국 고대 문물 서적, 과학 감정 모두 각각 빠질 수 없는 구성 부분이다. 예컨대, 미국 프린스턴대학 로버트 베이글리Robert Bagley 교수가 1987에 편찬한 『아서 M. 새클러 소장 상대 청동 예기Shang Ritual Bronzes in the Arthur M. Sackler Collections』에는, 금속 성분 분석과 납 동위원소 비율의 두 자료가 부록으로 실려 있다. 납 동위원소 비율법은 납이 함유된 고대 문물의 연대를 추정하는 데 쓰인다. 예를 들어, 청동기와 유리琉璃의 산지 같은 경우는 1960년대 중엽 미국에서 응용되기 시작해 1970년대 후반에는 일본에서 채용되었다. 이와 같은 감정은 이미 비교적 중요한 결과를 냈는데, 일례로 일본 마부치 히사오馬淵久夫와 히라오 요시미쓰平尾良光의 「납 동위원소 비율법에 따른 한식경 연구鉛同位体比法による漢式鏡の研究」(『국립박물관미술지國立博物館美術誌』 제370·382기, 1982~1983)는 일본에서 출토된 중국 고경古鏡 및 방제경倣制鏡[한경漢鏡을 모방한 거울]의 원산지를 추정했고, 아울러 삼각연신수경三角緣神獸鏡 문제에 대한 새로운 실마리를 제공해주었다.(같은 잡지 같은 기에 실린 니시다 모리오西田守夫의

논문을 참고하라.)[3]

　과학적 감정은 도기 등 기타 문물에도 확대·적용되고 있다. 미국 스미스
니언연구소Smithsonian Institution의 파멜라 밴다이버Pamela Vandiver는 「도기 제
조 기술 변이의 내함: 중국·근동 신석기 시대 저장기의 제작The Implications of
Variation in Ceramic Technology: The Forming of Neolithic Storage Vessels in China and the Near
East」(『고고재료Archaeomaterials』 1988년 제2권 제2기)에서 새로운 문제들을 제기
했는데, 새로운 영역을 개척한 의의가 있다.

　지금까지 서술한 내용이 모든 것을 담고 있지는 않다. 또 사례로 든 것이
반드시 대표적이지도 않다. 그러나 이를 통해 서양의 중국 고대 연구가 더욱
탄탄해지고 세밀해지는 방향으로 발전하고 있다는 사실을 알 수 있다. 관점
과 방법이 어떻게 다르던 간에 풍부한 자료, 주도면밀한 논증, 새로운 견해
를 과감하게 제기하는 저작은 동료들의 존경을 받는데, 이러한 학풍은 귀감
으로 삼아야 한다.

제2장

신비한 고옥

도철문의 변화

량주 문화 옥기와

아주 오래전부터 학자들이 고대 중국의 문식紋飾에 관한 연구를 진행해오고 있지만 그 성과가 아주 많지는 않다. 1970년대 이후 새로운 고고 자료가 계속해서 쏟아져 나오고 있긴 하지만, 고대 중국 문식 연구는 제대로 이뤄지지 않아 고고학·미술사 등 분야의 발전에 오히려 장애가 되고 있다. 그 대표적인 예가 바로 도철문으로, 도철문의 성격과 의의에 대한 문제는 줄곧 학계의 골칫덩어리로 남아 있다.

기물의 문식으로서의 '도철'은 중국 전국시대 후기 저작인 『여씨춘추』에 처음으로 나타난다. "주나라 정鼎에는 도철 문식이 있는데, 머리만 있고 몸은 없다."[1] 북송 시기 출판된 고기물古器物 도록圖錄에서는 『여씨춘추』에 근거해 동물의 머리를 표현한 문식 혹은 동물의 머리 부분을 두드러지게 나타낸 문식을 도철이라 일컫기 시작했다. 일례로, 여대림呂大臨이 편찬한 『고고도考

古圖』의 '계정癸鼎' 설명은 다음과 같다. "가운데에 수면獸面[동물의 얼굴 문식]이 있는데, 대개 도철의 모습이다."[2] 훗날 도철 무식을 뜻하는 '도철문'이라는 말이 유행했을 때, 혹자는 이 『고고도』의 말을 근거로 '도철문'을 '수면문'으로 고쳐야 한다고 주장하기도 했다. 청동기에 보이는 도철문에 관한 연구로는 천궁러우陳公柔, 장창서우 선생이 정리한 「은주 청동기 수면문의 단대 연구殷周靑銅容器上獸面紋的斷代研究」[3]가 있다. 이 논문에서는 룽겅容庚, 클라스 베른하르트 요하네스 칼그렌Klas Johannes Bernhard Karlgren[중국명 가오번한高本漢], 리지李濟, 장광즈, 마청위안馬承源, 하야시 미나오林巳奈夫 등 세계적인 학자들의 연구를 되돌아보았다.[4]

사람들은 오래전부터 고옥古玉에도 청동기 도철문과 유사한 문식이 있다는 점에 주목했다.[5] 1917년, 금석학자 왕충례王崇烈는 자신이 소장한 옥황玉璜에 대해 설명하면서 하·상·주 삼대 이전의 도철문은 량주 문화에 속하는 것이라 생각했다.[6] 1970년대부터 적잖은 학자가 량주 문화 옥기의 도철문에 대해 언급한 바 있지만,[7] 량주 문화가 중원 문화의 문식과 관계가 있는지에 대해서는 의문을 품고 있었다.[8] 1970년대부터 장쑤·상하이·저장 일대에서 량주 문화에 속하는 옥기가 계속 발견되고 있으며, 그중 진귀한 옥기는 『량주 문화 옥기良渚文化玉器』에 수록되어 있다.[9] 이는 도철문의 원류를 탐색하는 데 유례없는 연구 기반을 제공해주고 있다.

1980년대 후반, 중국 저장성 판산·야오산의 발굴에서는 가장 완정하고 세밀한 형식의 량주 옥기 도철문이 발견되기도 했다. 판산 M12:98의 옥종과 M12:100의 옥월에 보이는 도철문이 전형적인 것이라 할 수 있다.[10] 도판 1은 옥종에 보이는 문식의 모본摹本으로, 이 문식의 도상圖象은 세 측면에서

도판 1

이해해볼 수 있다.

첫째, 도상에 보이는 두 얼굴을 가진 사람의 모습을 하나의 완정체로 보는 것이다. 윗부분은 우관羽冠[깃털로 만든 관]을 쓴 수부首部로 양팔을 벌리고 있고 몸체에는 눈과 입이 달려 있으며, 아랫부분은 두 다리를 쪼그리고 앉아 있는 형상이다. 상대 기물에서도 머리와 배에 각각 얼굴이 있는 도상을 볼 수 있다. 일례로, 필자가 소논문을 통해 토론한 적이 있는 은허 허우자좡侯家莊 시베이강西北岡 1001 대묘에서 출토된 골제 통형기, 일본 나고야박물관에 소장된 청동 타고鼉鼓 등에 보인다.[11]

둘째, 도상을 그 윗부분과 아랫부분의 결합으로 볼 수 있다. 윗부분은 사람의 상반신으로, 우관을 쓴 머리와 두 손이 있다. 아랫부분은 수면으로, 알처럼 둥근 눈과 송곳니가 돌출된 입, 굽은 발톱을 가진 앞다리가 있다. 윗부분과 아랫부분의 경계는 아주 분명하다. 어떻게 보면 아랫부분의 동물은 당시 용의 모습일지도 모른다. 랴오닝성 서부에서 홍산 문화에 속하는 용형龍形 결玦이 발견되었는데,[12] 마청위안은 그 용의 얼굴을 평면도로 보면(도판 2) 위 수면과 아주 비슷하다는 것을 지적했다.[13] 결에 나타난 용의 모습을 보면, 뿔이 없고 알처럼 둥근 눈에 입에는 송곳니가 툭 튀어나와 있다.

의고시대를 걸어 나오며

도판 2

이는 비교적 늦은 시기의 용과는 다른 모습이다. 흥미로운 점은 전설에 의하면 도철은 본래 용의 일종으로 "음식을 좋아해서 정 뚜껑에 자리한다"[14] 라고 하는데, 이 점은 참고할 가치가 있다.

1988년, 중국 허난성 푸양 시수이포에서 인기용형방도人騎龍形蚌圖[사람이 용을 타고 있는 모습을 조개껍데기로 나타낸 유적][15]가 발견되었다. 하지만 이 옥기의 사람은 용을 타고 있는 것처럼 보이지 않는 만큼 시수이포 방도의 대표적 사례로 끌어와 해석할 수는 없을 듯하다.

셋째, 수면 문식을 도상의 주 모티프로, 도상 윗면의 사람 모습을 수면의 부속 부분으로 볼 수 있다. 사람의 얼굴을 도제형倒梯形[사다리꼴을 뒤집어놓은 모양]으로 표현한 것과 우관의 윤곽을 나타낸 것도 아주 특수한 사례로, 량주 문화에서 유행한 옥관 장식의 모습과 같다. 발굴 간보에 의하면, 판산에서는 묘 하나를 제외한 모든 묘에서 하나씩 나온 장식이 있다고 한다. "그 장식은 묘에서 출토된 위치와 기물의 형태를 보면 도상 속의 사람이 쓰고 있는 우관의 형상과 아주 비슷해서 관상식冠狀飾이라 명명되었다. 그 장식은 모두 두개골 옆에 위치하고 형태는 편평한 도제형이다. 상단上端은 관정상冠頂狀[관의 맨 꼭대기처럼 뾰족한 형태]이고, 하단下端에는 가는 장부榫●를 만들어놓았다. 장부에는 일정한 간격으로 구멍을 2~5개 파놓았는데, 장부는, 물건에 꽂을 수도 있고 또 구멍을 이용해 기물에 고정시킬 수도 있는 것으로 보아, 목재로 만든 물체의 정단頂端에 꽂는 것으로 추정된다. 관상식이 발견되는 자리의 아랫부분에서는 주로 주사朱砂 덩어리와 양감鑲嵌에 쓰이는 작은 옥 알갱이가 발견된다."

중국 저장성의 머우용캉牟永抗은 논문에서 "이와 같은 관상식은 바로 신을 나타낸 우상偶像의 모자"[16]라고 하면서, 위야오餘姚 허무두河姆渡에서 출토되는 소위 접형기碟形器[접시형 모양의 기물]와 관련 있는 것으로 보았다. 따라서 도판 1 속의 사람 얼굴은 사실상 이러한 관상식을 표현한 것으로 신성神性에 대한 표징으로 보아도 무리는 없을 것이다.

이상에서 언급한 세 측면의 이해에 대해 필자는 서로 모순되지 않는다고 생각한다. 이런 도상이 나타내고자 하는 바는 바로 사람과 동물(용)의 결합 곧 머우용캉이 말한 "인수합일人獸合一"이다. 도상을 신의 전신으로 보든 혹 사람과 동물의 두 얼굴로 보든 혹 사람 얼굴 모양의 관을 쓴 수면으로 보든 간에, 모두 설계자의 목적에 부합하는 것이다. 도상 속 용은 본래 신화적인 동물로 고대 사람들의 신비로운 신앙을 체현함과 동시에 점차 형성·신장되던 통치 권력을 상징한다. 바로 이것을 도상으로 표현하기 위해 이처럼 기이하면서도 환상적인 문식을 만들어낸 것이다.

량주 문화 옥기의 도철문은, 많은 학자가 지적하는 대로, 복잡한 형식과 간단한 형식으로 나눌 수 있다. 최근 고고학적 출토품에 대해서는 머우용캉

● 한 부재의 구멍에 끼울 수 있도록 다른 부재의 끝을 가늘고 길게 만든 부분.

이 이미 유형학적 방법으로 도철문의 변화·발전에 대해 네 단계로 나눈 바 있다.[17] 여기에 국내외로 유출된 량주 문화의 옥기를 더한다면, 자료는 더욱 풍부해질 것이다. 국내외로 유출된 것에 대해서는 여러 논저에서 수집한 적이 있는데, 일례로 도리스 도렌웬드Doris Dohrenwend, 하야시 미나오, 덩수핑鄧淑蘋[18] 등의 논저는 참고할 만하다.

도철문이 간화된 방식은 두 가지를 지나지 않는다. 곧 생략화와 도안화다. 위 복잡한 형식의 도상은 비교적 사실적이다. 생략화는 복잡한 도상의 구성 부분을 얼마간 생략한 것이고, 도안화는 도상의 몇몇 부분을 간단한 기하학적 도형으로 표현한 것이다.

먼저 생략화의 사례를 보자. 판산 M22:20에서는 사람의 두 손이 생략된 것이 발견되었고, 판산 M22:8에서도 수형獸形의 두 발톱이 생략된 것이 발견되었다. 이 두 사례는 그래도 사람의 얼굴 모양은 유지했다. 사람의 윤곽은 유지하면서 축소한 것도 있는데, 판산 M12:85에서 발견된 것이 그 사례다. 마지막으로, 문양 위쪽에 수면 이마의 돌기 혹은 공륭拱隆[기둥]만 남긴 것으로, 판산 M22:11과 판산 M23:67이 그 대표적 사례다. 후자는 도안화의 사례로도 볼 수 있다.

도안화는 생략화의 기초에서 진행된다. 도판 3-1 판산 M17:2 아래층의 수면과 판산 M23:67은 아주 비슷한데 코까지 생략했고, 다른 점은 도판 3-1 위층에 사람 얼굴을 남겨두었다는 것이다. 인면과 수면의 눈의 형상이 다르다는 것은 특별히 주의할 만하다.(다른 문화의 옥기에서도 인면과 수면이 같이 있는 모습이 보이는데, 눈의 모양은 역시 다르다. 이는 여기서 상세히 다루지 않는다.) 인면 위의 가로선에 대해 머우융캉은 우관이 변화된 것이라 보았다. 인

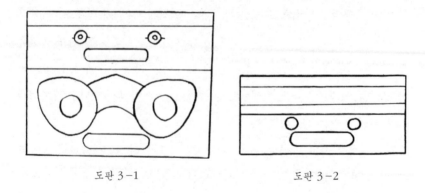

도판 3-1   도판 3-2

면은 한층 더 도안화 되는데, 도판 3-2에서는 완전히 가로획과 두 점으로 구성되어 있다. 이를 과거 어떤 사람이 팔괘八卦 부호로 인식했는데 그럴 만도 하다. 이처럼 간화된 사례는 대형 량주 문화 옥종에 가장 많이 보인다.

우리가 량주 옥기에 보이는 도철문의 여러 형식을 복잡한 것에서 간화된 것으로 배열했는데, 사실 이는 문식 변화의 시간 순서를 반영하지는 않는다는 점을 반드시 짚고 넘어가야 한다. 일례로, 판산 M12:98 옥종에서는 가장 복잡한 도철문과 아주 도안화된 도철문이 동시에 나타난다. 이로 볼 때, 형식의 차이는 표현 방식의 차이일 뿐이다.

도안화의 사례에서도 인면 혹은 수면이 나타나기도 하고, 인면과 수면이 횡렬로 연결된 사례도 보인다. 영국박물관(대영박물관)에 소장된 옥비권이 그렇지만19 인면과 수면의 방향은 거꾸로 되어 있다. 이는 이러한 문식의 예외적 변종이라 할 수 있다.

이상의 분석을 통해 량주 문화 도철문의 여러 특징을 어렵지 않게 볼 수 있다. 중국 여타 시대의 기물 및 중국 이외의 고대 문화 기물에도 사람 혹은 동물 얼굴 이미지를 이용해 장식을 한 경우가 아주 많다. 그러나 이들 문화에서는 앞서 지적한 특징이 나타나지 않는데, 이들 문화는 량주 문화와 아무런 교류가 없었고 문식의 성질과 의의 또한 서로 달랐기 때문이다. 계속해서 상대(얼리강 시기와 시기 포함) 청동기의 도철문에 주목해 이를 량주 도철문과 비교해보자.

필자가 생각하기에 아래 몇 가지 정도는 충분히 비교할 수 있을 것 같다.

1) 천궁러우·장창서우는 그들의 논문에서 도철문을 다음과 같이 정의한다. "그 특징은 정면을 향하고 있는 동물의 머리, 대칭을 이루는 두 뿔과 눈썹, 귀, 코, 입, 턱 등 어떤 것은 양측에 비교적 긴 몸체와 다리, 발톱과 꼬리 등이 있다."[20] 수면은 청동기 도철문의 주 모티프로 량주 옥기도 이와 같다. 윗부분에 인면이 있는 것도 있지만, 이를 생략할 수도 있었다. 량주 도철문에는 몸체와 꼬리는 보이지 않지만 다리와 발톱이 있는 것은 보인다.

2) 량주의 문식에는, 앞서 언급했듯, 모두 뿔이 보이지 않는다. 상대 청동기 도철문에는 뿔이 있는 것이 많지만, 주의할 사항은 얼리강기 도철문에는 뿔이 없는 것이 다수라는 점이다. 동물의 머리 위에는 깃털 문양이 있는 것도 있고 T형의 귀가 있는 것도 있다. T형이 뿔이 아니라 귀라는 최근의 아주 좋은 연구 성과가 있었다. 따라서 도철문은 상대 뼈 조각의 주요 소재였다.[21]

3) 량주 문식 수면의 눈동자는 계란형이다. 얼리강기 청동기 문양에 보이는 수면의 두 눈은 다수가 계란형 눈동자에 가깝다. 일부만 그 눈 끝이 뾰족하게 뻗쳤을 뿐이다. 은허기에 이르면, 갑골문의 '臣(신)' 자처럼 눈꼬리가 갈고리 모양으로 굽은 눈이 유행하게 되는, 비교적 명확한 변화가 생긴다.

4) 량주 수면 대부분은 크고 넓은 입을 갖고 있지만 아래턱이 그리 명확하지 않음은데, 이는 두파 1에서 볼 수 있다. 또 어떤 수면은 입과 이빨이 아래를 향하고 있기도 한데, 야오산 M10:20을 보면 입과 치아가 기물의 하단에 새겨져 있다. 상대 청동기 수면의 절대 다수가 입이 아래를 향하고 있는데, 이는 아주 두드러진 특징이다.

5) 앞서 말한 바와 같이, 량주 문식 수면의 윗부분에는 우관을 볼 수 있고 또 간화된 동물의 이마에는 돌기된 부분을 볼 수 있다. 흥미로운 바는 상대의 수면에도 보통 이와 같은 것이 있다는 점이다. 어떤 것에서는 도판 4-1과 도판 4-2에서와 같이 우관의 모습도 볼 수 있고, 또 어떤 것에서는 간화된 이마에 융기된 부분을 볼 수 있다. 이 부분의 청동기 문양을 자세히 관찰해보면, 이는 동물의 신체에 반드시 있어야 할 부분이 아니라 하나의 구성 요소가 더해졌다는 점을 어렵지 않게 발견할 수 있다. 이러한 관형冠形

도판 4-1

도판 4-2

의고시대를 걸어 나오며

은 청동기의 대상帶狀 문식 중에 독립적으로 존재하기도 한다(예컨대 도판 5). 이는 관형이 동물 신체의 일부가 아니라는 것을 더욱 증명해준다.

6) 상대 청동기의 도철문에는, 얼굴 양측에 덧붙여진 문양이 있는 경우도 보이는데, 머리를 돌리거나 아래로 향하고 곁눈질하는 용이 대부분이다. 도판 4-2가 그 사례다. 량주 옥기의 문식에도 이렇게 덧붙여진 문양이 있다. 예를 들어, 판산 M16:4의 수면 양측에는 우관을 쓰고 곁눈질을 하는 사람 얼굴이 들어가 있다. 이 밖에 곁눈질을 하는 간화된 수면도 있는데, 판산 M23:67이 그 사례에 속한다. 이처럼 곁눈질하는 간화된 수면을 혹자는 새 의 형상으로 오인하기도 했다. 사실 그 눈동자는 항상 도철문 주체의 수면 과 일치한다.

7) 곁눈질하는 사람의 얼굴은 야오산 M7:26 등의 옥기에서도 나타난 바 있다. 이러한 사람의 얼굴을 표현하는 수법은 아주 간단해, 정면을 바라보 는 사람의 얼굴을 좌우 양쪽으로 갈라놓으면 된다. 상대의 문식도 이와 같 은 수법으로 몸체든 꼬리든 상관없이 모두 좌우 양쪽으로 갈려 있다. 도판 4-1, 4-2를 예로 들어보면, 수면의 아래턱은 대칭된 두 개로 그려져 있는데, 바로 정면 바라보기와 동시에 곁눈질하기 같은 효과도 나타냈다. 마청위안 선생은 다음처럼 말한 바 있다. "수면문은 물체의 정면 형상과 동시에 물체 의 양측면도 표현해낸다. 우리는 이처럼 두 가지가 결합된 방법을 정체전개

법整體展開法이라 부른다."[22]

이와 같이 곁눈질까지 표현했기 때문에, 상대의 도철문에는 발톱만 있고 그 발톱도 반드시 안쪽을 향해야 했다. 도판 4-1이 바로 그러하다. 좌우 양쪽으로 곁눈질을 하게 되면, 발톱은 머리가 향하는 방향으로 그려질 수밖에 없고, 정면을 보고 있는데 발톱이 안으로 향해 있다면 자연스럽지 못하고 아주 이상해 보인다. 량주 옥기의 문식도 이와 같다. 도판 4-1을 예로 들면, 사람의 손과 동물의 발톱은 모두 안쪽을 향해 있다. 이는 이러한 문식이 유사한 표현 수법을 채용했음을 나타내준다.

8) 상대 문식은 운뢰문雲雷紋[구름과 천둥 무늬]으로 채우거나 운뢰문을 바탕에 깔기도 했는데, 이 또한 량주 문화 옥기로 거슬러 올라갈 수 있다. 도판 1에서와 같이 문식은 보편적으로 운뢰문이고, 운뢰문을 바탕에 깐 사례로는 야오산 M12:1 옥종이 있다.

이상 여덟 가지가 증명하듯이, 량주 옥기와 상대 청동기의 도철문은 확실히 직접적 계승 관계는 아니지만 공통적 특징이 아주 많은 것은 결코 우연으로 해석할 수만은 없다. 둘 사이에는 분명 비교적 밀접한 관계가 있다.

량주 문화와 상대 사이에는 일정한 시간적 거리가 있다. 연대적으로, 둘 사이에는 산둥 룽산 문화와 얼리터우 문화의 도철문이 있다.

산둥 룽산 문화는 주지하다시피 다원커우 문화의 연속선상에 있다. C14 연대로 볼 때, 량주 문화는 다원커우 문화 중후기와 산둥 룽산 문화에 상당하고, 량주·산둥 룽산 두 문화의 하한선은 차이가 크지 않은데,[23] 산둥 룽산 문화가 조금 더 늦다. 산둥 룽산 문화의 옥기와 도기에는 량주 문화의 문양처럼 복잡한 여러 종류의 문양이 보인다.

산둥 룽산 문화의 도철문 가운데 확실한 사례는, 엄격하게 말하면, 바로 1963년 산둥 르자오日照 량청진兩城鎭에서 발견된 옥분玉錛(어쩌면 규圭일지도 모르는)24 하나밖에 없다.● 이 옥기는 형체와 공예 및 이와 함께 출토된 기물을 놓고 판단할 때 그 나름의 문화적 특성을 갖췄다는 점은 의심할 여지가 없다. 기물 하단 양면에 선으로 새겨진 도철문은 도판 6과 같다. 두 문양은 형상이 다르지만 아래와 같은 특징이 보인다.

1) 몸체와 꼬리가 없이, 정면을 바라보는 얼굴 형상만 표현되었다.

2) 뿔이 없다.

3) 눈은 계란형이고, 그 중간에 있는 둥근 눈동자는 량주 문화에 비교적 가깝다.

4) 문양의 큰 차이는, 큰 입에 아래턱이 보이지 않고(도판 6 왼쪽), 입이 아래로 향하고 있고 입술과 이빨이 보이지 않는다(도판 6 오른쪽)는 점이다.

5) 머리 위에는 깃털로 장식된 관이 있다.

6) 얼굴 양측에 첨가된 문식은 머리가 아래로 향하는 동물형인 것 같지만(도판 6 오른쪽) 간화되어 있어서 자세히 분석할 수는 없다.

● '옥분'은 옥으로 만든 자귀를, '규'는 옥으로 만든 홀笏을 말한다.

도판 7

7) 대칭된 두 아래턱으로 곁눈질적 성질을 표현해냈다(도판 6 오른쪽).

상술한 옥분의 문양과 비슷한 것으로는 또 발굴품이 아닌● 옥기 몇 점이 있다. 여기서는 타이완 고궁박물원에 소장된 좁고 긴 형태의 옥부玉斧(어쩌면 규일지도 모르는)의 문식을 예로 들어보겠다. 그 관식은 아주 화려하고 복잡하다(도판 7).

얼리터우 문화의 도철문은 그 특유의 녹송석綠松石이 상감된 청동 패식牌飾에 보인다. 옌스 얼리터우 유지의 묘장에서 이미 이러한 종류의 동식銅飾이 여러 개 출토된 바 있다.[25] 이 밖에도 비非발굴품[전세품] 7점이 알려져 있다. 미국 새클러박물관Arthur M. Sackler Museum 소장 3점, 폴 싱어Paul Singer 소장 2점, 호놀룰루미술관Honolulu Museum of Art 소장 1점, 그리고 최근 영국 런던에서 나타난 1점 등이다.[26] 몇 가지 동식 가운데, 지금 확인되는 자료를 근거로 볼 때, 1981년 출토된 것만 얼리터우 II기 후반에 해당된다. 녹송석이 가득 상감되어 있어, 그 문양이 간화되었지만, 산둥 룽산 문화 옥분(도판 6의 왼쪽)과 닮았다는 것을 특히 정수리에서 얼굴 양측으로 드리운 부분이 아주 비슷한 것에서 확인할 수 있다. 눈의 형상 또한 아주 닮았다.

다른 동식은 모두 1984년에 출토된 얼리터우 IV기의 것과 같은 유형이다.

● 출토품이 아닌, 옛날부터 집안 등에서 소중히 다루어 전래된 물건 즉 전세품傳世品을 말한다.

이와 같은 동식의 문양은 모두 한층 더 간화되어 입이 뾰족하고 아래를 향하고 있다. 주의할 것은 이 문식의 눈이 북꼴梭形로 변형된 점이다. 이는 상대에 유행한 '臣(신)' 자형 눈의 선구라 할 수 있다.

이상의 상황을 통해 산둥 룽산 문화와 얼리터우 문화의 도철문이 확실히 량주 문화와 상대 도철문의 중개 역할을 했다는 점을 볼 수 있다. 이 두 문화와 관련된 자료가 그리 많지 않기에 여기서 토론을 마친다. 어떻든 량주 문화, 산둥 룽산 문화, 얼리터우 문화에서 상대 문화에 이르기까지, 이들 사이의 관계는 완전히 직선적이지는 않다. 앞으로 더욱 많은 발견과 연구를 기다려야 한다.

량주 문화 옥기의 도철문은 아주 복잡해 보인다는 점에서 이러한 문양의 원시 형태는 아닐 것이다. 량주 문화 옥기 도철문의 특별한 가치는 그것이 문식의 신비한 성격을 상주 청동기보다 더욱 선명하게 보여준다는 데 있다. 지금 모두들 알 수 있듯, 이와 같은 문식은 확실히 신앙적·신화적 의의를 지니고 있다. 비록 우리가 그것을 완전히 알지는 못한다고 해도 말이다.

상대는 선사시대의 도철문을 계승하면서 예술적 전통만 연용한 것이 아니라 신앙과 신화까지도 전승받은 것이다. 이는 중국 고대 문화사 연구에 아주 중요한 문제임에 틀림없다. 창장강 하류의 문화가 어떻게 중원 왕조에 영향을 끼쳤는지 한 걸음 더 나아가 탐색하고 이해할 필요가 있다.

도철문은 주대 초에도 여전히 유행하다가 서주 중기 이후 점차 쇠락했다. 이는 중국 청동기 예술사의 대전환이다. 여기에는 반드시 깊은 문화사적 배경이 존재한다. 춘추전국시대에 흥기한 여러 새로운 문양이 상대에서 주대 초에 이르는 시기의 문화적 문식과 관계가 있다고는 해도, 그 성질과 의의

는 오히려 그것들과 다를 가능성이 있다. 이와 관련된 문제는 다음 기회에
새로운 논문을 가지고 토론해보자.

량주 문화 옥기 부호

선사 시기의 기물에는 새기거나 그린 부호가 나타나기도 하는데, 이는 학자들은 이를 문자의 기원과 종종 연관시키면서 중요시했다. 중국에서 발견된 이러한 부호 및 그 관련 토론의 진행 상황에 대해 필자는 몇 년 전에 종합적인 서술을 하면서, 이와 유사한 고대 이집트 부호들에 대한 연구를 비교한 바 있다.[1] 이후, 다원커우 문화 도기 부호가 적잖이 새로 발견되면서 또 한 번 이와 관련해 더 전문적으로 검토한 적도 있다.[2] 다원커우 문화 도기 부호는 중국 문자 기원 문제를 이야기할 때 학자들이 가장 주의를 기울이는 것으로, 과거에는 네댓 종류만 보였지만 현재는 네 종류가 추가되었다.(1987년 쥐현 항터우杭頭 도준陶尊에 '斤(근)' 부호가 있다. 이는 다원커우 문화 도기 부호의 '발견 지점'을 추가해주었으나 '부호 종류'는 늘리지 못했다.)[3] 이와 동시에, 다원커우 문화 도기 부호와 상당히 밀접한 관계가 있는 량주 문화 옥기 부호도 새로운 자료가 나타나면서 그 수량이 두 배나 많아졌으나, 아직까지 이를 전문적으로 연구하는 학자는 없다. 여기서 필자는 과거의 토론을 기초로 삼아 이 방면에 대해 탐구해보고자 한다. 이 탐구가 중국 문자 기원 탐색에 도움이 되기를 바란다.

고옥에 상고문자上古文字가 있을 것이라는 추측은 최근에 제기된 게 아니다. 청淸 궁실에서 소장하던 량주 문화 옥황玉璜은 현재 문물총점[중국국가문물국중국문물총점中國國家文物局中國文物總店]에 있는데,[4] 일찍이 존 캘빈 퍼거슨 John Calvin Ferguson의 『중국예술총람Survey of Chinese Art』(1939)에 탁본이 실리기도 했다.[5] 이 옥황은 정면에는 도철문이 새겨져 있고 도철 얼굴 부위 좌우 아랫부분에는 몇 가닥 선이 대칭을 이루는, 아주 특수한 것이다. 앞서 소개한 푸산福山 왕충례는 1917년의 발문에서 다음과 같이 말했다. "나는 이 문물 화상畫象에 문자 명사名詞의 뜻이 담겨 있다고 생각한다. 양끝의 큰 문양을 보면 지금의 알파벳 모양이 있는데, 라틴 고문자일까?" 사실 이 선은 도철의 앞 발톱 도안을 추상화한 것으로 문자는 아니다. 그러나 이와 같은 고옥에 문자가 있을 것이라는 설을 제기한 사람은 여전히 왕충례가 첫번째일 것이다.

오늘날 우리는 이미 몇몇 고옥에 문자의 기원과 관련 있는 듯한 각획 부호가 확실히 존재한다는 사실을 알고 있다. 예컨대, 앨프리드 샐머니Alfred Salmony와 하야시 미나오 등의 학자들은 이러한 부호의 자료를 발표한 적이 있다.[6] 그들이 근거로 인용한 옥기는 모두 4건으로, 필자가 기존에 토론했던 것도 주로 이와 관련된 것이다. 최근 몇 년 동안 필자가 파악한 바로, 각획 부호가 있는 량주 문화 옥기는 10건에 이르는데 각각 다음과 같다.

벽璧은 모두 4건으로 전부 미국 워싱턴 프리어미술관Freer Gallery of Art에 소장되어 있다. 벽은 모두 비교적 크고 두텁지만 상세한 것은 1건에 불과하다.

1) 샐머니는 "녹색과 갈색이 섞여 있는 색깔로, 남회색 반점과 문리紋理[무늬, 결]가 있다"라고 했다. 벽의 직경은 23.5센티미터, 두께는 1.1센티미터, 구멍의 직경은 4.7센티미터다.

이 벽의 한 면에는 부호가 새겨진 곳이 있다. 과거에 필자는 두 부호의 복합체로 보아 "島(도)" "兲(경)" 두 글자로 판독했는데, 새가 산 위에 서 있는 형태의 부호인 데서 "島(도)"로 판독한 것이다. '山(산)'은 다섯 봉우리 형태를 취하고 있고 가운데 봉우리에 '鳥(조)' 자가 있다. "兲" 자는 "山"의 하부에 겹쳐 있는데 곡선과 와문渦紋으로 채워진 내부는 '山'과 구별된다.

벽의 주연周緣[둘레의 가장자리]은 운문雲紋으로 장식되어 있고, 또 2곳에 부호가 새겨져 있는데, 이를 '封(봉)'과 '燕(연)'으로 판독했다. 이처럼 이 벽에는 3곳에 모두 5개 부호가 새겨져 있다.

2) 샐머니의 묘사에 따르면, "녹색과 남색이 서로 섞여 있는 색깔로, 홍색과 갈색의 두 문리가 있다"라고 했다. 벽의 한 면에는 벽 1과 비슷한 위치에 부호가 있는데, 5개 부호가 복합된 것으로 보인다. 가장 위의 것은 "鳥" 자로 그 발톱 아래에는 구슬을 꿴 모양의 장식이 있고, 가장 아랫부분은 "山" 자로 이 또한 높이가 같은 다섯 봉우리의 형상을 하고 있지만 윤곽은 쌍선으로 표시했다. "山" 위에는 2개 부호가 있다. 윗부분의 것은 관형인데, 중간 것은 높이 돌출된 관식冠飾이 있고, 양측 면에는 삐져나온 [새 깃꼴의] 우상물羽狀物이 있으며, 아래쪽 것은 간화된 수면으로 두 눈 사이에는 낮은 코가 있어서 "明(구)" 자로 판독하면 어떨까 생각한다.

"鳥"와 "山" 사이에 있는 관식형串飾形의 상단은 평평한 모양의 패상물牌狀物이고, 아래에는 구슬 꾸러미가 늘어져 있다. 이러한 부호는 독립적으로 사용될 수 있기 때문에(아래 문장 참고), "山" 위에 수직으로 세운 기둥으로 이해할 수 없다. 상대의 "丰(봉)"과 "半" 등의 글자에 따르면, 이와 유사한 글자를 왕궈웨이는 "珏(각)"으로 판독했는데 옥을 꿴 형태와 비슷한 때문으로,[7] 이 글자도 이와 관련 있는 것으로 생각된다.

3) 샐머니는 "짙은 녹색과 옅은 녹색이 서로 섞여 있는 색깔로, 갈색과 고동색 반점 및 흰색 문리가 있다"라고 묘사했다. 벽의 한 면에 4개 부호가 복합적으로 새겨진 곳이 있다. 3개는 또한 "鳥" "珏"과 "山" 자로 벽 2)와 비슷하지만 윤곽선이 단선이다. 또 다른 부호가 "山" 위에 중첩되어 있는데, "目(목)" 자처럼 보이지만 눈동자가 원이 아니다.

이상 세 벽은 샐머니와 하야시 미나오의 글 속에서 사진과 모본을 찾아볼 수 있다.

4) 위의 세 건과 비슷한 벽으로, 한쪽 면 가장자리 가까운 부분에는 3)에서 본 "目" 자형 부호가 새겨져 있다. "目"은 벽의 가장자리 이외의 삼면을 네모꼴로 테두리를 둘렀는데 그 모양이 벽 3의 "山"형 하반부와 아주 비슷하다.[8]

종琮은 모두 4건으로 전부 간화도철문簡化饕餮紋의 장통형長筒形 종에 해당한다.

5) 이른바 "지슬러의 옥종"[9](다음 절에 자세히 보인다)으로 문식은 7개 마디로 나뉜다. 새겨진 부호의 하부는 윗부분이 평평한 다섯 봉우리의 "山"이고, 쌍선으로 테두리[윤곽]를 두른 후 그 위에 관형冠形 부호를 중첩했는데, 이는

모두 벽 2와 같다. 그러나 상부는 이미 마모되었고, 중간에는 구슬을 꿰어 놓은 것 같은 모양의 '珏'이 있지만, 그 위에는 새 모양은 없다. 그 양쪽에는 뿔이 양쪽으로 뻗어 나온 형태가 새겨져 있는데, 어쩌면 또 다른 부호일지도 모른다(도판 9-2).

6) [중국 베이징] 서우두박물관首都博物館 소장품. "녹색 계열의 색이 농담을 이루는 바탕에 종갈색棕褐色과 흰색이 어우러져 있다." 높이 38.2센티미터이고 15마디로 나뉜다.[10] 종 상단의 한 측면에 새겨진 부호는 벽 2와 비슷하지만, 구슬을 꿴 모양과 관형이 모두 비교적 간략하고 "山"도 단선으로 이루어져 있다. 바로 옆면에도 부호가 있는데, 가는 선과 와문으로 채워져 있으나 조금 마모되었다.

7) 중국역사박물관中國歷史博物館 수장收藏. "짙은 푸른색"으로 높이는 49.2센티미터이고 19마디로 나눠진다.[11] 그 상단의 한 측면에는 "戾" 자가 새겨져 있다. "밑부분 내벽의 한 측면에" 경사진 삼각형이 새겨져 있는데 이를 "石"으로 판독했다.

8) 타이완 고궁박물원 소장품. 원래는 청 중화궁重華宮에 진열되어 있던 것인데, "짙은 벽록색으로 짙고 옅은 서로 다른 농도의 붉은 반점이 있고, 윤기가 흐르며 아름답다." 높이는 47.2센티미터다.[12] 그 상단의 문식 사이에, 마주 대하는 양 측면에 각각 부호가 새겨진 부분이 있는데, 하나는 구슬을 꿴 모양의 "珏"이고 다른 하나는 마름모 형태다(도판 8).

비권(혹 탁鐲이라 부른다)은 모두 두 건이지만 생긴 것은 각기 다르다.

9) 미국 프리어미술관 수장. 옅은 황색을 띤 흰색으로 직경 6.2센티미터다. 하야시 미나오의 글에 그 사진이 보인다. 둥근 벽은 얇지만 비교적 높고,

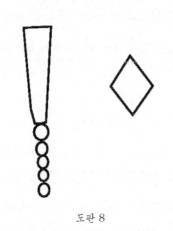

도판 8

벽 바깥 한 측면에는 "旣(경)" 자가, 다른 측면에는 관형 부호가 새겨져 있다. 관형 부호는 '벽'과 '송'에 새겨진 섯과 대동소이하고, 양측으로 뻗은 우상물은 비교적 짧지만 중간 관식에는 비교적 긴 것이 새겨져 있다.

　10) 캐나다 로열온타리오박물관 수장. 황백색을 띠고 있고 직경은 8.8센티미터다.[13] 권연圈線이 낮지만 비교적 두껍고, 도철문 8개가 부조되어 있다. 1군데에 부호가 새겨져 있는데, 어깨가 있는 구멍 난 돌도끼 모양으로 그 윤곽은 쌍선으로 되어 있다.

　상술한 10개 옥기는 모두 과학적인 발굴에 의해 얻어진 것이 아니어서 그 문화적 성질에 대해 많은 학자가 량주 문화의 것으로 추단하고 있지만, 과거의 논증은 모두 간접적인 것에 불과했다. 최근 량주 문화 유적 발굴이 날로 증가하면서 비슷한 옥기가 아주 많이 발굴되었다. 특히 1988년 초 처음 공개된 저장성 위항 판산과 야오산의 발굴 간보[14]는 더욱더 많은 실물 자료를 제공해주었다. 현재 고고학적 근거가 충분해짐에 따라 이 10건의 고옥 모두 량주 문화의 것으로 증명할 수 있게 되었다.

　문화적 성질이 가장 명확한 것은 바로 종琮이다. 이러한 대형 장통형 종은 량주 문화에서만 보인다. 혹자는 이를 량주 문화 종 가운데 가장 늦은 시기인 BIII식으로 분류하기도 한다.[15] 종의 공예적 특징 또한 출토품과 비슷하다. 현재 알려진 바에 의하면, 가장 큰 종은 영국박물관에 소장된, 길이가 49.5센티미터나 되는 것으로,[16] 위의 종 7, 종 8의 치수와 아주 비슷하다.

몇몇 벽에 새겨진 부호는 종과 직접적으로 연결된다. 상하이 칭푸 푸취안 산과 위항 판산 등지에서 형체가 서로 비슷한 중후한 벽이 출토되었는데 그 재질도 비슷하다.

비권 10은 환형을 띠고 곳곳에 도철문이 있어서 옛날에는 "치우환蚩尤環"으로 불리기도 했다. 위항 야오산 M1에서 이와 같은 종류의 옥기가 출토되었는데, 간보에서는 이를 "용수탁龍首鐲"이라 했고, 직경은 8.2센티미터이며 사방에 문식이 있다. 이 밖에 판산 M22의 원패형식圓牌形飾, 야오산 M1의 황의 문양도 아주 비슷하다.

야오산 M1의 '용수탁'의 비교적 높은 벽은 이미 비권 9와 비슷할 정도다. 후자는 관형 부호 중간의 관식을 [세 갈래로 갈라지는] 삼차형三叉形으로 새겼고, 윤곽은 판산 M16의 II식 옥관식과 완전히 같으며, 게다가 부호를 볼 때, 관식에 도철의 두 눈을 그려 넣은 것을 통해 그것이 량주 문화에 속한다는 점은 의심의 여지가 없다.

이상 10건의 량주 문화 옥의 각획 부호를 종합해볼 때 주의할 특징 몇 가지를 발견할 수 있다.

첫째, 각획의 위치가 독특하다는 점이다. 예컨대 종은 상단에 많고 벽은 한쪽 면 가장자리에 새겨져 있으며, 절대로 기물상의 문양과 서로 섞이지 않는다.

둘째, 하나의 기물에 많은 부호가 새겨져 있기도 하다는 점이다.

셋째, 독특하게 보이기 위해 쌍선으로 테두리를 두르거나 가는 선으로 내부를 채우기도 하며, 때때로 테두리를 그려 넣기도 했다. 가는 선으로 채워 넣는 방법도 량주 문화의 문양에 보인다.

넷째, 몇 가지 부호를 연결하거나 중첩해 복합 부호를 구성한 점이다. 때때로 쌍선으로 테두리를 두르거나 가는 선으로 채워 넣은 방법 또한 그 어떤 부호를 특별히 구별해내기 위한 것이다.

다섯째, 부호가 새겨진 옥기는 대부분 크거나 진기한 기물이라는 점이다. 위와 같은 분석에 따라 옥기에 새겨진 부호는 14종류다.

1) "炅"

2) "鳥"

3) "山"

4) "封"

5) "燕"

6) 관형 부호

7) "�부"

8) "珏".

9) "目"

10) 종 5에 보이는 한 부호

11) 종 6에 보이는 한 부호

12) "石"

13) 마름모형 부호

14) 돌도끼형 부호

이는 수량에서 이미 다원커우 도기 부호를 초과했다. 그중 "鳥" "珏" "山" "炅" "目"과 관형 부호는 하나만 보이는 것이 아닌데, 이는 부호의 통용성을 설명해준다고 할 수 있다.

우리는 다윈커우 문화 도기 부호를 연구할 때, 량주 문화 옥기 부호 가운데 다윈커우 도기 부호와 같은 것이 있음을 지적한 바 있다. 예컨대, "炅" "封"과 다섯 봉우리로 이루어진 "山" 등이다. 여기서 또 세 가지 대비되는 예를 발견할 수 있다.

첫째, 관형 부호다. 량주 옥기의 관형 부호 형상에 변화가 있기는 하지만, 그 형상 가운데 돌기된 관식과 양쪽으로 깃이 있는 관은 일관되게 나타난다. 새로 발표된 다윈커우 도기 부호 중에도 이와 유사한 부호가 있다. 필자는 이를 상세히 토론하면서 난징南京 베이인양잉北陰陽營 도준陶尊의 부호와 대비한 바 있다.[17] 부호 속에 보이는 관식은 옥관식의 실물과 대조해봄으로써, 당시 깃털 장식이 있는 관과 부호의 모습이 닮았다는 점을 확인할 수 있었다. 이는 문헌에 보이는 "皇(황)" 자의 상형일 가능성도 있다.

둘째, 마름모형 부호다. 필자는 위의 글에서 다윈커우 도기 부호에 이 글자가 있고, [이 글자가] 또한 상대의 갑골문과 금문에도 보인다는 것을 지적한 바 있다.

마지막으로, 돌도끼형 부호다. 다윈커우 도기 부호에는 돌도끼 모양이 있는데, 학자들은 이를 "戌(술)" 자로 보지만, "戌" 자에는 자루柲가 있지만 고옥의 부호에는 자루가 없다는 점이 다르다. 돌도끼형 부호는 "戌"의 간체로도 이해할 수 있지만, 훗날의 금문에 보면 도끼날 모양을 본뜬 글자도 있어서,[18] 이 부호를 "戌" 자와 연결할 수 있을지는 좀더 연구해보아야 한다.

다윈커우 도기 부호와 량주 옥기 부호 사이의 공통점은, 위에서 열거한 바와 같이, 절대 우연한 현상이 아니다. 그 부호의 복잡성 또한 우연한 현상으로 해석할 수 있는 것이 아니다. 가장 합리적인 설명은 이 두 지역의 부호가 모두 원시문자임을 인정하는 것이다. 이는 우리가 이미 토론한 바다.

량주 문화 옥기 부호 자료는 이미 아주 풍부해졌다. 이러한 각획 부호는 머리카락처럼 가늘기 때문에 주의해 관찰하지 않으면 그냥 지나치기 쉽다. 량주 옥기를 수장하고 있는 국내의 기관 및 개인이 아주 많은데, 모두들 그 소장품을 다시 한 번 자세히 검토해보기 바란다. 어쩌면 각획 부호와 관련된 더 많은 자료가 발견될지도 모른다. 우리는 또한 야외 고고 작업 중에 부호가 새겨진 표본을 얻을 수 있을 것이라 기대한다.

특별히 설명하고 싶은 바는, 우리가 량주 문화 옥기와 다원커우 문화 도기의 각획 부호를 문자로 해석하는 것은 하나의 실험에 지나지 않는다는 점이다. 이와 같은 부호가 문자인지 아닌지, 상주 문자와 연결할 수 있는지 없는지는 모두 증명해내야 하는 문제여서, 우리가 해석한 것이 반드시 정확한 것이라 말할 수는 없다. 그러나 과학은 가설을 허락하는 만큼 머지않아 우리의 견해를 검증할 기회가 생기리라 믿는다.

보충

각획 부호가 새겨진 량주 문화 옥기는 최근에 계속해서 발견되었다. 타이완 학자 덩수핑 여사는 새로 쓴 「중국 신석기 시대 옥기의 신비한 부호中國新石器時代玉器上的神祕符號」[19]를 통해 관련 자료를 자세하게 통계 내고 또 토론했다. 자료를 최대한 인용해 독자들이 필요한 자료를 찾고 검색하기 편하게 한 만큼,

여기서는 관련 내용을 일일이 소개하지는 않겠다.

새로 발견된 자료 가운데 가장 관건이 되는 것이 바로 저장 위항 안시安溪에서 출토된 옥벽으로,[20] 직경 26.2센티미터이고 윗부분 두 곳에 부호가 새겨져 있다. 한 군데에는 '山'에 관형 부호를 덧붙인 부호가 새겨져 있고, 다른 한 군데에는 '아장' 형태의 부호가 새겨져 있다. 이는 명확한 출토 지점이 있는 귀중한 증거다.

타이베이 고궁박물원에서 1989년 새로 수장한 옥벽은 직경 13.44센티미터에 부호는 베이징 서우두박물관 옥종에 있는 것과 아주 비슷하다. 하지만 벽연壁緣이 마모되면서 형태가 변질되어 그 부호 또한 불완전한 모습이 되었다. 따라서 앞에서 기록한 프리어미술관의 벽 4 또한 사실상 형태가 변질된 것으로, 이에 대해서는 졸고 「해외방고속기海外訪古續記」[21]에 자세히 기술했다.

중국 문자의 기원은 줄곧 학계의 뜨거운 관심사였다. 최근 이 문제는 문명 기원 연구와의 관계 면에서 국내외 학자들의 관심을 한층 깊이 받으며 뜨거운 토론이 이어지고 있다. 이 토론은 일련의 고고학적 발견에서 시작되었다. 1960년대 말에서 1970년대 초 먼저 관심을 받은 것은 양사오 문화 반포 유형의 도기에 나타난 각획 부호였고, 계속해서 다른 문화 도기의 부호로 관심이 확장되었다. 그중 많은 학자 사이에 원시문자로 인식된 것은 다원커우 문화 후기 도기에 새겨진 부호로, 이는 다원커우 문화 도문陶文으로 일컬어졌다. 이러한 부호는, 앞서 논한 대로, 이미 8~9종이 발견되었고[1] 적잖은 학자의 연구를 거쳤다. 훗날 량주 문화 옥기에서도 각획 부호가 발견되었는데, 어떤 부호는 다원커우 문화 도기 부호와 같거나 비슷했다. 량주 문화는 주지하다시피 지금의 장쑤 남부에서 저장 북부에 분포하고 있어 산둥에서 장쑤 북부에 분포하는 다원커우 문화와 지리적으로 이어져 있고 또 다원커우 문화 후기가 량주 문화와 시기적으로 대략 같기 때문에, 두 문화에서 서로 같은 부호가 나타난 현상이 결코 이상한 것만은 아니다. 량주 문화의 옥기 부호는 처음에 적은 수량의 몇 가지만 발견되다가 나중에 계속된 발견을 통해 현재에는 15~16종이 되어[2] 다원커우 문화 도기 부호보다 그 종류가 오히려 더 많아졌다. 량주 문화 도기에서도 옥기 부호와 같이 적잖은 부호가 발견되어, 문자 기원 문제 탐구에 중요한 단서가 되고 있다.

부호가 새겨진 량주 문화 옥기는 10여 건이 알려져 있다. 그중 가장 먼저 발표된 것은, 또한 아주 중요한 것으로, 앞서 언급한 지슬러의 옥종이다. 애석하게도 오랜 시간 아주 적은 사람만이 이를 언급했다.

G. 지슬러G. Gieseler는 프랑스 수장가다. 그가 수장하고 있는 이 량주 문화 옥종은 길이 19.5센티미터의 길쭉한 형태로 7개 마디로 되어 있고, 마디마다 간화된 도철문으로 장식되어 있다(도판 9-1). 지슬러는 1915년 논문 「주례의 종La Tablette Tsong du Tcheou-Li」[3]을 통해 이 옥종을 소개·논술했다. 그는 종에 새겨진 주요한 부호의 모본을 논문에 첨부했다. 1929년, [핀란드 태생의] 스웨덴 학자 오스발드 시렌Osvald Sirén은 그의 명저 『중국고대미술사Histoire des Arts Anciens de la Chine』(1929)[4]에서 이 종의 사진을 발표했고 상술한 주요 부호의 국부局部 사진도 수록했다.

이 종의 주요 부호(도판 9-2)는 종의 한 면 상단의 중앙에 새겨진 것으로 첫 마디의 도철문 사이에 들어가 있다. 이전에 필자가 논한 대로 이 "부호의 하부는 윗부분이 평평한 다섯 봉우리의 '山'이고, 쌍선으로 테두리[윤곽]를 두른 후 그 위에 관형 부호를 중첩했다." 이는 미국 프리어미술관에 소장된 벽과 베이징 서우두박물관에 소장된 종에 새겨진 부호와 아주 비슷하다. "그러나 상부는 이미 마모되었고, 중간에는 구슬을 꿰어놓은 것 같은 모양의 '珏'이 있지만, 그 위에 새 모양은 없다. 그 양쪽에는 뿔이 양쪽으로 뻗어나온 형태가 새겨져 있는데, 어쩌면 또 다른 부호일지도 모른다."[5] 이 부호와 다른 량주 문화 옥기 부호 및 다원커우 문화 도기 부호는 모두 같은 종류로, 훗날의 상주商周 문자와 연원적 관계에 있을 가능성이 크다. 여기서 자세히 다루지는 않겠다.

특히 말하고 싶은 것은 이 진귀한 옥종에 또 다른 일련의 부호가 있다는 점이다.

지슬러는 1915년에 발표한 논문[「주례의 종」]에서 종의 상하 사구射口(곧 종의 방주형方柱形 부분 양단兩端의 원주형 부분 외벽)에 각각 5개의 각획 부호가 있다는 것을 언급했다. 이는 다른 량주 문화 옥기에서도 보이지 않는 현상이지만, 지슬러 당시에는 이 방면의 자료를 공개할 수가 없었다. 이 옥종은 훗날 프랑스 기메미술관Musée Guimet[국립기메동양박물관]으로 이관되었다. 최근 타이완 고궁박물원 연구원 덩수핑 여사가 기메미술관에서 자료를 얻어 10개 각획 부호 모본을 공개해[6] 연구 자료를 제공해주었다.

도판 9-4에 보이는 10개 부호 가운데 위 열은 상사구上射口에 있는 것이고 아래 열은 하사구下射口에 있는 것으로 각각 하나의 권역을 이룬다.

두 열 모두 오른쪽에서 왼쪽으로 향하고 있다. 첫번째 부호는 전술한 주요 부호의 왼쪽에 자리하고 있다. 그 두번째, 세번째, 네번째 부호가 각각 한 면을 차지하고 있지만, 각 면에서 부호가 새겨진 위치는 서로 다르다. 다섯번째 부호는 다시 주요 부호 위로 돌아와 그 오른쪽에 자리하고 있다.

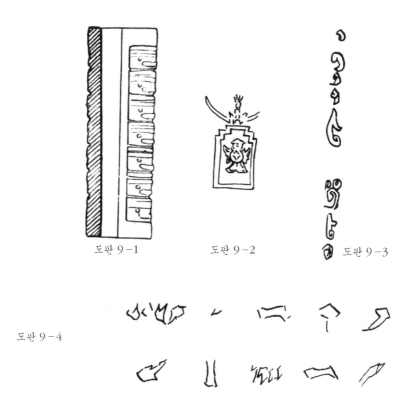

도판 9-1 도판 9-2 도판 9-3

도판 9-4

이러한 각획 부호의 배치는 분명히 규칙적이다. 위 열 세번째 부호와 아래 열 두번째 부호, 위 열 다섯번째 부호와 아래열 세번째 부호는 동일한 부호일 가능성이 있다. 아무런 의미 없이 이들 부호를 새겨 넣지는 않았을 것이다.

이 10개 부호의 공통적 특징은 바로 선으로 테두리를 둘렀다는 것과, 대부분 과두蝌蚪[올챙이] 또는 운편云片[구름 조각] 형태를 띠고 있다는 것이다. 이 부호들은 곧바로 1930년대 저장 항현杭縣 량주에서 출토된 흑도 '치厄[고대의 작은 술잔]'의 각획 부호를 떠올리게 한다.

흑도 '치'는 타원형으로 1937년 오월사지연구회吳越史地研究會가 출판한 허톈싱何天行의 『항현 량주진의 석기와 흑도杭縣良渚鎭之石器與黑陶』에 보인다.[7] 이 흑도는 전란을 거치면서 현재 그 행방을 알 수가 없다. 사진으로 볼 때, 그 주둥이에 거치문鋸齒紋[톱날 문양] 장식이 있는데, 도판 9-3에서와 같이 그 문양이 끊어지는 부분에 길게 이어진 부호가 두 군데 있다. 당시 학자들은 이 부호를 판독하지는 못했지만 문자에 속하는 것으로 여겼다.

지슬러 옥종의 부호를 흑도 '치'의 부호와 대비할 때 많은 공통점을 발견할 수 있다. '치'의 부호 또한 과두·운편과 비슷하지만 선이 더 둥그스름할 뿐이다. 이는 옥기의 질감이 조금 더 딱딱해서 의도대로 새기지 못한 때문일 것이다. 이 둘이 같은 부호에 속한다는 것은 충분히 가능성이 있다. 량주 흑도 '치'의 부호는 그동안 아주 많은 학자의 토론이 있었지만, 현재 옥종에 유사한 부호가 나옴으로써 서로 증명이 가능해졌다.

옥종의 이와 같은 부호들은 문양과 분명히 다르다. 덩수핑 여사가 말한 대로 문양은 "음각 선이나 부조浮雕[돋을새김, 양각], 투각 등의 서로 다른 기법으로 완성해 옥기의 주요 부위를 장식하기 때문에 아주 쉽게 볼 수 있다. 이러한 문양을 통해 당시 옥을 가공하던 공구가 상당히 발달해 있었음을 추측해볼 수 있다. 심지어 회전하는 돌절구공이 같은 공구도 있었던 듯 한데, 여기에 경도硬度가 높은 마사磨砂[금속제 기물 등을 닦는 데에 쓰는, 점성粘性이 없는 백토白土]를 곁들여 조각을 했을 것이다. 이런 방법으로 균형 잡히고, 안정되고, 명확한 문식미를 표현해냈다." 하지만 이 때문에 부호는 "아주 가늘면서 아주 [깊이가] 얕은, 또 중간중간 끊어지기도 하는 희미한 음각 선으

의 고시대를 걸어 나오며

로 새겨져 있다. [부호는] 옥기의 주요 부분에 배치되기는 했지만 가늘고 얕아서 알아보기 어렵다. 일부러 찾으려 하지 않는다면 보통 발견하기 어렵다. 부호는 묵탁墨拓[검은 빛깔의 묵을 쓰는 탁본]의 방법을 쓸 수 없지만 문양 구조는 묵탁을 할 수 있다. 또 부호는 사진을 찍을 때도 특수한 광선 처리를 해야 발견해낼 수 있다. 이는 문양과는 완전히 다른 은은한 신비감을 전달해준다."

지슬러 옥종에 보이는 일련의 10개 부호는 바로 이와 같은 가볍고 얕은 기법으로 새긴 것이다. 이 부호는 어떤 형상을 본뜬 것 같지 않은 만큼 도화圖畫나 문자화文字畫가 아니라 일종의 문자일 가능성이 가장 클뿐더러 우리가 기타 량주 문화 옥기 및 도기에서 볼 수 있는 많은 부호와는 다른 일종의 문자다. 이러한 부호는 기타 다수의 부호와 달리 상주 문자와 연관할 수 있지만, 계통이 서로 다른 문자다.

우리가 자주 보는 갑골문과 금문을 포함한 상주 문자는 한자의 초기 형태로 그 기원은 아주 먼 옛날로 올라갈 가능성이 있다. 다원커우 문화 도기 부호와 량주 문화 옥기, 도기상의 많은 부호는 상주 문자와 약간의 공통성을 띠기에 상주 문자를 통해 얻은 지식으로 판독을 할 수 있다. 이러한 판독은 현재 일종의 시험試驗에 지나지 않아 이 시험의 성공 여부는 좀더 증명이 필요하다. 이 일련의 과두·운편 부호는 상주 문자의 지식으로 판독할 수 없기 때문에 신비한 난제라 할 수 있다.

중국 문명은 아주 일찍부터 기원했지만, 이 문명의 시작 시기에 대한 이해는 아직도 아주 부족하다. 계속해서 사람들을 놀라게끔 하는 발견뿐 아니라 믿기 어려운 발견들이 이어지고 있다. 최근의 고고 발견은 이미 우리에게 중국 문명의 각종 요소의 근원이 복잡하고 다원적임을 분명하게 말해준다. 이른바 '중원中原 중심론'은 사실과 부합하지 않는다. 량주 문화의 범위에, 또 본문에서 언급한 종류들에 문자적 부호가 존재할 가능성이 있기에 중국 문명의 다원성은 한층 더 확실하게 증명된다. 이들 부호 자료가 계속해서 발견된다면, 그 신비적 함의도 결국에는 해석되는 날이 오고 말 것이다.

한
산
링
자
탄
옥
귀
·
옥
판

1987년 6월, 안후이성 한산含山 링자탄凌家灘의 선사시대 묘장에서 옥귀玉龜
[옥 거북]와 옥판玉版 세트가 발견되었다. 이 옥기의 성질과 도문圖紋[도안적 또
는 회화적 문양]은 상상력을 자극하기에 충분해 순식간에 학계의 주목을 받
았다. 필자는 그해 하반기에 관련 사진들을 보고 후에 또 관련 글 등을 읽
으면서 옥기의 기이함에 깊은 인상을 받았다. 그 발굴 간보가 1989년 4월
에 발표되자마자,[1] 고고학·역사학·과학기술사 등 방면의 여러 학자가 연구
성과를 발표했다.[2] 이들은, 옥귀와 옥판에 대한 해석은 각기 달랐지만, 이 발
견이 아주 중요하다는 점에 대해서는 한결같이 목소리를 높였다.

한산 링자탄은 차오후巢湖 동쪽 창장강 이북의 신석기시대 후기에 속하는
대형 유적이다. 이 유적은 1985년 봄에 우연히 옥석기와 도기 등 51건이 출
토되면서 발견되어 고묘古墓로 판정되었다. 그 옥석기 가운데 일부는 아주

심상치 않은 것으로, 회색 석분石鏟 같은 경우 매우 정교하게 갈아서 만들어진 데다 그 위에는 '月(월)'형 부호까지 새겨져 있지만 사용 흔적이 전혀 발견되지 않은 점에서 일종의 예기로 보는 데 의심이 없다. 이 석분은 1990년 베이징으로 옮겨져, 그 이후 출토된 옥귀·옥판등과 함께 고궁 문화전文華殿 '중국문물정화' 전람관에 진열되었다.

링자탄의 발굴은 1987년부터 안후이의 고고학자들에 의해 시작되었다. 당지當地의 유적은 총면적이 10만 제곱미터에 이르며 거주지와 묘지의 두 부분으로 나뉘어 있었다. 묘지는 거주지 북면 약 500미터 되는 고강평대高崗平臺에 있었는데 어쩌면 흙을 틀에 넣고 다져서 쌓은 사석층砂石層일지도 모른다. 여기에 사용된 사석은 먼 곳에서 운반해온 것으로 인공적으로 영축營築해 전용 묘지로 만들었다. 묘장 가운데는 사석층 아래 있는 것도 있는데, 그 일부는 사석층에 의해 손상되었다. 묘지 면적은 2000여 제곱미터로, 두 번의 발굴을 통해 325제곱미터에 15기의 묘장이 그 모습을 드러냈다. 이 묘장은 "순서대로 배열되어 있었고 방향도 일치했다. 동서향 4열로 남북 평행선상에 안치되어 일정한 배치 규율을 보였다"[3]라고 한다. 부장품의 공통 특징은 옥석기를 위주로 하는 점으로, 어떤 묘에서는 옥기가 부장품 전체의 70퍼센트 이상을 차지하기도 했다.

1987년 제1차 발굴에서 묘장 4기가 발견되었는데, 묘장은 상하 두 문화층에 나누어 속해 있었다. 옥귀와 옥판이 나온 4호묘는 하층에 있었다. 이 묘는 입구가 크고 바닥이 작은 장방형의 토갱묘土坑墓로 장구葬具는 보이지 않았고 묘주는 잔골만 남아 있었다. 부장품은 138건이 나왔는데, 옥기가 100건, 석기가 30건, 도기가 8건이었다.[4] 옥기는 바닥 중부中部에 집중되어 있었는데, 원래 묘주의 가슴 위에 놓여 있던 것으로 추정된다. 옥귀와 옥판은 바로 그 중앙에 위치해 있었다. 대체로 무덤 입구에 상당하는 위치에, 옥귀와 옥판보다 조금 남쪽으로 치우친 곳에는 또 대형 석부가 반듯하게 놓여 있었다.

4호묘에서 나온 도기 조각 2개를 열熱 루미네선스thermoluminescence[열석광熱釋光]연대 측정 방법으로 측정해보니, 각각 4500±500년과 4600±400년 이전으로 나왔다. 따라서 이 묘는 기원전 3000년대의 것이다.

링자탄 유적의 문화적 성질은 아직 섣불리 판단하기엔 이르다. 이미 어떤 학자는 이를 안후이성 남부 첸산현潛山縣 쉐자강薛家崗 유적을 대표로 하는 쉐자강 문화와 연결하면서 링자탄 유적과 량주 문화, 베이인양잉 문화, 다원커우 문화, 스샤 문화石峽文化, 후난湖南 북부·중부 지역과 후베이 서부 및 싼샤三峽 지역 문화와의 관계까지도 지적한 바 있다.[5] 이는 링자탄 유적이 당시 동남과 남방 여러 문화의 일부분이라는 것을 설명해준다. 다량의 옥기를 부장한 모습은 특히 량주 문화와 흡사하다.

현재, 우리는 링자탄 4호묘의 옥귀와 옥판을 전문적으로 논할 수 있게 되었다. 발굴 간보와 출토 사진을 보면,[6] 옥귀는 배갑背甲과 복갑腹甲 두 부분으로 나뉘고, 옥판은 양갑兩甲 사이에 놓여 있다. 옥귀는 회백색으로, 부드럽고 윤이 나며 형상도 거북과 아주 비슷하다. 길이 9.4센티미터, 너비 7.5센티미터, 높이 4.6센티미터다. 배갑의 양측과 복갑의 갑교甲橋[거북의 발이 나오는 부분]에는 모두 2개 작은 구멍이 있고, 배갑의 구멍 사이에는 움푹 들어가게 파놓았는데 줄을 이용해 양갑을 연결해 고정할 수 있게 했다. 다른 배갑의 전부前部 솟아오른 중심 곁에는 4개 작은 구멍이 있고 복갑의 전부에는 1개 작은 구멍이 있는데, 이들 구멍은 줄을 이용해 꿰기 위한 것이 분명하다. 대체로 그 갑부甲部에 어떤 물건을 놓아 고정하기 위한 것으로 보인다.

옥판은 방형으로 길이 11센티미터, 너비 8.2센티미터, 두께 0.2~0.4센티미터로 표면은 아주 가지런하고 아황색牙黃色을 띠고 있다. 그 세 측면에는 갈아서 순연榫緣[가장자리를 옥판의 안쪽 두께보다 얇고 좁게 갈아서 테두리를 만든 것]을 만들어놓았고, 직사각형 옥판 양쪽 짧은 변에는 각각 5개 작은 구멍을 긴 변에는 9개 작은 구멍을 파놓았는데, 두 구멍이 아주 가까이 있는 것으로 보아 원래는 8개 작은 구멍을 파려고 했던 것이 아닌가 싶다. 순연이 없는 긴 변에는 양단兩端에 각각 2개 작은 구멍이 있다. 옥판의 정면에는 복잡한 도문이 새겨져 있다. 그 중심에는 작은 원이 새겨져 있는데 그 안에는 팔각 별 모양이 그려져 있다. 그 밖에는 또 큰 원이 새겨져 있는데, 직선으로 정확히 8등분되어 있고, 그 가운데에는 잎사귀 문양의 화살 장식이 있다. 큰 원의 바깥에는 네 방향으로 잎사귀 문양의 화살 장식이 옥판의 네 모서리를 가리키고 있다(도판 10).

소위 옥판의 순연은 옥의 가장자리를 갈아 0.4센티미터 너비로 만든 것

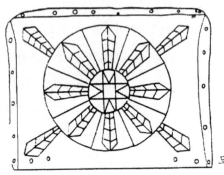

도판 10

의고시대를 걸어 나오며

으로, 판의 두께보다 약 0.2센티미터 더 얇고 그 위에는 구멍이 뚫어져 있다. 이러한 기법은 량주 문화 옥기 중 관상식에서 자주 보인다. 예컨대, 저장 위항 판산 15·16호 묘 누공 관상식, 17호 묘 도철문 관상식, 그 아래 측에는 또 이와 유사한 순연이 있고 각각 3~5개 작은 구멍이 뚫려 있다. 판산의 발굴자는 이 순연의 일정하게 뚫린 작은 구멍에 대해 "그냥 끼워 넣을 수도 있고 주물에 고정할 수도 있다. 원래는 어떤 나무로 된 물체 끝에 연결했던 것으로 보인다"[7]라고 했다. 이것으로 유추해보면, 링자탄 옥판은 본래 3면이 나무로 된 문테框에 끼워져 있었던 것으로 보인다. 순연이 없는 모서리의 작은 구멍은 술이나 꿴 구슬 등을 묶어서 늘어뜨리려는 용도가 아니었나 생각된다.

옥귀와 옥판의 중요성은 그것이 놓였던 위치를 통해서도 알 수 있다. 복잡하면서도 자세한 옥판의 도문은 분명 특수한 의의를 지녔을 것이다. 따라서 일반적인 장식 문양을 가지고 옥판의 도문을 설명할 수 없다. 옥판과 옥귀의 결합은 우연이라고 말하기 어렵다. 사실 이는 아주 드물게 보이는 사례로써, 그 결합이 국내외 학자들의 분분한 토론을 불러일으킨 것은 어쩌면 당연하다 할 수 있다.

『사기』「귀책열전龜策列傳」에 다음과 같은 내용이 있다. "예로부터 성스러운 왕이 장차 나라를 세우고 명을 받으며 사업을 일으킬 때, 어찌 복서의 도움을 귀히 여기지 않았겠는가? 요순唐虞 이전은 기록할 수 없으나, 하·상·주 삼대가 흥기한 이후에 대해서는 각기 경사스럽고 복스러운 조짐을 예로 들 수 있다. 도산塗山에서의 조짐[하나라 시조 우가 도산씨塗山氏의 딸과 결혼한 것에 대해 점친 것이 길하게 나온 조짐]으로 하계夏啓가 세습했고, 비연飛燕[상 시조 설契

의 어머니 간적簡狄이 제비의 알을 먹고 잉태한 일]의 점복이 길한 까닭에 은이 흥했으며, 백곡百穀[주나라 시조 후직이 어려서 농사일을 좋아해 온갖 곡식을 심은 일]의 시초점이 길한 까닭에 주가 왕 노릇 할 수 있었다. 왕자는 여러 의심된 일을 결정할 때, 복서를 참조하고, 시초점과 거북점著龜으로 결단하니, 이는 바뀌지 않은 도이다."8 여기서 말하는 '복卜'은 귀갑을 불로 지지는 점술 방법으로, 거북에게 영이함이 깃들어 있다는 중국 신앙의 기원이 아주 오래되었음을 알 수 있게 한다. 링자탄 옥귀의 발견은 바로 이런 맥락의 새로운 증거인 것이다.

위웨이차오兪偉超 선생은 「함산 링자탄 옥기와 고고학에서 정신 영역을 연구하는 문제含山凌家灘玉器和考古學中研究精神領域的問題]에서 옥귀의 사용 방식에 대해 아주 훌륭한 추론을 했다. "옥귀갑 상반과 하반에 있는 작은 구멍은 정확히 대칭된다. 그중, 배갑과 복갑 양변의 두 개씩 뚫려 있는 작은 구멍 안쪽 우묵하게 갈아놓은 곳은 한눈에 보아도 이 두 작은 구멍 사이를 줄이나 끈으로 고정하기 위해 만들었음을 알 수 있다. 그러나 이는 분명 임시방편일 뿐이다. 곧 얼마간 고정한 다음에, 또 끈을 풀어서 옥귀갑을 두 개로 분리했을 것이다. 따라서 두 옥귀갑을 합치기도 하고 분리하기도 했던 이유는 옥귀갑의 빈 공간 내에 물품을 넣었다 뺐다 할 필요가 있었기 때문일 것이다. 곧 어떤 물품을 빈 공간에 넣은 후, 사람들이 줄이나 끈으로 두 반옥귀를 묶어놓았다가, 옥귀갑 내에 어떠한 움직임이 생기게끔 한 다음에(예컨대 흔들기) 줄이나 끈을 풀고 옥귀갑을 분리해, 원래 넣어두었던 물품을 꺼내어 그것이 어떠한 상태로 변했는지를 관찰했을 것이다."9 위 선생은 이것이 바로 일종의 가장 오래된 거북점 방법이라 여겼다.

이와 같은 옥귀의 형체와 관련된 귀갑 실물은 중국 선사 문화에서 여러 차례 발견된 바 있는데, 최근에는 이를 상세하게 종합적으로 논술한 학자도 있었다.[10] 통계에 의하면, 귀갑을 부장하는 현상은 다원커우 문화 분포 지역의 남부 곧 산둥 중남부 및 장쑤 화이허강淮河 북쪽 일대에 집중된 것으로 보인다. 이런 현상은 기타 남방 혹은 남방과 가까운 지역에서도 나타난 적이 있다. 학자들이 예로 든 것을 보면, 산둥 타이안 다원커우, 장쑤 피현邳縣 류린劉林 및 다둔쯔大墩子, 산둥 옌저우兗州 왕인王因, 산둥 츠핑茌平 상좡尚莊, 허난 시촨淅川 샤왕강夏王崗, 쓰촨 우산巫山 다시大溪, 장쑤 우진武進 쓰둔寺墩 등 8개 고고 유적으로 앞의 5개는 다원커우 문화에 속하며 그 연대는 대체로 한산 링자탄 유적보다 이르다. 귀갑의 대다수는 배갑과 복갑이 함께 나오고, 갑에는 구멍이 많이 뚫려 있는데 주사朱砂를 칠한 것도 있다. 귀갑 속에는 약간의 작은 돌멩이와 골침骨針 혹은 골추骨錐가 들어 있었다. 특히 지적하고 싶은 것은 귀갑의 형체가 링자탄 옥귀와 아주 비슷하다는 점이다. 일례로, 피현 다둔쯔 44호 묘주의 배 왼쪽에 있던 귀갑은 "안에 골추 6매가 있었고, 배갑과 복갑에 구멍이 각각 4개씩 뚫려 있었는데, 사각형 모양으로 분포되어 있었다. 복갑의 한끝이 조금 마모되었고, 끈으로 맨 것으로 보이는 X형 흔적이 남아 있었다." 링자탄 복갑의 하단은 가지런하게 정리되어 있는데, 이는 미갑尾甲 부분을 잘라낸 흔적이다.

앞서 예로 든 귀갑의 연대를 보면, 어떤 것은 다원커우 문화 초기 곧 기원전 4000년대 초반으로 거슬러 올라가기도 한다. 1984년에서 1987년까지, 허난성 고고학자가 우양 자후에서 페이리강 문화에 상당하는 묘장을 발굴했는데,[11] 부장품 가운데는 작은 돌멩이가 들어 있는 귀갑도 발견되었다. 일례로, 현지 문화 유적 제2기 제344호묘 묘주의 정수리 부분에 그와 같은 귀갑 8개가 있었다. 이 유적의 C14 측정 교정 연대는 지금으로부터 7762±128년 및 7737±122년으로 나타났는데, 이는 다원커우 문화 초기보다 1000여 년 더 이른 것이다. 자후 묘장에서 출토된 것으로는 또 가공된 귀복갑龜卜甲과 배갑이 있는데, 어떤 것은 상주 갑골문과 비슷한 부호가 새겨져 있었다. 이로 미루어 귀갑에는 7000여 년 전에 이미 신비한 의미가 부여되어 있었다는 점을 알 수 있다. 거북에 대한 영험성 신앙의 기원은 이 일대 지역에서 시작된 것일 수도 있다.

우양 자후 유적은 [허난성] 사허강 가에 있었다. 사허강은 잉허강潁河으로 흘러들어간다. 전설 속에서 팔괘를 그린 복희가 도읍했던 진陳이 바로 지금의 화이양으로,[12] 사허강은 잉허 북쪽에 자리했는데 우양에서도 멀지 않다. 이 점은 또한 생각할 거리를 제공해준다.

링자탄 옥판 위의 도문은 누가 보더라도 팔괘를 연상케 한다. 이는 도문이 명확하게 팔방을 표현해내기 때문이다. 팔괘는 아주 오래전부터 팔방과 관련 있는 것으로 여겨졌다. 십익十翼의 하나인 「설괘」의 '제출호진帝出乎震[제왕이 진에서 나다]' 장은 팔괘의 방위를 아주 명확하게 열거하고 있다. 게다가 '천지정위[천지가 자리를 정한다]' 장에 의거해 팔괘를 배열해도 또 하나의 방위를 얻을 수 있는데, 이는 송유宋儒 이래로 말하는 후천後天과 선천先天 두 종류의 괘위卦位로, 『주역』을 읽은 사람이라면 모두 잘 아는 것이다.

옥판은 사각형으로 그 위에는 원이 그려져 있고, 화살 모양으로 팔방을 표현해낸다. 이는 '천원지방天圓地方[하늘은 둥글고 땅은 네모지다]'이라는 오래된 우주 관념이 나타난 것이다. 『대대예기』 「증자천원曾子天圓」 편에 다음과 같은 말이 보인다.

선거리單居離가 증자曾子에게 물었다. "하늘은 둥글고 땅은 네모지다고 하는데 진실로 그러합니까?" 증자가 답했다. "리離야! 네가 들은 것을 말하는 것이냐?" 선거리 가로되, "제가 자세히 살펴보지 못하여, 이를 감히 선생님께 여쭙는 것입니다." 증자 가로되, "하늘이 낳은 것은 상수上首이고, 땅이 낳은 것은 하수下首이다. 상수를 일러 '원圓'이라 하고, 하수를 일러 '방方'이라 한다. 진실로 하늘이 둥글고 땅이 네모지다면 〔땅의〕 네 모퉁이가 가려지지 않을 것이다. 또 이리 오거라, 내 너에게 말하겠다. 내가 일찍이 공부자께 들은 바로는 '천도天道가 원이고, 지도地道가 방이라 한다(…)'라고 하셨다."[13]

공자와 증자가 그들의 학설로 '천원지방'의 관념을 해석했지만, 실제로는 옛사람들의 보편적 인식 속에는 이미 '천원지방' 관념이 존재했다. 원형과 사각형을 서로 겹쳐놓은 것은 바로 이러한 우주 관념을 그림으로 나타낸 것이다.

이와 유사한 것으로는 원형과 사각형 그리고 선을 이용해 우주 구조를 표현한 도문圖紋인 소위 '규구문規矩紋'이 유명하다. 여기서 이 규구문을 가지고 옥판상의 도문을 대비해보아도 나쁘지 않을 것 같다.

'규구문'은 한나라 동경銅鏡에 자주 보인다. 그림 문양에 T·L·V형이 4개씩

• 　상수와 하수에 관해서는 다양한 학설이 있으므로 여기에서 번역하지 않는다. 천원지방의 사례를 확인하는 것으로 충분하기 때문이다.

포함되어 있어 서양 학자들은 이를 'TLV문紋'이라 부른다. '규구문'경鏡은 몇 가지로 분류할 수 있는데, 가장 전형적인 것은 '사신규구경四神規矩鏡'(도판 11)이다. 동경 뒷면 중앙에는 원으로 된 꼭지紐가 있고, 꼭지 아래에는 사각형의 꼭지 자리鈕座가 있는데 그 위에 12지지地支가 있다. 꼭지 자리 4면으로 T형 문양이 뻗어 있다. 그 바깥에는 큰 원이 있고 원 안쪽 둘레 위에는 4개 L형이 있어 T형을 마주 보고 있으며 또 4개 V형이 꼭지 자리의 네 모서리를 마주 보고 있다. 이 원 안쪽으로 청룡靑龍, 주작朱鳥, 백호白虎, 현무玄武 즉 사신 그림이 그려져 있다. 이러한 종류의 동경 명문銘文 가운데 사신을 거론한 것이 적지 않다.

> 상방尙方[임금이 쓰는 기물을 만드는 관청]에서 동경 만드니 나쁜 일 사라질 터, 뛰어난 장인 동경에다 고운 무늬 새겼네. 왼쪽 용 오른쪽 범 불길함 막아주고, 주작 현무는 음양에 순응하네. 부모님 길이 모시며 부귀하고 번창하여, 왕후와 같이 귀한 삶 살리라.[14]

사신은 주지하는 바와 같이 하늘의 별자리로, 각각 28수 가운데 7수씩을 포함하고 있다.(제3편 제1절에 상세하다.)

'규구문'은 한나라 때 석일구石日晷[돌로 만든 해시계]에도 보인다. 이러한 해시계는 지금까지 3개가 발견되었다. 하나는 단방端方(1861~1911)의 소장품으로 1897년 산시山西 퉈커퉈托克托(지금의 네이멍구 후허하오터呼和浩特)에서 출토된 것이고(도판 12), 두번째는 화이트W. White의 소장품으로 1932년 허난 뤄양洛陽 진춘金村에서 출토된 것이며, 마지막은 주진周進(1893~1937, 자 지무季木)의

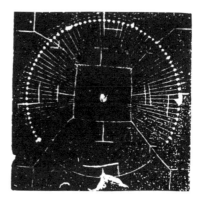

도판 11   도판 12

소장품으로 일부만 남아 있고 『거정초당한진석영居貞草堂漢晉石影』에 수록되어
있다. 이 세 석일구의 도문은 기본적으로 같다. '규구문'의 큰 원 하부에 69
개 각도刻度[눈금]가 새겨져 있고, 그 각각은 중심의 작은 원을 향해 선이 연
결되어 있어, 표간標竿의 그림자로 시간을 나타낼 수 있다. 이는 큰 원이 해
가 운행하는 하늘을 상징함을 분명하게 표명해주는 것이다. 그 V형 사이에
는 교차하는 직선이 서로 연결되어 있다.

　이 밖에, '규구문'은 또 육박희六博戱[여섯 가락의 주사위를 던져 승부를 가르
는 중국 고대 놀이] 에 쓰이는 박국博局[놀음을 하는 판]에서도 볼 수 있다. 고고
발굴로 발견된 박국은 대부분 진한 시기의 것이다. 1974년 허베이河北 핑산
平山 싼지三汲의 중산국묘中山國墓에서 출토된 돌판에 조각된 대형 박국은 기원
전 320년경의 전국시대 유물이다. 박국의 '규구문' 또한, 바둑판이 우주론
적 상징성을 가진 것처럼, '천지 구조를 상징하는 구조'다.[15]

　『문선文選』 권29 좌태충左太沖[좌사左思]의 「잡시雜詩」 주注에서는 『시자尸子』

일문佚文을 인용해 "팔극八極으로 박국을 만들었다"[16]라고 했다. 이 말의 본래 뜻은 박국에 팔극이 있다는 것이다.[17] 『시자』의 작자인 시교尸佼의 연대는 평산 산지의 박국보다 조금 이르다. 따라서 팔극은 '규구문'과 관련이 있나고 할 수 있다. 팔극이라는 말은 또 선진·한초의 고적에 몇 번 보이기도 한다. 일례로, 『순자』「해폐解蔽」에서는 "밝기는 일월과 비길 만하고 크기는 팔극에 가득차네"라 했고, 『할관자』「천칙天則」의 '팔극을 통틀어 아우르니擧以八極'의 주에서는 "팔극은 팔방의 극으로, 사방과 네 모퉁이가 이것이다"라고 했으며, 『회남자淮南子』「지형地形」 '하늘과 땅 사이에, 구주와 팔극이 있다天地之間, 九州八極'의 주에서는 "팔극은 팔방의 극이다"라고 했다.[18] 팔극은 곧 사방과 사각으로,• '규구문'의 TLV의 분포와 완전히 일치한다.

'규구문'은 또 『회남자』「천문天文」의 학설과 대비된다. 「천문」에는 다음처럼 이른다. "자子와 오午, 묘卯와 유酉는 각각 남북과 동서를 잇는 '이승二繩'이 되고, 축丑과 인寅, 진辰과 사巳, 미未와 신申, 술戌과 해亥는 각각 네 모퉁이를 잇는 '사구四鉤'가 된다. 동북쪽은 '보덕報德[음을 거쳐 양을 회복하는 덕]의 모퉁이'가 되고 서남쪽은 '배양背陽[양에서 음으로 들어가는 자리이기 때문에 양을 등진다고 한 것임]의 모퉁이'가 되며, 동남쪽은 '상양常羊[상양徜徉과 같음. 양이 성하지도 않고 쇠하지도 않으면서 서성인다는 뜻]의 모퉁이'가 되고 서북쪽은 '호통號通[서북은 건乾의 자리로 하늘의 문天門이 있기 때문에 불러서 통하게 함]의 모퉁이'가 된다."[19] '규구문'의 T를 연결하면 ✛ 자형이 나타나는데, 이는 곧 이승을 표시한 것이고, V는 축인·진사·미신·술해 등을 갈고리 형태로 연결한 것으

• 사방은 동서남북이고, 사각은 그 사이의 방위로 동북·동남·서남·서북이다.

의고시대를 걸어 나오며

로 곧 사구四鉤를 표시한 것이 된다. 다시 V형을 교차 직선으로 연결하면 석일구에 새겨진 모습과 비슷해진다. 이것이 바로 사유四維를 표시한 것이다. 따라서 이러한 도문이 TLV형을 띠는 것은 절대 우연이 아니다.

말이 나온 김에 더 이야기해보자면, '규구문'은 당나라 동경에도 나타난다. 여전히 사각형 꼭지 자리에 사신이 있으나 V형만 남아 있을 뿐이다. 이 밖에, 도교 서적에서도 그 흔적이 보인다. 일례로, 『정통도장正統道藏』에 수록된 『무상현원삼천옥당대법無上玄元三天玉堂大法』권24 「삼광본법三光本法」에 도판 13과 같은 도형이 있는데, 그 주어呪語[주문呪文]에 다음과 같은 글이 적혀 있다. "하늘은 둥글고 땅은 네모지며, 육갑신과 구황신이 계시고, 청룡은 왼쪽에, 백호는 오른쪽에 있네."[20] 이는 한나라 시기 동경의 명문과 비슷한 것으로, 당시에도 이와 같은 종류의 도형으로 천원지방을 표시했음을 알 수 있게 한다.

라오쭝이 선생은 링자탄 옥판의 도문이 방위·수리 표시와 관련 있다는 주장을 펴기도 했다.[21] 우리는 옥판의 도문과 소위 '규구문'이 일맥상통한다고 여길 수 있다. 그것이 체현하고자 했던 바는 바로 중국 원고遠古 시대로부터 이어져 내려오는 우주 관념이다. 옥판에 함축된 사상은 '규구문'처럼 풍부하고 선진적이지는 못했을 것이다. 그러나 그 기본적 구조가 이미 명확하게 구비되어 있었다는 점은 확실히 놀랄 만하다.

도판 13

이어서 다시 옥판 도문 중심에 있는 팔각성형八角星形을 살펴보자. 이 도형은 아주 특수한 면이 있다. 바로 팔방으로 각이 나 있지만, 그것이 팔방을 정확하게 가리키지는 않는다는 점이다. 이는 두 베틀 북 형태의 도상이 직각으로 중첩되어 이뤄진 것으로, 사실상 그것이 나타내는 바는 동서남북의 사방임을 쉽게 알 수 있다. 학계에는 이와 같은 팔각성형에 대한 훌륭한 수집과 연구가 있었다. 바로 『중국문화中國文化』 제2기에 수록된 왕쉬王卉의 「팔각성문과 선사 시기 직기八角星紋與史前織機」다. 이 글에서 열거한 10건의 전형적인 팔각성형이 보이는 도기는 각각 다시 문화大溪文化, 마자빈 문화馬家濱文化, 쑹쩌 문화崧澤文化, 다윈커우 문화, 량주 문화에 속하는 것으로,[22] 모두 동남과 남방의 선사 문화다.

팔각성형이 지니는 함의에 대해 고고학계는 일치된 견해를 내놓지 못하고 있었다. 이에 대해 최근 장쑤 우현吳縣 청후호澄湖에서 출토된 량주 문화 흑도관이관黑陶貫耳罐은 새로운 실마리를 제공해주었다.[23] 관罐의 복부에 새겨진 4개 부호는 왼쪽에서 오른쪽 아래로 배열되어 있는데, 첫번째 것이 바로 팔각성형 도문이다. 량주 문화의 도기[24]와 옥기[25]에 나타난 적잖은 각획 부호의 대다수가 또한 다윈커우 문화의 각획 부호와 대비된다는 점은 다들 알고 있는 바다. 이와 같은 부호가 원시 문자인지에 대해서는 현재 쟁론이 계속되고 있지만, 청후호 도관처럼 여러 부호가 배열되어 있는 경우는 아마 문자와 무관하다고 말하기 어려울 것이다. 게다가 도관 부호 가운데 상대商代 문자의 사법寫法과 일치하는 것이 많다.(량주 문화 부호는 이 도관의 부호보다 훨씬 더 많다.) 필자도 소논문에서,[26] 이 도관의 부호를 "巫戉五兪(무무오유)"로 보고 "巫鉞五禹(무월오우)"로 판독한 바 있다. 곧 다섯 쌍의 무巫가 사용한 월鉞이라는 뜻이다.(량주 문화에서 적잖은 옥월이 출토된 바 있다.)

상주 문화의 '무巫'는 ✛자형으로, '工(공)' 두 개가 직각으로 중첩되어 있는 모습이다. 『설문해자說文解字』는 '工' 자에 대해 "사람이 규구規矩를 가진 것을 본뜬 것이다. 巫(무)와 같은 뜻이다"[27]라고 했다. '巨矩(거구)' 자에 대해서는 "規矩다. 工(공)'을 구성 요소로 하고, 손으로 잡고 있는 것을 본뜬 것이다"[28]라고 했다. 서주 금문에서의 '矩' 자는 확실히 사람이 손으로 '工'을 잡고 있는 모습을 하고 있다. 이를 통해 '工'은 일종의 공구, 바로 원시적인 구矩를 형상화한 것이 분명함을 알 수 있다. 이는 훗날 곡척曲尺으로 쓰였던 구와 다르다. 『주비산경周髀算經』에 다음과 같은 말이 있다.

> "수數의 법은 둥글고 모난 데서 나왔는데, 둥근 것은 모난 데서 나왔고 모난 것은 구에서 나왔다. (…) 구를 평평하게 하여 줄을 바르게 하고, 구를 기울여서 높은 곳을 헤아리며, 구를 뒤집어서 깊이를 측량하고, 구를 눕혀서 먼 것을 알며, 구를 둘러서 원을 만들고, 구를 합쳐서 방을 만든다. 모난 것은 땅에 속하고 둥근 것은 하늘에 속하니, 하늘은 둥글고 땅은 네모지다."[29]

이 말은 구가 고대 사람들의 수리 관념 속에서 어떤 위치에 있었는지를 설명해준다.

고대 '무巫'는 '사史'와 통한다. 『주역』 「손괘巽卦」 구이九二에 '사무史巫'라는 말이 보인다. 창사 마왕두이 백서 『역전易傳』 중의 「요要」 편에는 공자의 "나는 사무와 길은 같으나 귀결점은 다르다"[30]는 말이 실려 있는데, 이 말이 가리키는 바는 서인筮人이다.[31] 실제로 당시 복卜·축祝·무巫·사史는 항상 서로 통하는 호칭이었다. 『국어』 「진어晉語」에서는 서인을 서사筮史라 했고, 『좌전』 양공

9년에서도 서인을 사史로 일컬었다. '筮(서)' 자는 본래 '巫(무)'에서 온 것이었다. 『주례』에서 대복大卜은 복서를, 대축大祝은 무축巫祝을 담당했으며, 대사大史 밑에서 천문을 담당하던 풍상씨馮相氏·보장씨保章氏가 있는데 이들 또한 모두 한곳에 배열되어 있다. 이런 상황은 결코 우연이 아니라 그것들이 같은 근원을 가진 관계임을 증명하는 것이다.

'巫(무)' 자와 글자 구조가 가장 가까운 것은 '癸(계)' 자다. 그 형태는 '十' 자로 '巫' 자와 방향만 약간 다를 뿐이다. '癸' 자는 '揆(규)' 자로 읽을 수 있는데, 도량의 뜻을 가지고 있다는 것 또한 '巫' 자와 같은 구조임을 방증한다.

위와 같은 우리의 추측이 틀리지 않다면, 링자탄 옥판의 중심에 나타난 '巫(무)' 자는 실로 아주 깊은 의의를 내포한다고 할 수 있다. 당시의 무는 천문수술天文數術에 정통하고 또 신과 교통하는 사람이었다. 『국어』 「초어楚語」에 기록된 관역보觀射父가 '무를 논한 말은 모두 잘 알고 있는 것이다.[32] 장타이옌章太炎[장빙린章炳麟]이 일찍이 "백성들이 생겨난 시초에는, 반드시 방사方士가 정사를 담당했다"[33]라고 거론한 것도 문명의 싹이 트던 시기에 이러한 인물들의 중요한 지위를 드러낸 바라 할 수 있다. 링자탄의 옥귀와 옥판의 성질도 그들의 특징과 공교롭게도 서로 부합한다.

링자탄 옥귀와 옥판과 관련해, 상술한 논리로 깊이 생각해보면, 더 많은 추론을 어렵지 않게 얻어낼 수 있다. 그러나 선사 문화에 대한 이와 같은 견해는 결국 위험을 안고 갈 수 밖에 없다. 선사시대의 신비에 대한 우리의 이해는 현재 상당히 얕은 단계에 머물러 있다. 특히 링자탄 유적은 발굴의 한계때문에 사실상 깊은 이해를 할 수가 없다. 여기에서 이야기한 바도 일종의 추측에 불과해서, 많은 학자의 논의를 기다리며 이 정도에서 글을 마친다.

홍콩 다완에서 새로 발견된
아장과 이를 둘러싼 문제

1990년 11월에서 12월까지, 중산대학 인류학박물관과 인류학계 고고교연실古教研室 및 홍콩 중문대학 중국문화연구소 중국고고예술연구중심中國考古藝術研究中心으로 구성된 고고대考古隊는 홍콩에서 세번째로 큰 난야다오南丫島[라마섬] 서안의 다완유지大灣遺址에서 발굴 작업을 하던 중,[1] 중요한 발견을 했다. 정식 발굴 보고서는 아직 발표되지 않았지만, 이미 공개된 일부 자료에 보이는, 진귀한 출토 옥기인 '아장'에 대해 개인적 관점을 제시하고자 한다.

난야다오의 고고 발굴은 아주 일찍부터 시작되었다. 1920~1930년대 홍콩대학의 영국 학자 D. J. 핀D. J. Finn과 중국 학자 천궁저陳公哲가 이곳을 조사하고 시험 발굴을 진행했다. 1933년, 핀은 다완유지 부근을 발굴하면서 채도기彩陶器를 발견한 바 있다.[2] 1989년부터 중산대학과 홍콩중문대학 및 홍콩고고학회의 학자들은 다완에서 여러 차례 고고학적 조사를 진행했다.

1990년의 발굴에서 중점을 둔 바는 바로 이곳 사추유지沙丘遺址에서 발견된 묘장군墓葬群의 정리였다.[3] 특히 주의할 것은 바로 6호묘로, 여기서 옥기가 19건이나 출토되어 발굴자들은 이 묘의 형태를 '옥렴장玉斂葬'으로 여겼다. 그 중 아주 세밀하게 제작된 '아장'은 옥기 연구계의 주목을 이끌어냈다. 이 소위 '아장'이라는 옥기는, 최근 쓰촨 광한 싼싱두이의 발견으로 적잖은 학자가 논저 혹은 학술회의에서 토론을 거듭하는 상황에서, 아장이 이 지역에서 아주 멀리 떨어진 홍콩의 섬에서 나타났다는 것은 학자들의 연구 흥미를 높여주기에 충분했다.

　'아장'이라 불리는 이 기물의 형체는, 샤나이 선생이 말한 바 있는, 일종의 단인기端刀器[끝부분에 날이 있는 기물]이다.[4] 샤 선생은 그 특징을 다음과 같이 귀납한다. "형태는 납작하고 길쭉한 도刀와 비슷하지만, 칼날이 보통 칼처럼 긴 쪽에 있지 않고 비교적 넓적한 기물 끝에 있다. 기물 끝의 날이 사선이든 직선이든 항상 조금 안쪽으로 움푹 파서 활 모양의 포물선을 만든다. 자루 부분은 방형으로 항상 작은 구멍이 뚫려 있다. 자루와 기신器身 사이에는 양측 변에 돌출된 난闌[칼밑. 칼자루와 칼날 사이에 설치해 손을 보호해주는 부분] 혹은 치형齒形 비릉[扉棱. 기물의 구획을 나눈 경계선을 도드라지게 처리한 돌기]을 발견할 수 있고, 비릉 사이에는 항상 평행 직선 무늬가 새겨져 있다.『주례』를 근거로 이를 '아장'이라 일컫는 것은 청말 오대징吳大澂의『고옥도고古玉圖考』에서다. 일본의 하야시 미나오 교수는 그것을 수집·분류했는데,[5] 이는 학자들의 연구에 참고할 가치가 있는 작업이었다. 얼마 전, 필자는『비교고고학수필比較考古學隨筆』이라는 작은 책에서 '아장'에 대해 약간 논술한 바 있다.[6] 그러나 편폭의 제한으로 상세하게 서술하지 못했고 예시도 충분히 제시하

의고시대를 걸어 나오며

지 못했다. 여기서 현재까지 출토된 것으로 알려진 자료를 근거로 아장에 대해 분석해보고자 한다.

이러한 '아장'이 출토된 최북단은 산시陝西 북쪽의 선무 스마오다.[7] 1976년 그 지역에 대한 조사를 통해 여러 옥기를 채집한 바 있는데, 그중 형체상으로 '아장'에 속하는 것을 간보에서는 '산鏟[삽]'으로 여겼다. 이는 묵옥墨玉 재질에 전단前端이 넓적하다. 그 끝을 비스듬하게 안쪽으로 움푹 파서 활모양을 만들었다. 양 끝부분은 밖으로 튀어 나와 있다. 아장의 몸체와 안쪽 손잡이가 서로 연결되는 곳 양측에는 작은 小齒(작은 이빨) 돌기된 난闌이 있고, 난의 가장자리에도 소치가 있으며, 네모 손잡이 안쪽에는 둥근 구멍이 있다. 이 '아장'은 길이가 35센티미터에 날의 너비는 8센티미터정도다.

스마오의 조사는 이 유적이 커싱좡客星莊 2기 문화 곧 산시 룽산 문화에 상당하지만, "조사에 의하면, 옥기가 석판관묘石板棺墓에서 많이 출토되었고, 도기가 출토된 토갱묘의 형체와도 다르기 때문에 신석기시대의 유물이 아니라 은殷 문화에 속하는" 것이라 한다. 이는 자연스럽게 '아장'까지도 포함되는 것이다. 그 뒤 고고학자들이 이 유적에 대해 여러 차례 재조사를 벌이면서, 1981년 시굴을 통해 석관묘 4기를 포함한 유적을 찾아냈다. 간보에서 지적한 대로 석관묘에 부장된 도기가 중원 룽산 문화와 유사하지만, 장구葬具로 쓰인 대족옹袋足瓮[자루를 엎어놓은 모양의 발이 달린 옹기]은 "네이멍구 다커우유지大口遺址 제2기 문화의 기물과 완전히 똑같지만, 다커우 제2기 문화는 옌스 얼리터우의 상대 초기 문화에 상당한다. 이는 커싱좡 2기 문화 후기에 해당한다." 그리고 타이위안太原 광서유지光社遺址에서도 이와 아주 유사한 대족옹이 발견된 적이 있는데, [산시山西] 타이위안 광서유지는 '룽산 문화 후기 혹은 상대에 가까운' 시기로 인식되고 있다. 간보에서는 석관묘가 다커우 2기 문화와 같은 시기로 여기고 있으며, 특히 옥기가 이 시대에 속한다고 했다. 이는 과거 조사의 견해를 수정한 것이다.

상술한 '아장'과 함께 발표된 아장이 하나 더 있는데, 이 또한 묵옥 재질에, 길이 30센티미터, 전단은 반듯하게 사선으로 깎여 있고, 난이 없으며, 네 모진 부분에 작은 원형 구멍이 뚫려 있다. 이 옥기의 전단 형태는 보통 '아장'의 그것과 다르다. 일단 이정도만 서술하겠다.

선무 일대에서는 과거 '아장'이 출토되었다는 소문이 있었다. 필자는 앞서 언급한 책에서 E. 구트만E. Gutmann의 소장품에 대해 서술하면서, '아장' 5건 및 난이 없는 것 1건을 사례로 들었다. 기록에 의하면, 1930년 산시陝西 Li yüfu에서 발견된 것이라 한다. 이 지점은, 필자가 이 책에서 이미 설명했듯, 위린부楡林府, Yü Lin fu의 오기로,[8] 선무는 당시에 바로 이 위린부에 속했다.

시긴 자료를 보면, 구트만이 옥기 6건은 모두 묵옥에 속하고 그 전단의 형태는 선무 스마오의 '아장'과 비슷하게 안으로 활 모양처럼 들어갔고, 내부의 잘린 면은 비교적 조잡해 깔끔하게 마감되어 있지도 않고, 기물 내부에는 모두 둥근 구멍이 뚫려 있다. 각 기물 간의 차이는 난과 치齒[이빨]의 형상에 있었는데, 아래에서 각각 나누어 설명해보겠다.

1) 길이는 약 9인치(22.86센티미터)고 전단이 비교적 넓다. 스마오의 것과 가장 비슷하다. 돌출된 난이 있으나, 난에는 치가 없고, 난 앞의 양측 두 곳에 작은 치가 세 개씩 있다. 내단內端은 아주 조잡하다.

2) 길이는 약 12인치(30.48센티미터)고 좁고 길다. 전단이 비교적 넓지만 약간 파손되어 있다. 난에 치가 없고, 난 앞 양측에 아주 작은 치가 있는데,

한쪽 측면에는 두 개가 있고 다른 쪽에는 분명치 않지만 두 개가 있는 것처럼 보인다.

3) 길이는 10인치(25.4센티미터)고 내부 상각上角이 약간 파손되었다. 비교적 넓은 난에 치가 있는데, 큰 치 두 개가 작은 치 두 개를 끼고 있다. 난 앞 양측에 각각 치가 열 지어 있는데, 세 개의 큰 치 사이사이마다 작은 치가 두 개씩 들어가 있다. 난과 치의 제작은 상당히 정밀하다.

4) 길이는 약 11인치(27.94센티미터)고 내단은 가지런하지 못하다. 난이 내부에서 비스듬하게 나온 돌기를 이루고, 난 앞 양측에 치는 없지만, 각각 세 개의 가는 선으로 구성된 직선문直線紋 두 가닥이 난 사이 및 난 조금 앞의 기부基部에 새겨져 있다.

5) 위의 것과 길이가 같다. 난의 형태도 비슷하지만 난 앞 양측에 치가 없다. 난 사이에는 세 가닥 가는 직선 조직의 마름모형 그물 문양이 새겨져 있고, 그 앞 기부에도 같은 두 가닥 직선문이 있다. 각획刻劃이 아주 정밀하다.

6) 길이는 약 8인치(20.32센티미터)고 비교적 넓지만 짧다. 전단前端 끝이 약간 파손되었다. 난은 없고, 세 가닥 가는 선으로 구성된 마름모형 그물문과 한 가닥 직선문이 있다.

이 6건의 '아장'을 통해 산시 북부 선무 일대 지역에서 발견된 이러한 옥기 형태가 결코 단순치 않다는 것을 알 수 있는데, 어쩌면 시대적 차이를 구분할 수 있을지도 모르겠다. 이와 관련해서는 훗날의 토론을 기다린다.

산둥에서도 '아장'이 출토되었는데, 아래 두 건을 예로 들 수 있다.

1) 하이양海陽 쓰마타이司馬臺 채집.9 남쪽으로 황해黃海[서해]에서 겨우 5킬로미터 떨어진 곳이다. 간보에서는 이를 '옥월玉鉞'로 일컫는다. '묵옥으로 만

든 것으로 정밀하게 제작되었고, 밝게 빛난다'라고 했다. 길이는 27.2센티미터고, 전단은 안쪽으로 활처럼 파인 날에, 네모 난 칼자루 안에는 둥근 구멍이 뚫려 있다. 안으로부터 비스듬하게 나온 난에는 흠이 조금 있는데, 간단한 작은 '치'라 할 수 있다.

쓰마타이 유적은, 보고에 의하면, 룽산 문화와 웨스 문화 층을 포함하고 아울러 룽산 묘장도 포함하고 있다고 한다. '아장'의 문화적 성질은 아직까지 결론을 내리기 어렵다. 이 발견은 우리에게, 묵옥 '아장'이 산시 북부에서만 출토되는 것이 아님을 설명해준다. 동시에 이 옥기가 선무 일대에서 출토된 것과 아주 비슷하다는 점에도 십분 주의할 필요가 있다.

2) 린이臨沂 다판좡大范莊 출토.[10] 자세한 것은 분명치 않다. 형체는, 선도線圖[선으로 나타낸 그림]를 통해 볼 때, 비교적 넓고 짧으며 전후가 서로 같다. 네모꼴 손잡이 안에는 둥근 구멍이 뚫려 있고, 아래 측에는 작은 난이 돌기되어 있는데, 이는 하이양 쓰마타이의 것과 많이 다르다. 시간적으로는 '대략 룽산 문화 시기에 상당'하다고 한다.

이상 산시陝西 북부와 산둥에서 출토된 것을 종합해보면, 린이 다판좡 것이 가장 질박하고, 선무 일대와 하이양 쓰마타이 것이 비교적 발달된 난과 치 및 문식 등을 갖추었는데, 이는 연대적 차이를 나타내는 것인지도 모른다.

허난성 옌스 얼리터우 유적에서 출토된 몇 건의 '아장' 가운데 가장 주목을 끄는 것은 1975년 여름에 발견된 아장이다.[11] 함께 출토된 것으로 보이는 청동작靑銅爵[청동 술잔]의 시대 구분에 대해, 필자는 소논문에서 얼리터우 문화 작의 Ⅲ식으로 여겼다. 같은 형식의 작의 연대를 통해, 이 시기를 얼리터우 4기로 볼 수 있다.[12] 이 '아장'은 길이 48.1센티미터, 너비 7.8센티미터, 좁고 길면서 균형 잡힌 형태다. 원래는 청회색이었지만 현재는 회백색을 띠고, 갈색·녹색·분홍색 등의 반점이 있는데[13] 아주 아름답다. 이 '아장'의 공예는 정밀하고, 가지런하게 정리된 네모꼴 손잡이 부분에는 작은 둥근 구멍이 뚫려 있다. 아장의 기부에는 2개 '난'이 있는데, 모두 치가 있고, 뒷면의 난은 내부를 향해 돌출되어 있다. 난간欄間과 2개 난 사이에는 모두 3개 돌출된 선이 직선문을 구성하고 있다.

1980년 얼리터우 유지에서 발굴된 VM3 묘에서 '아장' 2개가 출토되었다.[14] 이 묘는 얼리터우 3기에 속한다. 두 기물은 평면도로 볼 때 무덤 중간에 반대 방향으로 놓여 있었다. '아장'은 모두 청회색으로 [갈아서 빛을 낸] 마광磨光이 있었지만 문양은 없었다. 아장 하나는 길이 약 54센티미터에 너비 14.8센티미터로 난 두 개가 있는데, 뒤의 것은 약간 안쪽으로 튀어 나온 치가 있지만 앞의 것은 형태가 분명치 않다. 두 곳의 난 사이에는 두 조組의 소치가 2개씩 있다. 재미있는 것은 이 '아장'의 한쪽 면 위쪽에 원형의 녹송석 조각이 상감되어 있다는 점이다. 다른 하나는 길이 48.1센티미터로 앞에 것에 비해 크기가 작지만, 또한 난 2개가 있다. 난 위에는 모두 치가 있는데, 뒤쪽의 것은 안쪽으로 돌출되어 있었고 앞쪽의 것은 앞으로 돌출되어 있다. 난 두 곳에도 소치 한 조가 있는데 모두 2개씩이다.

상술한 얼리터우의 세 기물은 분명 선무 일대와 하이양 쓰마타이에서 나온 기물보다 발전된 것이다. 그 형체와 문식은 선무 일대의 것을 계승한 것으로 보이지만 재질은 다르다. 1975년 여름에 발견된 것은 제작 공예에서 가장 발전된 것이다.

얼리터우 시기의 조금 더 발전된 '아장'이 1958년 허난 정저우 양좡楊莊에서 출토되었다.[15] 보도에 의하면 "이 옥장玉璋은 담청색으로, 후부後部가 약간 잔결殘缺[깎이거나 이지러져서 온전한 형태가 아님]되었고 전부前部는 기울어진 삽의 형태를 하고 있다. 후변後邊에는 삐드렁니 모양의 동물 문식飛板牙狀獸形文飾이 조각되어 있고(난과 치를 가리킨다), 아울러 주사가 칠해져 있지만, 후부에만 작은 흔적이 보존되어 있고 다른 부분의 붉은색은 이미 날아가버렸다. 후부의 자루를 댄 곳에 있는 둥근 구멍은 끈으로 꿰기 위한 것이다. 전체 길이 66센티미터, 너비 13센티미터, 두께 0.4센티미터다"라고 한다. 이 기물은 특히 긴데, 형태가 길쭉하고, 전단은 넓적하고, 양측에는 안으로 움푹 파인 곡선이 있으며 내단은 기울어져 있어 선무 일대의 표본과 비슷하지만 얼리터우의 것과는 다르다. 그러나 난이 두 곳에 있는 점과 그 사이에 작은 이빨이 있는 점은 얼리터우의 것과 분명히 일맥상통한다. 그 시대는 상商 전기의 얼리강기로 보는 것이 적절하다.

은허에서 발견된 '아장' 가운데 유일하게 거론할 수 있는 것은 부호묘에서 나온 '아장' 파편으로, 보고에서는 이를 'Ⅲ식 옥규玉圭'라 했다.[16] 색깔은 묵녹색墨綠色이고, "하단은 잘려나갔으며 상단은 활 모양으로 움푹 파여 있고, 날이 있다"라고 한다. 또 아울러 "형태는 '염규琰圭[옥으로 만든, 좌우대칭의 길쭉한 홀의 일종]'와 비슷하다"라고 한다. 샤나이 선생과 하야시 미나오 교수는 모두 이것을 '아장'의 파편으로 여겼다.[17] 이 기물의 전단이 경사지지 않은 것은 분명 특색 있는 것이지만 그 후부가 잘려나가서 상세한 토론을 진행할 수 없다. 그러나 은허기(또는 그보다 더 늦은) 금문 중에 분명 이러한 종류의 옥기와 비슷한 글자가 나타난다.[18]

은허기에 상당하는 더 많은 실물 자료를 찾는다면, 쓰촨 광한의 싼싱두이 유지의 발견을 이야기해야 한다.

싼싱두이 유적이 처음으로 사람들의 관심을 받은 것은 1931년(일설에는 1929년)으로, 당시 옌다오청燕道誠이라는 농민이 도랑 바닥에서 옥석기가 들어 있는 갱坑을 발견했다. 크고 작은 석벽石璧 및 규圭·장璋·종琮·부斧 등이 300~400여 건 발견되었다. 여기서 발견된 '아장'이 모두 몇 개인지는 현재 정확히 알 수 없다. 당시에 출토된 것이라 확정할 수 있는 '아장'으로는 정더쿤鄭德坤 선생과 평한지馮漢驥 선생 등이 소개한 사진에 보이는 것뿐이다.[19] 쓰촨대학 박물관 학자의 도움을 받아, 개인적으로 여기에 소장된 실물을 관찰한 적이 있었다. 사진에 보이는 대로 말하자면, 길고 가는 것과 짧고 넓은 두 유형이 있는데, 모두 난이 두 곳이 있었고, 뒤쪽은 내부內部로 기울어져(선무 일대의 것과 비교적 비슷한) 나와 있으며, 난 위에는 치가 있는데 앞의 것은 비교적 간단하고, 두 난 사이에 두 조의 소치가 있는데 치가 두 개씩이었다. 이러한 형체는 얼리터우와 양쯔의 '아장'과 비슷하다. 그러나 짧고 넓은 형태의 것은 그 독자적인 특색을 띤다. 내단이 약간 기울어진 것은 양쯔의 것과 비슷하다.

상술한 길고 가는 것은 자회갈색연옥紫灰褐色軟玉이라 하는데, 길이가 56.1센티미터이며, 중원에서 출토된 것과 비교해도 결코 손색이 없다.

1986년 싼싱두이에서 기물갱 2개가 발견되었다.[20] 1호갱은 은허 초기에 상당하고 2호갱은 은허 후기에 상당한다. 여기서 모두 '아장'이 출토되었는데 그 형체는 다양했다. 1호갱에서 나온 것을 간보에서는 A~D의 4개 형태로 분류했다. A형과 B형의 양측에는 날이 있고, 아울러 한 측으로 휘어져 있으며, 기첨이 있지만 옥과玉戈[옥으로 만든 창]에 가깝다. B형 기물 가운데 하나에는 전형적인 '아장'이 새겨져 있는데, 이것으로 '아장'의 기능을 대신했을 가능성을 설명해주는 것 같지만, 연구를 조금 더 지켜봐야 한다. D형의 전단에는 기첨이 없다. A~D형 가운데 C형만 확실하게 '아장'에 속한다. 간보에 실린 표본은 길이 24.8센티미터에, 전단에는 V자형 기첨이 있다. 그 양끝兩尖은 평평하고 경사지지 않았으며, 몸체가 짧지만 안이 길고, 난이 두 곳이 있는데, 뒤의 난에는 내부로 돌출되어 있는 치가 하나 있고 앞의 난은 대략 간단하다. 두 난 사이에는 치가 두 조 있는데, 돌기된 가는 선으로 구성된 직선문으로 장식되어 있다. 이러한 장식은 얼리터우에서 1975년에 발견된 '아장'과 관련되어 있음을 쉽게 알 수 있다.

간보는 2호갱에서 나온 것을 A~C형으로 분류했는데 모두 V자형의 기첨이 있다. 그 형태는 길고 가는데, 두 곳의 난은 모두 이미 퇴화되어 있으며 어떤 난은 권운卷雲[새털구름] 형태로 변했다. 두 난 사이의 소치는 조組를 나누기 않고 열 지어 있다. 이는 모두 비교적 연대가 늦은 기물에서 나타나는 것이다. 평평하고 곧게 경사진 날의 단인기(간보에서는 '석변장石邊璋'이라 일렀다) 위에 도상이 새겨져 있는데, 그중 언덕(혹 총묘冢墓?)형 도상을 볼 수 있다. 양쪽에는 기첨의 '아장'형이 있는데, 수직으로 놓인 모양이며 중간에 갈고리 모양의 물건이 있었다. 이는 이러한 옥기의 의례儀禮적 역할을 나타낸 것 같다.

이상의 서술에 따르면, 옌다오청이 1931년에 발견한 '아장'은 싼싱두이 1호갱에서 나온 것과 비교적 비슷해 보이고, 1호갱보다 조금 더 이른 시기의 것일 수도 있다.

동남 지역에서 출토된 것으로는 푸젠福建 장푸漳浦 메이리眉力의 기물을 예로 들 수 있다. 보도에서는 석과石戈라 했다.[21] 이 기물의 전단이 이미 잘려나가서 그 형체가 분명치 않지만, 전체적 기형器形으로 볼 때, '아장'이 분명해 보인다.[22] 이 옥기는 길고 가는 형태로, 전단이 약간 넓적하고, 난이 두 곳이 있는데, 뒤의 것은 치가 있으며, 두 난 사이에 내단으로 기울어진 두 치로 구성된 소치 1조가 있다. 이 모두 정저우 양좡에서 출토된 것과 가깝고, 광한에서 1931년에 발견된 길고 가는 것과도 비슷하다. 장푸 메이리의 이 '아장'은 탄스산曇石山 상층 유형에 속하는 것으로, 탄스산 중층 모려牡蠣 표본의 C14 교정 연대가 기원전 1324±155년이어서 시간적으로 이보다 조금 늦을 것이다.[23] 따라서 이 '아장'의 연대는 그렇게 늦지 않다. 탄스산 상층 유적이 상대 초기에 상당한다는 펑스판彭適凡[24] 선생의 계산은 중요하게 생각해야 하는 견해다.

이처럼 각지의 '아장'은 대략 세 유형으로 나누어 볼 수 있다. 제1유형은 산둥 린이 다판좡, 하이양 쓰마타이와 산시 북부 선무 일대에서 출토된 것으로, 난이 없거나 한 곳에만 있고, 치와 문식이 비교적 간단하다. 다판좡의 것이 가장 이르고, 선무 일대의 것이 비교적 발전된 사례. 제2유형은 옌스 얼리터우, 정저우 양좡, 광한에서 1931년에 출토된 것과 장푸 메이리에서 출토된 것으로, 두 곳에 난이 있고 치와 문식이 복잡하다. 제3유형은 광한 싼싱두이 두 기물갱에서 발견된 것으로, 전단의 날이 변했으나 난은 여전히 두 곳에 있다. 1호갱에서 나온 것의 치와 문식은 제2유형의 것을 그대로 지니고 있지만, 2호갱에서 출토된 것은 많이 변형되었다. 은허 부호묘에서 나온 파편은, 날의 형태가 변했지만 제3유형으로 귀속할 수 있다. 이상의 세 유형은 연대 순서에 따른 것 같기도 하다. 제1유형은 룽산 후기에서 조금 더 늦은 시기까지 말기까지, 제2유형은 하대에서 상대 초기까지, 제3유형은 상대 후기다 이는 지역적 차이 등을 고려하지 않은 일종의 아주 부정확한 추측에 불과하지만 참고 정도는 할 만하다. 이러한 유형 분류를 따라 다시 홍콩 난야다오 다완에서 발견된 것을 살펴보도록 하자.

다완 6호묘에서 나온 '아장'[25]은 길이 21.7센티미터에 너비 4.6센티미터고, 회백색을 띠며, 경사진 전단은 활 모양으로 움푹 파여 있고, 약간 넓적하며, 내부는 사각지고, 구멍은 없다. 두 곳에 있는 난 가운데, 뒤에 있는 난 위에 는 약간 내부를 향해 돌출된 치가 있고 앞에 있는 난은 간단하다. 두 난 사 이에는 소치 한 조가 있는데 치는 모두 두 개다. 이상의 난과 치의 형태는 '아장'에서 기침이 비교적 긴 쪽의 것은 분명하지만, 다른 쪽에 있는 난과 치 는 비교적 퇴화했다. 내단은 네모 반듯하다. 양단으로 쪼개져 있는 이 '아장' 은 단면 양쪽에 2개씩 뚫려 있는 구멍을 통해 끈으로 묶을 수 있었다. 출토 문물의 사진을 볼 때,[26] 이 아장이 매납瘞納[특별한 목적으로 물건을 묻음]될 때 는 분명 끈으로 잘 묶여 있었을 것이다.

다완에서 나온 이 '아장'의 형체는, 전단의 날, 난과 치 모두 옌스 얼리터 우와 정저우 양창 등에서 출토된 것과 비슷하다. 따라서 제2유형으로 귀속 할 수 있다. 다만 난과 치의 구조가 비교적 간화되어 있다는 것이 특징적이 다. 이는 제3유형과도 구별되는 상당히 두드러지는 특징이다. 그런 만큼 지 역적 요소를 고려하지 않는다면, 다완 '아장'의 연대는 응당 제2유형의 범위 에 속한다고 할 수 있다. 난과 치의 간화는 연대가 비교적 늦음을 나타내는 것인지도 모른다. 그래서 이를 제2유형으로 추측하는데 적어도 은허 초기 보다는 늦지 않을 것이다.

이와 같은 연대 추정은 다완을 발굴한 학자의 견해와 아주 큰 차이를 보인다. 홍콩의 덩충鄧聰, 어우자파區家發 선생은 다완 6호묘를 제1문화층으로 귀속하면서 다음과 같이 말했다. "이는 기문도夔紋陶●를 주요 특징으로 하는 층으로 미자문도米字紋陶가 전혀 보이지 않는다. 유물은 풍부하다고 할 수 있는데, 도기는 기문이 박인拍印된 옹瓮과 관罐 외에도, 한대의 청유합개青釉盒蓋, 청유도견青釉陶犬(혹자는 양이라 한다) 등도 출토되었다. 석기石器는 사다리형 분錛과 장방형 분이 많이 보이고, 사암으로 만든 거대한 단석분段石錛도 있다. 마제磨製는 아주 깔끔한데 권력을 상징하는 예기일 수도 있다. 환環과 결玦 등의 옥질의 장식물 등도 풍부하다."[27] 논문에서는 이 문화층에서 나온 기문 조각의 열 루미네선스 연대가 지금으로부터 1900년 전이라 말하고 있다. 리궈李果, 리슈궈李秀國 두 선생은 6호묘를 포함한 11좌 묘를 "전국진한 시기의 묘장"이라 했다.[28] 이는 덩충, 어우자파 선생의 견해보다 연대적 폭이 더 크다. 여기서 가장 중요한 문제는 바로 다완 6호묘의 층위 관계다. 그러고 나서 기문도기의 시대 문제를 고려해야 한다. 이 문제들은 모두 정식 발굴 보고의 발표를 기다리고 있다.

중국은 예부터 오랫동안 옥기를 진귀하게 여겼다. 전대의 옥기는 후세까지 전해질 수도 있다. 야외 고고 작업에서 이러한 사례가 많이 발견된다. 다완 '아장'은 발견될 때 이미 수리한 흔적이 있었는데, 어쩌면 후대 사람들이 이를 전대의 유물로 여겼던 것으로 생각해볼 수 있다. 그 밖에 이 '아장'을 후세의 모방품으로 생각할 수도 있다. 그러나 다완 6호묘가 확실히 '옥렴장'

● '기문'은 기, 곧 고대 전설에 나오는 다리가 하나이며 용과 비슷한 동물의 문양을 말한다.

에 속한다는 점에 반드시 주의해야 한다. '아장'의 출현을 고립孤立으로 취급하는 것은 적절치 못하다. 링난嶺南[•]에서 6호묘와 유사한 묘장을 찾기 어렵지만, 동남부의 다른 지역에서는 오히려 이와 비교할 수 있는 묘장이 적지 않다. 6호묘의 연대를 추측할 때 '옥렴장'이라는 시대성을 결코 무시해서는 안 된다. 이 무덤의 시대를 너무 늦게 잡는 것은 아닌지에 대해서는 여전히 토론이 필요하다.

'아장'과 같은 단인기는 대부분 실제로 자루秘를 부착할 수 없고, 기물에도 자루를 부착한 흔적이 보이지 않는다. 출토 상황을 보아도(예컨대 얼리터우 VM3) 자루가 달려 있지 않았다. 이는 형체가 특수한 예기로 우연히 나타났다고 하기 보다는 전파의 결과로 볼 수밖에 없다. '아장'은 아주 광범위하게 분포되어 있다. 이미 알려진 대로 산시陝西 북부에서 자오둥膠東의 여러 문화에 이르기까지 시간적으로 아주 오랫동안 이어져 내려왔다. 홍콩 난야다오 다완의 발견은 [이 장의 시8 또는 전파와 관련해] 또 지역적으로 더욱 남쪽 지역을 추가해주었다. 현재 우리는 '아장'의 전파 경로를 서술하기 어렵지만, 이것은 고고학의 중요한 연구 과제라 믿는다.

여기에서는 다완 '아장'에 대해 몇 가지 견해와 문제에 대해서만 다루었다. 중국 고대의 옥기에 대한 탐구는 현재 막 싹이 트는 단계로 앞으로 해결해야 할 문제가 많다. 이 기물에 대한 토론이 옥기 연구의 진전을 촉진할 수 있기를 희망한다.

• 곧 오령五嶺 이남 지역. 오령은 곧 위에청링越城嶺, 두팡령都龐嶺(일설엔 제양령揭陽嶺), 멍주령萌渚嶺, 치뎬령騎田嶺, 다위령大庾嶺이다. 대체로 지금의 광시 동남부에서 광둥 동부로 이어지는 광시·광둥과 후난·장시 등의 경계선에 해당한다.

보충

1993년 여름, 「아장 및 그 문화 배경에 대한 시론試論牙璋及其文化背景」을 써서 1994년 2월 홍콩중문대학 중국문화연구소 중국고고예술연구중심이 주최한 '남중국 및 인근 지구 고문화 연구 국제회의南中國及鄰近地區古文化研究國際會議'에 제출해 회의 논문집에 게재되었다.[29] 그 논문집에는 아주 중요한 논문이 많이 수록되어 있는데, 옥아장과 관련된 재료를 광범위하게 수집해 본편의 논점을 보충할 수 있었다. 특히 베트남 북부에서 출토된 몇 건의 아장이 사람들의 주목을 끌었다. 필자는 이미 『문물천지文物天地』에 게재된 졸고 「해외방고속기」(10)에서 토론한 만큼 여기서 췌언은 않는다.

태보옥과 강한의 개발

강한江漢[창장강과 한장강 유역] 지역의 개발은 초 문화 흥기의 배경이 되었다. 『시경』「상송 은 무商頌·殷武」에서는, "날랜 저 은나라의 무사여, 분연히 형초를 치러 가네"[1]라고 노래했는데, 이는 무정 시기 중원의 세력이 이미 강한 지역에 깊이 들어와 있었음을 말해준다. 상대 말기, 초는 또 주와 밀접한 관계를 맺었다. 『사기』「주본기」의 기록에 의하면, 주 문왕 때, "태전太顚·굉요閎天·산의생散宜生·육자鬻子·신갑대부辛甲大夫의 무리가 모두 서백[곧 주 문왕]에게 가서 귀부歸附했다"[2]라고 한다. 『사기집해史記集解』에서는 유향劉向의 『별록別錄』을 인용해 "육자의 이름은 웅熊으로 초에 봉해졌다"[3]라고 했다. 「초세가楚世家」에서는 또 "육웅鬻熊의 아들이 문왕을 섬겼는데, 일찍 죽었다"라 했고, 그 증손자 "웅역熊繹은 주 성왕 때, 문왕과 무왕에게 공로를 세웠던 사람의 후사를 천거해, 웅역을 초만楚蠻에 책봉했는데, 자작과 남작의 봉토로 제후에 봉했다"라고 했다.[4] 이러한 여러 기록은 주 문왕 때부터 성왕 때에 이르기까지, 주나라의 통치가 이미 강한 지역까지 미쳤음을 설명해준다. 초는 곧 그 봉국이었다. 근대 어떤 학자들은 이 기록을 의심하면서 상주商周 왕조가 당시에 남쪽으로 강한 지역에까지 미칠 수 없었고, [주가] 초를 책봉했다는 것은 후세 사람들이 위탁한 것으로 여겼다.

이 문제에 대해 현재 고고학적 증거가 있다. 몇 년 전, 저우위안 갑골문에서 '초자楚子'라 기록된 것이 발견되었고,[5] 바오산包山 죽간 속에도 '육웅'이라는 이름이 판독되었는데,[6] 이는 『사기』의 기록을 뒷받침해주는 것이다. 어떤 문물 연구에서도 이와 관련된 새로운 실마리가 나타났다. 필자는 지금까지 주대 초기 강한 지역에 대한 경영과 관련된 가장 중요한 문물이 바로 그 유명한 태보옥과太保玉戈라 생각한다. 필자는 이 옥과를 두 차례에 걸쳐 자세하게 관찰하고서 몇 가지 논술한 적이 있지만,[7] 그렇게 상세하지 못했다. 따라서 이 글을 통해 비교적 상세하게 논해, 강한 지역 고대 역사 문화에 관심이 있는 여러 학자에게 참고 자료로 제공하고자 한다.

옥과의 발견 상황에 대해서는 팡화이징龐懷靖 선생의 언급이 가장 상세하다. "치산岐山 우쭝런武宗仁 동지가 집안에 표구된 고古기물 탁본을 한 폭 소장하고 있었다. 그 제목은 '소공옥도도召公玉刀圖'였는데, 사실은 명문이 새겨져 있는 '태보옥과'의 전체 탁본이었다. 이 옥과는 청나라 광서光緒 28년, 우쭝런의 증조부 무경정武敬亭 선생이 8국 연합군●의 침략을 피해 잠시 서안에 거

● 1900년 의화단운동 당시 의화단의 활동을 진압하고 베이징 주재 외국 공관을 보호한다는 명분으로 베이징을 점령한 8개 제국주의 열강. 러시아, 일본, 독일, 영국, 미국, 이탈리아, 오스트리아-헝가리, 프랑스 8개국의 동맹을 말한다.

주하던 자희태후慈禧太后에게 국고의 보조를 청구해, 치청岐城 서남 8리 정도 되는 류자위안劉家原에 소공사召公祠를 창건할 때 파낸 흙더미 속에서 우연히 발견된 것이다."[8] 광서 28년은 곧 1902년으로, 청말 함양령咸陽令을 지낸 양조원楊調元도 이에 대해 다음과 같이 기록했다. "오른쪽은 주 소공召公 옥도玉刀로, 기산 무경정 무재茂才가 소공사를 건립할 때 발굴한 것으로, 모두 두 개다. 길이는 둘 다 지금의 영조척營造尺으로 2척이 조금 넘고, 너비는 3촌, 하나는 명문이 없고 다른 하나는 29자의 명문이 있는데, 자루 위에 가로로 새겨져 있다."[9] 커창지柯昌濟 선생의 『금문분역편金文分域編』 권12에서는 옥과가 묘장에서 나왔는데 "다른 기물도 아주 많았지만, 모두 그 이름을 알 수 없었다. 또 금관金冠이 하나 있었다"라고 한다.

이 명문이 있는 옥과는 출토된 다음에 단방이 소유해, 『도재고옥도陶齋古玉圖』에 모본을 수록했다. 단방이 죽은 다음, 이 옥과는 1919년에 국외로 유출되어, 현재는 미국 워싱턴 프리어미술관에 소장되어 있다. 명문이 없는 옥과는 지금 그 행방을 알 수 없다. 천명자 선생이 1950년대에 쓴 『서주 동기 단대西周銅器斷代』에서 이에 대한 토론과 더불어 옥과의 국부 사진을 발표하기도 했다.[10] 최근 팡화이징 선생과 스즈롄石志廉 선생도 논문을 발표하면서 탁본(축소본)을 첨부하기도 했다.[11]

옥과의 형체는 아주 크다. 천명자 선생은 "옥과는 길이 67.4센티미터, 너비 10센티미터"라 했고, 스즈롄 선생은 탁본을 가지고 길이 66.3센티미터, 너비 9.8센티미터라 했다. 옥과는 표면에 윤기가 있고, 회백색을 띠며, 검은색 반점이 분포되어 있다. 원援[날이 있는 부위 전체]은 곧고, 상인上刃[윗날]은 약간 활 모양을 띠고 있으며, 봉첨鋒尖[날의 뾰족한 끝부분]은 약간 아래쪽으로 기울어 있고, 하인下刃[아랫날]은 곧고 길지만, 작은 결손缺損이 하나 있다. 원본 援本[날의 바탕]에는 교차된 세선문細線紋[잔금무늬]이 새겨져 있고, 원중援中[날의 가운데]에는 척脊[중앙이 볼록하게 도드라진 것]이 일어나 있으며, 또 상하 날의 가장자리를 만들었다. 난이 없고, 내朿[손잡이 속으로 박아서 고정하는 부위]는 장방형이며, 원에서 가까운 곳에 작은 둥근 구멍이 뚫려 있다. 내단은 약간 기울어져, 아래로 약간 경사진 형상을 한다. 명문은 원본 한쪽 세선문과 아주 가까운 곳에 새겨져 있는데, 모두 27자로 글자의 크기는 좁쌀처럼 작다. 명문은 두 줄인데, 첫줄에는 23자 두번째 줄에는 4자가 새겨져 있다. 판독문을 최대한 현대적 글자로 추정해보면 다음과 같다.

六月丙寅, 王在豐, 令太保省南國, 帥漢, 遂殷南, 令厲侯辟, 用鼄走百人. 유월 병인, 왕이 풍에 있을 때, 태보에게 명하여 남국을 살피게 하고, 한수를 따라 내려갔다. 마침내 남국 제후들을 조현朝見[제후들이 조정으로 가서 천자를 알현하는 의식]하게 하고 여후를 제후에 봉하여 어자와 노복 100명을 상으로 내렸다.

홍콩중문대학 양젠팡楊建芳 선생은 상대 옥과의 형체와 그 변화에 대해 연구한 적이 있다.[12] 그는 옥과의 중척中脊은 상대 중기에 처음으로 나타나 후기에 이르러 성행했다고 했다. 상대 후기 옥과의 "척은 아래 움푹 파인 두 얕은 파랑골波槽이 서로 연결되어 형성된 것으로, 척 상단은 날카롭고, 하단 양측은 움푹 얕게 들어간 형상을 띠고 있다"고 한다. 이러한 '얕은 파랑골'은 "움푹 파인 면을 가진 숫돌礪石로 반복해서 원援의 표면을 마찰한 결과로,

파랑골 앞뒤의 깊이를 일치시키는 것은 결코 쉬운 일이 아니다"라고 했다. 처명자의 글에서 태보옥과 명문은 "과 중간에 있는 13번째 글자가 긴 획에 의해 긁혀 있는 것을 통해, 먼저 명문을 새긴 다음에 문식을 새긴 것을 알 수 있다"라고 밝혔다. 부분 사진을 통해서도 볼 수 있듯, 세선문과 명문이 모두 새겨진 다음에 척의 양측에 가공이 더해져, 파랑골이 더욱 깊어졌고 중척이 더 두드러지게 되었다. 이 때문에 '國(국)' 자와 세선문의 일부가 사라지게 되었다. 이러한 가공 방법은 상대 후기의 옥과와 유사한 점에서 그 연대도 분명 비슷할 것이다.

미국 하버드대학 포그박물관Fogg Museum에도 명문이 있는 옥과가 소장되어 있다.[13] 원이 짧고 날끝이 삼각형을 띠는 것 외에는 모두 태보옥과와 자못 비슷하다. 그 원본에 교차하는 세선문이 있고 측면에 또한 명문이 한 줄 있는데, 시기적으로는 상대 말기에 속한다.[14] 이 역시 태보옥과의 연대가 주대 초기에 속함을 설명해준다.

아주 작은 옥과의 문자는 상말주초의 갑골문과 유사하다. 이러한 갑골문은 문자가 후세의 미조微雕*와 같아서 유명해졌는데, 지금까지 세 곳에서 발견되었다.

1) 은허: 1950년 쓰판모四盤磨에서 출토된 복골 하나[15]와 최근 발견된 복갑이 있다.[16] 2) 저우위안: 치산과 푸펑扶風에서 출토되었는데, 치산 펑추鳳雛에서 나온 것이 많다.[17] 3) 베이징 팡산房山 전장잉鎭江營. 펑추 복갑의 문자는 특히 작다. 어떤 복갑은 주 문왕 시기의 것으로 증명되었다.[18] 따라서 은허

● 　미니(초소형) 조각. 곧 물체에 지극히 작은 글씨나 그림을 조각하는 것 또는 그 조각물.

에서 나온 것도 상대 말기의 것으로 볼 수 있다. 전장잉 복골은 서주 초기의 지층에서 나왔다. 이 모든 것은 이렇게 작은 문자가 특정 시기 특유의 풍격이라는 것을 증명해준다. 태보옥과 또한 예외가 아니다.

옥과의 연대는 명문에 보이는 '태보'라는 말을 통해 추정할 수 있다. 태보는 주나라 삼공의 하나지만, 전래 문헌에서든 금문에서든, 서주의 태보는 모두 소공 한 사람만을 가리킨다.[19] 「상서 서尙書序」의, "소공이 보保가 되고, 주공이 사師가 되어 성왕成王을 좌우에서 도왔다"[20]는 기록을 통해, '태보'로 일컬어진 소공이 성왕을 보좌했음을 알 수 있다. 옥과는 여러 부분이 상대 말기의 특징을 그대로 이어받았다는 점을 고려해보면, 그 연대를 성왕 시대 특히 성왕 초기의 것으로 확정 지을 수 있다.

옥과 명문에 보이는 '태보'는 분명 소공이고 그 출토 지점도 아주 명확하다. 문왕이 도읍을 옮긴 후, 주원周原의 옛 땅은 주공과 소공에게 분봉되었다. 소공이 분봉 받은 봉토는 이후 소정召亭이라 불렸다. 『청일통지清一統志』에 다음처럼 기록되어 있다. "소정, 기산현岐山縣 서남에 있다. 두예의 『좌전』 주에는 '소召는 봉토로, 부풍扶風 옹현雍縣 동남쪽에 소정이 있다'라고 했다. 『수경水經』 주에는 부풍 '옹수雍水가 동쪽으로 소정의 남쪽을 지나는데, 옛 소공의 봉토'라고 했다. (…) 『괄지지括地志』에는 '소정은 기산현 서남 10리에 있다'라 했고, 『명일통지明一統志』에서는 "소공정召公亭은 현 서남 8리에 있다. 지금 이름은 소공촌召公村이다"[21]라고 했다. 옥과가 나온 류자위안劉家原이 바로 기산현 서남쪽 8리에 자리하고 있기 때문에, 팡화이징 선생은 이곳을 소정이 있던 곳으로 여겼다. 옥과가 발견된 묘장이 바로 소공과 관련 있을 수 있다. 예부터 아무런 근거 없이 이곳을 소공묘召公廟라 부르지는 않았을 것이다.

    명문은 "유월병인六月丙寅"이라는 날짜를 기록하는 것으로 시작된다. 이러한 형식은 상대 갑골문에도 이미 나타나는 것이다. 사조自組 복사 속에 비교적 많이 보이는데, 예컨대 미국 폴 싱어가 소장하고 있는 복갑의 "12월 을축일에 점을 쳤다. 무인일에 비가 오겠습니까? 14일에 비가 내렸다十二月乙丑貞曰: 戊寅其雨. 旬四日雨"[22]와 같은 것이다. 그 사례를 번거롭게 다 열거하지는 않는다. "왕재풍王在豐", 풍은 (지금의 산시성陝西省 창안 평시灃西의) 풍경豐京이다. "영태보 성남국令太保省南國", 이는 소공에게 명하여 왕조의 남토를 순시하게 한 것이다. 『좌전』 소공 9년에 기록된 주 경왕敬王의 말에 "무왕이 상나라를 멸함에 이르러 (…) 파巴·복濮·초·등鄧이 우리의 남토南土이다"[23]라고 했다. 이른바 '남국'의 대체적 범위를 알 수 있을 것이다. 성왕이 풍에 있을 때, 소공에게 명하여 남국을 살피게 한 것은 「상서 서」에 보이는 "성왕이 풍에 있을 때, 낙읍洛邑을 영건營建하고자 하여 소공을 명하여 입지 조건을 살피게 했다"[24]의 구절과 문장 구조가 같다. 「상서 서」의 '相(샹)'은 곧 명문의 '省(셩)'으로 모두 살핀다省察는 뜻이다. "솔한帥漢(솔한)", '漢(한)'은 한수漢水[한장강]를 가리킨다. '帥(솔)'은 '따르다循'라는 뜻이다. 풍경에서 남토로 가서 한수를 따라 남하한다는 것이다.

    "수은남遂殷南", '은殷'은 '은현殷見'의 뜻으로, 제후들이 모여서 왕을 조현하는 것이다. 이러한 전례典禮는 왕이 주재하는 것으로, 상주 금문에도 그 용례가 보인다.[25] 은현은 항상 사방四方으로 나누어 진행된다. 예컨대 보준保尊 보유保卣 명문에 "은동국오후殷東國五侯"라는 기록이 있는데, 곧 동토의 오등五等 제후가 조현한다는 것이다. 옥과 명문의 '은남殷南'은 곧 남국의 제후를 은현한다는 것이다. 주의할 것은 '은'의 주어가 '태보'가 아니라 '왕'이라는 점이다.

은현 전례를 거행하는 지점은 남국에 있는 것이 아니라 주의 도읍으로 생각된다. 이를 통해 알 수 있듯, 성왕이 소공에게 명하여 남국을 살피게 하면서 한수를 따라 내려가게 한 것은, 그 지역의 제후들을 소집해 왕을 조현하기 위함이었다. 당시 역사적 상황을 미루어 볼 때, 이 일은 분명 주공이 동쪽을 정벌해 삼감三監을 평정한● 이후에 발생한 것으로, 왕조의 남방 통치를 강화하기 위한 정책으로 보인다.

"영여후벽令厲侯辟""여후厲侯"는 북송 시기 효감孝感[후베이성 샤오간]에서 출토된 중치中觶(소왕 시기) 명문에 보인다. 여는, 필자가 논증한 바대로, 지금의 후베이성 수이저우隨州 이북에 있던 여국厲國이다.[26] 『일주서』「세부世俘」편에 의하면, 무왕이 주紂를 정벌하고 돌아오는 길에, 백위百韋에게 명하여 여를 정벌케 하여 승리한 바 있다. 이는 상 왕조의 여국이다. 지금 성왕이 "영여후벽"이라 했는데, "벽"은 '임금君'이라는 뜻으로,[27] 이는 주 왕조에 속하는 여후를 책봉한 것이다. 여국은 춘추 시기까지 이어지다가 초나라에 멸망되었다. 그 여국의 책봉이 바로 여기에 보이는 것이다.

"용주주백인用鼀走百人""용用"은 써 '以(이)'의 뜻이다. '주鼀'[28]는 '추騶'로 해석하는데, 말을 끄는 자御者다. '주走'는 곧 복인僕人이다. 이는 '말 끄는 자와 복인 100명으로'라는 뜻으로, 여후를 책봉하면서 어자와 복인 100명을 상으로 내린 것을 가리킨다.

소공은 남국南國과 특수한 관계를 가진다. 『여씨춘추』「음초音初」에 다음

● 　삼감의 난 곧 어린 성왕을 대신해 섭정이 된 주공이 자신의 형제들인 관숙·채숙·곽숙(삼감)과 상의 왕족 무경이 연합해 일으킨 반란을 진압한 일. 삼감은 주 무왕이 상나라의 유민을 감독·통치하기 위해 파견한 지방관을 말한다.

기록이 있다. "우禹가 순행 중에 도산씨의 딸을 만났다. 우는 아직 혼례를 올리지 않은 채로 남토를 순행했고, 도산씨의 딸은 그 몸종에 명하여 도산의 남쪽에서 우를 기다리게 했다. 도산씨의 딸이 노래를 지어 이르길, '그리운 사람을 기다리네'라고 했다. 비로소 남쪽 음악이 시작되었다. 주공과 소공이 그 풍격을 취하여 「주남周南」과 「소남召南」을 만들었다."[29] 『시경』의 「소남」이 바로 소공이 남쪽 음악의 풍격을 드러낸 것이다.

「모시 서毛詩序」의 기록을 보면 "「관저關雎」와 「인지麟趾」의 교화는 왕자의 풍風이니, 그러므로 주공에 속한다. '남南'은 북에서 남으로 교화됨을 말한다. 「작소鵲巢」 「추우騶虞」의 덕은 제후의 풍으로, 선왕께서 가르치신 것이니, 그러므로 소공에 속한다"[30]라고 했고, 모전에 이르길, "'자自'는 '부터從'이다. 북에서 남에 이르기까지는 그 교화가 기산에서 강한 지역까지 입힌 것을 이른다"[31]라고 했다. '정의正義'에 이르길, "문왕의 나라는 기주岐周로, 동북으로는 '주紂'의 도읍에 가깝고, 서북으로는 '융적戎狄'에 닿으니, 그러므로 그 풍속의 교화가 남으로 행하여졌다"[32]라고 했다.

「모시 서」에서 또 이르길, "「감당甘棠」은 소백召伯을 찬미한 것이다. 소백의 교화는 남국을 밝혔다"[33]라 했다. 전傳에 이르길 "소백, 희성, 이름은 석, 소를 봉토로 받았다. 상공上公으로서 이백二伯이 되었다. 후에 연燕에 책봉되었다. 이는 그 '백'으로서의 공적을 찬미한 것이니, 그러므로 '백'이라 일컬은 것이다"[34]라 했다. 주공과 소공을 이백으로 일컬은 것은 섬陝을 기준으로 동서로 나누어 다스리게 한 고사를 가리킨다. 『공양전』 '은공 5년' 및 『사기』 「연세가燕世家」에 의하면, 이는 바로 성왕 때의 일이다. 앞에서 인용한 문헌이 믿을 만하다면, 주나라의 영향이 문왕 때부터 이미 남으로 강한 지역에까지 미쳤을 것이다. 무왕과 성왕 때에 이르러서는 소공이 비교적 큰 역할을 했는데, 이는 태보옥과 명문의 내용과 완전히 부합한다.

따라서, 주대 초의 강한 개발은 당시에 역사적으로 중요한 키포인트였다. 문헌에 기록된 육웅이 문왕을 섬긴 일과 웅역이 초만에 책봉된 일 등은 바로 이를 배경으로 삼고 있는 것이다. 초 문화의 흥기를 연구할 때는 절대 이 부분을 간과해서는 안 된다.

신비한 고옥

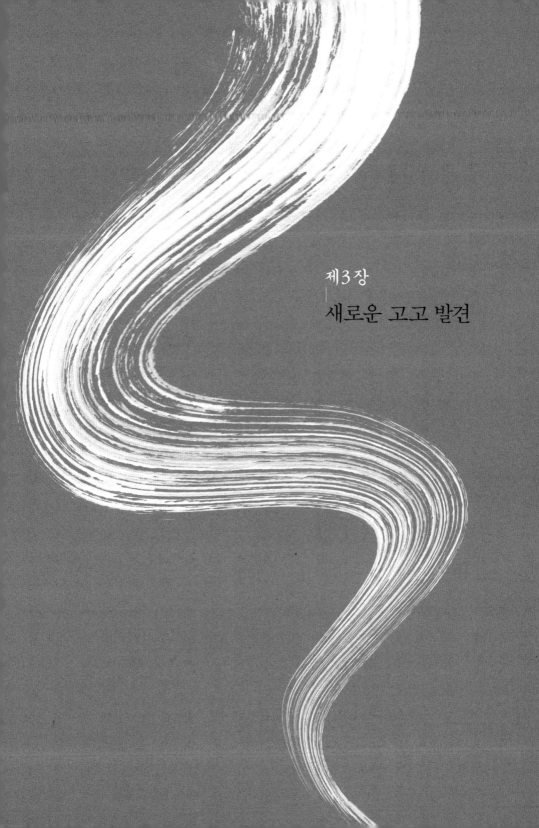

제3장

새로운 고고 발견

시수이포 용호묘龍虎墓와 사상四像의 기원

허난성 푸양 시수이포의 양사오 문화 묘장은 최근 가장 주목받는 고고학적 발견 가운데 하나라고 할 만하다. 이와 관련한 신문 보도 외에도, 발굴 가보가 고고학 기간 잡지 세 곳에서 동시에 발표되기도 했다.[1] 이는 최근 몇 년 동안 볼 수 없던 상황이다.

이 심상치 않은 묘장이 바로 시수이포 45호묘다. 시수이포 유지는 지금의 푸양 성내 서남쪽 모퉁이에 자리하고 있다. 1987년 여름에 발견되자마자 곧바로 발굴에 들어갔다. 같은 해 가을 45호 묘가 모습을 드러냈을 때, 당시 안양에서 열리고 있던 '중국은상문화국제토론회'에 참석했던 몇몇 학자가 소문을 듣고 찾아온 것은 모두 기우奇遇로 전해진다.

45호묘는 토갱수혈묘土坑竪穴墓[흙널무덤]로, 남북 길이 4.1미터 동서 너비 3.1미터다. 양사오 문화 회갱에 의해 파손되었기 때문에 그 연대는 아주 분명하다. 묘주는 장년 남자로, 유골은 묘실 가운데 있었다. 머리는 남쪽을 향하고 있었는데, 똑바로 누워서 사지를 쭉 펴고 있었다. 보도자료에 의하면, 세 사람이 순장되었는데, 각각 묘실의 동쪽, 서쪽, 북쪽의 작은 감실에 있었고, 모두 똑바로 누워서 사지를 쭉 펴고 있었다. 서쪽과 북쪽의 인순은 두 손이 모두 골반에 눌려 있었는데, 그중 하나는 12세 정도의 여자아이로 머리에 찍히고 베인 흔적이 있었으며, 다른 하나는 16세 정도의 남자아이였다. 동쪽의 인순은 뼈의 보존 상태가 좋지 않아 제대로 감정할 수 없었다.

특히 신기했던 것은, 묘주의 골격 양옆으로 방각蚌殼[조개껍데기]을 배열해 만든 도형이 있었다는 점이다. 동쪽에는 용이 서쪽에는 호랑이가 있었는데, 자못 생동감이 넘쳤다. 그 머리는 모두 북쪽을, 다리는 모두 바깥쪽을 향하고 있었다. 묘주의 다리 아래에서 약간 왼쪽으로 치우친 부분 곧 북쪽에는 또 방각을 가지고 삼각형 모양으로 배열했는데, 그 옆에서는 사람의 경골脛骨[정강이뼈] 두 개가 발견되기도 했다.

묘실과 같은 층위에서 또 방각으로 배열해 만든 다른 두 도형이 발견되기도 했다. 하나는 45호묘에서 20미터 떨어진 곳으로, 여기에서는 용과 호랑이가 엉켜 있는 모양을 하고 있는데, 그 머리는 서로 반대 방향을 향하고 있고, 그 위쪽에도 동물 도형이 둘 있다. 용의 입 앞에는 구슬 형태가 하나 있고, 윗부분의 두 동물 사이에는 석부가 하나 놓여 있었다. 여기서 또 약 20여 미터 떨어진 곳에서 또 다른 방각으로 만든 도형이 발견되었다. 이 또한 용 한 마리와 호랑이 한 마리로, 서로 머리를 반대 방향으로 향하고 있는데, 한 사람이 용을 타고 있는 모습이었다. 이 두 도형과 45호묘는 남북으로 일직선상에 배열되어 있었다.

이 양사오 문화 묘장의 현상은 아주 신기하고 독특한, 전례가 없는 놀라운 것이다. 인순의 존재, 게다가 [인순이] 상대 묘장처럼 묘실 가장자리에 묻혀 있는 것에 대해서는 이미 논문을 작성해 토론한 학자들이 있다.[2] 다만 그 층위 문제에 대해서는 의견이 분분한 만큼, 이 방면에 대해서는 계속해서 깊이 파고들어가야 한다고 생각한다. 현재 더욱 중요하게 다루어야 할 것은 45호묘 외에 그 묘실에 있던 방각 도형이 도대체 어떤 의의를 갖느냐 하는 점이다. 묘장의 모습은 당시 사람들의 사상과 의식을 반영하기 마련이다. 이에 대해 우리는 어떠한 지식을 얻을 수 있을까?

1987년 가을과 겨울을 회상해보면, 당시 직접 참관했든 사진으로 봤든, 시수이포 45호묘의 자료를 접한 사람들은 모두 자연스럽게 후세에 오랜 시간 전해져 내려온 청룡과 백호를 연상했다. 그러나 이후 신문 보도나 발굴 간보 모두 이러한 점을 언급하지 않았다. 그 원인을 생각해보면, 다음 몇 가지에서 벗어나지 않는 것 같다. 첫째, 묘실 밖에도 상이한 모양을 한 용과 호랑이 및 다른 동물의 도형이 있고, 게다가 전체 유적의 발굴이 아직 끝나지 않은 때문이다. 둘째, 적잖은 사람이 청룡과 백호 관념의 기원이 아주 늦다고 생각하기 때문이다. 심지어 "이는 진한 이후의 산물"[3]이라 여기는 학자들도 있다. 따라서 이를 선사시대로 끌어 올리는 것은 큰 모험이라 생각했을 것이다. 곧 고고 발굴 간보에서 이 문제를 회피한 일은 정확히 신중한 태도를 보인 것이라 말할 수 있다.

그러나 45호묘 방각 도형이 청룡 백호와 비슷하다는 것은 사실상 아주 분명하다. 묘실 속의 도형 및 묘주와 관련된 위치를 보면, 묘주의 머리는 남쪽을 향하고 있는데 이는 고대 사람들이 그림을 그릴 때 모두 남쪽을 위로 삼는 습속과 같은 것이다. 용이 동쪽에 있고 호랑이가 서쪽에 있는 것은 청룡과 백호의 방위에 완전히 부합한다. 묘주 다리 아래의 삼각형 방향은 정북쪽으로, 이것이 제성帝星을 대표한다고 추측해도 무방할 것이다. 이러한 도형의 구성은 결코 우연은 아닐 것이다. 상장喪葬은 주지하다시피 고대 사람들의 대사大事로, 이처럼 특수한 묘장의 묘주 또한 더욱 그러했을 것이다. 그리고 호랑이는 자연계에 자주 보이는 동물이지만, 용은 신화적 동물로 전설 속에서만 존재한다는 점을 재차 고려할 필요가 있다. 따라서 묘실 속에 배열된 용과 호랑이 도형의 사례가 하나밖에 없다고 해도, 그것은 또한 반드시 옛사람들의 일정한 사상 관념을 반영할 것이다.

문제는 청룡과 백호를 이렇게 먼 시기까지 소급할 수 있는가다.

청룡과 백호는 사상四象 중의 이상二象이다. 이른바 사상은 사유四維, 사수四獸, 사신四神 등으로도 일컬어진다. 바로 청룡(혹은 창룡蒼龍), 주조朱鳥(혹은 주작), 백호, 현무로 원래는 중국 고대 천문학의 범주에 속한다. 진한 시기에 이미 사상설이 있었다는 것은 『회남자』「천문」과 『사기』「천관서天官書」에 비교적 체계적인 기술이 있는 점에서, 모두들 알고 있듯, 이는 의심의 여지가 없는 것이다. 사상의 실질은 성수星宿의 분화다. 28수 가운데 7수를 하나의 상이 차지한다.

청룡: 角, 亢, 氐, 房, 心, 尾, 箕
주조: 井, 鬼, 柳, 星, 張, 翼, 軫
백호: 奎, 婁, 胃, 昴, 畢, 觜, 參
현무: 斗, 牛, 女, 虛, 危, 室, 壁

이는 습관적으로 사용되는 동·남·서·북 순서대로 쓴 것이지만, 28수가 원래 반시계 방향으로 배열된다는 것을 생각해보면, 그 순서는 마땅히 위와 반대가 되어야 한다. 곧 '각角'부터 '진軫'까지로, 그 순서는 청룡·현무·백호·주작이 된다.

사상의 명칭은 실제로 몇몇 전국시대 서적에 이미 나타난다. 예컨대, 『예기』「곡례 상曲禮上」에는 "행군할 때, 앞에 주조기를 세우고 뒤에 현무기를 세우며, 왼편에 청룡기를 세우고 오른편에 백호기를 두며, 초요기招搖旗를 그 위에 세운다"[4]라고 했다. 「곡례」는 유가 칠십자七十子의 후학들이 지은 것이다.[5] 『오자吳子』「치병治兵」 편에는 오기吳起가 무후武侯에게 삼군의 나아가고 멈출 때를 물으면서 "반드시 왼쪽에 청룡기, 오른쪽에 백호기, 앞쪽에 주작기, 뒤쪽에 현무기를 꽂고, 중앙에 초요기를 세워 지휘소로 삼는다"[6]라고 한 기록이 보인다. 창사 마왕두이 백서 『형덕 병刑德丙』(잠명暫名)과 장링 장자산 죽간 『게려蓋廬』에도 이와 유사한 문구가 있다.[7] 간백簡帛은 비록 한초의 것이지만 그 내용의 연대는 분명 선진 시기의 것이다.

「곡례」와 「치병」 등편에서 논한 것은 모두 고대에 군사를 쓸 때의 기치旗幟에 관한 것이다. 사상의 방위를 기치의 지표로 삼은 것은 당시 사람들이 사상에 익숙했던 것을 반영하는 것과 동시에 병가와 음양가의 사상을 나타내는 것이다. 「고공기」에도 이와 유사한 기록이 보인다. "용 그림이 있는 기龍旂의 9개 장식은 태화大火[창룡 별자리의 하나, 9개 별]를 형상화한 것이고, 매의 그림이 있는 기鳥旟의 7개 장식은 순화鶉火[주조 별자리의 하나, 7개 별]를 형상화한 것이며, 곰과 범의 그림이 있는 기熊旗의 6개 장식은 벌伐[백호 별자리의 하나, 6개 별]을 형상화한 것이고, 거북과 뱀의 그림이 있는 기熊旗의 4개 장식은 영실營室[현무 별자리의 하나, 4개 별]을 형상화한 것이다."8

「고공기」는 보통 전국시대의 것으로 여겨진다. 제나라 사람들의 손에서 나왔을지도 모른다. 글 속의 거북과 뱀龜蛇이 곧 현무이고, 곰으로 호랑이를 대체한 것은 어쩌면 지방 색채를 띤 것이라 할 수 있다. 네 기치가 나타내는 별은, 대화大火는 심수心宿에 있고, 순화는 곧 유수柳宿이며, 벌闥은 삼수參宿에 있고, 영실은 곧 실수室宿다.● 성수의 배치는, 『회남자』·『사기』의 기록과 일치한다. 다만 「고공기」에서는 대표적인 별을 선택해 취했을 뿐이다.

전국 시기 천문가들은 이미 사상에 대해 구체적으로 논술하기도 했다. 『개원점경開元占經』에서 인용한 석씨石氏(곧 석신石申), 감씨甘氏(곧 감덕甘德), 무함의 삼가三家는 모두 중외관中外官이 있는데, 그 외관外官이 가리키는 사관四官이 바로 사상四象이다. 『송중흥지宋中興志』는 석씨의 말을 인용해 "동궁東宮 청제靑帝, 그 정精은 창룡으로 칠수七宿로 이루어져 있다. 그 별에는 각角이 있고, 항亢이 있으며, 저氐가 있고, 방房이 있으며, 심心이 있고, 미尾가 있으며, 기箕가 있다. 저는 가슴이고, 방은 배이며, 기는 똥이 나오는 곳이다"라 했고, 또 "남궁南宮 적제赤帝, 그 정은 주조로 칠수로 이루어져 있다. 정井은 머리, 귀鬼는 눈, 류柳는 부리, 성星은 목, 장張은 모이주머니, 익翼은 깃촉, 진軫은 꼬리다" "북방 흑제黑帝, 그 정精은 현무, 칠수로 이루어져 있다"9라고 했다. 이는 사상이 각각 칠수를 포함하고 있다는 체계를 설명한 것으로, 당시 이미 이러한 사상이 갖춰져 있었던 것이다.

천문 삼가 가운데 석신은 위나라 사람이고, 감덕은 초나라 사람으로,10

● '심수'는 이십팔수의 다섯째 별자리, '유수'는 이십팔수의 스물넷째 별자리, '삼수'는 이십팔수의 스물한째 별자리, '실수'는 이십팔수의 열셋째 별자리를 말한다.

중원과 남방에 모두 사상설이 널리 전해진 것으로 보인다. 남방에 사상설이 있었다는 것은 『초사』를 통해서도 증명할 수 있다. 『초사』「원유遠遊」에 "현무를 불러서 속히 가자 하고"[11]라 했는데, 현무가 뒤에서 속히 달리는 것은,[12] 또한 「곡례」「치병」 등에서 말한 것과 호응한다. 오기가 만년에 초나라에 있었다는 것을 고려해보면, 「원유」의 이 구절은 어쩌면 오기의 학문과 연결 지을 수 있을지도 모른다.

전국 시기의 사상설은 이미 최근의 고고학적 발견 곧 1978년 후베이 수이현隨縣[지금의 수이저우] 레이구둔擂鼓墩 1호묘에서 출토된 칠기 상자 덮개를 통해 증명할 수 있다.[13] 상자 덮개에 칠회도형漆繪圖形이 있는데, 중앙에는 큰 '斗(두)' 자가 있고, 주위에는 28수의 이름이 빙 둘러 적혀 있다. 양측에는 용 한 마리와 호랑이 한 마리가 있고, 네 모퉁이에는 구련상勾連狀[실매듭 같은 모양이 이어지는 방식] 문식으로 장식되어 있다. 묘장의 시대는 명확해 전국 초기, 기원전 433년 즈음이다.

칠기 상자 덮개의 도상에 대해 두 가지를 지적할 필요가 있다. 첫째, 덮개 위의 28수는 반시계 방향이 아닌 그 반대로 배열되어 있다. 이는 결코 실수가 아니라 오히려 심오한 뜻을 내포하는 것이다. 이 상자 덮개는 장방형이지만 그 중간이 바깥으로 융기되어 있어서 사실상 천궁天窮의 형태를 본뜬 것이라 할 수 있다. 사람이 상자 안에 앉아서 천궁을 우러러보고 있다고 생각하면, 덮개 표면에 적힌 28수는 곧 반시계 방향으로 한 바퀴, 자연의 순서에 부합하게 된다. 둘째, 청룡과 백호의 위치를 28수와 대응해보면 도상 속에서 용의 머리는 남쪽을, 호랑이의 머리는 북쪽을 향하게 된다. 이는 후세에서 용과 호랑이의 머리가 모두 남쪽을 향하는 것과 다르다. 말이 나온 김에

의고시대를 걸어 나오며

한 마디 더 해보면, 한대 동경에서 청룡과 백호의 머리 방향이 모두 남쪽을 향하는 것만은 아니라는 것이다.

앞서 인용한 석신의 말은 우리에게 아주 중요한 것을 시사해준다. 곧 28수의 이름 하나하나가 사상과 직접적으로 연관된다는 것이다. 예컨대, 청룡에 속하는 칠수 가운데 최소한 각角, 항亢, 심心, 미尾의 네 가지는 용의 신체적 명칭이 분명하다. 주조에 속하는 칠수 가운데 유柳와 익翼이 또한 그러하다. 유수는 분명 주조에 속하기 때문에 이를 '주咪'라고도 일컫는 것이다. 『이아爾雅』 「석천釋天」에서 주咪는 "유柳를 일컫는다. 유는 순화다"[14]라고 했다. 주는 『설문해자』에 의하면 새의 주둥이로, 곽박은 「석천」의 주에서 "주咪, 주조의 주둥이다"[15]라고 했다. 그것을 또 순화라 일컫은 것은, 고대 사람들이 적봉赤鳳을 순鶉이라 일컬었기 때문이다.[16] 따라서 주조에 상당하는 '남방의 삼차三次를 순수鶉首, 순화, 순미鶉尾라 말한다'"[17]라고 했는데, 이 명명법만 보더라도 [순화는] 주조와 불가분의 관계에 있음을 알 수 있다.

『좌전』 희공 5년, 진晉나라 복언卜偃(곧 곽언郭偃)의 말, "동요童謠에 이르길, '병자일 새벽, 용미龍尾가 해에 엎드릴 때, 군복을 성하게 갖추어 입고, 괵虢의 기를 취하는구나. 순화가 큰 새 모양을 하고, 천책天策이 빛을 잃을 때, 순화가 남쪽에 나타나면 군사가 이루어지리니 괵공虢公이 달아나리라'"[18]라고 했는데, 이 말 속에 용미는 곧 미수이고, 순화는 곧 유수로, 각 별이 사상의 부분을 이룬다는 관념이 당시에 존재했을 뿐만 아니라 동요에도 보일 정도로 사람들이 그 관념을 다 알고 있었다는 것이다. 곽언은 당시 복대부卜大夫를 맡고 있었는데, 복서와 천문이 모두 수술數術에 속하는 만큼, 그가 천문에 정통한 것은 아주 자연스럽다.

새로운 고고 발견

『좌전』양공 9년, 진晉 사약士弱의 말을 보면 "옛날에 화정火正[불을 맡은 관리]은 혹은 심수 방향에서 천자의 제사를 돕기도 했고, 혹은 유수 방향에서 천자의 제사를 돕기도 했는데, 화성의 운행이 이 두 별의 움직임을 보고 불의 출납을 정했습니다. 그래서 유수味를 순화라 했고, 심心을 대화라 한 것입니다"[19]라고 했다. 또한 주味와 심心의 명칭을 거론하는 것을 통해, 춘추시대에 분명히 사상의 관념이 있었음을 충분히 증명할 수 있다.

『국어』「주어 하周語下」에 주 영주구伶州鳩가 이르길, "옛날 무왕께서 은나라를 칠 적에 세성歲星[목성]이 순화에 있었고, 월月은 천사天駟[천자의 말天馬과 수레를 맡은 별]에 있었고, 일日은 석목析木[12성차星次의 하나. 12지支로는 인寅에 해당하고 중국에서는 요동 일대를 가리킴]의 진津에 있었고, 진辰은 두병斗柄[북두칠성 자루별]에 있었고, 성星은 천원天黿[12성차의 하나. 12지로는 자子에 해당하고 중국에서는 산동 일대를 가리킴]에 있었다"[20]라고 했다. 이를 통해 순화라는 이름이 주초에 이미 존재했음을 알 수 있다. 『이아』「석천」에 이르길, "천사는 방房이다"[21]라고 했고, 곽박은 주석에서 "용은 천마이니, 그러므로 방의 네 별을 천사라 한 것이다"[22]라고 했다. 곽박의 설은 근거가 있는 것으로, 방수房宿[이십팔수의 넷째 별자리]를 천사라 일컫는 것도 이 별이 청룡의 범위에 있기 때문이다.

지금까지의 자료는 28수의 일부가 사상의 부위에서 그 이름을 얻었음을 논증해준다. 따라서 28수의 형성은 사상보다 늦다고 추론할 수 있다. 가오루高魯는 『성상통전星象統箋』에서 삼원三垣 → 사유(곧 사상) → 28수의 발전 순서를 주장한 바 있다. 그중 삼원의 기원이 아주 늦다는 것은 이미 학자들에 의해 지적된 바 있다.[23] 그러나 사상이 28수보다 앞선다는 것은 사실에 부합한다. 이는 어렵지 않게 이해할 수 있다. 상고시대 사람들이 별이 총총한 하늘을 우러러보면서, 여러 별을 묶어 별자리로 구분하고 아울러 사람과 사물 또는 신화적 형상을 거기에 부여하는 일은 세계 공통적으로 나타나는 것이다. 중국은 사계절이 분명한 자연적 조건을 가져왔던 만큼 아주 일찍부터 사상관념이 생겨났을 가능성이 충분하다.

우리는 또 『상서』 「요전」과 갑골각사甲骨刻辭[소 견갑골, 거북이 등뼈 등에 새겨진 복사]의 사방풍의 이름을 가지고 그 연원의 유구함을 발견할 수 있다. 여기에 서술된 사중성四中星은 최근 학자들의 추산에 근거해볼 때 요순 시기와 대체적으로 부합하는데, 한 천문학사 저작은 "그 상하한上下限은 지금으로부터 3600년에서 4100년 사이다"[24]라고 추측한다. 이는 그것이 형성되기 시작한 연대라고 했다. 사중성은, 다들 알다시피, 사상과 대응관계에 있다. 따라서 천준구이陳遵嬀 선생은 「요전」의 "춘분은 남방의 '조성鳥星'에 맞추고, 하지는 동방의 화성火星에 맞추고, 추분은 북방의 허성虛星에 맞추고, 동지는 서방의 묘성昴星에 맞춘다. 이는 사상으로 사시四時의 방위를 정하는 것과 사시의 별을 측량하는 것이 아주 유구한 유래를 갖고 있음을 설명해준다"[25]라고 말한다.

현재 발견된 시수이포 45호묘는 선사 시기 말엽에 이미 사상이 있었을 가능성이 혹은 최소한 여기에 대응되는 용과 호랑이는 있었을 가능성이 없지 않음을 보여준다.

사상은 고대로부터 계속해서 신화적 색채를 띠었다. 이는 단순히 별자리를 나눈 것만이 결코 아니다. 사상이 기실 사령四靈[용龍, 봉鳳, 호랑이虎, 거북이龜]인데, 이것이 장례와 관련된 점은 혼령 승천 사상과 유관하다. 중국 고대의 전통 사상에서, 혼魂은 하늘로 올라가고, 백魄은 땅에 감추어진다. 이러한 관점은 아주 이른 시기까지 거슬러 올라갈 수 있다. 주 목왕 때 채공祭公이 말하길, "모보謀父의 병은 이미 고칠 수 없게 되었습니다. 제 몸은 비록 여기 있지만, 제 혼은 하늘의 소왕昭王이 계신 곳에 있습니다"[26]라고 한 것이 바로 이 관점을 대표하는 전형적인 사례다.[27] 갑골문 속에도 이와 같은 관점이 반영되어 있지만 여기서는 상세히 논하지 않겠다.

한대 동경의 명문에 이르길, "태산에 올라 선인을 뵙고, 옥영玉英[옥의 정기]을 먹고, 예천醴泉[중국에서 태평할 때에 단물이 솟는다고 하는 샘 또는 그 물]을 마시며, 교룡蛟龍을 몰고 부운浮雲에 오르네, 백호가 인도하니 곧 하늘로 올라가네"[28]라고 했다. 이는 신선가神仙家의 말로, [죽은 사람의 혼이] 하늘에 올라 용을 몰면서 백호의 인도를 받는다는 것이다. 비교적 이른 시기에, 사람이 죽은 후 혼이 하늘에 오르고, 또한 용을 몰면서 혹은 그 인도를 받기도 한다는 것은, 창사 천지디 신묘陳家大山墓에서 나온 백화에 죽은 사람 위에 용한 마리와 봉 한 마리가 있는 것과, 쯔단쿠백화子彈庫帛畵에 죽은 자가 용을 몰고 다니는 것과 같다. 이 두 백화는 모두 전국시대에 속한다. 황제黃帝가 정호鼎湖에서 용을 타고 승천했다는 전설 같은 경우는 사람들에게 아주 유명한 것이다.

따라서 우리는 시수이포 45호묘 묘실의 용과 호랑이 도형을 죽은 사람의 혼이 천상으로 올라가고, 묘실 밖의 사람이 용을 타고 있는 도형이 바로 그 승천하는 과정을 표현한 것이라 과감하게 생각해도 무방할 것 같다.

고대 각 민족이 갖고 있던 자신만의 신화와 전설은 그 문물 전통을 구성하는 중요한 내용의 하나다. 이러한 신화와 전설은 보통 오랫동안 전해지면서 후세에 장기간 영향을 끼치고 생활·사상·예술 등 각 방면으로 스며드는데, 중국도 예외는 아니었다. 논리적 비약 없이 상고시대의 전설 및 그에 스며든 사상 관념을 어떻게 더 깊게 탐색할 것인가? 이는 아주 어려운 과제다. 여기서 논술한 것도 작디작은 시험적 모색에 불과할 것이다.

얼리터우 문화의
도철문 동식

적잖은 학자가 하 문화의 얼리터우 문화를 일종의 청동시대 문화로 여기고 있다. 지금까지 발견된 적잖은 얼리터우 문화의 청동기 가운데 공예적으로 가장 정교한 것은 녹송석을 상감한 도철문 동식[청동 장식]으로, 이는 당시의 청동기 발전 수준을 대표하는 것이라 말할 수 있다.

이러한 동식은 과학적 발굴을 통해 발견되었을 때부터 고고학계의 특별한 주의를 받기 시작했다. 1981년, 중국사회과학원 고고연구소 얼리터우 공작대가 얼리터우 유지 범위 내 거당터우촌圪墇頭村 서북쪽에서 무더기로 발견된 묘장을 발굴·정리했다. 그중 얼리터우 2기 후기에 속하는 4호묘에서 동식 하나가 출토되었다. 간보에 의하면, 동식은 "장원형長圓形으로 길이 14.2센티미터 너비 9.8센티미터다. 활 모양으로 가운데가 잘록한弧狀束腰 곧 신발 밑창과 비슷한 형태로, 양측에는 각각 두 개의 천공뉴穿孔鈕[구멍 뚫린 꼭지]

가 있다. 돌출된 면에는 서로 다른 모양의 많은 녹송석 조각이 배열되어 수면문(곧 도철문)을 이루고 있다. 움푹 파인 면에는 마포문麻布紋[가는 그물 형태의 천 자국 같은 문양]이 부착되어 있다"라고 한다. 동식의 원래 위치는 묘주의 가슴팍에서 약간 왼쪽으로 옮겨진 부분이다. 이 동식의 사진은 『고고考古』 1984년 제1기 도판 '사肆. 1'에 보이고, 『중국미술전집·청동기(상)中國美術全集·青銅器(上)』 '三'에도 보인다. 녹송석이 가득 상감되어서 전체적으로 푸른빛을 띠어 아주 아름답다.

1984년에 이르러, 이 공작대는 얼리터우촌 남쪽을 발굴하면서 얼리터우 4기에 속하는 11호 묘에서 또 이러한 동식을 하나 발견했다. 이것도 묘주의 가슴팍에 자리하고 있었는데, 그 형체는 1981년에 발견된 것과 대체로 같고, 길이는 16.5센티미터 너비는 11센티미터였다. 사진은 『고고』 1986년 제1기 도판 '칠柒. 1'에 보인다.

1987년, 유지 Ⅵ구의 얼리터우 4기에 속하는 57묘에서도 위와 같은 동식이 하나 출토되었다. 그 형체는 앞에 발견된 두 개와 비슷하지만, 측면 가장자리는 비교적 곧다. 길이는 15.9센티미터 너비는 8.9센티미터다. 패면牌面 누공이 특징이며, 녹송석 조각으로 세밀하고 견고하게 상감되어 있다. 도철문은 가지처럼 나뉜 뿔이 있고, 둥근 눈에 뾰족한 입, 양측에는 안으로 향한 발톱이 있다. 사진은 『고고』 1992년 제4기 도판 '일壹'에 보인다.

얼리터우 문화의 청동기 가운데는 문식이 없는 소면素面[민무늬]이 많고, 문식이 있더라도 비교적 간단하고 질박하다. 도철문 동식처럼 복잡하고 정밀한 문양에다가 녹송석으로 상감되어 있는 것은 극히 드물게 보이는 형태다. 『문물 고고작업 10년 1979~1989文物考古工作10年, 1979~1989』에서 동식에 대해 특필한 일은 당연한 것이었다(179쪽).

사실상 이렇게 아주 예술적 가치가 높은 동식은 수십 년 전에 이미 나타난 적이 있지만 국외로 유출되어 버렸다. 현재 필자의 견문에 따르면 아래의 몇 가지 사례가 있다.

미국 하버드대학 새클러박물관에 이러한 동식이 3점이 소장되어 있다. 그중 2점은 1942년에 간행된 시렌의 『중국고대미술사』 제1권에 수록되어 있다. 이와 같은 동식은 원래 그렌빌 L. 윈스럽Grenville L. Winthrop이 소장하던 것으로, 그후 포그박물관에 소장되었다가 새클러박물관이 세워지자 여기로 옮겨져 진열되게 되었다. 필자는 일찍이 이 동식들을 관찰한 바 있다. 이 두 형체와 문양은 1984년 얼리터우에서 출토된 것과 비슷하고, 치수는 1981년에 출토된 것과 비슷하다. 윈스럽의 『그렌빌 L. 윈스럽: 한 수장가의 회고 Grenville L. Winthrop: Retrospective for a Collector』에 보이는 동식은 길이 9.84센티미터다. 다른 하나는 치수가 더 크다. 동식 기강지리에 门수主首[머리 부분이 삼각형 모양으로 뾰족한 형태] 모양의 돌기가 있는 것이 특징이다.

미국의 맥스 로허Max Loehr가 1965년에 출판한 『폴 싱어 박사 소장 중국 고대 문물Relics of Ancient China from the Collection of Dr Paul Singer』에 동식 하나가 수록되어 있는데, 길이는 14센티미터고 또한 1984년에 출토된 것과 아주 비슷하다. 싱어가 소장하고 있는 다른 하나는 치수가 비교적 크고, 허리가 잘록하게 들어간 것束要도 명확하지 않으며, 문양도 다르다.

미국 로버트 J. 푸어Robert J. Poor가 1979년 출판한 『호놀룰루미술관 소장 중국 고대 청동기·도자기·옥기Ancient Chinese Bronzes, Ceramics, and Jade in the Collection of the Honolulu Academy of Arts』에도 동식 하나가 수록되어 있다. 그 형

체와 문양도 1984년 얼리터우에서 출토된 것과 유사하고, 길이 16.5센티미터 너비 8.6센티미터다.

1991년 6~7월, 영국 런던의 골동품시장에 동식 하나가 나타났는데, 길이 15.5센티미터로 그 형체와 문양 또한 1984년에 출토된 것과 같은 종류에 속한다.

이를 종합해보면, 고고학 발굴에 의해 출토된 것이든 아닌 것이든, 얼리터우 문화의 녹송석을 상감한 도철문 동식은 모두 10여 개나 된다. 동식의 공통점은 형체가 대체로 각이 둥근 장방형圓角長方形을 띠고, 위쪽 가장자리가 아래쪽보다 약간 넓으며, 좌우에 각각 두 개의 작은 계뉴繫紐[끈을 매는 꼭지]가 있고, 앞면이 돌출되어 있으며, 상감된 녹송석이 가득 들어차 도철면을 구성한다는 것이다. 계뉴의 위치를 통해 동식이 어떤 물품에 고정된 장식임을 알 수 있다. 1981년에 출토된 동식은 그 뒷면에 마포의 흔적이 있는 것으로 보아 복장에 쓰였던 것으로 추측할 수 있지만, 호놀룰루미술관의 동식은 정면에도 사직품絲織品의 흔적이 남아 있어 원래 어떤 비단으로 포장되어 있었던 것 같기도 하다. 어떻든 이와 같은 장식품은 아주 중요한 물품에 속한다.

10건의 동식 가운데 9건은 필자가 직접 유물을 관찰하거나 컬러 사진을 통해 접한 적이 있다. 동식상의 도철문 형상을 종합해보면 다음과 같은 분석을 할 수 있다.

10건 가운데 3건은 1984년 얼리터우촌 남쪽에서 출토된 것과 아주 비슷하다. 이 얼리터우 도철문의 얼굴 부위는 주둥이가 뾰족하게 나오고, 두 눈은 북꼴에 가깝고 눈동자가 돌출되게 상감되어 있다. 도철의 정수리 관冠은 도안화圖案化된 것으로, T자형을 띠고, 운문雲紋이 바탕에 깔려 있다. 이와 가장 가까운 것은 로허의 책에 수록된 싱어의 소장품으로, 도철면 옆과 관 위에 갈고리 형상의 식필飾筆이 첨가되어 있고, 관 위의 운문이 생략되어 있을 뿐이다. 런던 골동품시장에 나타난 동식은, 상감된 눈동자가 떨어져나가 있고, 도철면 옆에도 갈고리 모양의 식필이 첨가되어 있다. 새클러박물관의 비교적 작은 두 문양도 1984년에 출토된 것과 유사하지만, 그중 하나는 이마 사이에 마름모꼴菱形 곧 외국 학자들이 말하는 다이아몬드형이 들어가 있다. 이 몇 건의 동식은 서로 아주 비슷해서 모두 동일한 시기에 속하는 것으로 볼 수 있다. 곧 얼리터우 4기에 속하는 것이다.

호놀룰루미술관 소장 문양의 얼굴 부위는 위의 몇 건과 서로 같지만, 눈동자가 떨어져나갔고, 얼굴 측면에도 갈고리 모양의 식필이 더해졌다. 다른 점은 관부冠部의 구조가 높고 여러 방향으로 갈라진 뿔로 표현되어 있다는 것이다. 이는 1987년에 출토된 것과 비슷하다. 싱이기 소장한 깃 가운데 비교적 큰 문양의 관부가 이와 유사하다. 새클러박물관 소장품 가운데 비교적 큰 것을 보면, 형체에 차이가 있지만 문식은 차이가 크지 않고, 또 돌출된 눈동자를 보존하고 있다. 이 몇 건의 시기는 위의 네 건과 그리 큰 차이가 나지 않을 것이다.

따라서, 1981년에 출토된 동식이 지금까지 알려진 것 가운데 유일하게 비교적 이른 시기에 속한다. 그 형체는 1984년의 동식과 일치하지만 도철의 구조가 다르다. 그 얼굴 부위도 주둥이가 뾰족하지만, 두 눈이 원형을 띠고 있고 중권重圈[동심원을 중첩한 모양]으로 둘러쳐 있으며, 중간에 돌출된 구슬이 상감되어 있다. 관부는 높고 화려하거니와 얼굴 측면 부분까지 말려 내려온다. 이러한 특징은 1963년 산둥 르자오 량청전에서 획득한 옥분玉鈗의 문식과 비슷하다. 타이완고궁박물관에 소장된 다른 옥규도 같은 형식의 문양을 갖고 있다. 이 두 옥기는 많은 학자가 산둥 룽산 문화에 속하는 것으로 여기고 있다.

1984년 출토된 것과 이와 시기적으로 같거나 비슷한 여러 동식은 1987년에 출토된 것 외에는 도철의 두 눈이 모두 상대에 통행된 '臣(신)' 자 모양으로 추상화되는 과정 속에 있는 느낌을 준다. 다만 눈초리의 모양이 그렇게 전형적이지 않을 뿐이다. 이러한 동식의 도철문 얼굴 부위는 얼리터우 출토 도기 조각(『고고』 1965-5 도판 '叄. 10')에 새겨진 쌍신용문雙身龍紋의 두부頭部와 아주 비슷하다. 도기 조각의 용에는 뿔이 없고, 북꼴의 눈, 뾰족한 주둥이, 이마 사이에 마름모꼴이 있다. 쌍신雙身 같은 경우, 당시 습관적으로 보이는 일종의 예술적 표현 수법으로 용의 몸을 데칼코마니식對剖式으로 전개해 놓은 것이다. 이를 통해 동식상의 도철문은 실질적으로 또한 용이라는 것을 알 수 있다.

1975년 얼리터우 K4 토갱 속에서 옥병형식玉柄形飾이 출토되었는데, 거기에 부조된 도철문의 두 눈도 북꼴이다. 이 갱의 시기는 얼리터우 3기다. 이렇게 볼 때, 도철문은 룽산 문화의 형식이 상대의 형식으로 전환되는 과정의 것으로, 시기적으로 바로 얼리터우 2기와 3기 사이의 것일 가능성이 있다. 이와 같은 논점은 자연스럽게 더 많은 자료의 인증을 필요로 한다. 그러나 얼리터우 문화 동식의 문양이 룽산과 상대 도철문의 중간 고리임은 아주 분명한 것이다.

상말주초의 다천과

동과銅戈는 상주 시기 가장 일반적인 병기 종류 가운데 하나로, 아주 일찍부터 고고유형학적 방법으로 이 병기가 이렇게 변화되어있는지를 체계적으로 연구한 학자도 있다. 그들의 몇 가지 관점은 오랫동안 야외 고고와 박물관에서 유물의 시대를 판단하는 표준으로 사용되면서 상당히 큰 영향을 끼쳤다. 그러나 고고 발굴이 계속 진행되면서 더 많은 표본 자료가 쌓이게 되었고, 옛사람들의 정설에 수정을 가할 수밖에 없게 되었다. 필자는 이러한 입장을 통해 옛 학설을 살펴보면서 몇 가지 의견을 제시하고자 이 글을 쓰게 되었다.

　많은 논저에서, 은상殷商의 동과는 호胡●가 없고, 단호短胡는 서주 시기에, 장호長胡 다천과多穿戈[다수의 구멍이 있는 과]는 동주 시기에 나타나게 되었다고 한다. 이 관점은 거의 문물고고학계의 상식이 되어버렸다. 이를 고찰해보면, 이 설의 기원은 상당히 오래되었다. 예컨대, 리지 선생이 1949년에 발표한 『소둔 출토 청동기記小屯山土之靑銅器』이 「단인기鋒刃器」 편에서 "샤오툰의 구병勾兵[갈고리형 병기, 굽은 병기에는 원본援本 아래로 드리워진 호가 없다"[1]라고 했다. 그는 이듬해에 출판된 『하남 북부 출토 청동 구병 분류 도해豫北出土靑銅勾兵分類圖解』에서 같은 견해를 좀더 체계적으로 피력했다. "호의 형태는 서주에서 전국시대에 이르기까지 갈수록 가로로 길어지는 추세를 보인다."[2]

리지의 논문은 온전히 당시 발굴 성과를 기초로 한 것이라 학계의 지지를 받았다. 그는 논술을 하면서 몇 가지 개별적 예외를 이야기하기도 했는데, 예컨대 은허 허우자촹 시베이강 1003호 대묘에서 출토된 단호 일천과一穿戈 네 개로, 이 과들은 도굴되었던 갱에서 출토되었기 때문에 연구 대상에서 제외했었다. 따라서 혹자는 이 네 과는 서주시대의 묘를 도굴한 사람들이 남겨놓은 것이라 여기기도 했다.[3] 1960년에 이르러, 은허 허우강後岡 "원갱묘圓坑墓"의 보고가 『고고학보考古學報』를 통해 공포되었는데, 이천과二穿戈가 출토되었고, 또한 어떤 논저는 이를 근거로 그 시대가 은상보다 늦다고 의심하기도 했다.[4]

이 관점에 대해 처음으로 이의를 제기하고 자세히 토론한 학자가 바로 일본의 하야시 미나오다. 하야시는 『중국 은주시대의 무기中國殷周時代の武器』(1972)에서 상말에 이미 다천 동과가 있었음을 특별히 지적했다.[5] 그러나 당시에 그가 인용할 수 있었던 자료가 아직 적은 편이었다. 최근 상말주초와

• 과의 날援과 자루內 사이의 경계를 이루는 부분. 날과 자루는 거의 일직선을 이루면서 가로로 긴 나무 자루 끝에 고정한다. 과는 적을 끌어당겨 살상하는 긴 낫 모양의 무기다. 과를 세웠을 때 호胡가 마치 수염처럼 세로로 나무 자루에 고정되므로 '호鬍'라고 써야 마땅하지만, 현재 중국 간체자에서는 두 글자를 통용하므로 관례에 따라 '호胡'로 쓴다.

관련된 자료가 점차 많아지면서 학자들의 훌륭한 연구가 진행되었다. 예컨대, 천즈다陳志達 선생은 은허에서 출토된 병기에 관한 종합적 연구를 진행하면서,[6] 이 방면의 연구 양상을 바꾸었다. 현재 우리는 상주 교체기 동과의 발전에 대해 새로운 견해를 갖게 되었다.

은허의 출토품을 대표로 하는 상대 후기 동과는 먼저 공銎[동과의 자루를 끼워 고정시키는 구멍]의 존재 여부에 따라 크게 두 가지로 나눌 수 있다. 공이 없는 것은 내부內部에서 비[자루]를 낀 것으로, 삼각원三角援[삼각 모양 날]과 조형원條形援[막대 모양 날]의 두 작은 부류小類로 나눌 수 있는데, 후자는 또 난·치가 있는 것과 난·치가 없는 두 종류로 나눌 수 있다. 과의 난·치 용도는 끈을 묶어 과를 자루에 고정시키는 것이다. 따라서 치가 있고, 치가 없는 과가 있는 것이고, 그 형태의 변화가 다 똑같은 것은 아니었다.

먼저, 공이 없고, 조형원이며, 난·치가 있는 과의 변화 과정을 검토해보자.

앞서 언급한 천씨의 논문에 이미 설명되어 있듯이, 은허 초기의 치가 있는 과 중에는 창날 부위援部가 직조형直條形[곧은 막대 모양]이고, 하인[아랫날]이 일직선을 띠기도 하며, 그 창날 밑부분援基 비교적 아래쪽에 천穿이 하나가 있다. 이로써 추측해보면, 은허 문화 제4기 곧 상말에 단호 일천과가 나타났고, 이뿐 아니라 중호中胡 이천과도 나타났는데, 천씨는 이를 CI식이라 했다. 여기서 특별히 주의할 것은 '중호 이천과'의 존재로, 『은허 발굴 보고 1958~1961殷墟發掘報告, 1958~1961』에 이미 서술되어 있듯이,[7] 허우강 "원갱묘" 외에, 바이자펀서白家墳西 KBM46, 샤오툰 서지西地 GM234의 예가 있는데, 여기서 상세하게 인용하지는 않겠다.

서주 초기의 유치과有齒戈[치가 있는 과]는 바로 상말부터 계속 변화되어온 것이다. 이 단호 일천과는, 다들 알다시피, 이미 보편적이었다. 중호 이천과도 있었는데, 1985년 허난성 뤄양洛陽 중저우루中州路 북측에서 발굴된 3호·4호의 두 거마갱車馬坑에서 바로 세 점의 유치有齒 중호 이천과가 출토되었다.[8]

이를 통해, 상대 후기의 공이 없고, 조형원을 가졌으며, 난과 치가 있는 과라고 해서 모두 호가 없는 것은 아님을 알 수 있다. 사실, 상말에 이미 단호 일천과 혹은 중호 이천과가 나타났다. 과에서 호가 나타나게 된 것은 바로 상대 말기였고, 서주의 과는 이러한 발전 추세를 이어갔다. 이는 기존에 유행했던 학설에 대한 첫번째 수정이다.

이렇게 난과 치가 있는 과는 치에다 줄을 묶어서 비祕에다 쉽게 고정하기 위한 것으로, 따라서 비교적 많은 천이 필요하지 않았고 호 또한 반드시 아주 길 필요가 없었다. 단호·중호에 치가 있는 과가 상당히 오랜 기간 전해진 것도 분명 이러한 연고 때문일 것이다.

다음으로, 공이 없고, 조형원이며 난·치가 없는 과의 상황을 보자.

공이 없는 조형원과條形援戈의 최초 형태는 난·치가 없는 것으로, 수많은 석과·옥과와 같았다. 구체적 사례로는 허난성 옌스 얼리터우 유지에서 출토된 것이 있다. 다들 알다시피, 많은 학자가 얼리터우 문화를 하대에 속하는 것으로 여긴다. 이 문화의 동과는 이미 『고고』 1976년 제4기에 「옌스 얼리터우 유적에서 새로 발견된 동기와 옥기偃師二里頭遺址新發現的銅器和玉器」를 통해 소개된 바 있다. 여기에 열거된 것 가운데, 한 점은 내內가 곧고, 한 점은 내가 굽었지만, 모두 치가 없이 내에 작은 천공穿孔이 있을 뿐이었다. 또 여기에 열거되고 있는 동척銅戚 한 점에는 난과 치가 있는데, 이를 통해 당시 병기에 이미 난과 치가 나타났음을 볼 수 있다. 상대 얼리강기의 과에도 모두 치가 있다. 은허 후기 곧 상말에 이르러서야, 창날 아랫부분의 천에 끈을 묶어 비에 고정하는 방법이 나타나면서, 치가 사라지게 되었다. 까를 비에 튼튼하게 묶기 위해 원기援基의 천이 갈수록 많아지게 되면서 호도 비교적 길어지게 되었음을 어렵지 않게 이해할 수 있다.

천씨의 글에서 열거된 다천 무치과無齒戈 두 점은, 모두 『1969~1977년 은허 서구 묘장 발굴 보고1969~1977年殷墟西區墓葬發掘報告』[9]에서 인용한 것이다. 이 두 과는 모두 은허 제VI기에 속하는 것으로, 그 형태상의 특징을 보면, 원은 여전히 조형원 형태를 유지하고 있고, 원의 끝날鋒은 혀 형태의 둔탁한 원형이며, 호가 길고, 3개 혹은 4개의 천이 있다. 내는 상대적으로 작은 편이고, 문식이 있으며, 내단 하각下角이 없는데 곧 '내결內缺'이라 하는 것이다. 원과 내는 기본상 일직선이고, 비를 고정할 때, 원이 위로 들리게 되어 비와 둔각을 이루면서, 내는 아래로 기울게 된다.

은허 외에도 이와 유사한 무치과가 빌견되기도 했다. 예컨대 1957년 산둥 창칭長淸 싱푸허興復河에서 출토된 청동기 가운데,[10] 과거에 '석자손析子孫'으로 일컬었던 족씨族氏 명문이 많이 발견되었다. 이 기물은 그 기형器形 및 글자체를 고찰해보면 시기가 상말에 속한다. 이 기물들 속에서 중호 이천과가 1개 발견되었고, 장호 이천과 혹은 장호 삼천과도 4개 발견되었다. 뒤의 것의 여러 특징은 상술한 은허 서구 묘장에서 나온 두 점과 서로 비슷하다.

1963년 산둥 창산蒼山 가오야오高堯에서 발견된 일군의 청동기[11]에는 한 사람이 손에 과와 방패를 잡고 있는 모양을 한 족씨 명문이 많이 발견되었다. 그 명문에 보이는 기형과 특히 '깃털' 문양의 도철문이 나타난 것으로 보아, 그 시기는 약 상주 교체기로 보인다. 그중 장호 오천과가 하나 나왔는데, 그 내는 아주 작고 문양도 보이지 않았다. 기타 특징은 상술한 은허의 두 과와 서로 일치한다. 하야시 미나오가 이미 지적한 대로, 이 기물들의 명문에 보이는 '과'는 장호로, 함께 발견된 과의 실물과 대응한다는 점에서 이 둘은 시대적으로 서로 일치하지 않을 수 없다.

덧붙여 이야기하자면, 1974년 광시廣西 우밍武鳴 몐링勉嶺에서 발견된 상말의 유卣[주둥이는 작고 배는 큰 청동 주기酒器]에[12] 명문 한 글자가 있었다. 같이 나온 과는 그 파편을 보면 호가 긴 장호이었기 때문에 학자들은 이를 대체로 동주시대의 것으로 여겼다. 이 과는 그 탁본을 볼 때 원과 내가 호와 이루는 각도가 상술한 무치과와 유사해서 어쩌면 시대적으로 늦지 않을지도 모른다. 과의 뇌문雷紋[번개문]과 즐치문櫛齒紋[빗살문]은 지방 특색으로 볼 수 있다. 그러나 이 과는 너무 파손이 심해 현재 명확한 판단을 내리기는 어렵다.

다천의 무치과는 마찬가지로 서주 초기에 보인다. 아래 몇 가지 예를 들어보겠다.

가장 먼저 발견된 것은, 1931년 허난 쥔현濬縣 신춘辛村에서 출토된 것이다. 이와 함께 출토된 청동 병기는 모두 12건으로 현재 미국 프리어미술관에 소장되어 있다.[13] 병기 가운데 장호 이천의 무치과가 하나 있다. 내 부분이 비교적 크고 내결은 없으며, 그 나머지 특징은 상술한 몇 점과 비슷하다. 과의 내에는 문양이 있고, 날 밑부분에도 환형環形이 있는데, 이는 패貝를 상감한 것이다. 이들 병기 가운데 명문이 있는 것도 있는데, '태보'는 곧 소공석召公奭이고, '강후'는 곧 강숙봉康叔封으로, 그 시기는 이들이 활동했던 주대 초기다.[14] 그 이후 발굴된 신춘 60호묘에서 출토된 목준睦尊은 주나라 성왕과 강왕康王 시기의 기물로, 묘의 연대 또한 주대 초기다.[15] 이 묘에서는 장호 삼천 과[16]가 출토되었는데, 내 부분이 비교적 작고, 문식이 있으며, 내결이 있다. 원의 끝날이 약간 뾰족해 삼각형에 가깝다. 쥔현 신촌은 위국衛國 묘지가 있던 곳으로, 이 두 과는 모두 위나라 것이다.

베이징 류리허는 연燕나라 묘지가 있던 곳으로, 1986년에 발굴된 1193호 대묘에서,[17] 장호 삼천과 하나가 출토되었다. 그 내 부분에 문식이 있고, 또 내결이 있으며, 원의 끝날은 이미 파손되어 그 정확한 형상은 알 수 없다. 주의할 것은 과의 내 부분 문식이 내 가장자리 윤곽과 서로 비슷한 선을 형성하고 있어, 사람들에게 그 연대가 비교적 늦다는 인상을 준다는 점이다. 그 묘에서 나온 극화克盉, 극뢰克罍[두 가지 모두 다음 절 참조] 명문에는 연나라의 책봉이 기록되어 있고 다른 기물에도 '연후燕侯'라는 글자가 있어, 묘는 주나라 초기 연나라 군주의 묘장이 분명하다.

1976년 발견된 산시 바오지 주위안거우竹園溝 1호묘에서는 중초 이천외 무치과가 하나 출토되었다. 그 내 부분은 약간 크고 문식이 없으며 내결이 있다.[18] 과의 원 끝날이 삼각형을 띠는 것이 특징이다. 발굴 보고는 이 묘장이 '어국強國'에 속하는 것으로 시대는 주 강왕 시기로 보았는데, 이 또한 주대 초기의 것이다.

1971년, 산시 푸펑 치진齊鎭 둥하오東壕에서 과 하나가 출토되었는데,[19] 주위안거우의 것과 아주 비슷하지만, 이것은 장호 삼천이라는 점이 다르다. 이 과는 불지방정不脂方鼎과 함께 출토되었는데, 방정은 목왕 시기의 것이어서 과의 연대도 분명 이와 같을 것이다. 이는 이미 알려진 같은 종류의 과 가운데 가장 늦은 시기의 것이다.

이상 서술한 상말주초의 다천 무치과는 7군데에서 출토되었는데 지리적으로 아주 광범위한 분포를 보이고 있다. 이 과의 공통적 특징을 귀납해보면 다음과 같다.

첫째, 원 자체는 여전히 조형[막대형]이어서 훗날 과의 원이 아래로 굽어진 호형을 띠는 것과는 다르다.

둘째, 원의 끝날은 처음에 둔한 원 모양이었다가 점차 뾰족해지면서 삼각의 '홀 머리圭首'형을 띠게 되었다.

셋째, 중호에서 장호로 변했고, 천도 2개에서 5개까지 늘어났다.

넷째, 내 부분이 작았다가 점점 커졌으며, 문식이 있고 내결이 있는 것이 많다. 그러나 내에는 모두 천이 없다.

다섯째, 원과 내는 일직선상에 위치하지만, 비를 꽂으면 원이 살짝 위로 올라가고, 내는 아래로 살짝 내려간다.

이러한 특징을 통해, 우리는 상말주초의 다천과와 후세의 다천과를 구별해낼 수 있다.

서주 중기부터는 형태가 변한 무치과가 나타나기 시작했다. 예컨대, 목왕 혹은 그보다 약간 늦은 시기의 것으로 추측되는 바오지 루자좡茹家莊 1호묘 을실乙室에서 출토된 것은,[20] 원 끝날이 삼각형을 띠고, 내 부분은 사각형에 내결이 있는 등 대체로 주위안거우에서 출토된 과와 비슷하다. 그러나 원부에 척脊이 일어난 것과, 내에 둥근 천이 있는 것이 다르다. 이 과는 아주 가볍고 얇으며, 중호에 천이 없어 실용적이지 못해서 부장품용 명기明器●가 아닌지 의심된다. 그러나 형태적으로 봤을 때, 전술한 주대 초기 무치과와 아래에서 설명하려는 서주 후기의 과와 중간적 형태를 띠고 있다.

서주 후기의 사례로는 1975년 푸펑 좡바이莊白에서 출토된 것[21]을 들 수 있다. 그 원과 내는 여전히 약간 일직선을 이루고 있고, 끝날은 삼각형이며, 척이 일어나 있고, 원기 상부에 작은 천이 있으며, 호부胡部에도 천이 2개가 있고, 내에도 또 둥근 천이 있다.

1969년 산둥 옌타이 상쾅上夼에서 발견된 묘는 서주와 동주 교체기 즈음의 것으로 보이는데,[22] 거기서 나온 청동기 가운데 '기후紀侯'라는 명문[23]이 보이는 것이 있다. 출토된 과 2개는 장호 사천으로, 사진을 자세히 보면, 원기 상부에 작은 천이 있고, 호부에 천이 3개가 있으며, 내에도 1개의 둥근 천이 있는 것을 볼 수 있다.

원기 상부의 작은 천과 내의 천의 출현은 또 끈을 이용해 자루를 고정하는 방식이 한 번 더 변화되어, 과의 머리를 더욱 용이하게 비에 고정할 수 있었음을 알 수 있다.

좡바이·상쾅의 과보다 더욱 진보된 것으로는, 안후이 툰시屯溪 이치弈棋 4호묘와 7호묘에서 출토된 것이 있다.[24] 두 묘에서 과가 하나씩 나왔는데, 형체는 서로 비슷하고, 끝날에도 모두 결손이 있으며, 원에는 척이 일어나 있고, 원과 내가 직선을 이루고 있으며, 원기에 천이 1개 있고, 호부에는 천이 3개로, 모두 좡바이 등에서 나온 과와 같다. 다만 내의 천이 좁고 긴 형태狹長形로, 이는 새롭게 나타난 종류다. 이 두 묘장의 연대는 아직 통일되지 못했기 때문에, 과의 형태만 가지고 말해보면, 분명 상쾅의 것보다 시기적으로 조금 늦다고 할 수 있다.

/

• 　장사 지낼 때 죽은 사람과 함께 묻는 기명器皿. 식기, 악기, 무기 등을 무덤에 함께 묻으려고 실물보다 작게 상징적으로 만든다.

이와 같이 우리는 상말주초에 치가 없고 천이 많은 과가 존재하고 있었음을 알 수 있었다. 이러한 과의 발전은 동주 초기까지 이어졌다고 할 수 있다. 이는 과거 유행했던 관점을 두번째로 수정한 것이다.

어떻든 상말주초에 이미 중호 혹은 장호의 다천식多穿式이 있었고, 이뿐 아니라 천이 5개인 것도 있었다. 따라서 다천과는 반드시 늦게 나타난 것이라 다시는 말할 수 없을 것이다.

극뢰克罍·극화克盉의 몇 가지 문제

1986년 베이징 팡산 류리허 1193호묘에서 출토된 극뢰克罍와 극화克盉는[1] 그 명문에 주대 초기 언니리 역시를 담고 있어서 학지들의 큰 관심을 받았다.『고고』1989년 제10기에 발표된 「베이징 류리허 출토 서주 동기 명문에 관한 좌담 기요北京琉璃河出土西周有銘銅器座談紀要」 외에도, 인웨이장殷瑋璋·천핑陳平·팡수신方述鑫·장야추張亞初 등이 차례로 논문을 써서[2] 각자의 논리를 가지고 그 나름의 학술적 성과를 얻었다. 「좌담기요」에서 필자는 간단하게 개인적 의견을 말했지만 제대로 다 피력하지 못했고 또 여러 연구 성과를 읽으

• 뢰罍와 화盉 모두 제사 때 쓰던 의례용 기물이다. 뢰는 단지 모양 용기로 주둥이와 굽 부분은 좁고 용기의 어깨부분은 넓다. 어깨 양쪽에 손잡이가 달려 있는 것도 있으며, 어깨에 각종 동물 머리를 장식하기도 한다. 화는 일종의 청동 주전자로 둥그런 상부 입구에 두껑이 덮여 있으며 그 아랫부분은 대략 사각형을 원만하게 마감했고 다리가 네 개 달려 있다. 몸통 양쪽에 각각 손잡이와 주전자 꼭지가 달려 있다. 극克이라는 사람이 사용했으므로 극뢰와 극화라는 이름이 붙었다.

면서 얻은 수확도 있었다. 이에 이 글을 통해 보충 설명을 하면서 아울러 여러 학자들의 가르침을 구하는 바다.

뇌와 화의 명문은 같다. 뇌 두껍蠱蓋 명문의 행관行款[서법書法 또는 글자의 배열과 행간의 형식·체재 등]에 맞추어 판독문을 적어본다.

> 王曰: "大保, 惟乃明乃心, 享
> 于乃辟. 余大對乃享,
> 命克侯于匽, 㫃羌兔
> 叔雩馭徵." 克宅
> 匽, 入土✿有嗣,
> 用作寶障彝.

필자가 「좌담기요」에서 이야기했던 문제에 대해서는 여기서 다시 거론하지 않는다.

주나라 왕이 소공에게 한 말을 보자. "유내명내심惟乃明乃心", 앞의 '乃(내)'자는 주어다. '心(심)'자 위의 두 필획이 대부분 교차하지 않는데, 이것이 '心(심)'자가 '囟(창)'자와 구별되는 점으로, 천펑의 '금문 창·심, 두 글자 비교도金文囟·心二字比較圖'를 참고하기 바란다. 사순궤師詢簋 명문에 '네 마음을 공경히 밝히고敬明乃心', 흔종癲鐘 명문에 '그 마음을 밝힐 수 있고克明厥心'(바오지 태공묘太公廟 진공박秦公鎛과 진공종秦公鐘 명문에 '克明又心'이 있는데, '又(우)'자는 '氒(궐)'자의 오자 같다), 숙이박叔尸鎛과 숙이종叔尸鐘 명문의 '네 마음을 펴고既尃乃心' '네 마음을 만족스럽게 하고弘猒乃心'라는 구절도 참고할 만하다.

'享(향)'은 '바치다獻'는 뜻이고, '對(대)'는 '답하다答'는 뜻이다. '命克侯于匽'이 '克(극)'은 사람 이름으로, 「좌닦기요」에서 왕스민王世民 선생이 열거한 기타 금문의 용례를 통해 충분히 설명되었다.

'旌'는 '使(사)'로 읽는다. '雩(우)'는 연결사고, 강토어羌兔叔(置), 어징馭徵은 각각 한 사람이다. '徵(징)' 자의 해석은 추시구이 선생의 「고문자 판독 세 가지古文字釋讀三則」(『고문자논집古文字論集』, 395~404쪽)에 근거한다.

'宅(택)' 자는 원래 '🜊'를 구성 요소로 하고, 혹 구성 요소 '又(우)'가 더해진다. 꽝수신이 '宅'으로 고석한 것은 탁견이다. '克宅匽' 구절에서 '克'이 주어임은 아주 분명하다.

'入土眔有嗣' '入(입)'은 '납納'의 용법으로 쓰였다. 극克을 연燕의 제후로 임명하면서, 그 국토 및 직관을 왕조로 귀속시켰다.

극이 제기祭器를 만들면서, '보배로운 기물을 만드노라用作寶障彝'라고만 한 깃은 소공이 이직 살이 있었기 때문이다. 소공은 장수한 것으로 유명한데, 금본『죽서기년』에서는 그가 강왕 24년에 죽었다고 한다.

필자는 소논문 「베이징·랴오닝 출토 청동기와 주초의 연北京·遼寧出土青銅器與周初的燕」(『신출청동기연구新出青銅器研究』 46~53쪽)에서 금문金文에 보이는 연후燕侯 지旨가 제1대 연나라 제후라 추측했었다. 그 까닭은 『항헌이 보고 소장한 길금록恒軒所見所藏吉金錄』 '1.16'의 연후지정燕侯旨鼎 명문에 "연후 지가 부신의 존귀한 기물을 만들다燕侯旨作父辛障"라는 말이 있기 때문에, "명문 속의 부신父辛은 곧 량산梁山에서 출토된 헌정憲鼎·헌화憲盉의 '소백부신召伯父辛'이라고 생각했던 것이다. 이 설은 천명자 선생의 『서주 동기 단대』[3]에 근거한 것이기도 했다. 그러나 현재 극뢰와 극화가 출토되어 기존의 관점에 수정을 가할 수

밖에 없게 되었다.

자세히 생각해보면, 문제의 관건은 '소백부신'에 대한 이해에 있었다. 소공을 '소백'이라 부른 것은 『시경』 「감당甘棠」에 보인다. '소백부신'을 한 사람으로 본다면, 연후 지는 극의 동생이 된다. 이는 연 선후燕宣侯 이전에 "모두 부자상속으로 형제 상속이 없었다"라고 한 『세본』의 기록과 어긋난다. 혹자는 '극'과 '지'를 한 사람에 대한 이름과 자字로 이해하기도 하지만, 또 다른 연후지정 명문에 "연후 지가 처음으로 종주에서 알현하니, 왕이 지에게 패 20 붕을 상으로 내렸다"[4]라고 했는데, 왕을 알현할 때는 반드시 이름을 써야 하기 때문에 '지' 또한 이름일 수밖에 없다. 이 문제를 해결하기 위해서는 '소백부신'을 마땅히 두 사람으로 이해해야 한다. 곧 '소백, 부신'으로 읽어야 하는 것이다. 실제로, 작위 명칭 아래에 이름을 더하는 용례도 보이지 않는다.

이렇게 읽는다면, 연나라 초기 제후와 관련된 계보도를 다음과 같이 그릴 수 있다.

소공召公(소백召伯, 태보太保) ──극克(부신父辛)── ──지旨

────헌憲

────화龢

극은 제1대 연후, 지는 제2대 연후다. 소위 '량산칠기梁山七器'[5]에 속하는 헌정·헌화의 헌과 화龢는 모두 연의 지자支子[맏아들 이외의 아들]다.[6]

덧붙여 이야기하자면, 의후오궤宜侯夨簋의 '우공부정虞公父丁'도 두 사람으로 보아야 한다. 이렇게 하면, 기주器主는 마땅히 주장周章의 손자인 가상柯相이 된다. 이는 제4장 「10. 의후오궤의 사람과 땅」에 보인다.

홍퉁 팡두이촌에서 발견된 갑골문에 대해 다시 이야기하다

1954년 산시성山西省 홍자오현洪趙縣(지금의 홍퉁현洪洞縣) 팡두이촌坊堆村 남쪽에서 복골 두 판이 발견되었는데, 그중 하나에는 글자가 새겨져 있었다. 이것이 서주 갑골문이 최초로 발견된 사례다.

팡두이촌의 중요한 발견에 대해, 1956년 창원자이暢文齋·구톄푸顧鐵符 두 선생이 간보를 발표했다.[1] 당시, 천멍자 선생이 『은허 복사 종술殷墟卜辭綜述』에서 이를 논했고,[2] 필자도 간보에 첨부된 모본摹本을 가지고 판독을 하면서 그 시대를 서주 시기로 추정했다.[3] 1980년, 산시성문관회山西省文管會가 편찬한 『산시 출토 문물山西出土文物』에 이 복골의 사진과 새로운 문자 모본도 수록되었다.[4] 1956년 간보의 모본보다 더욱 정확했다. 그해 8월, 필자는 산시성 동지들의 도움을 받아 산시성박물관에서 이 복골을 직접 볼 수 있었다. 복골을 직접 관찰하고 모본을 새롭게 보면서 복골에 대해 조금 더 발전된 토론을 했다.[5] 최근 몇 년간, 서주 갑골의 발견과 연구가 부단히 진전되면서 팡두이춘 복골에 대해 새로운 인식이 필요함을 느꼈다.

팡두이춘에서 출토된 글자가 있는 복골은 소의 왼쪽 견갑골肩胛骨[어깨뼈]로, 치수가 자못 커서 길이는 약 40.5센티미터이고 가장 넓은 곳은 20.8센티미터에 달한다. 견갑골은 세심하게 정리된 것으로, 표면이 상아색을 띠었고, 갑강胛岡[소 어깨뼈 중심부의 높이 솟은 부분]은 이미 평평하게 깎여 있었으며, 선부扇部[소 어깨뼈의 부채꼴처럼 넓게 퍼진 부분]는 비교적 얇았다. 구각臼角[소 어깨뼈의 우묵한 중심부 밖의 도드라진 부분]이 잘려나갔지만 절단된 흔적은 없었고, 선연扇緣[소 어깨뼈 선부扇部의 가장자리]도 절손折損된 흔적이 있었다. 골경骨頸[뼈의 목에 해당하는 부분] 이하는 여러 조각으로 부서졌는데, 조각을 합해 복원할 때 뒷면에 보정물을 덧대어 고정했기 때문에 원래 불을 지져 길흉을 파악했던 찬착鑽鑿● 흔적은 확인하기 어려워졌다. 『은허 복사 종술』에 의하면, "찬鑽은 있고 착鑿이 없는 것은 아직 불로 지지지 않은 것이다. 찬은 전연하게 밀집되어 있어 송곳으로 뚫은 것 같다"라고 한다. 이를 통해 아주 규칙적으로 둥글게 홈을 팠다는 것을 알 수 있다. 그러나 "아직 불로 지지지 않은 것"이라는 말은 아무래도 정확하지는 않은 것 같다. 견갑골의 정면에서 상당히 분명한 균열을 볼 수 있는데, 어떤 것은 이미 천공이 나 있는 상태다. 특히 정면 우측 중간에서 약간 밑부분에는 위아래로 5곳의 균열을 볼 수 있다.

복골에는 복사가 한 줄 새겨져 있는데 모두 여덟 글자로, 상술한 우측 균

● 점복 재료의 한 면에 관통하지 않도록 오목하게 홈을 파는 작업. 동그란 홈을 찬이라 하고, 타원형 홈을 착이라 한다.

열의 바깥쪽 가장자리 근처에 위치하고 있다. 그 두번째 글자의 왼쪽에는 "）"형의 선이 새겨져 있는데, 바로 이 행이 균열이 골구臼臼[뼈의 우묵한 부분] 쪽에서 두번째 균열이다. 이는 그 복사가 이 균열에 속한다는 것을 나타낸다.[6] 복사의 문자 방향을 보면, 이 복골은 골구 쪽을 위쪽으로 했음을 알 수 있다. 문자는 위에서 아래로 세로 방향으로 배열되어 있다.

복사의 첫 네 글자는 그리 분명치 않지만, 뒤의 네 글자는 아주 명확하게 알아볼 수 있다. 당시 우리가 이전에 판독했던 것이 정확치 않아서 지금 다시 아래와 같이 판독해보았다.

疒, 囟疒, 三止又疾, 貞.

"疒" 자는 '卜(복)'이 소리를 나타내기 때문에, '僕(복)'으로 읽어도 될 것 같다. 앞으로 넘어진다는 뜻이다. 『이아』「석언釋言」에 "폐, 넘어지다弊, 踣也"라 했고, 곽박은 주에서 "앞으로 넘어지는 것前覆"이라 했다. 고본에 '踣(북)'이 '僕(복)'으로 되어 있는데, 『춘추좌전정의春秋左傳正義』 '정공 8년'에서 이를 인용했고, 아울러 손염孫炎의 말을 인용해 "앞으로 넘어지는 것을 복이라 한다前覆曰僕"고 했다.[7]

"囟" 자는 허자虛字로 '思(사)' 혹은 '斯(사)'로 읽는다.[8] 이 글자는 사실상 '思' 자다. 『설문해자』 '緦(시)' 자의 고문이 '𢝊'인데, 이 고문의 윗부분은 바로 '囟'이고, 아랫부분은 '糸'가 생략된' 형태로, 이 속에서 왜 '囟'가 '思'가 되는지를 발견할 수 있다. 서주 금문의 장사화長思盉 같은 경우, 인명으로 쓰인 '장사長思'는 오랫동안 생각한다는 뜻에서 취한 이름이고, 사순궤의 '만사년萬思年'은 곧 '만사년萬斯年'이며, 석고문石鼓文의 '방주사체舫舟思逮'는 곧 '방주사체舫舟斯逮'다. 이때 쓰인 '思(사)' 자는 모두 '心(심)'이 구성 요소에서 빠졌다.

저우위안에서 발견된 서주 시기 갑골 복사의 명사命辭[점을 묻는 내용] 가운데는 '思(사)'자가 맨 앞에 나오는 구절이 많은데, '思(사)'는 '尚(상)'과 같은 의의로, 이에 대해서는 우리가 이미 반복해서 토론했던 것이다.[9] '思(사)' 자의 이러한 용법은 전국 초간에 기록된 복사의 명사에도 쓰이는데, 이때 쓰이는 '思(사)' 자는 여전히 '心(심)'을 구성 요소로 삼지 않았다.[10]

"三(삼)" 자는 혹 '五(오)' 자가 아닌지 의심된다. "止(지)"는 곧 족지足趾의 지, "又(우)"는 '有(유)'로 읽으며, '貞(정)'은 바를 '正(정)'의 뜻으로 쓰였다. 이는 『주역』 괘효사 가운데 자주 보이는 용례다.

이상의 판독에 오류가 없다면, 이 복사는 넘어진 일에 대한 점복으로, 명사는 이 사람이 앞으로 넘어진 것이 발바닥의 병 때문인지를 묻고 있고, 아울러 의외의 재구災咎[재앙과 허물]는 없는지도 묻고 있다.

팡두이촌 복골은 그 출토 지점이 상 중심 지역과 주 중심 지역 사이에 낀 지역이라는 것과, 이 복골과 다른 시주의 복골 및 상대의 복골과 비교해볼 때 상과 주의 복법 전통의 영향을 확인할 수 있다는 데서 특별한 의의를 갖는다.

먼저, 산시陝西에서 발견된 서주 시기 복골과 팡두이촌 복골을 비교해보자. 산시의 서주 복골은 이미 여러 곳에서 출토되었는데, 그중 창안현의 평하오豐鎬 유적, 치산현과 푸펑현 사이의 저우위안 유지에서는 글자가 새겨진 복골이 나오기도 했다. 저우위안 유적에서 나온 것이 비교적 많은데, 모두 푸펑현 경내에 속한다.[11] 푸펑현에서 발견된 글자가 있는 복골의 찬착은 규칙적인 원찬圓鑽[점을 치기 위해 복골에 판 동그란 홈]으로 팡두이촌 복골과 비슷하다. 그러나 문자의 방향으로 볼 때, 푸펑의 복골은 골구 쪽을 아래쪽으로 삼고 있지만, 팡두이촌의 복골은 이와 반대다. 펑하오와 저우위안의 복골이 모두 구각을 제거하지 않은 것 또한 팡두이촌의 복골과 같다. 이를 종합해 보면, 팡두이촌의 복골은 산시에서 출토된 서주 시기 복골과 공통점이 많고 차이점이 적다고 할 수 있다.

다음으로, 은허에서 발견된 상대 복골과 팡두이촌 복골을 비교해보자. 은 허의 복골은 절대 다수가 골구 일단을 위쪽으로 삼고 있는데, 이는 팡두이 촌의 복골과 같다. 그러나 천착의 형상은 아주 다르다. 팡두이촌 복골에 있 는 표지標識가 되는 각선刻線이 저우위안 갑골에는 있지만, 은허 갑골에서는 그동안 보이지 않았다. 이를 통해 볼 때, 팡두이촌 복골과 은허 복골 사이의 관계는 아주 작다고 할 수 있다.

여기서 특별하게 지적하고 싶은 것은 은허 쓰판모에서 출토된 글자가 새 겨진 복골이다. 이 복골은 1950년 봄, 쓰판모 서쪽 SP11 탐방 중에 발견된 것으로, 당시 모두 세 판의 복골을 얻었는데, 그중 글자가 새겨진 복골이 1 판 있었다.[12] 발굴 보고에서는 "그 유존遺存 상황을 보면, 글자를 새기는 것 을 익히던 사람이 살던 곳인 것 같다"라고 했다. 어떤 학자는 사람이 "살던 곳"이라는 설에는 동의하지 않았지만, 그래도 "글자를 새기는 것을 익히던" 사람이 남긴 복골이라는 것에는 동의했다.[13] 이런 견해는 다른 유사한 복사 가 발견된 이후에 곧 폐기되고 말았다. 그러나 반드시 짚고 넘어가야 하는 점은, 비교적 조잡하거나 혹 문체가 특이한 갑골각사가 적지 않다는 것이다. 이와 같은 것들을 다 '글자를 익히기 위한' 것이라 지적하는데, 그 가운데 사실 글자를 새기는 데 쓰인 것은 그렇게 많지는 않을 것이다.

쓰판모에서 발견된 글자가 새겨진 복골은 비교적 작은 소의 오른쪽 견갑골로, 표면은 황백색을 띠고 있고, 그 형체는 은허에서 자주 발견되는 상대의 복골과 비교적 비슷한데, 구각을 제거한 점이 가장 두드러진다. 뒷면은 골경에서부터 좌우 양쪽으로 긴 착長鑿이 분포해 있는데, 현재 각각 4개가 남아 있고, 좌우 착의 틈새에도 2개의 착을 볼 수 있으며, 선부에는 착의 배열이 더욱 많은 것을 알 수 있다.[14] 이러한 분포는 상대 복골에서 자주 보이는 것과 유사하다. 착의 옆에는 찬이 없고, 오직 한 측만 불로 지졌는데, 이로 인해 세로로 톱니형의 균열이 생긴 것이다.

쓰판모 복골에는 복사가 모두 세 줄이 새겨져 있는데, 각각 하나의 균열을 갖고 있고, 모두 가로로 행을 이루며 새겨져 있고, 복골의 가장자리에서 안쪽으로 새겨져 있는데, 문자열의 방향은 서로 상반된다.● 따라서 골구 쪽은 가로 방향일 가능성이 있다.[15] 1989년 9월, 안양에서 열린 '은허 갑골문 발견 90주년 국제학술토론회殷墟甲骨文發現九十週年國際學術討論會' 기간, 회의 참석 학자들은 이 복골을 관찰힐 기회를 가졌는데, 필자도 판독을 했지만, 당시 오류가 있었기에 여기서 다시 판독해보겠다.

　　七五七六六六, 曰: 囡□
　　八六六五八七.
　　七八七六七六, 曰: 囡□

앞부분의 서수筮數 다음,[16] 두 복사에는 두 글자가 아니라 세 글자가 새겨

● 　첫번째 행과 세번째 행은 같은 방향이지만, 두번째 행은 반대 방향으로 새겨져 있다.

의고시대를 걸어 나오며

져 있는데, 이 점은 추시구이 선생이 이 복골을 관찰할 때 지적한 것이다. 마지막 한 글자는 두 복사가 서로 같은데, 너무 흐릿하지만 분명 꿇어앉은 사람 모양을 구성 요소로 포함하고 있다.

이를 광두이촌 복골과 대비해보면, 쓰판모에서 출토된 글자 복골의 형체는 상대의 일반적인 복골의 모습과 비슷하지만, 각사刻辭는 저우위안과 평시의 갑골에 가깝다. 탕란 선생은 쓰판모 복골은 1956년 평시에서 출토된 글자 복골보다 늦은 것으로 생각하면서,[17] 또한 이는 분명 서주 시기에 속하는 것이라 말했다. 그러나 주지하다시피, 저우위안 치산 평추의 복골은 확실히 주 문왕 때 은의 도읍에서 점복한 것이다.[18] 엄격하게 말하자면, 그래도 상말의 것으로 보아야 한다. 따라서 쓰판모 복골의 연대도 이와 같을 것이다. 따라서 은허에서는 시기적으로 상말에 속하지만 주대 사람들의 복법 전통을 따른 갑골이 충분히 나올 수 있다.

"思……"와 같은 용법은 수많은 상나라 복사에서 아직까지 발견된 바가 없지만, 상술한 주 문왕 시기의 복사 중에는 이미 나타났는데, 이는 주대 사람들 복사의 한 가지 특징이라 할 수 있다. 광두이촌 복골과 쓰판모 복골에는 모두 이러한 구법 사례가 보인다. 쓰판모 복골과 푸펑에서 나온 '80'호 갑골과 푸펑 치자에서 채집한 '94'호 갑골[19]은 더욱 비슷하다. 그 문자의 방향도 같고 글자도 마찬가지로 아주 작다.

다시 다른 지역에서 출토된 서주 복골과 비교해보면, 다음 몇 가지 사례를 들 수 있다.

예컨대 뤄양 베이야오北窯[20]와 정저우 철도 일단鄭鐵一端에서 출토된 복골은, 문자는 없고 구각을 다 제거했으며, 규칙적인 원찬이 있다. 구각을 제거한 점은 상대 사람들의 영향일 것이다. 왜냐하면 뤄양은 주나라가 [무경의 반란에 참가했던] 완강한 은나라 백성을 이주시켜 거주하게 한 지역이기 때문이다.[21]

1988년 후베이 샹판襄樊 탄시촌檀溪村에서 출토된 서주 복골은 소 왼쪽 견갑골의 선부로, 그 선부는 길이가 약 10센티미터, 한쪽 측면에 빽빽하게 들어선 긴 착長鑿이 13행 79개다. 보도자료에 의하면 "정면에 음각으로 두 글자가 있다"라고 했고, 또 "그중 한 글자는 '乙(을)' 자이고 다른 글자는 식별하기 어렵다"라고 했다.[22] 보도자료에 첨부된 사진을 보면, 선부의 가장자리에서 '乙(을)' 자 모양을 볼 수 있는데, 그 성질에 대해서는 후속 연구를 기다린다. 1981년 후베이 사스沙市 저우량周梁 위차오玉橋에서 출토된 서주 복골의 잔편은 길이 10.3센티미터로,[23] 방형의 착이 2개, 한 측에는 수조竪槽[세로 홈] 1개가 새겨져 있다. 이러한 형체는 또 팡두이촌 복골과 거리가 더욱 먼 것이나.

종합해보면, 팡두이촌 복골은 산시에서 출토된 서주 시기 복골과 가장 가깝고, 분명하게 주대 사람들의 복법 전통에 직속된다.

싱
타
이
에
서

새
로
발
견
된
서
주
갑
골
문

1991년 6월에서 9월, 허베이성문물연구소文物研究所와 싱타이시문물관리처邢臺市文物管理處는 싱타이시 도심 서북부 난샤오왕南小汪을 발굴하면서, H75 회갱에서 문자가 새겨진 서주 시기 갑골을 하나 발견했다. 이 발굴과 관련된 자료는 1992년『문물춘추文物春秋』증간호인『허베이성문물연구소 참가 제3회 환발해 국제학술토론회 논문보고집河北省文物研究所參加第三屆環渤海國際學術討論會論文報告集』「싱타이 난샤오왕 주대 유지 서주 유존의 발굴邢臺南小汪周代遺址西周遺存的發掘」에서 볼 수 있다.

이는 소 오른쪽 견갑골의 잔편殘片으로, 간보에 의하면 "길이 8.7센티미터, 너비 3.1센티미터다. 뒷면에는 규칙적인 원찬이 있고, 찬의 밑부분에서 3분의 1정도 되는 곳에 복골의 길이와 같은 방향으로 작은 요조凹槽[오목하고 길게 판 홈]가 있는데, 불로 지진 흔적이 있다"라고 한다. 이러한 찬착 형태 및 분포는 산시 저우위안 푸펑 치자촌 복골과 기본적으로 일치한다.

복골에는 복사가 두 군데 남아 있다. 그중 하나는 골선骨扇[부채처럼 넓게 퍼진 부분] 가운데 부분에 새겨져 있었는데 현재는 '其(기)' 자 하나만 남아 있기 때문에, 여기서 상세하게 다루지는 않겠다. 다른 하나는 견갑골의 가장자리에 있는데, 모두 4행 10자다. 왼쪽에서 시작해 오른쪽으로 써 나간다. 그 판독은 다음과 같다.

　　　龃曰: 已
　　　四白馳,
　　　驒陟
　　　其事.

두 복사의 문자는 모두 견갑골과 90도를 이루는데, 그 방향은 서로 반대된다. 필자가 이전에 쓴 「속론 서주 갑골續論西周甲骨」(『중국어문연구中國語文硏究』 제7기)에서 언급한 대로, 이는 서주 갑골의 특징으로 은허의 상대 갑골에서는 보이지 않는 형식이다.

중국의 고문자는 보통 위에서 아래로 쓰고, 왼쪽 방향으로 써 나간다. 하지만 싱타이 복골의 복사는 오른쪽 방향으로 써 나간다. 어쩌면 그 복사와 이웃한 2~3개 찬착과 관련이 있는 것 같다. 일반적으로 복골을 지지는 것은 골구가 있는 곳에서부터 시작되는데, 복사도 골구에서 가까운 곳부터 새겨서 그런 것은 아닌지 모르겠다.

이 복사의 시작 형식도 서주 복사의 특징을 띠고 있다. 저우위안 치산 평추의 복사 가운데도 이러한 사례가 많은데, H11:5, H11:6+32, H31:4 등을 들 수 있다. "㱿" 자는 『설문해자』에서 "卜問(복문)이다"라고 했는데, '貞(정)' 자와 같은 뜻이다. 상대 복사에는 이 글자가 아직 보이지 않는다.

"已(이)" 혹은 "弜已(강이)"는 평추의 복사에서도 많이 보이는데, 앞의 예는 H11:76, H11:200, H31:1에서 보이고, 뒤의 예는 H11:114, H11:134, H11:141에 보인다. '已(이)'는 정지의 뜻이고, '弜已(강이)'는 그치지 말라는 뜻이다. 은허 복사에도 유사한 예가 보인다. 예컨대, 『샤오툰 남지 갑골』656으로 여기서는 지면상 많이 열거하지 못하니, 『은허 복사 종류殷墟卜辭綜類』243쪽을 참고하기 바란다.

"馳"은 암컷 말을 가리키는 글자로, 은허 복사에 보인다. 예컨대 『은허 서계 속편殷墟書契續編』5.26.8이다.

"騜(황)"은 『이아』 「석축釋畜」에 보이는데, 황백색의 말로 곽박의 주에서는 『시경』 「동산東山」의 용례를 인용했다. 금본에서는 '皇(황)'으로 되어 있고, 소疏에서는 사인舍人의 주를 인용해 "황백색을 이름하여 황皇이라 부른다"라고 했다.

"陟(척)"은 '騭(즐)'로 읽는데, 『설문해자』에서는 "수컷 말이다牡馬也"라고 했고, 『이아』 「석축」에서는 "수컷을 즐騭이라 한다牡曰騭"라고 했다.

"其事(기사)"의 "事(사)"는 쓸 '용用'의 뜻으로 쓰였다.

이는 말을 쓰는 것에 대해 점괘를 묻는 복사로, 다음처럼 해석해볼 수 있다. 점치면서 묻기를, 흰 암말 네 필을 쓰지 않고 황백색의 수컷 말을 써도 되겠습니까.

말 네 필은 당연히 수레를 끌기 위한 것이다. 이렇게 말을 쓰는 것에 대해 점괘를 묻는 복사는 은허 갑골에서도 적잖게 보이는데,『은허 복사 종류』222쪽을 참고해보면, 말 두 필에 대해 묻는 것은 많지만 아직까지 말 네 필을 언급한 것은 보이지 않았다. 그러나 고고 자료를 통해 보면, 상대에 이미 네 필 말이 끄는 수레가 있었다.

서주의 갑골문은 이미 산시山西 홍퉁 팡두이촌과 산시陝西 창안 펑하오 유적 및 치산, 푸펑 저우위안 유적, 베이징 창핑昌平 바이푸白浮와 팡산 전장잉 등 지점에서 발견된 바 있다. 여기서 주의해야 할 것이 있다. 바로 이 지점들에는 모두 중요한 역사적 배경이 있다는 것이다. 저우위안은 주나라 사람들의 고향으로 주공이 책봉된 지역이다. 펑하오는 서주의 경성京城이 있었고, 베이징은 연나라의 도읍이었으며, 홍퉁은 조보造父가 책봉된 조성趙城과 연관 있는 것으로 보인다. 상대의 갑골문도 이러하다. [상대의 갑골문은] 상나라의 경성이었던 은허와 대규모 성읍 유적이 발견된 정저우에서만 보인다. 따라서 싱다이 린샤오왕 서주 갑골문의 출현은 우리에게 홍퉁 지역의 역사적 지위가 심상치 않다는 것을 나타내준다.

1979년, 필자는 이미 고인이 된 탕윈밍唐雲明 선생과 함께 위안씨元氏 시장춘西張村에서 출토된 청동기를 근거로 서주 시기 형국邢國의 봉지를 지금의 싱타이로 논증하는 글을 발표한 바 있다. 1990년 필자는 또『싱타이 역사 문화 논총邢臺歷史文化論叢』에 수록된 소논문에서 조금 더 본격적으로 토론을 하기도 했다. 필자는 결론에서 다음과 같이 말했다. "지금까지, 여기서 서주 형국과 관련된 고고학적 발견이 그리 많지 않았다. 필자가 생각하기에, 이는 우리의 야외 고고 역사가 오래지 않기 때문이다. 필자는 언젠가는 반드시 사람들을 깜짝 놀라게 할 소식이 전해질 것이라 믿는다."[1] 시간이 얼마 지나

지 않아 바로 싱타이에서 갑골문이 발견되었다는 소식이 이렇게 빨리 전해
질 줄은 생각도 못했다. 게다가 이 갑골문의 여러 특징은 또 저우위안 갑골
과 이처럼 비슷한 것이다. 이는 형국이 주공의 아들이 책봉된 제후국이었다
는 점과 완전히 부합한다. 서주 형국이 지금의 싱타이에 있었다는 점은 확
정할 수 있을 것처럼 보인다.

새로운 고고 발견

사밀궤 명문에 기록된 서주의 중요한 역사적 사실

1986년, 산시성陝西省 안캉安康에서 서주 중기의 청동기가 발견되었다. 이 청동기에는 명문이 9행 93자 있었는데, 이는 최근 몇 년간 발견된 새로운 금문 성과의 하나다. 현재, 이미 여러 학자가 논문을 발표했는데, 혹자는 사밀궤史密簋의 발견 과정에 대해 전문적인 보도자료를 발표했고,[1] 혹자는 명문을 판독하기도 했다.[2] 그들의 창의적 관점은 서로의 부족함을 충분히 보충할 만했다. 이 사밀궤 명문은 서주 역사와 제도에 대한 연구와 아주 밀접하게 관련된다. 필자는 본문을 통해 몇 가지 관점을 제시해 여러 학자와 토론하고자 한다.

독자들의 연구를 위해, 먼저 원문의 행관에 따라 사밀궤 명문의 판독문을 아래에 제시한다. 문자는 최대한 현재 사용되는 문자를 사용했다.

惟十又二月, 王令師俗·史密

曰, "東征." 會南夷盧·虎會杞

夷·舟夷, 讙, 不悊, 廣伐東國,

齊師·族徒·遂人乃執鄙寬惡.

師俗率齊師·遂人左〔周〕[3]

伐長必; 史密右率族人·釐

伯·僰·夷周伐長必, 獲百人,

對揚天子休, 用作朕文考

乙伯陴𣪘, 子子孫孫其永寶用.

명문은 주 왕이 사속師俗과 사밀史密에게 명해 동정東征케 하는 것으로 시작된다. 위 명문을 고찰하고 해석한 여러 논문에서 이미 지적했듯, 사속은 사영우師永盂와 사진정師振鼎에 나타났던 인물로, 이는 위 명문의 연대를 판단하는 데 도움을 준다. 그 밖에 다들 주지하다시피, 오사위정五祀衛鼎과 경계정庚季鼎의 백속보伯俗父도 사속보師俗父와 같은 인물이다. 필자가 이전에 이미 토론했듯, 오사위정과 사영우는 의왕懿王 시대의 것이 분명하다. 그 명문을 통해 알 수 있듯, 사속은 의왕 5년과 12년에 육경六卿 중 하나였다.[4] 사진정에는 사마공司馬共이 나오는데, 효왕孝王 3년의 것이다. 명문은 왕이 사진師振에게 명해 사속의 보좌가 되게 하는 내용을 기록했는데, 이를 통해 사속의 지위가 여전히 아주 혁혁했음을 볼 수 있다.

사진정과 관련되는 것으로 채궤蔡𣪘, 양궤揚𣪘 등 여러 청동기가 있다. 이 명문들의 글자체는 모두 사밀궤와 비슷하다. 따라서 후자도 효왕 시대의 기물일 가능성이 있다. 다시 사밀궤의 형체를 보도록 하자. 구부口部 아래는 절 곡문竊曲紋[S자 무양 곡선이 휘감기며 파도처럼 이어지는 문양]으로 쭉 둘러 장식 되었고, 복부腹部는 와문瓦紋으로 장식되었는데, 이러한 풍격은 서주 후기에 아주 성행했다. 따라서 위 기물은 그 원류라 할 수 있다. 이는 이 사밀궤를 효왕 시기로 정하는 것이 가장 적합함을 설명해준다.

사속의 '사師'는 당시 장관長官에 대한 미칭美稱으로 그 사례가 아주 많다. 혹자는 그것을 사씨師氏라는 관官으로 군사와 직접적으로 관련 있다고 보기 도 한다. 사밀은 곧 사관史官이기 때문에 사밀이 왜 전쟁에 참여했는지 쉽게 이해가 되지 않을 수도 있다. 사실 고대의 사관은 항상 군사와 관련이 있었 다. 『주례』 「태사太史」에 이르길, "태사太史는 천시를 알고 있으므로 태사太師와 같은 수레를 탄다"[5]라고 했는데, 주에서는 정중鄭衆의 말을 인용해 다음처럼 기록한다. "크게 군사를 일으키면, 태사가 식반式盤[하늘의 운행 질서를 나무판 에 새겨 길흉을 추측하는 도귀을 주관하면서 천시가 길한지 흉한지를 파악한 다. 사관은 천도를 아는 것을 주관하니, 그러므로 『국어』에서 이르길 "내가 고사瞽史가 아닌데, 어찌 천도를 알겠는가?"라고 했고, 『춘추전春秋傳』에서 이 르길 "초나라에 다음과 같은 말이 있어, 여러 적조赤鳥가 해를 끼고 날아오 니, 초자楚子는 사람을 시켜 주周 태사에게 묻게 했다. 태사는 천도를 주관한 다'라고 했다."[6] 이는 사관이 전쟁에서 식반食盤 같은 점술 도구를 사용해 군 대의 나아가고 그침을 판단했음을 설명해준다. 그들의 역할은 후대의 군사軍 師와 유사한 것이었다. 이러한 군사적 점술을 『한서』 「예문지」에서 '병음양兵 陰陽'이라 일컬었고, 다음처럼 기록되어 있다. "병음양가는 천시에 순응해 군 사를 일으키고, 형벌과 덕화를 미루어 시행하고, 별자리의 이동을 관찰해

서주 동방 좌궤銅方座簋

길흉을 판단하며, 오행의 상생상극에 의거하고 귀신을 빌려 조력자로 삼는
다."7 『한서』「예문지」의 '병음양가'의 저록으로는 『장홍萇弘』 15편이 있는데,
장홍은 원래 주나라 사관이었다. 『사기』「천관서」에 이르길, "옛적 하늘의 술
수를 전한 자로, 주 왕실에 사일史佚과 장홍이 있었다"8라고 했다. 여기서 사
일도 주 초기의 사관이었다.9 명문의 사밀 또한 바로 이러한 인물이었던 것
이다.

"會南夷盧·虎會杞夷·舟夷." 여기에 '會(회)'자로 판독되는 글자가 두 개
지만, 그 구조와 뜻은 서로 다르다. 앞의 것은 원래 '合'과 '辵'을 구성 요소
로 하는데, 가치 '치値'와 만날 '봉逢'으로 해석하고, 뒤의 것은 '연합聯合'의 뜻
이다. 갑골문과 금문에서도 이렇게 같은 글자를 구조적으로 다르게 쓰는
현상이 보이는데, 사밀궤 명문의 '사속'의 '사師'와 '제사齊師'의 '사師'가 이와
같다.

노盧와 호虎는 남이南夷의 두 종족이다. 남이라는 말은 주 여왕厲王이 만
든 종주종宗周鐘의 명문에 보이는데, 곧 남국의 이夷를 가리키는 밀로, 동국

의 이인 동이東夷와 구별된다. 이 명문에 보이는 남이의 두 종족은 명문의 지리 형세를 근거로 추정해볼 때, 사실상 회이淮夷에 속한다. 서주 후기의 시詩인 「상무常武」 편에 이르길, [주나라 선왕宣王이] "공경하고 경계하며 남국에 은혜를 베푸셨네"라 했고, 또 이르길 "저 회수가를 따라서 이 서나라 땅을 살피시니"라고 했는데,[10] 이는 남국의 범위에 회이와 서徐를 포함할 수 있는 증거가 된다.[11] 문헌 및 금문의 '회이' 가운데, 어떤 집단은 '남회이南淮夷'라 부르기도 하는데, 어쩌면 동국과 남국은 회수를 경계로 하여 회수 이남을 곧 남회이라 부르는 것인지도 모른다.[12] 우정禹鼎 명문에 이르길, "또한 악후鄂侯 어방馭方이 남회이와 동이를 이끌고 남국과 동국을 정벌했다"[13]라고 하는데, 이를 통해 남회이가 확실히 남국의 범주에 속함을 알 수 있다. 노와 호의 지리적 위치는 바로 이 지역에서 찾아야 한다.

이로 미루어 보면, 노盧는 『상서』 「목서牧誓」에 기록된 서남이西南夷의 '노'는 아니다. 또한 춘추시대에 지금의 후베이 난장南漳 동북쪽에 있었던 노융盧戎도 아니다. 그렇다면 분명 회남淮南에 위치했던 '여盧'일 것이다. 『한서』 「지리지地理志」 '여강군廬江郡'의 주에서 응소應邵를 인용해 [여강은] "옛 여자국古廬子國"이라 했고, 『통전』 '여강군 여주廬江郡廬州'에서도 [여주는] "옛 여자국으로, 춘추시대 서국舒國의 땅이다"라고 했다.[14] 이를 근거로 하면, 노는 지금의 안후이 루장廬江 서남쪽에 있었다.

호虎 또한 은나라와 서주 초기의 호방虎方으로 볼 수 없다. 지리 관련 자료를 고찰해볼 때, 호방은 지금의 형초荊楚 일대에 있었기 때문이다.[15] 따라서 사밀궤의 기록에 부합하지 않는다. 호는 분명 노에서 멀지 않을 것이다. 『좌전』 '애공哀公 4년'의 기록에 보면 "여름, 초인이 이호夷虎를 물리치고, 이에 북방을 도모했다"[16]라는 기록이 있다. 두예는 "이호는 만이蠻夷의 배반한 호이다"[17]라 했다. 이『좌전』을 통해 이호가 초나라 북쪽에 있지 않았음을 알 수 있다.『중국역사지도집中國歷史地圖集』에서는 그 지리적 위치를 지금의 안후이성 창평長豐의 남쪽으로 추정했는데, 당시의 세력 국면을 보면, 타당한 추정이라 할 수 있다. 창평은 루장에서 거리가 멀지 않다.

두 '이夷' 자는 '남이'의 '이夷'와 같은데, 모두 '尸(시)'라고 되어 있었다.

기杞는 사성국姒姓國이다.『사기』「진기세가陳杞世家」에 보면, "기나라의 동루공東樓公은 하후夏后 우禹의 후손이다. [이 후손들은] 은나라 때 책봉되기도 하고 관계가 끊기기도 했다. 주 무왕이 은주를 정벌한 다음 우 임금의 후손을 구할 때 동루공을 찾아내어 기 땅에 책봉한 다음 하후씨夏后氏의 제사를 받들게 했다"[18]라고 한다. 기가 처음 책봉된 땅은『한서』「지리지」및『사기집해』에서 인용한 송충宋衷의 말에 근거해보면, 지금의 허난성 치현杞縣으로 비정된다.

주舟는 강성국姜姓國으로 또한 '주州'라고 하기도 한다.『순자』「군도君道」의 '주인州人'은『한시외전韓詩外傳』에서 '주인舟人'으로 기록되었다. 주州는 순우淳于에 도읍했는데, 지금의 산둥성 안추安丘 동북쪽에 있었다.

사밀궤 명문의 기이杞夷와 주이舟夷는 분명 '기杞'와 '주舟' 두나라일 것이다. '기'와 '주'의 특수한 관계는『진기세가』의 '색은索隱'에 이미 기록되어 있다. '기'의 이동에 대해 염약거閻若璩는『사서석지속四書釋地續』에서 상세하게 논했다. "기가 처음 책봉된 곳은 곧 지금의 개봉開封 기현杞縣이다.『사기색은』에 이르길 '춘추 시기에 이르러, 기는 이미 동국으로 옮겼다. 비록 그 도읍이 어디인지 알 수 없지만, 은공 4년의 기록에 거인莒人이 기를 정벌해 모루牟婁를 취했다고 하고, 환공 2년 7월에 기후杞侯가 와서 조회했다고 하며, 9월에 기인杞人을 정벌했다는 기록을 통해 보았을 때, [기는] 지금의 거주莒州 및 곡부현曲阜縣과 서로 이웃하고 있었음을 알 수 있다. 환공 6년 순우공淳于公―곧 『춘추』 경經에서 일컬은 주공州公―의 그 나라[순우국]가 망했는데, 기가 병합한 것 같다'라고 했다. 두원개杜元凱가 말하길, '순우로 천도했다.' 희공 14년, 기가 회이를 물리치고, 제후들이 거기에 성을 쌓은 것에 대해 두원개는 말하길, '또 연릉緣陵으로 천도했다'고 했다. 양공 29년 진晉이 제후들을 규합해 기에 성을 쌓았는데, 곧 소공昭公 원년 기오祁午가 조문자趙文子의 공功을 세우면서 순우에 성을 쌓은 것을 거론했는데, 두원개가 말하길, '또 순우로 천도했다'라고 했다." 염약거가 또 "진류陳留 옹구현雍邱縣 주에서 이른 [옹구는] '옛 기나라이다. 춘추 이전에 노나라 동북으로 옮겼다'[19]라는 말을 다시 고찰해보니, 지금의 안구현安邱縣이 바로 노나라 동북에 있었다. 춘추 이전에 옮겼으니, 그러므로 춘추 시기에 이르러서는 읍을 바로 거莒나라가 차지했다'라고 했다. 이를 통해 알 수 있듯이, 기나라는 춘추 이전에 이미 노나라 동북쪽으로 이동했고, 춘추 초에 주舟를 병탄한 이후 다시 순우에 도읍했음을 알 수 있다.(『사기색은』에 이르길, "기杞는 후에 나라를 고쳐 '주州'라 하고 순우공이라 일컬었다杞後改國曰州稱淳于公." 근래 산둥성 신타이新泰에서 출토된 두 과戈에 각각 '淳于公之御戈'와 '淳于左造'라는 명문이 있는데, 이는 제나라 기물과 유사하다. 연대는 춘추와 전국 교체기보다 이르지 않다. 곧 그 두 과는 기나라에서 만든 것이다.)[20] 기나라가 순우로 이동하기 이전의 위치에 대해서는 『양주금문사대계兩周金文辭大繫』에서 이미 청대 중기에 출토된 기나라 청동기의 출토 지점을 근거로 신타이로 추정했다. 이는 바로 취푸曲阜의 동북쪽으로 안추에서도 멀지 않다. 이로 미루어 사밀궤 명문을 보면, 기는 분명 당시에 이미 신타이 일대에 자리했을 것이다. 따라서 기가 주와 함께 거론된 것이다.

기와 주는 왜 '이夷'라 불렸을까? 이것은 그들이 동이의 습속을 채용했기 때문이다. 『좌전』 양공 29년에 진晉나라의 사마司馬 여숙후女叔侯의 의론이 기록되어 있다. "기, 하나라의 후예이지만 동이로 갔다"[21] 이에 대해 두예는 "이夷의 예를 행했다"[22]라고 해석했다. 같은 해 경문經文에서는 기문공杞文公을 '기자杞子'라 일컬었고, 『좌전』에서는 "서書에서 이르길, '자子'는 천하게 여기는 것이다"[23]라고 했다. 두예는 이를 "그가 이夷의 예를 채용한 것을 천하게 여긴 것이다"[24]라고 했다. 이 명문을 미루어 볼 때 기 및 주가 서주 중기에 이미 이의 예를 채용한 경향이 나타났기 때문에, 주나라 사람들이 그들을 이로 여기게 된 것이라 할 수 있다.

명문의 '기이·주이' 아래의 "謹(환)" 자는 원래 '言(언)'을 구성 요소로 하지 않았으며, '悊(철)' 자는 원래 '皁(부)'와 '斤(근)'을 구성 요소로 했다.[25] "謹(환)"은 시끄럽고 어지럽다는 뜻이고, '悊(철)'은 공경한다는 뜻이다. '회남이會南夷' 이하의 구절은 남이 중 노와 호, 기와 주가 결탁해 난을 일으켜 [주를] 공경하지 않고, 주 왕조의 동토를 침략한 사실을 보여준다. 이는 명문에 보이는 역사적 사건의 배경이다.

'제사齊師'라는 말은 사원궤師衰簋● 명문에 보인다. 사밀궤 명문에서 '師' 자는 번체 '師' 자의 왼쪽 부분만 구성 요소로 하고 있고, 사원궤에서는 그 오른쪽 부분만 구성 요소로 하고 있는 만큼, 이 두 구성 요소는 반드시 '師

●　　원본에는 '원衰'이 '환寰'으로 되어 있으나 『삼대길금문존』 제9권 1939 첫째 부분 원문에는 분명히 '원衰'으로 되어 있다. 따라서 이 번역본에서는 '사원궤'로 읽는다.

'(사)'로 읽어야 함을 증명해준다. 제사는 제국의 삼군三軍으로 향리에서 징발되었고, 주 왕의 육군六軍을 혹 '육사六師'라 칭하는 것과 같은 예다.[26] '徒(도)'자는 원래 '土(토)' 자로 되어 있었고, '遂(수)' 자는 원래 '述(술)' 자로 되어 있었는데, 모두 다 금문에 자주 보인다.

'도徒'는 무리 '중衆'의 뜻으로, '족도族徒'는 곧 '족중族衆'으로, 아래에서는 또 '족인族人'이라 칭했다. 당시의 군제軍制는 군주와 귀족들이 자신의 종족으로 군대를 구성하는 경우가 많았다. 은허 갑골문의 왕족과 다자족多子族, 『좌전』·『국어』에 보이는 "초나라의 정예는 그 중군中軍 왕족에 있을 뿐입니다" "난씨와 범씨欒范는 그 친족을 이끌고 진晉 여공屬公의 행진을 호위했다"[27]라는 표현 등이 바로 이러한 군대 대오를 가리킨다.

'수인遂人'이 금문에 나타난 것은 아주 중요하다. 『주례』에 '수인'이라는 직명이 보인다. 그 주에 이르길 "수인은 육수六遂를 주관하는데, 사도司徒의 육향六鄕에 대한 것과 같다.● 육수의 땅은 원교遠郊에서부터 기중畿中에 이르는데, 공읍公邑, 가읍家邑, 대도大都, 소도小都가 거기에 있다"라고 했다. 이는 주 왕조의 제도다. 제후국도 이와 유사한 제도가 있었는데, 예컨대 『상서』「비서費誓」에 이르길, "노나라 사람들에게는 삼교와 삼수가 있다"[28]라 한 것이

● 육향육수는 주나라 지방 행정제도다. 전통적인 해석에 따르면 육향은 주나라 도성 주위 자유민이 거주하는 곳인데 주로 혈연관계 중심으로 이루어진 고을이다. 육향은 사도가 관장한다. 육향의 주민을 국인國人이라 부르며 보통 자신의 토지를 갖고 조세와 병역의 부담을 진다. 육수는 육향 밖에다 전쟁 포로나 죄인을 수용해, 만든 마을이다. 육수의 주민을 흔히 야인野人 또는 맹인氓人이라 불렀다. 육수는 수인이 관장한다. 주 왕실은 모두 육향과 육수를 두었고, 공국公國은 삼향과 삼수, 후국侯國과 백국伯國은 이향과 이수, 자국子國과 남국南國은 일향과 일수를 두었다. 군대 편제도 이를 따르므로 주 왕실은 육군, 공국은 삼군, 후국과 백국은 이군, 자국과 남국은 일군만 거느릴 수 있었다.

의고시대를 걸어 나오며

그 증거로, 양쥔루楊筠如는 『상서핵고尙書覈詁』에서 다음과 같이 말했다. "『주례』「소사도小司徒」에 천자는 육군으로 육향에서 나오고, 육수기 이를 보좌한다고 했고, 대국은 삼군三軍으로 삼향三鄕에서 나오며, 삼수三遂가 보좌한다고 했다. 「석지釋地」에 '읍외를 교郊라 한다'라고 했으니, 교가 곧 향이다. 수는 향의 바깥에 있다." 노나라에 향수제도가 있었으니, 제나라에도 향수제도가 당연히 있었을 것이다. 「비서」의 기록은 바로 회이 서융徐戎을 정벌하는 것으로, 사밀궤와 비슷하다. 여기의 '수인'은 곧 제나라 삼군을 보좌하는 편제로, 수遂에서 징발된 사졸들인 것이다.

'수遂'는 서주 금문에서 본 금문 외에도 또 포우逋盂 명문에서도 볼 수 있다. 일찍이 여러 학자가 향수제도의 존재에 의문을 제기했는데, 사밀궤의 발견으로 그 의문은 충분히 풀릴 수 있을 것이다. '향수'에서 군대를 징발하는 것과 관련된 구체적 내용은 [중국 청대 학자] 손이양孫詒讓의 『주례정의周禮正義』에 논술된 것이 많지만, 여기서는 상세히 인용하지 않겠다.

"執鄙寬惡", '惡(악)' 자는 원래 '亞(아)'로 되어 있었다. 『삼대길금문존三代吉金文存』 제9권 1899 넷째 궤簋 명문에 "너에게 명하노니 성주의 이인里人 및 제후의 큰 악을 관리해 심문, 소송, 처벌을 담당하라"[29]●라는 기록이 있는데, 여기서의 '亞(아)'도 '惡(악)'으로 읽는다. '執(집)', 지킬 '수守'로 해석하는데, 이는 고서에 많이 보인다.[30] '鄙', 변방 고을邊邑을 가리킨다. '寬', 『국어』「주어周語」 주에서 '멀다'로 해석했다. '惡', 『회남자』「세림說林」 주에서 "'해害'와 같다'라고 했다. '제사齊師' 이하는 이인夷人이 동토東土를 침략했기 때문에 제나라

●　원본에 『삼대三代』라고만 표기된 책은 뤄전위羅振玉가 편찬한 『삼대길금문존』이다.

의 각종 부대가 변방 고을을 방어하면서 재화災禍에서 벗어나려고 하는 움직임을 기록한 것이다.

이 명문의 중심 내용은 장필長必을 공격하는 내용이다. 장필은 지명으로, '필必'은 '비秘'로 이해해야 할 것 같다. 이는 바로 기물로 이름을 삼은 사례로, 노나라 땅에 장작長勺이 있는 것과 유사하다. 이 땅이 어디 있었는지는 알 수 없지만, 분명 당시 이족 군사가 모여 있던 곳으로, 지금의 산둥성 동남부가 아닐까 생각된다.

사속과 사밀 두 사람은 이 전쟁에서 각기 군대를 이끌고 참전했다. '주벌周伐'은 포위해 정벌한다는 뜻이다. 당시 군대를 두 갈래로 나누어, 사속은 왼쪽에서 제나라 향과 수에서 징발된 제나라 정예군과 수인을 이끌고 나왔고, 사밀은 오른쪽에서 제나라 각 종족의 부대인 족인族人 및 이釐나라 등 세 나라의 군대를 이끌고 나왔다. 다만 관련 구절에서 '좌左'와 '우右' 자의 위치가 각 구절에서 서로 나른 자리에 쓰었는데, 이는 단순한 문장 기술상의 변화로 깊은 뜻을 내포하고 있지는 않다.●

이釐는 강성姜姓(다른 설도 있다)으로 내국萊國을 가리키는데, 지금의 산둥 황현黃縣 동남쪽에 있었다. 1896년 황현 동쪽 루자거우魯家溝에서 출토된 청동기 이백정釐伯鼎에 대해 천명자 선생이 내백萊伯으로 보았는데, 이는 정확한 관점이다.[31]

"棼"은 핍偪으로 읽는다. 『예기』「왕제王制」주에 "북棼이라는 말은 핍이다"[32]

● 사속이 '좌'측에서 군사를 낸 것에 대해 명문에서는 "師俗率齊師·遂人左"라 하여 '좌'가 제사 수인 뒤에 위치하지만, 사밀이 '우'측에서 군사를 낸 것에 대해서는 "史密右率族人·釐伯·棼·夷"라고 하여 '족인' 등 앞에 위치한다. 대구對句 측면에서, '좌'와 '우'가 문장 구조적으로 같은 위치에 와야 하지만 여기서는 다른 위치에 놓인 것에 대해 리쉐친 선생이 부연설명 한 것이다.

라고 했다. 이 나라는 운성妘姓 핍양偪陽으로, 지금의 산둥 자오좡棗莊 주이현舊嶧縣 남쪽에 있었다. 『노사』「국명기國名紀」에서는 '핍'을 '핍양'의 별칭이라 했는데, 여기에는 분명 어떤 근거가 있었을 것이다.

이夷는 원래 '尸'와 '旨'를 구성 요소로 하던 글자로, 마땅히 '尸'가 성부聲符였을 것이다. 이 또한 곧 운성의 이국夷國으로, 지금의 산둥성 지모卽墨 서쪽에 있었다.

이상 세 나라는 사실상 모두 이夷에 속하는데, 내來는 원래 래이萊夷라는 명칭으로 불렸다. 『국어』「제어齊語」위소韋昭의 집해集解에서는 "제나라의 동쪽 이夷다"[33]라고 했다. 핍양은 『좌전』'양공 10년'과 『국어』「정어鄭語」위소의 집해에서도 모두 '이夷'로 여겼다. 이 명문에서 그들은 제나라와 같은 편에 서서 주 왕조의 통솔을 받았다.

명문 '史密右率族人'에서 끝까지는 한 문장으로 읽어야 한다. '獲百人'은 본 기물을 만든 사밀이 이번 전쟁에서 얻은 공적이다.

전체 명문을 읽으면서 우리는 주 효왕 시기에 일어났던 전쟁의 기본 요점에 대해 이해할 수 있다. 전쟁의 원인은 남이의 노·호가 기·주舟 두 나라와 서로 호응해 주 왕조의 동토를 침략한 것이다. 따라서 주왕은 사속과 사밀을 파견해 동쪽을 정벌하게 했다. 사속과 사밀은 제·내·핍양·이 등의 병력을 통솔해서 장필을 포위·공격해 승리를 거두었다. 이는 사서에 보이지 않는 국가 대사였다.

금문 가운데 이 명문과 가장 적절하게 비교할 수 있는 것이 사원궤 명문이다. 그 명문은 다음과 같다.

새로운 고고 발견

王若曰, "師袁, 越淮夷絲我帛賄臣, 今敢博厥眾, 假反厥工吏, 弗跡我東
國. 今余肇令汝率齊師, 紀·釐·樊·夷, 左右虎臣, 征淮夷. …….

왕이 다음과 같이 말했다. '사원아, 회이는 원래 우리에게 면직물을 공
납하던 신하였으나, 지금 감히 그 무리들을 겁박하여 태만하게 하고
그 관리를 배반하여 우리 동국을 따르지 않는다. 지금 내가 비로소 너
에게 명하여 제나라 군대와 기, 내, 북, 이와 좌우호신左右虎臣을 이끌고
회이를 정벌하여. …….

이는 회이가 원래 주 왕조에 포백布帛[베와 비단 또는 면직물과 견진물] 등의
재물을 공납으로 바치던 신속이었는데, 회이가 주나라 관원들의 통치에 반
항하면서 동토를 침략하자, 이에 주 왕이 사원에게 명해 제나라 등의 군대
를 이끌고 회이를 투벌케 한 내용이다.

주의해야 할 것은 이 전쟁에 동원된 병력을 보면, 사밀궤 명문에서 강성姜
姓의 기국紀國(원래는 '其' 자 위에 '己' 자가 있는 글자였다. 지금의 산둥성 서우광 동
남쪽에 있었다)만 추가되었을 뿐이다. 그 외 참전 세력은 모두 같다. (이夷 자는
원래 '尸' 자 아래 '爪' 자가 있었다.) 이는 사밀궤에 기록된 전쟁도 회이를 목표
로 했음을 설명해준다. 사원궤의 연대는, 그 기물 형태와 글자체로 볼 때, 사
밀궤보다 조금 늦다. 따라서 사원궤에 기록된 사실은 아마 사태가 조금 더
전개된 이후의 역사일 가능성이 있다.

주 왕조와 회이의 충돌은 아주 장구한 역사를 지닌다. 『후한서後漢書』 「동
이전東夷傳」에 그에 대한 대체적 윤곽이 기록되어 있다. 일찍이 주대 초기에

회이는 삼감의 난에 참가했다가 주공에 의해 평정되었다. 주 목왕 시기, 서徐나라가 강대해지자, 구이九夷를 이끌고 주나라를 정벌했지만, 왕사王師 및 초나라 군대에 패배했다. 당시의 금문金文인 반궤班簋 명문에는 모공毛公이 '동국의 교활한 융東國獪戎'을 정벌하는 내용이 기록되어 있다. 이 시기에 회이를 정벌하는 내용을 담은 금문은 그래도 적지 않다.[34] 서주 중기에 이르러 왕조의 역량이 점점 약해지면서, 회이는 또 동국을 괴롭혔다. 사밀궤 명문에 기록된 사실이 그 사례다.

제나라는 책봉될 때부터, 복종하지 않는 세력을 정벌할 수 있는 특수한 권한을 부여받았다. 『좌전』 '희공 4년'에 기록된 관중管仲의 말을 보자. "옛적 소강공召康公이 우리 선군先君 태공太公에게 말했다. '오후구백五侯九伯을 네가 다 정벌하여 주 왕실을 보좌하라.'"[35] 제나라가 중심이 되어 회이를 정벌한 것은 소공의 명에 정확히 부합한다. 사원궤 명문에 의하면, 주 왕조는 승리를 거두었다. 그 전쟁은 효왕 때 시작되어 사원의 출정까지 계속되었기 때문에, 사원의 출정은 늦어도 이왕夷王 초년일 것이다. 고본 『죽서기년』의 기록에 의하면, 주 이왕 "3년, 제후들이 모인 자리에서 제 애공을 솥에 삶아 죽였다"[36]라고 하는데, 『사기』 「제세가齊世家」에 의하면, 이 일은 사실 기후紀侯가 이왕에게 제 애공을 참소했기 때문이다. 주 이왕이 제 애공을 죽인 후, 그 동생 '정靜'을 즉위시켰는데 이가 호공胡公이다. 이 일은 제나라 공실의 내란을 야기했고, 기 나라와는 대대로 이어지는 원수 관계를 맺게 했으며, 결국은 춘추 초기에 제나라가 기나라를 멸망시키는 도화선이 되었다. 이를 통해 알 수 있듯이, 주 이왕 3년 이후 제나라의 국력이 내란으로 소모되어 주 왕과 기나라 관계에 변화가 발생했기 때문에, 명문에서 말하는 것과 같이 주 왕의 명을 받은 대신의 지휘 속에서 제나라와 기나라가 연합해 출정하는 것은 사실상 완전히 불가능한 일이었다.

그러나 이 시기 회이에 대한 전쟁에서의 승리는 표면적인 것에 불과했다. 주 여왕 이래로 회이의 세력은 더욱 왕성해졌다. 주 여왕이 괵중虢仲에게 명하여 회이를 정벌하게 했지만 실패하고 말았다. 이 시기 회이의 위협은 주의 동토에만 국한된 것이 아니라 주 왕조 자체를 향하고 있었다. 주 선왕 시기 회이와 서나라를 정벌해 승리한 것은 왕조의 군사력을 잘 운용한 결과이지, 제나라에 의존해 거둔 성과는 아니었다. 주 왕조와 회이 사이의 형세는 이때 이미 이전과 완전히 달랐다. 주 유왕 때 이르러서는 다시 사방 이민족이 번갈아 침입해오는 '사이교침四夷交侵'의 양상이 나타났다. 이러한 양상은 제 환공이 패업을 이룰 때까지 이어지면서 겨우 이인에 대한 통제가 가능해졌다.[37] 여기서 제나라가 이인 사이의 관계에서 얼마나 중요한 역할을 했는지 볼 수 있다.

의고시대를 걸어 나오며

허난성 싼먼샤 상춘링上村嶺 곡국 묘지가 새로 발견되었다는 소식은 이미 학계에 널리 퍼졌다. 1991년 1월 상순, 필자는 직접 현장을 참관하고 출토 문물을 관찰했다. 발굴이 아직 진행 중이어서 여기서는 간단한 초보적 생각만 나누고자 한다.

지난번 상춘링 발굴은 1956~1957년에 진행되었는데 당시 묘장 234기, 거마갱과 마갱馬坑 4기를 발굴해 야외 고고 작업의 기념비적 대사가 되었다. 그중 가장 큰 묘장은 1052호묘로 길이는 5.8미터이고, 여기서 정鼎 7개와 궤 6개가 나왔다. 묘주는 곡 태자虢太子 원元으로, 이는 당시 발견된 가장 높은 신분의 묘였다. 1990년부터 시작된 이번 발굴에서는 이미 2001호묘가 공개되었는데, 길이 5.3미터에, 정 9개와 궤 8개가 나왔으며, 묘주는 곡계虢季로, 여러 상황으로 볼 때 그 신분은 곡국의 군주가 분명해서, [2001호묘는] 가장

의의가 큰 중요한 발굴이라 할 수 있다. 이후 2009호묘도 발굴되었는데, 그 규모도 이와 비슷했다.

전래 문헌에서 괵국 역사 기록은 적지 않은 편으로, 동시대의 연나라 같은 여러 제후국 기록보다 더 풍부하고 분명한 편이다. 그러나 학자들 사이에는 이견이 존재한다. 이번 새로운 발견으로 또한 몇 가지 급히 해결해야 할 문제가 제기되었는데, 문헌 기록을 다시 정리해 금문 자료를 참조한다면 문제를 좀더 명확하게 할 수 있을 것으로 보인다.

첫번째 문제는 주나라 때 괵국이 도대체 몇 개였나는 것이다. 괵국의 세계世系는 『세본』과 『사기』 등 사서에 기록되지 않았다. 그러나 관련 기록의 재구성을 통해 그 대략적인 것은 알 수 있다. 『좌전』 '희공 5년'에 이르길, "괵중과 괵숙虢叔은 왕계王季의 아들인데, 문왕의 경사卿士로서 왕실에 공훈이 있었기에 [그 문서가] 맹부盟府에 소장되어 있었다"[1]라고 했다. 괵중과 괵숙은 주 문왕의 동생으로, 괵숙은 주 무왕의 '사師'를 담당했다. 그들은 따로 책봉을 받아 동괵東虢과 서괵西虢을 이루었다. 동괵은 지금의 허난성 싱양滎陽 서쪽에 있었고, 서괵은 지금의 산시성 바오지 동쪽에 있었다. 누가 동괵에 책봉되고 누가 서괵에 책봉되었는지에 대해서는 문헌마다 설이 다르지만, 『좌전』 '은공 원년'의 기록에 괵숙이 '제制' 곧 지금의 싱양 서북쪽에서 죽었다고 한 데서 괵중이 서괵에 책봉되고 괵숙이 동괵에 책봉되었을 가능성이 좀더 크다. 어떻든 『국어』 「진어 4晉語四」에 보면, 문왕이 "두 아우를 공경하고 우애했고" "두 아우에게 물어보았다"[2]라고 한 것을 통해 문왕 때에 두 형제를 각각 괵에 나누어 책봉했음을 증명할 수 있어서, 주초에 3번째 괵국이 있었을 리는 없다.

괵 군주는 대대로 왕조에 임직했다. 주 목왕 때 괵 성공號成公이 있었는데 반궤 명문에 보인다. 서주 후기 이왕 시기에 괵공이 있었는데 주왕의 명을 받아 태원太原의 융戎을 정벌한 사실이 『죽서기년』에 보이고, 주 여왕 때 괵 중이 회이를 정벌한 사실이 『후한서』 「동이전」에 기록되어 있으며, 주 선왕이 적전籍田●을 친경親耕하지 않자 왕에게 간언을 했던 괵 문공號文公이 『국어』 「주어 상周語上」에 보이는데, 위소는 주에서 괵문공이 서괵 사람으로 경사卿士를 맡고 있었다고 했고, 주 유왕 때 경사를 맡았던 괵공 고鼓라고도 불리는 괵석보號石父가 있었는데, 괵석보는 아첨하는 것을 좋아해 주 왕조의 정치를 무너뜨린 인물로 『국어』 「정어」와 『여씨춘추』 「당염當染」 등에 기록되어 있으며, 주 유왕이 죽은 이후에 또 괵공 한翰이 있었는데, 왕자 여신余臣을 휴攜에서 옹립한 사실이 고본 『죽서기년』에 기록되어 있다. 서괵은 왕기王畿[왕도 부근의 땅] 안에 있었고, 동괵은 동방의 소국이었다. 왕조에서 대신을 지낸 괵 군주는 모두 서괵의 군주일 것으로 보인다.

동괵은 주 유왕 때 '자작과 남작의 나라子男之國'에 불과했다. 「정어」에 기록된 당시 동괵의 군주인 괵숙이 동괵 지세의 험난함을 믿고 교만하고 사치하며 탐욕스럽게 굴었다고 한다. 서주가 무너지고 난 후, 평왕平王 4년(기원전 767년) 동괵은 정나라에 멸망되었다.

『한서』 「지리지」에 기록된 괵은 모두 4곳으로, 홍농군弘農君 섬현陝縣 조에 다음처럼 나와 있다. [섬은] "그러므로 옛 괵국이다. 초성焦城이 있는데 옛 초국焦國이다. 북괵은 대양大陽에 있었고, 동괵은 형양滎陽에 있었으며, 서괵은

● 　임금이 몸소 농민을 두고 농사를 짓던 논밭. 그 곡식으로 신에게 제사를 지냈다.

옹주雍州에 있었다."[3]

동괵과 서괵은 앞서 언급했다. 『수경』 「위수 주渭水注」에서 『태강지기太康地記』를 인용해 말하길, 서괵은 평왕이 동천할 때 상양上陽으로 옮겨서 남괵南虢이 되었는데, 이것이 바로 『한서』 「지리지」에 기록된 섬현의 괵으로 대양의 북괵 하양下陽과 마주 대한다고 했다. 청대 왕선겸王先謙은 『한서보주漢書補注』에서 말하길, "섬陝과 대양大陽은 황하를 끼고 마주 대하고 있다. 따라서 상양과 하양의 구분이 생겨나고 또한 남괵과 북괵의 호칭이 나타났는데, 실제로는 하나의 괵이다"라고 했는데, 이는 아주 정확한 분석이다. 원래의 서괵이 동쪽으로 이주한 다음에, 경내에 상양과 하양을 나누어 남과 북으로 칭한 것으로, 동괵·서괵은 남괵·북괵과 결코 같은 시대에 존재하지 않았다. 그 밖에, 서괵이 원래 있던 곳에 소괵小虢이 있었는데 기원전 687년 진秦에 멸망당한 사실이 『사기』 「진본기」에 보인다. 그러나 이 소괵은 강羌의 별종으로 생각된다. 종합해보면, 주나라에 괵이 5곳 있었는데, 서주 시기에는 동괵과 서괵이 있었고, 주 왕실이 동천한 다음에 서괵이 이주해 남괵과 북괵이 있었으며, 서괵이 원래 거주하던 곳에는 소괵이 있었다. 싼먼샤에서 1950년대 발굴된 리자야오 유지李家窯遺址는 곧 남괵의 상양으로, 상춘링은 그에 속한 묘지다.

다음 문제는 서괵이 언제 상양으로 옮겼는가 하는 점이다. 이 문제는 「정어」 속 한 문장이 발단이 되었다. 「정어」에 이르길, 성주(지금의 뤄양)의 "서쪽에 우虞, 괵虢, 진晉, 외隗, 곽霍, 양楊, 위魏, 예芮" 등 여덟 나라가 있다고 한다. 여기의 괵은 싼먼샤의 괵처럼 보이기도 하지만, 기록의 연대는 유왕 8년(기원전 774년)으로 서주가 멸망하기 이전이다. 과거에도 이렇게 생각한 사람이 있었다. 일례로, 금본 『죽서기년』 유왕 7년 조에 "괵인이 초焦를 멸했다"[4]는 기록이 있는데, 초가 바로 상양에 있었기 때문이다. 사실 「정어」에 기록된 사방의 제후 가운데는 아주 먼 곳의 제후도 있었다. 예컨대 남방의 초, 북방의 연, 동방의 제가 그러하다. 따라서 서방의 괵도 그저 바오지의 괵으로, 위소의 주도 그렇게 여겼다. 상춘링 묘지에서 확실히 서주의 것이라 확정할 수 있는 묘가 발견되지 않는다면, 서괵이 평왕을 따라 동쪽으로 이동했다는 기록을 인정할 수밖에 없다.

쌴먼샤의 괵이 서괵에 속하는 것인지는 이미 비교적 명확한 답안이 있다고 말할 수 있다. 괵계자백반虢季子白盤은 주 선왕 때의 기물로, 청나라 도광道光 연간(1821~1850)에 바오지 괵천사虢川司에서 출토되었다. 괵계자백虢季子白은 다른 정鼎에서 '괵 선공자백虢宣公子白'으로 기록되어 있는데, 이를 통해 그가 괵 선공虢宣公의 아들임을 알 수 있다. 어떤 학자는 그가 바로 괵 선공이라 판단했는데, 이 또한 일리가 있는 생각이다. 바오지 일대에서는 괵계자와 관련된 청동기가 8건 출토되었다. 상춘링 1631호묘에서 출토된 괵계씨 자작력虢季氏子伐鬲이 있는데, 이와 별도로 전해 내려오던 역鬲[고대 중국에서 사용하던, 발이 바깥쪽으로 굽어서 벌어진 세 발 달린 솥]의 명문에 '괵문공자작虢文公子伐'이라는 말을 통해, 괵계씨 자작이 문공의 아들임을 알 수 있다. 이번에 새로 발굴된 자료는 이곳에 있었던 괵국의 공실이 계씨季氏임을 증명해주었다. 그 계보는 바오지의 서괵과 분명한 계승 관계를 이루고 있다. 서괵의 군주를 어째서 계씨라 일컬은 것인가? 과거 쩌우안쩡鄒安曾은 괵국은 왕계王季로부터 나온 데서 또한 계씨라고 칭한 것이라 지적했는데, 이는 신빙성이 있는 추론이다.

새로운 고고 발견

또 하나의 문제가 있는데, 바로 2001호묘의 묘주를 왜 괵계라 했는가다. 이와 관련해 괵군을 대체로 '백중숙계伯仲叔季'[형제의 차례. 백은 맏이, 중은 둘째, 숙은 셋째, 계는 막내를 일컫는다]로 일컬었음을 주의할 필요가 있다. 위에서 이야기한 동괵의 괵숙과 서괵의 군주로 보이는 괵중이 그 예다. 『춘추』에 보이는 괵군을 보면, 은공 때에 왕의 경사卿士를 담당한 괵공 기보忌父, 환공 때의 괵공 임보林父는 또 괵중이라 일컬었고, 장공莊公에서 희공 때의 괵공 추醜는 또 괵숙이라 일컬었다. 중숙계仲叔季는 모두 괵 군주 본인의 자字로 계씨와는 무관하다. 주나라 초기의 괵중과 괵숙 두 사람도 관련이 없다.

마지막으로 2001호묘의 연대 문제를 이야기해보고자 한다. 이 묘에서 출토된 각 청동기의 시대는 비교적 이른 편이다. 예컨대 대조문大鳥紋 방호方壺[예기禮器의 일종으로, 그릇의 배부분이 원형이고 위의 입구 부분이 네모난 병]는 예태자백호芮太子白壺와 아주 비슷하지만, 대부분은 같은 시대의 것이다. 그중 정鼎이 형체는 아주 특징적이다. 구연부口緣部가 밖으로 꺾여 있고, 복부가 얕으며折沿淺腹, 위쪽으로 귀처럼 구멍 뚫린 손잡이附耳가 달려 있고, 솥발蹄足의 아랫부분下根이 아주 크다. 이와 유사한 정으로는 동주 초기에 속하는 후베이 징산京山 쑤자룽蘇家壟에서 보였다. 또 송나라 때 산시陝西 한청韓城에서 나온 진강정晉姜鼎의 형체와도 비슷한데, 진강정의 연대는 기원전 745년에서 기원전 740년 사이다. 이를 추론해볼 때, 2001호묘의 괵계는 분명 동주 초년에 살았던 것으로 보인다. 그는 물론 『좌전』의 괵공 임보, 괵중, 괵공 추, 괵숙보다는 이르고, 그가 괵공 기보인지 아니면 다른 괵 군주인지는 좀더 연구해보아야 한다. 앞으로 상춘링 묘지에서 더 많은 유적이 발견된다면 문제를 하나하나 해결해나가는 데 큰 도움을 줄 것이다.

의고시대를 걸어 나오며

1992년 여름, 산시성 바오지 이먼촌益門村에 위치한 길이가 겨우 3미터 남짓 춘추시대 묘에서 금기와 옥기 등의 귀중품이 다량 발견되었다. 이 소식은 전해지자마자 고고학계와 미술사학계의 폭넓은 관심을 받았다. 이번 발굴이 시작되고 얼마 지나지 않아 필자는 학술회의 참석차 산시에 가서 적잖은 정보를 얻었지만, 발굴 간보를 읽고 나서,[1] 이 문물들의 아름다움에 놀라움을 느끼면서 감탄해마지 않을 수 없었다.

　간보에서는 이먼촌 2호묘의 연대를 춘추 후기의 전반기로 정확하게 추정했고, 아울러 금기와 옥기에 대해 아주 상세하게 묘사했다. 필자가 생각하기에, 이 금기와 옥기가 중요한 까닭은 그것이 당시의 공예 수준에 대해 새롭게 인식할 수 있게 해주고 춘추 중후기 중국 미술사에서의 특수한 지위를 확인해주었기 때문이다. 여기서 우리는 이먼촌에서 출토된 금기와 옥기 문식의 연구를 통해, 금기와 옥기 문제에 대해 토론해볼 수 있다.

이먼촌 2호묘의 유물 가운데 가장 관심을 끄는 것은 바로 100여 건에 달하는 금기다. 지금까지 중국에서 진 제국 이전 금기의 출토는 주지하듯 아주 제한적이었다. 이렇게 많은 금기가 집중적으로 발견된 것은 전례가 없었다. 일찍이 선진 시기 금기의 발견이 극히 적은 것은 결코 당시 황금 공예가 발달하지 않아서가 아니라 금값이 아주 비싸서 일반 귀족들은 부장품으로 금기를 쓰지 못했고, 순장품이 호화로웠던 묘에서도 금기의 발굴은 그렇게 많지 않았던 것이다.[2] 이먼촌 2호묘의 이번 발견은 바로 이 점을 증명해준다고 할 수 있다.

이먼촌의 금기 가운데 가장 중요한 것은 바로 금병철검金柄鐵劍 세 자루다. 먼저 이것에 대해 이야기해보겠다. 유형과 문식이 서로 유사한 이 세 금병철검은 바로 고대 황금 공예를 대표하는 것이라 할 수 있다.

여기서 설명하고 넘어가야 할 부분이 있다. 바로 이먼촌 금병철검의 주요 문식으로, 간보에서는 이를 반리문蟠螭紋[고대 중국 청동기에 보이는, 뿔 없는 용이 몸을 서리고 뒤얽힌 모양의 무늬]이라 불렀다. 이 표현은 전체적으로 볼 때 틀린 것은 아니지만, 더 정확히 말하자면, 청동기 문식에 자주 쓰이는 용례를 따라 반훼문蟠虺紋으로 일컬어야 한다. 반훼문은 룽겅 선생이 『상주이기통고商周彝器通考』(1941)에서 일컬은 말로, 그 형태는 혹은 "큰 뱀이 빙 둘러 감은 듯한" 모습이기도 하고, 혹은 "큰 뱀 몇 마리가 서로 연결되어 있는" 모습이기도 하며, 혹은 "큰 뱀이 서로 빙 둘러 있어 그 머리와 꼬리가 보이지 않는"[3] 모습도 있다. 이러한 문양은 반리문에서 변화된 것이지만 더욱 세밀하게 가공되고 도안화된 것이다. 금병철검의 문양이 바로 이러하다.

세 검은 서로 비슷하지만 자세히 살펴보면 그 구조와 문식에서 어느 정도 차이를 보인다. 공예적으로 볼 때 가장 먼저 꼽으라면 M2:1검을 들 수 있다. 이 검은 길이가 35.2센티미터이고, 철로 된 검신劍身에는 분명한 주척柱脊[검신 중앙에 산처럼 길게 도두라진 부분]이 있다. 날밑格[칼몸과 손잡이 사이에서 손을 보호해주는 테. 코등이 또는 방패막이라고도 함]에서 칼머리劍首에 이르기까지 모두 금으로 되어 있고, 누공의 부조 형태로 된 반리문이 아주 세밀하게 장식되어 있다. 섬세한 뱀의 몸虺身이 가득하게 비늘鱗甲의 밀도를 더해주면서 서로 교차하는 모양으로 얽혀 있으며, 뱀의 머리虺頭와 날개羽翼가 숨어 있기도 하고 나타나기도 하는 가운데, 녹송석과 요주料珠가 그 사이에 상감되어 있다. 황금색과 푸른색이 찬란하게 비춰주니 그 무엇보다도 화려하다. 상감된 녹송석은 '乙(을)' 자 형으로 세밀하게 가공되어 있는데, 이 또한 그동안 보지 못했던 것이다. 손잡이 몸체劍莖의 반훼문은 좌우 양쪽으로 펼쳐져서 다섯 개의 돌치突齒[도드라진 이빨 형태]를 형성했다. 날밑과 칼머리는 모두 앞뒤 이중으로 되어 있고 그 영롱함과 깨끗함이 마치 귀신이 솜씨를 발휘한 듯해서 일반인의 생각으로는 전혀 도달하지 못할 경지다.

　　상대적으로 M2:2, M2:3 두 검은 질박해 보인다. M2:3검은 M2:1검에 비교적 가깝지만, 날밑과 칼머리가 모두 단겹이고 손잡이 몸체의 좌우 양측에 각각 7개 돌치가 있는 것이 다르다. 그 반훼문의 구조 또한 비교적 간단해, 평조平彫 기법에 대부분 선으로 테두리를 둘렀으며, 녹송석 구슬로 상감은 되어 있지만 갈고리 모양의 상감은 없다. M2:2검은 비교적 간소해 손잡이 몸체에 문식이 없고 돌치도 보이지 않는다. 날밑과 칼머리의 반훼문에는 보석 구슬로만 상감되어 있고 갈고리 모양의 상감 또한 없다. 치수를 보면

M2:3는 길이 35센티미터로 M2:1과 아주 비슷하다. M2:2의 원래 길이 또한 아마 큰 차이는 없을 것이다.

이 세 금병철검과 비슷한 기물로는 발굴 간보에서도 거론했듯이 1976년 산시陝西 평상鳳翔 바치툰八旗屯 BM27 묘에서 출토된 청동검을 들 수 있다.[4] 이 검은 통체通體로 청동으로 주조되었는데, 길이는 25센티미터, 검신에는 "주 척이 있고, 칼 손잡이劍柄는 타원형 기둥 모양이며, 누공 기법으로 반훼문이 장식되어 있다." 이 검은 날밑과 칼머리가 모두 단겹이고, 문양의 구조도 이 면 M2:3검과 아주 유사하며, 손잡이 몸체의 좌우에는 각각 5개 돌치가 있 고, 문식에는 상감된 것이 없지만, 동그랗게 도드라진 돌기가 가득 덮여 있 다. 바치툰 청동검과 이면촌 검의 관계는 이처럼 아주 분명하게 나타난다.

여기서 또 이와 비슷한 검 두 자루를 예로 들어보겠다.

첫번째 검은 타이완 타이베이 구웨거古越閣의 왕전화王振華 선생이 소장하 고 있는 것으로,[5] 전체가 청동으로 주조되어 있으나, 그 형체는 이면촌 M2:1 금병철검과 비교해볼 때 사실상 M2:1검을 아주 똑같이 모방한 것에 지나지 않는다. 이 검은 길이가 28.6센티미터이고, 검신에는 주척이 있다. 날밑에서 칼머리에 이르기까지 반훼문이 누공 기법으로 장식되어 있는데, 날밑과 칼 머리 모두 앞뒤 두 겹으로 되어 있으며, 손잡이 몸체 양측에는 5개 돌치가 있는데, 이는 이면촌 M2:1검과 완전히 일치한다.

흥미로운 점은, 구웨거 검의 반훼문 구조도 대체로 M2:1검과 서로 같다 는 것이다. 구웨거 검의 반훼체에는 M2:1검처럼 비늘을 상징하는 빽빽한 점 이 있으나, 갈고리 형태의 상감은 없다. 대체로 M2:1검에서 상감된 녹송석 이 있는 곳에 구웨거 검에는 모두 날개 형태의 부조가 있는데, 이는 우리에게 갈고리형 상감의 숨은 뜻을 이해할 수 있게 해준다. M2:1검의 구슬형 상감은 구웨거 검에서 권점형공圈點形孔[둥근 점 모양 구멍]으로 표현되었다. 양자 간에 유일하게 다른 것은 구웨거 검은 머리 중심에서 약간 낮은 위치에 한 쌍의 뱀 머리가 있으며, 뿔이 곧고 코가 말려 있는 모양堅角卷鼻인데, M2:1검 에서는 이렇게 분명하게 나타나지는 않는다.

구웨거 검과 거의 같은 검이 또 타이완 타이베이의 고궁박물원에 소장되어 있다.[6] 이 검도 청동으로 주조된 것으로 그 날밑과 손잡이 몸체 사이에 절단된 곳이 하나 있는데, 이것이 잘못 연결되어 검 길이가 31.5센티미터가 되었다. 사실상 이 검의 원래 길이는 구웨거의 검과 비슷했을 것이다(이는 왕 전화 선생이 발견한 것이다). 구웨거와 타이베이 고궁박물원의 검의 제작 연대는 분명 이먼촌 M2:1검과 같은 시대일 것이다.

이상에서 언급한 검은 그 형체에 따라 다음 두 가지로 분류해도 무방할 것이다. 하나는 바치툰 검, 이먼촌 M2:2, M2:3 검이고, 다른 하나는 이먼촌 M2:1검, 구웨거 검, 타이베이 고궁박물원 검이다. 후자는 전자보다 문양이 더욱 정밀하고, 장식도 더욱 화려하며, 특히 반훼문이 입체적 부조로 발전해간 것이 가장 중요한 진보라 할 수 있다. 두 종류의 제작 연대는 같을 수 없다. 바치툰 BM27묘의 연대는 비교적 이른 시기에 속하는데 발굴 간보에서는 춘추 초기로 추정했다가 이후 논문에서는 춘추 중기로 수정했다.[7] 바치툰 검이 포함된 전자의 연대는 이 정도로 비정할 수 있지만, 후자는 비교적 발전되었다는 점에서 그 시대도 조금 늦은 것으로 보인다. 여기서 우리는 이먼촌 2호묘의 유물 가운데는 비교적 이른 시기부터 전해져 내려오던 물품도 많았음을 알 수 있다.

이먼촌과 바치툰은 모두 당시 진秦나라 땅이었다. 상술한 검은 금병철검이든 청동검이든 모두 진나라 기물임은 의심할 여지가 없어 보인다. 그렇다면 이 유형의 검이 진나라 특색인가? 필자는 아무래도 그렇다고 말할 수는 없을 것 같다.

누공반훼문의 금병검金柄劍은 일찍이 1920~1930년대에 나타난 적이 있다. 아래 몇 가지 예를 들어보도록 하겠다.

런던 영국박물관에 소장된 금검의 칼머리는 [영국의] 저명한 수장가 조지 유모호포러스George Eumorfopoulos가 소장하고 있던 것으로, 많은 중국미술사 저작에서 인용한 적이 있다. 이 칼머리는 길이가 5.75센티미터로 아주 정밀한 누공 반훼문으로 장식되어 있는데, 상감기법은 사용되지 않았다. 소식에 따르면, 이 칼머리는 산시山西 훈위안渾源의 고묘古墓에서 출토되었다고 하는데, 발견될 때는 길이 5센티미터의 손잡이 몸체가 달려 있었다고 한다.[8] 주지하다시피, 1923년 훈위안 리위李峪에서 많은 문물이 나왔지만 대부분 국외로 흩어지고 말았다. 그 연대는 대체로 춘추 후기에서 전국 초기에 이른다고 한다. 따라서 이 금검의 칼머리가 이 지역에서 나왔을 가능성도 충분하다.

1935년에서 1937년까지, 중앙연구원 역사어언연구소歷史語言硏究所는 허난 후이현輝縣 류리거琉璃閣에서 발굴을 했는데, 60호 대묘에서 검 세 자루가 출토되었다. 그중 하나는 상아 칼집이 있는 금병동검金柄銅劍으로, 평범치 않은 미관 때문에 한 시대를 시끄럽게 달구기도 했다. 이후 학자들의 기록에 따르면,[9] 이 검은 길이가 24.3센티미터이고, 전체가 청동으로 주조된 것으로, 검신에는 주척이 있고, 날밑에서 칼머리까지 두께 0.2밀리미터의 황금층이 감싸고 있다고 한다. 날밑격에는 수면문과 비슷한 문양이 있고, 칼머리 부위는 누공된 반훼문으로 장식되어 있는데, 모두 녹송석이 상감되어 있다. 손잡이 몸체에도 반훼문이 있고 또한 양측에 각각 5개 돌치가 있지만, 충분히 발달된 상태는 아니다. 이 묘의 연대는 춘추 후기다.

이 두 사례의 출토 지점을 보면 훈위안은 진晉에 속하고 후이현은 위衛에 속하는데, 모두 진秦에서 비교적 멀리 떨어진 곳이다. 특히 후이현은 중원에 위치하는데, 여기서 출토된 검이 진秦나라의 것과 유사하지만 공예상으로 또 형체상으로 차이가 있기에 진에서 전해진 것이라 말하기는 쉽지 않다. 따라서 이러한 검은 어쩌면 열국에서 한때 유행했던 풍격으로 진이 독자적으로 가졌던 것은 아니었을 것이다.

덧붙여 말하자면, 북방 청동 단검 가운데 이른바 '화격검花格劍'[칼밑格이나 손잡이에 화려한 문양이 장식된 검]이라는 것이 있는데, 어떤 학자는 바치툰 검을 설명할 때 '화격검'의 예를 인용하기도 했다.[10] 그중 여기서 토론된 검의 윤곽과 비슷한 것은, 1977년 허베이 롼핑야오灤平窯 상잉팡上營房 시산묘西山墓에서 출토된 검 한 자루다.[11] 그러나 이 검은 주척이 없고 누공 반훼문 계열에 속하지도 않아서, 이 꼭지에서 다루는 여러 검과 관계가 있는지 없는지는 조금 더 연구를 지켜봐야 할 것 같다.

이먼촌 2호묘 금기 가운데 M2:1 금병철검과 같은 풍격의 기물들도 있다. 일례로, 금방수철도金方首鐵刀[네모꼴 칼머리를 금으로 장식한 도刀], 금대구金帶鉤[금으로 장식한 허리띠 고리], 금방포金方泡[금제 네모꼴 장식품. 네모꼴 전체를 짐승 얼굴처럼 만든 것이 있으며 주술과 신앙의 의미가 담긴 것으로 추측한다.] 등이 있는데, 문양이 다 같은 것은 아니지만 모두 부조 기법을 사용했고, 권점형공, 빽빽한 점, 날개 등으로 장식되어 있는데, 모두 칼 손잡이의 문식과 같은 것이다. 주의할 것은 간보에서 이미 지적한 대로 이 묘장의 금대구가 평샹 난즈후이南指揮 1호 진공대묘秦公大墓에서 나온 것과 '같은 틀로 제작된 것'처럼 꼭 같다는 점이다. 이 대묘는 그 석경石磬[아악기의 하나로, 돌로 만든 경] 명문을 고찰해볼 때 진 경공秦景公의 묘일 가능성이 높은데, 시기적으로 춘추 후기의 전반부에 속한다. 이로써 이먼촌 M2:1검 등이 이러한 문식을 갖춘 기물들의 제작 연대를 논증할 수 있다.

이 진공대묘에서 출토된 80여 옥기의 주요 문식은 이와 마찬가지로 반훼문이었다.

이먼촌 옥기의 반훼문은 대부분 부조로 장식되어 있고 문양은 서로 다른 충차가 있다. 이렇게 부조된 반훼문은 금기의 것과 달라 보이기도 하는데, 옥기의 문식에는 빽빽한 점이 더해지지 않았고, 또 권점형공 혹 상감이 없기 때문이다. 그러나 문양은 여전히 뱀 무리衆虺가 서로 둘러싸고 있고, 또 눈에 잘 띠지 않는 머리와 날개를 지니고 있다.

간보에 수록된 도圖 14, 18, 21 등의 탁본을 통해 옥기의 부조 반훼문의 전형적인 사례를 볼 수 있다. 예컨대, 도 14 가운데 M2:106벽璧, M2:161황璜, M2:169패佩 등등의 반훼문은 몇 가지 부류로 나눌 수 있고, 게다가 뱀의 몸체 아래 배경으로 깔린 사선 무늬 바탕斜線紋地은 문식에 누공의 감각을 더해준다. 벽이 반드시 동그란 테두리를 유지해야 하는 것을 제외하면, 황과 패는 가장자리에 돌치를 만들어서 이러한 인상을 더해주었다. 이와 같은 반훼문 옥기는 앞서 서술한 반훼문 금병철검과 함께 미술적으로 완전한 조화를 이룬다.

자세히 살펴보면, 이먼촌 옥기 가운데 또 다른 풍격의 반훼문도 있다. 예컨대 도 14의 M2:146황, 도 18의 M2:122장형패璋形佩[장璋 모양의 패옥], M2:132와 M2:142휴觿[뿔송곳]의 문양은 모두 평조로 새겨져 있는데, 또한 음선각획陰線刻劃으로 이루어져 있다. 그 특징을 들자면 구련은 세밀하지만 층차도 없고 분명한 머리 혹은 날개도 찾아볼 수 없다.

이와 같이 평조 구련 반훼문 옥기는 과거 산시陝西에서 적잖게 발견된 바 있다. 일례로 1970년대 평샹 허난툰河南屯에서 출토된 벽, 바치툰에서 출토된 벽과 황, 와야오터우瓦窯頭에서 발견된 황과 휴,[12] 1980년대 평샹 마자좡馬家莊 1호 건축군에서 출토된 벽과 황[13] 모두에 이러한 종류의 문양이 있다. 평샹의 이들 옥기는 모두 융청 유적과 관련이 있는데, 문식이 이먼촌에서 출토된 것에 비해 약간 거친 점에서 시대적으로 조금 앞선 것일 가능성이 있다. 이로 미루어, 평조의 반훼문은 부조의 반훼문보다 시대적으로 앞서고, 이먼촌 옥기의 제작 연대에도 시대적 선후 관계가 있을 것이다.

부조된 반훼문 옥기가 유행한 연대는 진秦 이외의 두 지역에서 나온 옥기를 기준으로 비교해 추정할 수 있다.

첫번째는 발굴 간보에서 이미 거론한 1978년에 발굴된 허난성 시촨 샤쓰下寺 을조乙組 묘장군에서 나온 옥기다.[14] 그중 M1:5원瑗(발굴 보고에서는 '벽璧'이라 했다), M2:146, M2:267의 치가 있는 벽, M3:31-3 호琥, M3:44-3 휴의 반훼문은 이먼촌의 것과 유사한 특징을 보인다. 이 묘장군에서는 평조의 기물도 출토되었다.

두번째는 1955년에 발굴된 안후이 서우현壽縣 시먼대묘西門大墓에서 나온 옥기다.[15] 그 가운데 편환형식扁環形飾[납작고리 모양 장식] 104, 관형식管形飾[대롱 모양 장식] 101, 옥식玉飾 108, 109등의 반훼문 또한 이먼촌의 것과 유사한 특징을 보인다.

시촨 샤쓰는 초나라 묘장으로, 을조묘 M2에서는 왕자오정王子午鼎이 출토되기도 했는데, 왕자王子 오午는 기원전 552년에 죽었다. 묘의 구체적 연대에 대해서는 쟁론이 있으나 대체적으로 큰 차이는 보이지 않는다. 서우현 시먼은 채蔡나라 묘장으로, 묘주는 이미 채 소후蔡昭侯[채나라의 국군國君]로 밝혀졌는데, 그는 기원전 491년에 죽었다. 이 밖에 1986년에 발견된 장쑤성 우현吳縣 옌산嚴山의 옥기 가운데에도 반훼문과 유사한 문식을 가진 것이 많다.[16] 그 구체적 연대를 판단할 수 있는 자료는 발견되지 않았으나, 이 지역이 옛 오吳의 지역이라, 이 유적 또한 오나라의 것이 자명하다. 이는 반훼문이 한나라 한 지역에서만이 아니라 당시 상당히 보편적으로 유행하고 있었음을 설명해준다.

반훼문은, 그것이 청동기와 금기·옥기 등에만 나타나는 문양이라 하더라도, 미술사적으로 일종의 새로운 풍격을 대표한다고 할 수 있다. 춘추 초기의 후반기에 이미 반리문이 나타나 상 서주 이래로 유행하던 전통적인 문식을 대체했다. 그러나 반리문은 여전히 띠형帶狀 장식으로 과거의 모식模式을 극복하지 못했다. 반훼문이 흥기하면서부터 구조가 복잡하고 세밀해지고 또 삼차원적 층차도 나타나면서 해묵은 과거의 풍격을 완전히 일소해버렸다.

반훼문이 대표하는 새로운 풍격은 기원전 6세기의 춘추 중후기에 흥성하기 시작했고 기원전 5세기의 전국 초기에 이르러 극성을 이루었다.

진秦에서는 반훼문의 일종인 구련 문양이 비교적 이른 시기에 나타났다고 할 수 있다. 간쑤성 톈수이天水 시난향西南鄉에서 1919년 발견된 진공궤秦公簋에도 이러한 문식이 나타나지만, 아직까지는 그래도 띠형의 단계에 머물러 있었다. 필자는 진공궤의 주인이 바로 진 목공穆公이라 생각한다.[17] 그는 기원전 621년에 죽었다. 반훼문이 진나라에서 발달한 것은 곧 춘추 후기다. 난즈후이 대묘의 청동기 잔편에도 이와 같은 문양이 있었고, 이면촌의 금기와 옥기는 더욱 전형적인 대표라 할 수 있다.

정나라의 경우, 1923년 허난 신정 리자러우 대묘李家樓大墓에서 이미 새로운 풍격을 이룬 기물이 발견된 바 있다. 이 묘에서 나온 연학방호蓮鶴方壺[상부에 연꽃잎 모양의 장식과 학이 주조되어 있는 청동제 네모꼴 호壺.]는 궈모뤄 선생이 "시대정신의 상징"이라 평가한 것으로 유명하다.[18] 누공으로 된 세밀한 문양은 연학방호의 특징 가운데 하나다. 이 묘의 묘주는 정 성공鄭成公[정나라의 국군國君]일 가능성이 높은데, 그는 기원전 571년에 죽었다.

초나라에서는 복잡하고 세밀한 문식의 청동기가 위에서 언급했던 시촨샤쓰 묘장에서 많이 보인다. 최근 발견된 초공왕잔楚共王盞도 같은 유형으로,[19] 초 공왕共王은 기원전 560년에 죽었다. 초공왕잔은 샤쓰에서 출토된 다수의 청동기와 마찬가지로 실납법失蠟法●으로 주조되어 문식의 복잡하고 입체적인 특색을 더욱 두드러진다.

채나라의 경우, 서우현 시먼대묘 청동기 문식의 입체적인 면은 비교적 덜하지만 여전히 세밀한 반훼문을 띠고 있다. 여기에 앞에서 언급했던 오나라 옥기까지 더하면, 이와 같은 풍격 또한 동남 지역으로 상당히 광범위하게

● 청동 주조법의 하나. 먼저 밀납으로 원형을 만들고 그 위를 진흙으로 두껍게 바른다. 그후 불로 밀납을 녹여서 빼낸 다음 쇳물을 부어 기물을 주조한다.

전파되었음을 증명할 수 있다.

1978년 후베이성 수이현 레이구둔 1호묘의 발굴에서 장식이 아주 정교한 기물이 다량으로 출토되었다. 중국 고고학을 전문적으로 연구하는 미국의 로버트 L. 소프Robert L. Thorp 교수는 "이렇게 풍부하고 다채로운 묘장은 발견된 적이 없다"라고 경탄을 금치 못하면서 「수현대묘: 기원전 5세기에 대한 재평가The Sui Xian Tomb: Re-thinking the Fifth Century」[20]라는 논문을 썼다. 그는 레이구둔 대묘의 발견으로 중국미술사의 관련 부분을 다시 써야 한다고 할 정도였다. 현재 우리가 알고 있듯, 레이구둔 문물의 모습은 춘추 중후기에 시작된 새로운 풍격이 고도로 발전했음을 보여준다. 이면촌의 금기와 옥기의 출현은 춘추 중후기의 이러한 풍격이 어떻게 탁월한 조예를 보이는지를 우리에게 시사해준다. 따라서 기원전 6세기의 중국미술사도 재평가될 필요가 있다.

제4장
—
중원 이외의 고문화

다채로운 고대 지역 문화

중국의 광활한 강토에 선사시대로부터 많은 인민과 부족이 활동하고 살아오면서 중국 고대 문화를 창건하는 데 그 나름의 공을 세웠다. 문명 시대로 접어든 이후, 더욱 많은 민족과 방국方國이 차례대로 일어나 유구한 역사에 화려하고 아름다운 장면을 더해주었다. 중국 역사 문화의 이러한 풍부성과 다양성을 간과하는 일은 단조로운 음표로 하늘의 소리를 작곡하는 것이고 단조로운 색채로 번화함을 묘사하는 것과 같은 일로, 그 특유의 풍부한 정신을 잃어버리고 마는 것이다.

통일이라는 것은 중국 역사에서 자랑스러워 할 특징이다. 통일은 통상적이고 주요한 현상이었고, 분열은 일시적이고 이상한 현상이었다. 어떤 학자는 진시황이 첫번째로 중국을 통일했다고 하는데, 이는 완전히 정확한 것은 아니다. 하대와 상대, 서주 시대에 이미 통일 양상이 나타났기 때문이다. 진

秦은 춘추오패春秋五霸와 전국칠웅戰國七雄이 병치하고 있던 분열 시대를 다시금 통일한 것에 지나지 않는다. 장기간의 통일은 중국 문화에 상당히 보편적 공통성을 가져다주어 중원에서 변방에 이르기까지 어느 정도 동일한 기풍이 드러나게 했고, 이는 또 반대로 정치적·경제적 통일을 더욱 오래토록 공고히하고, 중국인이 하나로 단결할 수 있게끔 하는 기초가 되었다. 그러나 보편적으로 존재하는 문화적 공통성과 각 지역적·민족적 다양성은 결코 서로 배척되지 않았다. 이는 바로 중국이 통일적 다민족 국가라 이처럼 풍부하고 다채로운 역사 문화를 가질 수 있었다는 점에서 기인한다. 우리는 고대 각 지역의 문화를 연구하면서 그 공통성과 함께 반드시 그 차이성 또한 볼 수 있어야 한다.

여기서 말하는 '고대의 지역'은 그 개념 자체가 역사적으로 형성된 것이다. 일찍이 기원전부터 중국에는 풍토와 인정을 지역별로 나누어 서술하던 학자들이 있었다. 사마천은 그 아주 걸출한 사례로, 그가 어떻게 『사기』 「화식열전」에서 전국 각 지역의 특색을 하나하나 분석·강술했는지를 다들 알고 있을 것이다. 그는 다음처럼 말했다. "(…) 태산泰山의 남쪽은 노나라이고, 그 북쪽은 제나라다. 제나라는 산과 바다를 끼고 있고, 기름진 토양이 천리에 이르며, 뽕나무와 삼을 기르기에 적당하니, 사람들에게는 문채 나는 포백布帛과 어염이 풍부하다. 임치臨淄는 바다와 태산 사이에 있는 하나의 도회都會다. 그곳 풍속은 너그럽고 활달해, 아는 것이 많고 의론을 좋아한다. 진중해 동요되기 어렵고, 많은 사람과 싸우는 것을 겁내지만, 단독으로 찌르는 데는 용감하다. 따라서 사람을 겁박하는 자가 많은 것이, 대국의 기풍이다. 그 나라 안에 오민五民[사士, 농農, 상商, 공工, 고賈]이 갖추어져 있다. 추鄒, 노

魯는 수수洙水와 사수泗水 가에 있는데, 주공의 유풍을 잘 간직하고 있어, 유가를 좋아하고, 예를 갖추는 풍속으로, 그 백성들은 아주 조심스럽게 행후한다. 뽕과 삼을 업으로 삼는 사람들이 자못 많지만, 산림수택의 풍요로움은 없다. 땅이 작지만 인구는 많아서, 검소하고 인색하며, 죄를 두려워하고 사악함을 멀리한다. 그 쇠퇴함에 이르러, 상업을 좋아하고 이익을 좇는 것이 주나라 사람들보다 심해졌다."[1] 사마천은 「제태공세가齊太公世家」 편 끝에서 또 다음처럼 말했다. "내가 제 땅에 갔는데, 태산에서 낭야琅邪에 이르기까지, 북쪽으로 바다에 이르기까지, 기름진 땅이 2000 리였다. 사람들은 활달하고 꾀를 많이 숨기고 있었는데, 그들의 천성이었다. 태공太公의 성스러운 덕으로 나라의 근본을 세웠고, 환공의 강성함으로 선정을 닦아 제후들과 회맹하여 패자라 칭했으니, 이 또한 마땅한 것이 아니겠는가? 한없이 넓고도 넓구나, 참으로 큰 나라의 기풍이여!"[2] 사마천이 제나라 일대 지역을 논할 때, 그 자연환경과 경제적 조건 및 역사적 특징부터 사람들의 문화·풍속을 이야기했다. 비록 많은 말을 하지 않았지만, 논리가 투철해 정곡을 찌르는 분석을 했다. 특히 이웃하는 제와 노를 대비해 제 지역의 특징을 더욱 두드러지게 했다.

수십 년 전, 고대 지역 문화에 대해 유익한 연구가 있었다. 1930년대의 오월吳越 문화 연구, 1930년대 말에서 1940년대의 파촉巴蜀 문화 연구가 그 좋은 사례다. 근 10년 동안, 고대 지역 문화 연구는 비약적으로 발전했다. 먼저 흥기한 것은 바로 초 문화 연구다. 많은 역사학자와 고고학자, 특히 후베이·후난·안후이·허난 등 여러 성의 연구자들은 초 문화 연구에서 많은 역할을 했다. 그들은 여러 차례 학술회의를 열었고, 정기간행물에 특집 시리즈를 마련해 많은 논문을 발표했으며, 또 최근에는 다량의 초 문화 연구 서적을 출판하기도 했다. 이어서 파촉 문화, 오월 문화, 진晉 문화, 진秦 문화, 연조燕趙 문화, 제 문화 등등의 연구도 전문 연구서적과 정기간행물의 특집 시리즈 또는 학술토론회 등을 통해 발표되었는데, 성황리에 아주 큰 성과를 냈다. 이를 통해 고대 지역 문화 연구는 이미 성숙한 단계로 접어들었다고 할 수 있다.

수년 전, 필자는 소책자『동주와 진대 문명』을 통해 '문화권文化圈'이라는 개념을 제기한 바 있다. 문헌 기록과 고고 성과를 종합해볼 때, 고대 중국을 몇 가지 '문화권'으로 구분하려 한 것이었다. 1988년 초, 오스트레일리아국립대학 노엘 바너드 선생의 요청으로 또 「중국 청동시대의 문화권中國青銅時代的文化圈」을 쓰면서 '문화권' 개념을 확대했는데, 바로 지역 문화 연구를 제창하기 위해서였다. 예컨대, 필자가 제기한 '동방문화권東方文化圈'은 지금의 산둥성 일대의 고문화를 가리키는 것으로, 일반적으로 이야기하는 '제 문화'와 비슷한 것이다.

이어서 '동방문화권' 혹은 광의의 '제 문화'를 예로 들어 지역 문화 연구가 왜 필요한지에 대해 살펴보자.

지역 문화 연구의 중요성은, 고고학적으로 볼 때, 말하지 않아도 자명한 것이다. 고고학적으로 의의가 있는 문화는 자체적으로 분명한 지역적 성질을 띠고 있다. 산둥 지역의 선사 문화 가운데 가장 먼저 발견된 것이 산둥 룽산 문화다. 지난 오랜 시간 사람들은 산둥 룽산 문화와 허난 룽산 문화를 하나로 이야기했다. 이 밖에 다원커우 문화가 있는데, 이는 막 발견되었을 때는 룽산 문화로 인식되었다. 최근의 야외 고고 작업의 결과, 산둥 일대에 존재했던 고고 문화는 베이신北辛 문화—다원커우 문화—산둥 룽산 문화—웨스 문화의 계통을 이루는 것으로 밝혀졌다. 많은 학자는 이들 문화를 동이에 속하는 문화로, 그중 웨스 문화는 이인들로 구성된 방국의 문화로 보고 있다.

동이의 문화가 하상夏商의 문화와 어떠한 관계가 있는지는 좀더 깊은 연구가 필요하지만, 다원커우 문화와 산둥 룽산 문화의 여러 특징 가운데 최소한 두 가지는 하 문화와 상 문화에 중요한 영향을 끼친 것으로 보인다. 바로 다원커우 문화의 도기 부호와 산둥 룽산 문화의 옥기 예술이다.

다원커우 문화의 도기 부호는 현재 8~9종이 발견되었는데, 그중 일부는 량주 문화 옥기의 부호와 같은 것이다. 량주 문화의 부호 중 몇 가지는 또 다원커우 도기에서 발견이 되지 않는다. 이러한 부호는 모두 문자로 판독이 가능하고 기물상의 위치도 문식과는 구별되는 것이어서, 많은 연구자는 이를 한자의 기원과 관련시키고 있다. [다원커우 문화와 량주 문화 등의 부호는] 어쩌면 갑골문 같은 상대 문자의 전신일 가능성이 있다.

상대의 각종 기물에 가장 유행했던 문식은 도철문(곧 수면문)이다. 도철문의 기원은 현재 량주 문화와 산둥 룽산 문화의 옥기까지 올라갈 수 있다. 량주 문화의 도철문 옥기는 이미 몇 가지가 발굴되었다. 그 문식은 특수한 형상의 관을 쓰고, 또 좌우로 대칭된 문양 등의 특징을 보이는데, 이는 상대 도철문과 일맥상통한다. 산둥 룽산 문화의 이러한 옥기는 발굴된 것이 아직 적지만 수집된 옥기의 문화적 성질은 아주 분명하다. 그 문식은 량주 문화와 공통점이 있고, 또 서로 다른 두 문양이 하나의 기물에 병존하는 것은 상대 도철문과 관계있는 것으로, 시기적으로 더욱 가깝다. 상대 유적 가운데 소수의 옥기, 예를 들어 은허 부호묘에서 나온 옥봉玉鳳은 학자들에 따라 산둥 룽산 문화의 유물로 인식되기도 한다. 이는 이 책의 앞부분에서 이미 언급한 바 있다.

산둥 룽산 문화 유적에서는 동기와 구리 찌끼(동사銅渣)도 몇 개 발견되었는데, 상대 청동기의 기원과 관계가 있는 유물일 수도 있다.

고대사 탐구에서 지역 문화 연구는 앞서 말한 대로 아주 중요하다. 원시시대에 별이 하늘에 흩어져 있는 것처럼 이 땅에 흩어져 있던 수많은 씨족부락은 물론 지역에 따라 나뉘어 있었다. 하·상·주 삼대의 방국들도 각 지역적 기초가 있었다. 사람들이 비교적 많이 알고 있는 서주를 예로 들면, 처음에 제후를 분봉할 때, 나라의 수가 아주 많았지만 얼마 지나지 않아 세력이 강한 제후가 세력이 약한 제후를 병탄하면서 점차 대국들이 형성되기 시작했다. 이는 동주 시기 열국이 난립하는 형세의 기초가 되었다. 각자의 특색을 갖춘 몇몇 지역이 형성된 것이다. 그런 만큼 지역별로 해당 지역에 대한 상세한 연구를 진행해야 고대사의 정보를 제대로 파악할 수 있다.

산둥 일대는 하대 역사에서 결정적 의의를 지닌다. 하나라와 여러 이족夷族들의 관계는, 제1장 「3. 고본 『죽서기년』과 하대사」에서 언급했듯, 『죽서기년』에서 가장 중요한 내용이다. 기록에 의하면, 제상帝相은 일찍이 회이 및 풍이·황이를 정벌한 적이 있고, 당시에 우이가 사신으로 방문했다. 소강 때는 방이가 사신으로 방문했다. 제저帝杼가 동해를 정벌하면서 왕수王壽에 이르렀다. 제분帝芬 때에는, 구이[견이·우이·방이·황이·백이·적이·풍이·현이·양이]가 와서 노역했다고 한다. 후망后芒은 구이에 명령을 내렸고, 후설后泄은 육이[견이·백이·적이·현이·풍이·양이]에 명령을 내렸다. 후발后發 때에 이르러, 여러 이족은 여전히 사신을 보내 왕문에 이르렀다. 이는 하나라 여러 왕이 이인에 대한 통치를 중시했음을 설명해준다. 이인들의 일부는 분명 지금의 산둥 지역에서 활동했다.

상나라 때 지금의 산둥 지역에 얼마나 많은 방국이 있었는지 우리가 파악하는 데는 한계가 있다. 그러나 주 성왕 때의 반란 기록 곧 "삼숙[관숙·채숙·곽숙] 및 은殷·동東·서徐·엄奄 및 웅영熊盈이 반란을 일으켰다"[3]는 기록을 통해, 이인은 상나라가 중요하게 의존하고 있던 세력이었음을 파악해볼 수 있다. 주 무왕 때, 태공을 제나라에 책봉한 목적은, 『사기』「제태공세가」의 기록에 근거하면, 이인에 대한 통제를 확립·강화하기 위한 것이었다. 과연 태공이 제 땅에 나아가자마자 내후萊侯가 공격해와, 태공과 제나라 수도 영구營丘를 사이에 두고 쟁탈전을 벌였다. 내국萊國은 지금의 산둥성 황현에 있었는데, 그 제후는 제나라와 같은 성인 강姜을 썼다. 그러나 「제세가」에는 '내인萊人'을 '이인'으로 기록했다. 이를 통해 강역을 부단히 획징하던 제나라는 많은 이인을 포용해 경내에 머물게 했음을 어렵잖게 추측할 수 있다. 이는 노나라와 위나라 경내에 은나라 유민들이 있었고, 진晉나라 경내에 융적이 있던 바와 같은 것이다. 중국 고대 제후국은 모두 이와 같은 구조를 갖고 있었다. 통치자는 왕조에 의해 책봉되었지만, 인민들은 제후와 다른 족씨 혹은 민족으로, 제나라도 당시의 역사적 조건 속에서 예외는 아니었다. 이른바 '제문화'라는 것은 바로 이런 조건 속에서 형성된 것이다.

문헌과 출토된 금문 자료를 자세히 읽어보면, 제나라의 대이對夷 관계가 강성姜姓 제나라의 전체 역사 속에서 가장 큰 일이었음을 알 수 있다. 앞서 말한 내국은 춘추 후기에 이르러서야 제나라에 의해 멸망되었다. 타이완고궁박물원에 소장되어 있는 경호庚壺 명문에는 제 영공靈公 시기 내국을 정벌했던 일을 상세히 기록하고 있는데, 이는 『춘추』 경전의 내용과 서로 보충할 수 있다. 사실, 주대의 제나라 내외 형세는 아주 복잡했다. 그 주위에 동성同姓 제후와 이성異姓 제후들도 있었고, 또 융인戎人과 이인의 부족도 있었다. 이 지역에 대해 전문적인 고찰과 분석을 통해 많은 사람이 과거에 이해할 수 없었던 역사적 진상을 파악할 수 있다.

지역 문화 연구는 또 사상사와 학술사 연구를 심도 있게 발전시키는 데도 도움을 준다. 고대 학술사상의 유파는 여전히 강렬한 지역성을 띠었다. 이 점을 간과한다면 그 원류를 고찰하는 데 곤란을 겪을 수밖에 없다. 『송원학안宋元學案』 『명유학안明儒學案』은 대부분 지명을 표제로 하는데, 이는 학파의 지역성을 나타내는 것이다. 선진 시기로 올라가도 그 양상은 같다. 각 나라의 역사 문화 전통의 차이는 서로 다른 사상 유파의 탄생에 기초적 토대를 마련해주었다. 허우와이루候外廬 선생이 책임편집한 『중국사상사강中國思想史綱』에서는 다음을 지적한다. "각 학파의 전파와 분포는 종종 지역적 특색을 지니는데, 그 대략적 형세는 다음과 같이 묘사할 수 있다. 유가와 묵가는 노를 중심으로 했는데, 유가는 진晉·위·제로 전파되었고, 묵가는 초와 진秦으로 뻗어 나갔다. 도가는 발달이 뒤처진 남방의 초·진陳·송에서 기원했다. 이후 진의 망명 귀족을 따라 제로 유입되었을 것이다. 초나라 사람들은 비교적 원시적인 '무귀巫鬼' 종교를 갖고 있었다. 마찬가지로 보수적인 편이었던 북방의 연과 그 부근의 제에서도 방사方士들이 아주 성행했는데, 훗날 음양가陰陽家가 바로 이 제에서 발전되었다. 법가法家는 주로 삼진三晉에서 근원했다. 주와 위는 각 나라를 연결하는 교통 요지 곧 상업이 흥성한 지역에 자

리하고 있었는데, 정치적 교역을 전문적으로 추구하던 적잖은 종횡가縱橫家
가 나타났다."

제나라의 학술 사상에 대해, 기존의 학자들은 직하稷下●를 강조하는 연
구를 많이 했는데, 실제로 몇 가지 전통은 아주 주의를 기울일 만하다.

하나는 관자管子의 전통이다. 전래본『관자管子』에 대해 학자들은 내용이
복잡하다 여기고 있지만, 자세히 들여다보면 그 책에 흐르는 맥락을 찾아
낼 수 있다. 일례로 관자의 정치는,『사기』「관안열전管晏列傳」에 기록된 바와
같이, "물품을 유통하고 재화를 축적해 부국강병" 하는 것을 주로 했다. 이
는『관자』의「경언經言」편부터「경중輕重」편까지를 관통하는 큰 줄기다. 관자
의 후학들을 따르던 제나라의 학자들은 서로 다른 시기에 각 학파의 영향
을 받았는데, 특히 황로 도가 일파의 영향이 아주 컸다. 이는『한서』「예문
지」에서『관자』가 도가로 귀속되게끔 했다. 경세지법經世之法과 황로도술黃老道
術의 결합은 긴지 이후 이 유파의 분명한 특징이 되었다.

다른 하나는 병가의 전통이다.『한서』「예문지」에 의하면, 오나라와 제나
라에 두『손자孫子』가 있었다고 한다.『오손자吳孫子』는 곧 오늘날 세계적으로
유명한『손자병법孫子兵法』으로, 그 작자 손무孫武는 오나라에서 벼슬했지만
원래는 제나라 사람이었다.『제손자齊孫子』는 최근 죽간으로 발견된『손빈병
법孫臏兵法』으로, 이 손빈은 곧 손무의 후손이다.『손빈병법』과『손자병법』등
많은 병서가 산둥 린이 인췌산銀雀山 한나라 시기 묘장에서 발견되었는데, 그
때 발견된 책 가운데는『위료자尉繚子』도 있다. 이 책의 작자는 양 혜왕梁惠王

/ 제나라 수도 임치 부근에 있던 학궁(일종의 왕립아카데미) 또는 그 학파. 전국시대 학문과 예술의
● 중심지로 당시 제자백가의 기반이 되기도 했다.

과 대화를 나누기도 했던 사람으로, 혹자는 그 또한 제나라 사람이었다고 한다. 이 밖에 인췌산 죽간에 『육도六韜』도 있었는데, 이 책은 『한서』「예문지」의 『태공太公』에서 나온 것으로 역시 제나라 사람의 작품일 가능성이 있다. 제나라 병가의 저작으로는 이 밖에도 유명한 『사마법司馬法』이 있다. 이 인췌산 무덤의 묘주는 사마씨였는데, 그가 생전에 병서와 제나라 사람들의 저작을 전문적으로 수집했다는 것을 통해, 제나라 병가의 한 계통이 한나라 초기에 이르기까지 끊이지 않고 이어져왔음을 볼 수 있다.

제 땅에서 유가의 전파도 후세 사람들이 제학齊學이라 일컫는 특색 있는 유파를 형성했다. 예컨대, 『춘추』의 공양가公羊家는 제나라 사람 공양고公羊高에서 시작되어 그 후손들에게 구전되다가, 한나라 경제景帝 때, 공양수公羊壽와 또 다른 제나라 사람 호모자胡母子가 이를 죽백에 기록했는데, 이것이 곧 지금의 『공양전』이다. 이와 동시에, 동중서董仲舒는 『공양公羊』 박사가 되어 10여만 자의 저서를 남겼는데, 모두 알고 있는 대로 그의 사상은 전한西漢 사상사에서 영향력이 아주 심원하고 거대했다. 그 학문은 원류를 거슬러 올라가보면 사실 제학에서 나온 것이다.

이상에서 열거한 것은 모두 비교적 오래된 사례들이지만, 지역 문화 연구의 범위는 물론 여기에만 국한된 것은 아니다. 한당 이후로 지역 문화 연구는 더욱 많은 사람이 자신의 재능을 뽐낼 수 있는 영역이었지만, 편폭의 제한으로 여기서는 다 자세히 다루지는 못했다. 이를 종합해보면, 지역 문화의 탐색과 연구를 전개하면서 문사의 학문으로 낯선 영역을 개척할 만했는데, 지역별 연구를 앞으로도 계속해서 발전시킬 가치가 있는 것이다. 그러나 지역별 연구가 전체 중국 역사와 문화를 분할하는 것과 같은 건 아니다. 이와 반대로 역사 문화적인 거시적 관점을 배경으로 삼는다면, 각 지역의 문화적 특질을 투철하게 인식할 수 있고, 아울러 온갖 하천이 바다로 흘러들어가는 것처럼, 중화민족의 휘황찬란한 문화를 함께 구성하는 각 지역 문화 사이의 교류와 융합을 볼 수 있을 것이다.

청동기 연구의 몇 가지 문제

중원 이외 지역

최근 두 편의 아주 중요한 논문을 읽었는데, 곧 마청위안 선생의 「장강 하류 토돈묘 출토 청동기 연구長江下游土墩墓出土青銅器的研究」[1]와 오스트레일리아국립 대학 노엘 바너드 박사의 「광한 지역에 매장된 청동기 및 기타 유물에 관한 초보적 구상The Preliminary Study of the Bronzes and Other Artifacts from the Pit-Burials at Guanghan」[2]이다. 두 논문은 비록 제한된 범위의 청동기에 대해 토론한 것이지만 일정한 원칙이 있는데, 상주 시기 중원 지역 이외의 청동기에 대해 보편적인 방법으로 토론을 진행했다는 점이다.

여기서 이야기하는 '중원 지역'은 중원의 일반적 개념보다 조금 더 넓은 개념으로, 황허강 중류를 중심으로 하는 문화권을 가리킨다. 이야기했듯, 몇 년 전 필자는 소책자『동주와 진대 분명』을 통해 '문화권'[3] 개념을 제기한 바 있다. 다행히 몇몇 동료의 관심을 얻어, 필자는 이 개념을 더욱 발전시킬 수 있었다. 그래서 1988년 2월의 한 학술회의에서, 소논문 「중국 청동기 시대의 문화권中國靑銅器時代的文化圈」[4]을 제출하게 되었다. 이 논문에서 필자는 중국의 청동기시대 문화를 일곱 문화권으로 분류했다. 즉 중원, 서북, 북방(북방과 동북의 두 소문화권으로 나눌 수 있다), 동방(주로 산둥지역을 가리킨다), 동남(창장강 하류와 동남 연해의 두 소문화권으로 나눌 수 있다), 남방(창장강 중류 및 그 남쪽을 가리킨다), 서남이 그것이다.

상나라 및 서주시대의 중원과 동방 두 지역은 거의 연결되어 있어 비교적 일치된 문화적 면모를 보인다. 따라서 이 지역을 제외한 다른 지역들은 모두 중원 이외 혹은 비중원이라 이를 수 있다. 각 비중원 지역의 청동기 특징 및 중원 청동기와의 관계를 밝히기 위해서는 반드시 몇 가지 방법론적 문제를 밝혀야 한다.

순서와 표준

중국 청동기 연구의 유구한 역사는 다들 주지하는 바다. 북송 이래로 전문 저작과 도록이 전해지면서 연구 전통을 이룩했다. 이러한 전통적인 연구 방법은, 모든 청동기는 그 시대순에 따라 배열해 하나의 완전한 발전 계열을 만들어내는 것이다. 이와 같은 시간적 순서는 학자들이 장기간 연구를 진행해온 것으로, 현재는 기본적으로 얼리터우 문화二里斗文化에서 진한 시기에 이르기까지 배열이 가능하다. 그 사이에 물론 많은 논쟁이 있었지만, 전체적으로 볼 때 그 논쟁은 아주 자잘한 것으로, 큰 발전 맥락은 비교적 분명하다고 할 수 있다.

반드시 지적해야 할 것은, 우리가 말하는 이 순서는 중원 청동기를 연구한 결과라는 점이다. 사실 고대 청동기의 대부분을 확실히 이 순서에 적용할 수 있지만, 이는 전체 청동기를 적용할 수 있다는 것과는 다르다. 중원 청동기의 순서가 얼마나 비중원 청동기 연구에 적용될 수 있을지는 좀 더 연구를 기다려보아야 하는 문제다.

장강 하류에 속하는 이정儀徵 포산커우破山口 청동기군을 예로 들어보자. 이 청동기군은 1930년에 발견되었는데, 이는 비중원 청동기의 발견 가운데 비교적 이른 시기의 것이다. 1956년 『문물참고자료文物參考資料』에 출토 상황을 소개한 글이 실렸고, 1959년 고고학자들은 이 지역에서 진행된 조사·발굴에 대한 간략한 보고를 간행했다.[5] 이때 획득한 기물 가운데 어떤 것은 『장쑤성 출토 문물 선집江蘇省出土文物選集』(1963)에 수록되기도 했다. 이 청동기군이 발견된 이후 이미 50여 년이 흘렀다. 이 시기 장쑤 고고 작업은 거대한 발전을 이루어, 현재 우리의 이 청동기군에 대한 견해 가운데 일부는 과거의 견해와 다르기도 하다. 그 대표적 예를 둘 들어보겠다.

첫째, 1959년 조사와 발굴 이후의 간보에서는, 이 청동기가 3.8미터X2.6미터의 [땅 표면을 파서 지하에 시체를 안치하는] 수혈묘에서 출토되었다고 했지만, 최근에 어떤 학자는 이 무덤이 [먼저 분구墳丘를 조성한 다음 그 위에 매장 시설을 설치하는] 토돈묘土墩墓[분구묘]라고 주장하기도 했다. 이 포산커우 묘를 부근 지역의 토돈묘 범위 속으로 귀납해보면, 문화적 성격상 다른 점을 볼 수 있다.

둘째, 이 포산커우 묘의 연대에 대해 기존에는 서주 시기로 여겼다. 1972년 일본의 하야시 미나오 교수는 포산커우에서 나온 병기가 '춘추 중기 무렴[6] 의 것이라 지적했는데, 이와 함께 나온 청동 예기에 대해서는 자세히 토론하지 않았다. 마청위안은 앞의 논문에서 이 청동기들에 대해 상세한 고찰을 한 결과 묘의 연대를 기존의 서주 시기로 보는 견해를 부정했다.

과거 포산커우 청동기군을 서주시대로 비정한 데는 여러 청동기의 형체와 문식이 서주 시기 중원 지역의 것과 같거나 비슷했기 때문이다. 다시 말해, 중원 청동기의 순서를 가지고 청동기군의 연대를 판단하는 기준으로 삼은 것이다. 사실 이러한 방법을 사용하더라도, 전체적으로 볼 때 이 청동기군이 그처럼 이르다고 말할 수는 없다. 예를 들어보겠다. 용문반龍紋盤은 손잡이附耳가 있으며, 안쪽 바닥에 반룡문이 장식되어 있다. 과戈는 중호 삼천에 날 끝이 삼각형三角鋒이고, 원援의 위와 아래 날은 모두 아래로 굽어 있으며, 내결 및 작은 날小刺이 솟아 있다. 화살 촉鏃에는 정鋌[슴베, 화살촉이 화살대에 꽂히는 부분]이 있고, 촉 바로 뒤로 새 날개처럼 청동 깃이 붙어 있다. 이들은 모두 쓴민사 싱춘링에서 출토된 춘추 초기의 기물과 유사하다. 역鬲은 곧은 손잡이直耳와 굽이 뾰족한 자루 모양 발錐形袋足이 달려 있다. 발의 형체는 징산 펑바坪垻에서 출토된 역과 비슷한데, 후자도 춘추 초기에 속한다. 여기서 나온 청동기 가운데 가장 서주시대적인 색채가 강한 것은 현문준弦紋尊[거문고 줄과 같은 선 무늬로 장식된 준尊] 하나뿐이다. 이러한 방법은 단지 기물군의 상한선을 정할 수 있을 뿐이고, 몇몇 기물은 중원 지역에서는 보지 못하던 것이라 중원의 기준을 가지고 측정할 수 없다.

다시 서남에서 발견된 촉과蜀戈의 예를 들어보자. 필자는 기존 학자들의 연구 성과를 기초로, 청두成都 및 그 부근에서 발견된 과를 다섯 유형으로 나눈 바 있다.[7] 그중 IIa, IIb식은 다른 모양의 구멍을 가진 삼각원과三角援戈

이고, IVb식은 혀를 내밀고 있는 호랑이 머리虎首吐舌 장식이 있는 중호과中
胡戈로, 중원 상 후기에서 서주 초기의 영향을 받았다. 현재 발견된 자료를
놓고 볼 때, 촉과는 자체적 발전 과정을 가지는데, 예컨대 II식과는 전국시
대 초·중기까지 연속되고 그 밖에 약간 독특한 변이가 나타나기도 한다. 또
한, 호와 대칭되는 지점에 있는 상'호胡' 등은 중원에서는 전혀 보이지 않던
것이다.

이 두 사례는 중원 이외의 지역에서 출토된 청동기를 중원 청동기의 표
준을 가지고 적용할 수 없음을 설명해준다.

전파와 보존

중원 이외의 청동기 가운데 중원 문화의 영향을 보여주는 것이 많
다. 가끔 이러한 영향은 아주 강렬하게 나타나기도 한다. 앞서 거론한 포산
커우 청동기 가운데 중원의 청동기와 비슷한 것이 적지 않은 점도 바로 이
를 분명하게 증명해준다. 이와 같은 영향은 모든 기물의 형체와 문식에 나
타나 있을 수도 있고, 형체 혹은 문식의 어떤 요소에 표현되어 있을 수도 있
다. 포산커우의 용문반은 전자에, 촉과의 II식과의 삼각원 및 IVb식과의 호
문虎紋 등은 후자에 속한다.

문화 영향의 전파는 모두 일정한 과정을 거친다. 중원 지역을 놓고 보면,
상·서주의 청동기 대부분은 같은 시기에 비슷한 특징이 나타나는데, 여기
에 당시 왕조 내부의 통일이 반영되어 있기도 하고 또한 교류가 충분히 진
전되어 있었음이 표명되기도 한다. 중원 문화가 사방으로 전파되는 속도는,

현재 파악할 수 있는 자료를 통해, 상당히 빨랐음을 볼 수 있다. 이와 관련해 가장 좋은 사례는 베이징 류리허의 서주 묘장 청동기다. 여기서 발견된 청동기는 명문이 있는 것이 적지 않고 또 아주 정교하고 아름다워, 이 류리허 청동기를 종주宗周와 성주成周에서 나오는 기물과 비교할 때 같은 시기의 것이라면 둘을 구분하기 매우 어렵다. 연나라는 멀리 북쪽에 있었지만 중원 문화의 영향이 아주 빨리 이르렀기 때문에, 고대 문화 전파의 속도를 절대 낮게 보아서는 안 된다. 이러한 의의에서 파악할 때, 중원 이외 지역의 청동기는 그 형체와 문식이 중원과 같다면 그 주조 연대 또한 그렇게 큰 차이가 나지 않을 것이라 보아도 될 듯하다.

이는 아주 중요한 것이다. 예컨대 지금의 후베이성과 후난성에서는 상대 청동기가 많이 발견되고 있다. 출토 지점을 보면, 지금의 허난성 남부(예컨대 뤄산羅山 망장蟒張 등)에서 후난에 이르는 지역에서 모두 출토되고 있어서, 남쪽으로 갈수록 연대가 늦다는 것을 증명하지 못하고 있다. 류리허의 사례와 비교해보면, 후베이성과 후난성에서 출토된 상대 청동기들은 대체로 서로 동일한 시기의 것임을 인정해야 할 것으로 보인다.

후베이성과 후난성의 상대 청동기의 특징 가운데 하나는 바로 지역 특색을 농후하게 띤 특이한 기물이 아주 적게 나온다는 점이다. 사실 그 지역 특색을 띤 기물이 아예 출토되지 않은 것은 아니다. 예컨대 닝샹寧鄕의 손잡이가 달린 청동 술통提梁卣에는 둥근 날을 가진 작은 도끼가 여러 개 들어 있지만, 이것 때문에 그 유의 연대를 후대로 끌어내릴 수는 없다. 여기서 한 가지 짚고 넘어가고 싶은 것은, 광시성 우밍 몐링에서 1974년에 출토된 유다. 이는 전형적인 상대 말기의 형체를 갖고 있는데, 한 글자의 명문이 있다.

의고시대를 걸어 나오며

제3장 「3. 상말주초의 다천과」에서 언급한 대로, 이와 더불어 과가 하나 출토되었는데, 장호에다가 난 곁에 지역 색채가 분명한 문양이 새겨져 있다.[8] 중원 지역에서는 상대 말기에 이미 장호 다천과가 존재했다. 그 특징은 원의 날이 내와 일직선을 이루고, 날 끝이 혀 모양이라는 것이다. 멘링의 과는 비록 손상되기는 했지만 이러한 상대 후기의 특징과 크게 다른 것은 아니어서, 과와 유가 각각 다른 시기에 제작되었다고 볼 수는 없다.

이렇게 보면, 후베이성과 후난성 등에서 출토되는 상대 시기 청동기에 지방적 특색이 없다고 말할 수는 없다. 오히려 지방적 특색이 아주 많다고 할 수 있다. 다만 [그러한 청동기는] 그 풍격을 놓고 볼 때, 사람들에게 '상대'의 인상을 주기 때문에 다른 지역에서 출토되는 문물과는 또 다르다고 할 수 있다. 이와 같은 풍격은 전체적이고 분명한 것이다. 따라서 후베이성과 후난성의 상대 청동기는 상 문화 그 자체는 아닌 만큼 그것이 오랜 시간에 걸친 전파의 영향을 받았다고 하는 것은 적당치 않아 보인다. 후난성에서는 또 다른 청동기가 나왔다. 일례로, 헝산衡山 샤류시霞流市에서 1963년에 출토된 준,[9] 샹탄湘潭 진치촌金棋村에서 1986년에 출토된 유[10]를 들 수 있다. 이들의 문양은 공통적 특징을 지니는데, 그 윤곽은 서주 시기 중원의 기물과 비슷하지만 풍격은 완전히 다르다. 샤류시의 묘에서 함께 출토된 월인화형월越人靴形鉞[거꾸로 보았을 때 월나라 사람의 신발처럼 생긴 도끼鉞][11]의 문양이 또 준·유의 문양과 비슷함을 고려해보면, 이는 그 지역의 월나라 사람이 만든 것이라 보아도 그리 틀리지는 않을 것이다. 이는 상술한 상나라 기물의 상황과 크게 다른 것이다.

우리가 다른 소논문에서 분석한 것처럼,[12] 샤류시의 준과 진치촌의 유는 중원에서 나타난 이와 같은 기물의 형태를 중원 이외 지역에서 보존해 사용한 사례라 할 수 있다. 이는 촉국蜀國의 삼각원과와 마찬가지로, 중원에서 이미 소멸된 기물의 형태가 다른 지역에서는 오히려 오랫동안 전해져 사용된 것이다. 이런 현상은 문화사적으로 의심의 여지 없이 중시할 가치가 있는 것이다.

동시성 문제

중원의 교장窖藏[전란 등이 일어나 위급할 때 움을 파고 집기나 물품을 넣어두던 곳] 청동기 가운데 어떤 것은 연대적 차이가 비교적 크다. 예를 들면 린퉁 링커우교장零口窖藏 청동기 중에서 주 무왕 시기의 이궤利簋와 함께 출토된 서주 후기 기물들과 푸펑 좡바이莊白 1호에서 출토된 몇 세대 교장 청동기 등이 그러하다. 묘장에서 나온 절대 다수는 같은 시기의 것이다. 물론 한나라 묘장에서 주대 청동기들이 발견된 것과 같은 개별적 예외는 있지만, 그 사례는 결코 많지 않다. 일반적으로 같은 묘장에서 출토된 부장품은 같은 시기의 것으로 이야기된다. 이는 동시성의 원칙으로 우리가 청동기 조합을 연구할 때 전제조건으로 응용하는 것이기도 하다. 다만 유적에서 이상 현상이 발견될 때에는 동시성의 원칙을 적용하는 데 신중해야 한다.

이 동시성의 원칙은 중원의 상황과 경험을 통해 귀납해낸 것이다. 그렇다면 이 원칙이 중원 이외 지역에서도 유효할 수 있을까? 이 또한 연구할 필요가 있는 문제다. 안후이 툰시 이치 토돈묘에서 나온 청동기의 분석은 이 문제를 연구해야 할 필요성을 인식하는 데 도움을 준다. 이 묘에서 나온 기물 가운데 '翼子, 父乙(익자, 부을)'이라는 명문이 있는 준 등은 시기가 아주 일러 보이고, 원기검圓基劍[칼자루의 머리 부분이 둥근 검][13] 같은 것은 시기가 아주 늦어 보인다. 이와 같은 모습은 중원 이외 지역의 유적에서 자주 나타나는 것으로 깊이 있게 탐구할 가치가 있다.

어떻든 각 지역적 사례에 대한 충분한 토론을 하지 않고 중원 묘장 기물의 동시성 원칙을 그대로 적용해서는 안 된다. 반드시 각종 유물에 대한 구체적 분석을 해야 한다. 어떤 것이 동시대적인 지역적 특색인지 어떤 것이 시대적 차이인지 하나하나 연구를 해야 한다.

필자가 생각하기에, 이와 관련된 문제를 해결할 길은 바로 해당 지역 도기의 발전 순서를 참고하는 것이다. 툰시 토돈묘에서는 청동기와 함께 많은 도기 및 원시 자기가 출토되었다. 이 지역 도자陶磁 발전에 대해서는 이미 비교적 많은 연구가 진행되었다. 그 성과를 적용해보면 관련 문제를 어렵지 않게 해결할 수 있다. 도자는 수량이 많고 또 소모품이라 시대적 특징이 아주 분명하다. 우리는 각 지역 학자들이 이 방면의 자료를 충분히 연구·분석해 그 결과를 발표해주시길 기대한다.

일부 도기 및 원시 자기는 청동기의 직접적 연원이 된다. 일부 청동기의 형체와 문식은, 예컨대 창장강 하류의 몇 가지 준과 그 문양은 그 지역의 도자에서 취한 것이다. 물론 일부 도자 가운데는 청동기를 모방한 것도 있다. 일례로, 저장의 몇몇 '청동기'형 도자는 일찍이 우메하라 스에지梅原末治 등이 이미 보도한 바 있다. 따라서 지역 청동기를 연구할 때는 반드시 도자를 참고자료로 삼아야 한다.

두 가지 전통, 상호 영향

마청위안 선생은 창장강 하류 지역에 토갱묘와 토돈묘가 병존했는데 거기서 출토된 청동기에는 차이가 있다고 논술한 바 있다. 이렇게 보면, 각 지역에는 두 서로 다른 전통의 청동기가 존재했다고 할 수 있다. 마 선생은 다음처럼 말한다. "토갱묘에서 출토된 청동기는 극소수를 제외하면 대체로 한결같이 당시 유행 양식을 띠었는데, 서주의 청동기가 부장품으로 발견된 적은 없었다. 토돈묘에서는 여전히 서주의 청동기가 소량이나마 부장품으로 발견되기도 하지만, 병기를 제외하면, 보통 중원에서 유행하던 청동 예기는 부장되지 않았다. (…) 후자의 추모는 더욱 소박해 보이는데, 이만夷蠻 민족이 화하華夏 문화와 융합되는 과정의 원형을 나타내주는 것 같다. 오월의 왕족 같은 경우는 중원의 청동기 및 예제를 명확하게 현지에 이식했다." 논문에서는 또 파촉을 예로 들어 비교하기도 했다.

필자는 과거에 이의 관련된 문제를 도론한 바 있다. "서로 다른 문화적 요소의 공존 및 융합은 선진 시기 중원 문화가 전파된 변방 지대에서도 자주 보이는 현상이다."[14] 두 종류의 청동기 전통이 일정한 시간 범위 내에 병존했음은 상주 시기 어떤 제후국의 정치적·민족적·문화적 구성을 반영한다는 데에 그 중요한 의의가 있다고 할 수 있다.

중원과 지역의 두 전통 가운데, 중원의 문화 전통이 지역의 토착 전통에 분명히 큰 영향을 주었다는 것은 많은 토론이 필요치 않다. 그렇다면 문제는 다음과 같다. 후자가 전자에 끼친 영향은 없는가? 다시 말해, 두 전통 사이의 영향은 일방적인가? 아니면 상호적인가?

청동기에 국한되지 않는다면 이 문제의 답안은 아주 분명하다. 예컨대,

기하인문경도幾何印紋硬陶[도장 찍듯 기하학 무늬를 장식한 도기]는 창장강 중하류 및 동남 연해 지역에서 나타날 뿐 아니라 허난성 옌스 얼리터우와 정저우에서도 발견되고 있다. 학자들의 연구에 따르면, 그 발원지는 창장강 중하류 및 동남 연해 지역이다.[15] 이는 문화적 영향이 단선적이 아니라 상호적임을 드러내준다.

중원 이외 지역 청동기가 중원에 끼친 영향과 관련된 예증 또한 적지 않다. 과거 필자가 지적했듯, 진한 시기에 통행된 투구鍪, 솥釜, 시루甑는 모두 촉국에서 나온 것으로 훗날 진秦에 전파되었고 이후 진이 열국을 병합함에 따라 전국 각지로 전파되었다.[16] 창장강 하류의 청동기도 중원 및 기타 지역에 영향을 끼쳤을 가능성이 있다. 전래 문헌에서는 종종 오월 금과 주석金錫의 아름다움을 말하고 있고, 병기는 더욱 훌륭했다고 한다.[17] 필자는 장시江西 칭장清江, 신간新幹에서 출토된 청동기를 관찰한 적이 있는데, 그 청동 공예가 이미 아주 아름답고 정밀했으며 그 형체와 문식은 모두 주의할 만한 특징을 갖고 있었다. 다른 각도에서 증명해봤을 때, 중원 청동기의 순서를 비중원 지역의 표준으로 적용하는 것은 그리 간단한 문제가 아님을 알 수 있다.

최근, 중원 이외에서 청동기의 발견이 갈수록 증가하고 있다. 그 가운데에는 확실히 놀랄 만한 발견도 있다. 이러한 여러 발견은 각 지역 청동기가 모두 어느 정도 중원의 영향을 받았지만 또 어느 정도는 자체적 발전 과정을 겪으면서 중국 고대 청동기 문화 발전에 공헌했음을 알려준다. 우리는 실사구시의 정신으로 중원과 각 지역 사이의 문화 교류 영향과 관련된 구체적 관계를 분석할 필요가 있다. 특히 중원 이외 지역 청동기가 어떻게 발전했는가는 더 많은 고고학적 발견이 수반되어야 심도 있게 이해할 수 있다. 마청 위안 선생과 노엘 바너드 박사의 논문은, 현재 유행하는 견해와 적잖은 차이가 있지만 풍부한 시사점을 일깨워주었다는 점에서 이 분야 학문 연구에 아주 큰 역할을 했다고 할 수 있다. 이 글 서두에서 말한 것처럼, 이 문제는 방법론적 의의가 있는 문제다. 많은 학자가 이 문제에 관심을 갖고 함께 연구·토론해나갔으면 하는 바람이다.

의고시대를 걸어 나오며

싼싱두이와 촉국 고사 전설

쓰촨성 광한 싼싱두이의 발굴은 최근 중요한 고고 발견 가운데 하나로 이미 전 세계 학계의 광범위한 관심을 불러일으켰다. 싼싱두이 일대의 고문화 유적은 이른바 광한 중싱유지中興遺址로, 일찍이 1931년(혹은 1929년)에 이미 발견되어 1934년 시험적 발굴이 이루어진, 중국에서 비교적 일찍 발견된 유적에 속한다.[1] 그러나 그 시대와 성격에 대해서는 오랫동안 명확한 결론을 얻지 못했다. 중화인민공화국 건국 이후 고고학자들이 여러 차례에 걸쳐 적잖은 작업을 한 결과, 싼싱두이의 이번 발굴은 촉국 고사 탐구에 새로운 계기를 마련해주었다.

파촉과 관련된, 특히 촉국의 고사와 관련된 문헌은 내용이 상당히 풍부하다고 할 수 있다. 이들 문헌에 기록된 촉국 사적의 특징은 신화와 전설적 색채로 꽉 차 있다. 촉이 당시 편벽된 곳에 있던 소수민족이었다는 점을 고려해볼 때, 이런 전설적 특징은 흠이 될 것이 없거니와 오히려 [그 전설이] 날조되지 않았다는 확실한 증거가 될 수 있다. 촉국의 고사가 미치는 지리적 범위를 보면, 촉은 그 중심이 촨시평원川西平原에 있었다. 현재 싼싱두이 및 이와 관련된 고고학적 발견지는 바로 촨시평원의 교통 요지에 위치한다. 게다가 유적의 연대 또한 아주 분명해서 고사 전설의 신빙성을 검증할 수 있는 도구로 사용 가능 하다. 인다 선생 같은 학자는,[2] 일찍부터 고대 전설의 가치를 재삼 강조하면서, 전설을 분석해 고사의 진정한 면모를 밝힐 수 있다고 주장하기도 했다. 그러나 전설은 아주 파편적이기 때문에 고고 문화에 대응시키기 어렵다. 여기서는 싼싱두이의 발견을 기회로 삼아 촉국 고사 전설을 새로이 검토해보면서, 촉국의 역사 문화에 대한 탐색에 그치지 않고 중국 고사 전설을 어떻게 바라보아야 하는지에 대한 방법론적 문제에까지도 시사점을 제기해보고자 한다.

앞서 얘기했듯, 싼싱두이를 포함한 광한 중심 유지는 쓰촨성의 행정 중심 도시 청두 이북의 촨시평원 북부에 자리하고 있다. 1931년 유지 범위 내의 웨량완月亮灣에서 발견된 옥석기는 아주 아름다운 공예라는 점에서 주대 초기의 것으로 여겨졌다.[3] 1957년에서 1958년에 걸쳐 발굴된 신판수이관인 유지新繁水觀音遺地에 대해 간보에서는 그 초기 무덤의 시대를 상대로 추정하면서 그 유적을 은말주초의 것으로 보았다.[4] 1959년과 1980년 두 번에 걸쳐 발견된 펑현彭縣 주와제竹瓦街 청동기 교장의 연대는 서주 시기로 추정되었는데,[5] 이 두 지점은 모두 중싱유지에서 멀지 않은 곳이다. 광한시문화국에서 편찬한『광한 싼싱두이 유지 자료 선편廣漢三星堆遺址資料選編』(1)에 수록된 보도 자료는 다음처럼 말했다. "이미 밝혀진 고대 촉 문화 유지군은 촨시평원 마무허馬牧河 양안의 평현 주와제에서 광한 현성에 이르는 30여 킬로미터의 이급 대지二級臺地에 자리한다. 그중 14곳이 광한현 난싱진南興鎭 북면의 싼싱두이 및 강을 마주 대하는 웨량완 부근 6제곱킬로미터의 강을 낀 대지에 집중되어 있다. (…) 6제곱킬로미터의 싼싱두이 고대 촉 문화 유지군은 견고한 인공방어시설(토경土埂)로 둘러싸여 있었는데, 이미 출토된 시설 가운데 남쪽 '담장墻'은 길이 1800여 미터, 동쪽 '담장'은 1000미터, 서쪽 담장은 600미터이고, 북쪽 '담장'은 야쯔허鴨子河에 의해 훼손되었다"(37쪽). 이를 통해, 이 유적이 고대사적으로 특수하고 중요한 지위를 갖는다는 것을 볼 수 있다.

『문선』에 수록된 좌태충의 「촉도부蜀都賦」에 이르길, "저 촉의 도읍은, 대체로 상고시대에 기반을 닦았고, 중고시대에 나라를 열었네. 영관을 넓혀 문으로 삼고, 옥뢰를 둘러서 집으로 삼았네. 민강 두 줄기를 띠로 삼고, 아미산의 험난함으로 적을 막네. 강과 땅이 모여들어, 천지 사방이 합쳐졌네."[6] 유규劉逵의 주에 의하면, "영관靈關은 산 이름으로 성도成都 서남 한수漢壽(지금의 광위안廣元 서남) 경계에 있다. 옥뢰玉壘도 산 이름으로(지금의 관현灌縣 서북), 전수湔水(지금의 바이사허白沙河)의 발원지인데 성도 서북쪽 민산岷山 경계에 있다." 「촉도부」의 기록은 문학 기법으로 촉 중심 지역의 범위를 구획한 것이다. 상술한 고고학적 발견은 바로 이 지역에서 나타났다.

이른바 "상고시대에 기반을 닦았고, 중고시대에 나라를 열었네"[7]라는 말은 촉국의 유구한 역사를 반영하고 있다. 촉 왕은 황제의 후예로 알려져 있는데, 이 설은 『사기』「삼대세표」에 보인다. 저소손褚少孫은 다음과 같이 말했다. "촉 왕은 황제黃帝의 후손이다. 지금 한漢 서남 오천 리에 있는데, 자주 한에 조회하면서 공물을 바친다. 그 조상의 덕이 있지 않다면 은택이 후세에까지 전해지겠는가?"[8] 이는 비록 사마천의 손에서 나온 말이 아니지만,『사기색은』에 의하면 "『세본』을 살펴보건대, 촉은 성姓이 없지만 서로 황제의 후예라 이른다. 또 황제의 스물다섯 아들 중 분봉되어 성을 받은 후 혹자는 만이로 갔으니 당연하다 할 수 있다"[9]라고 했다. 이를 통해 전국 말에 완성된『세본』에 이미 이러한 설이 있었음을 알 수 있는데, 이는 또한 사마천보다도 이른 시기다.

저소손은 전한 원제·성제 시기의 박사였다. 멍원퉁 선생은 다음처럼 말한다. "촉 왕의 후예가 원제와 성제 시기에 항상 한나라에 조공을 바쳤다는 것은, 한나라 때 [촉이] 이른바 서남이 가운데 읍군邑君이었음을 설명해준다. 촉군蜀君이 황제의 자손이라는 설은 이 읍군들이 조공을 바치면서 자신들의 내력을 이야기할 때 얻은 정보일 가능성이 있다. (…) 촉 왕의 자손들은 한나라 때에도 계속 존재했다. 따라서 제삼자는 '황당무계한 이야기'를 몇 가지 찾아 그것이 촉의 역사라고 망령되이 칭할 수 없다."[10] 이 견해는 아주 설득력 있다. 고대 각 민족은 모두 자신들이 살아온 역사를 매우 중요시했다. 춘추 시기 담자郯子가 공자에게 이야기한 소호少昊의 고사 또한 그 대표적 사례다.『세본』에 기록된 촉은 "서로 황제의 후예라 이른다"라고 한 전설은 결코 후세 사람들이 억지로 첨가할 수 없는 것이다.

문헌 속에 촉 왕의 계보와 관련된 적잖은 기록이 있지만, 많은 민족의 고대 계보처럼 각 왕이 재위한 시대를 판단하기는 쉽지 않다. 과거 학자들은 촉 왕의 계보에 대해 많은 추측을 했지만, 모두 신빙성 있는 증거가 부족했다. 그러나 문헌 속의 계보는 분명 다음의 세 시대로 크게 나눌 수 있다.

첫번째는 잠총蠶叢 등 왕의 시대다. [중국 전한의 학자] 양웅揚雄은『촉 왕본기蜀王本紀』[11]에서 다음과 같이 말했다. "촉의 선조 가운데 왕을 칭한 자는 잠총·백확柏濩·어부魚鳧·포태蒲澤·개명開明 등이 있는데, 이때 사람들은 우매해 상투를 틀고, 옷깃을 왼쪽으로 여몄으며, 문자를 알지 못했고, 예악도 없었다. 개명 위로 잠총에 이르기까지 모두 사천 년이다"(『어람御覽』에서 인용).[12] 또 이르기를 "촉 왕의 조상 이름은 잠총이다. 다음 대의 이름은 백확이라 하고, 그 후대의 이름은 어부다. 이 삼대는 각각 수백 세 동안 지속되었는데, 모두 신이 되어 죽지 않았고, 그 백성들 또한 왕을 따라 신선이 되어 떠났다. 어부는 전산湔山에서 사냥을 하다가 신선이 되었는데, 지금 전산에 그 사당을 지어 제사를 지낸다. 당시 촉민蜀民은 아주 적었다."[13] [동진東晉 촉군蜀郡] 상거常璩는 『화양국지華陽國志』에서 이렇게 말한다. "주가 기강을 잃자 촉의 조상들이 왕을 칭했다. 촉후蜀侯 잠총은 눈이 세로로 나 있었는데, 처음으로 왕을 일컬었다. 그가 죽은 후 석관石棺과 석곽石椁으로 장사 지냈는데, 나라 사람들이 그를 따랐다. (⋯) 그다음 왕은 백확이라 하고, 그다음 왕은 어부라 했다. 왕은 전산에서 사냥을 하다가, 홀연히 신선의 도를 얻으니, 촉 사람들이 그를 사모하면서 사당을 세웠다."[14]

양웅과 상거의 기록은 잠총의 시대에 대해 차이를 보인다. 『촉 왕본기』에서는 "나라 역사가 무릇 사천 년"이라 했고, 어떤 책에서는 "모두 삼만사천 년"으로 인용하기도 했다. 멍원퉁 선생은 『화양국지』 「서지序志」를 근거로 교감해 "삼천 년"이라 했다.[15] 상거가 『화양국지』 「서지」에서 한 말에 의하면 "본기에서 이미 분명하게 밝혔지만, 세속에는 촉의 전설이라 하는 것이 널리 퍼져 있는데, 촉 왕 잠총 시대가 삼천 년이나 된다고 말하고 있다. (⋯) 주나라가 기강을 잃었을 때 촉의 선왕들이 왕을 일컬었고, 전국시대 일곱 나라가 모두 왕을 일컫자, 촉은 또 제帝를 일컬었다. 이는 곧 잠총이 왕을 칭한 것이고, 두우杜宇가 제를 칭한 것으로, 모두 주나라가 쇠잔할 때이니, [촉왕 잠총 시대개 어찌 삼천 년이 될 수 있겠는가?"16라고 했다. 이 말은, 세속에서 촉의 전설을 이야기하는 자들을 비판한 것이지만, 전후 맥락을 볼 때 확실히 『촉 왕본기』를 비판하는 것이다. 따라서 명 선생의 수정은 일리가 있다. 양웅의 『촉 왕본기』와 상거의 『화양국지』가 다른 것은 『촉 왕본기』는 촉 사람들의 전설을 그대로 기록한 것이라 신비로운 의미가 풍부하고, 상거의 『화양국지』는 역사가의 시각에 의해 이성화된 때문이다. 왕의 이름이 세 개 밖에 없기 때문에, 필자는 "주나라가 쇠잔할 때"의 설을 취하고, 세 왕이 각각 수백 세 동안 살았다는 『촉 왕본기』의 설은 취하지 않는다.

촉 왕의 명호名號는 중원의 그것과 다르다. 예컨대, 개명開明이라는 이름이 여러 세대에 전해졌는데 모두 개명이라는 이름을 왕의 호칭으로 사용한 것이다. 이러한 호칭은 결코 개인의 사적인 이름이 아니다. 이른바 잠총, 백확(혹 백관柏灌, 자형이 비슷하다. 진한 문자에서 자주 혼동된다), 어부도 각각 수백 년 동안 신이 되어 죽지 않았다고 하는데, 이 또한 어쩌면 저 호칭이 계속해서 사용되었기 때문일 것이다. 따라서 이 세 왕의 시대를 하나의 시대로 보아도 무방하다.

두번째는 망제望帝의 시기다. 『촉 왕본기』에 다음의 기록이 있다. "그 이후 이름을 '두우'라 하는 한 남자가 있었는데, 하늘에서 떨어져 주제朱提(지금의 윈난성雲南省 자오퉁昭通)에 머물렀고, 이름을 '이利'라 하는 한 여자가 있었는데, 강원江原(지금의 쓰촨성 충칭崇慶 동남)의 우물에서 나와서, 두우의 처가 되었다. 이에 자립해 촉 왕이 되어서는 '망제'라 일컫고, 문산汶山 아래의 '비郫(지금의 피현邽縣'라 부르는 읍을 다스렸는데, 교화된 백성이 종종 나타났다."[17] 『화양국지』에서는 다음처럼 말한다. "그후에 왕이 있어 '두 우'리 했고, 백성들에게 농사짓는 법을 가르쳤는데, 두주杜主라 일컫기도 했다. 당시 주제朱提에 양씨梁氏의 딸 이利가 강원에서 노닐 때, 두우가 그녀를 좋아해 그녀를 맞이해서는 비로 삼고, 비읍郫邑으로 옮겨 다스렸다. 혹 구상瞿上(지금의 쌍류雙流 동쪽)을 다스렸다고도 한다."[18] 상거의 설은 또한 신화적 색채를 많이 배제하고 있다. 『화양국지』에서 또 이르길 "전국 일곱 나라가 왕을 칭할 때, 두우는 제帝를 칭해 '망제'라 하고, 포비蒲卑('비' 자는 '택澤' 자와 자형이 비슷해 자주 혼동된다)라 이름을 고쳤는데, 스스로 공덕이 여러 왕보다 높다고 생각했다"[19]라고 했다. 그러나 『촉 왕본기』에서는 "망제가 백여 세를 살았다"라고 한 것을 보아 '망제' 또한 일종의 호칭으로, 이를 반드시 한 사람, 한 세대로 제한할 필요는 없는 것 같다.

세번째는 '개명開明'의 시기다. 『촉 왕본기』에 이르길, "형荊 땅에 한 사람이 있어 이름을 '별령鱉靈'이라 했는데, 그 시신이 간 곳이 없는지라, 형 땅 사람들이 이를 찾았으나 찾지 못했다. 별령의 시신이 강수江水를 따라 올라가 '비郫' 땅에 이르러 마침내 살아나, '망제'와 서로 만나게 되었다. 망제는 별령을 상相으로 삼았다"[20]라고 한다. 이어서 별령이 옥산玉山에 물길을 낼 때, 망제가 별령의 처와 사통하고서 별령에게 선양한 고사를 이야기했다. "별령이 즉위한 후, 호칭을 '개명제開明帝'라 했다. 제帝는 노盧와 보保를 낳았는데 또한 개명이라 일컬었다."[21] 개명제 이후 제5대 개명에 이르러서는 제호를 버리고 다시 왕을 칭했다고 한다. 『화양국지』에서는 이상의 기이한 요소를 다 제거한 다음에 망제의 재상인 개명이 옥뢰산을 열고 수해를 없애 선양받을 수 있었다고만 기록하고서, "호칭을 '총제叢帝'라 했다. 총제는 노제盧帝를 낳았다. 노제는 진秦을 공격해 옹雍(지금의 산시성 평상) 서남쪽 땅에 이르렀고, 보자제保子帝를 낳았다. 제가 청의靑衣(지금의 쓰촨 밍산 북쪽)를 공격했는데, 세력이 요遼와 북僰에까지 뻗쳤다. 그 아홉 세대가 지난 후 개명제가 나와 비로소 종묘를 세웠다. (…) 제가 왕을 칭했고, 개명왕開明王은 몽곽夢郭에서 성도成都로 옮겨서 다스렸다."[22] 주 신왕愼王 5년(기원전 316년), 진秦이 촉을 정벌하자, "개명씨가 이에 망하니, 무릇 촉에서 12세 동안 왕 노릇 했다"[23]라고 했다.

나필은 『노사』에서 "지금 『촉기蜀記』에 망제는 멀리 주 양왕襄王 때 사람이라 기록했는데, 별령에 이르기까지, 촉에서 왕 노릇을 한 연수가 11대 350년이며, 진시황제 때 촉노자蜀盧子를 패왕으로 불렀다"라고 한다.[24] 나씨는 이 설을 믿지 않았기 때문에 특별히 진시황 때 촉이 이미 멸망한 지 오래되었음을 지적한 것이다. 그러나 촉이 멸망한 기원전 316년부터 350년을 거슬러 올라가면 기원전 666년으로, 주 양왕 재위 때(기원전 651~기원전 619)와 아주 가까워진다. 망제가 별령에게 선양한 것은 바로 기원전 650년 즈음일 가능성이 크다. 여기에 망제 시기의 100여 년을 더하면 바로 양주 교체기(주 평왕 동천은 기원전 770년이다)가 된다. 바로 잠총계蠶叢系의 말세가 주 양왕에 이르는 것은 '주가 기강을 잃자 촉의 조상들이 왕을 칭했다'는 설과 또한 맞아떨어진다. 서주는 이백몇십 년간 존재했기 때문에, 잠총계 삼대가 각기 수백 년 동안 이어왔다는 것은 하·상·서주 삼대에 대응될 수 있다. 그 근원을 가탁한 것은 어쩌면 시간적으로 더 이를 수도 있다.

이상의 분석을 통해 알 수 있듯, 이 세 시기 촉 왕의 계보가 연속적으로 이어진 것은 아니었다. 가장 마지막의 개명 시기, 제1대 별령이 형 땅 사람으로 동방에서 강을 거슬러 촉으로 들어왔다고 한다. 그 이전 망제 시기, 두우는 하늘에서 내려와 주제에 이르렀다고 하고 또 그 처가 주제로부터 왔다고도 하는데, 어떻든 이는 서방의 민족과 관련 있는 것이다. 촉 왕이 황제의 후예라는 설은 당연히 별령 및 두우와 연결할 수 없다.(『사기색은』에서는 두우가 당두씨唐杜氏에서 나왔다고 이야기하는데, 대개 [두우가] 육종陸終의 후예라 [그를] 황제의 후손이라 하는데, 이는 아무런 근거도 없는 말이다.) 따라서 황제의 후예인 촉 왕은 잠총계를 가리킬 수밖에 없다. 잠총은 본래 촉인의 선조고, 망제와 개명은 외부에서 온 통치자이기 때문이다. 따라서 한대의 촉인이 그 조상의 시대를 말할 때, 자연스럽게 잠총계의 촉 왕으로 거슬러 올라갔던 것이다.

촉 왕이 어떻게 황제의 후손이 될 수 있는가? 『화양국지』에 다음같이 이른다. "촉이라는 나라는 인황人皇에서 비롯되어, 파巴와 같은 지역에 자리했다. 황제 때 이르러, 그 아들 창의가 촉산씨蜀山氏의 딸을 취해, 아들 고양高陽을 낳았는데, 그가 제곡帝嚳이 되었다. 그 지서支庶[적자의 후예가 아닌 서자와 지손支孫의 후예]가 촉에 책봉되었는데, 대대로 후백侯伯이 되어 하·상·주를 거쳤다. 주 무왕이 주紂를 정벌할 때 촉도 함께했다."25 황제의 아들 창의昌意가 촉산씨의 딸을 취한 이야기는 『대대예기』 「제계」·『세본』·『산해경』 등에 보인다.

「제계」에 다음 기록이 보인다. "황제가 헌원의 언덕에 거할 때, 누조嫘祖라 이르는 서릉씨西陵氏의 딸을 취했는데, 이가 청양 및 창의를 낳았다. 청양은 저수에 내려와 거했고, 창의는 약수(지금의 야룽강)에 내려와 거했다. 창의는 촉산씨의 여자를 아내로 맞아들였고, 촉산씨의 아들 가운데 창복昌濮이라 부르는 자는 전욱을 낳았다."26

『세본』에 이르길, "황제가 창의를 낳고, 창의는 전욱을 낳았다"라 했고, 또 "창의는 고양을 낳았는데, 이가 제전욱帝顓頊이다"라 했으며, "전욱의 어머니는 탁산씨濁山氏의 자식으로 창복이라 이름했다"[27]라 했다.

『산해경』「해내경海內經」의 기록은 다음과 같다. "황제가 누조를 아내로 삼아 창의를 낳았다. 창의가 약수에 내려와 거하며 한류를 낳았다. (…) 작濁의 자식 아녀를 취해 제전욱을 낳았다."[28] 곽박은 주에서 "『죽서竹書』에 이르길, '창의가 약수에 내려와 거하며, 제건황帝乾荒을 낳았다'라고 하는데, 건황이 곧 한류로 제전욱을 낳았다"[29]라고 했다. 학의행郝懿行의 『전소箋疏』에서는 "탁濁과 촉蜀의 옛 글자는 통한다. 탁은 또 작濁과 통한다. 이 작자濁子가 곧 촉산자蜀山子다"[30]라고 했다. 이 설은 창의와 전욱 사이에 한류韓流 곧 건황乾荒의 세대가 있다고 하는데, 다른 설과 약간의 차이를 보인다.

『사기』「오제본기」는 기본적으로 『제계』의 설을 인용했는데, 저수를 강수라 하고, 昌濮을 昌僕으로 한 점이 다르다.

이러한 기록을 통해 『화양국지』에서 "아들 고양을 낳았는데 이가 제곡이다"의 '제곡'은 어떤 학자들이 이미 지적한 대로 확실히 '제전욱'의 오류다. 이에 근거해보면, 촉 왕의 선세는 곧 하·상·주의 잠총계를 거쳤고, 전설에 의하면 그들은 전욱의 지서로 바로 황제의 후예가 된다.

구제강 선생은 1941년의 논문에서 촉국의 고사와 관련된 기록에 비판을 가했다.[31] "당시의 촉국은 본래 중원과 아무런 관계도 없었다. 춘추전국시대에 이르러서야 진나라와 교섭하기 시작했다. (…) 불행히도 역대 인사들은 진한 대일통大一統 사상의 영향을 받아서 고대에도 이와 똑같다고 여겼다. 따라서 이 지역의 문화가 고대에 독립적으로 발전했다는 점을 인정하지 않고 어떤 설을 세워서 그것을 중원의 역사와 섞어버린 것이다. 따라서 여기저기 아주 억지로 갖다 붙여버려서, 풀리지 않는 실타래를 만들이버렸다." 즉 왕이 전욱의 지서에서 나왔다는 설이 바로 구제강이 비판한 주요한 내용 가운데 하나였다.

잠총 계통의 촉군이 전욱의 지서라는 것은 구체적으로 증명할 방법이 없지만, 이러한 전설에 대한 분석을 통해 몇 가지 의미 있는 추론을 도출해낼 수는 있다.

첫째, 이른바 촉산씨는 촉 땅의 토착으로 아주 오래된 기원을 갖고 있어 인황에서 비롯했다는 설이 있다. 황제의 아들 창의가 약수에 내려와 촉산씨와 혼인관계를 맺었다는 것은 중원 문화가 사천[쓰촨] 서부 평원 일대에 전파되어 토착민족의 문화와 결합했다는 것을 반영한다. 시간적으로는, 황제 전설의 기년으로 계산해보면, 대략 기원전 3000년 시기에 해당한다. 바로 신석기시대 후기다.

광한 싼싱두이를 발굴한 학자들은 그 유적을 4기로 나눈다. 제1기는 신석기시대 후기에, 제2기는 하대에서 상대 초기에, 제3기는 상대 중기 혹은 그보다 약간 늦은 시기에, 제4기는 상대 후기에서 서주 초기에 해당헌다.[32] "발굴 결과, 작은 평저관平底罐, 고병두高柄豆, 새 머리 형상의 작勺 등의 형태를 대표로 하는 문화 유적은 쓰촨 서부 평원에서 자생적으로 발생한 문화를 나타낸다. 이 문화의 시간적 범위를 보면, 위로는 신석기시대 후기까지 올라가고, 아래로는 상말주초 혹은 그보다 약간 늦은 시기까지 내려간다. 제1기 유적을 제외하고, 제2기에서 제4기의 유적은 학자들이 춘추시대로 비정한 버들잎 모양柳葉形 청동단검, 연하포식煙荷包式 동월銅鉞, 삼각형원三角形援 동과를 대표로 하는 파촉 문화와 서로 이어진다."[33] 따라서 이 문화 유적은 촉의 초기 문화에 속하는데, 어떤 학자는 이러한 문화 유적을 '초기 파촉 문화' 유형으로 여기고 있다. 이른바 '초기 파촉 문화'는 "북으로는 [쓰촨] 몐양에 이르고, 남으로는 창장강 남안에 이르며, 서쪽으로는 한위안漢源에 이르고, 동족으로는 후베이 이창宜昌에 이른다. 바로 후대 파와 촉 두 족속族屬의 주요한 활동 지역이다. 그들의 문화적 특징은 독특해, 쓰촨 동부의 다시 문화와 직접적으로 연결되지 않고, 쓰촨 서부 산간 지역의 신석기 문화와도 크게 다르며, 오히려 중원 룽산 문화의 지역 유형 및 얼리터우 문화 등과 적잖은 유사성이 나타난다. 예컨대, 이질회도泥質灰陶 계통에 속하는 고족두高足豆가 많고, 대족袋足, 삼족三足, 첨저기尖底器[바닥 모양이 뾰족한 기물] 등이 많다는 것이 그렇고, 전형적인 기물이라 할 수 있는 규鬹, 화盉, 대구준大口尊, 두豆 등도 모두 유사하다. 이는 '초기 파촉 문화'가 형성되고 발전하는 과정 속에서 중원 문화와 어느 정도 관련을 맺고 있음을 반영하는 것이다."[34] 이러한 문화가 비록 문명한 지역 문화적 특징을 띠고 있다고는 하지만, 중원 문화의 영향을 받았다는 것도 분명히 알 수 있다.

둘째, 전설에 보이는 촉 왕의 조상이 전욱의 지서임은 그들과 하나라가 비교적 친밀한 관계였다는 것을 나타낸다. 『대대예기』 「제계」에 보면, "전욱이 곤鯀을 낳고, 곤이 문명文命을 낳았는데, 이가 우禹다"라는 기록이 있다. 공광삼孔廣森은 『보주補注』에서 "『한서』는 「제계」를 인용해 '전욱의 오세五世가 곤을 낳았다'고 했는데, 금본에 '오세'라는 말이 없는 것은, 죽간의 일부가 부식되었기 때문일 것이다"라고 했다. 『사기』 「하본기」와 같은 여타 문헌도 이와 같다. 따라서 하 왕과 촉 왕이 모두 전욱의 후예라는 전설은 하 문화와 촉 문화의 관련성을 어느 정도 반영하는 것이다.

흥미로운 것은 싼싱두이 문화 유적이 분명 얼리터우 문화와 비슷하다는 점이다. 다들 알다시피, 많은 학자는 얼리터우 문화가 '하 문화'일 것이라 여기고 있다. 이러한 공통점은 싼싱두이에서 발견된 도화陶盉[도기로 만든 화盉]와 옥으로 만든 '아장'의 사례로 설명할 수 있다.

싼싱두이의 발굴자는 "후기 유적에서 출토된 도화는, 높이가 높고 홀쭉하다는 점에서 독특한 풍격을 가졌다고 할 수 있지만, 전체 형체를 보면 '얼리터우 문화'의 화盉와 그래도 유사하다"[35]는 것을 지적했다. 관류管流[관 모양의 주전자 꼭지가 위로 치솟은 것]와 편대족扁袋足[화의 세 발이 납작한 자루를 엎어 놓은 모양]의 도화는 원래 얼리터우 문화의 대표적인 기물인데, 도화가 싼싱두이에서 발견되었다는 것은 싼싱두이 문화와 얼리터우 문화가 서로 영향을 주고받았음을 증명하는 증거임이 분명하다.

싼싱두이에서 발견되는 기봉岐峰[장璋의 앞 끝이 둘로 뾰족하게 갈라진 모양]의 아장은 웨량완에서 발견된 바 있다. 이러한 아장은 지금까지 출토된 곳이 많지 않다. 주로 산시성 선무, 허난성 옌스 얼리터우, 쓰촨성의 광한 지역이다.[36] 선무에서 출토된 것은 문화적 속성이 정확히 파악되지는 않았지만, 얼리터우에서 출토된 것은 확실히 얼리터우 문화 3기에 속하는 것이다.[37] 이와 같은 아장은 중원에서 특히 상대 문화 유적에서 몇 군데 흔적이 보이기는 했지만 기본적으로 이미 소실되어 버렸다. 싼싱두이의 아장은 도화처럼 싼싱두이 문화와 얼리터우 문화 사이의 문화적 영향과 교류를 나타내주는 것이라 할 수 있다.[38] 이는 이 책 제2장 「5. 홍콩 다완에서 새로 발견된 아장과 이를 둘러싼 문제」에서 이미 자세하게 다루었다.

셋째, 촉 왕 계보 전설은 그들과 초 사이의 관계도 나타내주고 있다. 초나라의 조상들을 포함한 이른바 '축융팔성祝融八姓' 또한 전욱에서 기원했다고 한다. 이는 「제계」『세본』및『사기』「초본기楚本紀」등에 자세히 나타나 있다. 전욱이 칭稱을 낳고, 칭이 노동老童(권장卷章이라고도 하는데, 이는 글자가 비슷한 데서 비롯한 오류다)을 낳았으며, 노동은 중려重黎와 오회吳回를 낳고, 오회는 육종을 낳았으며, 육종은 여섯 아들을 낳았는데, 곧 곤오昆吾·참호參胡·팽조彭祖·회인會人·조성曹姓·계련季連으로, 이 가운데 계련이 바로 초나라의 조상이다. 이 전설은 여러 고문자 자료를 통해 방증할 수 있다.[39]

'축융팔성'이 세운 제후국은, 전설에 의하면, 하대에 아주 번성했다고 한다.『시경』에 이르길 "위韋와 고顧를 정벌한 다음, 곤오와 하걸夏傑을 정벌했다"[40]라는 구절이 있는데, 여기서 곤오·위·고는 모두 팔성에 포함된다. 이 시를 통해 하 왕조와 그들 사이의 관계가 상당히 중요했음을 볼 수 있다. 상대에는 이미 '형초'라는 이름이 나타닌다.[41] 초나라가 비록 주 초기에 책봉되었다고는 하나 이른바 '형만荊蠻' 혹 '초만楚蠻'이라는 족속은 그전부터 이미 존재하고 있었다. 그들은 훗날 초 지역에서 이미 활동하고 있었는데, 곧 지금의 후베이성에서 후난성 일부에 이르는 지역이다.[42]

현재 후베이성과 후난성의 일부 지역에서는 계속해서 적잖은 상대 청동기가 발견되고 있다. 싼싱두이에서 출토된 몇 건의 청동기는 후난성과 후베이성에서 출토된 것과 아주 비슷한데, 이는 후난성과 후베이성 지역에서 유행한 청동 문화에서 영향을 받은 것이 분명하다.[43] 이는 이 장 「6. 상 문화가 어떻게 쓰촨에 전래되었는가」에서 자세히 다룰 것이다.

촉과 '형초'의 관계는 주대에 이르러서도 계속되었다. 후난성 창사에서 수집된 초공豪과 초공戈는 서주 후기에 속하는 것으로, 촉과蜀戈의 특색을 강하게 띠고 있다.[44] 이를 통해 촉과 초 사이의 연원 관계를 다소 엿볼 수 있다.

쌴싱두이에서 출토된 상대 청동기는 1~2호 '제사갱祭祀坑'에서 나왔다. 제사갱의 지층이 아주 분명해서 탄소 측정을 통해 그 연대를 추정할 수 있는데, 그 결과가 청동기의 형체 및 문식의 유형으로 추정하는 방법을 통해 추산한 시기와 완전히 일치했다. 현재 쌴싱두이 유물이 발견됨에 따라, 후난성과 후베이성에서 출토된 유사한 기물도 상대에 제작되었음을 추정할 수 있다. 이 후난성과 후베이성 기물은 게다가 중원에서 발견된 상대 청동기와도 기본적으로 일치하는 발전 양상을 보인다. 이는 고고학뿐 아니라 중국 고대의 역사 문화를 연구하는 데 비교적 중요한 의의를 지니는 점이다.

이러한 현상이 설명하는 바는 무엇일까? 과거에는 지금의 후난성과 쓰촨 같은 지역은 고대 중원 문화와 아무런 관계를 맺을 수 없었다는 관점이 유행했다. 특히 쓰촨 지역은 산수가 험난한 지역으로 유명했던 만큼 문화적으로도 폐쇄적이었던 것으로 생각했다. 그러나 현재 고고학적 발견이 증명하듯, 신석기시대 후기(최소한 후기 말엽)부터 쓰촨 지역은 중원 지역과 교류를 했고, 교류가 아주 활발히 진행되던 시기도 있었다. 따라서 우리는 촉국 고대사에 대한 전설을 이해하는 데서 기존의 관점을 바꾸지 않을 수 없게 되었다.

필자는 이 사례를 통해 중국 고대의 전설이 역사적 사실을 바탕으로 이뤄졌다는 것을 설명할 수 있다고 생각한다. 물론 전설을 연구할 때에는 반드시 신중해야 한다. 그래야 견강부회를 피할 수 있다. 전설을 자의적으로 인용해 고고 문화와 대조하는 것은 아주 위험한 일이다. 그러나 고고 작업이 충분히 전개된 이후 전설에 대해 한층 더 발전된 인식을 할 수 있게 되었다.

부가적으로 설명할 것은 『촉 왕본기』에서 촉국이 개명에 이르기까지, 여전히 "사람들은 우매해 상투를 틀고, 옷깃을 왼쪽으로 여몄으며, 문자를 알지 못했고, 예악도 없었다"[45]라고 했는데, 고고학적 발견에 따르면, 이 지역의 통치자들은 이미 상대에 상나라 사람들이 사용하던 예기를 사용했다는 것이다. 이는 촉의 통치자들의 문화는 인민들의 문화와 달라서 싼싱두이 사람 상像을 통해 그들은 왼쪽으로 옷깃을 여몄지만 상투는 틀지 않았다는 사실을 알 수 있다. 이는 중국 고대 시기에 비교적 편벽한 곳에 있던 제후국에서 보편적으로 나타나는 현상으로, 통치자와 인민들 사이의 문화적 차이는 다음 기회에 자세히 토론해보도록 하겠다.

「제계」 전설과 촉 문화

앞서 필자는 인다 선생이 1982년에 했던 말을 언급했다. 이 말은 중국 고대 전설과 고고학의 관계를 논한 것으로 선생의 선집 맨 마지막의 「마음에서 우러나오는 바람」에 보인다. 이는 원래 『사전연구』 창간호(1983년 3월 출판)를 통해 발표되었는데, 그후 4개월이 안 되어 인 선생은 세상을 떠나고 말았다. 「마음에서 우러나오는 바람」은 그의 마지막 작품이 되었다. 인다 선생은 다음처럼 말했다. "우리 고대사회에 대한 전설이 혹 모두 다 위조된 것인가? 이러한 의문이 분분해 사시이비似是而非적 신화와 같은 고사 전설 속에 진정한 사회적·역사적 부분은 없는 것인가? 이 때문에 조국의 먼 옛날 사회에 대해 허무주의적 태도를 취해야만 하는가? 이는 우리가 깊이 사고해보아야 할 중요한 문제다. 30여 년간의 고고학적·민족학적 발전에 따라, 문자에 기록된 역사 이전에도, 중국에서 조상들이 노동을 통해 남긴 사회적 사적이 분명히 확인되었다. 민족 조사를 통해 발견된 '전의시대傳疑時代'●의 신화적 전설은 소수민족 사이에서 아직도 전해지고 있고, 또 역사 이야기를 통해서도 소수민족들의 심리에 남아 있기도 하다. 고고학적 발굴을 통해서도 '전의시대'의 어떤 부족과 관계가 있는 것으로 보이는 각종 신석기시대의 문화 유형도 발견되었다. 지역적으로도, 절대연대적으로도, 또 각종 문화 유적의 차이를 통해서도, 이와 같은 신화적 전설은 진정한 역사적 배경이 있음을 충분히 증명할 수 있기 때문에 전부 다 무시해버려서는 안 된다."[1] 이런 관점은 그의 수십 년에 걸친 고고학과 고대사에 대한 연구의 정수로 한 마디 한 마디 반복해 음미할 가치가 있다.

고서에 기록된 고대사 전설 가운데 가장 체계적인 것은 『대대예기』 「오제덕」과 「제계」 두 편으로, 『사기』 「오제본기」와 「삼대세표」는 이를 근거로 했다. 사마천은 다음과 같이 말했다. "공자가 전한 「재여문오제덕宰子問五帝德」과 「제계성帝繫姓」은 유학자 가운데 혹 전수하지 않는 사람도 있었다. 나는 일찍이 서쪽으로 공동空桐에 이르고, 북쪽으로 탁록涿鹿을 넘었으며, 동쪽으로 바다에 이르고, 남쪽으로 장강과 회수를 떠다녔다. 장로들이 각각 황제와 요순을 칭송하는 곳에 가보면, 그 풍속과 교화가 사뭇 달랐지만, 전체적으로 옛글에 기록된 내용과 멀지 않고 가까웠다. 내가 『춘추』와 『국어』를 보았는데, 「오제덕」과 「제계성」 장의 의미를 잘 밝혀냈다. 돌이켜보건대, 여러 제자가 깊이 살피지 않았을 뿐 그 표현된 내용은 결코 허황되지 않았다."[2] 이를 통해 「오제덕」과 「제계」 두 편의 중요성을 충분히 볼 수 있다. 특히 「제계」

● 문자 기록이 없어서 존재가 의심되는 시대. 흔히 전설시대 또는 선사시대라고 한다.

의고시대를 걸어 나오며

편은 『기년』 『세본』 『산해경』 등에 보이는 관련 내용과 대체로 부합한다는 점에서 고사를 연구하는 데 아주 높은 가치를 가진다. 인다 선생이 강조한 것처럼, 어떻게 고사 전설을 고고학·민족학의 성과와 종합적으로 고찰하느냐는 한층 더 발전된 탐구가 필요하다.

광한 싼싱두이의 중대한 고고 발견은 사람들의 시선을 촉국의 고사에 집중시켰다. 촉의 고사 전설은 「제계」에도 그 흔적이 남아 있다. 『촉 왕본기』와 『화양국지』의 기록은 「제계」와 서로 인증이 가능하다. 이에 대해 앞서 논술하긴 했지만 「제계」를 가지고 촉사의 배경을 살피지 않았던 만큼, 여기서 다시 필자의 몇 가지 관점에 대해 설명해보고자 한다. 독자들의 질정을 바란다.

「오제덕」과 「제계」는 모두 황제부터 시작된다. 고사 전설에서 황제의 후예는 상당히 많다. 『국어』 「진어 4」에 기록된 진晉 대부 서신胥臣의 말을 보자. "동성同姓은 형제입니다. 황제의 아들 스물다섯 명이 있었는데, 그중 동성은 둘뿐이었습니다. 오직 청양과 이고夷鼓만 모두 기성己姓이었습니다. 청양은 방뢰씨方雷氏의 생질입니다. 이고는 동어씨彤魚氏의 생질입니다. 같은 형제지만 성이 다른 자는 네 어미의 아들들로 따로 12성을 이루었습니다. 무릇 황제의 아들은 스물다섯 종宗으로 그 가운데 성을 얻은 자는 열넷이며 12성을 이루었는데, 희성姬姓, 유성酉姓, 기성祁姓, 기성己姓, 등성滕姓, 장성葴姓, 임성任姓, 순성荀姓, 희성僖姓, 길성姞姓, 현성儇姓, 의성依姓이 그러합니다. 오직 청양과 창림씨蒼林氏만 황제와 같이 모두 희성으로 성을 삼았습니다."[3]

이 기록을 자세히 검토해보면 몇 가지 착오를 발견해낼 수 있다. 지금까지 학자들이 제기한 관점은 다음의 두 가지를 벗어나지 않는다. 한 가지 설은 황제의 아들 가운데 성을 얻은 자가 14명이 아니라 13명이라는 것인데, 이고가 곧 창립으로, 청양과 이고가 기성을 얻은 것이 아니라 희성姬姓을 얻었다는 것이다. [서진 학자] 황보밀皇甫謐과 『사기색은』에서 인용한 옛 해석은 바로 이 설을 따르고 있고, 많은 후학이 이 논지를 발전시켰다. 다른 한 가지 설은 기성 청양과 희성 청양을 두 사람으로 보는 것으로, 위소와 사마정司馬貞이 주장했다.[4] 어떻든 황제의 아들 중에 12성이 있다는 점은 모두들 공인하는 것이다.

황제의 12성은 또한 『잠부론潛夫論』 「지씨성志氏姓」에 기록되어 있는데, 다만 '희僖'는 '이釐'로, '현儇'은 '현嬛'으로, '의依'는 '의衣'로 기록되어 있으며 모두 통가자고, 오직 '순荀'만 '구拘'로 기록되어 있다. 이에 대해 옛 학자들은 『광운廣韻』 『노사』 『원화성찬元和姓纂』 등을 근거로 「진어」의 '순荀'은 마땅히 '구苟'로 고쳐야 한다고 생각했다.[5] 12성에 속하는 고국古國 부족은 모두 학자들의 고증을 거쳤는데, [청대 유학자] 진가모秦嘉謨가 편찬한 『세본집보世本輯補』를 참고할 만하다.[6] 「제계」에는 황제의 두 아들만 기록되어 있는데, 이 두 아들의 후예가 '천하를 가졌던' 까닭일 것이다. 두 아들은 곧 현효(곧 청양)와 창의로, 그 두 사람의 계보는 「제계」 본문 및 『기년』 『산해경』 『세본』 『사기』 등을 근거로 배열해볼 수 있다(이 책 92쪽 참조). 현효(청양)와 창의 두 계통은 제곡과 전욱의 두 계통이라 할 수 있다. 전자는 도陶·당唐·상·주를 포괄하고, 후자는 우·하와 육종의 후예인 소위 축융팔성을 포괄하는데 주로 주대에 흥기한 초나라다.

하·상·주 삼대의 기원이 같다는 「제계」 같은 계보는 근대에 아무런 근거도 없는 날조라는 비판을 받기도 했다. 그러나 각종 고서에 기록된 전설이 기본적으로 서로 유사하다는 점에서 그 의의를 결코 무시할 수는 없다. 필자는 이러한 전설을 자세히 살피다 보면 뭔가 사실을 밝힐 단서를 발견할 수 있을 것이라 생각한다.

「제계」에 "청양은 저수에 내려와 거했고, 창의는 약수에 내려와 거했다"라고 한다. 저수泜水는 『사기』에 강수江水라 적혀 있는데, 글자가 비슷하게 생겨서 잘못 기록한 것 같다. 현효의 후예가 창장강 유역에 거주한 사실을 볼 수 없기 때문에 「제계」의 기록을 따른다. 고대에 저수라는 지명은 두 군데 보인다. 하나는 지금의 화이허槐河로 허베이 짠황贊皇 서남쪽에서 발원해 위안스元氏와 닝진寧晉을 거쳐 푸양허滏陽河로 들어가는데, 위안스에서 나온 서주 금문을 통해 그 원래 명칭이 '저㡠'였음을 다룬 바 있다.[7] 다른 하나는 지금의 사허강沙河으로 지금의 허난성 루산 서쪽에서 발원해 예현을 거쳐 루허汝河로 들어간다.[8] 청양의 거처는 중원의 요지였던 후자가 분명하다. 약수는 지금의 야룽강으로 쓰촨 서부를 거쳐 진사강으로 흘러들어간다.[9] 창의가 거처한 곳은 중국의 서남 지역이다. 전욱도 약수에서 태어났다는 것은 『여씨춘추』「고악편」에 보인다.

한 발짝 더 나아가보면, 현효 계통 가운데 요堯의 도당陶唐, 설契의 후예인 상商, 후직의 후예인 주周 모두 중원 및 북방에서 활동했다. 이와 반대로 창의 계통은 남방 지역과 관련이 많다. 예컨대, 순 임금이 비록 산시山西 남부에 도읍했다고는 하지만, 순 임금이 "남쪽을 순수하다가, 창오의 들에서 붕어해, 강남 구의에 장사 지냈는데, 이곳이 영릉零陵이다"[10]라는 전설이 있다. 순 임금의 동생인 상象이 책봉된 유고有庫도 지금의 후난성 다오현道縣 경내다. 우가 석뉴에서 태어났다는 전설은 양웅의 『촉 왕본기』에 보이는데, 또한 지금의 쓰촨 원촨汶川 서쪽이다. 육종은 이른바 축융팔성의 조상으로, 초나라는 그 후예다. 현효와 창이 두 계통은 아주 복잡하다고는 하지만 전체적으로 보면 이처럼 남북 두 계통으로 볼 수 있다.

푸쓰녠 선생은 『이하동서설夷夏東西說』(1933)[11]에서 다음처럼 주장했다. "후한 말 이후의 중국사는 남북으로 분열되곤 했다. 혹은 정치적 분열이었고, 혹은 북방민족의 통치에 의한 것이었다. 그러나 이러한 현상이 고대사에까지 소급되지는 않는다. 장강 유역은 후한 시기에 이르러서 발전되기 시작하여, 손오孫吳 시대에야 독립된 정치조직이 성립될 수 있었다. 삼대 및 삼대 이전의 중국은 부락에서 제국으로 정치적 발전을 이룩했지만, 황허강, 지허강濟河, 화이허강 유역이 그 지리적 무대였을 뿐이다. 이 광대한 대지에는, 지리적 형세를 놓고 볼 때, 동서의 구분만 있었지 결코 남북의 구분은 없었다. 역사와 지리는 떨어질 수 없는 관계다. 약 2000여 년간 동서의 대치는 있었지만 남북의 대치는 없었다." 이러한 관점은 일찍이 큰 영향을 끼쳤다. 그러나 최근의 고고 발굴의 발전에 따르면 황허강 유역뿐 아니라 창장강 유역 또한 중국 고대 문명의 형성에 큰 역할을 한 것으로 나타나고 있다. 따라서 어떤 학자들은 중국의 '양하兩河' 문명론을 제기하기도 했다. 이는 '이하동서설'과 모순되지만, 오히려 「제계」에 보이는 황제의 후예가 두 계통이었다는 전설을 인증함으로써 고대 전설에 대한 이해를 심화해주었다.

「제계」: "창의는 촉산씨의 여자를 아내로 맞아들였고, 촉산씨의 아들 가운데 창복昌濮씨라 부르는 자는 전욱을 낳았다."[12]

『산해경』 「해내경」: "창의가 약수에 내려와 거하며 한류를 낳았다. 한류는 (…) 작의 자식 아녀를 취해 제전욱을 낳았다."[13]

곽박의 주에서 인용한 『죽서기년』: "창의는 약수에 내려와 거하며, 제건황을 낳았다."[14]

곽박이 또 인용한 『세본』 기록: "전욱의 어머니는 탁산씨의 자식으로, 이름을 창복昌僕이라 했다."[15]

『사기』「오제본기」: "창의는 창복이라 하는 촉산씨의 딸을 아내로 맞아들여, 고양을 낳았다."[16]

『제왕세기』: "제전욱 고양씨는 황제의 손자이고, 창의의 아들로 희성이다. 모친은 경복景僕이라 하는 촉산씨의 딸로, 창의의 정비正妃가 되어 여추女樞라 불렸다. 금천씨金天氏 시대 말엽에, 여추는 약수에서 전욱을 낳았다. (……)"[17]

『수경』「약수 주若水注」: "창의는 촉산씨의 딸을 취해 약수의 들에서 전욱을 낳았다."[18]

이상의 전설 기록을 비교해보면, 어떤 기록에서는 창의가 촉산씨의 여자를 아내로 맞이했다고 하고, 어떤 기록에서는 창의의 아들 건황(곧 한류)이 작자를 아내로 맞이했다고 하는데, 공통점은 모두 전욱을 낳았다는 점이다. 촉산씨는 혹 탁산씨로 기록되었는데, '濁(탁)' 자의 독음이 '蜀(촉)'에서 나왔기 때문에 서로 통가될 수 있다. 학의행은 『산해경전소山海經箋疏』에서 "濁, 蜀의 고자는 서로 통가될 수 있었고, 濁은 또 淖과 통가될 수 있었다. 따라서 작자는 곧 촉산씨의 자식이다"라고 했다. 촉산씨의 딸 이름은 분명 창복昌濮 혹은 창복昌僕이라 불렸을 것이다. '경복景僕'이라 한 것은 '景(경)' 자가 '昌(창)' 자와 비슷해서 잘못 기록된 것이다.

『화양국지』 권3의 「촉지蜀志」에 다음 기록이 있다. "촉이라는 나라는 인황에서 비롯되어, 파와 같은 지역에 자리했다. 황제 때 이르러, 그 아들 창의가 촉산씨의 딸을 취해 아들 고양을 낳았는데, 그가 제곡이 되었다. 그 지서가 촉에 책봉되었는데, 대대로 후백이 되어 하·상·주를 거쳤다."[19]

이 기록은 제전욱이 제곡으로 잘못 기록된 것 외에 나머지는 모두 「제계」와 호응된다. 이와 유사한 전설이 실제로 양웅의 『촉 왕본기』에도 보인다. 멍원퉁 선생은 일찍이 다음처럼 논한 바 있다. "『노사』 「국명기」에 이르길, '촉산蜀山'은 지금의 청두로 양웅의 『촉 왕본기』 등의 책에 보인다. 그러나 촉산씨의 딸은 여전히 무茂에 있었는데, 이는 '후비후국后妃后國'에 상세하다. 『노사』 「국명기」 '상세후비지국上世后妃之國'에 또 이르길 '촉산 창의는 촉산씨의 딸을 아내로 맞이해 땅을 더했다'고 했다. (⋯) 촉 왕이 황제의 후손이라는 설을 증명할 수 있는데, 이는 이미 『촉 왕본기』에 보이는 것이었다. 다만 청대 홍씨洪氏와 엄씨嚴氏의 집본輯本에서 이를 누락했을 뿐이다."[20]

멍씨는 또 한나라 원제와 성제 시기의 박사 저소손이 한 말을 끄집어냈다. "촉 왕은 황제의 후손이다. 지금 한 서남 오천 리에 있는데, 자주 하에 조회하면서 공물을 바친다."[21] 촉 왕의 자손은 한나라 때에 여전히 존재하고 있었다. 『촉 왕본기』 등의 내용은 그 집안에서 대대로 전해지던 자료로 결코 황당무계한 것이 아니다.

촉국은, 『화양국지』를 통해 알 수 있듯이, 상고시대에 기원했다. 창의는 약수에 거하면서 촉산씨의 딸 곧 촉녀蜀女를 아내로 맞아들였다. 나필이 촉산이 성도[청두]에 있다고 한 것도 이러한 인식에서 추론한 것이다. 「제계」 등에 기록된 황제 및 그 후예와 혼인관계를 맺은 방국 부족 가운데 일부는 현재 고증이 가능하고 또 상당히 중요하다. 예컨대, 『제왕세기』에 기록된 황제의 차비次妃는 방뢰씨의 딸로, 방뢰는 서주 금문 사기정師旂鼎에 보인다.[22]

「제계」에 보이는 육종은 귀방씨鬼方氏의 자매를 아내로 취했는데, 귀방은 은 허 갑골문 및 『주역』 등의 책에 보인다. 당시 촉산씨가 어디 있었는지는 아 직까지 고증할 수 없지만, 창의가 약수에 거하고 전욱도 약수에서 태어났다 는 것을 볼 때, 훗날 촉국의 범위 안에 있었을 것임은 의심할 여지가 없다. 『촉 왕본기』와 『화양국지』의 설은 모두 촉이 상당히 유구한 역사를 가지고 있음을 나타내고 있고, 이는 「제계」를 통해 보충할 수 있다.

촉은 원래 독립적인 기원을 갖고 있다가, 훗날 창의 및 전욱과 관계를 맺 게 되었고, 전욱이 그 지서를 촉에 책봉하면서 촉의 통치자가 되었다. 이른 바 지서는 당시 지자支子와 서자庶子를 가리켜 말한 것이다. 이렇게 전욱의 후 예는 또 한 지파가 증가되었다.

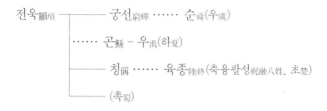

앞 절에서 언급한 대로, 『촉 왕본기』와 『화양국지』에 기술된 촉국의 계보 는 서로 다른 점이 있어서 학자들 간의 해석이 또한 다르다. 촉국의 계보는, 모두들 인정하듯이, 대체로 세 시대로 구분할 수 있다. 먼저, 잠총·백확柏濩 (혹 백관柏灌·백옹伯雍, 자형이 비슷하다)·어부가 한 시대를 이루고, 두우(곧 망제 望帝, 포비蒲卑 혹 포택蒲澤이라 하는데 또한 자형이 비슷하기 때문이다)가 한 시대를 이루며, 별령鱉靈(혹 별령鱉令, 곧 개명) 또 한 시대를 이룬다. 『촉 왕본기』에 이르길, "개명에서 잠총으로 거슬러 올라가기까지, 3만4천 년이 된다"[23]라고 했다. 숫자에 오류가 있는데, 『태평어람』에서는 이를 인용해 "무릇 4천 년凡四千歲"이라고 했고, 명원통 선생은 이를 고찰하여 "삼천 년三千歲"으로 수정해야 한다고 했다.[24] 『촉 왕본기』에서 또 잠총·백확·어부에 대해 이르길, "이 삼대는 각각 수백 년數百歲이다"[25]라고 했다. 잠총·백확·어부는 결코 한 사람의 이름이 아니라 일종의 호칭이다. 망제와 개명 또한 이와 같은 것으로, 『촉 왕본기』에 의하면 망제는 백여 세고, 『화양국지』에 의하면 개명은 모두 12세世다.

『화양국지』를 지은 상거는 촉국 세계의 이러한 특징을 잘 이해하지 못하고 전설 속의 신화적 성분 또한 잘 이해하지 못해 3천년설을 반대한 것이다. 그는 이처럼 생각했다. "(…) 주나라가 기강을 잃었을 때 촉의 선왕들이 왕을 일컬었고, 전국시대 일곱 나라가 모두 왕을 일컫자, 촉은 또 제帝를 일컬었다. 이는 곧 잠총이 왕을 칭한 것이고, 두우가 제를 칭한 것으로, 모두 주나라가 쇠잔할 때이니, 어찌 삼천 년이 될 수 있겠는가?"[26] 사실 일곱 나라가 왕을 일컬은 것은 아주 늦은 시기로, 한韓·조趙·위魏·연燕·중산中山의 다섯 나라가 왕을 칭한 것으로 논하면 기원전 323년이다. 이는 촉국이 멸망할 때와 겨우 7년밖에 차이가 나지 않는데, 어떻게 개명 12대가 있을 수 있겠는가? 이를 통해 미루어 보면, 상거의 추론이 완전히 잘못되었음을 알 수 있다. 잠총을 전욱의 지서로 보면, 촉이 망했을 때와 2천여 년 차이가 나기 때문에, 3천년설과 결코 큰 모순이 되지 않는다.

이상으로 우리는 「제계」를 중심으로 한 전설에 대해 분석해보았고 전설 속에 보이는 촉국의 역사에 대해서도 살펴보았다. 이러한 전설은 '진정한 역사적 토대'를 기초로 한 것으로 촉 문화 연구에 큰 도움을 준다.

이른바 "촉이라는 나라는 인황에서 비롯되었다"라는 말은, 촉이 상고_{上古} 민족에서 발단했음을 설명해준다. 스스로의 유구한 문화를 지닌 이 민족은 장기간 문화적 특색을 보존하고 있었다. 촉산씨의 딸이 창의 혹은 그 아들 건황에게 시집간 곳인 약수는 곧 지금의 야룽강 지역이다. 『고문원_{古文苑}』의 주에서 『선촉기_{先蜀記}』를 인용해 말하길, "잠총이 비로소 민산의 석실에 거했다"[27]라고 했는데, 멍원통 선생은 이를 지금의 숭판_{松潘} 위레이산_{玉壘山}으로 고증했다. 이를 통해 촉인이 원래 쓰촨성 서부 산간 지역에 거주하다가 청두 평원 일대로 발전해갔다는 것을 미루어 짐작할 수 있다.[28]

창의 혹은 건황이 촉산씨와 혼인관계를 맺은 것은 촉과 중원 문화의 관계를 상징하는 것이다. 많은 사람은 촉이 편벽한 곳에 있고 교통이 꽉 막혀 있어서 오랜 시간 중원 지역과 소통할 수 없었다고 생각한다. 심지어 무왕을 따라 주_紂를 정벌한 촉의 지리적 방위까지도 의심을 한다. 현대 고고학적 성과는 이러한 오해를 충분히 해소하고도 남는다. 또 증거도 충분해서, 상대 혹은 그 이전에 촉은 이미 중원과 문화적으로 교류를 하고 있었다고 할 수 있다. 광한 싼싱두이 발굴은 이 점을 증명할 수 있는 더욱 많은 자료를 제공해주었다. 쉬중수 선생은 이렇게 말한 바 있다. "쓰촨은 고대 중국의 경제 문화 구역 가운데 하나였다. 그러나 이 구역은 결코 고립되지 않았고, 다른 지역 특히 중원 지역과 결코 교류가 없지 않았다. 쓰촨의 지형은 산세가 험하고 물길이 거세서, 당나라 시인 이백은 이를 '촉도의 험난함이여, 푸른 하늘 오르기보다 어렵구나_{蜀道之難, 難於上靑天}'라고 형용하기도 했다. 이와 같은 지나친 과장은 사실과 다르다. 사실상 이렇게 험한 환경도 용감하고 부지런한 조상의 족적을 막을 수는 없었다."[29] 이는 실로 탁견이라 할 만하다.

『촉 왕본기』에서 잠총에서 개명에 이르기까지 왕을 칭했다고 언급한 이후, 또 "이때 사람들은 우매해 상투를 틀고, 옷깃을 왼쪽으로 여몄으며, 문자를 알지 못했고, 예악도 없었다"라고 했다. 이는 조금 모호한 표현으로, 이른바 '이때'라는 것이 잠총에서 개명까지인지, 아니면 비교적 오래된 시기를 말하는 것인지 분명치 않다. 앞 절에서 설명한 대로, 촉국의 백성을 이야기하면서 "문자를 알지 못했고, 예악도 없었다"라고 말한 것은, 아무래도 전한 시기 사람들의 입장에서 중원의 문자와 예악을 기준으로 표현한 것이라 할 수 있다. 싼싱두이 기물갱이 발견된 이후, 상대 시기 촉에는 자체적인 예악이 있었거니와 중원 예악의 영향도 강렬하게 받고 있었음을 확인할 수 있었다. 이 밖에 전국 시기에 이르러, 촉도 스스로의 문자(파촉문자巴蜀文字)를 가졌다. 따라서 『촉기蜀紀』의 이러한 몇 구절을 가지고 촉인의 문화적 성취를 폄하해서는 안 되고 중원 문화의 촉에 대한 영향 또한 더욱 부정해서는 안 된다.

전욱이 그 지서를 촉국의 통치자로 책봉해 그 지서가 대대로 후백이 되었다는 전설은 촉과 중원 사이의 더욱 많은 연계성을 나타내준다. 어떤 학자는 "촉 땅 공동체의 기본 성분은 그 지역의 토착"이라고 하면서, 그 통치자를 구별 짓기도 했다.[30] 고대국가에서 이와 유사한 구조는 수없이 많이 보인다. 그러나 촉군이 중원과 관계를 맺을 때 자연스럽게 중원의 문화를 민간에 도입했을 가능성은 주목할 만하다.

전설 속의 계보에 나타나 있듯, 촉은 우虞·하·초와 공동의 조상을 갖고 있다. 촉과 우의 고고 문화적 관계에 대해서는 지금까지 알려진 바가 없지

의고시대를 걸어 나오며

만, 하 문화의 관련성은 현재 뜨겁게 논의되고 있고, 필자는 1950년대 이미 이와 같은 견해를 밝힌 바 있다.[31] 촉국어 도화와 아장 등은, 앞 절에서 설명한 대로, 확실히 얼리터우 문화와 관련되어 있다.[32] 촉과 하가 모두 전욱에서 나왔다는 전설 또한 결코 우연은 아닐 것이다.

촉과 초가 같은 근원을 갖고 있다는 전설 또한 아주 중요한 의의를 지닌다. 우리는 앞에서 축융팔성에 대해 토론한 바 있다.[33] 여기서 팔성이 하대와 상대에 상당히 중요한 제후국을 형성했으며, 주대에 이르러서는 만이로 폄하된 것을 지적했다. 이를 자세히 고찰해보면, 팔성 여러 나라는 주로 하대에 흥성했는데, 팔성 가운데 기성己姓인 곤오昆吾와 고顧, 그리고 팽성彭姓의 위韋 곧 시위豕韋가 모두 하나라의 기둥이었다. 시위는 상대에도 강국이었지만 결국 상나라에 멸망되었다. 상나라와 주나라가 흥기하자 현효 계통은 창의 계통으로 대체되었다. 창의 계통에 속하는 팔성 가운데는 미성芈姓의 초나라만이 후대에 남방의 강국으로 발돋움했고, 나머지는 멸절되거나 쇠락했다.

고고학적으로 초기 초 문화에 대한 개념이 분명하게 정의되지 않고 있기에, 이후의 야외 고고 작업의 진전을 기다릴 수밖에 없는 실정이다. 그러나 비교적 이른 시기의 초 문화는, 몇몇 흔적이 증명해주듯, 촉과 비슷한 문화적 요소를 내포한다. 예컨대 일찍이 논쟁을 일으켰던 초공鼄과[34]는 촉에서 출토된 과와 아주 유사하다.[35] 이 과는 서주 후기의 것이다. 상대의 형초는 곧 지금의 후베이 및 후난 지역으로, 지리적인 것을 놓고 봐도 촉 땅과 비교적 밀접한 문화적 관계를 맺고 있었음을 추측해볼 수 있다. 싼싱두이에서 나온 적잖은 청동기 또한 후베이와 후난에서 출토된 것과 유사하다는 점이 그 가장 좋은 증거다.

현제 축국에 대한 고고 연구는 아직까지 시작 단계에 머물고 있지만, 축과 관련된 고사 전설에 대해 새롭게 해석해야 할 필요성을 느끼게 하는 데는 충분하다. 다만 자료가 제한적이어서 축과 기타 문화 사이의 관계에 대해 심도 있는 연구를 진행하기가 어렵다는 것이 아쉬울 따름이다. 그러나 머지않아 더 중요한 자료들이 더 많이 발견된다면, 고사 전설에 감추어져 있는 신비한 비밀이 점차 풀릴 것이다. 그때가 되면 촉 문화에 대한 인식이 지금과는 크게 달라질 것이라 믿는다.

우禹가 석뉴에서 태어났다는 전설의 역사적 배경

현재 학계의 뜨거운 연구 주제의 하나가 바로 하대의 역사 문화다. 어떤 학자는 하의 연원을 탐구하면서[1] "그 조상이 어떤 사람인지 그리고 어디서 기원했는지의 두 방면을 포함해야 한다"라고 생각했다. 하의 발원지 문제에 대해, 학자들은 지금의 허난성·산시성山西省·산둥성·산시성陝西省 등을 이야기하지만, 쓰촨성에 대해서는 관심이 적은 편이다. 비록 "확실히 고적古籍에 우禹가 쓰촨에서 태어났다고 하고, 또 우가 서강西羌에서 태어났다고 하는 전설도 적지 않지만", 오히려 "우가 쓰촨에서 일어나 중원에 와서 왕이 되었다고 한다면, 쓰촨은 분명 일찍부터 중원 지역과 상당히 밀접한 관계를 맺었을 것이다. 그러나 쓰촨 지역과 중원 지역의 밀접한 관계는 사실상 전국 시기에 촉국이 진秦에 멸망당한 이후에야 시작되었다. (…) 전설 시대에서 시기적으로 더욱 가까운 얼리터우 문화 시기의 쓰촨 지역에서 현재까지 이러한 고고학적 발굴이 있었다는 소식 또한 들리지 않는다. 따라서 우가 쓰촨에서 태어났다는 설은 신빙성을 찾기 어려운 것이다'라고 말한다. 곧 쓰촨에서 우가 태어났다는 설은 근거가 없다는 것이다.

사실 우가 지금의 쓰촨에서 태어났다는 전설의 기원은 아주 이르다. 과거 구제강 등 학자들이 이를 전문적으로 연구한 바 있어서 여기서 자세히 다루지는 않는다. 이와 관련된 전설 가운데 가장 유명한 것이 바로 『사기』「육국연표」의 기록이다.

> 어떤 사람은 이렇게 말했다. "동방은 사물이 처음 발생하는 곳이고, 서방은 사물이 성숙하는 곳이다." 무릇 일을 일으키는 사람은 반드시 동남에서 시작하고, 실제 공적을 거두는 사람은 언제나 서북에서 마무리한다. 그러므로 우는 서강 땅에서 일어났고, 탕은 박亳에서 일어났고, 주 왕실은 풍豐과 호鎬를 근거로 은을 정벌했고, 진秦의 제왕들은 옹주에서 일어났고, 한이 일어난 곳은 촉과 한이었다.[2]

『사기집해』에서는 황보밀의 말을 인용해, "맹자는 우가 석뉴에서 태어났다고 했으니, [우는] 서이西夷 사람이다. 전傳에서 우는 서강에서 태어났다고 이른 바가 이것이다"[3]라고 했다. 『사기정의』에서는 "우는 무주茂州 문천현汶川縣에서 태어났는데, 원래 염방국冉駹國으로 모두 서강이다"라고 했다. 『사기정의』「하본기」에서도 황보밀의 『제왕세기』를 근거로, "양웅의 『촉 왕본기』에 이르길, '우는 원래 문산군汶山郡 광유현廣柔縣 사람으로, 석뉴에서 태어났다'라 했고, 『괄지지』에 이르길, '무주 문천현 석뉴산은 현에서 서쪽으로 73리

의고시대를 걸어 나오며

떨어진 곳에 있다'라 했고, 『화양국지』에 이르길, '지금 이인이 그 땅을 공동으로 관리하는데, 사방 백리에 감히 방목하며 거하 수 없다. 지금도 감히 육축을 방목할 수 없다'라 했다. 광유는 수대隨代에 문천으로 고쳤다"[4]라고 했다.

황보밀은 맹자의 말을 빌려 우가 석뉴에서 태어났다고 했는데, 이는 잘못된 것이다. 『맹자』「이루 하離婁下」에 보면, 맹자는 순과 문왕은 언급했지만 우는 말하지 않았다. 아무래도 황보밀은 육가陸賈의 말을 맹자의 말로 잘못 기록한 것이 아닌가 생각된다. 육가의 『신어新語』「술사述事」에 다음과 같은 말이 보인다.

> 문왕은 동이에서 태어났고, 대우大禹는 서강에서 태어났는데, 시대가 다르고 지역도 다르지만, 법도 합치되고 헤아림도 같았다.[5]

이는 『맹자』「이루 하」의 다음 단락과 유사한 뜻을 내포한다.[6] "순은 제풍諸馮에서 태어나 부하負夏로 옮겼다가 명조鳴條에서 죽었으니 동이 사람이다. 문왕은 기주에서 태어나 필영畢郢에서 죽었으니 서이 사람이다. 지리적으로 서로 떨어진 것이 천여 리나 되고, 시간적으로 서로 떨어진 것이 천여 년이나 된다. 그러나 뜻을 얻어 중국에서 도를 펼친 것은 마치 부절을 맞춘 것과 같았다."[7] 『신어』는 한 고조高祖 때 지어진 것으로, '협서령挾書令[분서령, 금서령]'이 아직 해제되기 전이다. 따라서 "대우가 서강에서 나왔다"는 말은 분명 선진 시기에 비롯된 것이다. 사마천이 "우가 서강에서 일어났다"고 한 것 또한 여기서 유래한 것이 분명하다.

우가 석뉴에서 태어났다는 설은 『촉 왕본기』와 『화양국지』 등 촉 땅 사람들의 지식에서 나온 것이다. 멍원퉁 선생은 전한 원제와 성제 시기 박사 저소손이 "촉 왕은 황제의 후손이다. 지금 한 서남 오천 리에 있는데, 자주 한에 조회하면서 공물을 바친다"[8]라고 말했는데, 『촉 왕본기』 등의 내용이 곧 촉 땅 사람들이 대대로 전해온 정보를 근거로 삼고 있음을 지적했다.[9] 우가 태어난 지역은 당시 촉 땅에서 유행하던 전설 가운데 하나이지만, 자세히 고찰해보면 상당히 심원한 역사적 배경이 있음을 알 수 있다.

최근 필자는 졸고에서 다음과 같이 말한 바 있다. 문헌 기록을 통해 볼 때, "황제는 선진 여러 왕조의 공통된 시조다. 고서에 '삼대三代'라는 말이 자주 보이는데, 이는 하·상·주를 가리키는 것으로, 혹 '삼대' 앞에 '우虞'를 덧붙여 '사대四代'라 부르기도 한다. 우와 하의 조상은 황제의 아들 창의고, 상과 주의 조상은 황제의 아들 현효다. 이러한 전설은 중원 지역의 여러 왕조가 교체되었지만, 여전히 혈연 및 문화 관계를 맺고 있었음을 설명해준다."[10]

앞의 두 절에서 말한 바와 같이, 『대대예기』 「제계」의 "청양은 저수에 내려와 거했고, 창의는 약수에 내려와 거했다"라는 구절에서, 청양이 곧 현효이고, 저수는 『사기』에서 강수江水라 했는데, 이는 '泜(저)'와 '江(강)'의 자형이 비슷해 생긴 오류라 했다. 현효 계통은 모두 중원과 북방에서 활동했고, 창의 계통은 주로 남방과 관련이 있다.[11] 창의가 거한 약수는 곧 지금 쓰촨 서부의 야룽강이다. 전설에서 창의 혹은 그 아들 건황이 촉산씨의 딸을 아내로 맞아들였고, 전욱 또한 약수에서 태어났다고 하는 기록은,[12] 『대대예기』 「제계」, 『산해경』 「해내경」, 『죽서기년』, 『세본』, 『사기』 「오제본기」, 『수경 주注』 '약수' 조 등의 고서에 보이고, 『화양국지』의 기록은 더욱 상세하다. 따라서 창의에서 전욱에 이르는 이 계통이 지금의 쓰촨에서 나왔다는 설은 결코 촉 땅 사람들에게서만이 아니라 고대에 광범위하게 공인되던 전설이었던 것이다. 우가 석뉴에서 태어났다는 설을 이러한 배경에 놓고 보면 결코 아무런 근거가 없는 것이라 할 수 없다.

장타이옌 선생은 「서종성序種姓」을 편찬하면서 다음처럼 말했다. "황제는 교산橋山에 장사지냈는데, 이는 [지금의] 진롱秦隴에 있다. 전욱과 제곡은 모두 촉 땅에서 나와 중국의 제왕이 되었다."[13] 이는 바로 위와 같은 논거에서 말한 것이다.

『화양국지』「촉지」에 이르길, 창의는 촉산씨의 딸을 아내로 취했고, 『노사』에서는 촉산이 곧 성도成都라 하면서 촉산씨의 딸이 무茂에 있었다고 했는데 곧 문천汶川이 있는 무주다. 촉군 가운데 가장 오래된 잠총은 민산의 석실에 거했다 했고, 멍원퉁 선생은 이를 지금의 송판 위레이산이라 했다. 이 지점들은 모두 우가 태어났다고 하는 석뉴에서 멀지 않은 곳이다. 이로 미루어 볼 때, 우가 석뉴에서 태어났다는 설은 결코 우연한 설은 아니다.

우가 서강에서 태어났다는 전설 또한 시사점을 띤 전설이기는 하지만 어떻게 해석해야 할지는 그리 쉽지 않다.

석뉴 일대의 강인은 원래 토착인이 아니다. 이전 마창서우馬長壽 선생의 자세한 연구에 의하면, "『후한서』「서남이전西南夷傳」의 기록에 보면, 한나라 때 '그 산에는 육이·칠강七羌·구저九氐 등이 각기 부락을 이루고 있었다'[14]라고 한다. 육이는 염방이冉駹夷 등을 가리키는데 문산군의 서부에 있었고, 구저는 투저湔氐 등으로 장강이 발원하는 전저도湔氐道에 있었으며, 칠강은 곧 백마강白馬羌 등으로 백마령白馬嶺 일대에 있었다'라고 한다. 강족은 한대 이전에 황허강 상류의 츠즈허취賜支河曲에서 민장강岷江 상류로 이동했다. "주나라에서 진秦나라 통치 시기 민장강 상류의 여러 족속은 주로 잠총이 세운 촉국 정권이었다. (…) 필자는 강족 전설에 보이는 과인戈人이 바로 촉국 이후 이른바 '종목인縱目人'으로 불렸던 사람들이 아닌가 싶다. 강족이 과인과 싸워 승리를 거둔 시기는 바로 진한 교체기 즈음이었다."15

마창서우 선생의 의견에 의하면, "서강은 아주 오래전에 기원했다. 허황河 湟 지역에도 아주 이른 시기에 서강의 중심지가 형성되었다"라고 한다. 그들은 선진 시기에 계속해서 남방과 중원으로 이동했다. "예컨대, 대우가 치수할 시기, 성탕成湯이 상을 건국할 즈음, 또 무왕이 주를 정벌할 때, 유왕 시기의 정변 및 춘추 시기 진晉과 진秦이 쟁패할 때, 서강은 각종 명의로 중원 지역을 향해 동쪽으로 이동했다."16 강인이 석뉴 일대로 이주한 것은 아주 늦은 시기로, 우禹 때 이 지역에는 강인이 없었다.

이렇게, 우리는 다음의 세 가능성을 상정해볼 수 있다.

첫째, 강인이 도래하기 이전에 촉인들에게 이미 우가 석뉴에서 태어났다는 전설이 있었다. 앞서 서술한 대로, 촉인은 스스로 황제의 자손이라 했고 그 시조는 전욱의 지서이기 때문에 우와 혈연적 관련이 있었다.

상대 및 그 이전에 촉인은, 최근 고고학 성과가 증명해주듯, 이미 중원 문화와 교류했다. 촉국의 도화와 아장 등은 분명 얼리터우 문화와 깊은 연관이 있는데, 아장은 오랫동안 촉인의 숭배물이었다.17 얼리터우 문화는 하 문화일 가능성이 크다. 그 아장도 아주 발달되어 있다. 이는 하와 촉이 분명 어느 정도 관련이 있음을 시사해준다.

둘째, 우가 석뉴에서 태어났다는 것은 강인이 가져온 전설이다. "고대의

의고시대를 걸어 나오며

저氐와 강羌은 모두 서융으로, 모두 서방에 거주하고 있었고, 또 한장漢藏Sino-Tibetan 어계語系에 속한다."[18] 따라서 우가 융 땅에서 태어났다는 설이 있는데, 일례로 『상서위尚書緯』 「제명험帝命驗」에 "사융문우姒戎文禹"라는 말이 그것이다. 그 주에 보면, "사姒, 우의 성姓이다. 우는 융 땅에서 태어났는데, 일명 정명政命이라 했다"[19]라고 해석하고 있다.[20]

하나라 사람과 융의 관계는 밀접했다. 『좌전』 '정공 4년'의 기록을 보면, 주나라가 처음에 당숙唐叔을 책봉할 때, "『당고唐誥』로써 명하여 하나라 옛 땅에 책봉했다. 하의 정치[제도]로 나라를 다스리고, 융의 법素으로 강계를 정했습니다"[21]라고 한 것을 통해 하의 중심 지역에 여전히 융의 문화적 요소가 보존되고 있었음을 알 수 있다. 따라서 진晉은 어쩔 수 없이 융의 문화를 연용해 통치할 수밖에 없었다. 서융 가운데 하나인 강인이 쓰촨으로 이주하면서 우의 전설 또한 쓰촨에 이식되었을 수 있다.

셋째, 우가 석뉴에서 태어났다는 것은 하나라의 자체 전설이다. 전욱의 후예인 하 사람들은 원래 지금의 쓰촨 경내에 있었다. 이는 창의와 전욱이 촉산씨와 통혼했다는 설로 방증할 수 있다. 하우가 석뉴에서 태어나 북상한 다음에 중원에 도읍했는데, 이와 관련된 전설이 여전히 그 본거지에 보존되어 있다가 촉인 및 강인들에게 전해진 것이다.

이 세 가능성 가운데 어떤 가능성이 맞는 것인지는 현재 충분하게 증명해 판단할 수 없다. 어떻든 우가 석뉴에서 태어났다는 전설은 아주 중요한 것으로 고대의 역사적 사실을 반영하고 있다. 향후 고고학, 문헌학, 민족학의 발전으로 이 전설의 진실에 한 걸음 더 나아갈 수 있을 것이라 믿는다.

우리가 사람들이 이미 잊어버린 옛 역사를 탐구하기 위해서는 반드시 모든 자료를 충분히 활용하고 여러 학문 분과의 성과를 충분히 반영해야 한다. 간단한 황당무계라는 말로 고사전설古史傳說을 부정해버린다면, 역사적 진상을 파악할 수 없게 되어 버린다. 오랫동안 중원과 소통되지 않았을 것으로 생각된 지금의 쓰촨 지역은, 야외 고고가 이미 증명하듯, 사실 중원의 역사 및 문화와 밀접한 관계를 맺고 있었다. 이는 중국 고대 문명의 형성과 발전에 큰 공헌을 했다. 이러한 점은 반드시 우리의 시야를 충분히 넓혀줄 것이다.

의고시대를 걸어 나오며

상 문화가 어떻게 쓰촨에 전래되었는가

최근 적잖은 학자가 촉국의 고사古史에 의문을 품고 있다. 전설은 믿을 수 없는 것이고, 당시 중원의 영향력이 편벽한 촉국까지 미쳤을 것이라 생각지 않기 때문이다. 이와 관련된 문헌도 극히 적기 때문에, 전설에 대해 비교적 긍정적 경향을 보인 저작들도 이를 증명할 증거를 제시하지 못하는 실정이다. 현재 다행인 것은, 최근의 고고학적 성과가 하·상·주 삼대의 중원 문화와 촉의 관계를 연구하는 데 상당히 많은 실마리를 제공해준다는 점이다. 1986년 쓰촨성 광한 싼싱두이에서의 두 기물갱 발견은 이 분야에서 가장 중요한 성과라 이를 만하다. 이 두 기물갱의 발굴 간보는 이미『문물』1987년 제10기와 1989년 제5기에 발표된 바 있다. 그 다채롭고 화려하면서 짙은 특색이 있는 문물들은 문물 고고계의 광범위한 흥미를 불러일으키기도 했다. 기물갱에서 출토된 많은 청동기와 옥기가 중원 문화의 영향을 받은 것이 분명하다는 점은 다들 이미 주목했던 부분이다.『화양국지』의 기록이 결코 황당무계한 말이 아니라 역사적 근거가 있었던 것으로 보인다.

싼싱두이에서 나온 두 기물갱의 연대에도 명확한 고고학적 근거가 있다. 간보에 의하면, 두 기물갱은 동일한 구역 내에서 발견되었고 그 거리도 30미터 정도밖에 안 된다. 1호갱의 개구開口는 제II 발굴구의 제6층 아래에 있고, 2호갱의 개구는 같은 제II 발굴구의 제5층 아래에 있다. 제6층은 싼싱두이 유적의 제3기 후기에 속하고, 제5층은 싼싱두이 유적의 제4기 초기에 속한다. 유적의 C14 측정 결과, 싼싱두이 제2기와 제3기의 샘플 데이터는 지금으로부터 4000~3500년 전이고, 제4기의 데이터는 지금으로부터 3005±105년 전으로, 제3기의 측정 결과가 조금 이르게 나온 것으로 보인다. 그리고 이를 기물에 대한 유형학적 고찰과 종합해보면, 1호갱은 중원의 은허 초기에 해당되고 2호갱은 은허 후기에 해당된다고 하는 편이 비교적 적합할 것 같다.

허난성 북부의 은허는 주지하듯 상 문화의 중심지였다. 그렇다면 중원의 상 문화가 어떠한 길을 통해 저 멀리 떨어진 청두평원까지 전파되었는지가 현재 흥미로운 문제로 다가온다.

싼싱두이 기물갱의 출토품 가운데, 중원에서 나온 것과 가장 비교하기 쉬운 것이 바로 청동용기다. 이미 공개된 청동기를 가지고 상 문화가 어떻게 전파되었는지에 대해 이야기해보자.

싼싱두이 두 기물갱에서 모두 청동기가 출토되었다. 1호갱에서는 청동용기 수량이 비교적 적은 편으로, 준尊·부瓿·반盤과 기물의 덮개器蓋 등 네 종류였다.

준은 이른바 용호준龍虎尊으로 치구侈口●가 점점 좁아지다가 어깨 부분에서 크게 튀어나와 아래로 날카롭게 꺾이며 굽 부분으로 서서히 좁게 수렴되는 형상이다. "어깨肩 위에는 용이 세 마리 장식되어 있고, 어깨 아래에는 호랑이가 세 마리가 장식되어 있다. 호랑이는 입에 사람을 물고 있는데, 복부는 우상운뢰문羽狀雲雷紋으로 장식되어 있고, 권족圈足[권족]은 운뢰문으로 구성된 도철문으로 장식되어 있으며, 아울러 십자로 된 누공鏤孔이 있다." 간보에서는 또 이 준의 형체·문식·공예가 1957년 안후이 푸난阜南 주자이룬허朱砦潤河에서 발견된 용호준1과 비슷하다는 것을 지적하기도 했다.

이 두 용호준은 상당히 비슷하다고는 하지만 자세히 관찰해보면, 어느 정도 차이도 발견할 수 있다. 푸난의 용호준은 상 문화 얼리강기의 분위기를 적잖이 지니고 있다. 예컨대, 준의 권족에 장식된 도철문, 부드럽고 유동적인 선, 배경 바탕이 없는 문양, 볼록하게 튀어나온圓角의 사각형 눈 등이다. 이 밖에 준의 비릉扉棱 선도 유동적이어서, 연속된 갈고리 형태鉤形를 띠고 있다. 싼싱두이의 용호준은 이와 다르다. 권족의 도철문은 깃털立羽 문양과 뇌문으로 된 배경이 있고, 눈은 臣(신) 자 형을 띠고 있으며, 복부의 문식은 깃털의 요소가 크게 증가했는데, 이는 은허 초기의 몇몇 기물과 유사하다. 이런 점에서 싼싱두이의 용호준은 푸난의 준보다 시기적으로 조금 늦는 것 같다.

용호준 복부의 주요 문양은 [사람을 입 속에 물고 있는 호랑이 문양의] '호구함인虎口銜人' 혹은 '호식인虎食人'이다. 호식인(용식인龍食人도 있다)의 문식은 상대에서 주초까지 많이 보인다. 대표적인 것이 바로 후난성 안화에서 출토된 호

● 　벌어진 구연부. 구연부口緣部[아가리]는 대접·병·항아리 등 그릇의 입구 또는 언저리를 뜻한다.

중원 이외의 고문화

식인유虎食人卣다. 은허에서도 이와 같은 기이한 문식이 발견되었는데, 은허에서 출토되었다고 하는 석정石鼎[2]에 '호식인' 문양이 있다. 그 사람의 형상은 싼싱두이 용호준의 것과 아주 비슷하다. 현재 이 문양이 나타내는 관념이 무엇인지 정확히는 알 수 없지만, 그것이 어떤 특수한 신화와 신앙을 체현하고 있음은 의심의 여지가 없다.

1호갱에서 나온 '부甌'를 간보에서는 '뇌罍'라고 하고 그 형체와 문식이 1965년 허베이성 가오청 타이시에서 출토된 것[3] 과 비슷하다고 설명했다. 그러나 사실상 타이시에서 나온 것은 '부'라서, 싼싱두이에서 출토된 두 '뇌' 또한 '부'로 보아야 한다. 타이시의 것은 무덤에서 나온 기물로, 같이 출토된 기물을 놓고 볼 때, 타이시 묘장 제2기는 은허 초기에 상당한다. 부의 문양은 목뢰문目雷紋[눈이 가운데 있고 사방에 뇌문으로 장식된 문양]과 도철문으로, 목뢰문은 비교적 이른 시기에 나타났는데, 은허 부호묘 청동기에도 이러한 종류의 문양이 많이 사용되었다. 1호갱에서 나온 '반'은 주둥이 가장자리가 밖으로 꺾였고折沿 귀가 없으며無耳 복의 바깥은 연주문聯珠紋[구슬을 꿴 모양의 문양]으로 장식되었고, 같이 출토된 덮개의 윗부분은 사각운문斜角雲紋[비스듬한 구름 문양]으로 장식되었다. 이 두 문양의 출현 또한 비교적 이르다.

싼싱두이 2호갱의 청동용기는 수량이 많은 편이지만 종류는 비교적 적은 편으로, 간보에 의하면 준, 뇌罍, 이彝의 세 종류만 출토되었다고 한다.

준은 여러 개 출토되었는데, 이미 수리와 복원을 거쳐 발표된 것으로는 사우준四牛尊과 삼양준三羊尊이 하나씩 있다. 사우준은 원형 준으로, 다구가 점점 작아지다가 복부가 툭 튀어 나온 형상이다. 어깨 부위에는 네 마리의 소 머리와 여덟 마리의 복조伏鳥가 장식되어 있다. 준의 복부와 높은 권족에는 모두 도철문이 장식되어 있고, 세 개의 비릉이 있으며, 권족에는 네모꼴 누공이 있다. 이 준의 문양과 비릉은 모두 세 단위로 구성되어 있지만 어깨의 소와 새는 모두 네 단위로, 이는 아주 기이하면서도 독특한 것이다.

삼양준도 원형 준으로, 다구가 점점 작아지다가 복부가 툭 튀어 나온 형상이다. 어깨에는 네 마리의 양 머리와 세 마리의 복조가 장식되어 있고, 복부와 높은 권족에는 모두 도철문이 장식되어 있으며, 세 개의 비릉과, 권족에는 네모꼴 누공이 있다.

이상 두 준의 권족은 모두 아주 높은 편으로, 굽 벽의 중간 허리가 밖으로 팽창되어 있는 것이 분명한 특징이다. 은허의 원형 준도 높은 권족의 달려 있고『은허부호묘殷墟婦好墓』'도판 21'의 준이 그러하지만, 그 굽의 벽은 팽창되지 않고 곧다. 또 준의 어깨에 부착된 복조 장식이 하나의 특징을 이룬다.

이 준과 비교할 수 있는 것으로 다음 세 점의 준을 예로 들 수 있다.

1) 1966년 후난성 화룽華容에서 출토된 준.[4] 어깨에 양 머리 세 개와 복조 세 마리가 장식되어 있다.

2) 1987년 후베이성 자오양棗陽 신뎬촌新店村에서 출토된 준.[5] 어깨에 소 머리 세 개와 복조 세 마리가 장식되어 있다.

3) 1963년 산시성 청구 쑤촌蘇村에서 출토된 준.[6] 어깨에 소 머리 세 개와 복조 세 마리가 장식되어 있다.

높은 권족의 허리는 모두 팽창되어 있는데, 특히 1과 3에 분명히 나타난다. 자세히 보면, 쌴싱두이의 준과 화룽 및 자오양의 두 준은 서로 더욱 비슷해, 복조의 상태 및 비릉의 모양 등이 모두 유사하다. 도철문도 같은 유형으로, 코 위에 곧게 서 있는 관冠이 특징인데, 이는 후난성에서 출토되는 상대 청동기에 자주 보인다. 이와 동시에 문양의 각 부분에 유정乳丁[작은 돌기]이 많이 있는데, 작은 눈동자처럼 생긴 것이 또한 아주 특이하다. 청구城固에서 출토된 준에는 이런 특징이 나타나지 않는다.

2호갱에서 출토된 뇌는 세 건으로, 이미 발표된 완정한 것을 보면, 어깨에 네 마리의 양 머리로 장식이 되어 있어 사양뢰四羊罍라 부를 수 있다. 그 복부 및 권족은 모두 도철문으로 장식되어 있다. 이 뇌의 특징은 복부 하부가 일반적인 뇌처럼 수렴되지 않고 어깨 부위보다 약간 좁고 약간 원통형으로 보이기도 하는데, 이는 극히 드물게 나타나는 양식이다. 이와 비슷한 것으로 다음 몇 가지 사례를 들 수 있다.

1) 1982년 후난성 웨양岳陽 팡위산舫魚山에서 출토된 뇌.7 어깨는 짐승 머리 네 개로 장식되어 있고, 복부의 도철문 코 위에는 곧게 선 관이 있다.

2) 1987년 후베이성 사스 동웨춘東岳村에서 출토된 뇌.8 어깨는 양 머리 네 개로 장식되어 있다. 1의 기형과 더 비슷하다.

사스 뇌를 보면, 복부 문식이 아주 특별한 도철문이라 할 수 있는데, 그 코 위에는 곧게 선 관이 있고, 입은 가로로 통해 있으며橫通, 악부顎部[턱]가 드러나지 않는다. 전체 구조는 싼싱두이 2호갱에서 출토된 삼양준의 복부 문양과 아주 유사하다. 이러한 도철문의 얼굴을 자세히 들여다보면, 이목구비의 배치가 싼싱두이 청동인면靑銅人面과 아주 비슷한 부분이 있어 주목할 필요가 있다.

2호갱의 준과 뇌는, 출토될 때 많은 주사가 묻어 있었고, 기물 안에 옥기·공구·동장식 등이 많이 있었다. 청동용기 가운데 옥기와 작은 동기가 들어가 있는 것은 일찍이 후난성에서 여러 차례 발견된 바 있다. 전술한 청구 수촌의 준도 발견될 당시 구리로 된 수면[짐승 얼굴]이 들어 있었다. 이런 현상은 분명 공통적 의례 신앙의 흔적일 것이다.

촉으로 통하는 길이 험하다는 것은 아주 유명하다. 예부터 쓰촨으로 들어가는 도로는 청두평원에서 산시陝西로 북상하면서 한중漢中을 거치는데, 청구는 바로 이 도로상에 있다. 후베이·후난에서 쓰촨으로 통하는 길은 반드시 창장강을 거슬러 올라가 싼샤三峽를 거쳐야 한다. 싼싱두이의 청동문화는 후베이·후난과 가장 가깝고, 화이허강 유역 안후이의 일부 지역과도 연관되어 있다. 따라서 우리는 중원을 중심으로 한 상 문화는 먼저 남방으로 전파되어 화이허강을 거쳐 창장강에 이르렀고, 둥팅호洞庭湖를 거쳐 창장강을 거슬러 올라 촉 땅에 이르렀을 것이라 추측해볼 수 있다. 이것이 상 문화가 청두평원으로 통하는 가장 중요한 루트였을 것이다.

중원 이외 지역의 청동기를 연구할 때, 간단하게 중원 지역의 청동기를 가지고 표준으로 삼아서는 안 된다. 그러나 본문의 논술에 대해서는 이미 언급한 대로 싼싱두이 청동용기는 연대가 비슷한 중원 및 후베이·후난 지역의 청동기들과 직접적으로 비교할 수 있다. 이는 당시 쓰촨으로 통하는 길이 활발했다는 것을 말해준다. 따라서 상 문화의 영향은 신속하게 청두평원 지역으로 전파될 수 있었던 것이다. 특히 쓰촨과 후베이·후난 일대는 서로 아주 밀접한 관계를 맺고 있었다. 이는 고사를 연구할 때 중요한 의의를 지닌다.

싼싱두이의 도기·옥기에서, 얼리강기의 상 문화를 볼 수 있고 이보다 더 이른 얼리터우 문화의 영향도 볼 수 있다. 이들 문화적 영향이 어떻게 전파되었는지에 대해서는 좀더 체계적인 연구가 필요하다. 청구에서 이미 발견된 얼리강기의 청동기는 한중에서 쓰촨으로 들어가는 길목에 있다는 점에서 그 가치 또한 절대 낮게 평가할 수 없다.

1986년 광한 쌘싱두이에서 발견된 두 기물갱은 그 문물이 내포하는 가치가 아주 풍부하고 전에 볼 수 없었던 유물이 많아서, 그와 관련한 간보가 발표되자마자 전 세계 학계의 큰 관심을 불러일으켰다. 이미 기물갱의 성질과 의의에 대해 많은 학자의 심도 있는 토론이 진행되었을 뿐만 아니라 쌘싱두이 유적 전반에 대해서도 광범위한 관심이 쏠렸다. 그리고 다른 문화와 촉 문화 사이의 관계에 대한 고고학적, 역사적 문제도 큰 주목을 받았다. 1992년에 쌘싱두이의 고고 발견 및 촉 문화에 대한 학술회의가 광한에서 개최된 일이 바로 이 부문 연구가 발전하고 있다는 뚜렷한 표지였다. 쌘싱두이와 촉 문화에 대한 연구는 이후 분명 더욱 광범위하게 진행될 것이다.

쌘싱두이의 발견은 이미 학계에 아주 중요한 연구 과제 몇 가지를 제기했다. 그중 학자들이 뜨겁게 토론하고 있는 주제 하나가 바로 촉 문화와 중원 문화 사이 관계다. 앞 절에서 필자는 싼싱두이 두 기물갱의 몇몇 청동기에 대한 고찰을 통해, "중원을 중심으로 한 상 문화는 먼저 남방으로 전파되어 화이허강을 거쳐 창장강에 이렀고, 둥팅호를 거쳐 창장강을 거슬러 올라 촉 땅에 이르렀을 것이라 추측해볼 수 있다. 이것이 상 문화가 청두평원으로 통하는 가장 중요한 루트였을 것이다."[1]라고 말한 바 있다.

이미 발표된 도철문을 가진 청동기는 아래에 열거한 다섯 건이다.

1호 기물갱 용호준(K1:258),[2] 그 권족에 도철문이 장식되어 있다.

2호갱 사우준(K2:146),[3] 삼양준(K2:127),[4] 사양뢰(K2:70),[5] 이 세 건의 복부 와 권족에 모두 도철문이 장식되어 있는데, 그 유형은 다르다. 같은 갱에서 또 동수면銅獸面(K2:229)[6]도 나왔는데, 그 전체적인 모습은 도철로 볼 수 있다.

도철문 연구는 이미 상당히 오랜 역사를 지닌다. 근대만 놓고 봐도, 룽겅, 칼그렌, 리지, 장광즈, 하야시 미나오 등 학자들이 이를 연구했고, 최근에는 전숭더우와 장창서우 두 신생이 「은주 청동기 수면문의 단대 연구」(이하 「단 대 연구」)를 저술해 도철문을 더욱 새롭고 체계적으로 정리하기도 했다.[7] 도 철문의 유형과 발전은 아주 복잡한 문제다. 「단대 연구」의 공헌은 바로 고고 학적으로 출토된 자료를 중심으로 상주 도철문을 간단히 '독립수면문獨立獸面 紋' '기미수면문岐尾獸面紋' '연체수면문連體獸面紋' '분해수면문分解獸面紋'의 네 유형 으로 분류한 것이다. 그러나 이러한 분류 방법이 도철문의 전체적 발전 과 정을 설명할 수 있는지 또 도철문의 지역적 특성과 변화를 개괄할 수 있는 지에 대해서는 지속적으로 검증하고 탐색할 필요가 있다. 여기서는 상술한 싼싱두이의 도철문을 이런 방법으로 분석할 수 있는지에 대해 검증해보고 자 한다.

먼저 1호갱의 용호준부터 보자.

이 용호준의 형체·문식·공예는, 간보에서 이미 지적한 대로, 1957년 안후이 푸난 주자이룬허에서 출토된 것과 비슷하다. 필자가 이미 언급한대로, 이 두 기물은 자세히 관찰해볼 때 서로 비슷하기는 하지만 그래도 개별적 차이가 있다. 푸난 주자이 출토 용호준[8]은 많은 부분에서 상대 초기 곧 얼리강기의 요소를 지니고 있는데, 선의 유동과 구운형의 비릉이 그러하다. 문식도 얼리강기의 요소를 지니고 있다.

푸난 주자이 용호준의 복부 문양은 이른바 삼층 무늬三層花인데, 그 배경에 이미 소수의 깃털 문양이 나타나지만 그리 분명하지는 않다. 호랑이에 물려 있는 사람의 양측에 한 쌍의 예리한 발톱과 꼬리가 위로 말려 있는 기문夔紋이 있고, '臣(신)' 자 모양으로 난 눈이 아주 두드러진다. 싼싱두이 용호준의 복부 문양은 그 전체적 구조에서 푸난의 것과 같지만 배경의 깃털 문

싼싱두이유지 1호갱

양이 더욱 분명하다. 일례로, 아래로 늘어진 호랑이 꼬리 바깥 측의 깃털 문양은 전형적인 모습이다. 이 밖에 사람 양측의 기문은 많은 사람의 관심을 받지 못하고 있는데, 꼬리는 여전히 위로 말려 있고, 발톱은 이미 없어져 버렸다. 전체적으로 볼 때, 기문은 이미 희미해져 지문地紋[바탕 무늬]과 섞였는데, 만약 '臣' 자 모양의 눈이 없었다면, 기문을 알아보지 못했을 것이다.

권족의 도철문도 유사한 변천을 한 것으로 보인다. 푸난 용호문의 도철은 바탕 무늬가 없는 완전한 얼리강기의 양식에 속하는데, 「단대 연구」에서는 이를 '연체수면문'의 'II-1식'으로 분류한다. 그 특징은 다음과 같다. "문양은 양각선陽線으로 구성되어 있다. 수면의 양 뿔은 안으로 말려 있고, 눈동자는 튀어나와 있으며, 코는 곧지만 그 끝은 위로 살짝 말려 있고, 입을 벌리고 있으며, 수면의 양측에는 가늘며 긴 몸체가 있고, 꼬리는 위로 말려 있으며, 그 사이사이의 틈은 운문으로 채워져 있다. 정저우에서 출토된 대원정大圓鼎의 주둥이 밑을 두르고 있는 수면문 장식 띠가 그러하다." 푸난에서 출토된 준의 권족에 새겨진 문식이 이와 완전히 똑같다.

싼싱두이 용호준의 권족에 있는 도철도 이미 삼층화로 발전되어 있다. 이를 「단대 연구」에 적용해보면 '연체수면문'의 'II-3식'으로 분류할 수 있다. 이 준의 권족에 있는 도철은, 자세히 들여다보면, 푸난에서 출토된 준과 상당히 유사하다. 뿔·관·턱·꼬리의 형상 등이 그러하다. 두 차이점도 있다. 하나는 눈동자가 타원형에서 '臣(신)' 자 모양으로 변한 것이고, 다른 하나는 등 부분에 명확한 깃털 문양이 나타난 것이다. 「단대 연구」는 이런 도철문이 은허 1기의 주류라 설명하면서, 샤오툰 YM232·331·333·388 등의 기물을 그 증거로 제시했다. 그러나 싼싱두이 용호준 권족에 보이는 도철의 양쪽에는 샤오툰에서 출토된 것에서 보이는 것과 같은 작은 기문은 보이지 않는다.

용호준의 문식에 특수한 의례적 의의가 담겨 있음은 의심할 여지가 없다. 그렇지 않다면 왜 멀리 떨어진 두 지역에서 같은 유형의 기물이 나타났는지 해석할 방법이 없다. 싼싱두이에서 출토된 것은 푸난 주자이에서 출토된 것을 계승했거나, 아니면 같은 모티프를 지니고 있다가 두 갈래로 갈라진 것이라 할 수 있다. 이를 통해 또한 알 수 있는 것이, 푸난 준에서 싼싱두이 준에 이르기까지 문식의 변화 및 발전 궤적이 중원 지역과 일치한다는 점이다.

2호갱에서 출토된 사양뢰의 권족 윗부분에 장식된 도철문 또한 「단대 연구」의 '연체수면문'에 적용해볼 수 있는데, 은허 3기로 비정된 'Ⅱ-11식'과 유사하다.[9] 이 유형에서는 이미 깃털 문양이 보이지 않지만, 꼬리 뒤 깃털 문양은 위로 뻗어 갈라져 있다. 이는 2호갱의 연대와 서로 상응한다.

더욱 주의해야 할 것은 뇌의 복부에 있는 도철문이다. 이 문양은 화려한 관, 안으로 말려 있는 양 뿔, 특히 큰 내자內眥[눈의 코쪽 아래위 눈꺼풀이 연결된 부위], 큰 입과 날카로운 치아, 수엽형垂葉形[나뭇잎이 아래로 드리운 듯한 문양]의 아래턱이 있다. 도철의 몸체와 꼬리가 있고, 앞발은 곧게 서 있으며, 아래에는 날카로운 발톱이 있다. 따라서 이 또한 '연체수면문'의 범주에 속한다. 흥미로운 것은 문양의 입이 가로로 관통되어 있는 점인데, 이는 '연체수면문' 가운데서도 드물게 보이는 것이다.

가로로 관통된 입은, 도철을 섣불리 한 쌍의 기문夔紋으로 볼 수 없게 하는데, 이는 필자가 이미 다른 논문에서 제기한 바 있다.[10] 이러한 특징을 가진 도철문을 전문적으로 수집·연구한 업적으로는 미국 로버트 베이글리 교수가 편찬한 『새클러 소장 상대 청동 예기Shang Ritual Bronzes in the Arthur M.

Sackler Collections』(1987)[11]를 들 수 있다. 그가 열거한 자료를 따르면, 이와 같은 특징을 갖춘 것은 기본적으로 모두 '독립수면문'으로, 바로 몸체와 꼬리가 없는 도철문이다. 싼싱두이에서 출토된 이 뇌에 보이는 '연체' 도철의 사례를 다시 찾기는 아주 쉽지 않다.

사양뢰는 형체상으로도 특수하다. 흔히 볼 수 있는 뇌는 복부의 하부가 안으로 수렴되어 있다면, 이 뇌는 그렇지 않고 약간 원통형을 띠고 있다. 이와 유사한 것으로 1982년 후난성 웨양 팡위산에서 출토된 것과 1987년 후난성 사스 둥웨산東岳山에서 출토된 두 점을 들 수 있다. 웨양에서 출토된 뇌의 복부 도철은 '독립'적이고 또한 가로로 관통된 입을 가지고 있다.[12] 따라서 싼싱두이의 이 문양은 어쩌면 동쪽에서 영향을 받은 것에다 현지의 창조성을 더한 것이라 할 수 있다.

사스 둥웨촌의 뇌[13]는 문식이 상당히 독특하다. 그 복부 도철은 '분해'형에 속하는데, 그 형태를 자세히 들여다보면, '연체'형에서 변화된 것이다. 이를 「단대 연구」에 적용해보면, '분해수면문'은 은허 2기에야 나타난다. 이는 이 유형이 비교적 늦게 나타났음을 알려주는 지표다. 사스에서 출토된 뇌의 도철문은 수직으로 코와 연결된 패상牌狀 관이 있는데, 이는 후베이와 후난에서 출토된 청동기에 자주 보이는 특징이다. 뇌의 문양은 양 뿔이 바깥으로 말려 있고, 몸체 및 꼬리가 퇴화되어 선형을 띠며, 발톱이 이미 소실되고, 양측의 기문도 선으로 바뀌어 있다. 다만 도철의 얼굴이 심하게 과장되어 있는데, 눈썹이 있고, 눈은 '臣(신)' 자 모양이며, 코끝은 위로 살짝 말려 있으면서 아주 넓고, 턱이 넓고 평평해 심상치 않은 인상을 준다. 뇌의 권족에 보이는 도철도 '분해'형으로, 관과 몸체 및 꼬리의 특징은 모두 복부의

의고시대를 걸어 나오며

문양과 유사하다. 그러나 머리 위에 수직으로 서 있는 두 귀가 있는데, 귀의 끝이 뾰족하고 턱의 형상이 비교적 일반적인 것이 복부의 도철과 다른 점이다.

흥미로운 것은 같은 모양의 문양 조합이 싼싱두이 2호갱 삼양준에도 보인다는 점이다. 준의 복부와 권족의 도철은 모두 사스에서 출토된 뇌와 같은 곳에 있고, 그 복부의 문양은 대체적으로 사스에서 출토된 뇌와 유사하다고 할 수 있으며, 또한 '분해'되어 있다. 양 뿔이 더 길게 내려와 말려 있고, 몸체에 꼬리가 없으며 발톱이 돌출되어 있는 것 외에, 다른 요소는 모두 거의 일치한다. 도철의 눈썹·눈·턱 등은 특색이 짙다. 준의 권족에 있는 '분해'형 도철도 곧고 뾰족한 귀가 있는데, 양측의 기문은 비교적 완정해, 사스에서 출토된 뇌에서 선으로 표현되어 있는 것과 다르다.

싼싱두이 산양준과 사스 뇌의 복부에 새겨진 특별한 도철문은 그 형상이 가로로 길고 그 기본적 윤곽은 싼싱두이 2호갱 청동수면과 아주 유사하다. 2호갱 청동수면은 모두 9건이다. 간보에서 표본으로 든 청동수면은 너비 27센티미터 높이 12.2센티미터로 "수면의 치수 및 사각의 천공을 근거로 해보면, 제사할 때 무사巫師가 썼던 가면으로 추측할 수 있다"라고 했다.[14] 수면은 원래 도철면형饕餮面形으로, 관과 바깥으로 말린 양 뿔이 있고, 본체와 위로 말린 꼬리, '臣(신)' 자 모양 눈동자와 특히 긴 눈초리, 가로로 관통하는 입이 있다. 유일하게 분명한 차이는 바로 수면에 눈썹이 없다는 점이다. 우리가 싼싱두이에 삼양준과 사스에 뇌의 문양 얼굴을 단독으로 보면, 그 턱 부위의 형상이 특이한 것을 아주 쉽게 파악할 수 있다. 이는 일반적으로 보이는 도철과 아주 다른 점이다. 일반적으로 보이는 도철은 반드시 크게 벌린 입을 가지고 있고 예리한 이빨을 드러내고 있는데, 싼싱두이 삼양준과 사스 뇌에서는 그것들이 보이지 않기 때문에 문양이 사람의 얼굴로 보인다.

싼싱두이 기물갱이 유명해진 가장 중요한 원인 하나는 바로 다량의 청동 인면銅人面 및 형태가 다른 청동인상銅人像이 출토되었다는 것이다. 간보에 발표된 자료 외에도 쓰촨성 광한시문화국에서 출판한『광한 싼싱두이 유지자료 선편廣漢三星堆遺址資料選編』[15]과 쓰촨성박물관의『파촉 청동기巴蜀靑銅器』및 『중국문물정화中國文物精華』(1990)[16] 등이 있다. 청동인면은 모두 공통된 모습을 하고 있는데 곧 두꺼운 눈썹과 큰 눈, 넓은 코와 크지만 굳게 다문 입이다. 이런 모습의 특징은 상술한 삼양준 및 뇌에 보이는 도철문 얼굴과 그 표정이 아주 닮아 있다. 다만 후자는 도안화되었을 뿐이다. 이 현상은 물론 우연한 것이 아니기에 준과 뇌에 보이는 문양의 지방 특색을 충분히 설명해준다.

마지막으로, 싼싱두이 2호갱 사우준을 다시 보도록 하자. 이 준의 형체는 상술한 삼양준과 비슷하다. 이 청동인면은 앞 절에서 지적한 대로 1966년 후난성 화룽, 1987년 후베이 자오양 신덴촌, 1963년 산시성 청구 쑤촌에서 각기 발견된 것과 비슷한데, 특히 화룽과 자오양에서 발견된 것과는 더욱 닮았다. 싼싱둥이의 사우준과 화룽의 준[17]을 같이 놓고 보면, 복부와 권족의 도철문이 서로 아주 비슷하다는 것을 발견할 수 있다. 복부의 문양에 보이는 바깥으로 말려 올라간 뿔, 권족 문양에 보이는 뾰족하게 선 귀가 같고, 도철문의 유형을 보면 복부의 문양은 '분해'형이고, 굽 부위의 문양은 '연체'형으로 볼 수 있다. 이 기물들의 공통 특징은 관과 비鼻[코]가 연통連通되어 있고 패상을 띠고 있다는 점이다. 청구에서 출토된 준에 보이는 문양은 복부와 족부가 모두 '연체수면문'으로 똑같고, 뿔은 안쪽으로 말려 있고, 입은 가로로 관통되어 있다. 이는 후베이·후난에서 출토된 것과 싼싱두이에서 출토된 것의 차이보다 더 크다고 할 수 있다. 이를 통해 문화적 원근, 친소 관계를 조금이나마 살펴볼 수 있다.

앞서 토론한 내용을 근거로 몇 가지 결론을 귀납해볼 수 있다.

첫째, C14 연대 추정법으로 분석한 싼싱두이 두 기물갱의 연대를 보면, 1호갱은 상 문화의 은허 초기에 상당하고 2호갱은 은허 후기에 상당하는데, 이는 문식의 분석을 통해 본 싼싱두이 두 기물갱에서 나온 청동기의 연대와 서로 일치한다. 이 점은 현지 촉 문화의 발전이 상 문화의 발전과 평행하다는 것으로 서로 영향을 주고받은 것이 활발했음을 설명해준다.

둘째, 싼싱두이 두 기물갱에서 중원에서 출토된 것과 비슷한 청동 예기들이 나온 것은 촉 문화가 중원의 영향을 받았다는 증거다. 그러나 이러한 영향은 직접적으로 현지에 끼친 것이 아니라 지금의 후베이와 후난 지역의 당시 문화가 그 매개 역할을 한 것이다. 싼싱두이 예기의 도철문이 후베이와 후난에서 발견된 것과 가장 유사하다는 점이 바로 이와 같은 매개 작용의 존재를 시사해준다. 후베이와 후난의 당시 문화를 『시경』 「상송」에 보이는 상대의 '형초' 문화로 부를 수 있다면, '형초'와 촉의 문화적 연원이 아주 오래되었다고 할 수 있다.

셋째, 싼싱두이에서 출토된 예기의 도철문은 비록 도철문의 범위에서 벗어나지는 않지만, 자세히 관찰해보면, 여전히 지역 특색이 보인다. 기타 문식, 예컨대 2호갱에 청동립인銅立人의 일부 문양의 성질 또한 이와 같다. 같이 출토된 다른 기물들에도 순전한 지역 특색 문식이 포함되어 있다. 이렇게 중원과 지역 특색이 섞여 있는 상태는 촉과 중원 왕조의 교류를 반영하는 것이다. 이를 종합해보면, 촉 문화는 자체적 연원과 자체적 변화 발전을 가지고 있었다. 그리고 장기적으로 중원 및 중원 이외 지역 문화의 영향을 받은 이후 점차 전국적인 문화 속으로 융합해 들어갔다. 앞으로 촉 문화에 대한 고고학적 연구가 심도 있게 진행된다면, 이 방면에 대한 자세하고 명확한 인식을 할 수 있게 될 것이다.

여기서의 토론은 도철문에 대한 주요 문화적 요소를 연구할 때 반드시 각 지역에 대한 정리와 분석을 더욱 중시해야 함을 설명해준다. 이를 통해 문화적 요소가 어떻게 전파되고 영향을 끼쳤는지를 알 수 있고, 어떻게 여러 문화적 차이가 발생했는지를 볼 수 있을 것이고, 각종 문화적 탐색에 대한 비교적 큰 촉진 작용을 할 수 있을 것이다.

1990년 11월, 장시성문물국과 장시성박물관은 뉴스를 통해 신간 다양저우 大洋洲에서 발견된 상대 대묘大墓 소식을 알리고, 신문·잡지[1]를 통해 대묘의 유물을 관찰한 학자들이 발견한 그 중요한 의의를 전했다. 이 대묘는 그 위치가 상나라 중심부에서 멀리 떨어진 장시江西 지역이라는 것으로도 큰 의의를 지닌다는 점에서 세계 학계의 폭넓은 관심을 불러일으켰다. 그 발굴 간보가『문물』1991년 제10기를 통해 발표되어 연구 기본 자료로 제공되었다.

필자는 소논문[2]에서 이미 다양저우 대묘와 유명한 은허 부호묘를 비교하면서 다양저우 묘의 곽실槨室[유체가 안치되어 있는 무덤 속의 방. 널방]이 부호묘의 곽실보다 크고, 두 묘에서 출토된 청동기의 수량은 비슷하며, 옥기의 수량은 부호묘가 좀더 많고(아마 묘주의 성별과 관계있을 것이다), 도기의 수량은 다양저우 묘가 훨씬 많다는 것을 지적했다. 간보에서 지적한 대로, 다양저우 묘의 도기가 수량 면에서 300여 점에 달하고 시기적으로 우청吳城 2기에 속한다는 것은 다양저우 대묘의 연대를 판단하는 중요한 근거가 되었다.

다양저우 묘의 도기는 형체와 재질이 우청 유적에서 출토된 것과 비슷하거니와 그 도문陶文도 일치한다. 가장 많이 보이는 도문은 가로로 쓴 '戈(과)' 자로, 어떤 것은 '戈口'(아마 '革' 자의 초문初文일 것이다)의 두 글자로 되어 있다. 우청 유적에서도 이와 같은 '戈(과)' 자가 나왔는데 대부분 2기에 속하고, '革(혁)' 자 또한 나타났는데 이 역시 2기에 속한다.[3]

1975년 칭장清江(지금의 장수樟樹) 추스나오鋤獅瑙에서 출토된 편족동정扁足銅鼎의 솥발은 기형夔形으로 부조되어 있고, 귀의 상부는 복호伏虎로 장식되어 있는,[4] 아주 특색 있는 것이다. 다양저우 묘에서 출토된 정 가운데 이와 유사한 것이 많다. 추스나오의 정은 시기적으로 바로 우청 2기에 속한다.[5]

어떤 학자는 우청 2기의 문화 유적을 중원 상 문화와 비교해 그 시기를 "상내 후기의 이른 발단"에 속한다고 했다.[6] 또 어떤 논문에서는 우청 유적을 허베이 가오청 타이시와 비교해[7] 우청 2기는 대체로 타이시 2기에 상당한다고 했는데, 이 또한 "상대 후기의 이른 발단"설과 부합한다. 1973년 칭장 정탕산正塘山 동가銅罜[주둥이가 둥글고 발이 셋 달린, 청동제 술잔][8]도 우청 2기에 속하는데, 그 형체는 밑은 평평하고 복부는 접히듯 각이 진腹折 형식인데, 이러한 가는 타이시 1기에서 많이 보이지만 타이시 2기에서도 여전히 보인다.[9]

우청 유적은 이미 C14 연대 측정을 마쳤다. 중국사회과학원 고고연구소 실험실은 우청 2기와 3기의 표본을 측정하고 나이테 연대 교정을 거친 후, 우청 2기는 지금으로부터 3760±180년, 우청3기는 3590±135년이라는 결과를 냈다.[10] 베이징대학 고고학실험실은 우청 3기의 표본 3건을 측정하고

의고시대를 걸어 나오며

나이테 연대 교정을 거친 후, 지금으로부터 각각 3400±165년, 3400±155년, 3160±130년이라는 결과를 얻었다.[11] 이 데이터 결과는 실제보다 약간 이르게 나온 것 같다. 그래서 다양저우 묘의 C14 측정 연대가 우청 3기의 연대에 가깝게 나온 것이다.

다양저우 묘는, 여러 상황을 종합 고찰해보면, '상대 후기 이른 발단'의 우청 2기로 비정하는 것이 타당하다고 생각한다. 대묘에서 출토된 각종 기물에 대해 토론해보면 이 점을 증명할 수 있을 것이다.

다양저우 묘 청동 예기는 한 가지 독특한 특징이 있다. 바로 적잖은 상대 중기 곧 얼리강 상층上層에 상당하는 요소가 보존되어 있다는 점이다. 또 상대 후기에야 나타나는 새로운 요소도 약간 포함되어 있다.

다양저우에서 출토된 어떤 예기는 얼리강 상층 시기의 것과 아주 비슷하다. 가장 쉽게 볼 수 있는 것이 대방정大方鼎이다. 대방정은 귀처럼 생긴 손잡이立耳 위에 복호가 있는 것 외에도, 형체, 문식, 크기, 주조 공예 모두 정저우에서 출토된 청동기들과 기본적으로 같다. 또 계란형 복부卵形腹 밑에 작은 다리가 셋 달린 유卣는 1981년 산시성 청구 룽터우전龍頭鎭에서 발견된 것과 자못 비슷하다.[12] 대방정의 도철문 띠는 얼리강기에 유행한 전형적인 단층單層 도철문이다. 주족원정柱足圓鼎(001)[솥발이 기둥처럼 생기고 형체가 둥근 정鼎]의 도철문도 여기서 발전해온 것으로 여전히 배경 무늬는 보이지 않는다. 이 원정에는 단속斷續적 갈고리 형상의 비릉이 있는데, 이 또한 얼리강기부터 전해져 내려온 요소로, 다양저우 묘에서 출토된 몇몇 기물에서도 보인다. 이 묘에서는 또 같은 모양의 옥으로 된 비릉이 꽂혀 있던 칠목기漆木器도 출토되었다.

이 밖에 은허 초기의 풍격을 띤 더 많은 예기가 출토되기도 했다. 필자가 세시했던 방유方卣의 형상은 샤오툰 YM331의 유와 아주 비슷하고, 가복두假腹豆[상부가 쟁반처럼 바닥이 얕아서 그 아래 배 부분에는 아무것도 담을 수 없는 두豆]도 YM388의 백도두白陶豆[흰색 도기로 제작한 두豆]와 닮았다.[13] 청동기의 문식도 다양저우에서 자주 보이는 깃털 문양이 위에 붙어 있는 도철문은 은허 초기에 많이 나타나던 것으로 가오청 타이시에서도 자주 보이던 것이다. 이런 양식은 부호묘에 이르러서야 새로운 형식으로 대체되었다.

은허 샤오툰촌 북부에서 발견된 YM232와 '병일丙一' 건축 기단의 북쪽에서 발견된 일군의 묘장은, 앞서 토론한 대로, 모두 시기적으로 비교적 이르다.[14] '병일' 기단 북쪽의 묘장은 YM326·329·331·333·362·388 등을 포함한다. 이 가운데 YM326을 제외한 모든 묘에서 청동기가 출토되었다. YM331과 362에서는 문자가 새겨진 복골이 발견되었는데, 이 묘장은 시기적으로 부성 초기보나 늦지 않다. 이 여러 묘장에서 출토된 청동기의 전체적 특징은 신구 요소가 병존된 것으로, 얼리강기의 요소를 계승하면서도 또 새로운 요소도 흡수하고 있는데, 바로 깃털 문양이 붙은 도철문이 이러한 유형에 포함된다. 이렇게 보면, 신구 성분의 병존 현상은 결코 우연이 아닌 이 시기의 특색이라 할 수 있다.

다양저우 묘에서 출토된 정 가운데는 송곳 모양 솥발錐足이 달린 것도 있고, 기둥 모양 솥발柱足이 달린 것도 있으며, 납작한 솥발扁足이 달린 것도 있다. 샤오툰 YM331에서는 송곳 모양 솥발 정과 기둥 모양 솥발 정이 출토되었고, YM333에서는 송곳 모양 솥발 정과 납작한 솥발 정이 출토되었다. YM232·331·388에서 출토된 가斝는 전술한 정탕산의 가와 아주 닮았는데,

모두 세 모서리三棱의 발 부위를 가지고 있다. YM331에서 출토된 방유에는 삼층으로 된 문양 장식이 보이고, 다양저우 묘 출토품 가운데도 삼층 문양 장식이 보이는데, 역(036)과 뇌(044)가 그러하다.

이 가운데 역(036)은 토론할 가치가 있다. 이 역은 외국 학자들이 즐겨 부르는 '역정鬲鼎'으로, 귀는 곧게 서 있고立耳 목 부위頸部는 안으로 묶은 듯 조여져 있으며束頸, 발 부위는 몸통에서 몸뼈처럼 세 갈래로 나누어分襠 자루 끝을 묶어놓은 듯한 모양袋足이라 발 맨 끝부분 발끝이 비교적 뾰족하다. 일본의 하야시 미나오는 『은주청동기종람殷周青銅器綜覽』에서 이와 같은 형식의 기물을 '은 후기 IA, 2형'으로 분류하면서, 곧게 선 귀와 조여진 목, 분당과 대족, 송곳 모양 발끝을 특징으로 하는 얼리강기의 '은 중기, 2형'에서 발전되어 온 것으로 보았는데,[15] 이는 아주 정확한 견해다. 다양저우 묘에서 발견된 역과 가장 닮은 것으로는 1958년 후난성에서 채집된 역[16]으로, 그 도철문의 문양 또한 삼층으로 되어 있다. 역(036)의 목 부위에 있는 어문魚紋[물고기 문양]은 후난성 출토 기물에서도 나타난 적이 있었다. 따라서 이 역은 후난 일대를 거쳐서 전파되었거나 그 지역의 영향을 받았을 가능성이 있다.

장시성 중부는 상대 청동기가 다량으로 출토된 후베이·후난과 그리 멀지 않지만, 다양저우 묘의 청동기는 중원의 영향을 더 크게 받은 것으로 보인다. 중원의 형식에다 지역적 특색의 문식을 더한 기물이 적지 않은데, 예컨대 귀에다 동물형 문식과 '제비 꼬리' 모양의 줄무늬素紋를 더한 것 등으로, 이는 이 기물이 현지에서 주조되었음을 나타내준다. 공예의 정교함도 중원과 견주어 결코 손색이 없다. 어떤 기물에서는 오히려 교묘한 구상이 더 특별하게 느껴지기도 하는데, 방유(047)와 방정(013)이 그러하다.

모두들 은허 허우자좡 시베이강에서 발견된 유甾를 기억하고 있는지 모르겠다. 이 甾의 형체아 윤곽은 "일반적이 길쭉한 호 모양長形壺狀의 제량유와 같다. (…) 그러나 시베이강에서 출토된 것은 덮개와 기물 사이에 술잔 모양의 기물이 들어가 있는데, 마시는 데 쓸 수 있는 것이다"[17]라고 했다. 이 甾는 상대 청동기의 정밀하고 교묘한 대표적 사례로 쓰여왔다. 다양저우 묘방유는 두 특징이 있다. 하나는 복부 안에 네 벽으로 향한 십자형의 관도管道가 있는 것이고, 다른 하나는 쌍층으로 된 바닥 바깥에 십자형의 누공이 있는 것이다. 기물을 이렇게 만든 이유를 생각해보면, 아무래도 바닥을 숯으로 가열해 끓어오르는 물로 술을 데웠던 것으로 보인다. 방정(013) 또한 바닥이 이중으로 되어 있고 열고 닫을 수 있는 작은 구멍도 있는데, 대개 숯불로 가열하기 위해 준비된 것이다. 이 두 기물은 구조가 모두 기존에 볼 수 없었던 것으로 어떻게 주조된 것인지는 과학적 감정이 필요하다.

다양서우 묘의 청동 에기가 중원의 청동 에기아 비슷하다는 것은 중원의 예제가 현지에 전파되고 시행되었음을 반영한다. 특히 기물 가운데 동찬銅瓚[청동 사발에 긴 손잡이가 달린 용기]이 하나 발견 되었는데, 동찬은 아주 중요한 예기로 그 기명이 상대 명문에 보이기도 한다.[18] 상대의 동찬은 지금까지 파리 기메박물관에 소장되어 있는 것 하나만 저록에 보였다는 점에서, 이 동찬이 얼마나 특별한 것인지를 알 수 있다. 찬은 주로 중원의 예제를 나타낸 예서에 보이는데, 찬이 다양저우서 출토되었다는 것 또한 그것이 중원의 영향을 받았음을 확실히 증명해준다. 그러나 다양저우 묘에서 출토된 청동예기의 조합을 보면 중원의 것과 비교적 크게 다르다. 가장 두드러진 것은 다양저우의 것에서는 고觚·작爵·각角·가斝·치觶 등의 음기飮器가 전혀 보이지 않는다는 점인데, 이는 현지의 습속에 따라 도기 혹은 칠목기로 충당했을 가능성이 있다. 이상한 점은 우청에서 우청 2기에 속하는 동가銅斝뿐 아니라 가斝를 주조하는 데 쓴 거푸집石范[19]도 발견된다는 점이다. 왜 우청과 다양저우 사이에 이런 차이가 나타났는지에 대해서는 아직까지 명료한 해석을 내리기 어려운 실정이다.

다양저우 묘에서 나온 청동 악기樂器로는 박鎛[종과 비슷한 형태의 악기]과 요鐃[아래에 손잡이가 달린 타원형 통 모양의 청동 악기] 두 종류가 있다. 최근 가오즈시高至喜 선생은 이 두 종류의 악기에 대해 체계적 연구를 진행한 바 있는데, 그의 성과를 기초로 하여 대묘에서 출토된 것에 대해 고찰해볼 수 있다.

박은 하나만 출토되었다. 가오 선생의 형체 분류를 따르면, 이는 A형 곧 조식박鳥飾鎛에 속한다.[20] 가오 선생은 문식의 풍격을 가지고 분석을 했는데, 고궁박물원과 미국 새클러 선생이 소장한 박 두 점은 모두 상대 후기에 속함을 지적했다. 이 두 박과 다양저우 출토 박의 공통점은 정頂에 고리 모양 꼭지環紐가 있고, 고리 모양 꼭지의 측면에 머리를 바깥으로 두고 있는 한 쌍의 작은 새가 있다는 점이고, 다른 점은 이 두 박은 몸통이 날씬하고 긴 반면 다양저우에서 출토된 것은 그렇지 않고 그 윤곽이 영鈴에 비교적 더 가까우며, 또한 고부鼓部[손잡이 끝부분]가 명확하게 나타나지 않는다는 점이다. 다양저우 박의 몸통 문양은 삼층으로 되어 있는데, 소머리 문양牛首紋이 주된 문양이다. 이 소머리 문양은 주둥이가 넓은 것이 특징으로, 여러 예기에서 나타나는 소머리와 같다. 박의 몸통 및 우각牛角 사이에는 와문이 둘려 있는데, 모두 '제비 꼬리' 모양의 줄무늬로 현지에서 주조한 것으로 보인다.

박 측면의 비릉은 여러 예기와 비슷한 단속적인 갈고리 모양으로, 고궁박물 원과 새클러 선생이 소장한 박의 비릉처럼 그렇게 과장되게 변형되지는 않 았다. 이로 미루어 보면, 다양저우 박의 시기는 다른 두 점의 박보다는 이른 것으로 판단된다.

대뇨大鐃는 모두 3점으로 가오 선생의 분류법에 의하면 모두 B형인 '운문 요雲紋鐃'에 속한다.[21] 그중 '중국문물정화' 전람회에 전시되었던 한 점은 운 문 수면으로 장식되어 있는데, 이는 1973년 후난성 닝샹 황촌黃村 싼무디三 畝地에서 출토된 것과 비슷하지만, 수면 주위에 연주문 띠가 덧붙여 있는 것 이 다르다. 다른 한 점(064)은 세운문細雲紋으로 구성된 수면 사이에 연주문 이 들어가 있는데, 이는 1963년 저장성 위항餘杭 스라이石瀨에서 출토된 것과 1974년 장쑤성 장닝 탕둥촌塘東村에서 출토된 것과 유사하지만 비교적 더 소박해 보인다. 마지막 한 점(066)은 수면이 음각된 구련문으로 구성되었는 네, 이는 기타 지역에서 볼 수 없었던 것이다.

이쯤에서 중국역사박물관中國歷史博物館(현 중국국가박물관中國國家博物館)에 소 장되어 있는 요를 하나 살펴볼 필요가 있다. 이는 안후이성 첸산에서 출토 되었다고 전해지는데, 또한 연주문으로 채워진 운문 수면으로 장식되어 있 다.[22] 이 지점은 안후이 남부 지역으로 장시에서 가깝다는 점에서 다양저우 에서 출토된 요와 연원적으로 관계가 있을 것이다.[23]

가오 선생이 생각하기에, 운문요는 두꺼운 선으로 수면을 구성하는 특징 이 있는데, 이는 A형에서 발전된 형태로 시기적으로는 상대 후기에 속한다. 현재 검토해볼 때, 형체가 비교적 작은 운문요는 어쩌면 크고 무거운 수문 요獸紋鐃보다 늦지 않은 것으로 보이는데, 양자가 혹 지역적 특색을 띠는 것

410

의고시대를 걸어 나오며

인지는 좀 더 발전된 연구가 필요하다.

박縛과 대뇨는 모두 남방적 특색의 기물인데, 다양저우에서 비교적 이른 연대의 박과 대뇨가 출토되었다는 것은 그만큼 귀중한 의의를 지닌다. 이 대뇨와 장쑤와 저장 지역에서 출토된 같은 유의 기물과 연계해보면 더욱 가치 있는 탐색을 할 수가 있다.

각 지역에서 출토된 병기와 공구는 예기와 비교해서 더욱 농후한 지역적 색채를 띤다. 이는 고대 중원 이외 지역 청동기의 일반적 규칙으로, 다양저우에서 출토된 문물 또한 예외는 아니다. 몇몇 병기 혹은 공구는 특이한 형체를 갖는데 그 기능은 아직 분명치 않다. 여기서는 논의할 수 있는 일부 기물을 가지고 토론해보고자 한다.

먼저, 동주銅胄(431)다. 상대의 투구胄는 은허 허우자좡에서 발견된 바 있는데, 주로 시베이강 1004 대묘에서 출토된 것으로 140점을 넘는다.[24] 다양저우 묘 투구의 이마額에는 대권각수면大卷角獸面[큰 뿔이 감긴 모양의 짐승 얼굴 문양]으로 장식되어 있는데, 그 조형이 1004 대묘에서 출토된 것과 아주 비슷하다. 다만 수면의 눈동자가 '臣(신)' 자 모양으로 된 것이 다른데, 이는 시기적으로 비교적 이른 유물에 나타나는 특징이다. 이 밖에 1004 대묘의 투구를 보면, 정수리 부분에 술을 매달 수 있는 작은 관이 있고, 비교적 늦은 시기의 투구에는 정수리 부분에 고리가 매달려 있는 것도 있는 데 반해, 다양저우 투구는 정수리 부분에 설치된 원관圓管이 비교적 원시적 형태인데, 이 또한 다양저우 투구연대가 비교적 이름을 나타내주는 것일 수도 있다. 시베이강 1004 대묘는 주지하다시피 시기적으로 은허 3기에 속한다.[25]

다음으로 다양저우 묘의 대월大鉞을 보자. 도끼날 측면의 중간 부분에는 커다란 입에 예리한 이빨이 촘촘히 장식되어 있는데, 이는 다른 지역에서 출토된 도끼의 인면 등과 형태가 다르다. 큰 입의 윗부분 및 양측에는 목뢰문이 띠를 두르고 있는데, 그 배치가 황피 판룽청 월[26]과 유사한데 이는 다른 월에서는 아직 나타나지 않은 것이다. 대월은 병기이면서도 형구로 여러 학자가 논했듯 권력을 상징하는 의의를 지닌다.[27]

여러 형식의 과戈 가운데 가장 주목되는 것은 호胡가 있는 세 점이다. 상대에는 '호'가 있는 과가 존재하지 않았다는 것이 전통적 관점이었지만, 최근의 야외 고고 작업을 통해 전통적 관점이 수정되었다.[28] 은허 4기에는 위아래에 난이 있고 일천과 혹은 이천과와, 난이 없는 다천과도 모두 존재했다. 앞서 지적했듯, 이 두 종류의 과를 자루柲에 고정하는 방식이 달랐는데, 난이 있는 과의 천[구멍]과 난에다 끈을 묶어서 자루에 고정하는 데에는 굳이 호가 길 필요가 없지만, 난이 없는 과는 오로지 천으로 끈을 묶어 자루에 고정해야 해서 비교적 긴 호가 나타나게 된 것이다.[29] 이 두 종류 과의 연원은 분명치 않다. 특히 난이 없는 다천과는 인쉬에서 갑자기 나타난 것으로 수량도 그리 많지 않다. 이와 같은 종류의 과가 다양저우에서 발견된 것은 그 기원에 대한 새로운 실마리를 제공해준다. 다양저우 묘에서 출토된 삼천과는 직원과直援戈 아래에 좁고 긴 호를 더한 것에 속하는데, 자루에 고정하기 용이하게 한 것이다. 원援과 호 사이의 연접은 두드러지게 딱딱한 감이 있는데, 이는 은허 4기에 속하는 다천과의 원과 호 사이 부드러운 호선弧線과는 다른 것으로 비교적 이른 시기의 형체가 분명하다.

구극勾戟(133)도 이와 상황이 유사하다. 구극은 과와 도刀가 복합된 병기로 과와 모矛가 복합된 일반적인 극과 다르다. 가오청 타이시 1기에서도 극이

의고시대를 걸어 나오며

출토된 바 있는데,[30] 기존의 구극은 모두 주대 초기에 속하는 것으로 상대의 구극은 아직 발견된 적이 없다. 다양저우 묘에서 출토된 구극을 자세히 살펴보면, 그 형체가 주대 초기의 것과 현저히 다른, 직원과와 긴 형태의 도 長條形刀가 복합된 것이다. 같은 묘에서 출토된 것 가운데 호가 없는 직원과가 아주 많았고, 긴 형태의 도도 두 점 나왔고(예컨대 331).

긴 형태 도의 출현은 사람들의 흥미를 불러일으켰다. 기존에 이러한 병기는 산시山西와 산시陝西에서 많이 보이던 형태로 시기적으로는 은허 초반에 속한다. 이들 병기는 북방 청동기 특유의 것으로 여겨졌는데,[31] 지금 놀랍게도 장시성에서 발견된 것은 우리에게 당시 문화 전파와 교류에 대한 사고의 틀을 넓혀준다. 이를 통해 구극의 연대를 추론할 수 있다.

출토된 병기 가운데 단검(340. 「간보」에서는 비수匕首라 했다)도 자못 중요하다. 현재 알려진 상대의 단검은 적지 않다. 북방의 산시성과 산시성의 접경 일대에서 출토된 것은 주척이 있고 남방의 청두 지역에서 출토된 것은 유엽형인데, 모두 다양저우에서 출토된 것과 차이가 있다. 이 단검의 칼머리 부위와 손잡이 몸체는 서로 평평하고 곧게 연결되어 있는데, 이는 후대 동주 시기에 가장 많이 보이는 검과 비교적 유사한 형태다.

단익촉單翼鏃[화살촉 날개가 하나인 것](249)도 드물게 보이는 것이다. 1970년대 뉴욕 경매시장에 하나가 나온 적이 있는데, 형체상으로 다양저우의 단익촉과는 조금 차이를 보였다. 이 단익촉은 습베鋋(화살촉이 화살대에 꽂히는 부분)는 이미 없어졌고, 남은 부분은 길이가 10.8센티미터로 다양저우의 것보다 더 컸다. 이것이 혹 어차魚叉[작살]였는지는 고려해볼 필요가 있다.

청동 농구의 발견은 중국 과학기술사에 아주 큰 영향을 주었다. 고대(최소한 남방)에 비교적 많은 지역에서 청동 농기구를 사용했다는 것은 오늘날 이제 더 이상 의문의 여지가 없게 되었다. 1973년 산둥성 지난濟南 동쪽 교외 지역에서 발견된 물품 가운데는 동리화銅犁鏵[청동 쟁기 가래] 하나와 상대 동과 두 점 및 분錛[자귀]과 삭削 등의 기물도 있었다.[32] 이 가운데 이화犁鏵는 어깨 부위의 너비가 14.5센티미터다. 필자는 이를 자세히 관찰해본 이후 위중항于中航 선생 등과 토론을 한 적이 있었지만 그 연대에 대해서는 섣불리 판단할 수 없었다. 지금 이것을 다양저우에서 출토된 이화와 비교해본 결과, 이는 어쩌면 상대에 속하는 것일 가능성이 있다. 이렇게, 당시 북방 지역에서도 동리화 등을 사용해 농사를 지었다는 알 수 있다.

덧붙여 말할 것은 간보에서 제시한 월 가운데 도끼 구멍銎이 있는 기물 (338)이다. 이 기물은 몸통이 우수문으로 장식되어 있으며 기물의 용도는 아직 알려지지 않았다. 같은 유형의 기물의 돌거푸집[33]이 장시성 우청 유적에서 출토된 바 있는데, 이 또한 우청 2기에 속한다. 이러한 지역적 특색이 강한 기물은 그 문양에서도 지역적 특징이 풍부하게 나타난다. 이에 대해서는 금후 전문적 연구가 필요하다.

신간 다양저우 대묘 옥기도 심도 있는 탐구가 필요한 문제가 많다.

종합적으로 말해보면, 이곳에서 출토된 옥기의 공예는 상당히 정교하다. 예컨대, 옥우인玉羽人[옥 재질의, 날개 있는 사람]의 정수리에 조각된 삼련투환 三聯套環[세 개의 고리가 연결된 모양],[34] 병형기柄形器[정교한 조각으로 장식한 옥 막대]의 양쪽에서 구멍을 뚫어 만든 길이 20센티미터에 달하는 천공은 모두 아주 높은 수준의 기예가 필요하다. 특히 후자는 은허 거갱車坑에서 출토된 17.8센티미터 길이의 옥관玉管(이른바 옥마책玉馬策)[35]과 비교할 때 더욱 보기 힘든 진귀한 유물이다.

옥과는 모두 날 가운데가 높고 길게 도드라졌고中脊 번두리는 갈아서 날을 만들었는데, 이러한 형체의 옥과는 상대 후기에 광범위하게 나타나는 것이다.[36] 타이시에서 출토된 것은 비교적 이른 사례로[37] 다양저우 묘에서 출토된 것(663과) 유사하다.

옥종은 은허 부호묘 옥종(1051과 1003)을 참조할 만하다. 특히 후자(1003)가 다양저우에서 출토된 것과 더욱 유사한데,[38] 이는 전형적인 상대의 옥종이다.[39] 종琮의 문식은 일반적으로 '선문蟬紋[매미 문양]'으로 일컬어지는데, 필자가 생각하기에 이는 어쩌면 량주 문화 옥기(이른바 '치우환'으로 불리는 옥탁玉鐲 등)에 보이는 일종의 수면문이 탈변한 형식으로, 옥종 자체가 량주 문화의 영향을 받은 것처럼 이 문식도 량주 문화의 영향을 받은 흔적이라 할 수 있다. 옥종뿐만 아니라 비녀 모양笄形의 늘이개隆飾 또한 량주 문화의 영향을 분명히 받았다. 늘이개의 상단上端에는 구멍이 뚫린 장부榫가 있고, 하단은 뾰족하고 날카로운데, 이는 량주 옥기에서 자주 보이는 형식이다.[40]

다양저우 묘 옥기 가운데 가장 흥미를 끄는 것은 어쩌면 간보에서 '규圭'로 일컬은 옥 장식일 것이다. 이는 인면형人面形으로 정수리에는 높게 솟은 우관이 있고, 양측에는 날개 모양翼狀 장식물이 있으며, 귀 아래에는 둥근 귀고리圓珥가 있고, 입 안에는 요아獠牙[날카로운 어금니]가 있다. 이는 여러 외국 학자가 즐겨 부르던 소위 '옥귀신면玉鬼神面, jade demonic images'이다. 적잖은 박물관과 미술관에 이와 유사한 물품이 소장되어 있는데, 이미 이를 수집·연구한 논저가 있어[41] 비교연구의 토대를 마련해주었다.

1985년, 산시성 창안 펑시에서 발견된 서주 초기 묘(M17)에서 이와 같은 종류의 옥 장식이 발견된 바 있다.[42] 옥관이 없는 것을 빼면 다양저우에서 출토된 것과 대체적으로 유사하지만, 재질이 청옥靑玉으로 되어 있었다. 국외 박물관 및 미술관의 소장품과 비교해보면, 다양저우에서 출토된 것과 가장 비슷한 것은 미국 스미스소니언연구원에 소장되어 있는 것이다.[43] 그 옥기도 아주 높은 우관이 있고, 옆으로 삐져 나온 날개 모양 장식이 있으며, 귀와 요아가 있지만, 뒷면에 또 다른 얼굴 문양이 있는 것이 다른데, 두 눈은 '臣(신)' 자 모양이 아니라 원형으로 되어 있고, 요아도 없다. 이러한 두 얼굴의 특징은 또 같은 연구원에 소장되어 있는 높은 관이 없는 옥 장식에서도 볼 수 있다.[44]

하야시 미나오 교수는 이와 유사한 형상의 '귀신면鬼神面'으로 산둥성 르자오 량청전 옥분을 논급한 적이 있다.[45] 이 분錛(필자가 생각하기엔 '규圭'라 불러야 할 것 같다)에 선으로 새겨진 서로 다른 두 얼굴이 있는데, 그 윤곽이 상술한 옥 장식과 사뭇 공통된 면이 있다. 따라서 그는 이러한 유형의 옥 장식을 산둥 룽산 문화에 속하는 것으로 생각하기도 했다.[46] 다양저우와 평시 유물을 통해 보면, 이 유형의 옥기는 룽산 문화에서 서주 시기까지 비교적 장기간에 걸친 변화와 발전 과정을 거쳤을 가능성이 있다. 따라서 이들 문물이 같은 시기와 같은 문화에 속한다고 볼 수 없다. 어떻든 다양저우의 옥장식은 확실히 산둥 룽산 문화의 영향을 띠고 있다는 점에서 연구 가치가 아주 크다고 할 수 있다.

신간 다양저우 상대 대묘의 발견은 다방면에서 의의를 갖는다.

1978년, 필자는 이렇게 말한 바 있다. "기존에는 상나라 사람들의 활동 범위에 대해 아주 협소한 권역이라는 관점이, 구체적으로 보면 지금의 허난성과 허베이성, 산둥성이 교차하는 지역을 중심으로 한 그리 크지 않은 범위였다는 관점이 상당히 유행했다. 이와 같은 관점은 확실히 역사적 원인에서 비롯하는 것으로, 중화인민공화국이 건국될 때까지, 상대 유적의 발견이 은허와 거리가 멀지 않은 몇몇 지역에 국한되었기 때문이다. 그 후 20여 년에 걸친 고고학 작업을 거치면서 이러한 해묵은 관점은 이미 설 자리를 잃게 되었다. 현재, 우리가 상대 유적 및 청동기가 출토된 지점의 지도를 그려보면, 만리장성 지역과 창장강 이남에 이르기까지 모두 적잖은 중요한 의의를 지닌 지점이 여기저기 분포되어 있음을 볼 수 있다."[47] 현재의 장시성 지역에 대해 기존에는 그 개발이 아주 늦은 것으로 인식하고 있었다. 춘추 시기에도 아주 적은 지역의 이름만이 남아 있을 뿐이었다. 그러나 다양저우 대묘의 발굴은 장시 지역 학자들이 말하는 '우청 문화吳城文化'의 분포 지역 즉 장시 서북과 장시 중부 일대에 당시 이미 상당히 높은 수준의 문화가 분포되어 있었음을 충분히 증명해주었다. 이는 상대 남방 문화의 발전을 새롭게 인식하는 계기로 작용했다.

대묘 유물을 분석해보면서, 중원 상 문화 영향의 강렬함에 놀랐다. 우청 문화는 전형적인 상 문화의 범주에 속하거니와 상 문화의 영향을 받은 일종의 지역 문화이기도 하다. 따라서 지역 특색이 강하지만 중원과 동시대적인 유물과 아주 비슷한 것도 적지 않다. 이는 이 지역과 중원의 문화 교류가 신속하고도 원활했음을 나타낸다. 반드시 주의해야 할 것은 신간과 장수樟樹 이북은 대규모의 동광 유적이 발견된 창장강의 루이창瑞昌 퉁링銅嶺과 가깝다는 점이다. 그 채굴 연대는 상대 중기까지 올라간다.[48] 중원 청동 공예의 원료는 바로 이곳에서 취했을 가능성이 크다.[49] 루이창은 바로 중원에서 장시 중부로 오는 교통로 상에 위치해 있다.

대묘 유물은 다른 지역과의 문화적 관계를 나타내준다. 예컨대, 앞서 논한 대로 동방의 장쑤와 저장, 서부의 후베이·후난 지역을 포함한다. 재밌는 것은 묘에서 북방 특유의 기종器種으로 여겨졌던 유물이 나타났다는 점이다. 이런 점으로 살펴보면 당시 장시 중부 일대는 결코 폐쇄적이지 않고 오히려 사통팔달의 교류를 하고 있었음을 알 수 있다. 묘에서 출토된 옥기의 재질을 초보적으로 감정한 결과도 이 문제를 인증해준다. 장시 중부도 이와 같은데, 수도였던 은허는 자연스럽게 사방과 더욱 자연스러운 교류를 했을 것이다. 이는 과거 학자들이 묘사했던 상대 사회의 모습과 아주 다른 것이다.

각 지역 간의 문화적 영향에는 영향을 주로 끼치는 쪽과 영향을 받는 쪽이 존재하기 마련이다. 예컨대 상대에는 주로 중원에서 먼 변방 지역으로 영향을 주었다. 그러나 교류는 또 쌍방적인 것으로, 변방 지역에서도 중원에 영향을 끼치기도 했다. 이것에 주의하지 않으면, 중원중심론中原中心論에 빠지고 만다. 사실 어떤 문화적 요소뿐만 아니라 비교적 중요한 요소도 어쩌면 변방 지역에서 기원한 것일 수도 있다. 일례로 다양저우 대묘 청동기의 몇몇 종류는 이미 알려진 중원의 사례보다 이른 것도 있다. 당시 다양저우 근처에 중요한 동광이 있었다는 것과 공예 수준도 비교적 높았다는 것을 고려해보면, 다양저우 지역이 스스로 창조하고 다른 지역에 영향을 주었을 가능성도 충분히 이해가 되는 부분이다. 물론 이런 유형의 문제는 더 많은 자료와 연구가 필요하기에 섣불리 결론을 내릴 수는 없다.

다양저우 대묘는 고립된 것이 아니다. 이 대묘의 발견은 우리에게 당시 남방에도 풍부하고 중요한 상대 유적이 존재했을 가능성을 시사해준다. 이 발견과 쓰촨 광한 싼싱두이 등의 발견을 종합해보면 무언가 깊이 생각할 어지를 남긴다. 오랫동안 우리의 상대 문명에 대한 이해는 비교적 간단한 것으로, 중원 상 문화 밖에 존재했던 기타 문화의 수준이 상당히 높았음을 충분히 볼 수 없었다. 각종 문화 사이의 교류와 융합은 문명의 발전에 공헌을 했다. 다양저우 대묘의 발굴은 우리에게 상대 문명에 대한 사고의 틀을 넓혀주었는데, 이번 발견의 가장 중요한 의의는 바로 여기에 있다.

중원 이외의 고문화

풍부하고 다채로운
오 문화

최근 몇 년간, 지역연구 방법론이 많은 학문 분과에서 날로 광범위하게 늘어가면서 다방면에 응용되고 있다. 그 가운데 가장 풍부한 성과를 거둔 것은 아마 고고학과 문화사가 아닌가 한다. 지역 문화는 곧 중국사학 전통으로 말하면 본래부터 아주 유구한 연원을 지니고 있었다. 일찍이 선진 시기, 『좌전』과 병칭되는 『국어』는 주周·노魯·진晉·정鄭·초楚 등의 역사를 포함하고 또 『오어吳語』와 『월어越語』를 뒤에 두어 각 역사를 지역적으로 나누어 기록하는 지역사의 선성先聲이 되었다. 한나라 사람들이 편찬한 『월절서越絶書』와 『오월춘추吳越春秋』는 이를 계승한 최초의 지역사 저작이 되었다.

흥미로운 점은 근대적 의의의 지역 역사 문화 연구도 오월 지역에서 발단했다는 것이다. 항일전쟁 전의 1930년대, 여러 학자는 장쑤와 저장 일대에서 고고학 조사와 발굴을 진행해 1936년 상하이에서 오월사지연구회가 조직되기에 이르렀다. 그들은 바로 '오월 문화'라는 타이틀을 제기했다. 당시 그들이 고찰한 지리적 범위는 근래 여러 학자가 論저에서 주장한 '오문화지구吳文化地區'로 곧 '닝보寧波·상하이·항저우杭州·타이후太湖 유역의 삼각지대'와 대체로 일치한다. 이를 통해 오 문화 지역의 연구 전통이 실로 유구함을 알 수 있다.

이른바 '오' 지역은 바로 상술한 닝보·상하이·항저우·타이후 유역 일대로 창장강 하류의 요충지에 위치한다. 이 지역은 긴 역사를 거치는 동안 항상 지리적으로 우위를 점한 곳이었다. 과거 한당 이전의 이 지역 고대 문화에 대해서는 항상 평가가 절하되었는데, 연구자들이 중원중심론의 전통 관념에서 벗어나지 못한 채 사상적으로 속박을 받아온 때문이었다. 다들 알고 있듯, 고대 우·하·상·주 각 왕조의 통치 중심은 모두 중원에 있었고 그 도읍은 황허강 중하류를 벗어나지 못했다. 그 주위의 여러 민족은 혹 중원 왕조에 귀속되거나 혹 중원 왕조의 적이 되어 왕조로부터 항상 비천한 지위로 여겨지기도 했다. 이와 동시에, 고대의 화하와 사이의 구별은 대체로 문화적 차이에 따른 것이었다. 중원 이외의 민족은 문화적으로 화하와 달랐기 때문에 만이융적으로 비하되어 멸시를 받았다. 이러한 관점은 역사적 원인에서 나온 것으로 또 유가 경적經籍의 강령 가운데 하나가 되어 오랫동안 전해져 내려오면서 그 뿌리가 단단하게 내려졌다. 항일전쟁 이전에 오월 문화에 관한 토론이 대체로 중원중심론과 강남에는 문화가 없었다는 편견 속에서 진행된 원인도 바로 여기에 있다. 최근의 고고학적 연구 성과는 이미 중원을 고대 중국의 유일한 문화적 중심으로 보는 설이 이미 설 자리를 잃었음을 증명해주었다. 창장강 하류에 이미 오래전부터 상당히 높은 수준의 문화가 있었다는 것은 이 지역 문화를 연구하는 시야를 크게 넓혀주었다.

여기서는 이러한 시각에서 오 문화에 관한 여러 문제를 이야기해보겠다.

오 문화라는 말은 넓은 의미와 좁은 의미 두 가지로 이해할 수 있다. 좁은 의미의 오 문화는 주대의 오나라 문화만을 가리킨다. 넓은 의미의 오 문화는 오 지역의 문화를 범칭하는 것으로, 오나라 문화의 전후 맥락을 파악하고, 후대 오 문화가 번창해 발전해나간 모든 것을 개괄한다. 어떻든 오 문화를 전문적으로 연구하는 데는 반드시 이러한 문화적 기초와 배경을 탐색해야 한다. 그렇다면 이 지역의 선사 문화부터 거슬러 올라가 살펴보자.

대략 기원전 5000년경부터, 타이후 유역의 선사 문화로는 마자빈 문화, 쑹쩌 문화, 량주 문화가 있었다. 이와 동시에 그 서북쪽의 닝전寧鎭(난징과 전장鎭江) 지구에는 이른바 베이인양잉 문화가, 그 서쪽의 안후이 지역에는 쉐자강 문화가, 그 남쪽의 닝샤오寧紹(닝보와 샤오싱紹興)평원에는 허무두 문화가 있었다. 이들 고고학 문화는 그 명칭이 다양하지만 전체적으로 볼 때 공통적 특징을 발견할 수 있다. 예컨대, 최근 어떤 학자는 이들 문화에 대해 다음처럼 지적한다. "이들 문화를 하나의 온전한 체계로 놓고 고찰해보면 공통적 요소가 크게 존재한다. 일례로, 이 지역의 주요 생산 공구는 석기로, 보통 천공 석부石斧와 단석분이 있는데, 그 조형이 서로 비슷하고, 그 변화·발전해나가는 과정도 일치한다. 도기는 모두 정鼎·두豆·화盉·호壺가 주가 되었고, 황璜과 결玦, 패珮가 주요 장식품이었다. (…) 쑹쩌 문화 시기에 이르러서는 그 공통적 요소가 눈에 띠게 증가했다. 량주 문화에 이르러서는 그 문화적 내함이 기본적으로 일치했다. 이때부터 창장강 하류 지역은 문명의 단계로 접어들게 되었다."[1]

량주 문화의 발굴과 연구는 현재 고고학계에서 주목받는 과제 가운데 하나다. 량주 문화의 도기를 보면 보통 선진적 방식의 빠른 녹로[돌림판]로 제작했는데, 아주 정밀한 것도 있고 각획 및 누공 문식을 한 아름다운 것도 있다. 석기의 마제磨製 또한 매우 정묘하고 훌륭했는데, 그 가운데는 사耜[보습]·리犁[쟁기]·누耨[괭이]·염鎌[낫] 등 세트를 이룬 농구도 발견되었다. 각양각색의 죽편기竹編器 및 여러 종류의 섬유 제품 등 가운데는 현재 알려진 가장 오래된 비단도 포함되어 있다. 량주 문화의 묘장은 비교적 명확한 빈부귀천의 차이를 보인다. 어떤 대묘에는 목곽이 있었고, 어떤 묘에는 특수한 기능의 토대土臺가 있었으며, 어떤 묘에는 진귀한 옥기가 다량으로 부장되기도 했고, 어떤 묘에는 순장된 사람이 발견되기도 했다.

아름다운 옥기는 량주 문화의 탁월한 예술적 성취를 보여준다. 최근 우현吳縣·상하이·위항 등지에서 이 문화에 속하는 많은 옥기가 출토되었다. 이 옥기는 종류가 복잡하고, 아름다운 조형과 정밀한 조탁은 감탄을 금치 못하게 한다. 사실 청대 이후 량주 문화의 옥기는 적잖게 나타났는데, 국내외로 유출되기도 되기도 하고, 청 조정에 공물로 바쳐지기도 했는데, 대다수 사람들은 이 예술품의 시대가 이렇게 이르다는 것을 상상할 수 없었다. 현재 과학적 발굴을 통해 명확한 기록을 가진 표본을 얻어낸 이후에야 이 옥기의 성질과 연대를 최종적으로 확정할 수 있게 되었다.

량주 문화 옥기는 아주 세심한 여러 공정을 거쳐 유리 같은 광택을 내게 되었다. 부조한 문식은 머리카락처럼 섬세해 사람이 했다고는 생각할 수 없을 정도다. 문식 가운데 가장 주목할 것은 수면 곧 전통적으로 '도철문'이라 부르는 것이다. 량주 문화의 도철문과 상주 청동기 상의 도철문은 적잖은 공통적 특징을 보이고 있어서 서로 문화적으로 연관되어 있음이 분명하다. 따라서 '도철문' 또한 량주 문화에서 일어나 다음 중원으로 전파되었을 가능성이 있다. 이렇게 특이한 문양은 중국 고대 문명에서 독특하고 중요한 의의를 갖는 만큼, 량주 문화는 중원에 강렬한 영향을 주었을 뿐 아니라 고대 문명의 형성에서도 현저하게 중요한 작용을 했다고 할 수 있다.

량주 문화의 옥기에는 복잡한 형태의 각획 부호가 적잖이 보이고, 어떤 도기에는 부호가 줄지어 나타나기도 한다. 이와 같은 부호는, 관련 연구에 따르면, 원시적 문자일 가능성도 있다고 한다. 게다가 많은 부호가 산둥 일대의 다원커우 문화 도기에 나타나는 부호와 같다. 이런 관점이 틀리지 않다면, 량주 문화는 또한 중국 고대 문자의 발전에 중대한 공헌을 했다고 할 수 있다. 이에 대해서는 이미 앞에서 상세하게 토론한 바 있다.

반드시 설명해야 할 것은, 량주 문화의 연대가 대체로 기원전 3300년~기원전 2200년으로, 같은 시기의 다른 문화의 비교해볼 때, 이 지역의 문화가 아주 선진적이었음을 볼 수 있다는 점이다. 량주 문화는 훗날의 오나라 문화와 약 1000년 정도 떨어져 있는데 아직까지는 직접적 연결 관계가 보이지 않는다. 량주 문화 이후에 계속된 문화로는 상하이 마차오馬橋 유적의 중기를 대표로 하는 마차오 문화가 있다. 마차오 문화는 이미 청동기시대로 접어들었는데, 량주 문화의 여러 문화적 요소를 계승한 것 외에 또 인근 기타 문화의 적잖은 특징을 흡수했다. 이 문화의 하한은 상대 후기로, 곧 오태백吳太伯과 중옹仲雍이 타이후 유역으로 왔을 때 그들이 맞닥뜨렸던 것은 분명 바로 이 마차오 문화였을 것이다.

마차오 문화는 청동기 문화라고는 하지만 중원 하·상의 고도로 발전된 문화와 비교할 때 상대적으로 뒤떨어져 있었다. 그러나 일찍이 상당히 선진적이었던 량주 문화 시기에 축적된 잠재력이 이 시기에 아직 존재하고 있었기 때문에, 마차오 문화는 오나라 문화 발전의 아주 훌륭한 기초를 마련해 주었다.

오는 상대 후기 주 태왕太王의 아들 태백과 중옹이 세운 나라로 고서에 상세하기 기록되어 있다. 『사기』「오세가吳世家」를 보자. "오의 태백과 태백의 동생 중옹은 모두 주 태왕의 아들이자 왕계력王季歷의 형이다. 계력이 현능한데다 성스러운 아들 창昌이 있어서 태왕은 계력을 세워 창에게 [보위가] 전해지게끔 하고 싶었다. 이에 태백과 중옹 두 사람은 형만荊蠻으로 달아나 문신을 하고 머리카락을 잘라 [자신이] 왕으로 쓰일 수 없음을 보이면서 계력을 피했다. 계력이 과연 즉위하니 이가 왕계王季이고, 창은 문왕이 되었다. 태백은 형만으로 달아나 스스로 구오句吳라 불렀다. 형만이 그를 의롭게 여겨서 따르니, 1천여 가家 귀순해 그를 오 태백으로 세웠다."[2] 공자는 일찍이 태백이 나라를 양보한 일을 거론하면서 찬미하기도 했다. 『좌전』 '희공 5년'에 우虞 대부 궁지기宮之奇의 말이 기록되어 있는데, "태백과 우중虞仲은 태왕의 아들로, 태백이 따르지 않아 왕위를 잇지 못했습니다"[3]라고 했다. 바로 태백과 중옹이 태왕의 아들로, 태백이 나라를 양보해 태왕 옆에 있지 않아 결국 그가 왕위를 계승할 수 없었다는 것이다. 우나라는 지금의 산시성山西省 핑루平陸 북쪽에 있었는데 주초 태백과 중옹의 후예가 책봉된 곳이다. 따라서 궁지기가 이야기한 우나라 조상의 사적은 믿을 만하다. 사마천은 「오세가」 말미에 다음처럼 기록했다. "내가 『춘추』 고문을 읽으면서 중국의 우와 형만의 구오가 형제임을 알았다."[4] 그가 읽은 것은 바로 『좌전』의 이 단락이었다. 이후 몇몇 학자는 이 일을 춘추 시기 오왕吳王 수몽壽夢이 강대해진 이후 날조한 것이라고 의심했다. 그러나 춘추 말기 오왕과 진공晉公이 황지黃池에서 열린 삽혈맹약에서 상석을 다툴 때, 오왕이 스스로 "주 왕실에서 내가 어른이다"[5]라고 했는데, 태백 전설이 사실이 아니라면 진공이 어째서 이를 밝혀내지 않았겠는가? 마땅히 이를 고려해야 한다.

　1954년, 장쑤성 단투丹徒 옌둔산煙墩山에서 출토된 의후오궤宜侯矢簋에는 12행 118자 정도가 남아 있다. 현재는 중국역사박물관(현 중국국가박물관)에 소장되어 있다. 1950년대, 탕란 선생은 이를 오나라 초기의 기물이라는 관점을 제시한 바 있다. 명문의 내용을 보면, 제작자 우후虞侯(곧 오후吳侯, '虞'와 '吳'는 서로 통가된다) 오矢가 봉토를 받는 내용이다. '厥川三百 (…)'의 내용은 곧 삼백여 하천으로, 이 말이 가리키는 바는 분명 타이후 일대의 수계일 것이다. 명문의 기록을 따르면, 오가 당시 천도한 지역은 '의宜'라고 불리는 도시로, 도시의 인구는 '왕인王人' 곧 주나라 사람을 위주로 하여 최소한 67'리里'의 사람들로 구성되었을 것이다. 주대의 '리'가 몇 가구를 포함하는지는 고서의 기록에 차이가 있는데, 최소한 50가家를 포함하는 점에서 67리는 적어도 3400여 가를 포함하게 된다. '의宜'의 교외에는 토착 인민들이 살고 있는데, 농업 생산에 종사하게 했고, 7명의 장관長官을 두어 이를 관리하게 했다. 의후오궤의 시대는 주 강왕에서 소왕 사이로 당시 오나라의 규모는 이미 상당히 컸다.

　사서의 기록과 의후오궤 명문은, 오나라는 건립 때부터 주나라 사람들과 현지 토착민들이 서로 결합해 나라를 형성했음을 우리에게 시사해준다. 사서의 기록은 오나라의 토착민을 '형만'이라 했는데, 이는 초인을 형만이라 부르는 것과 같은 것으로, 대개 주나라 사람들이 남방의 인민을 부르던 일종의 범칭이며, 결코 오 땅의 토착민이 초 사람들과 같은 민족임을 의미하는 것은 아니다. 이렇게 서로 다른 민족이 결합된 특징은 오나라 문화에 서로 다른 근원을 가진 문화가 융합된 특징을 갖게 했다. 이는 대다수 중원 제후국들과 다른 점이다. 주나라의 기타 제후국 중에 또한 오나라처럼 지배층과 피지배층이 다른 경우가 있었는데, 예컨대 진晉과 연燕은 경내 백성 가운데 다수의 융적을 포함하고 있었다. 그러나 오나라의 지배층은 처음부터 '문신을 하고 머리카락을 자름'으로써 토착 문화의 풍속을 상당 정도 채용했음을 알 수 있다. 오 사람들이 줄곧 만이로 멸시받은 것은 아마 이 때문일 것이다.

오 문화의 이러한 특징은 오나라의 고고 유적에서 두드러지게 나타난다. 오나라의 매장 습속을 보면, 어떤 것은 토갱수혈묘이지만 더욱 많이 보이는 것은 묘혈과 관곽이 없는 토돈묘다. 어떤 학자가 지적했듯, 토돈묘를 대표로 하는 문화는 바로 오 문화로 이는 난징과 전장 지역의 후수 문화湖熟文化(일종의 청동기 문화)와 그 인근의 유사한 문화에서 기원했고 이후 타이후 및 그보다 더 남쪽 지역으로 확장된 것이다.[6] 또 어떤 학자는 오 문화는 다원적 근원을 갖고 있는데, 직접적 근원은 후수 문화와 마차오 문화고, 동시에 중원 문화도 오 문화의 발전을 촉진하는 데 중요한 요소였다고 했다.[7] 필자는 오 문화가 복합적이었던 만큼 그 경내 인민들의 문화를 통일할 필요가 없었던 것으로 본다.

청동기는 오의 중요한 예술품으로 그 풍격도 같은 특징을 나타내고 있다. 오나라는 중원의 기물을 완전히 모방(어떤 것은 중원에서 직접 가져왔을 수도 있다)하기도 했고, 또 일부는 중원의 풍격을 모방하기도 했으며, 또 일부는 현지의 특색을 드러내기도 했다. 이 밖에 또 중원에서 전혀 발견된 적이 없는 기종도 일부 보인다. 예기를 보면, 기형器形은 중원 지역과 같은 종류의 기물을 모방한 것이 많은데, 어떤 것은 조금 수정이 되어 형태가 약간 변화되기도 했다. 문양은 현지의 특징이 더욱 두드러지는데 중원의 풍격과 완전히 다른 세밀하고 아름다운 여러 형식이 나타났다. 또 중원의 준과 유 같은 주기酒器는 서주 중기 이후에 기본적으로 사라지지만, 오 지역에서는 남아 계속적으로 발전하면서 강남 각 지역에 영향을 주었다는 것은 주의를 기울일 만하다. 정리해보면, 청동기에서 오나라는 서로 다른 여러 문화적 요소를 흡수해 일종의 독특한 예술 전통을 형성한 것이다. 비교적 얇은 청동기의 벽壁, 섬세하고 아름다운 문양, 누공이 많이 들어간 장식 등은 중원의 것과 다르고 또한 창장강 중류의 초나라 청동기와도 다르다.

『수례』「고공기」의 기록을 보면, "오월의 검은 그 땅을 옮기면 능히 좋아길 수 없다"[8]라고 되어 있다. 오나라 사람들의 검은 춘추 시기에 이미 열국들의 부러움을 샀다. '오계자괘검吳季子掛劍'의 고사는 다들 익히 알고 있을 것이다. 장검의 발전은 오나라가 가장 앞서갔다. 이는 당시 오가 전쟁을 잘했던 것과도 관련이 있다. 이와 동시에 학술 사상적으로 병가가 오에서 중요한 지위를 점했다. 『한서』「예문지」에서 '병가'의 저작으로 기록된 『오손자吳孫子』(곧 지금의 『손자』)의 저자는 손무이고 『오자서伍子胥』의 저자는 오자서로, 모두 오나라의 명장이었다. 최근 후베이 장링 장자산에서 발견된 죽간 『개려蓋廬(합려闔廬)』 또한 오자서의 군사 사상을 기술한 것이다. 오자서는 원래 초나라 신하였고 손무는 원래 제나라 사람이었는데, 모두 오나라에서 등용되어 자신의 군사 이론을 실천하면서 발전을 이룰 수 있었다. 사실 오자서는 병음양가로 음양오행의 술수를 주장했고, 손무는 술수를 반대하면서 '오행[금·목·토·수 ·화]은 항상 이기는 것이 없다'는 '오행무상승五行無常勝'을 주장했지만, 그들은 모두 오나라가 전쟁에서 승리하는 데 큰 공을 세웠다. 이로 미루어 보면, 오의 병가사상 또한 여러 학파의 장점을 아울러 포용할 줄 아는 분위기를 반영하고 또한 오의 문화적 특징을 반영하는 것이라 할 수 있다.

오의 흥성은 아주 짧았다. 오는 월에 겸병된 이후 월 땅이 되었고, 초 위왕威王이 월을 패퇴시킨 이후 오 땅은 초의 요충지가 되었다. 초 수도 영郢(지금의 후베이 장링)이 진秦에 점령된 후, 초의 중심지가 동쪽으로 이동되자 오 땅의 중요성은 더욱 두드러졌다. 오는 멸망했지만, 오 문화는 계속해서 전해졌고 아울러 후대의 역사적 무대 위에서도 계속 발전해왔다.

『소명문선昭明文選』에 수록된 좌사의 명작 「오도부吳都賦」는 화려한 수사로 오의 부유함과 문화적 번영을 한껏 묘사했다. "그대는 유독 위대한 오나라의 장엄한 아름다움을 듣지 못했는가? 또 오의 개국은, 태백太伯에서 시작되어, 연릉계자延陵季子 때 그 찬란함을 떨쳤다네. 대개 예의에 맞는 의관이 밝게 드러났고, 고상한 절개가 우뚝하게 일어났네. 지극한 덕을 세워 대업을 열었으나, 세상에 그 덕을 밝혀 칭송하는 이를 찾아볼 수 없네. 능히 양보함으로 풍속을 바로 세워, 천승千乘의 왕위를 신발 벗듯 가벼이 여겼네. 온 세상의 도읍을 논한다면, 열국이 도저히 바랄 수 있는 바가 아니네."9 진한에서 근대에 이르기까지 2000여 년 동안, 오 지역의 문화는 복잡하게 변천하면서 풍부한 문화적 함의를 띠게 되었다. 그러나 그 변천 맥락을 탐구하다 보면, 몇 가지 문화적 특징은 주대의 오나라 문화까지 거슬러 올라갈 수 있다. 이 점을 고려해보면, 좌사의 말은 확실히 근거가 있는 것이다.

역사상의 오 땅을 이야기할 때, 사람들이 가장 먼저 생각할 수 있는 것이 바로 어미지향魚米之鄕의 부유한 환경이었다. 오나라는 물이 풍부한 자연 조건을 충분히 이용했거니와 운하를 먼저 개착해 생산 발전에 더욱 우월한 기초를 창조했다. 오는 또 금석이 풍부하게 생산되기로 유명해서 아주 높은 수준의 청동 주조 야련업을 발전시켰다. 이는 오 문화가 일찍부터 비교적 발달된 경제적 전제와 배경을 갖고 있었음을 설명해준다. 전국 시기, 오 땅이 초나라에 들어간 이후, 초의 춘신군春申君이 발전적으로 이를 경영했고, 한 초기 고조는 형 중仲의 아들 비濞를 오왕으로 책봉했다.『한서』「오왕비전吳王濞傳」에 보면, "오는 예장군豫章郡의 동산銅山('예장'은, 잘못된 것으로, 지금의 장쑤성 장두江都, 이정儀徵 부근의 크고 작은 동산을 가리킨다)을 갖고 있는데, 천하의 망명자를 불러 모아 몰래 동전을 주조하게 했고, 동쪽에서는 해염을 끓여서 소금을 만드는 까닭에, 세금을 받지 않아도 나라는 풍족했다"[10]라고 한다. 곧 오는 경제적으로 계속해서 성장했다는 것이다. 사마천은『사기』「화식열전」에서 다음과 같이 말했다. "대저 오 땅은 합려闔廬·춘신군·오왕 비, 세 사람이 천하의 놀기 좋아하는 젊은이들을 불러 모았다. 동쪽으로는 바다에서 소금의 부요함이 있고, 장산章山의 구리, 삼강과 오호의 이로움이 있는, 또한 강동의 도회지다."[11] 이는 중원 내지가 농업 경작의 경제적 구조에 국한되어 있던 것과 아주 큰 차이가 있는 것이다. 수당 이후에도, 조정의 재부는 바로 이 지역에 의존하는 국면도 나타나기도 했다. 예컨대, 명대 구준丘濬은 이렇게 말한 바 있다. "한유韓愈가 이르길, 천하의 세금은 강남이 열 가운데 아홉이나 차지한다고 했다. 지금 보아하니, 절동浙東과 절서浙西가 또

강남의 열 가운데 아홉을 차지하고, 소주蘇州·송강松江·상주常州·가흥嘉興·호주湖州의 오부五府가 또 양절의 열 가운데 아홉을 차지한다."12

경제의 발달은 교육의 발전과 인재의 집중을 촉진한다. 동진과 남송의 망명 정국은 중원 인재를 대거 남으로 이주해오게 촉진해 오 지역을 중요한 문화 중심지로 만들었다. 송명 이후에도 오 지역의 문화는 인재를 배출해 전국적으로 특이한 비율을 점하게 했는데, 특히 역사를 공부하는 사람들은 이 점에 대해 잘 알고 있을 것이라 췌언하지 않겠다. 춘추시대 오나라 문화가 제와 초 등 여러 나라의 장점을 잘 흡수한 것과 마찬가지로, 역대 오 땅의 문화도 시종 다른 지역 문화의 우수한 점을 융합해 스스로의 독특한 유파를 창조해냈다. 이러한 특징은 문화 각 영역에서 보편적으로 나타난다.

오 땅의 문화는 아주 풍부하고 다채롭다. 최근 어떤 논문에서는 쑤저우蘇州 일대의 문화를 전문적으로 논하면서 오 땅의 서화, 문학, 오가吳歌, 이원가무梨園歌舞, 고전원림예술古典園林藝術, 미식美食, 공예 등 여러 항목을 열거했지만,13 학술 사상 부문의 여러 유파에 대해서는 언급하지 않았다. 사실 오 땅에서는 문화사적으로 중요한 영향을 끼친 사상가가 많이 나타났다. 청대 중후기를 예로 들어보면, "건가학파乾嘉學派와 상주학파常州學派가 두 봉우리가 마주보는 것처럼 우뚝했고, 징허강涇河과 웨이허강이 나누어 흐르는 것처럼 양대 세력을 형성했는데, 청말에 이르러서도 쇠하지 않았다"14라고 한다. 상주학파의 장존여莊存與와 유봉록劉逢祿이 바로 오 땅 사람이었고, 건가 시기 학자 가운데 오파吳派의 혜동惠棟 등도 오 땅 사람이었다.

오 땅은 창장강에서 바다로 통하는 입구에 자리한 수륙 교통의 요지다. 어떤 논문에서는 다음과 같이 논하기도 했다. "진한 이래로, 오 땅은 일본·

조선·대만·남양南洋의 여러 땅과 해상 실크로드를 통해 교통하면서, 중문양화를 수출했다. 1840년 이후, 오 땅은 먼저 서방의 과학 문화를 융합 흡수해 전국에서 가장 발달한 선진 지역이 되어 내지로 문화를 전파했다.”[15] 타이완 및 외국과의 문화적 왕래는 항상 오 땅을 지나서 오 땅은 항상 사회적 풍토를 주도했다. 최근 롄윈강連雲港 쿵왕산孔望山 불상 발견에 대해, 학자들은 후한에서 삼국에 이르는 시간에 불교가 오 땅의 바닷길을 통해 들어왔다고 여긴다. 이 설이 성립된다면, 이는 오 땅에서 비교적 오래전부터 외래문화를 흡수한 사례로 들 수 있다. 홍콩의 라오쭝이 선생은 『안도론과 오·진 시기 우주관安荼論與吳晉間之宇宙觀』에서, '천체는 계란과 같다渾天如鷄子'는 설이 후한 천문가 장형張衡에게서 가장 먼저 보이기는 하지만, 이후 이 학설을 주장하는 사람들 예컨대 삼국시대 오의 서정徐整·우용虞聳·왕번王蕃·요신姚信·양천楊泉과 진의 갈홍葛洪·우희虞喜, 유송劉宋의 하승천何承天 등 “이상의 여러 학자는 대부문 오 땅 사람으로 (…) 무릇 이 혼천 일파는 모두 강남에서 성행해 [우주관에 관한] 오나라 사람들의 저작이 더욱 많다”[16]라고 했다. 이러한 우주관에 대해 그는 인도의 '안도론安荼論'의 영향을 받은 것이라 생각했다. 안도安荼(안다anda)는 바로 계란으로, 그 설은 『리그-베다Rig-Veda』에서 기원하는데 『오의서奧義書』에 자세히 보인다. 이 또한 오 땅 사람들이 외래문화를 흡수한 사례로 들 수 있다.

마지막으로, 오 땅의 예술 풍격에 대해 이야기해보고자 한다. 오 땅은 산과 물이 푸르고 빼어난 곳으로 경치가 맑고 좋아 예술에 큰 영향을 끼쳐서, [예술이] 수려하고 매끄럽게 표현되는데, 이는 북방의 거칠고 호방한 것 및 중원의 순박하고 돈후한 것과 차이가 있다. 시사詩詞, 서화, 희곡, 가무, 각종 공예를 막론하고 모두 이러한 풍격이 반영되었다는 것은 사람들의 생활에 그와 같은 풍격이 일찌감치 배어 있었음을 나타내준다. 한 연구자가 이 문제에 대해 논급한 것에 의하면, 이러한 문화적 풍격은 대부분 남송까지 거슬러 올라가고 많이 올라가도 남조南朝 시기에 그치기 때문에, 이러한 예술적 풍격의 형성이 그리 오래되지 않았다고 여기기도 했다. 그러나 지금 선사 시기 량주 문화의 옥기를 보면, 놀랍게도 이미 이러한 풍격이 나타나고 있다. 이와 같은 수많은 옥기의 매끄럽고 윤기 나는 재질, 부드럽고 단정한 선, 정교하고 세밀한 조탁은 더욱더 사람들의 생각을 뛰어넘는다. 이런 옥기가 사람들에게 주는 미적 감각은 다른 지역의 옥기와는 사뭇 다른 것이다.

오나라의 청동기 또한 이와 같다. 앞서 언급한 대로, 이들 기물의 특징을 보면 벽이 얇고 재질이 가벼우며 문양도 교묘하고 섬세하다. 특히 일종의 세밀한 문식이 유행했는데, 이 문식은 얼핏 보면 중원에서 춘추 후기부터 나타난 반훼문과 유사하지만 시대적으로 더욱 이르다. 자세히 관찰해보면, 이와 같은 문식은 오히려 촘촘하게 이어진 풀잎 같은 느낌을 주는 것으로 중원에서 나타난 적이 없는 것이다. 오 땅의 청동기 가운데 또 독특한 것으로 수면문이 있다. 오의 수면문은 중원의 도철문처럼 신비롭고 위엄 있는 모습은 아니지만 작고 세밀하다. 이를 통해 오 땅의 예술적 풍격의 몇몇 요소는 최소한 아주 유구한 연원을 갖고 있음을 충분히 엿볼 수 있다.

지역 문화로서의 오 문화는 아주 많은 부분을 포함하고 있는 만큼 여기서 말한 것만으로 끝낼 수 있는 것이 아니다. 오 문화를 연구하는 분위기가 이제 막 한창인 지금, 이 글은 정식으로 막이 오르기 전 분위기를 띄우는 식전행사에 해당할 따름이다.

의
후
오
궤
의

사
람
과

땅

의후오궤宜侯矢簋는 오나라 고대 역사와 관련된 가장 중요한 금문으로 1954
년에 발견된 이후 많은 연구와 논쟁이 끊이지 않고 있다. 필자는 몇 년 전에
소논문 「의후오궤와 오국宜侯矢簋與吳國」(『문물』 1985년 제7기)을 발표한 바 있는
데 탕란 선생의 설을 보충한 것이다. 이후 류젠궈劉建國 선생이 '쑤저우 도시
창건 2500주년 학술토론회蘇州建城二千五百週年學術討論會'에서 발표한 「또 의후오
궤와 오국을 논하다也論宜侯矢簋與吳國」를 읽고 나서 몇 가지 영감을 받아, 재차
명문을 자세히 읽은 결과 여러 진전을 이룰 수 있었다.

　이 금문을 연구할 때, 중요한 문제는 바로 사람과 땅에 주의해야 한다는
점이다. 곧 제작자가 어떤 사람인지 또 '의宜' 땅이 어디인지 주의해야 한다.
몇 년에 걸친 토론 끝에 이 두 문제는 점차 명확해지고 있는데 아래에 나누
어 서술해보고자 한다.

제작자는 원래 '우후虞侯'라 불렸는데 '의' 땅으로 이봉移封되었기 때문에 또 '의후宜侯'라고도 부를 수 있다. '虞' 자는 '吳'를 구성 요소로 하는 만큼 다른 글자로 판독할 수 없다. 명문 말미에 '우공부정을 위한 존귀한 기물을 만드노라作虞公父丁障彝'라는 기록에 대해, 과거에는 모두 '우공부정'을 한 사람으로 여겼다. 금문의 문례文例를 살펴볼 때, 이와 비교할 수 있는 것으로 헌정·헌화·화작龢爵에 보이는 '소백부신召伯父辛'의 사례를 들 수 있다. 이 또한 과거에 한 사람으로 여겼지만, 작칭爵稱 아래에 일진의 명칭日名을 덧붙이는 것은 사실상 체례體例에 맞지 않는다. 최근 베이징 팡산 류리허에서 출토된 극뢰와 극화를 통해 연구한 결과, '소백'과 '부신'은 사실 두 대에 걸친 이름으로, 소백은 곧 소강공 석奭이고 부신은 그 아들인 연나라 초대 제후 극克을 지칭하는 것이었다.[1] 이로 미루어, 우공과 부정도 두 대에 걸친 인물로 보아야 한다는 것도 앞글에서 언급한 바 있다.

『사기』「오세가」를 살펴보면, 태백과 중옹이 태왕 때 형만으로 달아난 이후 스스로 자신을 '구오'라 일컬었다고 한다. "태백이 죽고 아들이 없자, 동생 중옹이 즉위했는데, 이가 오중옹吳仲雍이다. 중옹이 죽고 아들 계간季簡이 즉위했다. 계간이 죽고 아들 숙달叔達이 즉위했다. 숙달이 죽고 아들 주장周章이 즉위했다."[2] 이때 주 무왕이 은을 멸망시킨 후 태백과 중옹의 후예를 찾다가 주장을 찾았다. 주장이 이미 오의 임금이라 그를 책봉했다. 『오세가』에 또 다음처럼 기록되어 있다. "태백이 오를 세운 이후, 다섯 대가 지난 후 무왕이 은을 멸망시켰다."[3] 이를 통해, 주장이 무왕 때 책봉을 받았고 그의 항렬이 무왕보다 한 세대 늦음을 알 수 있다. 그가 바로 오나라에 처음 책봉된 임금으로, 의후오궤 명문의 우공虞公이 바로 '주장'이고 부정은 그의 아들

웅수熊遂일 것이다. 그렇다면 이 명문의 제작자는 분명 웅수의 아들 '가상柯相'이 된다.

주장이 무왕 때 사람이라면, 웅수는 대략 성왕 때 사람일 것이고 가상은 대략 강왕 때 사람일 것이다. 의후오궤는 그 형체와 문식으로 볼 때 강왕 시대에 제작된 것이다. 이 점에 대해서는 필자가 이미 논한 바 있다. 의후오궤와 가장 비슷한 것은 바로 강왕 시대에 제작된 영궤榮簋[서주 대신 영榮이 제작한 궤. 바닥에 명문 5행 30자가 새겨져 있다.]로, 영궤의 귀 밑에는 귀고리珥가 있는데 의후오궤에도 귀고리가 있었을 것이다. 들리는 바에 의하면, 의후오궤를 복원할 때 '귀고리'도 복원했지만 어떤 학자의 반대로 이를 채택하지 않았다고 한다. 어떻든 제작자는 강왕 시기의 '가상'으로 보는 것이 가장 합리적이다. 필자는 이전에 제작자를 '웅수'라 여기기도 했는데, 이는 타당하지 않은 듯하다.

이어서 명문에 보이는 '의'리는 기여이 어디인지 보 두록 하자 필자가 몇 년 전에 소논문에서 말한 것처럼, 명문에는 이미 '의'의 지리적 배경이 나타나 있다. 최근 『난징박물원 개관 60주년 기념문집南京博物院建院60週年紀念文集』에 수록된 천즈陳直 선생의 『독금일찰讀金日札』의 유고遺稿를 읽은 바 있다. 이 유고에는 천방화이陳邦懷 선생의 글이 실려 있는데, 1954년 10월 이 궤가 출토된 다음에, 천 선생은 "당시 장쑤성박물관에서 몇몇 출토 청동기를 쑤저우로 운반했는데, 이 기물[의후오궤]의 바닥이 유독 파손이 심했지만 글자가 있었다. 하루는 내가 우연히 박물관을 지나다가 이 기물이 바닥에 놓인 것을 보고, 곧바로 이를 맞춰서 통독해보고는, 서주 시기 중기인 것을 알았다"라고 한다. 천방화이 선생은 가장 먼저 판독을 했을 뿐 아니라 이 기물의 연대를 정확히 강왕 시대라고 판정한 것이다. 또 판독문의 '錫土: 厥川三百 (…)'의 '川' 자에 대한 해석도 정확했지만, 다른 글자에 대한 해석은 붙이지 않았다.

그렇다면 이 글자를 왜 '천川'이라 읽어야 하는가? 원래 주 왕이 책봉을 할 때는 반드시 산천山川을 하사했다. 다만 '명산名山·대택大澤은 책봉하지 않는다'(『예기』「왕제」)는 것만 있었다. 『시경』「비궁閟宮」에 이르길, "왕이 가로대 숙부叔父! 당신의 큰아들을 세워,/ 노 땅의 제후로 삼으니, 크게 당신의 집을 일으켜,/ 주 왕실을 보필하시오.// 이에 노공魯公에게 명하여, 동방의 제후로 삼으며,/ 산천을 하사하고, 토지와 부용국 내리오"[5]라고 했다. 이는 성왕 시기 노를 책봉한 것으로, 당시의 고사誥詞에 근거한 것이다. 나라를 책봉하는 데 산천이 포함되어 있는데, 의후오궤에서 먼저 '厥川三百 (…)'을 말한 것은 의후오가 책봉되는 땅에 하류는 많지만 이름난 산은 없었음을 알려준다. 이는 바로 장쑤성 남부 지역에 물길이 종횡으로 난 자연경관과 일치한다. 기타 지역 특히 중원에는 이러한 자연경관이 없다.

우후를 '의 땅에 제후를 옮기다遷侯于宜'라고 한 것은 바로 그를 다른 지역으로 옮겨서 책봉한 것이다. 오나라는 초기에 여러 차례 옮겨 다녔는데, 『사기』 삼가주三家注에 이미 서술되어 있다. 태백은 매리梅里에 거했는데, 매리는 곧 구오로 『사기정의』에서는 무석無錫의 동남이라 했다. 중옹은 곧 숙재孰哉로 번리蕃離에 거한 사실이 『세본』에 보이고, 송충宋忠은 주에서 번리는 '여기余暨'에 있다고 했다. 곧 지금의 저장성 샤오산蕭山 서쪽이다. 이후 수몽壽夢 곧 숙고孰姑 때에 다시 구오로 돌아왔다. 그사이에 또 이동이 있었는지에 대해서는 사서에 기록이 보이지 않지만, 가상이 강왕의 지시를 받아 '의'라는 지역으로 이동했다 하더라도 결코 이상할 것이 없다. 매리와 번리의 위치가 모두 남쪽인 점에서 '외' 땅도 그렇게 북쪽에 있을 것 같지는 않다.

명문에 보이는 의후가 받은 땅의 범위는 아주 넓다. "그 하천 삼백 (…)厥川三百(…)" 외에도, "그 (…) 백몇 (…) 그 택읍 삼십오, (그) (…) 백십(사십)厥 (…) 百, 又(…) 厥宅邑卅又五, (厥) (…) 百又卅(四十)"이 있다. 이는 모두 농토와 거주지를 말한 것이다. 문자가 완정하게 보존되어 있는 "그 택읍 삼십오厥宅邑卅又五"를 놓고 볼 때, 국중國中의 성읍이 광대한 강역 안에 분포되어 있음을 볼 수 있다. 전국시대 중산왕정中山王鼎 명문에 보면, 중산이 연을 정벌했을 때, "봉강을 세우는데, 사방 수백 리요, 열성列城이 수십으로, 큰 나라에 필적할 만하다"[6]라고 했다. 중산이 새로 얻은 연나라 영토에는 성읍이 수십 개나 되었는데, 이는 대국에 상당하는 것이었다. 이것은 우후가 다시 책봉된 것보다 몇백 년이나 지난 후였다. 우후의 당시 성읍은 분명 연에 비해서는 적었겠지만, 35개 백읍노 내방大邦이라 할 만했다.

따라서 '의'라는 도읍이 어디였는지 아직 확정짓기는 어렵다. 그러나 그 책봉된 국토는 분명 지금의 장쑤성 남부 지역이고, 오나라의 규모에 대해서는 명문에 충분히 반영되어 있다.

아주 아쉬운 것은, 이 진귀한 청동기가 출토될 때 이미 파손되어 명문을 온전히 알 수 없다는 점이다. 이로 인한 공백은 어쩌면 영원히 메우기 어려울 지도 모른다.

상당히 긴 시간 유행했던 관점은, 옛사람들의 활동 범위가 아주 작았기 때문에 주나라 사람들은 오 땅까지 올 수 없었고, 오나라 또한 그렇게 크지 않았다는 것이다. 이러한 관점의 옳고 그름은 어떤 전제를 세워놓고 자료를 끌어들이는 것이 아니라 문헌과 고고학적 연구로 검증해야 한다. 우리가 의후오궤를 연구할 때 고정관념을 버리고 신사구시적으로 연구한다면 이처럼 서로 다른 관점도 의견의 일치를 볼 수 있을 것이다.

안후이 남부의 청동문화

근래 필자는 안후이성 남부에서 출토된 청동기 두 건을 보고 나서 이 지역의 고대 역사 문화를 연구하는 것에 아주 큰 의의가 있다고 생각했다

그 두 고대 청동기는 모두 안칭安慶 부근의 창장강 연안 지역에서 출토된 것이다. 주지하듯이, 과거 오랫동안, 고대사와 고고학을 연구하는 학자들은 황허강 하류의 중원 일대만 주목해왔었다. 중원 지역은 우·하·상·주의 역대 도읍 소재지로 당시 정치·경제의 중심지였다. 따라서 전통적으로 중원을 고대 문명의 정수라 여긴 것도 당연한 것이었다. 이와 동시에, 중국의 야외 고고 작업이 중원 지역에서 시작되면서 발견된 중원의 몇몇 중요한 유적은 중원의 중요성을 더욱 높여주었다. 이러한 양상은 최근에 와서 큰 변화를 맞게 되었다. 각지의 고고 발굴과 조사가 신속하게 전개되면서, 중원 이외 지역도 고대 문명사에서 상당히 큰 의의를 지닌다는 것이 점점 밝혀지

게 되었다. 아주 많은 지역의 문화는 그 발전이 중원에 못지않았고 게다가 풍부하고 다채로운 특색도 지니고 있었다. 이를 통해 중국 문명은 예전부터 다민족적이고 지역적이며, 중원과 변방 지역의 사람들은 모두 이 위대한 문명을 창조해내는 데 큰 공헌을 했음을 한층 더 깊이 인식할 수 있게 되었다. 이와 같은 인식은 아주 중요한 것으로 여러 학자의 연구를 이끌고 촉진하는 역할을 하고 있다.

고대 문명을 연구하는 부문에서 아직까지 일부 지역은 공백이거나 공백에 가까운 실정이다. 상대와 서주 시기를 이야기해보면, 우리는 안후이 남부 지역에 대해 알고 있는 바가 아주 적었고 그 이남인 장시와 저장 서부 일대는 더욱 말할 것도 없었다. 최근 몇십 년 동안 이 지역에서 고고학적 발견이 계속되었다. 예를 들어 장시 칭장의 우청 상대 유적 같은 경우는 사람들의 시야를 크게 넓혀주었다. 1989년 가을, 칭장 남쪽의 신간 다양저우에서 상대 대묘가 발견되었는데,[1] 그 연대는 은허 초기로, 그곳에서 나온 유물의 풍부함은 그 유명한 '부호묘'와 비슷한 정도이며,[2] 이와 관련해서는 앞서 논술한 바 있다. 이는 우리로 하여금 안후이 남부가 상에서 서주 시기까지 결코 미개하고 황량한 지역이 아니었음을 더욱 믿게 했다.

사실 안후이 남부에서는 이미 이 시기에 속하는 몇 가지 발견이 있었다. 예컨대 1983년 퉁링의 시후향西湖鄉 퉁둔촌童墩村에서 출토된 청동 작과 가斝가 그 사례로, 기물 질박한 문식은, 연구에 의하면 '제작법이 모두 상대 중기의 특징을 갖고 있으며 중원 지역의 조형 및 주조 공예와도 일치한다'고 한다.[3] 첸산에서도 파손된 청동기가 나왔는데, 분명 서주 시기의 것으로, 그 문양이 '중원 지역 같은 시기 청동기상의 도철문과 흡사하다'고 한다.[4] 더욱 중요한 것은 1959년 이래로 툰시 이치에서 연속적으로 발굴된 일군의 묘장으로, 여기서 다량의 청동기 등의 문물이 출토되었다.

툰시 묘장의 발견은 학계의 열렬한 토론을 불러일으켰다. 묘장에서 출토된 기물은 강렬한 중원 문화의 영향(중원에서 전래된 것도 일부 있을 수 있다)을 나타내는 것도 있고 지역적 특색을 명확히 띠는 것도 있다. 중원의 풍격을 띠는 일부 청동기에는 명문이 있다. 그중에는 제작자가 '공公'인 '유卣'도 하나 포함되어 있는데, '공'은 제후의 신분을 나타내는 것이다. 이 발견은 의심할 것 없이 안후이 남부 고대사 연구에 아주 큰 가치를 지닌다. 그러나 이 묘장들의 연대에 대해서는 아직까지 여러 견해가 존재하는 만큼,[5] 더 심도 있는 연구가 필요하고 더욱 많은 고고학적 자료를 가지고 인증할 필요가 있다. 어떻든 묘장에서 발견된 명문 청동기 자체는 서주 시기의 것으로 서주 목왕 시기 혹은 더욱 이른 시기에 속한다.

아래에서 이야기하고자 하는 청동기 두 건의 연대는 확정적으로, 툰시에서 출토된 명문 청동기보다도 더 이르다. 이와 관련해 하나씩 토론해보겠다.

첫번째 청동기는 1975년 둥즈현東至縣 야오두허堯渡河의 츠터우돤赤頭段에서 출토된 것이다.[6] 이는 아주 정교한 뇌로 높이는 37.5센티미터다. 그 형체를 보면, 작은 입에 입술이 밖으로 말려 있고 목이 짧다. 어깨 부위는 원형으로, 그 위에는 귀처럼 생긴 손잡이가 2개 있고, 그 상부에는 소머리 모양 장식이 있다. 복부 밑에는 작은 권족이 있다. 뇌의 주된 문양은 어깨 부위에 있는데, 구멍이 있는 곳에는 돌기된 큰 소용돌이 문양大渦紋이 있고, 그 사이에는 세밀한 뇌문 바탕에 기문夔紋이 있는데 자못 아름답다.

이러한 형체의 뇌는 상말주초에 유행했다. 비슷한 출토품 중에서 랴오닝

카쬒隔左 베이둥北洞과 산둥 창칭長淸 싱푸허興腹河에서 발견된 것은 모두 상대 말기에 속하고, 산시陝西 치산 허자촌賀家村과 우궁武功 푸둬촌涪陀村에서 발견된 것은 주대 초기에 속한다. 이것과 형체가 같고 어깨에 유사한 문양이 있는 것으로는 상하이박물관과 일본 네이라쿠미술관寧樂美術館, 센오쿠박물관泉屋博物館에 소장(복부에도 문양이 있다)된 것이 있는데, 명문을 통해 상대 후기 기물임을 알 수 있다. 둥즈에서 출토된 것의 특징은 손잡이 위의 소머리 모양 장식인데, 이는 주대 초기에 가장 성행했던 문식이라는 점에서 이 기물의 시대를 서주 초기로 보는 것이 적합하다.

둥즈현에서는 아직까지 청동기가 출토된 기록이 없다. 따라서 이 뇌의 출현은 아주 주의할 가치가 있다.

두번째 청동기는 1990년 가을 베이징 '중국문물정화전'에 전시되었지만 『중국문물정화中國文物精華』(문물출판사)에는 수록되지 못했던 것이다. 이는 특이한 방이方彝로 충양현樅陽縣 탕자둔湯家墩 유적에서 출토된 것이다. 이는 비릉을 가진 네모꼴 이로, 그 권족 안쪽 바닥에 작은 방울이 달려 있다. 이는 『문물』 1991년 6기에 수록된 팡궈샹方國祥의 글에 보인다.

이 방이는 몸통이 곧고, 그 덮개는 사아四阿[네 개의 마룻대에 지붕을 이은 집]의 지붕처럼 보이고, 중앙에는 꼭지가 있으며, 그 몸통은 윗부분이 크고 아랫부분이 작으며, 가장자리의 선은 직선이다. 상대에 이와 같은 모양의 방이가 아주 많았다. 그러나 이 방이의 끊어졌다 이어지는 구름형 비릉은 아주 아름답다. 과거 발견되었던 것 가운데 이러한 비릉이 있는 것은 오직 미국 포그박물관에 소장된 것뿐이었다.[7] 다른 점은 포그박물관 소장품에는 길게 돌출된 장식이 몇 개 있다는 것이다. 그 나머지 부분의 풍격은 모두 비숫하다. 그 방이는 산시성 바오지 다이자완戴家灣에서 출토되었을 가능성이 있는, 주대 초기의 기물일 것이다.

충양 방이의 몇 가지 요소는 바오지에서 출토된 청동기와 아주 비슷하다. 예컨대, 조문鳥紋의 형상은 바오지 더우지타이關鷄臺에서 출토된 '범금[插木]'● 세트 중 술을 담는 용기인 유卣 두 점[8]과 같고, 기문의 시작 부분은 바오지 즈팡터우紙坊頭 1호묘에서 출토된 사이궤四耳簋와 같다.[9] 바오지에서 출토된 몇 점의 청동기에 보이는 직선문 또한 충양 방이에 보인다. 이러한 문양을 종합해보면 [충양 방이는] 바로 주초 청동기의 특징과 일치한다.

[충양 방이는] 방이의 문양만 놓고 보면 즈팡터우 1호묘의 것과 가장 유사하다. 즈팡터우에서 출토된 것 가운데 [귀가 둘 달린] 쌍이궤雙耳簋의 문양 또한 앞서 언급한 조문과 직선문으로 되어 있다. 발굴자의 연구에 의하면, 즈팡터우묘의 연대는 주대 성왕 초기로, 이 무덤에서 출토된 청동기의 제작 시간은 이보다 늦을 수 없다. 이로 추론해보면, 충양 방이의 연대 또한 주대 초기가 된다. 이는 상술한 바오지 다이자완에서 출토된 것으로 보이는 방이의 연대와도 일치한다.

이전에 충양에서 청동기가 발견된 기록은 없다. 충양현은 안칭 동북쪽, 창장강 북안에 위치하는데, 바로 둥즈현과 강을 사이에 두고 마주보는 곳이다.

둥즈와 충양에서 출토된 청동기 두 점은 주 왕조의 중심 지역에서 옮겨 온 것일까? 여러 정황을 고려해보면, 그런 것 같지는 않다. 이 두 청동기의

● 서주 시대 제기祭器 세트. 1901년 산시陝西 바오지 더우지타이에서 출토되었다. 제기를 진설하는 청동 대臺 하나, 손잡이가 있는 청동 유卣 둘, 청동 준尊 하나, 작은 병 모양의 청동 치觶 하나, 세 발 달린 청동 작爵 하나, 작과 비슷한 청동 각角 하나, 청동 화盉 하나, 비교적 큰 청동 가斝 하나, 나팔 모양의 청동 고觚 하나가 한 세트다.

형체와 풍격은 확실히 중원과 산시陝西 지역에서 출토된 것과 비슷하지만, 자세히 관찰해보면, 지역적 특수성도 지니고 있다. 예컨대, 뇌뢰의 기문은 아주 독특한 형상을 하고 있고, 몸체는 비교적 두터우며, 앞으로 말린 모서리가 있다. 방이의 특색은 조문과 기문이 각각 기물의 다른 부분을 독립적으로 장식하는바, 곧 조문이면 조문, 기문이면 기문이 단독으로 장식되어 있지 두 문양이 서로 복합적으로 마주보지는 않는다. 다들 알고 있다시피, 중원 및 산시에서 출토된 기물의 조문과 기문이 이렇게 사용되지는 않았다. 이 밖에, 방이의 복부는 소머리 문양으로 장식되어 있는데 이 또한 보기 드문 것이다. 이로 추측해볼 때, 이 뇌와 방이는 분명 각 지방에서 주조된 것이지 북쪽에서 수입된 것이 아니다.

이 청동기의 발견은 상주 시기, 안후이 남부 지역이 이미 중원 문화의 영향을 받고 있었고 게다가 각 지역의 문화 교육 수준도 비교적 발달되어 있었음을 나타내준다.

현재 안후이성의 북부와 중부 지역은 상주 시기 회이가 거주하던 곳이다. 이른바 회이는 화이허강 유역에 있던 부족의 범칭으로 지금의 장쑤성의 일부 지역도 포함한다. 춘추시대의 지리를 놓고 보면, 이 범위에 있었던 제후국으로는 영성嬴姓의 서徐·종리鍾離, 언성偃姓의 영英·육六·동桐·소巢·요蓼와 군서群舒 등이 있었는데, 모두 넓은 의미의 '회이' 범주에 들어간다.

회이는 일찍부터 상나라와 모종의 관계를 유지했다. 안후이 북부와 중부의 적잖은 지역에서 상대 청동기가 출토되기도 했는데, 바로 이것이 그 중요한 증거다. 청동기에는 상 문화 얼리강기에 상당하는 것도 포함되어 있다. 예컨대, 루안六安에서 발견된 가斝와 고觚[10]는 분명 육국六國의 것이다. 앞 절에서 언급했던 퉁링의 작과 가 또한 이 시기에 속하는 것으로, 이는 상대 초기에 중원 문화가 이미 안후이 남부까지 영향을 끼쳤음을 설명해준다.

상이 멸망하고 얼마 지나지 않아, 주 무왕이 죽고 난 다음에 소위 삼감의 난이 발생하자, 회이는 반란군에 가담했다. 이 일이 『상서 서』에 보인다.

> "주 무왕이 붕어하자, 삼감 및 회이가 반란을 일으켰다. 주공이 성왕을 도와 은나라의 천명을 폐기하고 ……"[11]
> "성왕이 동쪽으로 회이를 정벌하고, 마침내 엄奄 땅을 유린했다. ……[12]
> "성왕이 이미 은나라의 천명을 폐기하고, 회이를 멸하고서 풍으로 돌아와 ……"[13]

『사기』「노세기魯世家」에서는 이 설을 종합해 다음처럼 말한다.

> 관숙, 채숙, 무경 등이 과연 회이를 이끌고 반란을 일으키니, 주공이 이에 성왕의 명을 받들어 군사를 일으켜 동쪽을 정벌해 (…) 마침내 관숙을 주살하고, 무경을 죽였으며, 채숙을 추방했다. 은의 남은 백성을 거두어 강숙康叔을 위衛에 책봉하고, 미자微子를 송宋에 책봉해 은의 제사를 받들게 했다. 회이 동쪽 땅을 정벌한 지 2년 만에 모두 평정을 완료했다. 제후들은 모두 종주에 복종했다.[14]

『일주서』「작락作雒」에도 이와 유사한 기록이 있다.

의고시대를 걸어 나오며

주공이 스스로 섭정이 되어 천자를 보좌하자, 삼숙三叔 및 은殷·동東·서徐·엄奄 및 웅熊·영盈이 배반했다. (…) 2년, 군대를 일으켜 위 땅에 이르러 은을 공략하니, 은이 크게 떨며 무너져 내렸다. 이에 삼숙을 처벌했는데, 왕자 녹보祿父는 북으로 달아나고, 관숙이 목매 죽자, 이에 채숙을 곽릉郭凌에 가두었다. 무릇 정벌한 웅족熊族과 영족盈族 나라는 17국이었고, 9읍을 포로로 잡았으며, 은나라 사대부들을 사로잡아 구필九畢로 옮겼다. 강숙으로 하여금 은나라 도성에 거하게 하고, 중모보中旄父로 하여금 은나라 동쪽에 거하게 했다.[15]

이 글에 언급된 서는 회수 유역에서 가장 강대했던 제후국이다. 웅·영의 영에 대해서는, 예전에는 주로 '서'나라 이외의 회이에 포함된 영성국嬴姓國으로 여겼다.

이러한 문헌을 통해 알 수 있듯, 주의 세력은 주공의 동정을 거치면서 이미 회이 깊숙한 곳까지 들어오게 되었다. 여기서 다시 남쪽으로 뻗어 나가면 자연스럽게 안후이 남부까지 영향을 미칠 수 있다.

주 목왕 때의 청동기 반궤班簋에는 왕이 모공毛公에게 '촉蜀·번繁·소巢'를 담당하도록 명했는데, 여기서 '소'가 여러 학자가 말한 대로 '소국巢國'을 가리키는 것이라면 주의 세력이 이미 차오후巢湖 일대까지 미쳤다는 것으로, 중원의 세력이 안후이 깊숙하게 들어왔음을 증명하게 된다.

앞서 언급한 이른바 '회이' 범주에 속했을 것으로 보이는 여러 나라의 남방한계선은 루장廬江과 둥청桐城을 잇는 선이다. 사실 언성偃姓의 군서 등이 영성의 몇 나라와 함께 넓은 의미의 회이에 포함되는지는 여전히 토론의 여지가 남아 있다. 설령 이들을 회이의 범주로 포함할 수 있다고 하더라도, 더 남쪽에 있었던 중양과 둥즈 등이 안후이 남부 각지 즉 이미 창장 남북 연안에 있었던 족속들은 반드시 회이와는 달랐을 것이다. 그곳 백성의 족속이 어떠했는가는 탐구해볼 가치가 있다.

최근 고고학적으로 얻은 인식에 따르면, 툰시의 그 묘장들은 이미 토돈묘 형식으로 확정되었는데, 그렇다면 이 지역은 우청 지역과 밀접한 관련이 있게 된다. 지금의 장시성 서북 지역에서 중부에 이르는 칭장, 신간 일대에 분포되어 있는 우청 문화에 대해, 학자들은 이미 월인 계통의 문화로 인식하고 있다. 안후이의 고고학자들은 일찍이 다음과 같이 언급한 바 있다. "중국 고대 동남 지역에 거주하던 민족 중에 월족越族이 있었다. 장시 우청 상 문화와 안후이 툰시 서주 문화는 분명 월 문화였지만, 상주 문화의 침윤으로, 중원 지역의 문화와 통일성을 띠기도 하고 또 지역 문화적 특색을 다분히 띠기도 한다."[16]

여기서 한 가지 재미있는 실마리를 제시해보고자 한다. 앞서 언급했던, 중국역사박물관 청동 대뇨의 높이는 41센티미터인데, 자루가 이미 잘려 나간 점으로 미루어 원래의 높이는 더 높았을 것이다. 이 요는 원래 안후이박물관에 소장되어 있었는데, 전하는 바에 의하면, 첸산에서 출토된 것이라 한다.[17] 요의 윗부분은 운문으로 구성된 도철문으로 장식되어 있는데, 가는 원형의 연주문이 바탕에 그려져 있다. 이것은 1974년 장쑤 장닝江寧 탕둥에서 출토된 대뇨(높이 46센티미터)와 흡사하고 1963년 저장성 위항 스라이에서 출토된 것과도 자못 비슷하다.[18] 출토 지점이 틀리지 않는다면, 이 단서는 안후이 남부 일대에 확실히 월인 계통의 문화가 존재하고 있었음을 시사해준다. 첸산에서 툰시까지를 하나의 호선弧線으로 획정한다면, 충양과 둥즈 또한 그 범주에 포함되게 된다.

『중국미술전집·청동기(하)』에 수록된 장닝 대뇨의 설명 가운데, 필자는 그 도철문과 단투丹徒 무쯔둔母子墩 조개호鳥蓋壺 문식과 비교하면서, 그 요의 시대를 서주 초기로 추론한 바 있다. 가오즈시 선생은 「중국 남방에서 출토된 상주 동뇨 개론中國南方出土商周銅鐃槪論」에서 이 유형의 대뇨를 상대 후기로 배열한 바 있다. 종합적으로 말하자면, 첸산 대뇨의 연대는 상말주초의 범위를 벗어나지 않고 충양 및 둥즈에서 출토된 두 청동기와도 시대적으로 비슷하다는 것이다.

본문의 토론이 비록 자료의 제한으로 인해 추측적 성질을 띨 수밖에 없지만, 여러 정황이 알려주듯, 상대 후기부터 서주에 이르기까지, 현재 안후이 남부 지역에는 일정한 특색을 갖춘 청동문화가 존재했다. 필자는 이 지역의 고고 작업이 진전됨에 따라 더욱 새롭고 중대한 발견이 있을 것이라 믿는다.

레이구둔에서 출토된 준과 반의 성질

1978년 후베이 수이현 레이구둔 1호 증후대묘曾侯大墓의 발굴은 학계의 커다 란 반향을 불러일으켰다. 이 발견은 일련의 전대미문 현상을 드러내면서 수 많은 진기한 문물이 출토되어 적지 않은 장기 연구 과제를 던져주었다. 묘에 서 출토된 극히 중요한 기물들은 이미 전시와 간보 및 도록을 통해 수차례 소개되었지만 그 성질과 의의에 대해서는 아직 분명하게 밝혀지지 않았는 데, 그 유명한 준尊과 반盤도 그 일례다.

준과 반은 각각 한 점씩 세트로 이루어져 있는데, 출토 당시 준은 바로 반 안에 놓여 있었다. 간보에 실린 사진을 통해 준과 반이 어떻게 놓여 있었 는지를 알 수 있다.[1] 『중국미술전집·청동기』에서는 그 사진을 컬러로 수록 해놓았다.[2] 다들 알다시피, 준과 반이 세트를 이룰 때 두 기물의 크기는 적 당히 배합되고 각종 자잘한 장식 또한 서로 호응된다. 이는 준과 반이 원래부터 하나의 세트로 제작되어 위아래로 놓인 것이지 매장하면서 우연히 겹쳐진 것이 아님을 나타내준다.

이 준과 반 세트는 아주 정교한 보물로 그 제작 공예의 정교함은 이미 선진 청동기의 극치에 달했다. 필자는 일찍이 운 좋게도 발굴 현장에서 오랫동안 준·반을 관찰하면서, 마치 귀신이 만든 것처럼 신묘한 기술에 감탄하면서, 오직 실납법으로만 이처럼 주조할 수 있다고 추측했다. 적잖은 동료도 같은 의견을 제시했는데, 이후 과학적 감정을 거친 후 그것이 사실로 증명되었다.[3] 당시 실납법은 결코 보편적이지 않았다. 아마 소수의 장인만이 이를 응용할 수 있었을 것이어서, 준·반이 얼마나 진귀한 기물이고 그 경제적 가치와 미술적 가치가 얼마나 높은 기물인지를 볼 수 있었다. 이렇게 특수한 기물은 그 용도가 분명 일반적이지는 않았을 것이다.

청동기의 용도와 성질은 그 명칭의 확정과 직접적 관계를 맺는다. 이 레이구둔 기물을 준과 반으로 일컬은 것은 그 형체로 놓고 보면 결코 이의가 나올 수 없다. 그러나 일반적으로 준이라 일컫는 청동기는 중원 지역에서 일찌감치 이미 서주 중기에 소실되었고, 게다가 이 준은 언제나 유觥 혹은 방이方彝와 세트를 이루고 있었다. 반으로 말하자면, 제례 때 집사관執事官이 손을 씻기 위한 용도로, 초기에는 화盉와 세트를 이루었고, 서주 중기 말부터는 이匜와 주로 세트를 이루었는데, 술을 마시는 데 쓰였던 준과 세트를 이루는 경우는 보이지 않는다. 따라서 준과 반의 조합은 아주 특별한 의의를 지닌다.

또 주의해야 할 것은 레이구둔 준의 형체도 특별하다는 점이다. 그 복부는 납작하면서 돌출되어 있는데, 창장강 중하류 일대 특유의 편복준扁腹尊과 같은 유에 속한다. 이러한 기물은 안후이·장쑤·상하이 등지에서 자주 볼 수 있다.⁴ 따라서 레이구둔 준과 반의 성질은 이와 같은 유형의 기물과 비교하면서 탐색해나갈 수밖에 없다.

준과 반이 세트를 이루는 현상은 1955년 안후이성 서우현 시면에서 발굴된 채소후묘에서도 보이기는 했다.⁵ 발굴 보고에 의하면, 묘에서는 모두 세 점의 준과 네 점의 "반"(원보고서에 인용부호가 붙어 있었기 때문에, 여기서도 신중히 인용부호를 붙인다)이 출토되었다. 자세히 관찰해보면, 준과 반이 세 세트로 구성되어 있었을 가능성이 있다.

제1조　준 16:1, 반 25:1
제2조　준 16:2, 반 25:3
제3조　준 16:3, 반 25:2

제1조의 배합은 의심의 여지가 없다. 준 16:1은 전형적인 편복준으로, 복부의 문양에 대해 보고서에서는 수면문이라 했지만 자세히 관찰한 결과 반리문이 아닌가 싶다. 이 준에는 92자의 명문이 있다. 그중 이런 내용이 있다. "(…) 대맹희大孟姬의 이기彝器를 만드니, 하늘에 제사 지낼禋享 때 쓰고, 삼가 상嘗 제사와 체禘 제사를 밝게 빛내라……"⁶ 반 25:1은 복부가 얕고 반리문이 그 겉을 장식하는데, 네 복수伏獸가 있고 권족이다. 이 반에도 92자의 명문이 있는데, 준의 명문과 같지만, 준에 결손된 '이彝' 자 아래 글자는 '盤' 자로 되어 있다. 이 준과 반 세트는 채 소후 원년(기원전 518년)에 대맹희가 오왕吳王에게 시집가는 것을 위해 제작된 것이다.

의고시대를 걸어 나오며

제2조의 준 16:2 또한 복부가 납작하고, 소면이며, 주둥이 입술에 구리로 되 삼각형 무양이 상감되어 있다. 명문은 9자인데 번역하면 "채후蔡侯 신申이 대맹희의 준을 만드니……"[7]라는 내용이다. 반 25:3은 이미 파손되어서 고리 모양 손잡이環耳 두 개만 남아 있다. 보고서에 의하면 복부와 다리 부위에도 문양이 있다고 하는데 사진이 없어서 앞의 준과 서로 일치하는지에 대해서는 확신할 수는 없다. 준의 명문에도 채 소후가 대맹희를 위해 만들었다고 하는데, 제1조와 다른 것은, 이 준반은 시집가는 것을 위해 제작된 것이 아닐 수도 있다는 것이다.

　제3조의 준 16:3도 복부가 납작하고, 복부 위에 '거품 문양浪花'형의 반리문이 장식되어 있다. 순부와 경부 및 권족에는 모두 구리로 된 문양이 상감되어 있다. 반 25:2는 복부가 얕고, 구리로 된 문양이 상감되어 있으며, 고리 모양 손잡기가 네 개 있고, 굽은 둥글다. 명문은 6자로, 풀이하면 "채후 신의 존귀한 반"[8]이라 주조되어 있다. 이 세트의 배합은 아마도 채 소후 자신이 사용한 것인 듯하다.

　채 소후는 춘추 후기 사람으로 기원전 518년에서 491년까지 재위했다. 레이구둔 1호묘의 묘주 증후는 기원전 433년에 죽었는데 이는 전국시대 초기로, 두 사람의 시간 차이는 50여 년이다. 증후의 준과 반은 채 소후가 제작한 것보다 화려하고 형체는 제1조의 준·반과 가장 비슷하다. 채후묘에서 나온 세 준·반 세트의 명문에 더러 제사가 기록되어 있거나, 혹 '준'이라고 칭하기도 했는데, 이를 통해 세 준·반 세트가 모두 제사에 쓰였음을 알 수 있다. 증후가 제작한 준·반의 용도 또한 마찬가지로 제사에 쓰였을 것이다.

　덧붙여 말할 것은, 채후묘 네 번째 반이다. 이는 둥근 바닥으로, 대개 '이

匜'와 세트를 이룬 수기水器[물을 담는 용기]로 보인다. 이 점에서 다른 세 반과는 구별된다. 채후묘에서 나온 준·반의 부귀한 점은 바로 명문에 기물 자체의 이름이 보인다는 것이다. 준 16:1의 기명을 보면, 글자의 왼쪽 윗부분은 '金(금)'을 구성 요소로 하고 있고, 아래는 '皿(명)'을 구성 요소로 하고 있지만, 중간 부분이 마모되어 오른쪽 윗부분이 '余(여)' 자를 구성 요소로 하는지를 논단하기 어렵다. 천명자 선생은 "그 글자는 나중에 고찰한다"[9]는 신중한 태도를 취하기도 했다. 반 25:1과 25:2의 기물 명은 아주 분명하게 모두 '酉(유)'와 '皿(명)'을 구성 요소로 삼고 있어서 주기임을 나타내고 있고, 성부聲符는 약간 달라서, 한 기물은 '酋(추)'를 따르고 다른 하나는 '舟(주)'를 따른다. 상고음을 보면 '酋'는 從母幽部이고, '舟'는 章母幽部로 서로 아주 비슷하다. 따라서 이 두 글자는 같은 글자를 다르게 쓴 것에 불과하다. 필자가 생각하기에 이 기물의 이름은 바로 문헌에 나오는 '舟'다.

'주舟'기 기물명으로 쓰인 것은 『주례』「시준이司尊彝」에 보인다.

사준이는 6준六尊, 6이六彝의 진설 위치를 맡고, 술을 따르라고 알리고, 각종 준과 이의 쓰임과 거기에 술 채우는 일을 분별한다. 봄철 사제祠祭와 여름철 약제禴祭에 관례祼禮를 행할 때는 계이雞彝·조이鳥彝를 사용하는데, 모두 주舟가 있다. 조천례朝踐禮를 행할 때는 두 헌준獻尊을 사용하고, 재헌례再獻禮를 행할 때는 두 상준象尊을 사용하는데, 모두 뇌罍가 있다. 모든 신하가 술잔을 돌린다. 가을철 상제嘗祭와 겨울철 증제烝祭에 관례를 행할 때는 가이斝彝와 황이黃彝를 사용하는데, 모두 주가 있다. 조헌례朝獻禮를 행할 때는 두 저준著尊을 사용하고, 궤헌례饋獻禮를 행할 때는 두 호준壺尊을 사용하는데, 모두 뇌가 있다. 모든 신하가 술잔을 돌린다. 무릇 사계절 사이에 지내는 제사 즉 추향追享과 조향朝享을 올릴 때는 호이虎彝와 유이蜼彝를 사용하는데, 모두 주가 있다. 조천례에는 두 대준大尊을 사용하고, 재헌례에는 두 산준山尊을 사용하는데, 모두 뇌가 있다. 모든 신하가 술잔을 돌린다.[10]

이 글은 같은 『주례』의 「울인鬱人」 편을 참고해보아야 한다.

울인 관례에 쓰는 제기를 담당하니, 무릇 제사 올리는 일과와 빈객 접대에서 관례를 행할 때는 울창을 섞어 이기彝器에 담아서 진열한다.[11]

정현의 주에 이르길, "울기鬱器는 이彝 및 주舟와 찬瓚을 이른다"[12]라고 했다. 고대에 울금鬱金이라 불리는 향초를 빻아서 즙을 낸 다음 창주鬯酒[신에게 올리는 냄새가 있는 향주香酒]에 섞은 것을 울창鬱鬯이라 한다. 제사 때 따라서 시尸[옛날, 제사 지낼 때 죽은 사람을 대신해 제사를 받는 사람. 시동尸童]에게 올리고, 빈례 때 따라서 빈객에게 마시게 하는데, 그 의례 가운데 아주 융중한 절차가 바로 관裸이다. 관기裸器는 바로 관례를 하기 위한 도구로, 이·주·찬 세 가지가 서로 배합된다.

이. 「사준이」 서관序官의 주에 의하면, "또한 준이다. 울창을 담은 것은 이라 한다"[13]라고 했다. 이것이 바로 울창을 담는 용기인데, 『주례』의 관직 설명에 의하면 여섯 가지로 구별된다고 한다.

주. 「사준이」 관직 설명의 주에 의하면 "정사농鄭司農이 이르길, 주는 준 아래의 받침으로, 오늘날의 승반承槃과 같다"[14]라고 한다. 곧 주는 이를 받치기 위한 기구로, 물건을 놓기 때문에 '주'라고 명명한 것이다.

찬. 울창을 뜨는 데 쓰인다. 그 모습을 보면 황금으로 구기勻[술 따위를 푸는, 자루가 달린 용기]를 만들고, 옥으로 자루柄를 만든다.

이 세 기물의 조합을 보면, 관례를 행할 때 주 위에 이를 올리고, 찬으로 이에 담긴 울창을 뜬다.

역대 학자들은 '주'에 대해 잘못 해석하기도 했다. 『삼례도』 같은 책에서는 '주'를 병 모양으로 그리기도 했고, 어떤 청동기 저록에서도 형체가 각기 다른 여러 기물을 '주'라 일컫기도 했는데,[15] 모두 『주례』 경전 및 주석과 부합하지 않는다. 앞서 인용한 정사농의 설을 보면 '주'를 "준 아래의 받침으로, 오늘날의 승반과 같다"라고 한 것은 후한 시기의 기물을 가지고 비유한 것이다. 한대의 술동이酒尊에는 확실히 받침이 있었다. 어떤 학자는 이 고고 자료로 주석을 인증하기도 했는데 실제와 딱 부합한다.[16] 반槃의 형상은 의심할 것이 없다.

청대 이조원李調元의 『만재소록卍齋璅錄』 같은 책은, 주의 형상이 반과 같을 것으로 의심하면서, 이가 그 위에 놓인다는 관점으로 주 또한 용기라 인식하기도 했는데, 이는 더욱 잘못된 것이다. 장순후이張舜徽 선생이 논박한 바 있기에[17] 여기서는 췌언하지 않는다.

『설문해자』에 의하면 "반槃은 승반이다"[18]라고 했고, 단옥재段玉裁의 주를 보면, "승반은 수기를 받치는 것으로 (…) 반의 뜻을 인신引伸하여 무릇 받치는 것의 명칭이 되었으니, 『주례』의 '주반珠槃' '이반夷槃'이 이러하다"[19]라고 했다. '반盤'은 곧 '반槃'의 주문籀文[중국 주 선왕 때 태사였던 주籀가 창작한 전서篆書]

이다. 이를 통해 알 수 있듯, 이른바 '주'는 준을 받치는 일종의 반형기盤形器라 할 수 있다.

채소후준蔡昭侯尊 16:1 및 반 25:1의 명문은 각각의 기물을 '이□彝□'와 '이주彝舟'라 이름하고, 아울러 '인향상체禋亯嘗褅'에 쓰인다고 했는데, 문헌에서 말한 바와 서로 부합한다. 이처럼 준과 반이 짝을 이루는 것은 바로 관례에 쓰이는 기물이다. 물론 그 형체는 『주례』에서 말한 것과 완전히 같지는 않지만, 어쩌면 시대와 지역적 차이에 따른 것일 가능성이 있다. 그러나 그 용도와 성질은 추정이 가능하다. 훗날 더 많은 실물 자료가 나타나면, 이러한 가능성을 검증할 수 있을 것이다.

제5장

국외 문물 정리

여기서 토론하려는 것은 중국 고대의 대형 삼각원동과三角援銅戈다. 그 형체가
유달리 득특하고 문양이 이름답거니와 특수한 기교까지 사용했기에 고고
학, 과학기술사, 미술사 연구에 아주 큰 의의를 지니는 기물이다. 따라서 여
기에 소개해 독자들의 질정을 희망하는 바다.

　동과를 소개하기 이전에, 반드시 먼저 이것과 형체가 유사한 다른 과를
이야기하면서 그 둘을 서로 대비해보아야 한다. 우리가 이야기하고자 하는
것은 스웨덴 스톡홀름 동방박물관Östasiatiska Museet 소장품으로 원래는 스웨
덴 안데르스 헬스트뢲Anders Hellström이 소장하던 것이다. 1933년 제13회 국
제미술사대회 '중국 고대 청동기 전람'에서 전시되었고, 1946년에 박물관으
로 옮겨졌다. 그 사진은 먼저 『극동고고박물관Museum of Far Eastern Antiquities』
제6기의 '중국 고대 청동기 전람' 도록에 수록되었다가,[1] 또 같은 잡지 제20

기에 수록된, 칼그렌이 편찬한 「헬스트룀 소장 청동기Bronzes in the Helleström Collection」[2]에 부였다. 사진 두 장이 있는데 이는 이 과의 양면을 한 장씩 수록한 것이다.

스웨덴에 소장되어 있는 이 과는 비록 밑부분이 잘려나갔지만 그 남은 부분의 길이는 28센티미터에 달한다. 그 원援은 삼각형을 띠고 있고, 상인[윗날]은 곧고 평평한데, 자세히 보면 미세하게 안쪽으로 굽어 있고, 하인[아랫날]은 우묵하게 굽은 정도가 비교적 심한 편이며, 원봉[원의 끝날]은 혀끝 모양을 하고 있다. 원의 중앙에 척脊이 있는데, 척의 아랫부분에는 반은 네모꼴이고 반은 둥근 구멍이 하나 있고, 원의 아랫부분에도 긴 구멍이 두 개 뚫려 있다. 구멍 사이에는 복숭아 모양의 작은 익翼 한 쌍이 양 측면에서 뒤쪽으로 뻗어 나와 있는데, 각도는 45도다. 과에는 정밀한 문양이 있다. 원면援面의 아랫부분에는 반원형의 윤곽을 띤 도철문이 있는데, 돌기한 양 뿔은 아래로 말려 있고, 눈 아래에는 또 안쪽을 향해 뾰족한 '뿔'이 한 쌍 장식되어 있으며, 정수리 위와 눈 바깥 측면에는 우상문이 더해져 있다. 전체 도철의 바탕은 뇌문으로 채워져 있고 입은 긴 혀를 내 밀고 있는데, 이것이 과의 척 문양을 형성하면서, 그 가운데에는 기하화된 운문이 채우고 있다. 복숭아 형태의 작은 익에도 도철문이 장식되어 있는데, 그 방향은 원면과 상반되지만, 마찬가지로 뇌문이 바탕을 채웠고, 도철의 정수리 위에도 우상문이 있다. 이는 삼각원과 가운데 가장 크고 가장 기이한 사례라 할 수 있다.

또 지금 소개하려는 과는 『문물』 1991년 제1기 21~22쪽에 보이는 사진으로, 벨기에 브뤼셀 왕립미술역사박물관Royal Museum of Art and History에 소장되어 있는 것이다. 이 박물관의 고마운 도움으로 필자는 1986년 그 실물을 장시간 관찰할 기회를 가진 바 있다. 벨기에의 이 과 또한 내 부분이 없어졌고, 그 형체와 치수도 모두 스웨덴의 그것과 비슷하며, 남아 있는 부분의 길이는 27센티미터다. 이 과가 어떻게 거기까지 흘러 들어갔는지는 불분명하지만, 우리가 아는 바에 의하면, 브뤼셀 왕립미술역사박물관 1976년 가을전람회 도록(『Mystere de l'Homme, Magic de l'Objet』)에 그 사진이 수록되었는데, 그 연대를 '상말주초'로 보았고 아울러 중국 허난성 뤄양에서 얻은 과라 설명했다는 것이다. 그 삼각형 원援의 윗날은 기본적으로 곧고 평평하며, 아랫날은 안쪽으로 우묵하게 굽어 있고 날끝도 혀끝 모양을 하고 있다. 원의 중앙에 척이 있는데 스웨덴의 그것보다 더욱 선명하다. 원 아랫부분의 긴 구멍, 척 아랫부분의 각지고 둥근 천공 및 복숭아 모양의 작은 익 모두 스웨덴에 소장되어 있는 과와 같다. 두 과의 문식도 대체로 일치하지만, 자세히 보면 약간의 차이가 보이기도 한다. 벨기에에 소장된 이 과의 원면援面에 새겨진 도철의 뿔이 비교적 기늘고, 정수리 위의 우 상문이 비교적 적은 데다가 선으로 구성되어 있는데, 이는 스웨덴에 소장되어 있는 과에서 이 부분이 모두 우상문으로 채워져 있는 것과는 다르다. 게다가 우상문 양측에 눈 모양이 있는데, 사실 작은 도철의 얼굴을 이루는 것이다. 원면의 도철도 긴 혀를 쭉 내밀고 있는데, 이것이 척의 문양을 이루고 있다. 서로 다른 점은 문양 가장자리에 운문 장식이 더해져 있는 것이다. 복숭아 모양 작은 익의 가장자리에도 직선문 장식이 더해져 있는데, 이는 모두 스웨덴에 소장된 과에는 없는 것이다. 이로 미루어 보건대, 벨기에 소장 과와 스웨덴 소장 과는 분명 같은 시기에 생산된 것이지만, 전자가 후자보다 더 정치하다.

벨기에 왕립미술역사박물관 과는 또 하나의 중요한 특색을 띠는데, 스웨덴 과는 칼그렌이 형용한 대로 '암녹색 녹이 슬고 또 푸른색과 갈색 반점'으로 덮여 있다. 벨기에 과의 녹도 이와 비슷해 그 표면 대부분에 암녹색 녹이 덮여 있는데, 이는 막 땅에서 파낸 유물의 특징이다. 돋보기로 관찰해보면, 쉽게 눈길을 끄는 부분이 있다. 즉 원의 날끝 가까운 부분의 한쪽 면에 자리席의 흔적이 있고, 다른 면에는 작은 나무 조각 흔적이 있는데, 이 점은 사진에서 분명하게 확인할 수는 없지만 그래도 그 일부 흔적을 살펴볼 수 있다. 특히 지적할 점은 원면의 뿌리에 가까이 있는 도철문 부분으로, 대부분 녹이 없이, 본래 금속 색의 바탕이 그대로 노출되어 있어 그 위에 침각針刻된 문양을 깨끗하게 볼 수 있다는 것이다. 그러나 부분적으로만 녹 바깥으로 노출되어 있어서 문식의 전체 형상은 알 수 없다. 다만 원 밑부분의 문양은 조문鳥紋 같고, 원척援脊과 가까운 부분은 기문夔紋 같으며, 날 가장자리 가까운 부분에는 우문羽紋이 줄을 이루고 있다. 이렇게 침각된 문양의 풍격은 과에 주조된 기하화 운문과 서로 조화를 이룬다는 점에서, 나중에 침각된 것이 아니라 분명 원래부터 있었던 것으로 볼 수 있다.

지금까지 선진 시기 병기 가운데 이러한 침각문針刻紋을 지닌 사례가 보이지 않았기 때문에, 이 삼각원과는 사실 아주 보기 어려운 사례라 할 수 있다.

앞에 열거한 두 과와 또 유사한 것으로는 1934년 프랑스 오랑주Orange박물관 '중국 주·진·한대 청동기' 전람회에서 진열된 것이 하나 있다. 이 과는 당시 전람회 도록에서 보였다가, 1970년대 초 또 런던의 경매시장에 나오기도 했는데, 지금은 파리 세르누치박물관Musée Cernuschi에 소장되어 있다.(이 두 개가 같은 것인지에 대해서는 좀 더 살펴봐야 한다.) 이 과의 날끝鋒端은 말려 있지만, 길이는 여전히 28센티미터에 이르고, 그 형체와 문식 모두 앞에 열거한 두 과와 비슷하며, 내 부분도 완전무결하다. 내 부분에 구멍이 하나 있는데, 변형된 기문으로 장식되어 있고, 방사형의 직선문이 두르고 있으며, 그 사이에 빽빽한 점이 있다. 내의 끝은 호형이나 내에 결손된 부분이 있다.

이상 세 과는 과학적으로 발굴된 것이 아닐뿐더러 그 출토지도 알 수 없다. 이 세 과가 어느 시대와 어느 문화에 속하는지는 출토 기록이 남아 있는 이와 유사한 병기를 가지고 대비해 설명할 수밖에 없다.

먼저 과의 형체를 가지고 토론해보자. 삼각원과는 상대에 이미 나타나기 시작했다. 이와 같은 특수한 유형의 병기의 발전과 분포에 관해 최근 여러 논저가 좋은 연구 성과를 거두기도 했다.[3] 이러한 저작에서 지적한 바와 같이 삼각원과는 주로 다음의 네 지역에서 출토되었다. 첫째, 허난성 북부의 안양과 정저우. 둘째, 산시성陝西省과 간쑤성의 징허강涇河과 웨이허강 유역. 셋째, 산시성 한중漢中의 청구와 양현洋縣. 넷째, 쓰촨성 촉 문화 분포 지역이다. 시기적으로 가장 이른 삼각원과는 상대 얼리강에서 은허로 이어지는 과도 시기로 알려져 있다. 당시 첫째, 둘째, 셋째 지역에서 모두 이러한 병기가 존재했다. 현재 그것이 도대체 어디서 발원했는가를 확정짓기는 어렵다. 종합해보면, 첫째 지역 곧 허난성 북부 상 문화 중심구에서 발견된 사례는 비교적 적지만, 문식이 있는 것도 있고, 그 풍격도 현지 기타 청동기 문양과 어느 정도 차이가 있는데, 둘째와 셋째 지점에서는 그 발견 사례가 아주 많다. 이렇게 볼 때, 이와 같은 기물 양식의 중심지는 징허강과 웨이허강 및 한중 일대인 것 같다. 서주 중기에 이르러, 첫째·둘째·셋째 지점의 삼각원과는 모두 소실되어, 오직 넷째 지역 촉에서만 이런 병기를 계속 사용했을 뿐 아니라 그 수량도 적지 않아 이곳이 새로운 중심지가 되었다.

은허에서 과학적으로 발굴 출토된 삼각원과 는 대략 8점으로,[4] 제1기 묘의 내부 위편에서 발굴되었고, 제2·3·4기 묘에서는 내부 중간 지점으로 내려왔는데, 후자 쪽의 수량이 비교적 많고, 또 은허 서구西區에 집중되어 있다.[5] 특히 우리의 주의를 끄는 것은 서구 제279호묘에서 출토된 1점이다.[6] 제279호묘는 은허 4기에 속하고 연대로는 상대 말기다. 그 형체를 보면 내가 곧고, 원은 삼각이며, 윗날은 곧고 평평하고, 아랫날은 안쪽으로 우묵하게 굽어 있다. 원의 밑에 가까운 부분에 둥근 구멍이 있고, 윤곽이 반원형인 도철문으로 장식되어 있는데, 뿔은 아래로 말려 있고, 뇌문으로 바탕이 채워져 있다. 그 입 부위에는 현문弦紋[거문고 줄 문양]으로 구성된 긴 혀가 툭 튀어 나와 있는데, 이것을 과의 척 문양으로 삼았다. 원의 밑부분에는 2개의 긴 구멍이 있고, 구멍 사이에는 활 모양 협면夾面이 두 개가 있는데, 창의 자루를 고정하기 위한 것이다. 내內의 후단後端은 장방형으로 움푹 파인 데가 있으며, 내는 장방형의 문양으로 장식되어 있다. 또 그 테두리 안쪽에는 네 칸으로 나눈 직선의 격자가 있고, 각각 도철 및 뇌문으로 채워져 있다. 이러한 과는 앞서 언급한 스웨덴 및 벨기에의 두 과와 비교할 때, 내가 남아 있고 내를 상실한 주요 차이를 제외하고는, 서로 유사한 부분이 적지 않다. 예컨대, 문식의 형상과 배치, 구멍 위치, 원 날 윤곽 등의 유사성은 아주 분명하다. 이른바 '활 모양 협면'은 작은 익의 원시적 형태였을 수도 있다

1957년 산시성 훙자오현 융닝둥바오永凝東堡(지금 훙퉁현洪洞縣에 속함)의 고묘에서 삼각원과가 하나 발견되었다.[7] 그 형체를 보면, 내가 곧고, 원의 윗날은 곧고 평평하고, 아랫날은 우묵하게 굽어 있으며, 원의 밑부분 가까운 곳

에 원형의 구멍이 있다. 또 그 윤곽은 복숭아 모양桃形의 도철문으로 장식되어 있는데, 두 뿔은 아래로 말려 있고, 눈 밑에는 뾰족하게 안쪽을 향한 작은 '뿔'이 있고, 뿔 사이는 기문으로 장식되어 있으며, 바탕은 뇌문으로 채워져 있다. 도철의 입 부위에서 툭 튀어 나온 넓은 혀가 척의 문양을 구성하고 있고, 비스듬한 운문이 채워져 있고, 원의 밑부분에는 2개의 긴 구멍이 있다. 내의 후단에는 연이어진 활 모양連弧形으로 움푹 파인 곳이 있는데, 내에는 장방형의 문양이 장식되어 있고, 비스듬한 운문이 채워져 있다. 함께 나온 기물을 통해 특히 예기 및 그 명문을 근거로 간보에서 이 융닝둥바오 삼각원과를 '서주 초기의 유물'로 확정한 것에 대해서는 의심의 여지가 없다.

1927년, 당위쿤薰玉琨이 산시성陝西省 바오지 다이자완에서 도굴한 청동기 중에도 삼각원과가 하나 있다. 내 부분은 잘려 나갔지만 원의 형태는 상술한 여러 과와 유사하다. 척은 돌출되어 있지만 문양이 없고, 원의 밑부분에 있는 긴 구멍 사이에는 복숭아 형태의 작은 익이 있다. 다이지완 청동기의 연대는 모두 상말주초 범위(물론 개별적으로 후세의 유물도 있었지만, 쉽게 변별해낼 수 있다)라 이 과 또한 예외일 수 없다.

이상으로 거론한 세 삼각원과는 모두 벨기에 및 스웨덴에 소장된 과와 비슷한 점이 있다. 후자의 형체적 특징은 바오지 다이자완 과와 가장 비슷하고, 문식은 은허 서구와 훙자오 융닝바오 과와 같은 종류다. 도철문의 눈 밑에 작은 '어魚'가 있는 것은 드물게 보이는 특징이라서 더욱 융닝바오의 과와 유사하다 할 수 있다.

또 설명해야 할 것은 뾰족한 날이 있는 병기에 부가된 복숭아 형태의 작은 익이다. 이는 서주 초기에 자주 보이는 것이다. 예컨대, 산시성陝西省 푸펑

탕시위안唐西原 고묘에서 출토된 무호과無胡戈와 역시 푸펑에서 출토된 단호과短胡戈[8] 모두에 이러한 장식이 있었다. 일본 시라쓰루미술관白鶴美術館에 수장된 월鉞 1점에도[9] 복숭아형 작은 익이 두 쌍 있다. 그 월은 산시성 바오지 주위안거우 13호묘에서 출토된 것과 아주 비슷했고,[10] 주위안거우 8, 18, 19, 20호 등의 묘에서 출토된 과에도 다른 형식의 작은 익이 있다. 이는 모두 서주 초기에 속하는 것이다.

이러한 논술을 통해 볼 때, 벨기에 및 스웨덴에 소장된 두 삼각원과는 상말주초의 유물로 추정할 수 있을 것이다. 이것이 사실이라면, 청동기에 보이는 침각문이 나타난 연대를 추정하는데 반드시 영향을 미칠 수밖에 없다. 현재 학계의 공인된 가설을 따르면, 침각문은 춘추전국 시기 즈음에야 나타난 것으로, 당시 단조로 얇게 만든 동기의 재질은 홍동紅銅이 많은데 모두 침각문으로 장식되어 있다. "그 원인은 재질이 비교적 부드러운 홍동이라 날카로운 것으로 새겨 표현하기가 쉬웠고, 또 다른 가능성은 당시 단단하고 날카로운 철제 공구가 있었기 때문이다."[11] 상말주초에 이미 침각문이 있었다면, 게다가 [침각문이] 재질이 비교적 단단한 병기에 나타났다면, 당시에 반드시 아주 날카롭고 예리한 공구가 있었을 것이다. 이와 같은 병기의 표면에 예술적 문양을 새겨 넣는 데에 날카롭고 예리한 날을 가진 공구가 없었다면 그처럼 만들 수 없기 때문이다.

우리가 시야를 좀더 넓힌다면, 중국 남방에서도 벨기에·스웨덴·프랑스에 소장된 것과 유사한 병기를 어렵지 않게 발견할 수 있다.

1977년, 후난성 이양益陽 지역에서 파손된 과가 1점 발견되었는데, 발견 당시 이미 심각하게 녹이 슬어 있었다.[12] 정성스러운 복원을 거친 이후에야,

내에서 원의 밑부분 가까운 곳까지 원래의 모습을 되찾을 수 있었다. 이 과는 원래 삼각원이었을 것이다. 그 밑부분 가까운 곳에는 반은 둥글고 반은 네모진 구멍이 있는데, 장식의 윤곽은 반원형의 도철문이다. 도철의 정수리 위와 눈 바깥 측면에는 모두 우상문이 있고, 입 부위에서 튀어나온 혀는 밑으로 늘어져 원의 가운데 척을 이루며, 비스듬한 운문으로 채워져 있다. 원의 밑부분에 있는 두 긴 구멍 사이에 복숭아 형태의 작은 익이 있다. 곧은 내에는 장방형의 문양이 있고, 네 칸의 격자가 직선으로 나뉘어 있는데, 가느다란 문양(분명치 않다)으로 채워져 있었다. 이 과의 형체와 문식은 내 부분을 제외하면 모두 벨기에 등에 소장된 과와 비슷하고, 내의 문양 또한 은허 서구에서 출토된 상대 시기의 과와 가깝다. 원래의 보도에 의하면 이 이양 과의 연대를 상대로 보고 있다.

후난성에서 또 다른 삼각원과가 채집된 바 있다.[13] 그 형체와 문식은 이양의 과와 거의 일치한다. 다만 원의 밑부분과 가까운 곳에 있는 도철문에 우상문이 보이지 않고, 아래로 말린 아주 작은 뿔이 있으며, 내 후단後端은 활모양으로 우묵하게 파여 있다. 저우스룽周世榮 선생은 그 연대가 '상주 시기(여기서의 주는 곧 서주다)'에 상당하고, '상대적 연대는 또한 서주 이후로도 연속될 수 있다'고 여겼다. 이 과의 원 부위는 길이가 17센티미터로 스웨덴과 벨기에에 소장되어 있는 것만큼 크지는 않다.

저우스룽 선생은 후난 과 유형의 삼각원과 연대에 대해 '상대적 연대는 또한 서주 이후로도 연속될 수 있다'라고 했는데, 그렇다면 언제까지 연속되는 것인가? 양시장楊錫璋 선생은 쓰촨의 촉 문화 분포 지역에 삼각원과가 전국시대까지 계속 쓰이고 있었음을 지적한 바 있다. 1980년 지금의 쓰촨성 신두新都 주렌둔九聯墩 대묘의 연대는 전국 중기 초엽 즈음으로,[14] 여기서 출토된 삼각원과는 우리의 시야를 넓혀주었다. 이 묘에서는 여러 형식의 삼각원과가 출토되었다. 간보에서 I식 동과로 분류한 것은 원이 비교적 넓은 종류로, 후난에서 출토된 두 점과 비슷한데, 복숭아 모양의 작은 익이 없을 뿐이다. 이러한 I식 동과는 모두 5점 출토되었는데, 출토될 때 매끈하고 녹이 슬지 않은 상태였다. 그 원의 윗날은 평평하고 곧으며, 아랫날은 약간 안쪽으로 굽어 있고, 끝날은 혀끝 모양을 하고 있다. 원의 면에는 처리를 한 것으로 보이는 반점이 있고, 밑부분 가까운 곳에는 둥근 구멍이 있으며, 도철문으로 장식되었는데, 돌기한 두 뿔은 위로 말려 있고, 눈 밑에는 뾰족하게 안으로 말린 작은 '뿔'이 있는데, 바탕이 뇌문으로 채워져 있고, 입 부위에서 밖으로 튀어나온 혀는 척의 문양을 이루고 있으며, 또한 비스듬한 운문으로 채워져 있다. 원의 밑부분에는 작고 긴 구멍 2개가 있고, 곧은 내에 북꼴梭形 구멍이 1개 있다. 내의 후단은 연이어진 활 모양으로 우묵하게 굽어 있으며, 장방형의 문양으로 장식되어 있고, 내는 직선에 의해 나뉜 네 칸의 격자가 있는데, 운문과 우상문으로 채워져 있다. 원에서 윗날과 가까운 측면에 파촉문자로 된 명문이 있다. 이 과는 비교적 큰데, 전체 길이는 29.5센티미터이고 원 부위 길이는 20.2센티미터다.

신두 주렌둔 과와 유사한 것이 쓰촨의 다른 지점에서 발견된 바 있다.[15] 특히 지적하고 싶은 것은 청두 양쯔산羊子山 172호묘에서 출토된 삼각원과로, 이는 펑한지가 토론한 적이 있다.[16] 그 원의 밑부분 가까운 곳에 있는 구멍은 절반은 둥글고 절반은 네모진 모양이다. 도철문은 두 뿔이 아래로 말려 있고, 눈 밑부분에는 아래로 말린 작은 뿔이 있으며, 입은 혀를 내밀지 않았다. 원의 밑부분에는 작고 긴 두 천공이 있고, 내에는 모서리가 날카로 오 마름모꼴棱形이 구멍이 있다. 내의 후단은 둥글고, 작은 '결손부'가 있으며, 운문으로 장식되어 있고, 가장자리는 직선문으로 장식되어 있다. 양쯔산 172호묘의 연대는 아주 늦는데, 쑹즈민宋治民 선생은 진대秦代로 추정했다.[17] 이 과는 신두 주롄둔 과의 몇 가지 요소를 계승하고 있지만, 내의 부위는 이미 전국시대 일반적인 과의 형식에 가깝다.

양쯔산 과와 가장 비슷한 것은 후난성 닝샹 쑹자충宋家沖 스룬石侖에서 1975년 수집한 것으로, 길이 20.6센티미터에,[18] 그 형체와 문양은 양쯔산 과와 아주 비슷한데, 다만 내의 문양이 상대의 간략화된 기문夔紋과 아주 유사하다.

신두 주롄둔과 청두 양쯔산의 사례는 남방의 후난성과 쓰촨성에서 발견된 삼각원과가 상·주 초의 것과 유사하지만 사실상 그 연대는 아주 늦을 수 있음을 알려준다.

이러한 대비를 통해, 벨기에·스웨덴·프랑스에 수장된 삼각원과와 앞에서 예로 든 남방에서 출토된 과의 공통점을 어렵지 않게 발견할 수 있다.

첫째, 천공의 형상. 구멍을 포함한 과의 형상이 후난성 이양의 과 및 이와 유사한 후난성의 채집품과 기본적으로 같다.

둘째, 과의 문식. 특히 부조된 것과 같은 주조 풍격이 쓰촨성 신두 주롄둔에서 출토된 과와 같다.

셋째, 과의 치수가 비교적 크고, 원 부위가 평평하고 얇으며, 원의 날 테두리가 뚜렷한데, 이는 신두 주롄둔에서 출토된 과와 비슷하다.

넷째, 과의 복숭아 모양 작은 익에 넓은 가장자리가 있는 점은 후난성 이양 등에서 출토된 과와 같고, 익의 가장자리에 직선문이 장식된 것은 쓰촨성 청두 양쯔산과 후난성 닝샹 쑹자충 스룬에서 출토된 과의 내 부분과 유(裕)사하다.

그렇다면, 벨기에 등 국외에 소장된 세 과는 도대체 어느 시기의 유물인가?

이 문제는 최근의 고고 발견으로 마침내 해결되었다.

『문물』 1992년 6기에 팡원룽龐文龍, 류샤오민劉少民의 「치산현 베이궈향 판촌에서 새로 출토된 청동기 등 문물岐山縣北郭鄕樊村新出土靑銅器等文物」이 발표되었다. 산시성 치산 판촌樊村에서는 청동 가斝와 과戈 각 한 점씩과 도력陶鬲(이미 파쇄된) 두 점이 발견되었다. 가는 형체와 명문을 통해 상말주초로 시대를 추정할 수 있다. 과는 위의 세 점과 특히 프랑스에 수장된 것과 아주 비슷하다.[19] 이렇게 벨기에 등에 수장된 세 삼각원과는 확실히 모두 상말주초의 유물임을 확정 지을 수 있다.

이상의 토론은 중국 고대 청동기 발전사에 하나의 특별한 사례를 제공한 것이다. 앞서 말한 바와 같이, 삼각원과는 일찍이 상대에 이미 나타났는데, 이러한 종류의 과는 다른 지역을 보면 서주 중기에 바로 소실되었지만, 지금의 쓰촨성 및 후난성 지역에서는 계속해서 사용되었을 뿐만 아니라 상말주초의 많은 특징을 어느 정도 보존하고 있었다. 이는 중원 이외 지역 청동기의 자체적 발전 양상은 구체적으로 연구할 필요가 있으나, 중원 청동기의 발전 양상을 표준으로 해서는 안 된다는 점을 발전적으로 설명하는 것이라 할 수 있다.

선궤鮮簋에 대한 초보적 연구

학술적으로 토론할 가치가 있는 서주 시기의 청동기 하나를 소개하고자 한다. 이 청동기는 일찌감치 국외로 유출되어 그동안 알려지지 않았다. 이를 찾기 위해 우리는 적잖은 시간과 공을 들여야만 했다.

이 청동기를 가장 먼저 저록한 사람은 오스트레일리아국립대학의 노엘 바너드와 현재 홍콩 중원대학의 장광위張光裕 선생이다. 그들은 오랜 시간 세계 각지를 돌아다니며 금문 자료를 구해 『중국·일본·유럽·미국·오스트레일리아·뉴질랜드에 보이는 금문 탁본·모본 휘편中日歐美澳紐所見所拓所摹金文彙編』(1978)을 편찬·출판했다. 이 청동기는 바로 여기에 수록되었는데, 그 편호編號는 제156호다. 이 청동기 명문은 그 중요성으로 학자들의 주목을 받았으나 명문 체례가 특이한 데서 또 적잖은 사람들이 위조된 것이라 여기기도 했다.

우리는 1983년 미국 학술회의에 참가하는 기회를 이용해 이 청동기 실물을 감정하고자 그 기물의 소장처를 찾아보았으나 정보를 얻는 데 실패했다. 1986년 봄에 이르러 유럽에 소장되어 있는 중국 청동기를 연구하던 기간에, 영국 런던 [아트 갤러리] 에스케나지에서 수년간 찾아다녔던 이 청동기를 볼 수 있었고 유관 자료도 얻을 수 있었다. 이 청동기의 실물과 사진을 반복해서 관찰한 결과 청동기와 명문 모두 진품임을 확인할 수 있었다. 여러 지인의 도움에 감사의 마음을 전한다.

이 청동기에 대해 『휘편彙編』에서는 '선반鮮盤'이라 불렀으나, 지금 확인한 결과 이 기물은 '궤'이기 때문에 마땅히 '선궤鮮簋'라 불러야 한다. 이것은 덮개가 없고 귀가 두 개인 쌍이궤雙耳簋로, 주둥이 입술은 밖으로 말려 있다. 복부는 머리를 돌려 바라보는 용 문양顧首龍紋으로 장식되어 있는데, 바탕이 뇌문으로 채워져 있다. 주둥이 가장자리 아래 전후에는 작은 짐승의 머리가 있고 그 밑에는 비릉이 있다. 귀처럼 생긴 손잡이에는 날카로운 귀를 가진 짐승의 머리가 있고, 그 아래에는 늘어진 귀고리垂珥가 있다. 권족은 목뢰문으로 장식되어 있고, 사면四面에 작은 비릉이 있다.

궤 몸통 전체는 윤기 나는 청록색 녹으로 덮여 있는데, 홍갈색의 녹 반점도 있다. 명문은 모두 5행 44자로 안쪽 바닥에 있다. 돋보기로 자세히 관찰한 결과, 명문은 확실히 주조된 것이었다. 안쪽 바닥에는 또 주조할 때 썼던 받침 조각墊片도 볼 수 있다. 명문 제5행의 세번째 글자 왼쪽 위의 안쪽에 굽은 세로획이 끊어진 모습이 보이는데, 이는 거푸집의 돌출 부분으로 인해 약간 옮겨진 흔적이다. 이러한 현상은 모두 이 기물이 위조된 것이 아니라는 증거다.

궤 복부의 용문龍紋은 아주 드물게 아름다운 것이다. 이러한 유의 문식은 서로 마주하는 큰 용 한 쌍으로, 용 머리는 뒤를 돌아보고 있으며, 정수리에는 아래로 늘어진 화관花冠이 있다. 자세히 보면, 화관 자체가 또 머리를 아래로 향하면서 혀를 내놓고 있는 용 문양이다. 이와 비슷한 용문은 그 유명한 청동기 맥준麥尊과 연후우燕侯盂에서 볼 수 있었다. 다들 알고 있듯, 맥준은 주 성왕 시기의 기물이고 연후우는 대략 강왕 시기의 기물이다. 따라서 선궤의 문양을 언뜻 보면 연대가 아주 이른 주대 초기의 고전적 형식의 느낌을 준다. 그러나 자세히 고찰해보면, 선궤의 용문과 맥준 등은 다른 점이 있는데, 바로 용문의 몇 부분이 분해되어 있다는 점이다. 특히 분명히 다른 점은 화관이 머리와 떨어져 있다는 것이다. 이는 조문鳥紋의 꽁지 깃털과 몸체가 떨어져 있는 것과 마찬가지로 비교적 늦은 시기에 나타난 변화다. 이런 점에서 궤의 연대는 성강成康 시기보다 이를 수 없고 이보다 조금 늦은 시기가 분명하다.

다시 선궤의 형체를 보면, 그 복부의 벽腹壁이 아래로 넓게 경사지면서도 곧고, 하부가 부풀게 나와 있는, 바로 복부 아랫부분의 직경이 가장 넓은 형태다. 천명자 선생의 창조한 용어로 말해보면, 바로 '경수傾垂'형인 것이다. 이 또한 연대가 비교적 늦다는 지표가 된다. 이러한 유의 궤로는 정궤靜簋와 곽백궤郭伯簋, 백동궤伯𣅖簋, 장사궤長思簋 등(뒤의 두 궤는 덮개가 있다)이 있다. 이들 궤의 연대에 대해 많은 학자는 주 목왕 시기로 보고 있다.

정궤 등은 형체 말고도 선궤와 비슷한 점이 하나 더 있는데, 바로 명문의 글자체다. 이 글자체는 일본 학자 시라카와 시즈카白川靜가 말한 바와 같이 '가지런하고 짜임새가 치밀整齊緊湊'해, 초기의 힘 있고 자유로운 필의와는 달리, 조밀하고 정치한된 모습이다. 초기 명문의 이른바 '파책波磔'은 이 시기에 이르러 소실되고 마는데, 선궤의 문자 또한 이와 같다.

다음은 선궤 명문의 판독이다.(되도록 현재 통용되는 문자로 썼다.)

惟王卅又四祀, 唯五月

旣望戊午, 王在莽京, 禘

于昭王. 鮮蔑歷, 祼, 王凱 (賞)

祼玉三品·貝卅朋, 對王

休, 用作, 子孫其永寶.

명문에는 특별한 점이 셋 있다. 첫째는 '昭(소)' 자가 '邵(소)'와 '王(왕)'을 구성 요소로 하고 있다는 점인데, 이는 이궤利簋·우정盂鼎 등에서 '文(문)'과 '武(무)'에 '王(왕)'을 구성 요소로 더한 것과 같은 용례로, 모두 주周 왕을 나타낼 때의 전문 용법이다. 둘째는 '賞(상)' 자에 '章(장)'이 구성 요소로 들어간 점으로, 이는 경영정庚嬴鼎과 같다. '商'이 구성 요소로 들어가는 것과 같은 이치로, '章(장)'과 '商(상)'은 고음에서 통하기 때문이다. 셋째는 '용작用作' 아래에 기물의 명칭이 빠진 점인데 이는 금문에서 드물게 보이는 용례다.

이 명문의 대체인 의미는, "왕 34년 5월 기망旣望[보름望이 이미 지났다는 의미로, 보름 다음 날인 16일을 가리킨다] 무오일, 왕이 방경莽京(종주宗周 종묘가 있는 곳)에서 소왕에게 체禘 제사를 지냈다. 선鮮은 왕의 포상을 받아 창주를 마셨다. 왕이 선에게 관례祼禮에 쓰는 세 가지(옥기 관례에서는 찬으로 창주를 뜨는데, 찬의 구기는 구리로 만들고 자루는 옥으로 만든다. 그 자루는 규와 장 따위에 속한다)와 패貝 20꿰미를 주었다. 왕의 은혜에 감격해 이 기물을 만드니, 자손 대대로 영원히 보배롭게 사용할지어다.”

당시의 주나라 왕이 소왕에게 제사를 지냈다면, 이 왕은 자연히 그 이후의 왕이 된다. 선궤의 형체와 문식을 고려해보면, 서주 초기의 유풍이 남아 있다는 점에서, 그 연대는 그렇게 늦지는 않을 것이다. 유일한 가능성이 바로 목왕 34년이다.

이 선궤와 글자체 풍격이 일치하는 것으로 다음의 여러 청동기를 들 수 있다.

날정剌鼎　　명문에 ‘禘昭王(체소왕)’이 있다.
여방정呂方鼎　명문에 ‘昭太室(소태실)’이 있다.
휼궤遹簋　　　명문에 ‘穆王(목왕)’이 있다.
장사화長思盉　명문에 ‘穆王(목왕)’이 있다.

여방정의 ‘昭(소)’ 자는 복부 벽과 바닥이 접히는 곳에 위치해 있어서 녹으로 뒤덮여 있지만, 그 잔획으로 미루어 ‘卲(소)’ 자로 볼 수 있는데, 이 글자도 ‘왕’을 구성 요소로 하고 있는지는 판단할 수 없다. 이 여방정과 날정은 공인된 목왕 시기 기물이다. 휼궤와 장사화는 모두 목왕의 활동을 기록한 기물로 ‘목’이라는 시호謚號가 들어가 있다는 점에서 목왕이 죽은 후 얼마 지나지 않아 추가 기록한 것으로 보인다. 이로 미루어 보면, 이러한 글자체를 가진 기물은 모두 목왕 후기 혹은 이보다 조금 늦은 시기의 것으로 선궤의 연대와 서로 호응된다.

이 기물 가운데 선궤의 글자체와 가장 비슷한 것은 여방정과 날정으로, 매우 비슷한 글자기 꽤 많이 보인다. 이 기물들은 모두 제시를 기록했고, 또 모두 5월에 만들어진 것이다. 선궤는 5월 무오이고 여방정은 5월 임술로 서로 닷새 차이가 나고, 날정은 5월 정묘로 임술과 엿새 차이가 난다. 따라서 이 세 청동기가 동시에 제작되었을 가능성이 자못 농후하다.

바로 이 선궤가 목왕 시기의 표준기標準器가 된다는 점에서 그 중요성을 발견할 수 있다. 명문 가운데 연, 월, 월상月相[달의 위상位相이나 월령月齡에 따라 달 표면의 빛나는 부분이 변하는 모양], 일을 모두 갖춘 것이 많지 않다. 따라서 선궤는 서주 청동기 및 연대학 연구에 아주 보귀寶貴한 자료라 할 수 있다.

선궤에 보이는 '34년' 이 자체도 아주 중요하다.

『사기』「주 본기」에 보면, "목왕은 즉위한 지 55년에 붕어했다"[1]는 기록이 있다. 후세의 사적들도 모두 이 설을 따랐다. 그러나 최근 금문으로 서주의 연대를 추산한 논저를 보면, 대다수가 목왕의 재위 연수를 55년에 미치지 못하는 것으로 여기고 있고, 심지어는 34년도 안 되는 것으로 보기도 했다. 선궤의 출현으로 목왕의 재위 연수를 아주 단축시켰던 각종 학설은 수정할 필요가 생겼다.

『상서』「여형呂刑」은 목왕 시기의 책으로, "여후呂侯가 백이 목왕의 명령을 받들어 아뢰었다. 왕께서는 나라를 누린 지 백년에 노쇠하시어"[2]라는 기록이 보이는데, 이를 근거로 목왕이 매우 장수했고 「여형」은 목왕 말년에 지어진 것이라 여겼다. 여기에 보이는 '여呂'를 궈모뤄 선생은 바로 여방정의 제작자로 보았다. 여방정이 목왕 34년에 만들어진 것이라면, 목왕 말년에도 그가 여전히 조정에 있었을 가능성이 있기 때문에 정황상 합리적이다.

선궤·여방정·날정은, 위에서 언급했듯, 제작 시기가 같을 가능성이 있다. 이것이 옳디면, 몇 가지 의의 있는 추론을 할 수 있다. 먼저 금문 일상을 해석할 수 있다. 금문을 연구하는 사람은 모두 알고 있듯, 왕궈웨이 선생 이후로 월상 해석에서 '사분일월설四分—月說'과 '정점월상설定點月相說'의 논쟁이 계속되고 있다. 자료의 한계로 지금까지도 정설이 없다. 선궤는 5월 기망 무오일, 여방정은 5월 기사패旣死覇● 무술일로, 여기에 '사분일월설'은 적용할 수 있지만 '정점월상설'은 부합하지 않는다. 다음으로, 이 세 기물의 달력 날짜를 배열해보면 5월의 초하루는 다음 삼일 가운데 하나다.

	무오	임술	정묘
경자삭庚子朔	19일	23일	28일
기해삭己亥朔	20일	24일	29일
무술사戊戌朔	21일	25일	30일

일반적으로 모두 목왕 시기를 기원전 10세기 범위 내로 여기고 있는데, 이를 장페이위張培瑜의 『중국선진사역표中國先秦史曆表』에 적용해보면, 위의 역삭曆朔에 부합하는 것은 아래 세 년도 밖에 없다.

●　서주 금문에 보면, 월상月相을 나타내는 용어로 '초길初吉' '기생패旣生覇' '기망旣望' '기사패旣死覇'가 자주 보인다. 이에 대해 학계에 많은 설이 존재하는데, 리쉐친 선생은 주로 왕궈웨이 선생의 '사분설'을 따랐다. 사분설은 음력 1월의 28일을 각각 '초길' '기생패' '기망' '기사패'로 나누었다는 것인데, 곧 음력 초하루부터 상현까지가 '초길', 상현부터 보름까지가 '기생패', 보름부터 하현까지가 '기망', 하현부터 그믐까지가 '기사패'라는 것이다. 이와 관련한 구체적인 적용과 논의는 심재훈의 「진후소편종 명문과 서주 후기 진국의 발전」(□중국사학회□ 제10권, 2000)을 참고하기 바란다.

기원전 999년 5월 무술삭

기원전 989년 5월 경자사

기원전 963년 5월 기해삭

　지금까지 일본 학자 아사하라 다쓰로淺原達郎의 논문 「서주 금문과 역西周金文と曆」(『東方學報』 제58책)에만 선궤 명문이 인용되었다. 이 청동기는 벌써 적잖은 쟁론이 벌어지고 있는 만큼 앞으로 학계에 보다 진전된 토론이 진행될 수 있을 것이다.

초왕웅심잔과
그 관련 문제

1986년, 뉴욕 크리스티경매장에 아주 중요한 중국 고대 청동기가 하나 나타났다. 이는 그해 6월의 도록 54에 보인다. 이 기물은 현재 미국 메트로폴리탄미술관Metropolitan Museum of Art에 소장되어 있다. 그 제작이 정교하고 시대와 지역이 분명해 청동기 연구에 아주 높은 가치를 지닌다. 동시에 이 기물이 기존 저록에 보인 적이 없다는 점에서 신속하게 외국의 관심 있는 학자들의 주의를 끌었다. 모두 알고 있듯, 여러 역사적 원인으로 인해, 국외로 유출된 중국 고대 청동기 수량은 아주 많고, 아직 저록되지 않은 진품들 또한 적지 않지만 중요한 명문이 있는 것은 절대 다수가 이미 발표되었다. 따라서 본문에서 소개하려는 이 기물은 '봉모인각鳳毛麟角[봉황의 깃털과 기린의 뿔이라는 뜻으로, 보기 힘든 매우 희귀한 물건을 이르는 말]'이라 해도 과언은 아닐 것이다.

크리스티경매장의 도록에서는 이 기물을 '정鼎'으로 불렀으나, 사실 이는 초나라의 잔盞이다. 잔은 덮개가 있고 전체저으로 [옆으로 퍼진 주판알 형태의] 편구형扁球形을 띠고 있다. 높이는 20센티미터, 직경은 24센티미터다. 덮개의 누공된 손잡이는 뱀虺蛇이 얼기설기 서려 있는 형태로, 주위에는 네 개의 꼭지가 있으며, 두 개씩 짝을 이루는 두 쌍으로 나눌 수 있다. 그 가운데 한 쌍은 반고리 모양半環形으로 직선문 장식이 있고, 다른 한 쌍은 고리 모양環形으로 뱀 모양虺蛇形 장식이 있다. 덮개에는 꽉 채워진 세밀한 반훼문과 세 가닥의 승문繩紋[새끼줄처럼 꼰 무늬]이 있다. 덮개의 테두리와 면의 각지게 꺾인 부분은 빙둘러 원형을 띠는데, 테두리는 반훼문으로 장식되어 있고, 네 개의 수면형 끼움 장치邊卡가 있다. 기물의 목 부위는 반훼문으로 장식되어 있는데 약간 안쪽으로 들어가 있고, 복부도 반훼문인데, 두 가닥의 굵은 승문이 있다. 복부의 측면에는 고리 모양 귀耳 한 쌍이 있는데, 누공된 뱀 모양 장식이 그 위에 있고, 또 짧은 기둥 형상短柱形 한 쌍이 돌기되어 있다. 복부의 바닥은 거의 평평한데, 세 개의 누공 발굽이 있고, 그 또한 뱀이 얽혀 있는 형태다.

잔의 안쪽에 명문이 있는데, 모두 2행 6자다. 원래의 행관에 맞게 판독하면 다음과 같다.

楚王酓

審之盞

'酓' 자가 초왕의 이름에 자주 보이는 '웅熊' 자에 상당한다는 점은 모두

익히 알고 있을 것이다. '심審' 자의 서사법은 서
주 시기의 ㅇ사위정과 간지만 구성 요소로 들
어간 '口'를 '曰'로 고쳐 썼을 뿐이다.

초왕 웅심은 곧 초 공왕共王이다. 『춘추』 경전
과 『사기』 「초세가」 등의 기록에 의하면, 공왕은
장왕莊王의 아들로, 11살에 즉위해 31년간 재위
하고 죽었다. 그가 재위한 해는 노 성공成公 원
년에서 양공 13년 곧 기원전 590년부터 기원전

도판 14

560년까지다. 공왕의 이름은 『춘추』 양공 13년과 『사기』 「십이제후연표十二
諸侯年表」 및 「초세가」에 모두 '심審'으로 기록되어 있다. 다만 『국어』 「초어 상」
에는 '잠箴'(혹은 '잠箴')으로 되어 있다. '심' 자의 고음은 '서모침부書母侵部'이고
'잠' 자는 '장모침부章母侵部'로 [심 자와 '잠' 자는] 서로 비슷하다. 명문을 통해
알 수 있듯 공왕의 원래 이름은 '심'이고, '잠'은 가차자다.

과거 저록에 보면, 초왕금종楚王領鐘이 있는데, 천명자 선생은 상청쭤商承祚
선생의 『장사고물문견기長沙古物聞見記』의 서문에서 이를 초 공왕으로 보았다.
"'금今'과 '함咸'의 고음이 상동相同"하기 때문으로, 저우파가오周法高 씨의 『금문
영석金文零釋』의 설 또한 그와 같고, 적잖은 저작에서 모두 그 설을 따랐다. 현
재 잔의 명문이 발견됨에 따라 이 설은 부정될 수밖에 없다.

잔 명문의 가장 마지막 글자는 왕자신잔개王子申盞蓋 등에 보인 적이 있다.
[청대] 방준익方濬益은 이 글자를 이미 "우盂의 이체자別體異文"로 해석했다. 글
자 윗부분의 구성 요소에 대해, 일본의 다카다 다다치카高田忠周는 곧 "朿"
자로 "朿"는 또 "釪(우)"라고도 쓴다"라고 했는데, 일리가 있는 말이다. 따라

서 마지막 글자의 윗부분은 '朱' 자의 다른 형태일 것이다.

다들 알다시피, 왕자신잔개 또한 초나라 기물로, ㄱ 명문은 다음과 같다.

王子申作嘉芉盞盉, 其眉壽無期, 永保用之.

청나라 때 이 기물을 소장했던 완원阮元은 이미 다음과 같이 지적한 바 있다.

"이 기물의 형태는 대敦의 덮개 같은데, 명문에 의하면 '잔盞'이라 한다. (…) 『옥편玉篇』에 이르길, '안잔盞殟은 큰 우盂다'라고 했고, 『광아廣雅』에서는 안잔과 대敦, 완椀을 모두 우로 해석했다. 이 글자도 곧 殟자다." 그에 의하면, 잔은 곧 안잔으로, 우와 같지만 이름만 다른 것이다. 따라서 초나라 명문에서 혹 잔이라 하고 혹 우라 하기도 하고, 또 합쳐서 잔우盞盂라 하기도 한다. 1976년 후베이성 수이현 이디강義地崗에서 출토된 잔은 '행잔行盞'임이 자명하다. 청동기의 '우'는 여러 형체와 용도를 가진 많은 기물을 포괄하기 때문에 이 기종에 대해서는 '잔'이라 하는 것이 나을 듯하다.

잔의 형체와 특징에 관해서는 청신런程欣人과 류빈후이劉彬徽 동지가 「고잔소의古盞小議」(『강한고고江漢考古』 1983년 제1기)에서 상술하면서, 아울러 장링 웨산岳山, 이청宜城 뤄자산駱家山, 당양當陽 자오자호趙家湖, 샹양襄陽 위강余崗, 시 촨 샤쓰, 황촨潢川 가오다오창高稻場 등지에서 출토된 실례를 들기도 했다.(명문은 없다.) 이 잔들은 대부분 초묘 혹은 초 문화의 영향을 받은 곳에서 출토된 것이다.

초왕웅심잔楚王酓審盞의 연대에 대해서는 왕자신잔개와 대조를 통해 좀 더 정확한 추측이 가능할 듯하다.

왕자신잔개의 주인에 대해서는, 완원의 『적고재종정이기관지積古齋鐘鼎彝器款識』부터 대체로 초 평왕의 아들 왕자 영윤자서令尹子西로 보고 있다. 완원은 다음과 같이 말했다. "초왕자 가운데 '신申'이라는 이름은 『좌전』에 두 번 보인다. 하나는 공왕의 우사마右司馬로, 성공成公 6년 조에 신과 식息의 군대로 채蔡를 구했다는 것이고, 다른 하나는 평왕의 서자 가운데 첫째로 자는 자서 즉 초나라를 소왕昭王에게 양위하고 영윤令尹이 된 자다. 이 전문篆文의 수려함과 비교적 긴 구조는 초증후종楚曾侯鐘과 같다. 증후종은 초 혜왕의 기물로, 자서가 소왕과 혜왕의 재상을 지낸 것을 통해 이것은 곧 자서의 기물로 판단할 수 있다." 최근 리링은 "완원은 이것을 뒤의 왕자 신申의 기물로 판단했는데, 시대가 조금 늦은 감이 있는 것 같다. 이 기물에 장식된 수엽문垂葉紋[나뭇잎이 드리운 문양]은 춘추 중기에 유행하던 문식이고, 글자체는 샤쓰 M2 왕손고종王孫誥鐘과 비슷하다. 문식과 글자체를 놓고 볼 때, 공왕 시기로 보는 것이 더 적합하다"라고 했다.

『양뢰헌이기도석兩罍軒彝器圖釋』에 수록된 왕자신잔개의 형체를 자세히 보면, 초왕웅신잔의 덮개와 차이가 있다. 왕자신잔개는 비교적 소박해, 손잡이에 누공이 조금 있기는 하지만 꼭지가 없고, 덮개 테두리와 덮개가 명확히 각지게 꺾여 있다. 이와 가장 비슷한 것이 바로 당양 자오자호에서 출토된 것이고 그다음이 장링 웨산에서 출토된 것인데, 후자의 덮개에는 이미 '꼭지'가 나타나 있다. 이 두 점의 잔은 모두 춘추 중기의 것인데, 특히 자오자호에서 출토된 것은 분기상의 위치가 아주 명확하다. 따라서 왕자신잔개는 초 공왕 시기 우사마를 지낸 사람으로 볼 수밖에 없다.

초 공왕 시기의 공자 신은 『춘추』 경전에 모두 6번 보인다. 그가 활동했던 시기는 초 공왕 초기다. 이를 통해 쉽게 미루어 알 수 있듯이, 형체로 볼 때, 왕자신잔보다 늦을 수밖에 없는 초왕웅심잔은 분명 공왕 후기에 만들어진 것이다.

특히 주목할 것은 초왕웅심잔의 형체와 풍격이 시촨 샤쓰 1호묘에서 출토된 잔 M1:48과 아주 비슷하다는 점이다. 이 점은 시촨 샤쓰 묘장군의 연대를 파악하는 데 아주 중요한 열쇠로, 현재 논쟁 중인 문제를 해결해줄 만한 것이다.

모두 기억하듯이, 시촨 샤쓰의 춘추 시기 초묘군이 모두 5곳 있는데, 그중 규모가 가장 큰 것이 세번째 묘군이다. 이 묘군은 2호묘를 주묘로 하고 그 남북 양면으로 대형 배장묘인 1호묘 및 3호묘와 중형 배장묘인 4호묘가 있으며, 서북쪽 전면에는 또 소형 배장묘가 있고, 서쪽에는 대형 거마갱이 있다. 주묘인 2호묘에서 출토된 가장 중요한 청동기가 바로 일군의 왕자오정王子午鼎으로 정의 덮개에는 또 '倗(붕)'이라는 명문이 있어서, 리링은 이를 위자풍潏子馮으로 보았다.

샤쓰 1호묘의 청동기는 개별적 사례 외에 그 풍격이 모두 똑같은 세트를 이루고 있다. 게다가 많은 청동기에 '倗(붕)'이라는 명문이 있다. 묘에서 나온 옥기에도 청동기와 유사한 복잡하고 화려한 문식이 있다. 이는 이 순장품이 기본적으로 같은 연대라는 것을 설명해준다. 잔은 그 가운데 하나에 불과하다. 영윤 자경子庚이 죽은 해는 공왕이 죽은 해와 8년 차이가 나고, 위자풍이 죽은 해는 공왕의 죽은 해와 12년밖에 차이가 안 난다. 따라서 이들의 기물이 공왕 시기 기물의 풍격과 일치하는 점은 당연한 것이라 할 수 있다.

그들을 위해 배장된 가족들은 그들이 가지고 있던 기물들을 부장했기 때문에 사쓰 1호묘뿐 아니라 3호묘에서도 유사한 잔이 출토된 것이다 이러한 자료들을 놓고 볼 때, '倗(붕)'을 위자풍으로 보는 것이 그래도 가장 합리적인 견해로 보인다.

샤쓰 청동기의 특색 가운데 하나가 바로 실납법으로 주조하는 기술을 사용했다는 것이다. 보도에 의하면 2호묘의 금禁, 1호묘의 정, M1:55, 1호묘와 3호묘의 잔 모두 감정 결과 실납법을 사용한 것으로 밝혀졌다. 그중 잔의 귀와 발, 손잡이는 실납법으로 미리 주조된 부속품이었다. 초왕웅심잔의 손잡이·귀·발의 형체가 복잡한 것은 상술한 두 잔과 완전히 같기 때문에, 그것들이 실납법으로 주조된 사실을 어렵지 않게 추측할 수 있다. 샤쓰에서 출토된 여러 청동기는 이미 중국에서 실납법 주조를 사용한 청동기 가운데 가장 오래된 것으로 공인되었지만 그 청동기 자체에 명문이 없어서, 묘장의 주인이 누군지에 대해서는 아직 논쟁 중이고 그 절대연대 또한 지금까지 정설이 없는 실정이다. 그런데 지금 초왕웅심잔이 나타남에 따라 문제는 보다 명확해졌다. 필자는 안심하고 말할 수 있다. 중국에서는 늦어도 기원전 560년에 이미 숙련된 실납법 주조 기술을 운용하고 있었다고 말이다.

고
경
의
인
연

외부에서 발견된 중국의 고경古鏡[옛 거울]은 고대 중외 문화 전파·교류의 중
요한 증거로 계속해서 학계의 중시를 받아왔다. 최근 홍콩중문대학 라오쭝
이 선생이 제기했듯, 사람들이 이야기하는 '실크로드'는 사실 어떤 특정한
생산품의 전파를 가지고 문화 교류를 나타낸 것으로, '동경로드銅鏡之路' 또
한 마찬가지로 중요한 것이다.

중국의 고경이 발견된 수량만 놓고 보면, 일본이 첫번째로 꼽힌다. 필자
는 「비교고고학수필比較考古學隨筆」에서 말한 대로, 일본에서 중국의 고경이
출토된 지점은 전한시대의 거울만 따져도 50곳이 넘는다. 이 지점들은 대부
분 규슈九州에 있고, 혼슈本州와 시코쿠四國에도 더러 존재한다. 그 가운데 최
북단은 혼슈의 중부 지역이다. 출토 지점이 가장 밀집된 곳은 규슈 서북부
후쿠오카현福岡縣과 사가현佐賀縣으로, 전한 동경의 수량이 가장 많이 발견된

세 지점은 모두 후쿠오카현에 있다. 곧 이토시마군系島郡 마에바루초前原町 미구모미나미쇼오지二雲南小路, 스구須玖 오카모토초岡本町 D지점, 이즈카시飯塚市 다테이와호타立岩堀田다. 다테이와호타의 발굴은 비교적 늦지만 보고서가 상세하고 중일 학술 교류와도 밀접한 관계가 있어 여기서 자세히 소개하고 토론할 가치가 있다.

이즈카시는 후쿠오카현의 중앙에 있어, 가마천嘉麻川과 호나미천穗波川이 이곳에서 온가천遠賀川으로 합쳐지고, 다테이는 시 북쪽에 있다. 이곳은 낮고 평평한 구릉지대로, 조몬시대繩文時代에 이미 사람들의 거주지가 있었고, 야요이시대彌生時代의 문화 유적은 더욱 풍부하다. 일찍이 1933년 다테이와호타 동쪽으로 멀지 않은 곳에 있는 시립운동장에서 야요이시대의 옹관묘甕棺墓가 발견되었다. 그 후, 또 이 일대에서 동시대의 석기 수공업장作坊 유적이 발견되어 이곳은 유명한 고고 유적이 되었다.

1959년, 와호타의 오타양계장太田種鷄場 서남부에서 흙을 파내는 공사를 하다가 석개옹관묘石蓋甕棺墓 2기가 발견되었다. 훗날 이 무덤은 이 일대의 규모가 비교적 큰 옹관묘군의 일부분으로 알려졌다. 1963년 5월 양계장 서쪽에서 공사를 하다가 또 벼랑 쪽에서 옹관 하나가 나타나자, 고고학자들을 요청해 그 옹관을 정리하게 했다. 이것이 바로 그 유명한 10호 옹관묘다. 묘에서는 심상찮게 정교한 전한 동경이 6매나 출토되었다. 이어 같은 해 6월 상순 제1차 발굴 중에 또 28호 옹관묘에서 전한 동경 1매가 출토되었다.

그때 마침 중국 학자 방문단이 규슈를 방문하고 있었는데, 그중에는 장유위張友漁, 장룽지江隆基, 허우와이루, 샤나이, 유궈언游國恩 선생 등이 있었다. 그들은 규슈대학 문학부에 있다가 이 학교 고고학연구실·중국문학연구실의 학자들과 함께 상술한 7매의 동경에 있는 명문을 판독했고, 메가다 마코토目加田誠 선생의 교정을 거쳐 『후쿠오카현 이즈카시 이와이 유적에서 발견된 전한 거울 및 그 명문福岡縣飯塚市立岩遺跡發見的前漢鏡及其銘文』이라는 제목으로 소책자를 출판했다.

일본 학자들은 1963년 6월 중순 제2차 발굴을 진행했고, 1965년 3월 하순에 또 제3차 발굴을 시작했으며, 최종적으로 1977년 『이와이유적立岩遺跡』이라는 발굴 보고를 출판했다. 보고서에 의하면, 옹관묘 40기, 토광묘土壙墓 2기, 대상수혈袋狀竪穴 26기를 발굴했다. 1979년 이후, 다테이 주위의 유적에 대한 조사를 진행하면서 또 시대가 비슷한 유적들을 발굴하기도 했다.

1978년부터, 이즈카시에서는 여러 차례 전한의 고도가 있는 시안시에 방문단을 파견했다. 1981년, 이즈카시역사자료관이 건설되면서, 전한 동경을 중심으로 한 다테이와호타 발굴 성과를 전시했다. 개관 기념으로 특별히 '중화인민공화국 시안 출토 한대 문물전'을 거행했고, 시안시 시장이 쓴 시비詩碑를 세우기도 했다.

종합해보면, 다테이와호타 옹관묘군에서는 모두 10매의 전한 동경이 발견되었다. 10호 옹관묘에서 나온 6매 외에도, 28호, 34호, 35호, 39호 옹관묘에서 전한 동경이 1매씩 출토되었다. 이 다섯 묘는 모두 석개단옹관石蓋單甕棺으로 같은 시기에 속한다. 구체적 상황에 대해서는 요점만 서술하겠다.

가장 중요한 10호 옹관묘에서는 인골人骨은 남아 있지 않았지만, 동모銅矛, 철모鐵矛, 철사鐵鉈가 1점씩 부장되어 있었다. 이를 미루어 보건대 묘주는 원래 남성이었을 것이다. 그 밖에, 관 밑바닥과 가까운 곳에서 숫돌 2개가 나왔다. 6매의 동경은 좌우 양측에 나뉘어 놓여 있었다. 우측에는 1호 연호일

유희경連弧日有喜鏡, 2호 중권정청백경重圈精淸白鏡, 3호 중권청백경重圈淸白鏡이 있었고, 죄측에는 4호 연호일유희경, 5호 연호청백경連弧淸白鏡, 6호 중권교광경重圈皎光鏡이 있었다. 출토될 때 거울의 면은 모두 위를 향하고 있었는데, 어떤 장례 습속을 지니고 있었음이 분명하다.

1호와 4호 두 연호일유희경은 아주 비슷하지만, 1호경이 직경 15.6센티미터로 비교적 작은 편이고 완전하게 보존되어 있다. 4호경은 여기서 출토된 것 가운데 가장 큰 것으로 직경이 18.2센티미터지만 이미 파손되어서 출토 이후에 복원했다. 1호경(도판 15)의 명문은 다음과 같다.

> 日有喜, 月有富, 樂毋事, 常得〔意〕, 美人會, 芋(竽)瑟侍. 賈市程, 萬物正, 老復丁, 死復生, 醉不知, 醒旦星(醒).
> 날마다 기쁨이 있고, 달마다 부유하리라. 별 탈 없이 즐겁고, 항상 뜻을 얻으리라. 미인이 모여서 피리와 비파로 시중들리라. 시장에 법도가 서니, 만물을 올바르게 사고 팔리라. 늙은이는 다시 젊어지고, 죽은 이는 다시 살아나리라. 취한 줄도 모르다가 아침에 숙취에서 깨어나리라.

'意(의)' 자는 원래 없었는데 4호경에 근거해 보충했다. 4호경 명문은 기본적으로 똑같지만, 명문 말미가 조금 생략되어 "醉不知乎程醒(취부지호정정)"으로 되어 있다.

일유희경은 과거 저록에서 많이 보이던 것이지만, 명문은 다테이에서 출토된 것과 차이가 있다. 예컨대 뤄전위羅振玉의 『고경도록古鏡圖錄』에 수록된 것을 보자.

日有憙(喜), 月有富, 樂毋事, 宜酒食. 居必安, 毋憂患, 芋(竽)瑟侍, 心志驩, 樂巳茂, 固常然.

날마다 기쁨이 있고, 달마다 부유하리라. 별 탈 없이 즐겁고, 술과 음식이 흡족하리라. 거처는 반드시 편안하고, 근심 걱정이 없으리라. 피리와 비파로 시중드니, 마음과 뜻이 즐거우리라. 즐거움이 벌써 가득하니, 진실로 언제나 이러하리라.

이 또한 세 글자가 한 구를 이루고 있지만, 다테이에서 출토된 경의 명문과 같은 것은 네 구절에 불과하다.

2호경과 3호경 모두 중권청백경으로, 2호경은 직경이 17.8센티미터이고 3호경은 직경이 15.4센티미터로, 모두 복원된 것이다. 3호경(도판 16)의 명문은 다음과 같다.

(바깥쪽) 絜清白而事君, 惋(怨)汚驩之弇明, 俊(煥)玄錫之流澤, 忘(마땅히 '恐'이어야 한다)〔疏〕遠而日忘, 愼糜美之窮嘻, 外承驩之可日＋兌晄(悅), 慕窔(窈)兆(窕)之靈景, 原永思而毋絶.

깨끗하고 청백하게 그대를 섬기려 하나, 원통하게도 거울에 붙은 오물이 밝음을 가리네. 검은 주석(청동)의 흐르는 빛이 밝게 빛나더라도, 서로 소원해져 나날이 잊힐까 두렵네. 아름다움을 끝까지 즐기는 일에 신중하다가, 눈길 받아 기뻐하는 일 밖에서 지냈네. 아리땁고 영묘한 모습 사모해주시고, 영원히 생각하며 헤어지지 않기를 바라네.

(안쪽) 內清質以昭明, 光輝象夫日月, 心忽穆而原(願)〔忠〕, 然雍(壅)塞而

도판 15   도판 16

不泄.

안으로 맑은 바탕으로 밝게 비추니, 그 빛이 저 해와 달 같네. 마음이 갑자기 숙연해지며 충성을 바치고 싶지만, 꽉꽉 막힌 이 마음 풀 수가 없네.

　글자체는 비교적 크다. 2호경의 문자는 비교적 작고, 바깥쪽의 명문은 적잖이 생략되어 있다. 곧 '驪' 자가 없으며, 하반구는 "美, 外承之可兒, 交景, 而毋絕"로 되어 있어, 끊어 읽기가 어렵다. 이는 이러한 동경 명문 가운데 자주 보이는 현상이다. 이 밖에 안쪽 명문의 맨 끝 글자인 '泄'은 3호경에서는 '曳'라는 통가자로 되어 있다.

　5호경 명문은 2·3호경의 바깥쪽과 같지만, '怨汚(원오)' 아래에 '心'을 구성 요소로 하는 글자가 있고, '煥'은 '之'로 잘못 들어가 있으며, 하반구 또한 비교적 많이 생략되어 있다. 명문 말미에는 "淸光咸宜" 네 글자가 더해져 있다. 이 연호청백경은 직경이 18센티미터로 형체가 비교적 크지만 두 개로

의고시대를 걸어 나오며

쪼개져 있다.

6호경은 중권교광경으로 직경은 15.9센티미터이며 역시 복원된 것이다. 그 안쪽 명문은 2·3호경의 안쪽 명문과 같고, 바깥쪽 명문은 다음과 같다.

姚皎光而燿美, 挾佳都而承閒, 懷驩(歡)察而惟予(紓), 愛存神而不遷, 得乎幷執(勢)而不衰, 淸照析晰分.

아리땁고 밝은 빛이 곱게 빛나니, 아름다운 도성에 살며 한가로움 얻었네. 보살핌 생각하며 마음을 풀고, 사랑을 마음에 새겨 변하지 않으리. 그 세력에 의지하며 쇠락하지 않으니, 맑고 밝게 사방을 비춰주네.

이러한 동경은 과거 저록에서도 드물게 보이는 것이었지만 최근 계속해서 출토되고 있다. 이즈카시 역사자료관에서 편찬한 『시안 출토 한대 문물전西安出土漢代文物展』 도록에서는 시안 홍칭춘紅慶村에서 출토된 1점을 인용하기도 했다. 우리는 또 1975년 후난성 창사 기차역(『고문자연구』 제14집, 저우스룽 글, 부도附圖 32)에서 출토된 것과 1985년 산둥성 주청諸城 양자좡쯔楊家莊子(『고고考古』 1987년 제9기 제성박물관諸城博物館 글, 도圖 5)에서 발굴된 것을 사례로 들 수 있다. 이 여러 동경을 서로 대조해본 결과, 명문의 맨 마지막 구절의 완정한 형식은 "淸照晰而侍君(맑고 밝게 비추며 그대를 모시리)"임을 알 수 있었다.

다테이와호타 28호 옹관묘의 묘주는 묘에서 다량의 유리구슬琉璃珠과 잘 꿰어진 머리 장식이 발견된 것으로 보아 분명 여자였을 것이다. 부장품에 병기는 없었지만 작은 환수도環首刀[고리칼]가 있었다. 여기서 출토된 7호경은 중권소명경重圈昭明鏡으로 직경은 9.8센티미터이며, 명문은 2·3호경의 안쪽과 같지만, '穆' 자와 '然' 자가 생략되었다.

34호 옹관묘의 인골은 7 보존 상태가 가장 좋다. 이 인골은 성년 남성으로 다리가 굽혀진 채로 위를 향해 누워 있고, 오른쪽 팔뚝에는 팔찌를 14매 차고 있었고, 복부에는 철과鐵戈가 가로놓여 있었다. 여기서 출토된 9호경은 연호일광경連弧日光鏡으로 형체가 아주 작아 직경이 4.9센티미터에 불과하다. "見日之光, 天下大明(태양의 빛을 보니, 천하가 크게 밝아지네)"라는 명문이 있는데, 글자체는 상당히 간략하다.

35호 옹관묘의 묘주는 성년 남성으로, 우측에 철과와 철검이 하나씩 있었다. 왼쪽 팔뚝 옆에서 8호경이 나왔는데, 연호청백경으로 직경은 18.05센티미터였고, 명문은 2·3호경의 바깥쪽과 같지만, 생략되고 빠진 것이 비교적 많다.

39호 옹관묘의 묘주 또한 성년 남자로 다리가 굽혀진 채로 누워 있었다. 그 우측에는 철검鐵劍 1자루가 놓여 있었다. 10호경은 묘주 머리의 우측에서 나왔는데, 중권구불상견경重圈久不相見鏡으로 직경은 7.2센티미터에 "久不相見, 長毋相忘(오랫동안 서로 보지 못하지만, 길이 서로 잊지 말기를)"이라는 명문이 있지만, 글자 또한 대충 넣은 듯하다.

다테이에서 출토된 10점 동경은 각 방면의 특징이 모두 중국에서 출토된 전한 후기의 동경과 일치한다는 점에서 중국으로부터 전래되었다는 것에는 의심의 여지가 없다. 함께 출토된 옹관묘군의 유리 기물은 분석에 의하면 연패유리鉛鎮琉璃[납과 바륨으로 만든 유리]로 중국 유리의 특징을 띠고 있다. 일본 학자는 이를 근거로 동경과 유리의 원료는 모두 중국에서 수입된 것으로 여겼다.

동경이 도대체 중국의 어느 지역에서 전파된 것인지 또한 아주 흥미로운 문제다. 어떤 학자는 한나라 수도 장안에서 근원한 것이라고 주장하기도 했지만 그 명확한 증거는 없는 것 같다. 최소한 동경 자체만 놓고 보더라도 이렇게 미루어 보기가 어렵다. 예컨대, 중권교광경은 많이 보이지 않는 것이지만 앞서 말한 바와 같이 시안 외에 창사 주청 등에서도 발견된 것을 통해 아주 광범위하게 분포되어 있음을 볼 수 있다. 다테이 동경 가운데 연호일 유희경만이 가장 특색 있는 것이라 할 수 있는데, 중국의 어떤 지점에서 이와 완전히 같은 동경이 출토된다면 다테이 동경의 내원來源 문제를 해결할 실마리를 제공해줄 수 있지 않을까 생각된다.

다테이와호타에서의 동경 10점의 발견은 전한 후기 중일 문화 교류 노선이 이미 활발했음을 강력히 증명해준다. 이 동경이 출토되고 난 후, 중일 양국 학자들은 동경의 명문을 공동으로 판독했고, 동경이 진열된 이즈카시 역사자료실을 제막할 때에는 시안 한대 문물을 전시하기도 했다. 이는 중일 양국의 문화 교류가 지금까지도 계속해서 발전하고 있음을 보여준다. 2000년간의 옛 동경의 인연, 이는 중일 인민 관계사史의 미담이라 이를 수 있겠다.

아프가니스탄 시바르간에서 출토된 한나라 동경

1978년 아프가니스탄과 소련 학자들이 연합으로 고고발굴단을 구성해 아프가니스탄 북부의 시바르간Shibarghan에서 한 묘장군을 발굴했다. 그곳에서 진귀한 문물이 다량 출토되었는데, 그중 가장 돋보이는 것은 황금제품制品이었다. 1979년부터 관련 소식이 전해지기 시작하자 국제적으로 많은 학자의 주의와 토론을 이끌어냈다. 보도에 의하면, 묘장이 소재한 유적지는 틸리아 테페Tillya Tepe로, 시바르간 동북쪽 약 5킬로미터 지점에 위치한 곳이다. 이 묘장의 연대는 기원전 1세기에서 서기 1세기경으로 추정되는데, 곧 이는 중국의 양한 교체기 즈음이므로 쿠샨貴霜 왕조에 속할 수도 있다. 시바르간 묘장은 고대 중외관계 연구에 분명 아주 중요한 유적으로, 특히 묘장에서 출토된 중국의 동경은 아주 진귀한 가치가 있다. 최근 어떤 학자가 이미 이 묘장의 상황에 대해 훌륭한 소개를 한 바 있다.[1]

의고시대를 걸어 나오며

그 학자는 시바르간 묘장에 관해서 다음처럼 소개했다. "2호묘·3호묘와 6호묘에서 모두 동경과 은경銀鏡이 발견되었는데, [그것들은] 보통 묘주의 가슴팍에 놓여 있던 것으로 보아 당시 일종의 종교상의 의미가 있었던 것으로 상상해볼 수 있다." 또 동경에 대해서는 "동경은 한자 명문이 있는데 형체로 볼 때 또한 한나라의 동경과 같다. 중국에서 수입한 공예품이 분명하다."[2] 『문물천지』 1991년 제6기 표지 도판에 3호묘에서 출토된 동경의 사진이 실렸는데, 이를 "전한소명경西漢昭明鏡"이라 일컬었다. 과거 필자는 이 동경의 컬러 사진을 보고,[3] 동경의 명문을 판독하려 했지만, 몇 번을 반복해 관찰해보아도 글자를 식별해낼 수 없었다.[4] 이후 동경의 다른 사진을 가지고 참조한 결과 이 명문 자체가 아주 드물게 보이는 것임을 알 수 있었다. 지금이 글을 통해 필자의 의견을 제시해 이 동경의 발견에 관심을 가진 독자들에게 참고자료로 제공하려 한다.

이 시바르간 동경은 직경 17센티미터에, 반원형의 꼭지가 있고, 둥근 꼭지자리圓鈕座는 열두 연주문으로 장식되어 있으며, 여덟 개로 이어진 활 모양 장식으로 둘러쳐져 있고, 가장자리는 평평하다. 명문이 한 바퀴 둘러 있는데, 모두 34자다. 동경의 유형은 연호문명문경連弧紋銘文鏡에 속한다.[5] 명문의 자체는 일종의 방정한 서체로, 일본의 히구치 다카야스樋口隆康가 말한 '흑체자黑體字(Gothic)'다. 이와 같은 유형과 글자체를 가진 동경은 전한 후기에 유행했다. 이른바 '소명경'은 곧 명문에 "內淸質以昭明(내청질이소명)"으로 시작하는 구절이 있는 동경으로, 형체상으로 확실히 시바르간 동경과 같지만 시바르간 동경에는 '昭明(소명)'이라는 글자가 보이지 않는다.

시바르간 동경의 명문은 동경의 명문을 전문적으로 논하는 학자들 예컨대 뤄전위의 『한양경이래경명집록漢兩京以來鏡銘集錄』[6]에도 수록되어 있지 않다. 대개 이런 명문이 있는 동경이 아주 적었고 또 그 판독이 어려웠기 때문일 것이다. 필자는 이와 같은 명문이 있는 동경을 딱 하나 찾을 수 있었다. 청 정부가 편찬한 『영수감고寧壽鑒古』 제15권 15~16쪽에 '한명광감일漢明光鑒一'[7] 이라는 것이 있는데, 그 형체가 시바르간에서 출토된 것과 같았다. 이 책에 서는 다음과 같이 말하고 있다.

> 직경 5촌 8분, 무게 21량 반. 뒷면은 능화형菱花形[마름꽃 문양]인데, 유乳 12개가 있고, 가장자리와 코에는 문양이 없다. 명문 36자가 있는데, 글 자는 전체를 알아보기가 어렵고 그 뜻도 이해하기 아주 어렵다.

『영수감고』는 시바르간 동경의 도형을 수록했을 뿐 아니라 명문의 모본 도 부기했다. 그중 몇 글자는 이미 녹이 엉겨 있거나 희미해 모사해낼 수 없 었다. 그 판독문은 다음과 같다.

> 心污結而捐愁明知非不可久ロロ所ロ不能ロ君忘忘而光志兮ロ使心ロ者其 不可盡行.

시바르간 동경의 명문보다 두 글자가 더 있다. 『영수감고』 판독문이라는 비교적 좋은 기초 자료를 가지고, 시바르간 동경의 명문과 서로 비교해보면 명문의 문자를 보충하고 교정할 수 있다.

동경의 명문은 확실히 "心污結(심오결)"이라는 구절로 시작된다. '污(오)'는

'闕(알)'로 읽는데, '闕結(알결)'의 뜻은 '鬱結(울결)'의 뜻과 같다.

'捐(연)' 자는 '挹(읍)'으로 판독하고 '挹(읍)'으로 읽는다. '挹(읍)'은 『설문해자』에 '편안치 못한 것이다_{不安也}'라고 일렀고, 『대대예기』 「증자입사_{曾子立事}」 주에서 '挹挹(읍읍)'을 '근심이다_{憂念也}'라 했다. 따라서 '挹愁(읍수)'의 뜻은 '우수_{憂愁}'다.

"明知非不可久(명지비불가구)" 구절은 시바르간 동경에 "明知非而可久(명지비이가구)"라고 되어 있다. 두 동경마다 각각 한 글자씩 생략된 것으로 보이는데, 원래는 분명 "明知非而不可久(명지비이불가구)"이었을 것이다.

'□□所□不能□(□□소□불능□)' 구절을 보면, 『영수감고』 경의 첫 글자는 '更(경)' 자처럼 보이고, 두번째 글자는 결자_{缺字}다. 시바르간 동경에서는 이 두 글자의 위치에 한 글자만 들어가 있는데 필획이 분명치 않다. '所(소)' 자 다음 글자는 『영수감고』 경에는 '貛(환)' 자로 보이는데, 시바르간 동경에는 빠져 있다. 이 구절의 맨 마지막 글자는 시바르간 동경에 아주 분명하게 '已(이)' 자로 되어 있다.

'光志(광지)'의 '光(광)' 자는 시바르간 동경에 의하면 마땅히 '失(실)' 자로 판독해야 한다. 위의 '忘忘(망망)'과 의미상 호응된다.

'兮(혜)'의 다음 글자는 '爰(원)' 자 같다. '心(심)'의 다음 글자는 '夬(앙)' 자 같은데, 이를 '怏(앙)'으로 읽는다. '怏(앙)'은 『창힐편_{蒼頡篇}』에 '원망하다_{懟也}'라고 했다.

앞에서 논의한 것을 근거로 동경 명문을 다음처럼 판독해볼 수 있다. 시바르간 동경에 없는 글자는 〔 〕로 표시했다.

心汚(闕)結而挹(悒)愁, 明知非而〔不〕可久, 〔更〕ㅁ所〔驩(歡)〕不能已, 君忘忘而失志兮. 爰使心央(怏)者, 其不可盡行.

마음이 응어리져 우수가 쌓이나니, 잘못을 분명히 알고서 오래 지속해선 안 되리라. 더욱더 ㅁ 그 기쁨을 그만둘 수 없는데, 그대는 잊고 잊어 그 뜻조차 잃었네. 이에 마음으로 원망하는 일, 모두 행해서는 안 되리라.

명문에는 운韻이 있는데, '久(구)' '已(이)' '志(지)'는 '지부之部'로 운이 맞춰져 있고, '央(앙)' '行(행)'은 '양부陽部'로 운이 맞춰져 있다.

현재 이와 같은 동경 명문의 사례가 2건밖에 없기 때문에, 문자적으로는 여전히 모호한 부분이 있고 판독문도 완전히 타당하다고 할 수는 없지만, 대체적인 뜻은 명료해 보인다. 이는 여자의 입으로 부른 상사시想思詩로 근심스러운 생각에 괴로워하는 마음을 표현했고, 기쁘게 했던 정다운 마음을 그리워하고 있다. 명문에서 글자가 생략되는 현상은 한나라 동경에서 자주 보이는 것이다.

이 연호문명문경의 발견이 특이한 사례는 아니다. 유사한 한경이 서방 및 북방으로 전파된 예가 이미 과거에 적잖이 기록되어 있었다. 이 동경과 유형이 일치하는 사례만 들어서 논해보면, 가장 이른 사례는 1692년(청 강희 31년) 네덜란드인 니콜라스 빗선Nicolaes Witsen의 『북부 및 동부 타타르인Noord en Oost Tartaryen』에 기록된 것이다. 이 동경은 명문의 수가 줄어든 청백경淸白鏡이다.[8] 이 동경은 시베리아 베르호투르예Verkhoturye에서 멀지 않은 묘에서 출토되었다. 우메하라 스에지가 쓴 「고고학적으로 살펴본 한대 문물의 서점

考古學上より觀たる漢代文物の西漸」에서도 남南코카서스 블라디캅카스Vladikavkaz박물관에 소장된 연화경鉛華鏡이 기록되어 있는데,[9] 1923년 현지의 부이닉스크Buynaksk(또는 Temir-Khan-Shurá)에서 출토된 것이다. 히구치 다카야스의 『고경古鏡』에는 우즈베키스탄에서 출토된 '일유희' 동경 파편이 수록되어 있다.[10]

이 유형의 연호문경이 동방으로 전파된 것도 사람들의 이목을 집중시켰다. 예컨대, 앞 절에서 논한 1936년 일본 후쿠오카 이즈카시 다테이 10호 옹관묘에서 출토된 한나라 동경 6매 가운데 1호경과 4호경 모두 '일유희日有喜'경이었다.

이와 같은 현상은 이 유형의 연호문경의 대외 전파가 상당히 광범위했음을 설명해준다. 그 원인은 분명 이러한 동경이 유행했던 시기 중외 문화 교류가 상당히 빈번했기 때문이다. 아프가니스탄 시바르간에서 출토된 한나라 동경은 당시 [중외 문화] 교류의 또 하나의 증거다. 이런 문물은 장차 더욱 많이 발견될 것이라 믿는다.

한국 김해에서 출토된 전한 동정

한국 부산의 동의대학교 박물관 가야고분조사단이 다량의 문물을 발굴하는 수확을 올렸는데, 그중에는 명문이 있는 한대의 동정銅鼎도 있었다. 이는 아주 중요한 발견으로, 지금 필자가 본 것과 『동아일보』 1994년 1월 28일 자 기사 및 복사한 동정 사진을 가지고 짧게 논해보고자 한다. 많은 사람의 주의를 끌 수 있을 것이다.

동의대학교가 발굴한 것은 부산시 서북쪽에서 멀지 않은 김해의 가야 시대 분묘군이다. 출토된 유물만도 1000여 점이나 되는데 진귀한 유물이 자못 많았다. 일례로 수정목걸이는 아주 정교하다. 동정은 덮개가 유실되었고, 그 형체를 보면, 아가리가 있고, 귀 모양 손잡이耳가 붙어 있으며, 복부 위쪽에 한 가닥 현문[거문고 줄 문양]이 있고, 둥근 바닥에 발굽이 있는, 전한시대 정鼎의 전형적인 형체다.[1] 명문은 바깥쪽 외벽에 있었는데 가로로 곧게 새겨져 있었다. 한국의 지인들 덕에 자료를 볼 수 있었고, 또 운 좋게 명문에 대한 초보적 연구도 할 수 있었다.

정의 문자 중 일부는 녹에 덮여 있어서 아주 불분명했다. 사진을 자세하게 관찰했지만 여전히 완벽하게 식별해낼 수는 없었다. 그래도 시험 삼아 다음과 같이 판독해보았다.

西口宮鼎, 容一斗, 幷重十七斤七兩, 七.
서口궁정, 용량 1두, 아울러 무게 17근 7량, 7.

반드시 주지해야 할 것은, 여기서 '鼎, 容一斗, 幷重'과 '七兩, 七'만 정확하고, 나머지는 더 진일보한 논증을 기다려야 한다는 점이다.

명문의 격식은 전한 명문에 자주 보이는 것이다. 다음의 사례를 보자.

南皮侯家鼎, 容一斗, 重七斤三兩, 第二. (『漢金文錄』1. 22)
남피후가정, 용량 1두, 무게 7근 3량, 제2. (『한금문록』1. 22)

衛少主菅邑家鼎, 容五升, 重六斤, 第一. (『漢金文錄』1. 22)
위소주관읍가정, 용량 5승, 무게 7근, 제1. (『한금문록』1. 22)

菑川金鼎, 容一斗, 幷蓋重十六斤, 第六. (『漢金文錄』1. 23 器銘)
치천금정, 용량 1두, 덮개를 합친 무게 16근, 제6. (『한금문록』1. 23, 기명)

김해에서 출토된 명문의 맨 앞 세 글자는 정의 소유이고, '容一斗(용일두)'는 정의 용적, '幷重 (…) 七兩(병중 … 칠냥)'은 정의 중량(덮개를 포함)이며, 마지막의 '七(칠)'은 기물의 일련 번호임을 알 수 있다. 여기서 앞의 세 글자가 가장 중요한데, 이를 고증한 다음에 정이 어디서 왔는지를 설명할 수 있을 것이다.

이 정의 명문은 전서篆書의 필의筆意를 자못 띠고 있는데, 이는 정의 제작 시기가 비교적 이름을 나타내주는 것으로, 그 연대를 전한 초기에서 중기 전반으로 보는 것이 비교적 합리적이다. 물론 상세한 연구는 자료가 정식으로 발표된 다음에야 가능하다.

김해는 경상남도에 속하는, 한국 동남단 낙동강 하구 부근으로 대한해협을 사이에 두고 일본 규슈의 후쿠오카와 마주보고 있다. 과거, 한국 동남부에서는 전한의 동경이 출토된 바 있다. 일례로, 경상남도 창원 다호리茶戶里 1호분에서 전한 중기에 유행했던 성운경星雲鏡이 출토된 바 있는데, 일본 후쿠오카 가스가시春日市 스구 오카모토초에서 출토된 성운경 잔편殘片과 호응된다.[2] 이 밖에, 경주 서북 영천의 구릉에서 한나라 동경 3점과 방제품 11점이 발견되었는데, 한나라 동경은 연호문일광경連弧紋日光鏡으로 "見日之光, 天下大明(태양의 밝음을 보니, 천하가 크게 밝으리라)"[3]이라는 명문이 있었다. 일본 규슈에서 동경이 출토된 지점은 바로 후쿠오카와 사가 일대에 집중되어 있다.[4] 그러나 한국이든 일본이든 간에 이전까지 전한의 명문이 있는 청동 예기가 발견된 적은 없었다. 따라서 김해의 이 발견은 의심할 여지 없이 동아시아 각국의 고대 문화 교류 연구에 아주 중요한 실마리가 될 것이다.

역_力·뇌_耒와
외날따비_{踏鋤}

얼마 전 『고문자연구』에서 중앙민족학원_{中央民族學院} 왕형제_{王恒傑} 선생의 논문 「뇌_耒·역_力일기고_{耒·力一器考}」를 읽고 나서 이에 대한 흥미가 생겼다. 이 글에서 저자는 윈난 누장강_{怒江} 과 더훙_{德宏} 지역의 실지 조사를 근거로, 자신이 직접 보았던 여러 목제 원시 농기구를 가지고, 위싱우 선생이 '뇌_耒'와 '역_力'을 같은 종류의 농기구라 말한 것을 증명했고, 아울러 '力'보다 '耒가 늦고,● 耒는 나중에 보습_耜과 쟁기_犁로 발전되었다는 관점을 제기했다. 이렇게 민족 조사와 고고학과 고문자학이 하나로 융합된 연구는 많은 것을 깊이 생각하게 한다.

'力' 자는 본래 '耒'의 형태를 본 뜻 것이라는 설은 쉬중수 선생이 60년 전

●   이 절에서는 耒와 力의 문자학적 의미를 다루므로 耒와 力을 한자 그대로 노출한다.

에 발표한 명문名文「뇌사고耒耜考」에서 시작되었다.[2] 위싱우 선생의 더욱 상세한 연구는「釋耒」에 보이는데,[3] 양 선생은 그 논의를 잘 정리하면서 동시에 또 위 선생이 1983년에 제기한 두 보충 의견도 인용했다. "갑골문에서 '耒'와 '力'의 편방偏旁은 서로 교환이 가능하고, 두 글자는 본래 한 가지 사물을 대표하던 것이다. '耒'와 '力' 두 글자는 성운학聲韻學적으로 볼 때 같은 소리에서 파생된 것이다."

  몇 년 전 추시구이 선생은「갑골문에 보이는 상대 농업甲骨文中所見的商代農業」의 '역과 뇌力和耒' 절에서 조금 다른 견해를 제시했다.[4] 그는 "'力' 자가 원시 농업에서 식물을 파내거나 혹은 씨를 뿌릴 때 쓰는 끝이 날카로운 나무 자루에서 발전된 땅을 파는 공구로, 글자에 보면 발로 공구를 디딜 수 있는 횡목 같은 것이 짧게 드러나 있다"는 것에 동의하지만, '力'과 '耒'가 같은 종류의 농기구라는 점에는 동의하지 않았다. 그는 다음과 같이 말했다. "'耒'는 '力'과 성질이 비슷해 때때로 표의부호表意符號로는 통용될 수 있다. 예컨대, 갑골문의 '耤' 자는 '力' 자를 구성 요소로 삼는 경우도 있다. 그러나 이것은 '耒'와 '力'이 한 글자임을 결코 증명해주지는 못한다. '耒'와 '力' 두 글자 본래 발음의 자음은 같다고 해도, 옛날에는 운부[모음과 받침 부분]가 서로 달랐다('耒'는 '미부微部'에 속한다). '耒'와 '力'의 어음語音상 관계는, '耜(사)'와 '力(력)'의 용도상 관계만큼 밀접하지 못하다. 모양으로 보면, 力(력)·耜(사)·畗(삽)은 한 계통으로, 나무 자루 형태의 원시 농기구에서 발전된 것이지만, 耒는 나무 가장귀로 만든 원시 농구에서 발전된 것이다." '耒' 자의 고음은 '래모미부來母微部'이고, '力' 자는 '래모직부來母職部'로, '직부'는 '지부之部'의 입성入聲이다. 이것이 추 선생의 근거였다.

'力' 자에 대해 학자들은 지금까지 모두 상형자로 여겼다. 『설문해자』에 이르길, [力은] "근筋이다. 사람의 힘줄을 상형한 것이다"[5]이라 했다. 그러나 사람의 힘줄이 어떻게 '力' 자 같은 형태가 되었는지는 설명하기 어렵다. [力에 대해] 서개徐鍇는 『설문해자계전說文解字繫傳』에서 "사람이 그 몸을 움츠려 힘을 강하게 쓰는 형태"[6]라고 해석했고, 단옥재는 『설문해자 주』에서 힘줄의 결을 형상한 것이라 했는데, 이 두 설은 견강부회한 측면이 역력하다. 따라서 린이광林義光은 『광원光源』에서 '사람의 힘줄을 형상한' 설을 버리고, [力은] '팔을 힘 있게 움직이는 모습을 상형한 것'이라 했다. 주대周代의 금문에서 '嘉(가)' 자와 '男(남)' 자 등을 구성하는 '力' 자는 종종 그 위에 손톱 '爪(조)' 자 형태의 구성 요소가 덧붙여 있는데, 이를 통해 '력'은 손으로 그 상단上端을 움켜잡을 수 있는 구체적인 물건으로, 힘줄의 결도 아니고, 몸을 움츠리거나 팔을 힘 있게 움직이는 것을 상형한 것도 아님을 알 수 있다.

『설문해자』는 '근筋' 자에 대해 '육체의 힘이다肉之力也'라고 하여, '力' 자와 호훈互訓된다고 말하고 있다. 이러한 해석의 장점은 '筋' 자를 가지고 '力' 자의 의의를 도출해낼 수 있다는 것이다. 사람의 힘줄은 근육의 힘이 있는 곳이기 때문에, '력' 자에는 '기력氣力' '역량力量' 등의 뜻이 들어 있다. 허신은 '筋(근)' 자를 분석하면서 "'力(역)' '肉(육)' '竹(죽)'을 구성 요소로 한다. '죽'은 사물 가운데 '근筋'이 많은 것이다"[7]라고 했다. 이러한 분석은 물론 정확하지 않은 것이다. 그러나 '力' 자가 육체와 관련이 있고, 게다가 힘을 모아야 하는 것은 분명하다.

필자는 양수다楊樹達 선생의 해석이 맞을 수 있다고 생각한다. 그는 「석력釋力」[8]에서 말하길, "내가 생각하기에, '力'은 사람의 갈비뼈가 가로로 열 지은 것을 상형한 것으로, 갈빗대 肋(륵) 자의 초문일 것이다. (…) '肉(육)' 자가 구성 요소로 들어가 '肋(륵)' 자가 되었는데, 이는 '云(운)'이 '雲(운)'이 되고, '臣(신)'이 '頤(이)'가 된 것과 같은 것으로, [肋은] '力'의 후기자後起字일 것이다." 그는 또 '脅(협)' 자를 해석하면서, "『설문해자』 13편 하下의 '협부劦部'에 이르길, '劦(협), 함께 힘을 쓰는 것으로, 세 "力(력)"을 구성 요소로 한다'라고 했다. '육부肉部'에 따로 '脅(협)' 자가 있는데, 이르길 '두 어깨로, "肉(육)"을 구성 요소로 하고 "劦(협)"이 소리 요소다'라고 했다. 나는 '劦' 자가 또한 '脅' 자의 초문이 아닌지 의심된다. (…) 허신은 '力(력)'과 '肋(륵)'을 두 글자로 보았고, 또 '劦'과 '脅'을 두 글자로 보았는데, 아마도 모두 잘못된 것인 듯하다." 이를 근거로 보면, '力'과 '劦'은 모두 상형자로, '力'은 갈비뼈 하나를 상형한 것이고, '劦'은 병렬된 갈비뼈 여러 개를 상형한 것이다. 이는 갑골문에 보이는 두 글자의 형상과 일치한다. 갈비뼈는 특별히 단단한 힘을 가진 뼈로, '力'이 지닌 비교적 늦은 시기의 의의도 마땅히 여기서부터 미루어 형성된 것이다.

갑골문의 '力' 자는 '⼒'으로,[9] 그 작은 가로획은 결코 필획이 굽는 곳에 자리하고 있지 않다. 이는 '耒' 자에 보이는 작은 가로획의 위치와 다르다. 따라서 '力'은 어쩌면 耒 종류 농기구의 횡목을 상형한 것이 아니라, 갈비뼈의 두꺼운 쪽을 표시한 것일 뿐이다. '力'이 '肋'의 초문이라는 것은 결코 力이 농업 공구와 어떤 관계가 있다는 것에 영향을 끼치지 않는다. 중국 상고 시기 사람들이 대척추 동물의 갈비뼈를 가지고 땅을 파는 공구로 사용했을 가능성도 상정해볼 수 있다. 이는 척추동물의 견갑골을 흙을 파던 공구로 이용했던 것과 같은 것으로(허무두의 '뼈보습骨耜'), 훗날에 이르러서야 "나무를 깎아서 보습耜을 만들고, 굽은 나무로 쟁기耒를 만들었다."[10] 이 설명은 왜 '耒'의 자루가 굽어 있는지를 충분히 설명해주는데, ['耒'은]민족 조사 중 보였던 끝이 뾰족한 나무 자루와는 달랐다. 갈비뼈는 굽어 있기 때문에, 그 두꺼운 쪽을 조금 가공하면 땅을 파는 도구로 충분히 사용할 수 있다. 이러한 생각이 고고 자료를 통해 증명되기를 바란다.

갑골문·금문의 '耒' 자를 통해 당시의 '耒'가 이미 비교적 발전해 있었음을 볼 수 있다. 그 하단下端은 뾰족하게 갈라져 있지만, 그 윗부분에서 바로 합쳐진다. 이러한 농기구가 어떻게 사용되었는지는 선학들이 이미 상세하게 논술한 바 있다. 갑골문의 '耕(耤)' 자는 "한 사람이 손으로 날이 둘인 耒를 잡고 발로 밟아서 흙을 파는 모습을 상형"[11]한 글자라는 것이 이미 학계의 공인을 받았지만, 사실 이 갑골문 편編에 보이는 사람의 발은 耒의 횡목을 밟고 있지 않기 때문에 있는 그대로 생동감 있게 상형했다고 할 수는 없다.

耒라는 공구는 후세에도 여전히 사용되었는데 중국에만 국한된 것은 아니었다. 이는 쉬중수 선생이 「뇌사고」에서 인용한 일본 소장의 '자일신서予日辛鋤'가 증명할 수 있다. 자일신서는 끝이 뾰족하게 갈라진 耒와는 차이가 있긴 하다. 실제로 끝이 뾰족하게 갈라진 耒와 같은 종류의 농기구는 한국에서 볼 수 있지만, 아직 학자에 의해 소개된 바가 없기에 아래에서 간단하게 서술해보겠다.

도판 17에서 보이는 방패형 청동기 탁본은 일본 나라현 현립 카시하라고고학연구소橿原考古學研究所 아즈마 우시오東潮와 사카이여자단기대학堺女子短期大學의 다나카 도시아키田中俊明 두 사람이 저술한 책에서 인용한 것이다.[12] 이 방패형 청동기는, 하단이 이미 파손되었는데, 한국 대전에서 출토된 기물로 기원전 3세기에서 기원전 2세기 초반의 것이라 한다. 기물 및 기물의 문식

은 모두 주조된 것으로, 그 상단은 지붕 모양을 하고 있는 듯하고, 6개의 작은 사각 천공이 있다. 양쪽 모두에 무양이 있는데, 한쪽은 운문이 가장자리를 장식하고 있고, 가운데 중앙에는 세즐문細櫛紋[가는 빗살무늬] 띠가 세로로 놓여 좌우 양쪽을 나누고 있다. 양측 모두 나뭇가지 형태의 문식이 있고, 나뭇가지 위에는 새가 한 마리 서 있다. 다른 한쪽 면은 즐문이 가장자리를 장식하고 있고, 중앙에는 또 즐문 띠가 세로로 놓여 있다. 그 좌측에는 말을 탄 사람 모양이 보이는데, 말을 탄 사람의 머리는 상투를 틀고 있고, 말머리 앞에는 항아리가 하나 있으며, 우측은 사람이 耒 종류의 농구를 밟고 있는 그림이 장식되어 있고, 아랫부분에도 어떤 그림이 있지만 이미 파손되어 알아볼 수는 없다. 농기구를 밟고 있는 사람의 머리에 아주 긴 우상[깃털 모양] 장식물이 아주 특이하다.

방패형 청동기에 새겨진 耒 종류의 농구를 밟고 있는 사람의 모습은 갑골문 '耕' 자의 구조와 비슷하지만, 사람이 두 다리를 앞뒤로 벌리고서, 앞발로 농구를 밟아 흙을 파내는 형상이 더욱 생동감 넘친다. 이는 이 농구의 사용 방법을 분명하게 보여준다. 또 耒 종류 농기구의 하단이 앞쪽으로 갈

도판 17

라져 뾰족하게 나왔고 또 상당히 길다는 것도 볼 수 있다.

이러한 농기구는, 아즈마 우시오와 다나카 도시아키 두 선생의 책에서 '夕ヒ'(답서踏鋤)라 칭해졌다. 이 책의 소개에 의하면, 한국 대전 한남대학박물관에 또 현대 답서[외날따비]의 실물이 소장되어 있는데, 그 형체가 방패형 청동기 그림에 보이는 것과 아주 유사한, 하단이 갈라져 뾰족하다고 한다. 이로 미루어 볼 때, 그림에 보이는 외날따비의 하단은 절대 판 모양이 아니라 갈라져서 뾰족하게 나온 耒 종류 농기구의 하단이다. 아즈마 우시오와 다나카 도시아키 두 선생의 말에 근거해보면, 방패형 청동기는 랴오닝에서 기원했다가 후에 랴오둥반도遼東半島를 거쳐 해로를 타고 한반도에 전래된 것이다.

우리는 그림 속의 외날따비 아래에 병렬된 평행선을 주목해야 한다. 이는 선형 밭고랑으로 구성된 밭의 형상이다.[13] 외날따비 끝의 밭고랑은 절반만 그렸는데, 이는 농부가 현재 갈고 있는 밭고랑을 표시한 것이다. 이와 같은 농기구의 성격과 기능은 여기에 남김없이 나타나 있기 때문에 앞으로 耒를 연구할 때 중요하게 참고할 만하다.

일본 이사와성 유적지에서 출토된 『고문효경』에 관한 논의

1988년 8~9월 사이, 필자는 일본도시연구회日本都市研究會(회장 고이 나오히로五井直弘 교수)의 초대로 중국사회과학원 역사연구소의 다른 네 학자와 함께 일본에 가서 일본 각지의 고대 도시 유적지와 관련 문화재를 참관했다. 9월 9일, 키시미즈현巖水縣 미즈사와시水澤市 이사와성膽澤城 유적지를 시찰하면서 최근 발견된 칠지漆紙 문서 『고문효경古文孝經』의 원본을 보게 되었는데, 생각지 못한 눈 호강에 감탄을 금치 못했다. 당시 나는 이렇게 말한 바 있다. 이 것은 우리가 보아온 『고문효경』의 가장 오래된 사본寫本 중 하나고 경학사經學史 연구에서도 중요한 가치를 지니는데 아직 중국 학계에 알려지지 않았으니, 귀국해 가능한 한 빨리 이를 소개해야 한다. 이 일은 이미 일본의 여러 신문에도 보도되었다.

이 『고문효경』의 사본에 대해 토론하기 전에 두 가지를 먼저 간단하게 설

의고시대를 걸어 나오며

명하고자 한다.

먼저 이사와성의 역사적 배경이다. 이사와성은 일본 도호쿠東北 키시미즈현 미즈사와시 사쿠라가佐倉河에 위치해 있으며, 헤이안平安 시대 초기에 무쓰陸奧의 이사와 지역을 통제하기 위해 축조한 성이다. 이 성의 건립은 나라奈良 시대 후기에 시작된 에조蝦夷[고대 일본 도호쿠 지방 및 홋카이도 지역에 살던 변경 거주 집단] 정벌과 깊은 연관이 있다. 당시 이사와 일대에서는 여러 차례 전쟁이 일어났다. 간무천황桓武天皇 엔랴쿠延曆 13년(서기 794년, 당 덕종德宗 정원貞元 10년) 이후 7년 동안, 부장군副將軍 사카노우에노 다무라마로坂上田村麻呂는 이사와 일대에서 정이대장군征夷大將軍 겸 안찰사按察使, 또 무쓰의 수령(무쓰노카미陸奧守) 겸 진수장군鎭守將軍이라는 직함으로 에조를 토벌했다. 엔랴쿠 21년(서기 802년, 당나라 덕종 정원貞元 18년) 정월에서 7월까지 이사와성을 건설했는데, 이 책임자도 바로 다무라마로였다. 이와 동시에, 스루가駿河·가이甲斐·사가미相模·무사시武藏·가즈사上總·히타치常陸·시나노信濃·우에노上野·시모쓰케下野 등 국國의 방랑자 4000여 명이 이사와성으로 이주했다. 우리는 이로부터 이사와성의 건립이 정이征夷 전쟁의 진전을 상징하며, 당시 진수부鎭守府였던 이사와성이 그와 관련해 역사상 상당한 역할을 했음을 알 수 있다.[1]

이사와성 유적은 제2차 세계대전 이후 여러 차례 발굴 조사가 진행되었고, 1974년부터 미즈사와시 교육위원회는 전임 조사원을 배치해 체계적 발굴을 지속해왔다. 발굴 조사에 따르면, 성은 형태는 대략 정방형에 가깝고 한 변의 길이는 약 670미터 정도였다. 정무청政務廳 등의 유적은 이미 발견되었는데,[2] 여기서 관련 내용을 상술하지는 않겠다.

다음으로는 무엇이 칠지 문서인지 이야기해보고자 한다. 칠지 문서의 존재는 당시 일본의 휴칠髹漆[옷칠] 수공업과 관련이 있다. 당시의 칠공漆工들은 옷칠이 일단락을 고하고 사라질 무렵, 그릇의 칠이 말라 딱딱해질 것을 우려해 칠의 표면에 종이를 덮어두었는데 이를 개지蓋紙라 불렀다. 개지로 쓰인 것은 늘 버려진 문서였는데 칠이 스며들어 땅속에서도 더 이상 썩지 않고 잘 보존되었다. 이런 칠지 문서는 처음에 이사와성에서 그리 멀지 않은 다가성多賀城 유적에서 발견되었다. 다가성은 미야기현宮城縣에 위치해 있다. 1970년 8월 이러한 문화재가 다수 발견되었는데, 표면이 갈색을 띄고 육안으로는 글자의 흔적이 보이지 않아서 풍화되고 닳은 가죽제품이라 여겨졌다. 뒤이어 약간의 문서들이 잇따라 발견되었다. 1976년 현미경으로 관찰한 결과 칠이 굳어져 보존된 종이라는 사실이 확인되었다. 1978년에 와서는 적외선 장비 등을 사용하는 방법을 통해 관찰·촬영해 필적을 식별하고 고증한 뒤 글자를 판독해냈다.[3] 다가성의 뒤를 이어 일본의 몇몇 다른 유적지에서도 칠지 문서가 출토되었는데, 이사와성이 바로 그중 하나다.

칠지 문서 『고문효경』은 1983년에 발굴되었는데, 이는 제43차 발굴 조사 때였다. 발굴 목적은 1981년 실시된 제40차 발굴 조사를 계속해 관청 지역의 구조를 확실히 알기 위함이었다. 발굴 위치는 정무청 구역의 동남쪽으로, 발견된 건물터는 관청 건물이 모여 있던 곳으로 추정된다. 우리가 토론하는 칠지 문서가 출토된 SK830 구덩이는 타원형에 직경 1.52×2.0미터에 깊이 0.9미터로, SB866의 건물 터의 [수치] 기록을 깼다. 구덩이 안은 소토燒土와 재가 혼합된 갈색토로 네 층으로 나뉘어 있었다. 제26호 칠지 즉 『고문효경』은 가장 아래층인 제4층에서 출토되었고, 이와 함께 토사기土師器 잔,

수혜기須惠器 잔, 단경호短頸壺[짧은목항아리]와 녹유오륜화완綠釉五輪花碗 등의 도기들과 제25호 칠지가 또 출토되었는데 글자는 적혀 있지 않았다.[4]

제26호 칠지는 동그랗게 튀어나온 덮개종이의 원형을 여전히 유지하고 있었다. 이 종이로 덮은 옻칠통漆桶은 직경이 31센티미터로 추정되는데, 종이는 30센티미터를 넘지 않아 부족한 부분은 다른 종잇조각으로 이어 붙였다. 두 종잇조각 위에 있던 문자의 방향은 서로 직각을 이루고 있었다. 문자는 매우 반듯하게 붓으로 쓴 해서체로 통계에 의하면 약 228자 정도 된다. 종이 뒷면에 다른 글자의 흔적은 없었다. 내용은 『고문효경』과 공안국전孔安國傳에 관한 글인데, 자세히 관찰해보면 원래는 두루마리 형태로 상단에 저절로 생긴 가로선을 볼 수 있다. 책 전체는 장이 나뉘어 있지 않고 세로로 쭉 이어서 필사된 것이다. 전문傳文은 2행으로 경문구經文句 사이에 이어 썼다. 일본 학자는 일본의 산젠인본三千院本(상세한 내용은 후술)에 근거해 복원하여, 전문에 의거할 때 두루마리 각 행의 글자 수가 24~28자임을 증명해냈다. 종잇조각에 남아 있는 문자는 『고문효경』 안의 「사士」 「서인庶人」 「효평孝平」 「삼재三才」 등 네 장章이다. 다른 책과 비교할 때, 이문異文은 아주 소수다.[5]

『효경』은 유가의 기본 경전 중 하나로, 공자와 증자의 문답을 기록한 책이다. 여기서 공자는 효에 대해 논하며 다음처럼 말한다. "옛날 선왕께서는 지극한 덕과 중요한 도로써 천하를 다스려, 백성들은 이로써 서로 화목하고 위아래가 서로 원망하지 않았으니", 이는 "덕의 근본이요, 가르침의 근원이다."[6] 이 사상은 진한 이후 사회 문화에 깊은 영향을 끼쳤다. 『효경』은 내용상 『시詩』와 『서書』가 많이 인용되었고, 문체 스타일은 『예기禮記』에 수록된 「중용中庸」 「대학大學」과 비슷한 것으로 보아 증자 계통 유가의 작품이 확실하다.

『여씨춘추』도『효경』을 인용한 적이 있으니, 이는 그 책이 선진 시대에 만들어진 것임을 증명한다.

학자들은 이미『고문효경』의 출현과 전래에 관해 상세한 고증을 거쳤다. 요약하자면, 대략적 과정은 이러하다. 한대 초에 전해진『효경』은, 원래 하간인河間人 안지顔芝가 소장하던 책을 후에 그 아들인 안정顔貞이 조정에 바쳤고, 장손씨長孫氏, 박사 강옹江翁, 소부少府 후창后倉, 간대부諫大夫 익봉翼奉, 안창후安昌侯 장우張禹 등이 이를 전했다. 경문은 모두 같은데『한서』「예문지」에 기록된『효경』1편 18장이 그것이다. 나중에 노 공왕恭王이 공자의 고택을 허물때,『상서』『예기』『효경』등의 서적들이 발견되었는데, 모두 10편에 이르고, 공안국이 그 책을 다 얻었다고 한다. 한 소제昭帝때, 노魯 삼로三老가『고문효경』을 내놓자, 위굉衛宏이 이를 교감했고, 이것이 바로『한서』「예문지」에 기록된『효경고공씨孝經古孔氏』1편 22장이다. 보통 18장으로 된 것은 금문본이라 부르고, 22장으로 된 것은 고문본이라 부른다.

이 두 판본은 모두 후세에 전해졌다. 금문본에는 정현의 주注가,[7] 고문본에는 공안국의 전傳이 있다. 삼국 시기 왕숙王肅이 쓴「공자가어후서孔子家語後序」에는 공안국의『효경전孝經傳』3편이 있음을 기술한 바 있는데, 모두 "벽속에 있던 과두본蝌蚪本[전서篆書의 일종인 과두문자로 기록된 판본]"이다.『수서』「경적지經籍志」에 따르면, 남조 양梁은 공안국전과 정현주를 나란히 국학으로 세웠으나, 공안국전은 양梁나라가 혼란에 빠지면서 유실되었다. 수隋나라 개황開皇 14년(서기 594년), 왕효일王孝逸이 수도에서 공안국전을 사들여 왕소王劭에게 보여주었고, 왕소가 유현劉炫에게 전달했다. 유현은 이에 근거해『효경술의孝經述議』다섯 권을 썼고, 이로서 공안국전이 다시 전해지면서 정현주와 다시 병립할 수 있게 되었다. 유현이 주해한 이 판본은 당시에 비난을 받기도 했다. 당 현종玄宗때, 여러 선비에게 『효경』을 제대로 고증해 수정하리라는 명령을 내렸다. 유지기, 사마정司馬貞등의 주장이 엇갈렸는데, 이는 『당회요唐會要』에 나타난다. 개원開元 10년(서기 722년), 현종이 어주御注를 저술했고, 이와 동시에 여러 학자의 의견을 모아 천보天寶 2년(서기 743년)에 수정을 거친 뒤에 반포했다. 그리하여 공안국전과 정현주는 모두 폐기되었다.

당 현종의 어주본御注本은 후에 『십삼경주소十三經注疏』에 수록되었다. 그 경문은 대체로 금문본에 근거해 이후 『고문효경』의 망일亡佚을 야기했다. 청 『사고전서총목四庫全書總目』에서 "경문으로 논하자면 정현주와 공안국전이 모두 존재한다"라고 한 말은 잘못된 것이다. 이후에 오직 북송의 사마광司馬光만 궁정의 비각秘閣에서 고문본을 찾았으나, 그의 저서 『고문효경지해古文孝經指解』에 의하면 그는 "그 글이 옳지 않다"라고 여겼다. 결국 『고문효경』은 부흥할 수 없었다. 청 옹정雍正 10년(서기 1732년, 일본 교호享保 17년)에 이르러서야, 일본의 다자이 준太宰純이 『고문효경』의 공안국주孔安國注를 판각하기에 이르렀다. 이 책이 중국에 전래되어 『지부족재총서知不足齋叢書』에 수록된 후에야, 『고문효경』은 다시 전해지게 되었다. 『고문효경』이 일본에 전해진 상황에 관한 이야기는, 후핑성胡平生이 「일본 『고문효경』공안국전의 진위문제日『古文孝經』孔傳의眞僞問題」[8]에서 일본 학자들의 연구를 바탕으로 잘 소개했으며 아울러 진전된 연구 성과도 냈다. 그는 다음 세 가지를 제시했다.

첫째, 일본 고초본古抄本 계통의 『고문효경』은 수당 시기 중국에서 전해진 것이다. 즉 유현본劉炫本으로 문자가 『고문효경지해』보다 신뢰할 만하다. 청대 사람들과 근대 사람들이 그것을 최근 일본인들에 의해 위조된 것이라 지적한 것은 완전한 잘못이다.

둘째, 베이징도서관北京圖書館 수장의 곡씨曲氏 고창高昌 화평和平 2년(서기 552년)의 『효경』 잔본殘本과 비교해보면, 유현본의 경문이 결코 위작이 아님을 증명할 수 있다.

셋째, 일본에서 발견된 유현의 『효경술의孝經述議』의 연구를 통해, 우리는 유현이 『고문효경』 공안국전을 위조하지 않았다는 사실을 알 수 있다.

알다시피, 『고문효경』이 일본에서 중국으로 되돌아온 뒤 학자들은 다들 들고일어나 이를 지적하고 나섰다. 그들은 공안국전이 위서이고, 일본에서 전해진 공안국전은 더더욱 날조 중의 날조라고 생각했다.[9] 그러나 후핑성의 논술을 통해 이미 그중의 많은 의문점이 해소되었다.

일본에서 보존되고 있는 『고문효경』의 사본 중 시기가 비교적 이르고 완전한 것은 다음과 같다.

1) 아이치현愛知縣 사나게猿投 신사 소장본, 1첩帖, 겐큐建久 6년(1195년)에 필사된 것.

2) 효고현兵庫懸 다케다 조베에武田長兵衛 소장본, 1첩, 닌지仁治 2년(1241년)에 키요하라 노노리타카淸原敎隆가 필사한 것.

3) 교토부京都府 산젠인三千院 소장본, 1권卷, 겐지建治 3년(1277년)에 필사한 것.

이외에도 나라 시대에 전해진 사본의 잔여본이 있는데, 다음과 같다.

1) 나라현 덴리天理도서관 소장, 1장葉, 공서孔序 중 4행이 보존되어 있다.

2) 나라현 덴리도서관 소장, 1장, 「효치장孝治章」 11행이 보존되어 있다.

3) 교토부 간다 기이치로神田喜一郎 소장, 1장, 「성치장聖治章」 7행이 보존되어

있다.

ㄹ) 다케다 조베에 소장, 1장葉, 「오형장五刑章」의 3행 반이 보존되어 있다.

최근 연구에 따르면, 잔여본 '1'은 나라 시대에 쓰였을 가능성이 매우 크다. 하지만 그 종이 뒷면에 호키寶龜 6년(775년) "봉사일체경소식구장奉寫一切經所食口帳"이라고 적혀 있었다. 따라서 이것은 사경생寫經生이 글씨를 연습하려고 공서孔序 몇 줄을 잠깐 적은 것일 가능성이 크며, 경전의 정식 사본이 아니다. 잔여본 '2'에서 '4'는 같은 두루마리에서 나온 것인 듯하나, 나라 시대의 사본인지는 좀 더 연구할 필요가 있다[10](『이사와성 유적 쇼와昭和 58년 발굴조사 보고膽澤城迹: 昭和58年度發掘調査槪報』 IV). 따라서 이사와성 유적에서 출토된 칠지『고문효경』이 가장 오래된 사본이라 할 수 있다.

이사와성 유적 발굴자가 서술한 바에 따르면, 이 칠지 문서가 출토된 SK830 구덩이의 연대는 9세기 후반이라고 한다. 이는『고문효경』사본이 버려진 시기이며, 그 필사는 이보다 이르다. 일본의 많은 학자의 검정을 거친 결과, [칠지 문서는] 서체로 미루어 볼 때 중국의 당사본唐寫本이 아니라 일본의 사본이라는 의견에 모두 동의했다. 연대는 나라 시대 중기에서 후기 정도 다시 말해 8세기 중반에서 후기경이다. 칠지 문서가 쓰인 연대는 분명 이사와성의 건설보다 앞설 것이다.

앞서 언급한 것처럼, 중국에서는 8세기 중엽에『효경』어주가 반포되었고, 공안국전과 정현주가 함께 쇠퇴했는데, 이 일은 일본에도 영향을 끼쳤다. 일본 다이호大寶 2년(702년, 무후武后 장안長安 2년)에 반포된 학령學令에서는 원래 학생이 경전을 연구할 때『효경』과『논어』를 반드시 배워야 하는데,『효경』은 공안국전과 정현주를 사용한다고 했다. 일본 세와淸和 천황 정관貞觀 2년

(860년, 당 의종懿宗 함통咸通 원년) 조서에, 당 현종의 어주로 학관學官의 기본을 구축히면서, 동시에 또 다음처럼 말했다. "그러나 성인으로부터 오랜 시간이 지났어도, 널리 배우는 것을 싫증내지 않으니, 공안국전을 돈독히 공부하고, 마음을 가지고 강송하면서, 함께 듣고 조금씩 응용해, 희망을 잃지 말게 하라."[11] 이는 공안국전이 일본에서 계속 전해져 내려오게 된 주된 요인일 것이다.

『고문효경』은 어떻게 이사와에서 발견되었을까? 일본 학자의 의견에 따르면, 이는 당시의 제도 및 이사와성의 성격과 관련이 있다. 각 지역 국부國府에서 석전釋奠을 할 때, 『효경』『예기』『모시毛詩』『상서』『논어』『주역』『좌전』의 칠경七經을 돌아가며 강독했다. 이사와성에는 진수부鎭守府가 설치되어, 다가성의 무쓰陸奧 국부와 병립했는데, 여기에서도 석전을 치렀을 가능성이 크다. 일찍이 이사와성에서 발견된 다른 칠지 문서에서 볼 수 있는 "국박사國博士"가 이를 방증한다.[12]『고문효경』이 이사와성에 전해진 연유는 아마 여기에서 찾을 수 있을 것이다.

『고문효경』과 금문의 다른 점은, 문자와 장章 수의 차이뿐 아니라, 고문본이 예고정본隸古定本[한나라 이전 옛 문자로 된 판본을 한나라 문자인 예서隸書로 교감해 확정한 판본]이라는 점이다. 그 경문은 모두 『고문상서』와 비슷한 예고정본이며, 전문傳文은 보통 해서楷書로 쓰여 있다. 후핑성 선생은 일본의 산젠인본과 아시카가본足利本의 예고정본을 소개한 바 있다. 이사와성 유적의 칠지 문서『고문효경』에서 세 개의 예고정체 문자를 볼 수 있는데, "孝亡終始而患不及者未之有也"에서 "終始"를 "𦱠𤔔"로 썼고, "曾子曰甚哉孝之大也"에서의 "哉"를 "才"로 썼다. 이는 모두 비교적 늦은 시기의 일본 사본과 일치한다. "哉"를 "才"로 쓰는 것은 고문자에서 자주 볼 수 있다(예를 들면 서주의 반궤 등). "終" 자는 쓸 때 "冬" 자를 가치히여 "終"이라 했는데, 『설문해자』에 있는 "冬" 자의 고문과 마찬가지로 "日"을 구성 요소 가졌으나, "日"을 상단에 두었고, 예서 글자로 확정할 당시 또 "白"이라 잘못 쓰였다. "始" 자는 "治" 자를 가차해 "始"로 썼는데, 그 형태가 "治" 자의 고문과 비슷하다.

『고문효경』의 전래에 대해 이야기하는 학자들은 대부분 당대唐代에도 고문본이 발견되었다는 사실에 주의하지 않았다. 이 발견은 곽충서郭忠恕의 『한간汗簡』 제7권에 기록되어 있다. 이사훈李士訓의 『기이記異』에 인용된 내용에 따르면 다음과 같다. "대력大歷(당 대종代宗의 연호, 대력 원년은 766년이다) 초기, 나는 경서를 들고 파수灞水에서 오이瓜를 경작하다가, 석함石函을 발견했다. 그 안에는 명주로 된 『고문효경』 한 부가 있었는데 총 22장 1872자로 이루어져 있었다. 이는 맨 처음 이태백李太白에게 전해졌고, 이태백은 다시 당도령當塗令 이양빙李陽冰에게 전했다. 양빙은 그 법도에 능통해 이를 황태자에게 올렸다."[13] 다시 한유의 「과두서후기蝌蚪書後記」를 인용해보면, "정원 시기, 나는 동승상董丞相 막부幕府에서 일할 때, 변주汴州에서 개봉령開封令 복지服之를 알게 되었다. 복지는 이양빙의 아들로, 그 집안의 과두서 『효경』과 위굉의 『관서官書』를 한 권으로 합하여 내게 주었다. 나는 이를 보배처럼 여겨 소장했지만 익힐 겨를이 없었다. 이후 경사京師에 와서 사문박사四門博士가 되었을 때, 귀공歸公을 알게 되었다. 귀공은 고서를 좋아해 융회融會 관통貫通 할 수 있었다. 나는 '고서는 근거가 있어야 대개 강講할 수 있다'라고 하여, 그 책을 귀공에게 올리니, 그 책이 귀씨歸氏에게 속하게 되었다"[14]라고 한다. 이 『고문효경』은 과두서 즉 고문의 백서본이며, 장을 나눈 방식은 공안국전과 동일하다고 한다. 그외, 하송夏竦의 『고문사성운古文四聲韻』의 '서序'에서도 이를 다음처럼 언급한 바 있다. "( ) 또 항9의 첩 묘에서 『고문효경』을 얻었는데, 또한 위수의 농부가 얻은 것이다."[15] 곽충서와 하송의 두 책에 수록된 고문은 적잖은 주가 분명 『고효경古孝經』에서 나온 것이라 밝혔다. 따라서 바로 상술한 고문본에서 발췌한 것으로 봐야 한다. 하송의 책에서 '治' 자 아래에 '亂' '亂' 두 글자가 인용되었고, 그 주에 '모두 『고효경』의 글자'다라고 했는데, 이것은 칠지 문서본의 "始" 자와 비슷하면서도 다르다. 이 설명은 공안국전본孔安國傳本 경문經文의 예고정 문자가 확실히 근거가 있음을 말해주는 것 같다.

얼마 전, 필자는 한 짧은 글에서 한과 위 시기의 공씨가학孔氏家學은 한나라 공자의 후손 중 몇몇이 가학을 이어 하나의 학파가 되었다는 주장을 제기한 바 있다.[16] 그중 가장 이른 것이 공안국이고, 이후에 그 학문을 이어간 자가 적지 않은데, 특히 언급할 학자는 후한 시기의 공희孔僖 및 공계언孔季彦과 삼국 시기의 공맹孔猛이다. 『고문상서』『공총자孔叢子』『공자가어孔子家語』 등이 모두 이 학파와 관계가 있으며, 『고문효경』 공안국전도 마찬가지다. 왕숙은 공맹에게 『가어家語』를 얻고 나서, 공안국의 『고문논어훈古文論語訓』과 『효경전』이 우연이 아니었음을 언급한 바 있다. 따라서 고대의 경학과 학문을 연구하려면 반드시 공씨가학에 대한 더 깊은 연구가 필요할 것으로 보인다.

이사와성 유적 칠지 문서 『고문효경』의 발견은, 일본에 전래된 『고문효경』이 절대 위서가 아니라는 것을 확증하면서 적잖은 청대 학자의 고증을 부정하게 했다. 원래 청나라 사람들은 고증학에 뛰어나서 수많은 성과를 냈으나, 청나라 학자들도 피하기 어려운 한계와 숨기기 어려운 결함을 갖고 있었다. 문호로 인해 만들어진 편견도 그 일의 한 면이다. 오늘날 우리는 선인들의 한계를 벗어나 학술사의 중요한 문제들을 다시 검증하고 고려해 연구를 통해 새로운 국면을 개척해 나가야 한다.

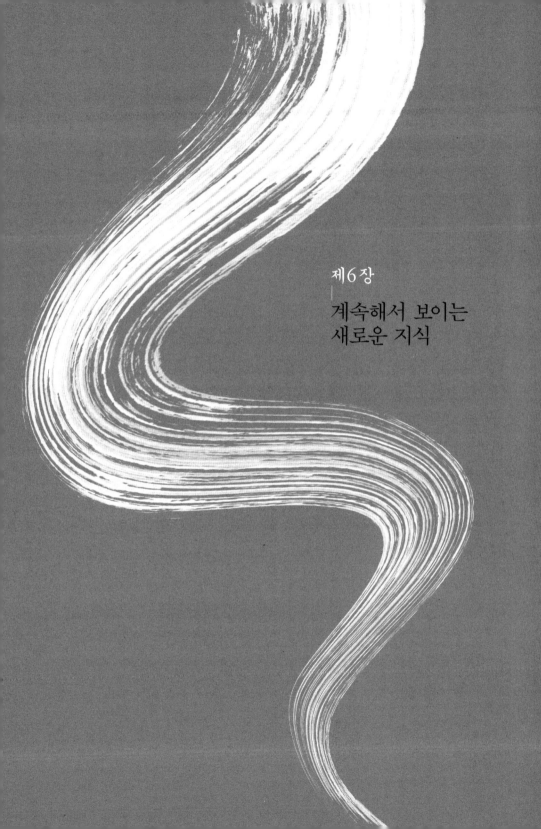

제6장
|
계속해서 보이는
새로운 지식

량주 문화와 문명의 정의

량주 문화의 기물은 청대에 이미 나타났고 유적은 1930년대에 발굴되기 시작했으나, 이 문화의 명성이 사방에 알려지기 시작한 것은 최근의 일이다. 내용이 풍부한 새로운 발견이 계속되면서 량주 문화는 고고학 연구의 전면에 올라오게 되었다.

학계가 량주 문화에 열중하게 된 하나의 주요한 원인은 바로 이 문화가 중국 문명의 기원과 관련 있을 수도 있기 때문이다. 관련 자료가 많아지고 심도 있는 연구가 진행되면서 량주 문화의 가치 또한 높아지고 있다. 최근 위항에서 논문집이 나왔는데, 그 제목을 『문명의 서광: 량주 문화文明的曙光: 良渚文化』라 했다.[1] 논문집을 보면 어떤 논문은 "량주 문화는 중화 문명의 근원 가운데 하나"라고 조심스레 말하기도 했고, 어떤 논문은 "[중국은] 량주 문화 시기에 이미 문명 시대로 접어들었다"라고 비교적 확정적으로 말하기도 했다. 이러한 의견의 차이는 량주 문화를 문명의 문 안에 두느냐 문 밖에 두느냐의 차이로, 『문명의 서광』 편집위원회가 말하는 "[중국] 문명의 서광이 여기서부터 떠올랐다"는 것과 결코 어긋나지 않는다.

어떻게 '문명 기원 문제'의 각도로 량주 문화를 연구하느냐는 현재 토론 중에 있는 아주 결정적인 과제다. 이 결정적 과제를 돌파해 나가려면, 물론 더 많은 고고학적 발견을 기다려야 하지만, 관련 이론의 연구도 마찬가지로 중요한 의의를 지닌다.

문명 기원 문제는 그 자체로도 이론성을 강하게 띤다. 앞서 논한 바와 같이, 어떤 것이 문명이냐에 대해서는 세계적으로 비교적 통일된 관점을 이끌어낼 수 있지만, 어떤 고고 문화를 문명 시대로 판단하느냐의 여부에 대해서는 의견의 일치를 보기 어렵다. 이를 통해 고고학계 각 학자가 제시한 문명의 표준은 서로 다르지만 어느 정도 최근 국제적으로 유행하는 관점의 영향을 받았음을 볼 수 있다. 어떤 학자는 이러한 관점을 직접 인용하기도 했고 어떤 학자는 이러한 관점에 간접적으로 영향을 받기도 했다.

이른바 유행하는 관점은 모두에게 비교적 익숙한 영국의 고고학자 글린 대니얼의 논저를 그 대표로 보아도 무방할 것 같다.[2] 대니얼의 『최초의 문명: 문명 기원의 고고학The First Civilizations: The Archaeology of their Origins』[3](1968)은 출간 이후 수차례 재간행된, 이 분야에서 세계적으로 가장 널리 알려진 저작 가운데 하나다. 대니얼은 이 저작에서 몇 가지 문명의 정의를 설명하면서, 고고학적 연구에서 가장 널리 적용될 수 있는 정의가 [미국의 문화인류학자] 클라이드 클럭혼Clyde Kluckhohn이 제시한 표준이라고 보았다. 그 표준은 다음과 같다.

문명적 사회라 할 수 있으려면 다음 세 조건 중 반드시 두 가지를 갖
추어야 한다.
— 5000명 이상이 거주한 도시
— 문자
— 복잡한 의례 중심

클럭혼과 대니얼의 이러한 표준은 중국의 여러 저작에서 이미 인용된 바
있다.

클럭혼의 학설은 원래 1958년 미국 시카고대학 동방연구소에서 개최된
'근동문명기원학술토론회'에서 제기된 것이다. 이 토론회에서 진행된 발표와
토론은 1960년 『무적의 도시City Invincible』라는 제목으로 출판되었다. 이 책
은 대니얼의 『최초의 문명』보다 지명도가 크게 떨어진다. 따라서 클럭혼의
학설은 사실 대니얼의 소개와 지지를 얻었기 때문에 널리 알려질 수 있었
던 것이다.

클럭혼이 자신의 관점을 제기한 그 토론회의 내용을 살펴보면 그의 학
설이 주로 메소포타미아 및 이집트 등의 고대 문명 연구를 기초로 하고 있
음을 어렵지 않게 알아차릴 수 있다. 서양 학자들의 문명에 대한 정의는 일
반적으로 모두 이와 같다. 『최초의 문명』이 우수한 점은 바로 메소포타미아
와 이집트 외에 인더스강, 중국, 아메리카 등의 고대 문명도 언급해 그 시야
를 크게 넓혔다는 데 있다. 그러나 대니얼은 언어적 제한으로 인해 중국 고
고학에 대한 서술에 한계를 보일 수밖에 없었다. 이와 동시에 객관적으로
1960년대 중국 고고학 작업이 지금처럼 활발히 전개되지 못했기 때문에

량주 문화와 같은 중원 이외 지역의 문화는 충분한 주목을 받지 못했다. 따라서 대니얼이 중국을 이야기할 때 '황하문명'에 그칠 수밖에 없었던 것도 이상하다 할 수 없다.

중국 고대 문명은 세계에서 독립적으로 일어난 유수한 고대 문명 가운데 하나다. 중국 문명의 기원과 발전 과정에 대한 연구는 마땅히 과거 주로 근동[서아시아] 등의 문명을 근거로 형성된 이론을 가지고 보충해 완성해나가야 한다. 장광즈 선생은 다음처럼 말한 바 있다. "중국 역사 초기, 원시사회에서 문명사회로 발전해나간 과정은 그 자체만의 몇 가지 특성이 있다. 이런 특성과 근동 및 유럽 문명의 사회 발전 특징 사이의 차이, 그리고 이로 말미암아 보이는 중국 역사 연구의 사회과학 일반 법칙에 대한 공헌을 어떻게 해석할 것인가는 바로 우리가 한걸음 더 나아가 적극적으로 연구해야 하는 과제다."[4] 고고학적으로 어떤 문화가 문명 시대에 접어들었는지를 판단하는 문제에 대해, 우리는 어쩌면 세계적으로 유행하는 문명의 정의를 간단히 적용할 수 없을 수도 있다. 특히 양주 문화처럼 기존에 많은 것을 알지 못했던 고고 문화에 대해서는 그럼에도 실제적 각도에서, 실사구시적 결론을 찾아야 한다.

상주 청동기와 문화권

중국 고대 청동기 연구는 최근 야외 고고 작업의 진전에 따라 새롭고도 중
요한 성과를 많이 얻게 되었다. 그 성과 가운데 하나는 다량의 고고학적 발
견을 통해 선진 시기 청동기에 대한 지역적 구분을 할 수 있게 된 점이다.
이는 청동기 및 청동시대의 문화를 연구하는 데 아주 중요한 의의를 지닌다
고 할 수 있다.

　중국은 광활한 영토 속에 예로부터 여러 민족이 어우러져 구성된 국가
기 때문에 중국이라는 국가의 영토상에 나타나는 고대 문화는 자연스럽게
공통적 특징도 있는가 하면 지역적 특수성도 드러난다. 최근 학자들이 고
고 문화라는 틀 속에서 지역적 구분을 시도하고 있는데 주로 신석기시대
의 범위 속에서 이뤄지고 있다. 여기서 수빙치蘇秉琦와 인웨이장 선생의 사
례를 보자.

과거에는 황허강 유역을 중화민족의 요람으로 여기고, 중국의 민족문화는 여기에서 발전되어 사방으로 확산되었으며, 다른 지역의 문화는 비교적 낙후되어 중원의 영향을 받은 이후에야 발전을 이루게 되었다는 관점이 있었다. 이러한 관점은 편협된 것이다. 역사적으로 볼 때 확실히 황허강 유역이 중요한 작용을 하기는 했다. 특히 문명 시대에 이 지역은 항상 주도적 지위를 점하고 있었다. 그러나 같은 시기 다른 지역의 고대 문화 또한 각자의 특징과 노선을 가지고 발전하고 있었다. 각 지역에서 발견된 고고 문물은 갈수록 이 점을 증명해주고 있다. 동시에, 영향은 항상 상호적인 것으로 중원이 각 지역에 영향을 주면 각 지역 또한 중원에 영향을 끼친다.[1]

퉁주천(佟柱臣) 선생도 다음과 같이 주장했다.

중국의 신석기시대가 한 지점에서 기원했을 것이라는 문제는 결코 존재할 수 없다. 오히려 구석기시대 후기에서 중석기시대를 거치면서 신석기시대를 향해 연속적으로 발전되어온 것이다. 연속적으로 발전되어온 신석기 문화는 또 여러 중심지를 형성해 '다중심'적 발전을 이루었다. 이러한 '다중심'의 문화는 발전 속도와 수준에 차이가 있어 강한 불균형 규칙의 지배를 받게 되어 불균형적 상태를 띠게 된 것이다.[2]

안즈민(安志敏) 선생은 여전히 황허강 유역을 중국 문명의 요람으로 여기고 있다.

역사적으로 볼 때, 하·상·주는 먼저 이곳[황허강 유역]에 계급 국가를 건립해 장기적 집권 통치의 기초를 다졌다. 고고학적 발견으로 증명되듯, 상·주 유적도 이곳에 집중되어 있다. 이는 특히 상대 문명이 선사 문화의 맥락을 계승한 것에서 더욱 분명하게 볼 수 있다. 따라서 황허강 유역의 중원 지역은 의심의 여지 없이 중국 문명의 발상지다. 아울러 중국 문명은 아주 빠르게 창장강 중하류 및 더욱 넓은 지역으로 확산되었지만, 주위의 어떤 지역은 비교적 늦은 시기에 이르러서야 씨족 제도가 막을 내렸다. 이러한 발전상의 불균성은 객관적으로 존재하는 것이다. 이를 통해 상주 문명의 출현은 조기국가의 탄생을 나타낼 뿐 아니라 강역과 영향력이 부단히 확대됨에 따라 점차 통일되는 작용을 촉발한 것이다. 훗날 중국의 역대 왕조도 모두 이러한 역사적 전통을 기본적으로 계승했다.[3]

학자들의 관점에 비록 차이가 있지만, 이들은 모두 서로 다른 지역 문화의 차이 및 그 상호 영향을 중시하면서 중국 고고학의 발전 추세를 반영했다는 공통점이 있다.

고고학적 각도에서 보면, 청동기는 고고학 문화를 구성하는 요소의 하나다. 따라서 청동기의 지역적 구분은 이상적으로 볼 때 고고학 문화의 지역적 구분과 일치해야 한다. 그러나 현재의 연구와 자료 상황에서, 이러한 일치를 보기에는 여전히 한계가 있다. 동시에, 앞서 인용한 안즈민의 글에 나타난 대로, 상주 시기의 청동기 문화를 연구한다면 여러 역사적 문헌을 서로 결합할 수 없다. 필자는 예전에 저술한 『동주와 진대 문명』에서, 동주 시기의 열국을 일곱 문화권으로 분류해본 적이 있다.[4] 바로 고고 자료와 문헌을 종합적으로 고려한 성과다. 여기서 필자는 청동기 자체를 중심으로 상주 청동기 문화의 지역적 분포에 대해 간략히 논하고자 하는데, 또한 같은 방법으로 할 것이다. 이렇게 얻은 결과는 엄격한 고고학적 문화 구분과 조금 차이가 있을 수 있다. 따라서 필자는 여기서도 '문화권'이라는 개념을 사용하고자 한다.

문화권을 일곱으로 나누는 것은 대체로 상주 시기에도 적용할 수 있는데, 어떤 의미에서는 몇 개의 소문화권亞圈으로 다시 나눌 수 있다. 편의상 지리 방위를 가지고 이들 문화권을 부르도록 하겠다.

1. 중심문화권: 황허강 중류 및 그 부근
2. 서북문화권
3. 북방문화권: 북방과 동북 2개의 소문화권
4. 동방문화권: 산둥 일대
5. 동남문화권: 창장강 하류와 동남 2개의 소문화권
6. 남방문화권: 창장강 중류 이남
7. 서남문화권

중국 고대 청동기는 독립적 기원과 전통을 가지고 있다. 그 관련 문제는 아직까지 분명하게 연구되지는 않았지만, 대체로 판단할 수 있는 것은 청동기 제조가 일어날 때 신석기시대 후기에 이미 존재했던 여러 문화 요소를 흡수하고 반영했는데, 이와 같은 요소는 실제로 여러 문화권으로부터 온 것

계속해서 보이는 새로운 지식

이었다는 점이다.

분석과 감정을 거친 초기의 청동기는 하나의 완전한 발전 계통의 파악이 불가능하다. 이러한 청동기가 소속된 문화로는 마자야오 문화, 마창 문화, 룽산 문화, 치자 문화, 훠샤오거우 문화火燒溝文化, 샤자뎬 하층 문화, 둥샤펑 하층 문화東下馮下層文化, 얼리터우 문화 등이다.[5] 시간적 선후 관계를 보면, 가장 오래된 것은 서북문화권에 분포되어 있고, 그다음은 북방·중심·동방 각 문화권에 분포되어 있다. 현재 남쪽의 세 문화권에서는 아직까지 초기의 청동기가 있었음을 증명할 자료가 없는 실정이다.

얼리터우 문화의 청동기는 이미 비교적 성숙된 것으로, 중심문화권의 범위에 속한다. 기술적 각도로 보면, 얼리터우 문화 시기의 청동기 제조는 이미 상당히 발전된 수준에 이르러서 비교적 크고 복잡한 기물도 제작할 수 있었다.[6] 이 시기에는 예기로 쓰인 온전한 청동기도 발견되었는데, 대체로 허난 룽산 문화에서 그 형체적 연원을 찾을 수 있다. 산시 샹펀 타오쓰 유적에서 출토된 룽산 후기 도기의 문식 예컨대 반盤 안쪽 바닥의 반룡문은 상대 청동기 문식의 선구로 꼽히는데, 타오쓰 또한 중심문화권에 속한다.

상대 청동기의 형상이 기이하고 색채가 다양한 각종 문식은 아주 복잡한 연원이 있는 것으로 보인다. 가장 유행한 문식인 도철문(혹은 수면문)은 신석기시대 후기의 량주 문화와 산둥 룽산 문화의 옥기에도 자주 보이는 것이다.[7] 량주 문화 옥기의 쌍면 도철문도 상대 청동기와 상아로 만든 기물에 보인다. 청동기 명문은 상대 중후기에 발달했는데, 많은 학자는 다윈커우 문화 도기와 량주 문화 옥기의 각획 부호를 문자로 여기고 상대 명문의 전신으로 보고 있다. 얼리터우 문화 청동기와 옥기에 나타난 녹송석 상감 기술 또한 어쩌면 다원커우 문화에서 기원했을지도 모른다. 아오한치敖漢旗 다뎬쯔大甸子 등지의 샤자뎬 하층 문화의 도기 문식 또한 싱대 청동기의 풍격과 유사하다. 이를 통해 북방·남방·동방 문화권 모두 청동기의 흥기와 발전에 촉진 작용을 했음을 볼 수 있다.

상나라 때 중심문화권을 핵심으로 하여 주위에 그 영향력이 확산되는 국면이 형성되었다. 상나라의 수차례 천도는 모두 중심문화권 내에서 이루어졌다. 따라서 이와 같은 국면과 정치 구조는 서로 부합한다. 당시의 중심문화권은 곧 전형적인 상 문화였다.

주위 각 문화권의 발전은 결코 균일하지 못했다. 주위 문화권과 중심문화권의 영향 관계는 다음의 세 양상을 띤다.

첫번째 양상. 중심의 영향과 지역 특색의 융합으로 특정한 색채를 띤 상 문화를 형성한다. 예컨대 서북쪽 산시성陝西省과 산시성山西省의 경계 지역, 동남쪽 장시성 칭장 우청 지역, 남방 후베이성과 후난성 사이가 그러하다.

두번째 양상. 중심의 영향과 지역 문화가 기본적으로 경합되지 않은 채, 같은 지역에서 함께 출토되는 것으로, 예컨대 북방의 랴오닝 지역이 그러하다.

세번째 양상. 지역 문화를 위주로 중심의 영향을 흡수한 것으로, 예컨대 서남의 쓰촨성 청두 지역이 그러하다.

물론 각 주위 문화권은 중심 및 각 문화권 사이에 서로 번갈아 영향을 주기도 했다.

최소한 청동기 방면에서 상나라의 동방 지역은 특색이 그리 강하지 않다. 전형적인 상 문화 청동기가 직접적으로 산둥반도에 분포되어 있지만 그 수량은 극히 적다.

계속해서 보이는 새로운 지식

서북쪽의 산시성과 산시성 경계 일대, 북으로는 바오더保德에서 남으로는 융허永和에 이르기까지, 황허깅 상안을 끼고 남북으로 길게 뻗어 있는 지역에서 많은 청동기가 출토되었다. 선무에서는 정교한 옥기가 출토되기도 했다. 이러한 기물은 상 문화를 기초로 하여 소수민족적 요소가 명확히 가미되어 있다. 이와 같은 특징은 칭하이의 청동기와 공통점이 있다. 예컨대 특수한 삭削, 단검, '비匕' 같은 종류의 민족적 요소는 동쪽으로 허베이 북중부까지 영향을 주었다. 어떤 학자는 이를 당시 귀방 같은 방국의 문화라 여기기도 했다.

북방의 네이멍구 시라무룬강西喇木倫河 일대에서 출토된 청동기는 상 문화를 모방한 제품이다. 랴오닝의 북쪽으로는 선양瀋陽까지 서쪽으로는 다링허大陵河 유역까지 적잖은 상 문화 청동기가 출토되었지만, 그 현지 문화와의 융합 흔적은 아직 발견되지 않았다.

전형적인 상 문화는 동남 방향으로 화이허강 유역까지 확산되었다. 칭장우청에서 상 문화가 기하인문도幾何印紋陶를 특징으로 하는 현지 문화와 융합된 양상을 볼 수 있다. 우청의 문자는 은허의 문자와 일치했다. 장쑤성의 창장강 하류에서는 아직까지 상대 청동기가 발견되지 않았지만, 저장 항저우와 안지安吉 등지에서는 상대 청동기가 출토된 바 있다는 것은 깊이 생각해 볼 문제다. 저장에서 발견된 대형 동뇨銅鐃는 후난에서 출토된 것과 유사하기 때문에 서로 명확한 관계가 있다고 할 수 있다.

전형적인 상 문화는 아주 일찍 창장강 중류에 이르렀다. 이를 후베이 황피 판룽청 유적과 사스 저우량周良 위차오玉橋 유지 등이 증명하고, 갑골문으로도 인증할 수 있다. 후난성 북부의 스먼石門, 리현澧縣 닝샹 등지에서도 상

문화 유적이 발굴되었다. 특히 둥팅호를 둘러싼 지역을 비롯한 많은 지역[8]에서 청동기가 출토되기도 했다. 광시의 싱안興安, 우밍武鳴에서도 발견되었다. 이러한 청동기는 풍격은 기본적으로 중원과 같지만 기종, 문식, 금속 성분은 모두 특색을 지니고 있는데, 공예 같은 경우는 결코 중원에 뒤처지지 않았다. 상 문화는 후베이에서 후난으로 진입해 아주 큰 영향을 끼친 것으로 보이는데, 문헌에 기록된 무정이 군대를 일으켜 형초를 정벌했다는 것과 분명 관련이 있을 것이다.[9]

서남 지역 즉 지금의 쓰촨 지역에 있었던 촉국은 유구한 전통을 자랑한다. 『화양국지』 「촉지」의 설에 의하면, 촉국은 하·상·주 삼대에 이미 제후국이 되었다고 한다. 청두에서 가까운 광한에서는 1931년(혹 1929년)에 옥기가 출토된 바 있는데, 그 지점은 현縣 서북에 있었던 중싱 옛 유지中興古遺址로, 여러 차례에 걸친 시굴과 발굴을 진행한 바 있다.[10] 1986년 이 유적 범위 내의 싼싱두이에서 제사갱 2개가 발견되었는데, 여기서 다량의 청동기와 금기 및 옥석기가 출토되었다.[11] 그 가운데 청동 예기 예컨대 준·뢰의 형체와 문식은 안후이·후베이·후난에서 출토된 상대 청동기와 아주 닮았다. 동시에 옥기는 허난성 옌스 얼리터우, 산시성 선무 스마오에서 발견된 얼리터우 문화, 상나라의 양식과 분명한 관계를 갖고 있다. 중심문화권의 영향이 촉 땅에 이른 것이 분명해 보이는데, 아무래도 후난과 후베이에서 쓰촨으로 영향을 주는 경로가 최소한 하나는 있었던 것 같다.

문헌에 기록된 주나라 사람들의 발상지는 지금의 산시성 저우위안 일대로 상나라 때 이미 중원 문화권의 영향을 강렬하게 받았다. 당시 전형적인 상 문화는 이미 관중關中 동부 지역까지 영향을 끼쳤고, 앞서 언급한 산시성

계속해서 보이는 새로운 지식

과 산시성 경계의 청동기 문화와, 그 남쪽의 한중漢中 청구 및 양현 일대를 대표로 하는 문화는 아무래도 더욱 남쪽의 촉국과 관련을 맺고 있었을 가능성이 있다. 문헌에 보이는 민족의 이름으로 말하자면, 주는 사실 융적·강羌과 서남이 사이에 끼어 있었다고 할 수 있다.[12]

주 건립 후 이러한 양상은 바뀌게 된다.

주의 왕기가 종주[지금의 시안]와 성주[지금의 뤄양]의 두 도읍에 있게 되면서, 중심문화권의 중축이 서쪽으로 이동해 산시陝西 관중을 포함하게 되었다.

산시성과 산시성의 경계 지대는 더 이상 특수한 지위를 갖지 못하게 되었다. 서북문화권이 중심문화권 서쪽에 끼친 영향은 산시陝西 바오지의 여러 청동기 묘장 중에 적잖게 발견된다.

서주의 중심문화권은 여전히 주위로 영향을 주었으며 그 주된 방향은 북방과 동남쪽인 것 같다.

북방을 보면, 연의 건립이 중대한 역할을 하게 되었다. 베이징 류리허의 청동기는 소공이 연에 책봉되고 그 아들을 연나라로 보낸 사실을 충분히 증명해주었다. 요서의 다링허 일대에서는 청동기 교장이 많이 발견되었는데, 그중 상나라 고죽국孤竹國 유물과 연나라 기물은 연의 통치가 요서 지방까지 미쳤음을 알게 해준다. 이 지역의 서주 청동기에는 지역적 요소가 그리 많지 않다.

이와 대조적으로 서주의 동남방에 있었던 오나라의 상황은 아주 다르다. 『사기』에 기록된 오태백과 중옹 같은 경우 당초 "문신을 하고 머리카락을 잘라"[13] 현지 민족의 습속을 따랐다. 현재 장쑤 남부 부근의 토돈묘는 선명

의고시대를 걸어 나오며

한 지역적 특색을 띠는데, 거기서 출토된 청동기 가운데는 중원과 같은 것도 있고 지역적 특색이 선명한 것도 있다. 이는 연나라의 현상과 선명한 대비를 이룬다.

1984년 필자는 지적하기를, 장쑤 단투 옌둔산의 청동기에 보이는 특수한 나뭇잎 문양문草葉形紋을 여러 학자가 반훼문과 혼동해 그 시대가 아주 늦다고 여겼는데, 최근 단양丹陽 등지의 발굴을 통해 나뭇잎 문양이 일종의 지역 특색의 문식임이 밝혀졌고 또 어떤 기물에는 기하인문도幾何印紋陶에서 이식된 문식 또한 발견된 것을 통해 그 시대가 그리 늦지 않음을 증명한다고 했다.[14] 최근 학자들은 안후이 툰시 토돈묘에서 출토된 청동기를 논하면서, 여기서 출토된 검을 사례로 그 시대가 아주 늦을 것이라는 관점을 제기했다.[15] 그러나 검의 형체와 동주의 검이 서로 비슷한 면도 있지만 다른 면도 보이는데, 오나라가 원래 검으로 이름난 점 예컨대 「고공기」에 기록된 대로 오월 지역의 검은 "그 땅을 옮기면 능히 좋아질 수 없다"[16]라고 한 점을 고려해보면, 오나라 땅에서 장검이 일찍부터 존재했을 가능성도 있다.

현재 저장성에 있는 원래 월나라 사람들이 활동했던 지역의 청동기는 상나라의 전통을 크게 받아들여서 발전시킨 것으로 보이는데, 관련 자료가 아주 적어 상세히 논하기는 어려운 실정이다.

서주 시기 남방에 있었던 형초 지역에서는 청동기의 발견이 아직은 비교적 적은 편이다. 후베이 한수 지역에서는 소왕남정昭王南征과 관련 있는 청동기가 발견되었고, 황피와 시수이浠水 등지에서도 중원의 청동기와 유사한 기물이 발견되기도 했으며, 다른 지역에서는 지역적 특색이 비교적 강했다. 어쩌면 소왕남정이 실패한 이후 주의 세력이 이곳에 미치지 못했기 때문일 것이다. 서주 후기의 초공蠶과는 촉나라 기물의 특징이 배어 있기도 하다.

서주의 서남쪽에 있었던 촉은 주나라 초기에 주 문화의 영향을 아주 크게 받았다. 평현 주와제의 청동기 교장은 이를 분명히 증명해준다. 서주 중기 이후의 촉은 이미 중심문화권과 단절되어, 이미 영향을 받았던 주 문화적 요소가 계속해서 전해져 내려왔다. 예컨대, 서주 초기의 단호호문과는 놀랍게도 전국시대까지 계속되었다. 물론 구체적인 모양에는 적잖은 변화가 나타나기는 했다.

동주 시기가 상 및 서주 시기와 다른 점은 동주의 중심문화권이 더 이상 핵심 작용을 하지 못했다는 것이다. 각 문화권이 각자 발전하면서 서로 영향을 주고받았다. 이와 관련된 여러 문제는 『동주와 진대 문명』에서 연구를 했기 때문에 여기서는 간단하게 다루기로 한다.

북방 청동문화의 흥기는 또 민족의 다름에 따라 북방과 동북의 두 지역으로 나눌 수 있다. 최근 소위 오르도스식 청동기●를 새롭게 고찰하고, 아울러 이것과 몽골 시베리아 지역 문화 사이의 연관성을 연구한 학자가 있다.[17] 동북 지역의 청동 문화 또한 그 자체적 특징을 지니는데 조선 및 일본과 상당한 영향을 주고받았다.

동방의 제노齊魯 지역도 자체적 특징을 지니는데 중심문화권과 차이를 보인다.

남방의 초 문화도 상당히 발달해 강대한 확장 추세를 보인다. 특히 전국시대 초 문화는 먼저 남쪽으로 발전하다가 동쪽으로도 확산되었다. 그러나

●　중국 북방의 초원계 문화에서 발견되는 청동기. 오르도스Ordos(지금의 네이멍구 자치구의 최남단. 어얼둬쓰)는 몽골어로 칸이 사는 게르를 뜻하는 오르도Ordo의 복수형이다.

동남쪽의 오월 문화 역시 반대로 초 문화에 영향을 끼쳤는데, 후난 지역에서 바로 월나라 사람들의 청동기가 나타난 것이다.

파촉 문화의 영향도 낮게 평가할 수 없다. 그중에는 진秦에 대한 영향도 포함되어 있다. 서남에서는 또 전문화滇文化(넓은 의미의)[윈난雲南 중심의 중국 서남지역 문화]가 흥기하기도 했다. 광범위하게 분포되어 있는 동고銅鼓[청동제 북]도 동남아시아 지역과 영향을 주고받은 관계가 있다.

진秦은 서북쪽에 있었지만 그 청동기는 오히려 서주를 기초로 하여 독립적으로 발전하면서 형성된 것으로 서북 소수민족적 요소가 그리 강하게 보이지는 않는다. 전국시대 진이 열국을 병합하면서 그 문화 또한 강력하게 전국에 이식하려 했지만, 진이 아주 빠르게 멸망한 까닭에 각 문화권이 통일적 국면 속에서 융합되는 것은 한에 이르러서야 가능했다.

동주 시기 청동기 문화 발전의 복잡다단한 양상 가운데 가장 이목을 집중시키는 것은 두번에 걸친 통일을 향한 물결이었다.

첫번째는 앞서 이미 언급한 초 문화의 확산이다. 『동주와 진대 문명』에서 이미 언급했듯이, 이 확산은 동주 시기의 대사건이었다. 초나라 청동기 문화의 특색은 춘추 중후기에 형성된 것이다. 초나라 청동기는 그 자체만의 독특한 형체, 문양, 조합을 지니고 있어서 다른 문화권의 청동기와 한눈에 구별될 수 있다. 초나라는 강성해, 다른 나라와 비교해볼 때, 그 병합한 나라가 가장 많아 중국의 거의 절반에 가까운 강산을 통일했는데, 그 청동기 풍격도 사방으로 아주 강대한 영향을 일으켰다. 예컨대, 허난성 신정에서 출토된 춘추 시기 정나라 청동기와 쓰촨 신두에서 출토된 전국 시기 촉나라 청동기에서 모두 이러한 영향을 볼 수 있다.

계속해서 보이는 새로운 지식

두번째는 진 문화의 확장이다. 춘추 초기에 형성된 진나라 청동기의 독특한 특징은 그 형체 및 문식에 잘 드러나 있다. 그 나름대로의 발전은 동방 문화를 표준으로 비교할 수 없다. 진 문화의 동방 전파는 전국 중기에 이르러서야 명확히 볼 수 있다. 이로부터 전국을 석권한 진 문화는 한대에 이르러 나타난 규격화된 기물의 기초가 되었다.

의고시대를 걸어 나오며

양현 판바에서 출토된 동 아장 등의 문제를 논하다

산시성陝西省 양현洋縣 판바范壩 스리위안十里塬에서 1979년에 일군의 상대 청동기가 발견된 바 있는데, 『문박文博』을 통해 간보가 발표되었다.[1] 그중 동 아장牙璋 10점은 특히 주목할 가치가 있다.

소위 '아장'은 통상 일종의 특정한 형체를 가진 옥기를 가리키는데, 지금까지 알려진 가장 오래된 실례는 산둥 및 산시 북부의 룽산 시대 후기에 보이고, 이후 중원 지역에서 충분한 발전을 거듭하다가 남방으로 전파되었는데, 상대 후기가 그 하한선이다.[2] 몇 년 전 홍콩 다완 및 베트남 북부에서 옥 아장이 출토되면서, 많은 학자가 이 옥기에 대해 심도 있는 연구를 했고 이와 관련된 주제로 학술회의를 열기도 했다.[3]

필자는 옥 아장을 대체로 세 유형으로 분류하면서,[4] 그중 가장 늦은 제3유형의 특징에 대해, 전단이 호형으로 움푹 들어가면서, 날카롭던 끝이 V

543

자형의 기첨으로 변형되었음을 지적한 바 있다.[5] 이러한 유형을 가진 옥 아장의 비교적 이른 시기의 사례가 있기는 하지만, 기첨의 모양이 훗날의 그것처럼 바깥으로 뾰족하게 나와 있지는 않다. 기첨이 바깥으로 뾰족하게 나와 있는 옥 아장은 주로 쓰촨 광한 싼싱두이 두 기물갱에서 보인다. 천더안陳德安 선생은 싼싱두이 옥 아장에 대해 상세한 분형分型을 한 바 있는데,[6] V자 기첨은 그가 말한 바의 C형에 해당한다. 그에 의하면 1호 기물갱에서 2점, 2호갱에서 여러 점이 나왔다고 한다.

양현 판바의 동 아장은 옥 아장을 모방한 것이 분명하다. 옥을 동으로 바꾸어 제작한 것은 현지에서 옥을 구하기가 쉽지 않았기 때문일 수도 있고 지역적 습속의 차이에서 비롯된 것일 수도 있다. 간보에서는 이 10점의 동 아장에 대해 다음과 같이 묘사했다. "긴 형태로, 몸통 전단에 바깥으로 나온 두 이빨이 있고, 몸통 날과 손잡이 사이에는 두 쌍의 치가 있다. 무늬는 없고, 한쪽 면은 평평하게 주조되어 있다. 두 양식으로 구분할 수 있는데, I식은 체형이 넓고 큰 편이고, II식은 체형이 작고 날씬한 편이다." 여기서 사례로 든 표본을 보면, I식의 표본은 길이가 23센티미터이고 II식의 표본은 길이가 17센티미터로, 모두 흔히 볼 수 있는 옥 아장의 치수 범위에 해당된다. 그 "전단에 바깥으로 나온 두 이빨"이라는 것은 곧 필자가 말한 V자형 기첨인데, 그 기첨이 바깥으로 뾰족하게 나와 있다는 것이고, 또 "몸통 날과 손잡이 사이에 두 쌍의 치가 있다"는 것은 필자가 말한 '난'이 두 곳 있다는 것이다. 싼싱두이 기물갱에서 나온 이러한 유형의 옥 아장에는 모두 난이 2개 있고, 난과 난 사이에는 소치가 있는 것도 있고, 판바 동 아장처럼 소치가 없는 것도 있다. 동 아장에 소치가 없는 것은 어쩌면 주조가 비교적 거칠어서 옥을 깎는 것처럼 정교하게 만들기 어려웠기 때문으로 보인다.

한중의 청구와 양현 일대에는 일찍부터 청동기가 발견된 기록이 보인다. 1950년대 이래로 계속해서 관련 보도가 나오면서 학계의 관심을 받았다. 1983년, 리보첸李伯謙 선생은 「청구 출토 동기군과 초기 촉 문화城固銅器群與早期蜀文化」[7]에서, 이곳에서 발견되는 상대 청동기는 촉 문화와 밀접한 관계가 있음을 피력한 바 있다. 1990년, 시베이대학西北大學 자오충창趙叢蒼 선생은 류스어劉士莪 선생의 지도 속에, 청구와 양현을 조사한 후 「청구 양현 청동기군의 종합 연구城固洋縣銅器群綜合研究」라는 논문을 『문박』에 발표했다.[8] 그는 이 지역 일대에 대해 다음과 같이 말했다. "이미 발견된 신석기 후기에서 하상 시기에 이르기까지 오랫동안 쌓인 범위의 고고학 문화는 일단 초기 파촉 문화의 한 유형으로 설정한다." 아울러 그는 현지에서 발견된 상대 예기와 병기의 수량이 많은 것에 주목했는데, 특히 청구의 "쑤촌 일대에는 싼싱두이와 비슷한 지형이 있다"라고 했다. 어쩌면 이 지역은 싼싱두이와 마찬가지로 '하나의 정치 중심'이었을수 있다. 이 글에서는 또한 판바의 발견에 대해 논급하기도 했다.

자오 선생은 청구와 양현 일대의 청동기를 분석하면서 다음처럼 지적했다. "이 지역의 청동기는 얼리강기에서 은허 II기에 해당하는 것이 많고, 그 이후의 것은 거의 보이지 않는다." 판바의 기물은 바로 이 시기의 특징을 갖추고 있다. 자세히 고찰해보면 더 정확하게 말할 수 있다.

판바에서 출토된 3점의 청동 '낫 모양 청동기鐮形器'를 자오 선생은 그 뾰족한 날이 없다고 하여 '만형기彎形器'로 불렀는데, 바로 청구와 양현 청동기에서 가장 지역적 특색이 강한 기물이라 할 수 있다. 기물의 하단에는 착鑿이 있어서 긴 자루長柄를 끼울 수 있다. 필자는 이 기물이 상악商樂의 춤을 출 때 손에 들던 깃 모양 도구羽라고 생각한다. '만형기'는 청구와 양현에서 출토된 청동기 가운데 결코 보편적인 것이 아니다. 만형기는 판바를 제외하면 1975년 청구 쉬수이滑水에서 10점이 출토된 바 있고, 1980~1981년에 청구 룽터우전에서 두 무더기로 모두 46점이 출토된 바 있다.9 룽터우전의 예기는 기형과 문식으로 보면 얼리강 상층 가운데 약간 늦은 시기에 속한다. 쉬수이에서 함께 출토된 정10은 은허 I기의 약간 이른 시기에 속하거나 더 이를 수 있다. 판바의 기물은 연대적으로 이와 멀지 않을 것이다. 이는 동 아장이 싼싱두이 1호갱에서 나온 옥 아장의 형식에 가까운 것과 그 맥을 같이한다.

우리가 또 주의해야 할 것은 바로 판바에서 나온 직원과 8점이다. 그 형체로 보면 시기는 은허 초기보다 늦지 않다. 이와 함께 출토된 개구리 문양 도끼蛙紋鉞 1점은 내가 곧고 난이 있는 상 문화 월의 전통을 잇는 것이지만, 그 날의 형태는 상 문화의 월과 현저한 차이를 보인다. 이것과 윤곽이 비슷한 기물로는 쓰촨 신판 수이관인에서 출토된 유착월有鑿鉞이 있다.11 수이관인에서도 난이 있는 직원과가 출토되었는데 모두가 잘 알고 있는 바다. 이는 현지 문화와 촉 문화의 관계를 알려주는 또 다른 증거다.

양현 판바에서 동 아장이 발견된 것은 싼싱두이 기물갱의 연대 판단에 도움을 준다. 기물갱의 자료가 발표된 후, 학자들은 그 연대를 비교적 늦게 비정해 서주 시기, 더 늦게는 동주 시기라고 여기는 학자도 있었다. 현재 여기서 출토된 유물 가운데 V자형 기첨의 옥 아장이 판바 동 아장과 관계가 있음을 알게 되었고, 양자 간에는 모두 시대적 특징이 분명한 기물이 있다는 점을 통해 싼싱두이 기물갱의 시대를 늦출 수는 없어 보인다.

청구와 양현의 상대 청동기를 제작한 족속은 아무래도 상대의 서남이 가운데 하나가 아닌가 한다. 당시 서남이의 분포와 관련해서는 마땅히『상서』「목서」에 기록된 여덟 나라를 참조해야 한다.「목서」의 기록을 보면, 주 무왕이 주紂를 정벌할 때, 갑자일 새벽昧爽에 상나라 근교인 목야牧野에 이르러 맹세한 것이 보인다. "왕이 왼손에는 황월黃鉞을 잡고, 오른손에는 흰 깃발을 잡고서 깃발을 휘두르며 말씀하기를, '멀리 왔도다! 서토의 사람들이여!'라고 했다. 왕이 또 말씀하시길, '아! 우리 우방총군友邦冢君과 어사御事, 사도司徒, 사마司馬, 사공司空, 아려亞旅, 사씨師氏, 천부장千夫長, 백부장百夫長 및 용庸, 촉蜀, 강羌, 무鬃, 미微, 노盧, 팽彭, 복濮의 사람들이여! ……'라고 했다."12 공전孔傳에서 이르길, "여덟 나라는 모두 만이융적으로 문왕에 복속한 나라 이름이다. 강은 서쪽에, 촉은 수叟, 무와 미는 파촉에 있고, 노와 팽은 서북쪽에, 용과 복은 강한의 남쪽에 있다"13라고 했다.

공전에서 말한 여덟 나라의 지리적 위치는 공영달孔穎達의 '정의正義'를 가지고 이해해야 한다. '정의'는 다음처럼 해석하고 있다. "이 여덟 나라는 모두 서남이다. 문왕의 나라는 서쪽에 있었던 까닭에 서남이를 먼저 복속했다. 대유大劉(곧 유작劉焯)는 촉을 촉군蜀郡이라 했는데, 분명히 알 수 있기 때문에 공안국은 말하지 않았다. 또 '용'을 뒤로 빼서 '복'과 함께 해석하기 위해, 먼저 '강'을 해석한 것이다. 공안국이 이르길, '강은 서쪽에, 촉은 수叟'라고 한 것은 한나라 때 서남이 가운데 촉의 이름이 컸기 때문에 촉을 근거로 말한 것이다. 좌사는「촉도부」에서 '삼촉三蜀의 영웅들이 때때로 왕래하네'14라고 했으니, 촉도가 셋으로 나뉘었다는 것이다. 강羌은 그 서쪽에 있었기 때문에

'서西'라고 이른 것이다. '촉'은 수라고 했는데, '수'는 촉이蜀夷의 다른 이름이다. (…) '무와 미는 파촉에 있고'라고 했는데, 파는 촉의 동쪽에 치우쳐 있다. 한나라의 파군巴郡에서 다스리던 강주현江州縣이다. '노와 팽은 서북쪽에'라는 것은 동촉東蜀의 서북쪽이다."『춘추좌씨전』'문공文公 18년'에는 다음 기록이 보인다. "용庸과 백복百濮이 초를 정벌해, 초가 이에 용을 멸했는데, 용과 복은 강한의 남쪽에 있다.'" 여기서 '촉'은 여러 의미를 갖는다. 좁은 의미의 '촉'은 청두에 치소가 있는 촉군만 가리키고, 넓은 의미의 '촉'은 '삼촉'을 겸해 가리킨다.『문선』에 실린「촉도부」의 주에 의하면, "삼촉은 촉군, 광한, 건위犍爲다. 원래는 하나의 촉국이었으나, 한 고조가 촉을 나누어 광한을 설치했고, 한 무제가 나누어 건위를 설치했다"[15]라고 한다. '정의'는 '삼촉'을 근거로 설을 만들어, 강은 삼촉의 서쪽이고, 촉은 촉군이며, 무와 미는 삼촉 동부에서 파군에 이르는 지역이고, 노와 팽은 무와 미의 서북이며, 용과 복은 『춘추좌씨전』에 보이는 '용'과 '복'과 같다고 여겼는데, 곧 용은 지금의 후베이 주산竹山 동쪽으로 한나라 때의 중군中郡 동부에 있었고, 복은 여러 부족의 총칭으로, 유동성이 크지만 당시에는 분명 용과 멀지 않은 곳에 있었을 것이다.

이상의「목서」팔국 가운데 가장 동쪽에 있었던 용은 동경 110도 정도다. 이후 여러 저작에서 혹 다른 주장이 나오기도 했지만, 모두 지금의 쓰촨과 윈구이雲貴 범위를 넘지는 않는다. 현대 학자 가운데는 이 지역이 당시 주나라와 관계를 맺을 수 있었는가에 대해 의문을 품어,[16] 강과 촉 이외의 각국을 동쪽으로 이동시킨 다음에, 팽과 노는 곧『춘추좌씨전』에 초와 가까이 있던 것으로 기록된 팽과 노융이고, 무는 곧 지금의 산시성山西省 남단에 있었던 모융茅戎이며, 미는 지금의 산시성 메이현郿縣이라 했다.『시경』「상송·은무」의 "너희 형초야, 우리 남쪽에 거히느그나"[17]라는 기록을 통해, 형초 일대가 상나라의 남토에 속함을 알 수 있다. 형초는 모융의 땅과 마찬가지로, 모두 무왕이 말한 "멀리 왔도다! 서토의 사람들이여!"라고 한 것과 부합되지 않는다.

구제강 선생은 "촉의 북쪽 경계는 원래 한중에 달했다. 그래서『촉 왕본기』에 '동쪽으로 포곡襃谷에서 사냥하다가, 마침내 진 혜왕秦惠王을 만났다'[18]라는 일이 있는 것이다'라고 했다.[19] 상대의 촉은 그렇게 발전하지는 않았을 것이다. 다만 청구와 양현을 포함한 한중 지역은 쓰촨 서쪽 청두평원의 촉과 밀접한 관계를 맺고 있었음이 고고학적으로 증명되었다. 한중 이남의 각종 민족 특색을 갖춘 문화를「목서」팔국을 대표로 하는 서남이와 종합적으로 고려해보는 것이 대략 견강부회는 아니지 않을까?

이방을 재차 논하다

은허 갑골문 가운데 시방尸方 곧 이방夷方은 인방人方으로 판독하기도 하는데, 수년 전 이미 학계의 주의를 이끈바 있다. 시방 관련 자료는 주로 상말의 황조 복사黃組卜辭에 보이는 '시방 정벌征尸方' 기록으로, 그 수량이 비교적 많은 데다 연월일도 분명해 갑골문을 날짜에 맞춰 정리하는 방법의 성공적 사례로 손꼽히게 되었다. 그러나 시방의 지리적 위치와 '시방 정벌'의 구체적 시대에 대해서는 아직 연구자들의 의견이 모아지지 않고 있다.

둥쭤빈 선생은 「갑골문 단대 연구례甲骨文斷代硏究例」에서 '시방 정벌'이 제신帝辛 곧 걸주紂王 시기라 주장하면서 『춘추좌씨전』과 『여씨춘추』 등의 고서에 기록된 "주 왕이 동이를 이겼다"[1]라는 기록과 연결시켰다. 이후 그는 『은력보殷曆譜』에서 이 논점을 발전시켜 피력했다. 궈모뤄 선생도 이와 비슷한 시기에 쓴 『복사통찬卜辭通纂』(1933)에서 '시방'을 '동이'로 이해하면서 "은 시기의 시방은 곧 산둥의 도이鳥夷와 회이를 합해 말한 것"이라고 했으나,[2] 그 시기에 대해서는 상 왕 제을이 매沫 땅으로 천도했기 때문에 '시빙 징벌'을 세울 시기로 생각했다.

시방은 또한 상말 금문에도 보인다. 『복사통찬』에서 귀모뤄 선생은 '예전에는 "尸(시)"를 "人(인)"으로 많이 풀었는데, 내가 생각하기에 "尸(시)"는 "夷(이)"를 가차한 것'이라 주장했다.[3] 천명자 선생은 『은허 복사 종술』에서 이 설에 반대해, 옛 설을 따라 '尸(시)'를 '人(인)'으로 풀었지만,[4] 지리적 관점에서는 일본 시마 구니오鳥邦男의 『은허복사연구殷墟卜辭研究』처럼 대체로 둥씨와 귀씨의 설과 대체로 비슷하다. 필자는 1950년대 『은대지리간론殷代地理簡論』에서 '尸方(시방)'을 '人方(인방)'으로 읽고, 아울러 인방 정벌은 동쪽에서 서쪽으로 진행된 것이라는 추론을 한 바 있다.[5] 몇 년 전 발표된 덩샤오친鄧少琴, 원샤오펑溫少峰 두 선생의 「제을의 인방 정벌은 강한 지역에 군대를 파견한 것임을 논하다論帝乙征人方是用兵江漢」와[6] 정제상鄭傑祥 선생의 『상대지리개론商代地理概論』 또한 『은허 복사 종술』과 유사한 관점을 제시한 바 있다.[7]

몇 년 동안, 필자는 늘 기회가 있으면 『은대지리간론』을 수정하겠다고 생각해왔다. 상대가 아주 오래전이기 때문에 당시의 지명이 후세에 똑같게 보이거나 혹 비슷하게 보이는 것이 많다고 해서 그 둘을 단순하게 연결하는 방법은, 비록 일련의 공통 지명을 발견할 수 있다고 해도, 결국에는 위험 부담을 안고 있을 수밖에 없음을 점점 깨닫게 된 것이다. 그 밖에, 갑골문에 보이는 지명 하나가 후세에는 여러 곳에 동시에 보일 수도 있기 때문에 과거에 사용했던 이러한 방법은 폐단이 있을 수밖에 없다. 따라서 갑골문에 보이는 지명의 방위를 정확히 확정하기 위해서는 고고학적 증거에 의존해야

계속해서 보이는 새로운 지식

한다. 물론 이러한 증거를 찾는 일이 말처럼 쉬운 것은 아니지만 그래도 기회는 결국 찾아오기 마련이다.

1973년 산둥 옌저우 리궁촌李宮村에서 일군의 청동기와 도기가 발견되었다.[8] 그중에 유卣 한 점은 높이 33센티미터에, 덮개와 손잡이가 있으며, 목은 가늘고 복부는 북鼓의 형태를 띠고 있다. 손잡이가 새끼줄 형태絢形로 되어 있는 것 외에 모두 제신 시기의 표준기인 사사필기유四祀邲其卣와 일치하고,[9] 도철문 장식도 사사필기유와 아주 비슷하다. 함께 발견된 작爵을 보면, 높이는 19센티미터에, 쌍주雙柱[작爵의 주둥이 가장자리 양쪽에 세우는 작은 기둥]는 유절流折[작爵의 주둥이가 중간쯤에서 우묵하게 들어갔다가 다시 꺾여 치솟는 부분] 뒤쪽으로 비교적 멀고, 둥근 바닥圜底은 도철문으로 장식되어 있다. 두 기물에 보이는 명문은 각각 '剌册, 父癸'와 '剌, 父癸'이다. 보도문에서 정확히 설명했듯이, '剌은 곧 '索' 자로 기물의 주인이 주 초기 노魯를 책봉할 때 딸려 보낸 은 유민 여섯 족속 가운데 하나인 색씨素氏다. 필자가 소논문에서 이미 지적했듯, '剌' 자는 '시방 정벌' 복사에 보이는 지명 가운데 하나로,[10] 그 위치는 이번 발견을 통해 볼 때 마땅히 산둥성 옌저우로 확정할 수 있다.

소논문에서 또 언급한 것으로 '시방 정벌' 복사와 조갑 시기로 보이는 출조出組 복사를 통해 볼 때, 색素과 기杞는 이틀 걸리는 거리로, '시방 정벌' 당시 기에서 색까지 왕도를 향해 가는 길이었기 때문에, 기는 기국 청동기가 발견된 바 있는 산둥성 신타이로, 이는 주 초기에 봉건된 허난성 기현杞縣의 '기杞'가 아니다.

현재 타이베이고궁박물원에 소장되어 있는 기부유杞婦卣[11]의 시대는 상대 말기로 "亞醜(아추, 이 글자는 좀 더 판독할 필요가 있다), 杞婦(기부)"라는 명문이 있다. 기물을 제작한 사람은 아추 종족의 여자로 기에 시집간 사람이다. 아추 청동기는 산둥성 이두益都 쑤부툰蘇埠屯[12]에 집중되어 있는데, 쑤부툰은 기와 거리가 멀지 않을 것이다. 따라서 기의 위치는 지리적으로 신타이가 적합하다 할 수 있다.

이두 쑤부툰 대묘는 아주 큰 규모로 은허 대묘와 비견될 만하다. 이를 통해 아추씨의 지위적 중요성을 볼 수 있다. 아추 씨족 기물의 명문 "亞醜, 諸后以太子隣彝"의 '以'를 필자는 일찍이 '與'로 해석하면서, 그 씨족이 왕실과 직접적 혈연관계가 있는 것으로 추측한 바 있다.● 아추의 의미는 은허에서 출토된 상말 청동기 침어작寢魚爵의 명문을 참고할 만하다. 그 기물에는 "辛卯, 王錫寢魚貝, 用作父丁彝"('신묘일, 왕께서 침어에게 패를 하사하시니, 아버지 정丁을 위한 기물을 만드노라')라는 명문이 있고, 그 덮개에는 '亞魚(아어)'라는 명문이 있다. '침寢'은 『주례』 궁백宮伯과 같은 유형에 속하는 관직으로, '아亞'는 아족亞族으로 곧 여러 대부다. 침어가 기물을 만들 때, '아어'를 씨로 삼은 것이다.[13] 이에 의거해볼 때, 아추가 씨가 된 것은 황조 복사에 보이는 소신추小臣醜에서 비롯된 것이라 할 수 있다.

『귀갑수골문자龜甲獸骨文字』 '2.25.10'에 보면 다음 기록이 보인다. "辛卯王(卜貞), 小臣醜其作圉于東, 對. 王占曰, 大(吉)●●"(이는 거북 배딱지 오른쪽 앞딱지의 잔편으로, 그 오른쪽 아랫부분은 균열을 따라 절단되어, '醜' 자 밑 한 글자는 이 복사에 속하는 것으로 보이지 않는다.) 여기서 '圉(어)'는 강계疆界의 뜻으로 '作圉

* 저자 리쉐친의 해석대로 하면, '아추, 제후와 태자의 보배로운 기물'이라는 뜻이 된다. 여기서 '제후'를 '아추'씨 출신의 왕후로 해석한 것이다.

●● 신묘일, 왕께서 (갑골에 금을 내며) 소신추를 동東 땅에 책봉해 나라를 삼게 하시는 것을 [점치니], 왕께서 점占을 치고 말씀하시길, '크게 (길하다)'라고 하셨다."

는 강계를 획정한다는 뜻이 된다. 이는 『춘추좌씨전』 '은공 11년'의 '또한 우리 국경을 든든하게 하는 일亦卿以固吾圉也'의 기록을 참조할 수 있다. '對(대)'는 '배配' 혹은 '당當'으로 해석하는데, 『시경』 「황의皇矣」 편에 보면 "나라를 세우시고, 다스릴 분 세우셨네帝邦作對"라는 내용의 모전毛傳에서 '對(대)는 配(배)이다'라 했고, 정현은 '作은 爲다. 하늘이 나라를 세운다는 것은 주나라를 흥기시킨 것을 말한 것이고, 짝이 된다는 것은 밝은 임금을 태어나게 했다는 것이다'라 했다. 주자朱子는 『집전集傳』에서 "대對는 당當과 같다. 작대作對는 이 나라를 담당할 수 있을 만한 자를 택해 임금으로 삼은 것이다"[14]라고 했다. 다시 복사를 보면, 소신추가 동쪽을 강계로 삼는다는 것은 나라를 책봉하는 것이기 때문에, 그가 그 자리를 감당할 수 있는지의 여부를 점친 것이다.

상말주초의 이른바 '동東'에 대해서는 설명할 필요가 있다. 『일주서』 「작락」에 보면, "무왕이 은을 멸하고, 이에 왕자 녹보를 세워 상商의 제사를 지키게 했다. 관숙을 동에 세우고, 채숙과 곽숙을 은에 세워서 은의 신하들을 감시하게 했다"[15]라고 한다. 무왕이 죽은 후, "삼숙 및 은·동·서·엄 및 웅·영이 배반했다", 주공이 동정한 이후, "강숙으로 하여금 은나라 도성에 거하게 하고, 중모보로 은나라 동쪽에 거하게 했다"라고 한다.[16] 이 사료의 세 곳에서 '은'과 '동'이 함께 거론되었다. 기존에 많은 학자는 '동'을 위衛 땅으로 보았다. 예컨대, 진봉형陳逢衡(1778~1855)은 『일주서보주逸周書補注』에서 다음처럼 말했다. "공조孔晁의 주에 '동을 위'라고 했는데, 정씨鄭氏의 『시보詩譜』의 뜻에 근원한 것이다. 당시 무왕은 주紂의 도읍에 무경을 책봉했다. 도읍은 곧 조가朝歌이고, 패邶는 그 북쪽이며, 용鄘은 그 남쪽으로, 나라가 작고 좁았기 때문에 통틀어서 은이라 일컬었으나 그 땅은 이미 분명하게 드러난다. 동은 곧 땅이 크고 넓어서, 그 형세가 족히 은나라 도읍을 통제할 만했으니, 대개 곧 위衞다. 여기서 '위'라 하지 않고 '동'이라 한 것은 당시 막 백엄百욕에게 명해 호분虎賁을 이끌고 맹약한 후 위를 정벌하고 나서, 포로를 데리고 고했으나, 그 세력이 아직 위 땅 전체를 아우를 만하지 못하고, 다만 동쪽의 편벽된 땅만 얻었으니, 곧 관숙을 그 땅에 거하게 하고서 은을 감독하게 했기 때문이다. 이것이 바로 '동'이라는 이름의 유래다. 「강고康誥」에 '그러므로 너 소자 봉封이 동토東土에 있게 되었다'고 했고, 『춘추좌씨전』 '정공 4년'에 '상나라 땅 동도東都를 취해 왕의 동쪽 사냥터로 바쳤다'[17]라고 한 것이 그 분명한 증거가 아니겠는가? (…) 위는 곧 동이고, 동은 곧 '주공거동周公居東'의 동이다."[18] '동'을 위 땅의 '동편'으로 해석한 것은 너무 좁게 생각한 감이 없잖다. 사실 「작락」의 '동'은 상 왕조의 동토를 가리키는 것으로 「금등金縢」의 '주공거동周公居東' 등이 주 왕조의 동토를 가리키는 것과 아주 큰 차이가 있다. 소신추가 책봉된 '동' 또한 상 왕조의 동토다. 쑤부툰 대묘와 연결해 고려해보면, 그 봉국은 마땅히 이두益都 일대에 있어야 한다.

소신추의 사적은 시방과 관련이 있다. 『은허서계전편殷墟書契前編』 5.30.1 에 '其大出. 吉. 醜其遑至于攸, 若. 王占曰, 大吉. 其遲于之, 若'이라는 내용이 보이는데, 『복사통찬』에서 이를 인용해 다음과 같이 말했다. "至于攸'라 말했는데, '攸'는 다른 복사에서 '이방'과 함께 나타난다."[19] 이 복사에서 이른바 '기대출其大出'은 추측건대 적이 크게 출병해서, 왕이 추醜에게 인원을 동원하라 명하고서, 역驛으로 소식을 전하고 유攸로 갈 것인지 원래 땅에 머물 것인지를 점친 것인 듯하다.

'십사정시방十祀征尸方' 복사에 보면, 왕이 유후攸侯 희喜에게 명해 시방을 정벌하게 했으므로, 유 땅은 분명 시방을 정벌하는 진지陣地의 앞쪽에 있어야 한다. 소신추가 유로 가서 방어해야 했던 적은 바로 시방일 가능성이 크다. 추의 책봉지가 명확해졌기 때문에 시방의 방위 또한 여기에서 미루어 추측해볼 수 있다. 이상의 관점은 상대 말기의 여러 금문을 통해서도 인증할 수 있다.

현재 미국 샌프란시스코 아시아예술박물관에 소장되어 있는 소신여서준小臣艅犀尊[21]에는 다음과 같은 명문이 있다. "丁巳, 王省夒, 享, 王錫小臣艅夒貝, 惟王來征尸方, 惟王十祀又五彤日."● 이 준은 청나라 도광 연간(1821~1851)에 산둥 량산梁山에서 출토되었다고 전해지는 이른바 '양산칠기梁山七器'의 하나로, 량산의 위치는 옌저우 서북쪽이다.

『삼대길금문존』 '5.11.1'의 작책반언作冊般甗의 명문을 보자. "王宜尸方, 無戎(侮, 거만하다) 咸, 王賞作冊般貝, 用作父己阝尊. 來冊."●● 끝난 후, 왕께서 작책반에게 패貝를 상으로 내리니, 아버지 기己를 위한 존귀한 기물을 만드노라. 내책來冊.[작책반의 성姓이 내여서 성명을 내책으로 기록한 것이다.] 필자가 이미 지적했듯, 작책반이 제작한 것으로 또 정鼎과 굉觥이 하나씩 있다.[22] 작책반정作冊般鼎 명문은 『역대종정이기관지법첩歷代鐘鼎彝器款識法帖』 88.3에 보인다. "癸亥, 王逨于作冊般新宗, 王賞作冊豐貝, 太子錫東大貝, 用作父己寶

● "정사일, 왕께서 기夒 땅을 순시하다가 제사를 드렸다. 왕께서 소신여小臣艅에게 기 땅의 패를 하사하노라. 왕께서 시방을 정벌하고 돌아왔다. 왕 15년 융彤 제사를 드리는 날."

●● "왕께서 시방을 정벌하고 의제宜祭를 거행함에 거만함이 없었다. 일설에는 無戎를 인명으로 보기도 한다."

餗."● 작책반굉作冊般觥의 명문은 『서청고감西淸古鑒』 32.11에 보인다. "王令般
祝米于鑄, 口口二, 用賓父己. 來."●●

「작책반정」 명문에서 왕이 상을 내리는 '작책'은 곧 작책반으로, 뒷 부분
의 '부기父己'를 통해 증명할 수 있다. 왕이 그에게 풍豐 땅의 패를 상으로 하
사했고, 태자도 그에게 동토의 대패大貝를 상으로 하사했다. 여기서 보이는
'풍'은 어쩌면 염방정覃方鼎 명문에 보이는 "惟周公于征伐東尸(夷)·豊伯·薄
姑"●●●의 '豊'일 가능성이 있다. 박고薄姑는 지금의 산둥성 보싱博興으로, 풍
도 이와 멀지 않았을 것이다.

「작책반굉」 명문에 보이는 '주鑄' 자의 형태는 복사『은허문자갑편殷墟文字
甲編』 '1647'과 비슷하다. 청 광서 초에 산둥 환대桓臺에서 '주자鑄子'가 새겨진
청동기가 여러 점 발견되었다.[23] 궈모뤄는 『양주금문사대계고석兩周金文辭大繫考
釋』에서 '주鑄'를 환대에서 비성肥城으로 이후에 옮긴 것으로 보았다. 환타이
와 보싱은 공교롭게도 서로 이웃하고 있다.

언甗과 굉觥을 통해 작책반이 내씨來氏임을 알 수 있다. 광서 22년(1896년),
산둥성 황현 라이인萊陰에서 여정旅鼎, '자보신유束父辛卣',[24] 이백정釐伯鼎 등 일
군의 청동기가 출토되었다. 여정에는 다음과 같은 명문이 있다. "惟公大保來
伐反(叛)尸(夷)年, 在十又一月庚申, 公在盩師, 公錫旅貝十朋, 旅用作父卩尊彝.

● "계해일癸亥日에 왕께서 작책반의 신종에 들렀다. 왕께서 작책반에게 풍 땅의 패를 상으로 내렸고,
태자도 그에게 동토의 큰 패를 하사했다. 이로써 아버지 기를 위해 귀한 기물을 만들어 음식을 담
게 했다."
●● "왕께서 작책반으로 하여금 주鑄 땅에서 쌀을 보내 축하하게 했다. 口口二, 이로써 아버지 기를 빈
객으로 잘 대접했다. 내來."
●●● "무릇 주공이 동이, 풍백과 박고를 정벌했다."

來."● 이 명문은 주나라 초기 동이를 정벌한 일을 기록하고 있다. 이 동기의 제자자인 여旅 또한 내씨다[25]

천명자 선생은 지금의 황현에 옛 내국이 있었고, 이백이 바로 내국이라는 설을 주장했다.[26] '來' 또한 '萊'이고, '釐'와는 표기법은 다르지만 같은 나라라는 논리인데, 이는 기국紀國을 '己'로 적다가 나중에 '異'로 적은 것과 유사하다 할 수 있다. 내씨는 상나라와 동성 관계인데, 이는 『세본』[27] 및 『사기』「은 본기殷本紀」에 보인다. 내국 사람이 상말주초에 '이夷'를 정벌하는 전쟁에 참여한 것은, '이'의 지리적 위치를 충분히 나타내준다.

종합해보면, 상대 말기의 시방은 또 이방으로 읽을 수 있고, 이는 동이와 같은 것이다. 이 점은 다시 과거 둥쭤빈과 궈모뤄 등의 관점으로 돌아가 그들의 관점이 타당함을 증명해준다.

● "무릇 주공이 태보를 보내 반란을 일으킨 동이를 정벌하게 했다. 그때가 연말 11월 경신일이었다. 주공은 주盩 땅에 군사를 주둔했다. 주공이 여旅에게 패 열 꿰미를 하사하자 여가 이로써 아버지를 위해 존귀한 기물을 만들었다. 내來."

의고시대를 걸어 나오며

진
봉
니
와

진
인

고도문명박물관古陶文明博物館의 루둥즈路東之 선생이 근래 거두어들인 진봉니 秦封泥가 시안 부근에서 나온 것이란 소식이 들렸다. 필자는 일전에 그 일부 실물을 관찰한 적이 있는데, 그 이질泥質이 양호하고, 문자가 뚜렷했으며, 종류도 다양하고, 뒷면에 끈으로 묶은 흔적까지 남아 있는, 확실히 중요한 발견이었다. 이 봉니●들은 당시의 직관職官[직위와 관등], 지리, 문자 등을 연구하는 데 아주 진귀한 가치를 지닌다.

　봉니가 학자들의 중시를 받기 시작한 것은 아주 후대의 일이다. 청 말기의 오식분吳式芬, 진개기陳介祺가 공편한 『봉니고략封泥考略』이 바로 그 첫번째 저록이다. 이 저록에는 고도문명박물관의 소장품과 개별적으로 유사한 것

●　옛날, 서신·공문이 쓰인 죽간 등을 새끼로 묶은 곳에 봉한, 도장이 찍힌 진흙덩이

계속해서 보이는 새로운 지식

들도 수록되어 있는데, 그 공통 특징은 인면印面에 난欄 혹은 [인장의 문자 사이를 구분하는] 계격界格이라 불리는 것이 있다는 점이다. 예컨대 『고략』 4.27의 '參川尉印(삼천위인)', 6.61의 '卽墨丞印(즉묵승인)', 6.65.2의 '安臺丞印(안대승인)', 6.66의 '安臺左墼(안대좌기)', 10.18.2의 '公孫强印(공손강인)' 등이다. 이후 『속봉니고략續封泥考略』 『재속봉니고략再續封泥考略』 등에도 유사한 사례가 있기는 하지만 드물게 나타날 뿐이었다. 지금 고도문명박물관에서 소장한 것처럼 다량으로 나타난 예는 아마 선례가 없을 것이다.

주지하듯, 청대 학자들은 새인璽印 연구에도 큰 공헌을 했는데, 소위 '고새古璽'라는 것 곧 전국 시기 육국의 관새官璽와 사새私璽를 구별해낸 것이다. 진개기는 『십종산방인거十鐘山房印擧』에서는 또 '주진周秦' 인장 곧 주나라와 진나라 시기의 인印을 구별해냈고, 『봉니고략』에서는 조금 더 명확하게 '진인秦印'을 밝혀냈다. 예컨대, '參川尉印' 아래에 다음과 같은 기록이 있다. "『한서』「지리지」 '하남군河南郡' 주에 '옛 진秦 삼천군三川郡'이라 했는데, 고제高帝가 낙양雒陽으로 이름을 바꾸었다. 「백관공경표百官公卿表」에 보면 '군위郡尉는 진나라 벼슬로 군수를 보좌하고 무직과 갑졸을 관장한다'라고 했다. 여기서 '삼천三川'이라 말했으니 곧 삼천군위三川郡尉의 인印이다. 인의 '參' 자는 석고문과 같고, 또 이사李斯의 소전小篆과 비슷하니, 마땅히 진인秦印이다. 『사기』「이사열전李斯列傳」에 '삼천의 땅을 둘러 빼다拔三川之地' '사斯의 장남 유由가 삼천수三川守가 되었다'고 한 것도 하나의 증거다." 또 '公孫强印' 아래에는 "십자 모양의 칸이 있는데, 진인과 비슷하다"라는 기록이 있다.[2]

『봉니고략』의 위 논술은 사실상 이미 진인과 진봉니를 감정하는 세 기준을 세운 것이었다. 이에 따르면, 진인과 진봉니는 첫째, 직관과 지리가 진나라 제도에 부합하고 한나라 제도와는 다르다.

둘째, 문자 풍격과 구조가 익히 알고 있는 진 문자와 같아야 한다.

셋째, 인장 면 문자 사이에 칸막이 줄이 있다.

이후 학자들이 진나라 인장을 구분할 때, 대부분 이 표준의 범위를 벗어나지 않는다. 이는 뤄푸이羅福頤와 왕런충王人聰 선생의 『인장개술印章概述』과 뤄푸이 선생의 『고새인개론古璽印概論』 등을 참고하기 바란다. 예컨대, 『고새인개론』의 내용을 보자. "진대의 관인官印과 사인私印의 문자는 대부분 진시황이 권량權量[저울과 되]에 새기도록 한 풍취다. 진나라 인의 대부분은 음각으로 판 것이고, 고사성어를 새긴 인장 중에는 주조한 것도 있다. 네 글자가 들어가는 정사각형 인장에는 田 자형 격자가 있다. 긴 직사각형 인장(반통인半通印이라 일컫기도 한다)에는 日 자형 격자가 많다. 이는 어쩌면 당시에 유행하던 격식이었을 것이다."[3] 곧 『봉니고략』에 보이는 표준을 진일보 발전시킨 것이다.

뤄푸이 선생 등은 한대 초의 인장이 진대 초의 인장과 일맥상통함을 이미 발견했다. 『고새인개론』에서 다음과 같이 지적했다. "전한 초에도 여전히 소수의 관인은 진나라 제도를 따르고 있고, 인문印文에 田 자형 혹은 日 자형 격자를 더하기도 했다."[4] 그가 책임편집한 『진한남북조관인징존秦漢南北朝官印徵存』에서 '진나라 관인秦官印'에 대해, "田 자형 격자가 있고, 또 새겨놓은 인장 모양을 지표로 하여 진나라 인장을 확정한다. 비록 모두 들어맞는 것은 아니지만, 거의 태반은 들어맞는다"[5]라고 했고, '한나라 초기 관인'에 대해서는 "모두 田 자형 격자를 갖추고 있는 것으로 보아, 한대 초에 진나라 제도를 따른 것을 증명해준다. 그 문자는 점차 반듯해지면서, 주조한 것도

계속해서 보이는 새로운 지식

많이 보이는데, 그 반통인도 그러하다. 따라서 이러한 종류를 '한대 초기 관인'으로 비정할 수 있다"6라고 했다.

뒤이은 여러 학자의 논저는 진나라 인장과 한나라 초기 인장을 더욱 분명하게 구분하기 위해 노력한 것이었다. 1982년, 자오차오趙超 선생의 「진대의 전田자격 몇 가지에 대한 담론 및 관련 문제試談幾方秦代的田字格及有關問題」는 진나라 인장을 확정하기 위한 문제를 중점적으로 논하면서, 동시에 "현재 볼 수 있는 전한 초기 묘장에서 출토된 관인은 모두 田자형 격자를 가지지 않았다. 그러나 단방의 『제노봉니고존齊魯封泥考存』에 수록된 '치천승상菑川丞相(치천승상)' 봉니는 한 문제文帝 15년 이후의 것일 가능성이 있다. 이로 미루어 보면, 전한 초기에는 어쩌면 여전히 田 자형 격자가 있는 형체의 관인을 사용하는 관례가 남아 있었던 것으로 보인다"라고 했다.7

왕런충 선생의 최근 연구를 보면, 진나라 인장과 한나라 초기 인장을 구분하는 기준을 마련하는 데서 많은 성과를 거두었다. 진나라 관인에 관해 그는 「진나라 관인 고술秦官印考述」에서 11가지를, 한나라 초기 관인에 관해서는 「전한 전田자격 관인 및 그 하한 연대論西漢田字格官印及其年代下限」에서 6가지를 열거했는데, 모두 아주 중요한 성과다.8 그 가운데 더욱 주의를 기울여야 할 것은 다음과 같다. 진나라 인장은 비뉴鼻鈕[손잡이 형식이 코 모양의 꼭지인 인]를 달아서, 이를 단뉴壇鈕[손잡이 형식이 제단 모양의 꼭지인 인]와 와뉴瓦鈕[손잡이 형식이 기와를 엎어놓은 모양의 꼭지인 인]로 세분화할 수 있는데, 단뉴의 하한은 진대를 넘지 않는다. 한나라 초기 인장 같은 경우는 또 물고기 모양 꼭지魚鈕와 뱀 모양 꼭지蛇鈕를 만든다. 진나라 인장은 오른쪽부터 세로로 읽는 것 외에도 가로로 읽거나 교차해서 읽는 경우도 있는데, 한나라 초기 인장에서는 교차로 읽는 방식交叉讀은 나타나지 않지만, 한 바퀴 둘러서 읽는 방식回讀이 새로 나타나기도 했다. 진나라 인장은 '글자가 공간을 꽉 채우지 않고, 또 인장 면을 채우는 것에 신경 쓰지 않았다.' 그러나 '한나라 초기 인장은 격자를 꽉 채워 썼고, 정제된 포만적 느낌을 준다.' 격자 선도 평탄하고 곧게 규정화되었다.

상술한 왕런충의 글에서 명확히 지적하듯, 진나라 인장은 진대에만 국한되지 않고 전국 후기 진나라부터 포함된다. 몇 년 전 출판된 『진진재고인전珍秦齋古印展』도록에서도 '진'에 진 통일 이후 인장秦代印과 전국시대 진나라 인장戰國秦印을 포함시켰다.[9]

기존의 연구 성과를 가지고 고도문명박물관에 소장된 봉니를 고찰하면, 아래의 몇 가지 특징을 어렵지 않게 관찰할 수 있다.

첫째, 직관과 지리 방면에서 진나라 제도에만 부합하는 것이 있다. 예컨대, 관명 '속방屬邦'은 진개기가 소장하고 있던 '상방여불위과相邦呂不韋戈'에서도 볼 수 있는데, '邦' 자를 피휘하지 않았다는 것은 봉니의 연대가 한 고조 즉위보다 이름을 나타내는 것이다. 지명 '함양咸陽'과 '폐구廢丘' 등은 『한서』「지리지」에 근거할 때 또한 한 고조 때보다 이르다.

둘째, 문자는 힘 있고 수려하며, 격자를 꽉 채우지 않은 풍격은 진나라 조서 글자와 비슷하다.

셋째, 절대 다수의 봉니는 인면에 田 자형 혹은 日 자형의 격자가 있는데, 그 선이 그리 반듯하지 못하다.

넷째, 田 자형 격자인은 일반적으로 모두 오른쪽부터 세로로 읽는다.

첫째부터 셋째까지는 진봉니를 확정하는 데 도움을 준다.

봉니 가운데 교차로 읽는 사례로는 '小廐將馬(소구장마)'가 있다. 『진한남북조관인징존秦漢南北朝官印徵存』에 따르면 아래 여러 사례도 모두 교차독으로 읽어야 한다.

23 章廐將馬(장구장마)

24 左廐將馬(좌구장마)

25 左廐將馬(좌구장마)

26 右廐將馬(우구장마)

27 右廐將馬(우구장마)

28 小廐將馬(소구장마)

마지막 인장은 찍어놓은 인본印本의 좌측이 뚜렷하지는 않은데, 『인전印典』의 2054쪽을 참조할 수 있다.[10] 이 인印은 원래 주선이周銑詒의 『공묵재장고새인共墨齋藏古璽印』에 저록되어 있던 것으로, 문자가 봉니와 완전히 똑같다.

앞서 인용한 각 인장을 읽는 방법에 대해 왕런충 선생은 「진나라 관인 고술」에서 상세하게 토론한 바 있다. 지금 봉니를 관찰해보니 장구章廐, 좌구左廐, 우구右廐, 소구小廐의 여러 승丞[앞의 용어는 모두 말을 관리하는 관청이고, 그 우두머리가 승丞임]이 있는데, 『진한남북조관인징존』에 또 '좌우장마左右將馬(세로로 읽는다)와 '소구남전小廐南田'(교차독) 등의 인장이 있어 서로 참조해 검토해보면, 왕런충이 정확하다는 것을 알 수 있다.

이 봉니 가운데는 또 기존의 저록에 수록된 봉니와 대조할 만한 것도 있는데, 예컨대, 앞서 『봉니고략』에 수록된 것으로 소개한 '安臺丞印(안태승인)'이 그것다. 이 두 판본을 세밀하게 비교해보면, 새로 발견된 봉니의 모서리가 안으로 말려 있어서 가장자리가 완전치 못하지만, 두 봉니 인면에 나타

의고시대를 걸어 나오며

난 필획의 위치와 이에 더해 십자선의 가로선 좌측이 약간 아래로 굽어 있고, 우측은 약간 위로 휘어진 것도 모두 일치한다. 따라서 이 두 봉니가 같은 틀에서 만들어졌다는 것은 거의 의심의 여지가 없어 보인다.

진나라 인장과 진나라 봉니 연구에, 다량의 봉니 실물이 추가되면서 앞으로 더 큰 발전을 이룰 수 있게 되었다. 현재 우리의 지식이 아직 제한적이기 때문에, 전국 후기의 진나라, 통일을 이룬 진나라, 한나라 초기의 인장과 봉니에 대해 여전히 전면적 구분이 어려운 실정이다. 진대가 겨우 15년에 불과함을 고려해보면, 이러한 구분은 객관적으로 불가능할지도 모른다. 따라서 오늘날 우리가 진나라 인장과 진나라 봉니라고 말할 때, 그 시간적 범위가 진대 전후로 조금씩 걸쳐 있을 수 있다는 점도 이해해야 한다.

田 자형 격자 관인의 하한선을 이야기할 때, 베트남 타인호아Thanh Hóa 출토 '서포후인胥浦侯印'을 토론하면서 설명한 바 있는데, 늦어도 한 무제(재위 기원전 141~기원전 87) 태초太初 연간 이전일 것이다.[11] 여기서 췌언하지는 않겠다.

계속해서 보이는 새로운 지식

상대 이방의 명호와 유럭 족씨

은허 복사 중의 이방夷方은 혹 인방人方이라고도 하는데 상대 역사 연구에 상당히 중요한 관계가 있어 일찍부터 학자들의 주목을 받았다. 특히 황조 복사에 보이는 '十祀征夷方(10년에 이방을 정벌하다)'은 갑골을 시간 순서대로 배열해 그 연관성을 파악하는 연구 방법의 가장 성공적인 사례로, 그 복사가 어느 왕 때 일어난 일인지에 대해 많은 학자의 토론을 거쳐 점차 제신帝辛(주紂) 시기로 의견이 모아지다가 최근 '하상주단대공정'의 성과로 한층 더 분명하게 제신 시기로 증명되었다. 그러나 지금까지 이방과 관련된 적지 않은 문제가 여전히 학자들의 탐색과 해결을 기다리고 있다. 최근 안후이성문물고고연구소의 천빙신陳秉新 선생 등이 쓴 『출토이족사료집고出土夷族史料輯考』(2005)[1]를 열람했는데, 이방과 관련된 복사 및 동시대 금문들을 집성해 사료의 검색과 비교를 간편하게 해주었다. 본문은 이를 기초로, 아래의 세 관점을 제시해 독자들의 질정을 받으려 한다.

첫째, 그 방국의 명호名號는 '인방'이 아니라 '이방'이다.

둘째, 대략 문정文丁 시기에도 이방 정벌이 한 차례 있었다.

셋째, 이방은 지금의 산둥성 중동부에 있었고, 그 도읍은 치수淄水와 유수濰水 사이의 산둥 북부 지역이다.

먼저 '이방'의 명칭에 대해 이야기해자. 이 방국의 명칭을 '인방'으로 읽는 것은 예위썬葉玉森과 천명자 등이 대표적이고, '시(이)방尸(夷)方'으로 읽는 것은 궈모뤄와 둥쭤빈 등이 대표적이다. 필자는 1950년대에 쓴 『은대지리간론』에서 '인방'설을 따르다가, 1990년대에 이르러 고고학적 발견을 고려하면서 쓴 소논문 「중론이방重論夷方」에서는 '이방'설을 따랐다.[2] 그러나 개인적으로 여전히 주저하면서 2005년에 쓴 소논문에서는 다시 '인방'설을 따르기도 했다.[3]

황조 이전의 각조 복사에서는 '人' 자와 '尸(夷)' 자의 구분이 비교적 확실하다. '尸' 자는 사람의 족부足部가 앞으로 펴져 있거나 혹 굽은 형상으로, 무릎을 세우고 웅크려 앉은 듯한 모습이다. 무정 시기에 점쳤던 '尸(夷)' 혹은 '尸(夷)方'의 '尸' 자는 바로 이러한 모습이다. 『출토이족사료집고』에서는 『갑골문합집甲骨文合集』(이하 『합집』) 6457~6464, 6480 등 빈조賓組 복사를 볼 수 있는데, 왕과 양백易伯姦, 후고侯告가 이夷를 정벌하거나, 혹 부호婦好와 후고에게 명해 이를 정벌하게 한 내용을 담고 있다. 『합집』 33039의 사조 복사에는 "후고가 이방을 정벌했다侯告征夷方"는 내용이 있고, 20612, 33038 사조 복사에도 모두 '이방'이 보인다. 33112 역조 복사도 같은 시기일 것이다. 무릇 이 '夷' 자는 모두 발을 앞으로 쭉 폈거나 혹 굽힌 '尸' 자다.

이후 몇몇 왕의 복사에는 이방이 보이지 않는다. 이방이 다시 복사에 나타난 것은 무명조無名組 복사에 이르러서인데, 그것도 무명조 복사의 아주 늦은 시기다. 이는 『출토이족사료집고』에도 수록되어 있다. 이 '이방夷方'의 '夷'는 모두 '人' 자와 구별되는 전술한 '尸' 자의 모양이다.

　무명조 복사에서 '이방'과 관련된 것들은 아주 중요하다. 『샤오툰 남지 출토갑골小屯南地出土甲骨』(이하『둔남』) 2064 같은 경우, 회갱 H31에서 출토되었는데, 오른쪽 갑골 왼쪽 윗부분에 다음과 같은 복사가 보인다.

　　王族其敦夷方邑雋, 右·左其叠.
　　弜叠, 其酾雋, 于之若.
　　右旅〔弜〕矬衆.

　왕족王族이란 말은 왕의 친족으로 구성된 직속 부대를 가리킨다.4 『국어』「초어」에 기록된 춘추 시기 진晉과 초의 언릉지전鄢陵之戰 (기원전 575)에서, 진의 옹자雍子는 다음과 같이 말했다. "초나라 군대의 행동은 예측할 수 있습니다. 저들의 중군에 있는 건 왕족일 뿐입니다. 우리가 중군과 하군의 위치를 바꾸면 초나라 군사는 틀림없이 [자신들이] 유리하다고 생각할 것입니다. [그런 마음으로] 우리와 맞붙어 싸우면 우리 중군의 그물망으로 빠져들 것입니다. 그때 우리 상군과 하군은 틀림없이 초나라 좌군과 우군을 격파할 수 있습니다. 그렇게 하여 우리 삼군이 힘을 합쳐 저들 왕족을 공격하면 반드시 크게 패퇴시킬 수 있습니다."5 『좌전』 성공 16년에도 같은 일이 기록되어 있다. 묘분황苗賁皇은 또 다음처럼 말했다. "초 군대의 정예는 그 중군의 왕족뿐입니다. 우리 정예 군대를 나누어 저들의 좌군과 우군을 치면, 삼군이 왕

졸王卒에 모일 것이니, 반드시 크게 패퇴시킬 수 있습니다."6 당시 초나라 중군인 왕족에다가 좌우 군을 더하면 모두 삼군이 된다.『둔남』2064의 상나라 군대도 마찬가지로, 왕족에다가 우려右旅와 좌려左旅를 더하면 바로 삼군이 된다.

'王族其敦夷方邑雋, 右·左其眷', 여기서 '眷' 자는 또 『합집』29185에 보인다. 이 글자는 '呂'를 소리 요소로 보아 '영營'으로 읽는 것으로 생각되는데, 뜻은 둘러싼다는 의미다. '弜眷, 其醐雋', '醐'은 '串'을 소리 요소로 보아 '관串'으로 읽는데, 뜻은 꿰뚫는다는 의미다. 이는 전술의 배치를 점친 것으로, 중견中堅[우두머리 장군에게 직속된 정예부대인 중군中軍]인 왕족이 雋를 공격할 때, 좌려와 우려가 雋를 포위하거나 혹은 교란한다는 것이다. '치중雉衆'의 '치雉'는 곧 '이상夷傷 적을 살상한다는 뜻'의 '이夷'로 읽는다.

『둔남』2350은 H57에서 출토되었는데, 이 또한 무명조의 같은 유형에 속하는 것으로, 오른쪽 갑골 왼쪽 변 아랫부분에 다음과 같은 복사가 기록되어 있다.

王其以衆合右旅〔眾左〕旅, 小于, 雋戈(捷).7 吉, 在雋.

왕이 거느린 무리는 왕족이고, '합合'은 '합회迨會'[에워싸서 싸우다]로 읽을 수 있다. 이 복사는 의심의 여지 없이 『둔남』2064와 같은 시기에 속한다.

『둔남』2064의 판독문에서는 '雋' 자를 논하면서 말하길, "이 글자는 여기서 인방의 읍명으로 쓰였다. 이는 상 왕국이 나아가 공격한 땅으로 제5기 곧 황조 복사에는 상 왕국의 영토가 되었다"라고 했다. 아울러 '십사정이방'

의 '在雔'가 기록된 『은허서계전편股墟書契前編』 2.5.1을 사례로 들었는데, 이는 아주 정확한 것이다. 황조 복사의 雔은 상의 영토라 말한 것은 대개 상 왕이 '雔 땅에 있었기在雔' 때문이지만, 앞에서 인용한 『둔남』 2350을 보면, 왕의 군사가 雔 땅에 이른 것도 '在雔'라 표현하고 있기 때문에, 읍을 점령한 것으로 볼 필요는 없다. 따라서 황조 복사의 雔도 어쩌면 여전히 이방에 속했을지도 모른다.

황조 복사의 '십사정이방'은 제신이 11월 계해일에 위危(일단 危로 판독한다)에서 전진해, 엿새 후 기사일에 유후 희의 봉국에 다다랐고, 다시 열흘이 지난 기묘일에 '王其小을 점쳤는데, 이는 이방과 접전을 벌였다는 것이다. 다시 이틀 후 신사일에는 '在雔'했다고 한다. 여기서 며칠 머문 후에는 중요한 전쟁 복사가 보이지 않는다. 이는 이방과의 주요한 전투는 무명조 복사와 마찬가지로 이방의 읍인 '雔'에서 발생한 것을 설명해준다. 보아 하니 雔는 이방의 변읍이 아니라 정치 군사적 중심 곧 도읍이었던 것 같다.

여기서 부가적으로 지적하고 싶은 것은, '雔' 자의 판독이다. 이 글자를 예전에는 '舊(구)' 雔자로 많이 판독했지만, 복사에서 모든 '舊(구)' 자는 모두 '萑(추)'를 구성 요소로 하고 있으므로 혼동해서는 안 된다.[8] 雔 자는 '臼(구)'를 소리 요소로 하는 것 같기 때문에 '鳩(구)'로 읽을 수 있지 않을까 사료된다. 그렇다면 이는 상고시대 이인夷人들에게 '오구五鳩'가 있었다는 것과 연관 있지 않을까? 아무래도 관련 자료를 제시하면서 신중하게 생각해보아야 할 것 같다.

『둔남』 2328도 H57에서 출토된 것으로, 그 내용은 다음과 같다.

의고시대를 걸어 나오며

壬口卜, 王其弗𢦏(捷), 亡𢀛……戌, 惠今日壬.

翌日王其令右旅眔左旅𠂤, 視方, 𢦏(捷), 不雉衆.

其雉.

이 또한 이방과의 전쟁을 담은 내용으로, 좌려와 우려에 공격을 명해 적의 허실을 살피는 것을 점친 부분은 『둔남』 2064, 2350 보다 앞선 것이다.

H57에서 출토된 무명조 복사 가운데 이방 정벌과 관련된 것으로 또 『둔남』 2320이 있는데, 탁본이 깨끗하지 않고 모호해서 반드시 책에 같이 수록된 모본摹本을 참고해야 한다. 그 복사는 다음과 같다.

甲辰卜, 在爿牧征啓, 右……邑…… 引吉, 在濇.

癸酉卜, 戍伐, 右收𠂤啓, 夷方伐, 有𢦏捷 . 吉, 悔.

〔右戍有〕𢦏(捷). 引吉.

中戍有𢦏(捷). 引吉.

左戍有𢦏(捷).

亡𢦏(捷). 吉.

右戍不雉衆.

中戍不雉衆. 吉.

左戍不雉衆. 吉.

이 갑골은 상군商軍이 출발을 준비하는 상황을 점친 것이다. 『둔남』에서 인용한 위의 몇 가지 갑골과 같은 전투라면, 여기의 기록이 먼저 발생한 것이다. 수戍[변경을 지키는 수자리. 병사를 우·중·좌로 나눈 것 또한 삼군으로 볼 수 있다. 갑신일에 임王이 해灜에 있을 때, '장ㅴ에 있을 때 목牧 정徎이 선봉에 선다在ㅴ牧徎啓'를 점쳤는데, '목牧'은 관장官長(단 문헌에 자주 보이는 민사관民事官과 다르다)이고, '정徎'은 그 이름이며, '계啓'는 선봉을 뜻하는데, 『주례』「향사鄕師」소疏에 "무릇 군대에서 앞에 서는 것을 '계'라 하고, 뒤에 서는 것을 '전殿'이라 한다"[9] 라고 했다.

장ㅴ은 유후국攸侯國의 지명으로 일찍이 역조 복사『합집』32982에 보였다.

戊戌貞, 右教(養)于ㅴ攸侯由鄙.
中教(養)于義攸侯由鄙.

무명조·황조에서 이방을 정벌하는 것은 모두 유攸에서 출발하고 있다. 따라서 『둔남』2320에 기록된 것도 이방을 정벌할 때의 일이 분명하다.

계유일, 우수·중수·좌수左戍가 진군할 때, 우목右牧 골單가 앞에서 이끄는데, 그가 대략 우수의 수령으로 파악된다.

추시구이 선생은 『합집』35345 황조 복사와 이『둔남』2320이 같은 시기로, 계유보다 하루 이르다는 것을 지적한 바 있다.[10]

壬申卜在攸貞, 右牧單告啓, 王其呼戍衆, 蕝(周)伐, 弗悔, 利.
弗戈(捷). 吉.
弗雉(雉)衆. 王占曰: 引吉.
其雉(雉)衆. 吉.

"주벌周伐"의 뜻은 에워싸 공격하는 것으로 서주 중기 사밀궤 명문에도 보인다.

> …… 師俗率齊師·遂人左,〔周〕伐長必, 史密右率族人·釐(萊)白(伯). 樊
> 偪殿. …….11
> …… 사속은 제사齊師·수인遂人을 이끌고 왼쪽에서 장필長必을 정벌하
> 고, 사밀은 오른쪽에서 족인族人·내백萊伯을 이끌었고, 핍이 후군이 되
> 어 …….

여기서 주벌의 대상이 읍이라 복사에서의 '주벌'의 대상도 분명 이방의 읍일 것인데, 가장 가능성이 큰 것이 바로 '舊'이다.

무명조 '이방'의 '夷'는, 앞서 언급했듯, 모두 '尸(시)' 자로 '人(인)' 자와 쉽게 구별된다.12 이로 추론해보건대, 황조 복사에 보이는 방국 명호는 '인방'이 아니라 '시(이)방尸(夷)方'일 수밖에 없다. 자형상 모든 글자가 '인' 자와 쉽게 구별되는 것은 아니지만 말이다. 이와 유사한 상황이 고문자 속에서 자주 보이는데, 예컨대 복사에 보이는 '子(자)' 자와 '巳(사)' 자는 모두들 잘 알고 있을 것이다.

『둔남』2320과 『합집』35345를 종합해보면, 갑진일 왕이 홰에 있었고, 상군의 선봉은 유 땅의 장에 있었다. 29일이 지난 임신일, 왕이 유 땅에 있었다. 이는 제신의 '십사정이방'의 노선과 서로 비슷하지만, 일정이 완전히 같은 것은 아니다. 따라서 이 두 전투는 같은 왕에 속하지 않는 두 차례의 전투다.

계속해서 보이는 새로운 지식

무명조 복사의 이방 정벌은 어느 왕에 속하는 것일까? 『둔남』에서 이러한 내용을 담은 복사는 H31과 H57에서 나온 것이다. 발굴 보고에 의하면 H31의 시대는 '중기·제4단'으로, 이는 은허 문화 3기 후반에 상당하고, H57의 시대는 '후기·제5단'으로 은허 문화 4기 전반에 상당한다.[13] 두 갱에서 같은 시기의 복사가 나온 걸로 보아, 복사의 시간은 전자를 하한선으로 한다고 할 수 있다. 무명조와 황조 복사가 중첩되는 시기는, 갑골 분기 연구를 통해 이미 증명되었듯, 바로 문정 시기다.[14] 따라서 이 이방 정벌 전투는 문정 시기로 보는 것이 가장 타당하다.

　　『둔남』 2320에 문정이 홰에 있었다고 하는데, 이 지명은 아주 중요한 키-포인트다. 학자들은 일찍부터 복사에 보이는 홰를 문헌에 보이는 홰수澅水로 여기고, 화읍畫邑 옆에 있는 하천으로 생각해, 임치(지금의 산둥성 쯔보淄博) 서북쪽에 있던 것으로 보았다.[15] 당시 상나라의 선봉이 이미 유후의 땅 장갸의 관장을 맡고 있던 것으로 보아, 유의 지점도 홰에서 멀지 않다는 것을 알 수 있다.

　　황조 복사에도 제신의 '십사정이방'에 속하지 않는 복사들이 있다. 왕이 제齊에 주둔했다는 내용이 예컨대 『합집』 36493 등에 나오는데, 궈모뤄 선생은 그 제를 임치로 보기도 했다.[16] 현재 홰의 위치로 볼 때, 궈모뤄의 관점은 정확한 것이었다.

　　무명조 복사의 문정이든 황조 복사의 제신이든, 이방 정벌은 모두 유攸에서 雋로 진행되는 것을 알 수 있다. 제신의 '십사정이방'에서, 왕은 雋에 이른 후, 12월 계미일에 '步于戉' 했고, 을유일에는 곧 '步于淮' 했다.[17] 이는 또 회淮가 雋와 멀지 않았음을 나타내준다. 여기서의 회는 당연히 회수가 아니라 유수濰水를 가리킨다.[18] 실제로 『한서』 「지리지」에 보면 '濰(유)'를 '淮(회)'로 쓴 사례도 보인다.[19] 이렇게 우리는 유후와 이방의 읍 雟가 치수와 유수 사이에 있었음을 알 수 있다.

가오광런高廣仁과 사오왕핑 선생은 일찍이 고고학적 각도에서 '유수와 치수 유역을 중심으로 하고, 후이민惠民 지역을 포함한 산둥 북부 지역' 설을 논술한 바 있다. "이 지역은 상대 후기의 유적 분포가 상당히 밀집되어 있고 (…) 이 지역 특히 유수 유역은 상대 후기에 이르러서야 상 문화의 침투가 나타나 일종의 복잡한 문화적 면모를 띠게 되었다. 귀족 묘장 자료를 보면, 예컨대 칭저우青州 쑤부툰 대묘小埠屯大墓 같은 경우 상 왕조의 예제가 거의 완전하게 반영되어 있는 유적으로, 상나라와 다른 문화적 요소는 보이지 않거나 아주 적게 보인다. 일반 유적 혹은 중소형 묘장 자료를 보면, 상 문화 요소와 토착 문화 요소가 공존한다. (…) 지리적으로 보면, 서쪽에서 동쪽으로 갈수록 상 문화 요소가 차지하는 비율은 점차 줄어들고 토착 문화적 요소는 점차 증가한다. 사회 계층적으로 보면, 상례商禮의 침투는 사회 계층이 낮아질수록 적게 나타난다."[20] 무릇 이러한 현상은 치수와 유수 일대가 상 왕조와 이인 사이의 경계였음을 설명하는 것으로, 상 왕이 이방을 여러 차례 정벌하며 세력을 동쪽으로 확장하면서, 『좌전』 소공 11년에서 이른바 "주 왕이 동이를 이기는"[21] 결과를 얻을 수 있었다.

유攸는 확실히 『좌전』 '정공 4년'에 노나라를 책봉하면서 딸려 보낸 '은민육족殷民六族' 가운데 하나인 '조씨條氏'다.[22] 같은 육족에 속하는 장작씨長勺氏의 원래 거주지 장작을 옛사람들은 라이우萊蕪 동북 일대라 했는데,[23] 조씨는 그보다 더 동쪽에 거주했을 가능성 또한 상상해볼 수 있다.

계속해서 보이는 새로운 지식

청구에서 출토된
두 뇌^罍의 명문 연구

산시성 청구·양현에서 발견된 청동기 가운데 명문이 있는 것이 2점 있는데, 전문적으로 연구할 가치가 있다. 여기서 각각에 대해 논해보겠다.

1976CHBSXT : 방뢰 2점

1976년 청구 쑤촌 작은 무덤에서 출토된 한 쌍의 방뢰方罍는 편호 1976CHBSXT:1과 2로 각각 51.2센티미터와 52.5센티미터로 형체는 같지만, 문식이 미세하게 다르다. 그중 1976CHBSXT:2의 한쪽 귀 밑에 '亞伐(아벌)'이라는 명문이 있다.

이 한 쌍의 방뢰는, 자오충창 교수가 이미 지적했듯, 1976년 은허 부호묘 856, 866의 방뢰 한 쌍과 아주 비슷하다. 은허 부호묘 방뢰는 각각 52.5센티미터와 51.4센티미터로 문식의 구조가 청구 쑤촌 방뢰 특히 1976CHBSXT:1과 거의 완전히 같다. 따라서 이 두 쌍의 방뢰가 같은 시기 곧 은허 문화 제II기 후반에 상당한다는 데에 아무런 이의가 없다.

청구 쑤촌 방뢰의 형체와 문식과 비슷한 방뢰는 또 하야시 미나오의『은주청동기종람殷周青銅器綜覽』제1권 '6, 8, 12'에 저록된 것이 있다. 이 책의 '뇌 8'은 일본 네즈미술관根津美術館에 소장되어 있는데, 높이 51.5센티미터, '又有 救養'이라는 명문이 있다. 명문이 같은 작爵도 있는데, 1978년에 시안 위안 자야袁家崖 상대 후기의 묘장에서 발굴되었다.[1]

'亞伐(아벌)' 명문은 상당히 적게 보이는데,[2] 1978년 허베이성 링서우靈 壽 시무포촌西木佛村 류지아펀柳家墳에서 출토된 '유卣'에서 보인다. 간보에 의하 면,[3] 유는 장방형의 수혈토갱묘에서 출토되었는데 같이 출토된 기물은 모두 상대 후기로 확정되었다. 유의 높이는 22센티미터, 손잡이는 앞뒤로 다 내 릴 수 있고, 덮개는 도철문으로 장식되었는데 개각蓋角이 있고, 복부는 도철 문으로 장식되어 있는데 호리병 형태로 되어 있어 가장 직경이 넓은 부분이 밑부분에 있고, 덮개에서 굽 부위에 이르기까지 4개의 비릉이 있으며, 권족 은 기문夔紋으로 장식되어 있다. 덮개와 기물에 모두 '亞伐'이라는 명문이 있는데, 덮개의 명문을 보면 '伐' 자가 '亞' 자 안에 들어가 있고, 본체의 명 문은 '伐' 자의 좌우가 바뀌어 있다. 유의 형체는 은허 궈자좡郭家莊 등지에 서 출토된 것과 비슷해서 시대적으로 은허 문화 제III기 후반보다 이르지 않다.[4]

시무포촌의 묘장에서는 또 다른 족씨의 명문도 나와서 묘주는, '아벌' 족 씨라 판단할 수는 없지만, '아벌' 족씨와 분명 일정한 관계가 있을 것이다.

계속해서 보이는 새로운 지식

따라서 '아벌' 족씨는 최소한 은허 제II기~제III기에 존재했던 족씨로, 기물의 전래 범위 또한 아주 광범했음을 볼 수 있다.

진정야오金正耀 선생은 청구 쑤춘 방뢰의 납 동위원소 데이터가 보통 납에 속한다는 것을 지적하면서 "유사한 납 동위원소로 구성된 기물은 은허 4기의 동기(…)에서 비교적 많이 보이고 (…) 이미 측정된 수십 점의 은허 I기~II기 청동기에서는 아직 이 방뢰와 유사한 납 동위원소를 가진 것을 보지 못했다"라고 했다.[5] 이 연구는 어쩌면 '아벌' 족씨 방뢰의 제작자가 은허 이외의 지역에서, 다른 동기와 다른 지역에서 금속 원료를 구해다가 제작했을 가능성을 나타내준다.

1992CHBWCT:1 원뢰

1992년 청구 보왕향博望鄕 천디춘陳邸村에서 출토된 원뢰圓罍는 높이 42.8센티미터로, 한쪽 귀 밑에 '山, 父己(산, 부기)'라는 명문 세 글자가 새겨져 있다.

'山(산)'은 비교적 많이 보이는 족씨 명문으로, 『은주금문집성殷周金文集成』에 20점 가까이 있다. 주의할 것은 이 족씨의 기물이 출토된 지점을 보면, 모두 산시성陝西省 경내라는 것이다.

『집성』3070 '癸, 山(계, 산)'의 명문이 있는 궤簋는 원래 『미고록금문攈古錄金文』 '1.1.24'에 저록되어 있던 것으로, "관중에서 출토되었고, 유乳가 있다'고 전해진다.

『집성』3032 '山'이라는 명문이 있는 궤는 1973년 치산 허자춘 1호묘에서 출토되었다.[6] 이는 귀가 없고, 복부가 깊으며, 높은 권족의 궤로, 복부를 장식하고 있는 돌출한 유정蜗丁의 격자 유정 무양은 주나라보다 앞선 시대의 특색을 분명하게 지니고 있다. 묘에서 함께 출토된 원뢰[7]는 높이 37.7센티미터이고, 그 형체와 문식은 모두 보왕 천디陳邸에서 출토된 뇌와 같다.

산시역사박물관陝西歷史博物館에서는 일찍이 '山' 명문이 들어간 반盤 하나를 수집한 바 있는데, 이 반의 안쪽 바닥에 명문 '山' 한 글자가 들어가 있고, 글자체는 허자촌에서 출토된 궤와 같다.[8]

『집성』 7653, 7654 '山' 명문이 있는 두 작斝은 1976년 창안 장자포張家坡 87호묘에서 출토되었다.[9] 작은 도철문으로 장식되어 있고, 주둥이 위의 작은 기둥은 유절 뒤에 치우쳐 있으며, 손잡이鋬 위에는 소머리가 장식되어 있고, 둥근 바닥에 마름모형의 다리 세 개가 달려 있으며, 명문은 손잡이에 새겨져 있다.

허자촌 1호묘는 상대 후기에 속하고, 장자포 87호묘는 주대 초기에 속한다.

남송 때 설상공薛尙功이 편찬한 『역대종정이기관지법첩歷代鐘鼎彝器款識法帖』 '21.4'에 저록된 한 '彝(이)'의 명문이 있는데, 다음과 같다.[10]

六月初吉癸卯,

伊𤕤于辛吏,

伊𤕤賣(賞)辛吏秦

金, 用乍(作)父口障彝. 山.

6월 초하루 계묘일, 伊𤕤이 辛吏에 갔을 때, 伊이 辛吏에게 진금秦金을

상으로 내리니, 아버지 □를 위해 존귀한 이기彝器를 만드노라. 산山.■

　제작자는 '山' 족씨에 속하는 자다. 명문의 격식과 글자체를 보면, 연대는
서주 초중기 즈음에 이른다.
　이상의 자료가 나타내듯, '山'씨는 주나라 사람이나 오랫동안 주나라 사
람과 함께 거주한 족씨로 봐야 하며, 이들은 '아벌'의 상황과 아주 다름을
알 수 있다.

루이 타이칭궁 대묘의
묘주에 관한 추측

장창서우와 가오톈린高天麟 두 선생은 『상추: 상 문화의 근원商丘: 商文化的源頭』에
서 1997년 허난성 상추시商丘市 남쪽 루이鹿邑 타이칭궁太淸宮에서 발굴된 '장
자구長子口' 대묘를 이야기하면서, "이 발견은 아주 중요한 것으로 장자구묘와
상추 송성宋城과 연계할 수 있는, 상추 상 문화의 중요한 내용이 된다"라고
했다. 필자는 이 견해에 십분 동감하는 바다.

타이칭궁 대묘의 발굴 보고인 『루이 타이칭궁 장자구묘鹿邑太淸宮長子口墓』는
이미 2000년에 중저우고적출판사中州古籍出版社를 통해 출판되었다. 이 묘는
주 초기의 것으로 묘도墓道 2개를 가진 대묘에서 청동 예기가 대거 출토되
었는데, 그 규모 면에서 제후급으로 보인다. 묘는 루이에 있지만 북으로 상
추와 멀지 않기 때문에, 송과 관련이 있을 가능성이 있다. 학자들은 이 묘의
묘주를 송의 첫 봉군 제후 미자 계微子啓로 보기도 하고, 혹자는 미자를 이

어 임금이 된 미중 연微仲衍으로 보기도 한다. 다 일리가 있긴 하지만, '長(장)' 지를 '微(미)'자로 판독할 방법이 없고 또 묘주는 또 이름이 '구ㅁ'이기 때문에, 미자 혹은 미중으로 보는 것은 타당치 못하다.

2001년에 필자는 「장자·중자와 별자長子·中子和別子」라는 소논문(『고궁박물원집간故宮博物院院刊』 2001년 제6기)을 발표해 타이칭궁묘 청동기 명문의 '장자長子'를 큰아들의 뜻으로 논증한 바 있다. 묘주는 명문에서 스스로를 '장자'라 하고 있는데, 이는 그가 제사 지내는 대상인 '문모을文母乙'에 대해 말한 것이다. 묘에는 묘주의 부친을 제사 지내는 명문이 없는 것으로 보아, 제작자가 기물을 만들 때 그 아버지는 여전히 생존해 있었던 것으로 보인다.

그렇다면 이 '구'라는 이름의 묘주는 누구의 장자일까? 그의 부친은 누구일까?

『사기』「송세가宋世家」를 보면, 미자 계는 원래 상 왕 제을의 수자首子(큰아들)로 주紂의 배다른 형이었다. 주 성왕 때 주공이 명을 받아 삼감의 난을 평정하고서, "이에 미자 개開(곧 계啓)를 은의 후계자로 삼아 그 조상의 제사를 받들게 하면서 「미자지명微子之命」을 지어 세상에 알리고, 송에 나라를 세우게 했다. (…) 미자 개가 죽자, 그 동생 연衍을 세웠으니, 이가 미중微仲이다"라고 했다.[1] 같은 책 「삼대세표」에도 중연仲衍을 '계의 동생'이라 했다.

「송세가」의 기록은 여러 고적과 대조해볼 수 있다. 『여씨춘추』「당무當務」에 다음 기록이 보인다. "주紂와 어머니가 같은 형제는 셋으로, 그 장자는 미자 계이고, 그 둘째는 중연이며, 그 셋째는 수덕受德으로, 수덕이 곧 주로, 아주 어렸다. 주의 모친은 미자 계와 중연을 낳을 때는 아직 첩이었고, 처가 되었을 때 주를 낳았다. 주의 부모는 미자 계를 태자로 세우고 싶었지만, 태사가 법을 근거로 논쟁하며 말하길, '처의 아들이 있으니, 첩의 아들을 세울 수 없습니다'라고 해서 주를 후계지로 삼았다."[2] 중연을 계의 동생으로 말한 것은 『사기』와 일치한다.

『예기』「단궁檀弓」에 노나라 자복백자子服伯子의 말을 보면 "미자는 그 손자 돌腯을 두고 연을 세웠다"[3]라는 내용이 있다. 정현은 주에서 "미자는 큰 아들이 죽자, 그 동생 연을 세웠는데, 은나라 예법이다"[4]라고 했다. 『공자가어』「본성本姓」에도 미자 계를 말하면서, "그 동생은 중사仲思라 하는데, 이름은 연 혹은 설泄이라 하고, 미자를 이어서 후계자가 되니, 그러므로 미중이라 불렀다"[5]라고 한다. 모두 미자 계의 아들이 먼저 죽자 동생 연이 즉위했다고 하는데, 이는 은나라 예법 가운데 형이 죽으면 동생이 즉위한다는 것과 부합한다.

『한서』「고금인표古今人表」의 설은 조금 다르다. '송미중[宋微中(仲)]' 아래 주에 '계의 아들'이라 했는데, 소수의 학자들 예컨대 송대의 소철蘇轍, 명대의 포이경包爾庚 등이 일찍이 이를 받아들였고, 청대의 염약거는 또 중연이 미자 계의 둘째 아들이라고 역설하기도 했으나, 「고금인표」를 뒷받침할 다른 근거가 전혀 없어서 신뢰하기 어렵다.

이렇게, 은상 말기 왕실과 송나라 초기 공실의 계보는 다음과 같이 도식화 할 수 있다.

필자는 미자 계의 후계자가 되지 못했던 큰아들 곧 돌의 부친이 바로 타이칭궁묘이 묘주 '장자 구長丁口'라 생각한다. 그는 미자 계의 장자였고, 그 모친은 '문모 을文母 乙'이며, 아들이 곧 돌이다.

주는 제을을 이어서 상나라 왕이 되었는데 당시 나이는 아직 어렸다. 그의 재위 연수는 은허 갑골문과 금문을 근거로 볼 때, 최소 25년이다. 미자 계는 주보다 나이가 위에서, 성왕이 그를 송나라 제후로 책봉할 때 그의 나이는 이미 아주 많았을 것이다. 그의 장자가 먼저 죽고 아울러 돌이라는 이름의 손자까지 있었음은 아주 자연스러운 일이다. 미자 계가 송나라 임금으로 재위한 연수는 그렇게 길지 않았을 것이다. 그렇지 않다면 중연 또한 후사를 잇지 못했을 것이다. 이로 미루어 볼 때, 미자 계의 장자인 구가 죽었을 때는 분명 주 초기로 송이 세워진 지 얼마 되지 않았을 때다. 이는 타이칭궁묘에 나타난 연대적 특징과 부합하는 것이다.

갑골문 연구를 통해 알 수 있듯, 은나라의 예법에 왕위를 이을 만한 자격을 갖추었지만 왕이 되지 못한 장자에 대해 모두 이미 재위한 것처럼 존숭해주었는데, 예컨대 탕의 아들 태정과 무정의 아들 효기孝己 등이 모두 그러하다. 이들은 제사에서 모두 왕과 같은 지위가 있었다. 미자 계의 '장자 구'도 제후급 규모의 대묘를 가진 것이 이상한 일이 아니다.

이상의 말이 사실이라면, 타이칭궁묘가 실마리를 제공해준 것처럼, 앞으로 상추에서 루이에 이르는 일대에서 미자 계와 미중 연 등 송나라 임금의 묘가 발견될 가능성을 배제할 수 없을 것이다.

창사 쯔단쿠에서 1942년에 출토된 초나라 백서는, 1945년 차이지샹蔡季襄의 『만주증서고증晩周繪書考證』으로 출판되었다. 이는 백서의 저록 가운데 기본적으로 완전한 최초의 성과였는데, 이미 60여 년 전의 일이 되었다. 이 백서의 판독과 연구는 공간된 자료가 계속해서 보완되고 또 초나라 문자 연구 수준도 점점 높아지면서 심도 있는 연구가 계속되고 있지만, 백서 자체가 가진 심오한 내용을 해석해내기가 어렵기 때문에 여전히 해결해야 할 문제가 적지 않다. 여기서 볼 수 있듯, 고문자학 특히 전국시대 문자의 판독 작업은 확실히 번거롭고 어려워서 결코 단 번에 이룰 수 있는 것이 아니다.

쯔단쿠 초나라 백서 연구는 몇 가지 기억에 남을 성과가 있었다.[1] 고사 전설 인물인 복희의 이름이 발견된 것이 그중 하나다. 이 발견은 타이완의 저명한 고문자학자 진상헝金祥恒 선생의 성과다. 그는 대표적 성과인 「초증서

'포희'해楚繪書 '雹廬解'를 『중국문자中國文字』 제28책에 발표했다. 『중국문자』는 디이완대학 문과대학文學院 중국문학과中國文學系에서 편집·인쇄한 것이며 비매품이었다. 그 제28책은 1968년 6월에 간행되었는데, 그때는 바로 중국이 문화대혁명으로 뜨거웠던 시기여서 대륙 학자들이 그 책을 얻어볼 방법이 없었다. 필자는 1979년 미국을 방문했을 때, 장광즈, 쉬줘윈許倬雲 선생이 『중국문자』를 선물해주어 겨우 진 선생의 이 논문을 열람할 수 있었다.

진상형 선생은 논문에서 다음처럼 말했다. "필자는 雹자에서 𠂤(勹)를 소리 요소로 보아, 雹廬를 곧 '포희雹'로 파악했다. 𠂤는 곧 『설문』의 '勹'로 '사람이 몸을 굽힌 형태인데, 소리는 布의 초성과 交의 중성 및 종성을 따른다.' (…) 는 곧 『설문』 '雹' 자의 고문이 생략되고 와변譌變된 것이다. 고문 '雹' 자는 晶를 구성 요소로 하는데, 단옥재는 주에서 '그 쌓여 있는 모습을 본뜻 것이다'라고 했다. (…) 소전小篆에서는 '雨'를 구성 요소로 하고 '包'를 소리 요소로 했고, 증서繪書에서는 '雷'를 생략한 것을 구성 요소로 하고, '勹'를 소리 요소로 했다." 그는 여러 고적을 인용해 복희를 나타내는 글자로, 包犧(포희), 炮犧(포희), 庖義(포희), 虙義(복희), 宓義(복희), 宓犧(복희), 虙戲(복희), 宓戲(복희), 密戲(밀희), 密廬+亐虘宁(밀희), 伏義(복희), 伏犧(복희), 伏戲(복희) 등이기 때문에, 雹廬도 곧 복희라는 것이다. 논증이 정밀하다는 점에서 논자들이 진 선생의 설을 따르는 것도 이상할 것이 없다.

백서에 기록된 복희는 여자를 취해 아들을 낳았는데 그 배우자의 이름도 기록되어 있다. 복희의 배우자는 모두가 알고 있듯 여와女媧다. 백서상의 '女(여)' 자 밑의 글자는 변별해내기가 쉽지 않다. 따라서 많은 학자가 천착해 여러 추측을 내놓기도 했다. 다수의 의견은 이 글자를 '媧(와)'로 읽어야 한다는 것이었지만, 상세한 토론은 없었다. 문제는 이 글자를 예서로 확정 隸定히기기 쉽지 않다는 것이다.[2] 또 어떤 학자는 그 이름은 '어와'가 아니라고서 중에 나타났던 여와의 다른 이름일 것이라 여기기도 했다.[3] 그러나 이 또한 만족할 해결은 아니었다. 필자는 이 문제에 대해 반복해 심사숙고하면서, 심지어 백서에 기록된 여자가 여와가 아니라는 의심까지 한 바 있지만,[4] 이는 말이 되지 않는 것이었다. 어떻게 복희가 있는데 여와가 없을 수 있을까?

관건은 바로 '女(여)' 자의 다음 글자를 분석하는 것이다. 이 문제에서 아주 중요한 성과가 바로 허린이何琳儀 선생의 연구로,[5] 그는 글자 상부에 '出(출)'을 구성 요소로 하는 부분이 있음을 정확히 지적해내고, 아울러 '出' 발음과 '咼' 발음이 서로 통할 수 있는 가능성을 제기했다. 이와 유사한 관점으로 또 류신팡劉信芳 교수가 있는데,[6] 글자 하부의 구조에 대해서는 둘의 의견이 아주 달랐다.

우리는 라오쭝이, 쩡셴퉁曾憲通 두 선생에 감사해야 한다. 두 사람이 편찬한 『초백서楚帛書』는 인쇄가 깨끗한 백서 사진을 수록했을 뿐 아니라 3.3배로 확대한 '분단도판分段圖版' 및 여기서 토론하는 글자를 12배로 확대한 '국부부도局部附圖'까지 수록해[7] 글자를 깨끗하게 볼 수 있게 해주었기 때문이다.

글자 상부가 '出(출)'을 구성 요소로 하고 있음은 의심할 여지가 없다. 하부의 하단下端은 '土(토)' 자로 보이지만, 위로 치우친 가로획이 세로획과 교차하는 지점이 약간 두껍고, 획이 약간 넓은데, 아무래도 모사하는 자가 좌우로 향하는 사필斜筆로 잘못 본 것이 아닌가 싶다.

'土(사)' 자 위에는 '目'형의 구성 요소가 있는데, 이 부분이 가장 이해가 안 되는 부분이다. 이와 거의 같은 것으로 '𠬝'이 포산 초간楚簡에 보이는데,[8] 이는 '尹(윤)' 자다. 모두 알고 있듯, '尹(윤)' 자는 원레 한쪽 손 모양으로 왼쪽에 세로획이 하나 있는데, 전국시대 문자에서 와변되어 두 손을 잡은 모양의 '𠬞'로 되었다. 그리고 손 모양의 비스듬한 필획이 또 끊어지면서, 초간에 보이는 '𠬝' 모양이 된 것이다. 이처럼 우리는 백서에 보이는 글자 '𠬝'도 두 손 모양에서 변형된 것이 아닌지 추측해볼 수 있다. 다만 왼쪽 위 모서리를 두 획으로 쓴 것뿐이다. 이러한 생각이 틀리지 않다면, 두 손 모양에 '土(사)' 자를 더한 것은 바로 '坙' 자가 된다.

고문자에 익숙한(특히 갑골문) 사람들은 모두 알고 있듯이, '坙' 자는 곧 『설문』의 '圣' 자다.[9] 『설문』에서 이 글자에 대해 "土(토)'를 구성 요소로 하고, '又(우)'를 구성 요소로 하는데, 토兔, 굴窟과 같이 읽는다"라고 했다. '窟'자는 '屈'을 소리 요소로 하고 있고, '屈' 자는 '出'을 소리 요소로 하고 있다. 고음에서 모두 '物'부에 속하는데, 이는 백서의 이 글자가 '坙' 자에 '出'을 더해 성부로 삼은 까닭이다.

여와의 '媧' 자는 '咼'를 성부로 삼고 있고, '咼'는 '丹'를 성부로 삼고 있는데, 모두 '견모가부見母歌部' 글자다. 그러나 똑같이 '丹'를 소리 요소로 삼고 있는 '骨' 자는 또 '견모물부見母物部' 글자다.[10] 이는 '歌'와 '月'이 [음성과 양성이 서로 바뀌는] 대전對轉 현상이 나타나기 때문인데, '月'과 '物'은 또 [음성陰聲이나 양성陽聲이 다른 음성이나 양성으로 바뀌는] 방전旁轉 관계에 있다고 할 수 있다. 왕리王力 선생은 일찍이 '㨨'과 '掘' 두 글자에 대해 상세하게 논한 바 있는데,[11] 사실상 '掘' 자에는 '月'부와 '物'부의 두 독음이 있다는 것이었는데, 이는 바로 '방전'의 가장 좋은 사례다. '媧'는 '견모가부'에 속하는데, '견모물부'에 속하는 '𡐔' 곧 '室' 자와 소리상으로 같은 뉴紐에 속하고, 운韻이 대전되고 또 방전되는 것은 이치에 부합한다고 할 수 있다.

종합해보면, 백서에 보이는 복희가 취한 여자의 이름을 예정해보면 '女𡐔'라 할 수 있는데, 곧 '여골女室'이다. 이 또한 문헌에 자주 나타나는 여와다.

계속해서 보이는 새로운 지식

멘양 쌍바오산 한묘
묘주에 관한 추측

멘양綿陽 쌍바오산雙包山 한묘는 1990년대 이미 학계의 광범위한 주목을 받았다. 특히 2호묘는 그 규모가 굉장하고 출토된 문물도 아주 많아 중요한 연구적 가치가 있다. 최근에 발굴 보고가 출판되어[1] 여기서 그 묘주와 연대에 대한 추측성 의견을 제시하고자 하니, 여러 학자의 질정을 바란다.

보고서는 「결어結語」에서 다음과 같이 지적했다. "쌍바오산 2호묘는 규모가 거대하고, 묘장의 곽실[널방] 구조는 (…) 비교적 복잡하다. 이는 쓰촨 지역에서 지금까지 발견된 최대의 전한 목곽묘 가운데 가장 큰 것으로 (…) 그 등급은 마땅히 열후급列侯級 묘장에 해당다고 봐야 할 것이다." 그러나 "1호 묘장의 곽실 구조는 상대적으로 간단하고 규모도 보통이다"라고 했다. 두 묘의 형체 및 출토 유물에는 여러 공통점이 보인다. "매장 연대는 마땅히 같은 시기로 간주해야 하고, 또 가족묘지 중의 주요한 묘장임에 틀림없다."[2] 묘장 구조와 기물의 특징을 분석한 후, 「결어」에서 "몐양 융싱永興 쌍바오산 한 묘의 연대는 무제 전후로 잡는 것이 타당하다"라고 했다.[3]

쌍바오산 2호묘에서는 은루옥의銀縷玉衣[은실로 옥 조각을 꿰매 만든 옷] 조 각이 나왔는데, 이는 묘주의 신분이 열후 이상임을 나타내준다.[4] 묘에서 나 온 칠이배七耳杯의 침각문자針刻文字 가운데 "평궁우천平宮右茜" "평궁좌천平宮左 茜" "평부平府" 등이 보이는데,[5] 이는 바로 평궁에서 술을 만들고 술을 보관하 던 기구로[6] 이를 통해 묘주가 궁침宮寢을 갖고 있었음을 볼 수 있고, 또한 그 고귀한 신분도 확인할 수 있다.

전한 시기 지금의 쓰촨 경내에 제후왕을 책봉한 사례는 없었지만, 보고 서에서 쌍바오산묘의 묘주를 열후라고 추정함은 정확한 것이다. 묘주가 도 대체 누군지에 대해서는 묘의 연대를 고려해야 한다.

2호묘의 연대에 관해 보고서의 「결어」에서 이미 설명했듯, 묘에서 나온 칠기는 후난성 창사 마왕두이 1호묘와 3호묘, 후베이성 장링 평황산鳳凰山 168호묘와 산시성陝西省 신안新安 목곽묘에서 출토된 것과 유사했다. 후자의 연대는 문제에서 무제 초년이다 이와 동시에, 쌍바오산 2호묘에서 출토된 30 여 매의 전폐錢幣[화폐]는 모두 사수'반냥'四銖半兩●으로, 이러한 전폐는 문제 전원前元 5년에서 무제 건원建元 원년(기원전 175~기원전 140)에 주조된 것이다.[8] 이렇게 볼 때, 2호묘는 무제 이전의 무덤일 가능성이 있다.

1호묘에서는 반냥전이 출토되지 않고, 오수전五銖錢만 출토되었다. 게다가 이것들은 모두 반냥전을 폐지하고 최초로 주조한 동전 유형이다. 예컨대 보

● 　중국 한대 청동 화폐인 반량전의 일종. 무게가 4수(四銖)다(수銖는 무게 단위). 반량전은 둥글며 한 가운데 네모난 구멍이 있는 엽전 모양이다. '반냥半兩'이라는 글자가 새겨져 있다.

고서 '그림 26.1'의 구멍 위에 가로 획 하나를 그은 것이 그것인데, 『중국전폐대사전中國錢幣大辭典』 '진한편秦漢編' 328쪽(그림 25~26쪽)과 같다. 또 보고서 '그림 26.2'의 구멍 위에 가로 획 하나를 긋고 구멍 아래에는 달 문양을 주조한 것도 있는데, 이는 『중국전폐대사전』 '진한편' 330쪽과 같다. 그 주조 연대는 모두 무제 원수元狩 5년에서 원정元鼎 4년(기원전 118~기원전 113)에 이르는 기간이다.

1호묘에서는 파손된 청동 거울도 출토되었다.[9] 이는 비교적 특수한 반리연호문경蟠螭連弧紋鏡 원형 꼭지 자리圓鈕座는 연호문 사이에 반리문과 조문鳥紋 장식이 더해졌고, 바탕은 뇌문으로 장식했다. 이와 유사한 동경이 『장안한경長安漢鏡』에 반리문경蟠螭紋鏡 B형 1식으로 나열되어 있다. 그 책에서는 이런 유형을 설명하며 전국시대 동경의 제작 풍격을 계승했지만, "한나라 초기 문제와 경제 시기에 유행했던 동경 양식으로 볼 수 있다"[10]라고 인식했다. 이로 미루어, 1호묘의 연대는 그렇게 늦지 않는 한 무제 초기로 간주하는 것이 비교적 적합해 보인다.

필자가 생각하건대, 쐉바오산 한묘는 십방후汁方侯 가족의 묘장이 분명해 보인다.

십방은 십방汁防, 십방汁邡, 십방什邡 등으로도 쓰는데, 왕선겸의 『한서보주』에 의하면, 지금의 [쓰촨성] 스팡현什邡縣 남쪽에 그 고성故城이 있다고 한다.[11] 십방후로 책봉된 사람은 초한 쟁패 때의 명장인 옹치雍齒(?~기원전 192)다. 『사기』 「고조공신후자연표高祖功臣侯者年表」와 『한서』 「고혜고후효문공신표高惠高后孝文功臣表」를 살펴보면, 옹치는 고조 6년 3월 무자일에 책봉되어, 9년을 재위했는데 숙후肅侯라 일컬어졌다. 혜제惠帝 3년, 황후荒侯 거巨(『한서』에는 거록鉅

鹿이라 했다)가 계승해 38년간 보위에 있었다. 경제 3년 후야侯野가 계승해 10년을 재위했고, 경제 중원中元 6년 종후終侯 환桓이 계승했는데, 무제 원정 5년에 이르러 주금酎金●에 연루되어 나라는 군현에 편입되고 말았다. 쌍바오산 2호묘는 아마도 황후 거 혹은 후야의 묘고, 1호묘는 종후 환의 묘일 가능성이 있다. 종후 환은 비록 보위를 계승해 후侯가 되었지만 제후국이 폐지되어 묘제墓制가 크게 축소되었을 것이기 때문이다.

멘양은 당시 부현涪縣으로, 십방에서 비교적 멀지만, 십방후의 봉지는 결코 지금의 부현 경내에 그치지 않았다. 런나이창任乃强 선생은 일찍이 다음처럼 지적한 바 있다. "십방현什邡縣은 『전한지前漢志』에 十方('十'은 마땅히 '汁'이 되어야 한다)으로 되어 있고, 「고혜문공신표」에는 汁防으로 되어 있으며, 『후한지後漢志』에는 '什邡'으로 되어 있는데, 대개 촉 방언을 기록한 것으로, 원래부터 정해진 글자가 있었던 것은 아닌 것으로 보인다. 원래 촉국의 중요한 고을로 진秦 때 이미 현이 설치되었기 때문에 『한서』 「지리지」에서는 광한군廣漢郡 치소였던 재동梓潼 다음에 열거되었는데, 그 역사적 지위가 부涪와 낙雒보다 더욱 중요했음이 분명하다. 원래 현의 경내는 아주 광활해, 산지가 반이고 평원이 반이다. (…) 진이 촉을 멸하고 나서, 비郫와 십방 모두 대현大縣이 되었다. (…) 그후 십방을 나누어 면綿과 낙 두 현을 설치했다."[12] 옹치가 책봉되었을 때, 십방은 분명 더 컸을 것이다. 따라서 그 가족묘가 지금의 멘양 융싱에 있는 것도 이해할 만한 일이다.

● 한나라 조정에서는 한 고조 제사 때 지방의 제후들에게 좋은 술과 황금을 공물로 바치게 하면서 매우 까다로운 기준을 제시했다. 이는 제후들을 통제하기 위한 방법의 일환이었는데, 제후들이 이 기준에 맞추지 못하면 제후국을 폐지하기도 했다.

계속해서 보이는 새로운 지식

십방이 『한서』 「지리지」에 광한군 소속으로 되어 있는 것은, 종후 환이 나라를 상실한 후의 상황이다. 저우전허周振鶴 선생은 고조가 파와 촉을 나누고 광한군을 설치한 사실을 논하면서 다음처럼 말했다. "『한서』 「지리지」에는 광한군이 고제 때 설치되었다고 말하고 있지만, 그 설치 연대는 밝히지 않았다. 『화양국지』에는 고제 6년으로 되어 있다. 이해는 유방劉邦이 제齊와 형荊 등 동성 왕국을 책봉할 때로, 일찍이 동양東陽, 교서膠西, 성양城陽, 박양博陽 등의 군을 나누어 설치했기 때문에 광한군도 이해에 설치되었을 가능성이 있다. 종합해보면, 늦어도 고제 말년에는 반드시 광한군이 존재했을 것이다. 왜냐하면 광한군이 고제 말년의 한漢 15군의 숫자에 들어 있기 때문이다."[13] 광한군에 속하는 각 현의 설치 및 그와 십방후국의 관계는 현재 자료가 별로 없어 장래의 자세한 탐구를 기다릴 수밖에 없다.

신고 · 의고 · 석고를 말하다

몇 년 전 필자는 소규모 학술좌담회의 요청에 응해 발언을 한 바 있는데, 이 발언은 이후 지인의 정리를 통해 『중국문화』 제7기에 「의고시대를 걸어 나오며」라는 제목으로 발표되었다. 이후 랴오닝대학출판사에서 필자의 책을 간행하면서 이 '의고시대를 걸어 나오며'를 책명으로 사용했다. 이와 관련해 새로운 문제를 제기할 것은 없지만, 당시 펑유란 선생의 논조만 인용했을 뿐 나의 견해를 상세하게 설명하지 못한 것이 아쉬움으로 남아 있다. 마침 『원도原道』의 창간을 맞아, 필자에게 이 문제에 대한 글을 써달라고 요청하기에 이제 몇 가지를 간략하게 이야기해 당시 하지 못했던 말을 보충하고자 한다.

필자가 인용했던 펑유란 선생의 말은 1930년대 후반에 그가 『고사변』 제6책의 출판을 기념해 쓴 서문에 보이는 것으로, 최근에 『삼송당학술문집三

松堂學術文集』에 수록되기도 했다. 펑 선생은 다음과 같이 말했다.

> 필자는 일찍이 중국 현대 사학계에는 세 추세가 있다고 말한 바 있다.
> 곧 신고信古, 의고疑古, 석고釋古다. 그중 신고 일파는 일종의 추세라고 말
> 하기보다는 다 쓰러져가는 성을 지키고 있는 잔여 세력이라고 부르는
> 편이 낫겠다. 아마 얼마 지나지 않아 소멸될 것이다. 소멸되지 않는다고
> 해도, 장래 중국 사학에 별다른 영향을 끼치지 못할 것이다. 진정한 역
> 사학자라면 사료에 대한 아무런 검토도 없이 그 표면적 가치를 그대로
> 믿지는 않을 것이기 때문이다.
> 의고 일파가 하는 일은 바로 사료를 심사하는 것이고, 석고 일파가 하
> 는 일은 바로 사료를 융회 관통 시키는 것이다. 순전히 사학의 관점에
> 서 말하자면, 역사의 완성은 반드시 사료의 심사 및 융회 관통의 단계
> 를 거쳐야 한다. 반드시 융회 관통의 단계에 이르러야 역사는 완성될
> 수 있다. 그러나 역사학자의 작업에서 보면, 이 두 단계 중 어떤 단계라
> 도 할 수 있어야 하고, 혹 모든 단계의 모든 부분까지 할 수 있어야 한
> 다. 분담해 협조하는 모든 일도 반드시 이와 같아야 한다. 이러한 관점
> 에서 볼 때, 의고나 신고를 막론하고 모두 중국 역사학에 필요한 것으
> 로, 그중 어떤 것이 중하다고는 할 수 없다.

펑 선생의 이 단락은 『전통문화와 현대화傳統文化與現代化』 1994년 제1기의
여백을 메우는 '어림語林'에 실리면서,[1] 한층 더 많은 사람의 주의를 끌기도
했다.

수년간, 학자들은 펑 선생의 '신고, 의고, 석고'설을 이야기하면서 모두 이를 세 단계로 이해했고, 심지어 삼자간의 관계를 정-반-합의 변증법으로 여기기도 했다. 하지만 앞에 인용한 펑 선생의 글을 다시금 살펴보니, 펑 선생은 세 추세만 이야기했을 뿐 세 단계로 말하지는 않았다. 그가 말한 "단계階段"는 사료를 심사하고 융회 관통 하는 역사 연구 작업의 두 단계를 이야기한 것이지 '신고, 의고, 석고'를 세 단계로 말한 것이 아니다. 그러나 펑 선생의 말을 자세히 음미해보면, 신고 일파의 소멸은 이미 과거의 일이 되어버렸고, 의고와 석고는 역사 연구에 필수적인 것이지만, 결국 사료를 융회 관통하려면 심사가 선행되어야 하니 펑 선생의 세 추세는 세 단계의 의미를 어느 정도 띠고 있다고 할 수 있기 때문에, 적지 않은 사람의 삼 단계적 이해는 아무런 근거 없이 나온 것이라 할 수는 없다.

'신고, 의고, 석고'의 설은 중국 학술사의 큰 현안이다. '신고'라는 말이 생겨난 것은 의고 사조의 흥기 때문으로, 의고가 나타나기 이전에는 '신고'란 말이 없었다. '석고'라는 이름이 제기된 것도 의고와 구별하기 위해서였다. 따라서 '신고, 의고, 석고'의 출현은 의고 사조의 성행 때문이라 할 수 있다. 의고 사조가 가장 성행했던 시기는 바로 1920~1930년대로, 펑유란 선생의 '신고, 의고, 석고'설은 바로 당시 이미 충분히 전개되었던 의고 사조 및 그 영향을 겨냥한 것이다.

의고는 상당히 오래된 근원을 갖고 있다. 의고 사조의 많은 저작에서 이미 이 점을 반복해 설명했다. 여기서 짚고 넘어가야 할 것은, 역사적으로 여러 차례 의고의 분위기가 유행해 시기별로 대표적 학자와 저작이 있었고, 그 성과의 계승에도 확실히 일관된 맥락이 있었다는 점이다. 그러나 각 시대의 의고적 분위기는 그 역사적·문화적 배경이 서로 다른 만큼 결코 일률저으로 논할 수는 없다.

의고의 바람이 처음으로 분 것은 바로 송나라 때다. 북송 경력慶曆(1041~1048) 이후, 학풍이 크게 변화했는데, 왕응린王應麟은 『곤학기문困學紀聞』에서 이렇게 말한 바 있다. "한나라 유학儒學 시기에서 경력 연간에 이르기까지, 경을 말하는 자들은 옛 가르침을 지키기는 하되 천착하지 않았다. 『칠경소전七經小傳』이 나오자 조금 신기한 듯했는데, 『삼경신의三經新義』가 유행하기에 이르러서는 한나라 유학자들의 학문을 흙으로 만든 허수아비 보듯 했다."2 송학의 일반적 특징은 바로 의리지학義理之學으로 한당의 주소지학注疏之學을 대체한 것이었다.3 이로써 송대 학자들은 주소의 속박에서 벗어나 직접 경전의 고서를 고찰하면서 스스로 경전의 내용을 이해하려 했다. 송학을 집대성한 주자는 바로 이러한 정신이 충만한 사람으로, 그가 남긴 여운은 명대까지 이르렀다.

의고의 두번째 바람은 청대 초기에 불었다. 청나라 유학자들은 송학을 힘써 반대했지만, 고서의 진위 판별에서는 송나라 사람들의 생각을 계승하기도 했다. 그들의 고서 변별은 항상 송학에 대한 반대와 맞물려 있었다. 예컨대 염약거 등이 고문 『상서』를 지적한 것은, 송나라 유학자들이 그렇게 좋아하던 「대우모大禹謨」 16자 심전心傳의 근거를 뺏기 위한 것이고, 호위胡渭 등이 하도낙서를 비판한 것은 주돈이周敦頤에서 주자에 이르는 학설을 겨냥한 것이었다. 청나라 사람들은 문호를 중시하면서, 한나라 유학을 우선으로 여기고 송나라 유학에 반대했으며, 금문경학今文經學으로 고문경학古文經學을 반대했다. [청대 학자] 유봉록이 『좌씨춘추소증左氏春秋疏證』을 쓴 사례도 모두 잘 알고 있는 것이다.

청대 말에 이르러, 금문경학이 변법유신變法維新의 진보사상과 결합되었던 추세는 이미 공자진龔自珍의 학설에서 그 단서를 발견할 수 있다. 량치차오는『청대학술개론淸代學術槪論』에서 다음과 같이 말했다. "광서 연간에 이른바 신학가新學家라 하는 사람들은 대체로 모두 공씨[공자진]를 숭배하는 시기를 거쳤다. 처음에 [공씨의]『정암문집定庵文集』을 읽었을 때, 약간 전율을 느꼈었는데, 조금 더 깊이 들어가니 그 얕음에 싫증이 났다. 그러나 금문학파의 개척은 실로 공씨로부터 시작된 것이다."[4] 이 학파에 속하는 [청대의] 위원魏源이『시고미詩古微』와『서고미書古微』를 지었고, 소의진邵懿辰이『예경통론禮經通論』을 저술하는 등 모두 고서의 진위 판별을 주장했는데, 이는 량치차오의 책에 이미 상세하게 기록되어 있다. 그 가장 전형적인 인물과 저작이 바로 캉유웨이와 그가 저술한『신학위경고新學僞經考』와『공자개제고孔子改制考』이다.

량치차오는 캉유웨이의 금문경학이 랴오핑廖平의 영향을 받은 것이라 지적했다. "캉유웨이는 젊었을 때『주례』를 아주 좋아해 깊게 파고들어『정학통의政學通議』를 저술한 바 있다. 이후 랴오핑의 저서를 보고서 그 옛 학문을 모두 버리게 되었다."[5] 그러나 랴오 씨가 캉유웨이 같은 그러한 변법유신의 입장을 갖고 있었다고는 말할 수 없다. 따라서 당시의 금문학파를 변법유신과 완전히 일치시킬 수는 없다.

캉유웨이의 저작은 1920년대 이래로 의고 사조에 자못 큰 영향을 주었다고 할 수 있다. 그러나 양자 간의 사상적 성격은 실로 근본부터가 다른 것이었다. 캉씨는 다른 금문학자와 마찬가지로 공자를 신神의 위치로까지 추숭하면서, 결국 공교孔敎를 창건하기에 이르렀다. 1920년대의 의고 사조는 이와 반대였는데, 구제강 선생은 1924년에 쓴 필기에서 다음처럼 말했다. "우리가 오늘날 철저하게 고사를 변론할 수 있는 것은 순전히 성인을 숭배하는 관념이 없기 때문이다. 이러한 성인을 숭배하는 관념은 오늘날 윤리 관념이 변화된 다음에야 불식할 수 있었다.[6] 이는 캉유웨이의 공교와 정확히 대립되는 것으로, 완전히 다른 역사적 배경에서 나온 것이다. 어떻든 공자진에서 캉유웨이로 이어지는 금문경학과 1920년에 흥기한 의고 사조는 모두 중요한 진보적 작용을 일으켰다. 필자는 일찍이 "금문학파는 사상사적 사조로 그 진보적 의의는 충분히 긍정될 수 있다"[7]라고 했는데, 바로 이러한 생각에서 말한 것이다.

1920~1930년대의 의고 사조는 확실히 신고를 타도했다. 7책으로 꾸려진 『고사변』을 자세히 읽은 사람이라면 모두 이러한 사조의 성과를 볼 수 있다. 의고적 학자들은 송대와 청대 이래로 이어진 의고 방면의 성과를 종합했거니와 고서 진위 판별의 방법과 이론도 보완했다. 이 사조의 기본 학설은, 구제강 선생이 1922년에 수립한 '누적되어 형성된 중국 고대사層累地造成的古史'설은 지금까지도 세계 학계에 영향을 끼치고 있다.

『고사변』은 1923년 『독서잡지讀書雜誌』를 통해 장장 9개월간 진행된 고대사 토론에서 시작되었다. 고사 문제와 관련된 논쟁이 일정 기간 지속됨에 따라 토론의 범위가 고대와 관련된 아주 많은 부분에까지 확대되었는데, 그 가운데 고서의 진위 문제가 가장 두드러졌다. 지금 의고 사조를 돌이켜볼 때도, 그 영향이 가장 현저하게 나타난 것이 바로 고서의 진위 판별 문제다. 평유란 선생은 제기한 사료의 심사는 바로 이 문제를 말한 것이었다.

량치차오는 『중국근삼백년학술사中國近三百年學術史』에서 이렇게 말했다. "어떤 학문을 하든, 반드시 거짓을 구별해 진실을 구하는 것을 기본으로 해야 한다. 근거로 삼았던 자료가 허위 자료라면 물론 연구한 결과 또한 허위가 되기 때문에, 연구 작업도 헛수고가 되고 만다. 중국의 옛 학문은 십중팔구 책으로 하는 학문이었지만, 중국의 위서가 또 극히 많아서 위서를 판별해 내는 것이 옛 학문을 정리하는 데서 아주 중요했다."[8] 송대 이래로 학자들의 의고에서 가장 중요한 것이 바로 고서의 진위 판별로, 그 탁월한 성과는 이미 학자들이 의견을 같이하는 바다. 다만 그들의 진위 판별은 사사건건 의견이 분분해 절충하기가 어려웠고, 또 점차 확대되어 량치차오처럼 위서가 극히 많다고 여기는 사람도 있었다. 한대 이전의 고서에 대해서는 말할 것도 없이 거의 모든 것을 의심해 소위 '동주 이전에는 역사가 없다'라는 관점이 나타나기에 이르렀다.

의고 일파의 고서 진위 판별은 근본적으로 고서를 가지고 고서를 논한다는 결점이 있어서, 책으로 하는 학문의 울타리를 벗어날 수 없었다. 이러한 제한된 울타리 내에서는 고대사를 재구성할 방법이 없다. 필자는 펑유란 선생이 말한 '융회 관통'의 석고가 도대체 무엇을 가리키는지 분명히 알지 못하겠다. 그러나 지난 1920~1930년대에 고대사를 재구성하기 위한 긍정적 작업이 이미 시작되고 있었다. 중국 고대사 연구가 오늘날의 양상을 띠게 된 것은 새로운 이론적 관점과 고고학적 발견 덕분인데, 바로 이 두 가지가 1920년대에 시작되었기 때문이다.

여기서 당연히 왕궈웨이 선생을 거론하지 않을 수 없다.

왕궈웨이 선생은 어렸을 때 철학과 문학을 공부했고, 1911년 겨울 일본에 가서 경사소학經史小學[경학과 역사학 및 문자학 등의 소학]에 힘을 쏟기 시작했다. 그의 경학은 강유웨이 같은 금문가도 아니고 장타이옌 같은 고문가도 아니었다. 사실상 그는 청대 이래로 활발했던 금고문 논쟁을 결코 무시하지 않고 아주 많은 실제적이고 중요한 연구 작업을 수행했다. 예컨대, 그는 1916년부터 한위석경漢魏石經을 연구하기 시작했는데 특히 위나라 석경의 고문에 주목했다. 이 연구는 석경이 지속적으로 출토됨에 따라 점차 심도가 깊어지게 되어 1925년까지도 계속되고 있었다.[9] 또한 1916년, 왕궈웨이 선생은 석경을 연구하다가 "한나라의 석경은 모두 금문을 사용했는데, 위나라 때에는 모두 고문을 사용한 것이 자못 괴이하다. 관학官學에서 금문파와 고문파의 교체는 삼국시대가 축이 된다고 생각해, 한대 이래로 여러 경에 대한 학관 설립의 연혁을 고찰한 『한위박사고漢魏博士考』를 지었다"라고 했는데, 책은 모두 세 권으로 이루어져 있다.[10] 그는 고문자학의 각도에서 고문을 전문적으로 연구해 1916년에는 『한대고문고漢代古文考』[11]를 저술했고, 1918년에는 당唐 사본寫本 『상서공전尙書孔傳』과 설계선薛季宣의 『서고문훈書古文訓』을 교감했으며,[12] 1926년에는 또 유명한 「동향서식인보서桐鄕徐式印譜序」[13]를 썼다. 이 밖에 1917년과 1920년에는 고문 경학과 관련 있는 『공자가어』를 교감하기도 했다. 그의 『상서』 연구에 대한 공헌은 여기서 더 말할 필요도 없다.

1927년 3월, 왕궈웨이 선생의 학생인 야오밍姚名은 구제강에게 편지를 썼다. "왕징안[왕궈웨이] 선생이 선생을 비평하면서 '고사古史를 의심하는 정신은 가히 존경할 만하다'고 하셨습니다. 그러나 '어떤 것을 타도하기보다는 어떤 것을 세우는 것이 낫다'고도 하셨습니다."[14] 이는 왕씨의 의고 일파에 대한 태도를 보여주는 것이다. 왕씨는 고사의 수립을 위해 노력했다. 그의 유명한 '이중증거법'은 바로 고사를 수립하기 위한 방법이었던 것이다.

더늘 알다시피, 1924년 겨울, 구제강은 후스胡適에게 편지를 써서 왕궈웨이를 마침 설립 단계에 있던 칭화학교清華學校 연구원에 추천했고, 후스는 칭화학교에 왕궈웨이를 추천했다.[15] 이듬해 초왕씨는 임용되어 4월에 칭화로 옮겼다. 7월, 왕궈웨이는 학생회의 요청에 응해 여름방학 때 학교에 남아 있던 학생들에게 강연을 했는데, 이는 「최근 20~30년대 중국에서 새로 발견된 학문最近二三十年代中中國新發見之學問」이라는 제목으로 『칭화주간清華週刊』에 발표되었다.[16] 이 글에서 그는 최근 발견된 고기물과 도적圖籍을 열거하면서 그것이 학술 발전에 끼친 영향을 강조했다. 9월, 칭화 국학연구원이 개학開學하면서, 왕씨는 '고사신증古史新證'이라는 제목으로 수업을 했는데, 그 총론에서 다음처럼 말했다.

> 우리 세대는 오늘을 살면서, 다행스럽게도 지상紙上의 자료 외에도 지하地下의 새로운 자료도 얻을 수 있게 되었다. 이 여러 자료로 말미암아 우리 세대는 지하의 새로운 자료를 근거로 지상의 자료를 보완할 수 있게 됨으로써, 또한 고서의 어떤 부분이 온전한 실록인지 증명할 수 있게 되었다. 곧 백가의 우아하지도 적절하지도 못한 말 또한 사실의 일면을 나타내지 않음이 없다는 것도 알게 게 되었다. 이 '이중증거법'은 오늘날에야 비로소 행할 수 있는 방법이다.[17]

이는 왕궈웨이가 7월에 강연했던 관점을 이론적으로 제고·확장한 것이다. 왕씨의 연구가 의고와 차별성을 보이는 것은 바로 이 인용문 속에 분명

계속해서 보이는 새로운 지식

하게 드러나 있다.

궈모뤄 선생도 이야기해야 한다.

궈모뤄 선생은 1929년『중국 고대사회 연구』를 편찬해 마르크스주의적 관점으로 중국 고사를 연구하는 신호탄을 울렸다. 그는 「자서」에서 다음과 같이 말했다. "이 책은 성격상 엥겔스의『가족, 사유재산, 국가의 기원』의 속편이라 말할 수 있다. 그의 연구 방법을 나침반으로 삼아, 그가 알고 있던 아메리카의 인디언, 유럽의 고대 그리스와 로마 외에, 그가 한 글자도 거론하지 않았던 중국의 고대를 제공해주는 것이다."[18]

주목할 점은 궈모뤄가 「자서」에서 특별히 "2년 전 물에 뛰어들어 생을 마감한 왕궈웨이"를 이야기한 것이다. 그는 "왕궈웨이는 학문을 연구하는 방법은 근대식이었지만 사상적 정서는 봉건식이었다. (…) 그러나 그가 우리에게 남긴 것은 그 지식의 산물로, 그것은 마치 거대한 누각과 같아서 수천 년 동안 쌓인 옛 학문의 성루 위에 찬연히 뿜어져 나오는 색다른 광휘와 같다"라고 했다.

1930년, 궈모뤄는『중국 고대사회 연구』의 「추가 논증 및 보유追論及補遺」에서 구제강의 '누적되어 형성된 중국 고대사' 설을 확실한 탁견이라 평가했고,[19] 아울러 구제강이 제기한 하우夏禹의 문제를 말하면서, 실물 자료(제후박齊侯鎛 및 종鐘, 진공궤秦公簋 등)를 근거로 자신의 견해를 제기했다. 이는 여전히 왕궈웨이의 '이중증거법'을 출발점으로 삼은 것이다.

고서의 기록과 고고 성과를 결합해 이론적으로 발전시킨, 궈모뤄 선생이 개척한 이 길은 이후 오랫동안 중국 고사 연구의 방향을 결정지었다. 이는 이미 의고를 넘어서서 새로운 시대로 접어든 것이라 할 수 있다.

평유란 선생이 의고 일파의 사료 심사를 긍정한 것은 아주 정확한 것이다. 우리가 사료 심사를 중시하지 않는다는 여러 친구(외국 학자를 포함한)의 걱정 또한 일리가 없는 것은 아니다. 확실히 현재 사료 심사 과정을 무시한 논저들도 있는데, 이렇게 낸 결론은 당연히 믿을 것이 못된다. 사료 심사의 과정에서, 우리는 '이중증거법'으로 의고 일파의 부족한 점을 보완해야 한다고 주장한다. 의고적 사료 심사는 지상의 자료에 제한되어 있어서 객관적 표준이 부족하다. 따라서 '이중증거법'으로 지하의 새로운 자료를 가지고 지상의 자료를 보완하고 증명하는 것 그 자체가 바로 고서 기록에 대한 심도 있는 심사다.

최근 학계에서는 새로 출토된 전국 진한 시기의 죽간과 백서 자료에 큰 관심을 기울이고 있다. 다량으로 발견된 이와 같은 진정한 '진본비적珍本祕籍'은 우리가 과거에 쌓아온 고서 진위 판별의 성과를 객관적으로 검증할 가능성을 갖게 했다. 사실 증명을 통해 그동안 고서 진위 판별 작업 가운데 나타났던 여러 '억울한 안건冤假錯案'을 반드시 풀어주어야 한다. 더욱 중요한 점은 출토 일적佚籍을 정리하고 연구하면서, 고서가 역사적으로 어떻게 형성된 것인지에 대해 한층 더 깊이 이해할 수 있다는 것이다. 우리는 한진漢晉 시기의 학자들이 선진 고서를 정리하고 또 전수하면서 어떤 복잡한 문제들에 맞닥뜨렸는지, 얼마나 간난신고한 노력을 기울였는지, 후세 사람들이 불만스러워하는 여러 결점과 실수는 또 어떻게 생겨난 것인지를 느낄 수 있을 것이다. 필자는 일찍이 이렇게 말한 바 있다. "의고 사조는 고서에 대한 첫번째 대大반성으로, 오늘날 우리들은 의고의 여러 한계에서 벗어나 고서에 대한 두번째 대 반성을 진행해야 한다."[20]

이것이 바로 필자가 대담하게 '의고시대를 걸어 나오며'를 제창한 근본적

인 까닭이다.

『의고시대를 걸어 나오며』에 대한 몇 가지 설명

『전통문화와 현대화』 1995년 제4기에 발표된 류치위 선생의 「'의고시대를 걸어 나오며'에 관한 문제關於走出疑古時代'問題」라는 글을 읽었다. 「의고시대를 걸어 나오며」는 필자가 1992년 학술좌담회에서 한 발언으로, 베이징대학 리링 선생 등의 녹음을 정리해 『중국문화』 제7기에 발표한 것이다. 지금 류치위 선생의 글에 부기된 '반드시 지적해야 할 문제'에 대해 조심스레 다음과 같은 설명을 하는 바다.

1) 필자는 발언 중에 전한 시기 공안국이 '예고정' 한 사실을 언급했다. 필자도 물론 '예고정'이라는 말의 출처를 알고 있고, 또 송대 이래 여러 학자가 이에 대해 의심을 품어온 것도 알고 있다. 그러나 필자는 결코 그들의 의견에 찬성할 수 없고, 또 청대 여러 학자의 논단 또한 과학적이라고 보지 않는다. 필자만이 아니라, 마융馬雍 선생도 『상서』사화『尚書』史話』(베이징, 중화서국,

1982, 13쪽)에서 공안국이 '예고정'했다고 주장한 바 있다. 둔황에서 출토된 문서 등 '예고정'『상서』의 글자체 또한 그 근거로 삼을 수 있다고 생각한다. 이 방면에 대해 필자와 류 선생 간의 학술적 견해가 다른 점은 당연히 받아들일 수 있는 것이라 생각한다.

2) 일본의 시라도리 구라키치가 동양협회평의회東洋協會評議會에서 한 강연은 메이지明治 42년(청 선통 원년, 1909년) 8월에 출판된 『동양시보東洋時報』에 수록되었는데, 「중국 옛 전설 연구中國古傳說的研究」라는 제목으로 요·순·우가 실존했던 역사 인물임을 부정했다. 그 이전에 『동양시보東洋時報』제129호에 고토 오타로後藤朝太郎의 「요·순·우 말살에 대해 논함論堯舜禹抹殺」이 게재되었는데, 이는 시라도리 씨가 쓴 글의 선성先聲이었다. 이듬해 1월, 하야시 다이스케林泰輔는 『동양철학東洋哲學』제17편 제1호에 요·순·우와 관련된 질의를 시라도리에게 던졌고, 이후 「요·순·우 말살에 대해 논함」을 『한학漢學』제2편 제7호와 『동아연구東亞研究』제1권 제1호와 제2권 제1호에 연재했다. 또다이쇼大正 원년(민국 원년, 1912년) 9월에 또 『동아연구』제2권 제9호에 「요·순·우 말살에 대해 논함을 다시 논함再論堯舜禹抹殺論」을 실었는데, 모두 시라도리 씨와 토론한 것이다. 시라도리 씨의 글이 '요·순·우 말살론'으로 유명하기 때문에 필자는 발언 중에 이 말을 사용했지만, 글에는 미처 상세한 주석을 달지 못했다.

필자는 시라도리 구라키치와 하야시 다이스케의 글을 모두 읽어보았지만, 현재 두 사람의 책을 가지고 있지 않다. 따라서 일본역사교육연구회日本歷史教育研究會가 편찬한 『메이지 이후 역사학의 발달明治以後歷史學的發達』(1919, 413~414쪽)에 서술된 것을 근거로 했다. 류 선생의 「현대일본의 『상서』연구現代日

本的『尚書』研究』(『전통문화와 현대화』1994년 제2기)는 이전에 읽어본 적이 없다. 이 글에 시라도리 구라키치에 대해 '당시 유명한 「요·순·우 말살에 대해 논함」' 등의 말이 보이는데(82쪽), 류 선생이 설명했듯, 여기서의 서명 부호는 인쇄 때 잘못 들어간 것이다. 또 류 선생의 글은 필자의 발언 이후에 나온 것인 만큼 필자와 관계가 없다.

3) 주공 단의 아들 군진君陳 및 그 후예가 주공을 세습했는데, 춘추시대의 주공이 바로 그 계통이지만, 이를 가지고 전국시대의 '주공'이 어떤 사람인지는 결코 알 수 없다. 『사기』「주 본기」에 다음과 같은 기록이 보인다. "고왕考王이 그 동생을 하남河南에 책봉했는데, 이가 환공으로 주공의 관직을 잇게 했다. 환공이 죽고 아들 위공威公이 뒤를 이어 보위에 올랐고, 위공이 죽자 아들 혜공惠公이 뒤를 이어 올랐고, 그 작은 아들을 공鞏 땅에 책봉해 왕을 받들게 했는데, '동주혜공東周惠公'이라 불렀다."[1] 이를 근거로 보면, 전국 초기에 원래 세습되던 주공이 끊어지고, 주 고왕이 그 동생을 책봉해 그로 하여금 직무를 잇게 한 것이다. 이 일이 몇 년도에 일어난 것인지는 정확히 알 수 없으나, 어떻든 고왕이 재위한 기원전 440~기원전 426년 사이일 것이고, 동주 혜공의 책봉은 주 현왕顯王 2년(기원전 367년)으로 고증되었다. 이와 관련해서는 양콴楊寬 선생의 『전국사戰國史』(상해인민출판사, 1980, 275쪽)를 참고할 만하다. 신도적申徒狄의 연대는 동주 혜공 이전으로, 그가 만났던 주공은 바로 고왕의 동생인 환공 계통 곧 『전국책』에서 이르는 '서주군' 같은 사람으로, 이에 대해 필자는 소논문 「창타이관 죽간의 『묵자』 일편長臺關竹簡中的『墨子』佚篇」(『쉬중수 선생 구십수진 기념문집徐中舒先生九十壽辰紀念文集』, 파촉서사巴蜀書社, 1990, 6쪽)에서 이미 논술한 바 있다.

계속해서 보이는 새로운 지식

신양 창타이관 죽간은 1957년 9월 『문물참고자료』에 공간公刊되었는데, 필자는 『광명일보』에 이와 관련된 글을 발표한 바 있다. 사실 다른 사람보다 먼저 발표해야겠다는 의도는 없었다. 이 죽간이 유가의 말에 속한다는 의견은 필자가 먼저 제기했고, 또 적잖은 학자가 비슷한 관점을 보였다. 중산대학의 여러 학자는 죽간에 보이는 문구가 『묵자』의 일문佚文과 같다는 점을 지적했는데, 이는 중요한 발견이었지만 당시 학자들은 여전히 죽간이 전체적으로 유가에 속한다고 보았다. 『묵자』 중에도 선왕先王, 삼대, 주공 등의 말이 있다는 지적' 같은 경우, 그 죽간이 『묵자』 일편임을 미루어 생각해 볼 수 있기 때문에, [필자는] 1990년에 자아비판적 성격의 소논문을 발표하기도 했다. 이를 다시 살펴보는 것은 어렵지 않다. 그러나 이 죽간이 도대체 『묵자』인지 아니면 그래도 유가에 속하는 것인지 아직 정론을 내기 어렵다. 학계의 심도 있는 토론을 기다려야 할 문제다.

4) 필자는 "후세 사람들의 이른바 '하도낙서'는 송대 역학易學을 하는 사람들의 기본적인 근거였지만, 송대 사람들이 발명한 것은 아니다"라고 했고, 이어서 청나라 때 어떤 학자가 "송대 사람들의 괘도가 진단에게서 나왔다"라고 한 말을 언급한 것은, 관련된 하도와 낙서 괘도가 송대 사람들의 『역』학 저작 중의 '도圖'라는 것이지 하도와 낙서가 도대체 무엇인가와는 무관하다. 류 선생의 『고사속변古史續辨』의 하도와 낙서에 대한 관점은 필자의 그것과 다른데, 이 또한 받아들일 수 있는 것이라 생각한다.

최신판 출간 이후

1) 『李學勤集』(哈爾濱: 黑龍江教育出版社, 1989年版), 15~27, 41~46쪽.

2) 洛陽大學東方文化研究院 主編, 『疑古思潮回顧與前瞻』(北京: 京華出版社, 2003年版).

3) Doubting of the "Doubting of Antiquity," *Contemporary Chinese Thought*, Vol. 34, No. 2(Winter 2002-3).

도론: 의고시대를 걸어 나오며 ── 학술좌담회 기조 연설문

6. 결어: '의고'시대를 걸어 나오며

1) "其稱『易』孟氏, 『書』孔氏, 『詩』毛氏, 『禮』『周官』, 『春秋』左氏, 『論語』, 『孝經』, 皆古文也."

제1장 고대 문명을 논하다

1. 중국 고대 문명의 기원

1) 『馬克思恩格斯選集』第4卷, 北京: 人民出版社, 1972, 173쪽.

2) 夏鼐, 『中國文明的起源』, 北京: 文物出版社, 1985, 81쪽.

3) 『尹達史學論著選集』, 北京: 人民出版社, 1989, 450쪽.

4) 邵望平, 「『禹貢』'九州'的考古學研究」, 『考古學文化論集』(二), 北京: 文物出版社, 1989.

5) 「中國文明起源座談紀要」, 『考古』1989年 第12期, 1112쪽.

6) 鞏啓明, 「姜寨遺址考古發掘的主要收穫及其意義」, 『人文雜誌』1981年 第4期.

7) 「中國文明起源座談紀要」, 앞의 책, 1113쪽.

8) 嚴文明, 「論中國的銅石竝用時代」, 『史前研究』1984年 第1期.

9) 鞏啓明, 「姜寨遺址考古發掘的主要收穫及其意義」.

10) 金正耀, 「中國金屬文化史上的"紅銅時代"的問題」, 『中國社會科學院研究生院學報』 1987年 第1期.

11) 『馬克思恩格斯選集』第4卷, 北京: 人民出版社, 1972, 21쪽.

12) 李先登, 「關於探索夏文化的若干問題」, 『中國歷史博物館館刊』總2期, 1980, 34쪽; 「王城崗遺址出土的銅器殘片及其他」, 『文物』1984年 第11期.

13) 「中國文明起源座談紀要」, 앞의 책, 1110쪽.

14) 李學勤, 「中國和古埃及文字的起源」, 『文史知識』1984年 第5期.

15) 河南省文物研究所, 「河南舞陽賈湖新石器時代遺址第二至六次發掘簡報」, 『文物』1989 年 第1期.

16) 李學勤, 「論新出大汶口文化陶器符號」, 『文物』1987年 第12期.

17) 李學勤, 「論良渚文化玉器符號」, 中國古文字研究會第七屆年會論文, 1988.

18) 山東省考古研究所, 「城子崖遺址又有重大發現, 龍山岳石周代城址重見天日」, 『中國文物報』1990年 7月 26日.

19) 曲英傑, 「論龍山文化時期古城址」, 『中國原始文化論集』, 北京: 文物出版社, 1989.

20) 俞偉超, 「中國古代城址規劃的發展階段性」, 『文物』1985年 第2期.

21) 「中國文明起源座談紀要」, 앞의 책, 1112쪽.

22) 曲英傑, 「論龍山文化時期古城址」.

23) 遼寧省文物考古研究所, 「遼寧牛河梁紅山文化"女神廟"與積石塚群發掘簡報」, 『文物』 1986年 第8期.

24) 浙江省文物考古研究所, 「余杭瑤山良渚文化祭壇遺址發掘簡報」, 『文物』1988年 第1期.

25) 「中國文明起源座談紀要」, 『考古』1989年 第12期, 1113~1114쪽.

26) 方殿春·劉葆華, 「遼寧阜新縣胡頭溝紅山文化玉器墓的發現」, 『文物』1984年 第6期.

27) 浙江省文物考古研究所·上海市文物管理委員會·南京博物院, 『良渚文化玉器』, 北京·香

의고시대를 걸어 나오며

港: 文物出版社·兩木出版社, 1989.

28) 牟永抗, 「良渚玉器上神崇拜的探索」, 『慶祝蘇秉琦考古五十五年論文集』, 北京: 文物出版社, 1989.

29) 「中國文明起源座談紀要」, 『考古』1989年 第12期, 1114쪽.

30) 같은 책, 1115쪽.

31) 山東省文物管理處·濟南市博物館, 『大汶口』, 北京: 文物出版社, 1975.

32) 中國社會科學院考古研究所山東工作隊, 「山東臨朐朱封龍山文化墓葬」, 『考古』1990年 第7期.

33) 浙江省文物考古研究所, 「余杭瑤山良渚文化祭壇遺址發掘簡報」, 『文物』1988年 第1期.

34) 石興邦, 「從考古學文化探討我國私有制和國家的起源問題」, 『史前研究』1993年 創刊號.

35) 濮陽市文物管理委員會·濮陽市博物館·濮陽市文物工作隊, 「河南濮陽西水坡遺址發掘簡報」, 『文物』1988年 第3期.

36) 言明, 「關於濮陽西水坡發掘簡報及其有關的兩篇文章中若干問題的商搉」, 『華夏考古』1988年 第4期.

37) 濮陽西水坡遺址考古隊, 「1988年河南濮陽西水坡遺址發掘簡報」, 『考古』1989年 第12期.

38) 南京博物院花廳考古隊, 「江蘇新沂花廳遺址1987年發掘紀要」, 『東南文化』1988年 第2期.

39) 「上海福泉山考古新發現, "良渚"古墓有陪葬奴隸」, 『人民日報』1988年 1月 3日.

40) 黃展嶽, 『中國古代的人牲人殉』第1章, 北京: 文物出版社, 1990.

41) 高煒, 「龍山時代的禮制」, 『慶祝蘇秉琦考古五十五年論文集』, 北京: 文物出版社, 1989.

2. 고사, 고고학 및 염제와 황제

1) 『郭沫若全集』歷史編 1, 北京: 人民出版社, 1982, 9쪽.

2) 徐旭生, 『中國古史的傳說時代』(增訂本), 北京: 文物出版社, 1985, 20~21쪽.

3) "古之王者世有史官, 君擧必書, 所以愼言行, 昭法式也."

4) 李學勤, 「論卿事寮·太史寮」, 『松遼學刊』1989年 第3期 참조.

5) 『尹達史學論著選集』, 北京: 人民出版社, 北京: 1989, 450쪽.

6) Wolfram Eberhard, trans. by A. Eberhard, *The Local Cultures of South and East China*, Leiden: E. J. Brill, 1968, p. 10.

7) 蘇秉琦 主編, 『考古學文化論集』(二), 北京: 文物出版社, 1989, 11~30쪽.

8) "遷徙往來無常處, 以師兵爲營衛."

9) "迎日推筴," "順天地之紀, 幽明之占, 死生之說, 存亡之難. 時播百穀草木, 淳化鳥獸蟲蛾, 旁羅日月星辰水波, 土石金玉, 勞勤心力耳目, 節用水火材物."

10) 張衍田, 『史記正義佚文輯校』, 北京: 北京大學出版社, 1985, 3쪽.

11) "少典娶有蟜氏女, 生黃帝炎帝."

12) "東至于海, 登丸山, 及岱宗. 西至于空桐, 登雞頭. 南至于江, 登熊·湘. 北逐葷粥, 合符釜山, 而邑于涿鹿之阿."

13) "本起烈山." 徐宗元, 『帝王世紀輯存』, 北京: 中華書局, 1964, 11쪽.

14) 다음을 참고. 李學勤, 「『帝繫』傳說與蜀文化」, 『四川文物·三星堆古蜀文化研究專輯』, 1992(이 책의 제4장 「4. 「재계」 전설과 촉 문화」).

15) "崩於蒼梧之野, 葬於江南九疑."

3. 고본 『죽서기년』과 하대사

1) 陳夢家, 『六國紀年』, 118쪽.

2) 朱希祖, 『汲冢書考』; 楊寬, 『戰國史』, 6쪽.

3) "周師虢師圍魏, 取芮伯萬而東之."

4) 方詩銘·王修齡, 『古本竹書紀年輯證』, 70쪽. 본문에서 『죽서기년』을 인용하고 다른 문헌과 비교할 때 이 판본을 쓰는 경우는 별도로 주석을 달지 않는다.

5) "魯隱公及邾莊公盟於姑蔑." "公及邾儀父盟於蔑"

6) "紀子伯莒子盟於密."

7) "魯桓公紀侯莒子盟於區蛇." "公會杞侯莒子盟於曲池."

8) "隕石於宋五."

9) "齊襄公滅紀郱鄑郚." "齊襄公減紀遷紀." "齊師遷紀郱鄑郚."

10) "齊人殲於遂."

11) "鄭棄其師."

12) "晉獻公會虞師伐虢, 滅下陽." "虞師晉師滅下陽."

13) "惠公見獲." "獲晉侯."

14) "周襄王會諸侯於河陽." "天王狩於河陽."

15) "楚囊瓦奔鄭." "楚囊瓦出奔鄭."

16) "文意大似『春秋』經." "國史皆承告據實而書時事." 杜預, 『春秋經傳集解』 '後序'.

17) "是會也. 晉侯召王, 以諸侯見, 且使王狩. 仲尼曰, '以臣召君, 不可以訓.' 故書曰, '天王狩于河陽', 言非其地也, 且明德也."

18) "孔子讀史記, 至(晉)文公, 曰, '諸侯無召王', '王狩河陽'者, 『春秋』諱之也."

19) "三苗將亡, 天雨血, 夏有冰, 地坼及泉, 青龍生於廟, 日夜出, 晝日不出."

20) "天大曀." "天大曀, 雉兔皆震." "夜有五色光貫紫微."

21) "大起九師, 東至于九江, 叱黿鼉以爲梁." "君子爲鶴, 小人爲飛鴞."

22) "有兔舞鎬." "馬化爲狐." "鄭人入王府取玉焉, 玉化爲蜮以射人也." "周陽有兔舞于市."

23) "北唐之君來見, 以一驪馬, 是生綠耳."

24) "穆王北征, 行流沙千里·積羽千里." "穆王西征, 至于青鳥之所解." "自西王母之邦, 北至于曠原之野, 飛鳥之所解羽, 千有九百里."

25) "穆王十七年, 西征昆侖丘, 見西王母. 其年來見, 賓于昭宮." "穆王見西王母, 西王母止之, 曰, 有鳥淴人."

26) 方詩銘·王修齡, 앞의 책, 3쪽.

27) "開上三嬪于天."

28) "洛伯用與河伯馮夷鬪."

29) 方詩銘·王修齡, 앞의 책, 10쪽.

30) "天有妖孽, 十日并出."

31) "桀伐岷山, 岷山女于桀二女, 曰琬, 曰琰. 桀愛二女, 無子, 刻其名於苕華之玉, 苕是琬, 華是琰, 而棄其元妃於洛, 曰妺喜氏. 妺喜氏以與伊尹交, 遂以間夏"

32) "舜囚堯于平陽, 取之帝位." "舜囚堯, 復偃塞丹朱, 使不與父相見也."

33) "后稷放帝子丹朱于丹水."

34) "益于啓位, 啓殺之"

35) "伊尹即位放太甲七年, 太甲潛出自桐, 殺伊尹, 乃立其子伊陟伊奮, 命復其父之田宅而中分之."

36) 『戰國策』「燕策　」.

37) "禹都陽城."

38) "奠系世."

39) "余讀諜記, 黃帝以來皆有年數. 稽其歷譜諜終始五德之傳, 古文咸不同乖異."

40) 文物局古文獻研究室·安徽省阜陽區博物館阜陽漢簡整理組,「阜陽漢簡簡介」,『文物』1983年 第2期.

41) "自禹至桀十七世, 有王與無王, 用歲四百七十一年.""并窮寒四百七十二年."

42) 陳夢家,『殷墟卜辭綜述』, 213∼214쪽.

43) "湯滅夏以至于受, 二十九王, 用歲四百九十六年.""自武王滅殷, 以至幽王, 凡二百五十七年."

44) "夏年多殷."

45) "欲以合春秋, 橫斷年數, 損夏益周, 考之表紀, 差謬數百."『續漢書』「律曆志」, 劉汝霖의『漢晉學術編年』卷5, 43∼44쪽 참조.

46) "堯元年景子."

47) 方詩銘·王修齡, 앞의 책, 63쪽.

5. 하·상·주는 우리에게서 얼마나 멀까?

1) 張光直,『中國靑銅時代』, 北京: 三聯書店, 1983; 張光直,『中國靑銅時代』二集, 北京: 三聯書店, 1990.

2) 格林·丹尼尔, 黃其煦 譯,『考古學一百五十年』, 北京: 文物出版社, 1987. [Glyn Daniel, *A Hundred and Fifty Years of Archaeology*, London: Duckworth, 1975.]

3) "學必求其心得, 業必貴於專精, 類必要於擴充, 道必抵於全量, (…) 博而不雜, 約而不漏, 庶幾學術醇固, 而於守先待後之道, 如或將見之矣."

4)『中国古文字と殷周文化』, 東京: 東方書店 1989 참조.

5) 張光直, 앞의 책, 1990, 38쪽.

6) 같은 책,「前言」.

7) 張光直, 앞의 책, 1983, 288쪽.

8) 『燕京學報』第20期, 1935年 참조.

9) 張光直, 앞의 책, 1990, 91쪽.

10) 侯外廬, 『韌的追求』, 北京: 三聯書店, 1985, 235쪽.

6. 천하의 중심

1) "昔唐人都河東, 殷人都河內, 周人都河南. 夫三河在天下之中, 若鼎足, 王者所更居也, 建國
各數百千, (…), 都國諸侯所聚會."

2) "周公敬念于后, 曰, '予畏周室不延, 俾中天下.' 及將致政, 乃作大邑成周于土中, (…), 以爲
天下之大湊."

3) "日至之景影尺有五寸, 謂之地中, 天地之所合也, 四時之所交也, 風雨之所會也, 陰陽之所
和也, 然則百物阜安, 乃建王國焉."

4) "自葱嶺已西, 至於大秦, 百國千城, 莫不歡附, 商胡販客, 日奔塞下."

7. 『주역』에 관한 몇 가지 문제

1) 李學勤, 『周易經傳溯源』, 長春: 長春出版社, 1992.

2) "古者包犧氏之王天下也, 仰則觀象 俯則觀法於地, 近取諸身, 遠取諸物, , 以通神明之德,
以類萬物之情."

3) 李學勤, 「談安陽小屯以外出土的有字甲骨」, 『文物參考資料』 1956年 11期.

4) "易之興也, 其當殷之末世·周之盛德邪? 當文王與紂之事邪?"

5) "天子無筮."

6) "當用卜者先筮之, 於筮之凶, 卽止不卜"

7) "王亥喪牛于易." "高宗伐鬼方." "帝乙歸妹." "箕子之明夷." "康侯用錫馬蕃庶."

8) "鳥焚其巢, 旅人先笑後號咷, 喪牛于易, 凶."

9) "帝乙歸妹, 其君之袂不如其娣之袂良."

10) "是謂, '觀國之光, 利用賓于王.' 此其代陳有國乎? 不在此, 其在異國, 非此其身, 在其子
孫. 光, 遠而自他有耀者也. 坤, 土也. 巽, 風也. 乾, 天也. 風爲天於土上, 山也. 有山之材, 而照
之以天光, 於是乎居土上, 故曰, '觀國之光, 利用賓于王.'"

11) "子曰, 加我數年, 五十而學易, 可以無大過矣."

12) "孔子晚而喜易, 序彖繫象説卦文言. 讀易, 韋編三絶, 曰, 假我數年, 若是, 我於易則彬彬矣."

13) "夫子老而好易."

14) "後世之士疑丘者, 或以『易』乎?"

15) "知我者, 其惟『春秋』乎? 罪我者, 其惟『春秋』?乎"

16) "天地定位, 山澤通氣, 火水相射, 雷風相薄."

17) "一曰連山, 二曰歸藏, 三曰周易, 其經卦皆八, 其別皆六十有四."

8. 서양의 중국 고대 연구 새 경향

1) 李學勤, 「關於古代中國研究的信息」, 『文史知識』 1986年 第1期.

2) P. R. S. Moorey(ed.), *The Origins of Civilization*, Oxford: Clarendon Press, Oxford, 1979.

3) 니시다 모리오의 유관 논문도, 마부치 히사오와 히라오 요시미쓰의 「鉛同位体比法による漢式鏡の研究」처럼, 『国立博物館美術誌』의 제370기와 제382기에 나뉘어 게재되었다.

제2장 신비한 고옥

1. 량주 문화 옥기와 도철문의 변화

1) "周鼎著饕餮, 有首無身." 『呂氏春秋』 「先識篇」.

2) "中有獸面, 蓋饕餮之象." 呂大臨, 『考古圖』 券1, 137쪽, 癸鼎.

3) 『考古學報』 1990年 第2期, 137~168쪽.

4) 白川靜, 『金文通釋』 卷5, 第5章, 三, 神戸: 白鶴美術館, 1975.

5) 李學勤, 「乾隆帝與古玉」, 『紫禁城』 1989年 第3號, 3~4쪽.

6) John Calvin Ferguson, *Survey of Chinese Art*, Shanghai: Commercial Press, 1939; 주 5 李學勤의 논문을 참고하라.

7) 浙江省博物館, 「三十年來浙江文物考古工作」, 『文物考古工作三十年』, 北京: 文物出版社,

1979, 218쪽.

8) 周蘇平·張懋鎔, 「中國古代青銅器紋飾淵源試探」, 『文博』 1986年 第6期, 34～42쪽.

9) 浙江省文物考古研究所·上海市文物管理委員會·南京博物院, 『良渚文化玉器』, 北京·香港: 文物出版社·兩木出版社, 1989.

10) 浙江省文物考古研究所反山考古隊, 「浙江余杭反山良渚墓地發掘簡報」, 『文物』 1988年 第1記, 1～31쪽.

11) 李學勤, 「商代青銅鼉鼓的考察」, 『湖南文物』 第3輯, 1988, 7～10쪽.

12) 孫守道·郭大順, 「論遼河流域的原始文明與龍的起源」, 『文物』 1984年 第6期, 11～17쪽.

13) 馬承源 主編, 『中國青銅器』, 上海: 上海古籍出版社, 1988, 317쪽.

14) "好飮食, 故立於鼎蓋." 袁珂, 『中國神話傳說詞典』, 上海: 上海辭書出版社, 1985, 122쪽 "龍生九子".

15) 濮陽西水坡遺址考古隊, 「1988年河南濮陽西水坡遺址發掘簡報」, 『考古』 1989年 第12期, 圖版壹, 1.

16) 牟永抗, 「良渚玉器上神崇拜的探索」, 『慶祝蘇秉琦考古五十五年論文集』, 北京: 文物出版社, 1989, 191～192쪽.

17) 같은 책, 187～190쪽.

18) Doris J. Dohrenwend, "Jade Demonic Images from Early China," *Ars Orientalis* Vol. X, 1975; 林巳奈夫, 「良渚文化の玉器若干をめぐって」, 『国立博物館美術誌』 1981年 第360號; 鄧淑蘋, 「古代玉器上奇異文飾的研究」, 臺灣 『故宮學術季刊』 1986年 第4卷 第1期.

19) Jessica Rawson, *Ancient China, Art and Archaeology*, London: British Museum Publications, 1980, pic. 25, 26.

20) 呂大臨, 『考古圖』 卷1, 137쪽, 癸鼎

21) 王迎, 「商代雕骨研究」, 中央美術學院美術史系碩士論文.

22) 馬承源, 「商周青銅器紋飾綜述」, 『商周青銅器紋飾』, 北京: 文物出版社, 1984, 3쪽.

23) 任式楠, 「長江黃河中下遊新石器文化的交流」, 慶祝蘇秉琦考古五十五年論文集編委會 編, 『慶祝蘇秉琦考古五十五年論文集』, 北京: 文物出版社, 1989.

24) 『中國美術全集·工藝美術編9: 玉器』, 18, 北京: 文物出版社, 1989.

25) 中國社會科學院考古研究所二里頭工作隊, 「1981年河南偃師二里頭墓葬發掘簡報」, 『考

古』1984年 第1期, 圖版肆, 1; 中國社會科學院考古研究所二里頭工作隊, 「1984年河南偃師二里頭遺址發現的幾座墓葬」, 『考古』1986年 第4期, 圖版柒, 1.

26) 다음을 참고. 李學勤, 「論二里頭文化的饕餮紋銅飾」, 『中國文物報』1991年 10月 20日 (이 책 제3장 「2. 얼리터우 문화의 도철문 동식」).

2. 량주 문화 옥기 부호

1) 李學勤, 「考古發現與中國文字起源」, 『中國文化研究集刊』 第2輯, 上海: 復旦大學出版社, 1985; 李學勤, 「中國和古埃及文字的起源」, 『文史知識』1984年 第5期.

2) 李學勤, 「論新出大汶口文化陶器符號」, 『文物』1987年 第12期.

3) 山東省文物考古研究所·莒縣博物館, 「山東莒縣杭頭遺址」, 『考古』1988年 第12期 참조.

4) 石志廉·史希光, 「對良渚文化獸面紋璜形玉的一些看法」, 『中國歷史博物館館刊』 總10期, 1987.

5) John Calvin Ferguson, *Survey of Chinese Art*, Shanghai: Commercial Press, 1939, pic. 118.

6) Alfred Salmony, *Chinese Jade: Through the Wei Dynasty*, New York: Ronald Press, 1963, pic. VI; 林巳奈夫, 「良渚文化の玉器若干をめぐって」, 『国立博物館美術誌』 第360號, 1981.

7) 王國維, 『觀堂集林』 卷3, 「說玨朋」.

8) Elizabeth Childs-Johnson, "Dragons, Masks, Axes and Blades from Four Newly-documented Jade-producing Culture of Ancient China", *Orientations*, 1998, Vol 19, No. 4, pic 22.

9) 鄧淑蘋, 「故宮博物院所藏新石器時代玉器研究之二: 琮與琮類玉器」, 臺灣 『故宮學術季刊』1988年 第6卷 第2期, 挿圖 二三.

10) 薛婕, 「鳥紋玉琮」, 『北京日報』1984年 11月 10日.

11) 石志廉, 「最大最古的罘紋璧玉琮」, 『中國文物報』1987年 10月 1日.

12) 鄧淑蘋, 「故宮博物院所藏新石器時代玉器研究之二: 琮與琮類玉器」, 臺灣 『故宮學術季刊』1988年 第6卷 第2期, 挿圖 二一, 圖版 六, 彩圖 五.

13) 鄧淑蘋, 「古代玉器上奇異文飾的研究」, 臺灣 『故宮學術季刊』1986年 第4卷 第1期, 圖二.

14) 浙江省文物考古研究所反山考古隊, 「浙江余杭反山良渚墓地發掘簡報」, 『文物』 1988年 第1期; 浙江省文物考古研究所, 「余杭瑤山良渚文化祭壇遺址發掘簡報」, 『文物』 1988年 第1期.

15) 王巍, 「良渚文化玉琮芻議」, 『考古』 1989年 第11期.

16) Roger Soame Jenyns, *Chinese Archaic Jades in the British Museum*, London, 1951; 鄧淑蘋, 「故宮博物院所藏新石器時代玉器研究之二: 琮與琮類玉器」, 臺灣 『故宮學術季刊』 1988年 第6卷 第2期, 揷圖 二三.

17) 李學勤, 「考古發現與中國文字起源」, 『中國文化研究集刊』 第2輯, 上海: 復旦大學出版社 1985; 李學勤, 「中國和古埃及文字的起源」, 『文史知識』 1984年 第5期; 李學勤, 「論新出大汶口文化陶器符號」, 『文物』 1987年 第12期.

18) 容庚, 『金文編』, 附錄 上 250, 北京: 中華書局, 1985.

19) 鄧淑蘋, 「中國新石器時代玉器上的神祕符號」, 臺灣 『故宮學術季刊』 1993年 第10卷 第3期.

20) 牟永抗·雲希正 主編, 『中國玉器全集 1. 原始社會』, 河北: 河北美術出版社, 1992.

21) 李學勤, 「論新出大汶口文化陶器符號」, 『文物』 1987年 第12期.

3. 지슬러 옥종의 신비

1) 李學勤, 「論新出大汶口文化陶器符號」, 『文物』 1987年 第12期.

2) 李學勤, 「論良渚文化玉器符號」, 『湖南博物館文集』, 長沙: 岳麓書社, 1991(이 책 제2장 「2. 얼리터우 문화와 옥기 부호」).

3) G. Giesler, "La Tablette Tsong du Tcheou-Li", *Revue Archéologique*, Cinquième Série, Tome II, Paris, 1915.

4) Osvald Sirén, *Histoire des Arts Anciens de la Chine*, Paris et Bruxelles: Les Éditions G. Van Oest, 1929.

5) 李學勤, 「論良渚文化玉器符號」, 『湖南博物館文集』, 長沙: 岳麓書社, 1991, 2쪽.

6) 鄧淑蘋, 「中國新石器時代玉器上的神祕符號」, 臺灣 『故宮學術季刊』 1993年 第10卷 第3期.

7) 다음을 참고하라. 張光裕,「從新出土的材料重新探討中國文字的起源」,『香港中文大學中國文化研究所學報』第12卷, 香港: 中文大學出版部, 1981.

4. 한산 링자탄 옥귀·옥판

1) 安徽省文物考古研究所,「安徽含山凌家灘新石器時代墓地發掘簡報」,『文物』1989年 第4期.

2) 陳久金·張敬國,「含山出土玉片圖形試考」,『文物』1989年 第4期; 俞偉超,「含山凌家灘玉器和考古學中研究精神領域的問題」,『文物研究』1989年 第5輯; 饒宗頤,「未有文字以前表示'方位'與'數理關係的玉版」,『文物研究』1990年 第6輯; 張敬國,「從安徽凌家灘墓地出土玉器談中國的玉器時代」,『東南文化』1991年 第2期.

3) 張敬國,「從安徽凌家灘墓地出土玉器談中國的玉器時代」,『東南文化』1991年 第2記.

4) 같은 곳, '凌家灘墓地隨葬品統計表' 참조.

5) 吳汝祚,「凌家灘墓地發掘的意義」,『文物研究』第6輯.

6) 陳久金·張敬國,「含山出土玉片圖形試考」,『文物』1989年 第4期; 安徽省文物考古研究所,「安徽含山凌家灘新石器時代墓地發掘簡報」,『文物』1989年 第4期.

7) 浙江省文物考古研究所反山考古隊,「浙江余杭反山良渚墓地發掘簡報」,『文物』1988年 第1期.

8) "自古聖王將建國受命, 興動事業, 何嘗不寶卜筮以助善! 唐虞以上, 不可記已. 自三代之興, 各據禎祥. 塗山之兆從而夏啓世, 飛燕之卜順故殷興, 百穀之筮吉故周王. 王者決定諸疑, 參以卜筮, 斷以蓍龜, 不易之道也."

9) 俞偉超,「含山凌家灘玉器和考古學中研究精神領域的問題」,『文物研究』1989年 第5輯.

10) 高廣仁·邵望平,「中國史前時代的龜靈與犬牲」,『中國考古學研究: 夏鼐先生考古五十年紀念論文集』, 北京: 文物出版社, 1986年 第1期.

11) 河南省文物研究所,「河南舞陽賈湖新石器時代遺址第二至六次發掘簡報」,『文物』1989年 第2期.

12) 徐宗元 輯,『帝王世紀輯存』第1, 北京: 中華書局, 1964.

13) "單居離問於曾子曰, '天圓而地方者, 誠有之乎?' 曾子曰, '離! 而聞之, 云乎!' 單居離曰, '弟子不察, 此以敢問也.' 曾子曰, '天之所生上首, 地之所生下首, 上首謂之圓, 下首謂之方,

如誠天圓而地方, 則是四角之不揜也. 且來! 吾語汝. 參嘗聞之夫子曰, '天道曰圓, 地道曰方
……'"

14) "尙方作鏡大毋傷, 巧工刻之成文章. 左龍右虎辟不祥, 朱鳥玄武順陰陽. 長保二親貴富
昌, 如侯王兮." 福開森(John Calvin Ferguson), 『歷代著錄吉金目』, 北京: 中國書店, 1991,
1295쪽.

15) 小南一郞, 「六博的宇宙論」(日文)『月刊百科』1987年 7~8期.

16) "八極爲局."

17) 李學勤, 『比較考古學隨筆』4, 香港: 中華書局, 1991.

18) "明參日月, 大滿八極.", "八極, 八方之極, 四中四角是也.", "八極, 八方之極也."

19) "子午·卯酉爲二繩, 丑寅·辰巳·未申·戌亥爲四鉤. 東北爲報德之維也, 西南爲背陽之維,
東南爲常羊之維, 西北爲號通之維."

20) "天圓地方, 六甲九皇, 靑龍居左, 白虎右旁." Lars Berglund, *The Secret of Luo Shu:
Numerology in Chinese Art and Architecture*, Tryckbiten Ab: Södra Sandby,
Sweden, 1990, p. 306.

21) 饒宗頤, 「未有文字以前表示'方位'與'數理關係'的玉版」, 『文物硏究』1989年 第6輯.

22) 王孖, 「八角星紋與史前織機」, 『中國文化』1990年第 2期, 圖一, 1~7, 9.

23) 張明華·王惠菊, 「太湖地區新石器時代的陶文」, 『考古』1990年 第10期, 圖二, 11~12.

24) 張光裕, 「從新出土的材料重新探討中國文字的起源」, 『香港中文大學中國文化硏究所學
報』第12卷, 香港: 中文大學出版部, 1981.

25) 李學勤, 「論良渚文化玉器符號」, 『湖南博物館文集』, 長沙: 岳麓書社, 1991.

26) 李學勤, 「良渚文化的多字陶文」, 『蘇州大學學報·吳學硏究專輯』, 1992.

27) "像人有規矩也. 與巫同意."

28) "規矩也. 從工, 像手持之."

29) "數之法出於圓方, 圓出於方, 方出於矩(…) 平矩以正繩, 偃矩以望高, 覆矩以測深, 臥矩
以知遠, 環矩以爲圓, 合矩以爲方, 方屬地, 圓屬天, 天圓地方."

30) "吾與史巫同途而殊歸."

31) 李學勤, 「從帛書『易傳』看孔子與『易』」, 『中原文物』1989年 第2期.

32) 張光直, 「商代的巫與巫術」, 『中國靑銅時代』制2輯, 北京: 三聯書店, 1990 참조.

33) "生民之初, 必方士爲政." 章炳麟,『訄書』初刻本, 33쪽,『章太炎全集』三, 上海: 上海人民出版社, 1984.

5. 홍콩 다완에서 새로 발견된 아장과 이를 둘러싼 문제

1) 李果·李秀國,「南丫島發掘散記」,『文物天地』1991年 第4期.

2) Daniel J. Finn, *Archaeological Finds on Lamma Island near Hong Kong*, Hong Kong: University of Hong Kong, 1958.

3) 李果·李秀國, 앞의 글.

4) 夏鼐,「商代玉器的分類·定名和用途」,『考古』1983年 第5期.

5) 林巳奈夫,「中國古代の石庖丁形玉器と骨鏟形玉器」,『東方學報』(京都大學人文科學研究所) 第54冊, 1982.

6) 李學勤,『比較考古學隨筆』, 香港: 中華書局, 1991, 72~78쪽.

7) 戴應新,「陝西神木縣石峁龍山文化遺址調查」,『考古』1977年 第3期, 圖二, 2.

8) 영문 지명은 다음에 근거했다. *Postal Atlas of China*.

9) 王洪明,「山東省海陽縣史前遺址調查」,『考古』1985年 第12期, 圖六, 3.

10) 王永波,「牙璋新解」,『考古與文物』1988年 第1期, 圖一, 6.

11) 偃師縣文化館,「二里頭遺址出土的銅器和玉器」,『考古』1978年 第4期, 圖二, 1. 이 기물의 컬러 사진은 팡원方聞이 편집한 Wen Fong(ed.), *The Great Bronze Age of China: : An Exhibition from The People's Republic of China*, New York, The Metropolitan Museum of Art, 1980에 보인다.

12) 李學勤,「從新出商丘地區的二里頭文化銅爵談起」,『商丘師專學報』1987年 第2期.

13) Wen Fong(ed.), 앞의 책, p. 75.

14) 中國社會科學院考古研究所二里頭隊,「1980年秋河南偃師二里頭遺址發掘簡報」,『考古』1983年 第3期, 圖版壹, 4.

15) 趙新來,「鄭州二里岡發現的商代玉璋」,『文物』1966年 第1期.

16) 中國社會科學院考古研究所,『殷墟婦好墓』, 北京: 文物出版社, 1980, 圖版八四, 4.

17) 夏鼐, 앞의 글; 林巳奈夫,「殷墟婦好墓出土の玉器若干に対する注釈」,『東方學報』(京都大學人文科學研究所) 第58冊, 1986.

의고시대를 걸어 나오며

18) 羅振玉, 『三代吉金文存』16,244.

19) Cheng Te-k'un, *Studies in Chinese Archaeology*, Hong Kong: The Chinese University Press, 1982, pic 14. d; 馮漢驥, 『馮漢驥考古學論文集』, 北京: 文物出版社 1985, 圖版一, 4~6.

20) 四川省文物管理委員會·四川省文物考古研究所·四川省廣漢縣文化局, 「廣漢三星堆遺址一號祭祀坑發掘簡報」, 『文物』1987年 第10期; 四川省文物管理委員會·四川省文物考古研究所·廣漢市文化局·文管所, 「廣漢三星堆遺址二號祭祀坑發掘簡報」, 『文物』1989年 第5期.

21) 曾凡, 「關於福建史前文化遺存的探討」, 『考古學報』1980年 第3期, 圖版壹, 8.

22) 飯島武次, 『夏殷文化の考古学研究』, 東京: 山川出版社, 1985.

23) 中國社會科學院考古研究所 編, 『新中國的考古發現和研究』, 北京: 文物出版社, 1984, 160쪽.

24) 彭適凡, 『中國南方古代印紋陶』, 北京: 文物出版社, 1987, 208쪽.

25) 深圳博物館·香港中文大學中國考古藝術研究中心·中山大學人類學系, 「環珠江口史前文物圖錄」, 香港: 中文大學出版社, 1991, 圖版 44; 李果·李秀國, 앞의 글, 8쪽.

26) 深圳博物館·香港中文大學中國考古藝術研究中心·中山大學人類學系, 앞의 책, 彩版 2.

27) 鄧聰·區家發, 「環珠江口史前考古芻議」; 深圳博物館·香港中文大學中國考古藝術研究中心·中山大學人類學系, 「環珠江口史前文物圖錄」, 香港: 中文大學出版社, 1991, 圖版 2; 李果·李秀國, 앞의 글, 8쪽.

28) 李果·李秀國, 앞의 글.

29) 香港中文大學中國考古藝術研究中心 編, 『慶祝鄭德坤教授從事學術活動六十週年論文集: 南中國及鄰近地區古文化研究國際會議』, 香港: 中文大學出版社, 1994.

6. 태보옥과와 강한의 개발

1) "撻彼殷武, 奮伐荊楚."

2) "太顚·閎夭·散宜生·鬻子·辛甲大夫之徒皆往歸之."

3) "鬻子名熊, 封於楚."

4) "鬻熊子事文王, 蚤卒." "熊繹當周成王之時, 擧文武勤勞之後嗣, 而封熊繹於楚蠻, 封以子男之田.”

5) 陳全方,『周原與周文化』, 上海: 上海人民出版社 1988, 128쪽.

6) 李學勤,「論包山簡中的一楚先祖名」,『文物』1988年 第8期.

7) 李學勤,「青銅器與周原遺址」,『西北大學學報』(哲學社會科學版) 1981年 第2期; 李學勤, 「海外訪古記」二,『文博』1986年 第6期.

8) 龐懷靖,「跋太保玉戈」,『考古與文物』1986年 第1期.

9) 楊調元,「周玉刀釋文」,『國學』1915年 第3期.

10) 陳夢家,「西周銅器斷代」二,『考古學報』第10册; 陳夢家,「西周銅器斷代」五,『考古學報』1956年 第3期.

11) 石志廉,「周初太保玉戈」,『中國文物報』1989年 第23期.

12) 楊建芳,「商代玉戈之分期」,『香港中文大學中國文化研究所學報』第13卷, 1982.

13) Max Loehr & Louisa G. Fitzgerald Huber, *Ancient Chinese Jades from the Grenville L. Winthrop Collection in the Fogg Art Museum, Harvard University*, Cambridge, Mass.: Fogg Art Museum, Harvard University, 1975.

14) 李學勤,「論美澳收藏的幾件商周文物」,『文物』1979年 第12期; 裘錫圭,「甲骨卜辭中所見的'田'·'牧'·'衛'等職官的研究」,『文史』第19輯.

15) 曹定雲,「殷墟四盤磨'易卦'卜骨研究」,『考古』1989年 第7期.

16) 肖楠,「安陽殷墟發現'易卦'卜甲」,『考古』1989年 第1期.

17) 曹定雲,「殷墟四盤磨'易卦'卜骨研究」,『考古』1989年 第7期.

18) 李學勤,「論周文王時期的四片卜甲」,『周秦漢唐考古與文化國際學術會議論文集』,『西北大學學報』(哲學社會科學版增刊), 1988.

19) 張亞初·劉雨 撰,『西周金文官制研究』, 北京: 中華書局, 1986, 1쪽.

20) “召公爲保, 周公爲師, 相成王爲左右.”

21) “召亭, 在岐山縣西南. 杜預『左傳』注, '召, 采地, 扶風雍縣東南有召亭'. 水經注, 扶風, '雍水東徑召亭南, 故邵公之采邑也.' (…)『括地志』, '召亭在岐山縣西南十里'.『明一統志』, '召公亭在縣西南八里, 今名召公村.'”

22) “十二月乙丑貞曰: 戊寅其雨. 旬四日雨.” 胡厚宣,『蘇德美日所見甲骨集』3.1, 成都: 四川辭書出版社, 1988.

23) "及武王克商 (…) 巴濮楚鄧, 吾南土也."

24) "成王在豐, 欲宅洛邑, 使召公先相宅."

25) 李學勤, 「邶其三卣與有關問題」, 『全國商史學術討論會論文集』, 『殷都學刊』增刊, 1985.

26) 江鴻, 「盤龍城與商朝的南土」, 『文物』 1976年 第2期.

27) 裴學海, 「古書虛字集釋」 卷2, 北京: 中華書局, 1982, 93쪽.

28) 劉釗, 「甲骨文字考釋十篇」 1989年 殷墟甲骨文發現90週年紀念活動論文 참조.

29) "禹行功, 見塗山之女. 禹未之遇而巡省南土, 塗山氏之女乃令其妾待禹于塗山之陽. 女乃作歌, 歌曰, '候人兮猗'. 實始作爲南音. 周公及召公取風焉, 以爲周南召南."

30) "關雎麟趾之化, 王者之風, 故系之周公. 南, 言化自北而南也. 鵲巢騶虞之德, 諸侯之風也, 先王之所以敎, 故系之召公."

31) "自, 從也. 從北而南, 謂其化從岐周被江漢地域也."

32) "文王之國在於岐周, 東北近於紂都, 西北追於戎狄, 故其風化南行也."

33) "甘棠, 美召伯也. 召伯之敎明於南國."

34) "召伯, 姬姓, 名奭, 食采於召, 作上公, 爲二伯, 後封于燕. 此美其爲伯之功, 故言伯云."

제3장 새로운 고고 발견

1. 시수이포 '용호묘'와 사상의 기원

1) 濮陽市文物管理委員會·濮陽市博物館·濮陽市文物工作隊, 「濮陽西水坡遺試掘簡報」, 『中原文物』 1988年 第1期; 濮陽市文物管理委員會·濮陽市博物館·濮陽市文物工作隊, 「濮陽西水坡遺址發掘簡報」, 『華夏考古』 1988年 第1期; 濮陽市文物管理委員會·濮陽市博物館·濮陽市文物工作隊, 「河南濮陽西水坡遺址發掘簡報」, 『文物』 1988年 第3期. 이 세 간보는 약간의 차이가 있다.

2) 丁淸賢·孫德萱·趙連生·張相梅, 「從濮陽蚌殼龍虎墓的發現談仰韶文化的社會性質」, 『中原文物』 1988年 第1期.

3) 中國天文學史整理研究小組 編, 『中國天文學史』, 北京: 科學出版社, 1981, 44쪽.

4) "行, 前朱鳥而後玄武, 左青龍而右白虎, 招搖在上."

5) 吳世昌, 「『禮記·檀弓』篇對後世文學的影響」, 『羅音室學術論著』 第1卷, 北京: 中國文藝聯合出版公司, 1994, 204쪽, 주 1에서 우스창은 「曲禮」라는 이름은 한 선제宣帝 때의 곡대曲臺에서 얻은 것이라 했는데, 아무래도 아닌 것 같다.

6) "必左青龍, 右白虎, 前朱雀, 後玄武, 招搖在上, 從事於下." 李學勤, 「『吳起傳』序」, 『晉陽學刊』 1988年 第3期 참조.

7) 張家山漢簡竹簡整理小組, 「江陵張家山漢簡槪述」, 『文物』 1985年 第1期.

8) "龍旂九斿, 以象大火也. 鳥旟七斿, 以象鶉火也. 熊旗六斿, 以象伐也. 龜蛇四斿, 以象營室也."

9) 王先謙, 『漢書補注』 卷26, 「天文志」.

10) 李學勤, 「長沙楚帛書通論」, 『楚文化研究論集』 第1集, 湖北: 荊楚書社, 1987.

11) "召玄武而奔屬."

12) 董楚平, 『楚辭譯注』, 上海: 上海古籍出版社, 1986, 203쪽 참조.

13) 王健民·梁柱·王勝利, 「曾侯乙墓出土的二十八宿營青龍白虎圖像」, 『文物』 1979年 第7期.

14) "謂之柳. 柳, 鶉火也."

15) "咮, 朱鳥之口."

16) 『埤雅』 卷8에서 『師曠禽經』을 인용해, '적봉을 순이라 이른다赤鳳謂之鶉'라고 했다.

17) 郝懿行, 『爾雅義疏』 中之四.

18) "童謠云, '丙之晨, 龍尾伏辰, 均服振振, 取虢之旂. 鶉之賁賁, 天策焞焞, 火中成軍, 虢公其奔.'"

19) "古之火正, 或食於心, 或食於咮, 以出內火. 是故咮爲鶉火, 心爲大火."

20) "昔武王伐殷, 歲在鶉火, 月在天駟, 日在析木之津, 辰在斗柄, 星在天黿."

21) "天駟, 房也."

22) "龍爲天馬, 故房四星爲天駟."

23) 陳遵嬀, 『中國天文學史』 第2冊, 第3章, 上海: 上海人民出版社, 1982.

24) 趙莊愚, 「從星位歲次論證幾部古典著作的星象年代及成書年代」, 『科技史文集』 第10集.

25) 陳遵嬀, 앞의 책, 282쪽.

26) "謀父疾維不瘳, 朕身尙在玆, 朕魂在于天昭王之所."

27) 李學勤, 「祭公謀父及其德論」, 『齊魯學刊』 1988年 第3期 참조.

28) "上大(泰)山, 見仙人, 食玉英, 飮醴泉, 駕交龍, 乘浮雲, 白虎引分直上天." 다음 책에서 이와 관련된 문제를 상술하고 있다. Michael Loewe, *Ways to Paradise: The Chinese Quest for Immortality*, London: George Allen & Unwin, 1979, p. 201.

3. 상말주초의 다천과

1) 張光直·李光謨 編, 『李濟考古學論文選集』, 北京: 文物出版社, 1990, 662쪽.

2) 같은 책, 674쪽.

3) 梁思永·高去尋, 『侯家莊 1003號大墓』, 1967.

4) 劉克甫, 「安陽后崗圓形葬坑年代的商討」, 『考古』 1961年 第9期.

5) 林巳奈夫, 『中國股周時代の武器』, 第1章, 京都: 京都大學人文科學研究所, 1972.

6) 陳志達, 「股墟武器槪述」, 『慶祝蘇秉琦考古五十五年論文集』, 北京: 文物出版社, 1989.

7) 中國社會科學院考古研究所, 『股墟發掘報告, 1958~1961』, 北京: 文物出版社, 1987, 279쪽.

8) 中國社會科學院考古研究所洛陽唐城隊, 「洛陽老城發現四座西周馬車坑」, 『考古』 1988年 第1期.

9) 陳志達, 앞의 책, 圖1, 10·13.

10) 山東省博物館, 「山東長淸出土的靑銅器」, 『文物』 1964年 第4期.

11) 臨沂文物收集組, 「山東蒼山縣出土靑銅器」, 『文物』 1965年 第7期.

12) 梁景津, 「廣西出土的靑銅器」, 『文物』 1978年 第10期.

13) R. T. T. Gettens(et al.), 『兩件中國古代隕鐵刀靑銅兵器』(英文), 圖 28, Freer Gallery of Art, 1977.

14) 李學勤, 「論美澳收藏的幾件商周文物」, 『文物』 1979年 第12期.

15) 郭寶鈞, 『商周銅器群綜合研究』, 北京: 文物出版社, 1981, 51~54쪽 참조.

16) 張光直·李光謨 編, 앞의 책, 697쪽.

17) 中國社會科學院考古研究所·北京市文物研究所琉璃河考古隊, 「北京琉璃河1193號大墓發掘簡報」, 『考古』 1990年 第1期.

18) 盧連成·胡智生, 『寶鷄強國墓地』 下册, 圖版 65.2, 北京: 文物出版社 1988.

19) 羅西章, 「扶風出土西周兵器淺識」, 圖1.13, 『考古與文物』 1985年 第1期.

20) 盧連成·胡智生, 앞의 책, 圖版167.6.

21) 羅西章, 「扶風出土西周兵器淺識」, 圖1.9, 『考古與文物』 1985年 第1期.

22) 山東省煙臺地區文物管理委員會, 「煙臺市上夼村出土啚國銅器」, 『考古』 1983年 第4期.

23) 李學勤, 「試論山東新出土青銅器的意義」, 『文物』 1983年 第12期.

24) 劉和惠, 『荊蠻考』, 圖6.3, 『文物集刊』 1981年 第3期; 李國梁, 「晥南出土的青銅器」, 圖 26, 『文物研究』 1988年 第4期. 도판을 보내준 리궈량李國梁 선생에게 특별히 감사를 표한다.

4. 극뢰·극화의 몇 가지 문제

1) 琉璃河考古隊, 「北京琉璃河1193號大墓發掘簡報」, 『考古』 1990年 第1期.

2) 殷瑋璋, 「新出土的太保銅器及其相關問題」, 『考古』 1990年 第1期; 陳平, 「克罍·克盉銘文及其有關問題」, 『考古』 1991年 第9期; 方述鑫, 「太保罍·盉銘文考釋」, 『考古與文物』 1992年 第6期; 張亞初, 「太保罍·盉銘文的再探討」, 『考古』 1993年 第1期.

3) 陳夢家, 『西周銅器斷代』 3, 52, 『考古學報』 1956年 第1期.

4) "燕侯旨初見事于宗周, 王賞旨貝廿朋."

5) 다음 논문을 참조하라. Thomas Lawton, "A Group of Early Western Chou Period Bronze Vessels", *Ars Orientalis* Vol. 10, 1975.

6) 다음 책에 '소백부신'이 제1대 연후燕侯라는 설이 있다. 唐蘭, 『西周青銅器銘文分代史徵』, 北京: 中華書局, 1986, 146쪽.

5. 홍퉁 팡두이촌에서 발견된 갑골문에 대해 다시 이야기하다

1) 暢文齋·顧鐵符, 「山西洪趙縣坊堆村出土的卜骨」, 『文物參考資料』 1956年 第7期.

2) 陳夢家, 『殷墟卜辭綜述』, '제1장', 北京: 科學出版社 1956.

3) 李學勤, 「談安陽小屯以外出土的有字甲骨」, 『文物參考資料』 1956年 第11期.

4) 山西省文物工作委員會, 『山西出土文物』, 圖版 60, 山西: 山西省文物工作委員會出版社, 1980.

5) 李學勤, 「西周甲骨的幾點硏究」, 『文物』 1981年 第9期; 李學勤, 「靑銅器與山西古代史的 關係」, 『山西文物』 1982年 第1期.

6) 李學勤, 「續論西周甲骨」, 『人文雜誌』 1986年 第1期.

7) 郝懿行, 『爾雅義疏』 上之二.

8) 李學勤, 「續論西周甲骨」, 『人文雜誌』 1986年 第1期.

9) 李學勤·王宇信, 「周原卜辭選釋」, 『古文字硏究』 第4輯, 1980; 李學勤, 「續論西周甲骨」, 『人文雜誌』 1986年 第1期.

10) 李學勤, 「竹簡卜辭與商周甲骨」, 『鄭州大學學報』 哲學社會科學版) 1989年 第2期.

11) 羅西章·王均顯, 「周原扶風地區出土西周甲骨的初步認識」, 『文物』 1987年 第2期.

12) 郭寶鈞 「一九五〇年春殷墟發掘報告」, 『中國考古學報』 第5册, 圖版 41.1.

13) 陳夢家, 「解放後甲骨的新資料和整理硏究」, 『文物參考資料』 1954年 第5期.

14) 曹定雲, 「殷墟四盤磨"易卦"卜骨硏究」, 『考古』 1989年 第7期.

15) 張政烺, 「試釋周初靑銅器銘文中的易卦」, 『考古學報』 1980年 第4期.

16) 張政烺, 「試釋周初靑銅器銘文中的易卦」, 『考古學報』 1980年 第4期; 張政烺, 「易辨」, 『中國哲學』 第14輯, 1988.

17) 唐蘭, 「在甲骨金文中所見的一種已經遺失的中國古代文字」, 『考古學報』 1957年 第2期.

18) 李學勤, 「周文王時期卜甲與商周文化關係」, 『人文雜誌』 1988年 第2期.

19) 陝西周原考古隊, 「扶風縣齊家村西周甲骨發掘簡報」, 『文物』 1981年 第9期.

20) 趙振華, 「洛陽兩周卜用甲骨的初步考察」, 『考古』 1985年 第4期.

21) 陳夢家, 「解放後甲骨的新資料和整理硏究」, 『文物參考資料』 1954年 第5期 參조.

22) 釋貴明·杜可臣, 「西周有字卜骨在襄樊出土」, 『中國文物報』 1989年 2月 24日.

23) 彭錦華, 「沙市周梁玉橋甲骨的初步硏究」, 『考古』 1986年 第4期.

6. 싱타이에서 새로 발견된 서주 갑골문

1) 李學勤, 「麥尊與邢國的初封」, 『邢臺歷史文化論叢』, 石家莊: 河北人民出版社, 1990, 105 쪽.

7. 사밀궤 명문에 기록된 서주의 중요한 역사적 사실

1) 李啓良,「陝西安康市出土西周史密簋」,『考古與文物』1989年 第3期; 張懋鎔,「史密簋發現始末」,『文物天地』1989年 第5期.

2) 張懋鎔·趙榮·鄒東濤,「安康出土的史密簋及其意義」,『文物』1989年 第7期; 吳鎭烽,「史密簋銘文考釋」,『考古與文物』1989年 第3期; 李仲操,「史密簋銘文補釋」,『西北大學學報』1990年 第1期.

3) 이 글자는 분명치 않지만 그 아래 구절을 근거로 보충해보았다.

4) 이상의 결론은 각각 다음에 보인다. 李學勤,「西周中期靑銅器的重要標尺」,『中國歷史博物館館刊』1979年 第1期; 李學勤,「西周金文中的土地轉讓」,『光明日報』專刊 叢書『史學』論文選』, 1984에 보인다.

5) "大史抱天時, 與太師同車."

6) "大出師, 則太史主抱式以知天時, 處吉凶. 史官主知天道, 故『國語』曰: '吾非瞽史, 焉知天道?'『春秋傳曰』: '楚有雲如衆赤鳥夾日以飛, 楚子使問諸周太史. 大史主天道."

7) "陰陽者, 順時而發, 推刑德, 隨斗擊, 因五勝, 假鬼神而爲助者也."

8) "昔之傳天數者, 周室史佚萇弘."

9) 顧實,「兵書略·兵陰陽」,『漢書藝文志講疏』5, 上海: 上海古籍出版社, 1987.

10) "旣敬旣戒, 惠此南國.";"率彼淮浦, 省此徐土."

11) 張舜徽,「愈愚錄」,『淸人筆記條辨』卷7, 北京: 中華書局, 1986.

12) 李學勤,「兮甲盤與駒父盨」,『人文雜誌』叢刊 第2輯『西周史硏究』; 張懋鎔,「西周南淮稱名軍事考」,『人文雜誌』1990年 第4期 참고.

13) "亦惟鄂侯馭方率南淮夷, 東夷, 廣伐南國, 東國."

14) "古廬子國也, 春秋舒國之地.";陳槃,「盧戎」,『春秋大事表列國爵姓及存滅表譔異』, 臺北: 歷史語言硏究所, 1988.

15) 江鴻,「盤龍城與商朝的南土」,『文物』1976-2. 〔옮긴이〕장홍江鴻은 리쉐친李學勤의 필명이다.

16) "夏, 楚人旣克夷虎, 乃謀北方."

17) "夷虎, 蠻夷叛虎者."

18) "杞東樓公者, 夏后禹之後苗裔也. 殷時或封或絶. 周武王克殷紂, 求禹之後, 得東樓公, 封之於杞, 以奉夏后氏祀."

19) "故杞國也. 先春秋時, 徙魯東北."

20) 魏國,「山東新泰發現淳于戈」,『中國文物報』1990年 3月 1日 참고.

21) "杞, 夏餘也, 而卽東夷.."

22) "行夷禮."

23) "書曰'子', 賤之也."

24) "賊其用夷禮."

25) 容庚,『金文編』, 北京: 中華書局, 1985, 57쪽 참고.

26) 李學勤,「論西周金文的六師·八師」,『華夏考古』1987年 第2期.

27) "楚之良在其中軍王族而已." "欒凡以其族夾公行."; 李學勤,「釋多君·多子」,『甲骨文與殷商史』第1輯, 1983.

28) "魯人三郊三遂."

29) "命汝司成周里人及諸侯大亞, 訊訟罰"

30) 『經籍纂詁』第14輯.

31) 陳夢家,「西周銅器斷代」5,『考古學報』1956年 第3期.

32) "熯之言偗."

33) "齊東夷也."

34) 李學勤,「從新出土青銅器看長江下游文化的發展」,『文物』1980年 第8期.

35) "昔召康公命我先君太公曰, "五侯九伯, 女汝實征之, 以夾輔周室."

36) "三年, 致諸侯, 烹齊哀公于鼎."

37) 『後漢書』「東夷傳」.

8. 싼먼샤 괵묘의 발견과 괵국사

1) "虢仲虢叔, 王季之穆也, 爲文王卿士, 勳在王室, 藏於盟府."

2) "孝友二虢."; "咨于二虢."

3) "故虢國. 有焦城, 故焦國. 北虢在大陽, 東虢在滎陽, 西虢在雍州."

4) "虢人滅焦."

9. 이먼촌의 금기·옥기 문식 연구

1) 寶鷄市考古工作隊, 「寶鷄市益門村二號春秋墓發掘簡報」, 『文物』 1993年 第10期; 寶鷄市 考古工作隊, 「寶鷄市益門村㪻墓發掘紀要」, 『考古與文物』 1993年 第3期 참조.

2) 李學勤, 『東周與秦代文明增訂本』, 北京: 文物出版社, 1991, 272쪽.

3) 容庚, 『商周彝器通考』 上册, 臺北; 文史哲出版社, 1985, 148~149쪽.

4) 吳鎭烽 等, 「陝西鳳翔八旗屯秦國墓葬發掘簡報」, 圖版 13:4, 圖 23:2, 『文物資料叢刊』 第3輯, 1980.

5) 李學勤, 「古越閣: 藏寶劍無數」, 香港 『文匯報』 1993年 6月 30日, 第41版.

6) 陳芳妹, 「院藏兵器槪觀」, 臺灣 『故宮文物月刊』 第8卷 第7期, 1990.

7) 陳平, 「試論關中秦墓靑銅容器的分期問題」 上, 『考古與文物』 1984卷 第3期.

8) 庫波, 『中國古代靑銅器』(英文), 圖版 43:a, 1924; 李學勤, 『東周與秦代文明』 增訂本 北京: 文物出版社, 1991, 272쪽 참조.

9) 陳瑞麗, 「戰國時代的一把包金劍」, 臺灣 『歷史語言硏究所集刊』 第37本上.

10) 陳平, 「試論春秋型秦兵的年代及有關問題」, 『考古與文物』 1986年 第5期.

11) 鄭紹宗, 「中國北方靑銅短劍的分期及形制硏究」, 『文物』 1984年 第2期.

12) 趙叢蒼, 「記鳳翔出土的春秋秦國玉器」, 『文物』 1986年 第9期.

13) 陝西省雍城考古隊, 「鳳翔馬家莊一號建築群遺址發掘簡報」, 圖 49, 『文物』 1985年 第2期.

14) 河南省文物硏究所 等, 『淅川下寺春秋楚墓』, 北京: 文物出版社, 1991.

15) 安徽省文物管理委員會 等, 『壽縣蔡侯墓出土遺物』, 圖版 105·106, 北京: 科學出版社, 1956.

16) 吳縣文物管理委員會, 「江蘇吳縣春秋吳國玉器窖藏」, 『文物』 1988年 第11期.

17) 李學勤, 「秦公簋年代的再推定」, 『中國歷史博物館館刊』 1989年 第13~14期.

18) 郭沫若, 「新鄭古器之一二考核」, 『殷周靑銅器銘文硏究』, 北京: 科學出版社, 1961.

19) 李學勤, 「楚王酓審盞及有關問題」, 『中國文物報』 1990年 5月 31日(이 책 제5장 「3. 초왕 웅심잔과 그 관련 문제」).

20) 杜朴, 「隨縣大墓: 對公元前五世紀的再評價」(英文), 『亞洲藝術』 第43卷 第1~2期, 1981 ~1982.

제4장 중원 이외의 고문화

1. 다채로운 고대 지역 문화

1) "故泰山之陽則魯, 其陰則齊. 齊帶山海, 膏壤千里, 宜桑麻, 人民多文綵布帛魚鹽. 臨菑亦海岱之間一都會也. 其俗寬緩闊達, 而足智, 好議論, 地重, 難動搖, 怯於衆鬪, 勇於持刺, 故多劫人者, 大國之風也. 其中具五民. 而鄒·魯濱洙·泗, 猶有周公遺風, 俗好儒, 備於禮, 故其民齪齪. 頗有桑麻之業, 無林澤之饒. 地小人衆, 儉嗇, 畏罪遠邪. 及其衰, 好賈趨利, 甚於周人."

2) "吾適齊, 自泰山屬之琅邪, 北被于海, 膏壤二千里, 其民闊達多匿知, 其天性也. 以太公之聖, 建国本, 桓公之盛, 修善政, 以爲諸侯會盟, 稱伯, 不亦宜乎? 洋洋哉, 固大国之風也!"

3) "三叔及殷·東·徐·奄及熊盈以略."

2. 중원 이외 지역 청동기 연구의 몇 가지 문제

1) 『上海博物館集刊』 1987年 第4期.

2) 1988년 2월 오스트레일리아 뉴사우스웨일스 키올로아Kioloa에서 열린 '고대 중국과 동남아의 청동기 문화Ancient Chinese and Southeast Asian Bronze Age Cultures' 학술토론회 논문.

3) 李學勤, 『東周與秦對文明』 第1章, 北京: 文物出版社, 1984, 11~12쪽.

4) 1988년 2월 오스트레일리아 뉴사우스웨일스 키올로아에서 열린 '고대 중국과 동남아의 청동기 문화' 학술토론회 논문.

5) 王志敏·韓益文, 「介紹江蘇儀徵過去發現的幾件西周青銅器」, 『文物參考資料』 1956年 第12期; 尹煥章, 「儀徵縣破山口探掘出土銅器記略」, 『文物』 1960年 第4期.

6) 林巳奈夫, 『中国殷周時代の武器』, 京都: 京都大學人文科學研究所, 1972.

7) 李學勤, 『東周與秦對文明』 第13章, 北京: 文物出版社, 1984, 162~164쪽.

8) 梁景津, 「廣西出土的青銅器」, 『文物』 1978年 第10기.

9) 『中國美術全集·工藝美術編5: 青銅器(下)』, 北京: 文物出版社, 1986, 44쪽.

10) 熊建華, 「相潭縣出土周代青銅器提梁卣」, 『湖南考古輯刊』 1987年 제4集.

11) 周世榮, 「蠶桑紋尊與武士靴形鉞」, 『考古』 1979年 第6期; 高至喜, 「湖南發現的幾件越族風格的文物」, 『文物』 1980年 第12期.

12) 李學勤, 「吳國地區的尊·卣及其他」, 江蘇省吳文化研究會 編, 『吳文化研究論文集』, 廣州: 中山大學出版社, 1988.

13) 劉和惠, 「荊蠻考」, 圖6.1, 『文物集刊』 3; 李學勤, 『東周與秦代文明』, 第1障 圖3, 北京: 文物出版社, 1984.

14) 「"鎮江文物精華" 筆談」, 『中國歷史博物館館刊』 1986年 第9期에 보인다.

15) 安金槐, 「談談河南商周時期印紋硬陶及其有關問題」, 『文物集刊』 1981年 第3期; 彭適凡, 『中國南方古代印紋陶』 제5장 제1절, 文物出版社, 1987.

16) 李學勤, 「論新都出土的蜀國青銅器」, 『文物』 1982年 第1期; 徐中舒 主編, 『巴蜀考古論文集』, 北京: 文物出版社, 1987.

17) 劉和惠, 「荊蠻考」, 圖6.1, 『文物集刊』 1981年 第3期, 294쪽.

3. 싼싱두이와 촉국 고사 전설

1) 四川省文物管理委員會·四川省博物館·廣漢縣文化館, 「廣漢三星堆遺址」, 『考古學報』 1987年 第2期.

2) 尹達, 「衷心的願望」, 『尹達史學論著選集』, 北京: 人民出版社, 1989.

3) 鄭德坤, 『四川考古論文集』(英文), 劍橋大學出版社 1957, 131쪽.

4) 四川省博物館, 「四川新繁縣水觀音遺址試掘簡報」, 『考古』 1959年 第8期.

5) 王家祐, 「記四川彭縣竹瓦街出土的銅器」, 『文物』 1961年 第11期; 四川省博物館·彭縣文化館, 「四川彭縣西周窖藏銅器」, 『考古』 1981年 第6期.

6) "夫蜀都者, 蓋兆基於上世, 開國於中古, 廓靈關以爲門, 包玉疊而爲宇, 帶二江之雙流, 抗峨眉之重阻, 水陸所湊, 兼六合而交會焉."

7) "兆基于上世, 開國于中古."

8) "蜀王, 黃帝後世也, 至今在漢西南五千里, 常來朝降輸獻於漢, 非以其先之有德, 澤流後世邪."

9) "案(『系(世)本』)蜀無姓, 相承云黃帝後. 且黃帝二十五子, 分封賜姓, 或於蠻夷, 蓋當然也."

10) 蒙文通, 『巴蜀古史論述』, 成都: 四川人民出版社 1981, 36~38쪽.

11) 嚴可均, 『全漢文』 卷53.

12)"蜀之先稱王者有蠶叢·柏濩·魚鳧·蒲澤·開明, 是時人萌椎髻左袵, 不曉文字, 未有禮樂. 從開明已上至蠶叢, 凡四千歲."

13)"蜀王之先名蠶叢, 後代名曰柏濩, 後者名魚鳧. 此三代各數百歲, 皆神化不死, 其民亦頗隨王化去. 魚鳧田於湔山, 得仙, 今廟祀之於湔. 時蜀民稀少."

14)"周失紀綱, 蜀先稱王. 有蜀侯蠶叢, 其目縱, 始稱王. 死作石棺石椁, 國人從之. (…) 次王曰柏濩, 次王曰魚鳧. 王田於湔山, 忽得仙道, 蜀人思之, 爲立祠."

15) 蒙文通, 앞의 책, 42쪽.

16)"本紀旣以炳明, 而世俗間橫有爲蜀傳者, 言蜀王蠶叢之間周回三千歲. (…) 周失紀綱而蜀先王, 七國皆王, 蜀又稱帝, 此則蠶叢自王, 杜宇自帝, 皆周之叔世, 安得三千歲?"

17)"後有一男子名曰杜宇, 從天墮, 止朱提, 有一女子名利, 從江源井中出, 爲杜宇妻, 乃自立爲蜀王, 號曰望帝, 治汶山下邑曰郫, 化民往往復出."

18)"後有王曰杜宇, 敎民務農, 一號杜主. 時朱提有梁氏女利, 遊江源, 宇悅之, 納以爲妃, 移治郫邑, 或治瞿上."

19)"七國稱王, 杜宇稱帝, 號曰望帝, 更名蒲卑澤, 自以功德高諸王."

20)"荊有一人鼈靈, 其尸亡去, 荊人求之不得. 鼈靈尸隨江水上至郫, 遂活, 與望帝相見, 望帝以鼈靈爲相."

21)"鼈靈卽位, 號曰開明帝. 帝生盧保, 亦號開明."

22)"號曰叢帝. 叢帝生盧帝. 盧帝攻秦至雍, 生保子帝. 帝攻青衣, 雄張獠僰. 九世有開明帝, 始立宗廟. (…) 帝稱王, 開明王自夢郭移, 乃徙治成都."

23)"開明氏遂亡, 凡王蜀十二世."

24) 羅泌, 『路史』「余論一·杜宇鼈令」. "今以蜀記望帝遠記周襄王, 至鼈靈叢帝王蜀十一代, 三百五十年, 當始皇時, 號蜀蘆子霸王."

25)"蜀之爲國, 肇於人皇, 與巴同囿. 至黃帝, 爲其子昌意娶蜀山氏之女, 生子高陽, 是爲帝嚳, 封其支庶於蜀, 世爲侯伯, 歷夏商周. 武王伐紂, 蜀與焉."

26)"黃帝居軒轅之邱, 娶於西陵氏之子, 謂之嫘祖, 氏(是)産青陽及昌意. 青陽降居泜水, 昌意降居若水. 昌意娶於蜀山氏, 蜀山氏之子謂之昌濮, 氏(是)産顓頊."

27)"黃帝生昌意, 昌意生顓頊, 是爲帝顓頊.""昌意生高陽, 是爲帝顓頊.""顓頊母濁山氏之子, 名昌僕."

28)"黃帝妻雷祖, 生昌意. 昌意降處若水, 生韓流, (…) 娶淖子曰阿女, 生帝顓頊."

29) "昌意降居若水, 産帝乾荒. 乾荒卽韓流也, 生帝顓頊."

30) "濁, 蜀古字通, 濁又通淖, 是淖子卽蜀山子也."

31) 顧頡剛, 「古代巴蜀與中原的關係說及其批判」, 『論巴蜀與中原的關係』, 四川: 四川人民出版社, 1981, 2쪽.

32) 四川省文物管理委員會·四川省博物館·廣漢縣文化館, 「廣漢三星堆遺址」, 『考古學報』 1987年 第2期.

33) 四川省文物管理委員會·四川省文物考古硏究所·四川省廣漢縣文化局, 「廣漢三星堆遺址—號祭祀坑發掘簡報」, 『文物』1987年 第10期.

34) 趙殿增, 「四川原始文化類型初探」, 『中國考古學會第三次年會論文集』, 北京: 文物出版社, 1984.

35) 四川省文物管理委員會·四川省博物館·廣漢縣文化館, 「廣漢三星堆遺址」, 『考古學報』 1987年 第2期, 250쪽.

36) 林巳奈夫, 「殷墟婦好墓出土の玉器若干に對する注釋」, 『東方學報』(京都大學人文科學硏究所), 第58冊, 1986.

37) 中國社會科學院考古硏究所二里頭隊, 「一九八〇年秋河南偃師二里頭遺址發掘簡報」, 『考古』1983年 第3期.

38) 李學勤, 「從廣漢王器看蜀與商文化的關係」, 『巴蜀歷史·民族·考古·文化』, 成都: 巴蜀書社, 1991 참조.

39) 李學勤, 「論祝融八姓」, 『江漢論壇』1980年 第2期 참조.

40) "韋顧旣伐, 昆吾夏傑."

41) 江鴻, 「盤龍城與商朝的南土」, 『文物』1976年 第2期.

42) 李學勤, 「楚靑銅器與楚文化」(英文), 『東周楚文化討論會』, 美國沙可樂美術館, 1991.

43) 李學勤, 「商文化怎樣傳入四川」, 『中國文物報』1989年 7月 21日(이 책 제4장 「6. 상문화가 어떻게 쓰촨에 전래되었는가」).

44) 馮漢驥, 「關於"楚公豪"戈的眞僞幷略論四川"巴蜀"時期的兵器」, 『馮漢驥考古學論文集』, 北京: 文物出版社, 1985.

45) "人萌椎髻左袵, 不曉文字, 未有禮樂."

의고시대를 걸어 나오며

4. 「제계」전설과 촉 문화

1) 『尹達史學論著選集』, 北京: 人民出版社, 1989, 450쪽.

2) 『史記』「五帝本紀」. "孔子所傳宰予問五帝德及帝繫姓, 儒者或不傳. 余嘗西至空桐, 北過涿鹿, 東漸於海, 南浮江淮矣, 至長老皆各往往稱黃帝·堯·舜之處, 風敎固殊焉, 總之不離古文者近是. 予觀春秋·國語, 其發明五帝德·帝繫姓章矣, 顧弟弗深考, 其所表見皆不虛."

3) "黃帝之子二十五人, 其同姓者二人而已. 唯靑陽與夷鼓皆爲己姓. 靑陽, 方雷氏之甥也, 夷鼓, 彤魚氏之甥也. 其同生而異姓者, 四母之子別爲十二姓. 凡黃帝之子, 二十五宗, 其得姓者十四人爲十二姓, 姬·酉·祁·己·滕·箴·任·荀·僖·姞·儇·依是也. 唯靑陽與蒼林氏同于黃帝, 故皆爲姬姓."

4) 董增齡, 『國語正義』卷10, 成都: 巴蜀書社, 1985.

5) 汪繼培, 『潛夫論箋』卷9, 北京: 中華書局, 1979.

6) 秦嘉謨, 『世本輯補』卷7上, 『世本八種』本, 上海: 商務印書館, 1957.

7) 李學勤·唐雲明, 『元氏銅器與西周的邢國』, 『考古』1979年 第1期.

8) 『辭海』派水條.

9) 『辭海』若水條; 顧頡剛, 『論巴蜀與中原的關係』, 四川: 四川人民出版社, 1981, 10~11쪽 참조.

10) 『史記』「五帝本紀」. "南巡狩, 崩於蒼梧之野. 葬於江南九疑, 是爲零陵."

11) 『慶祝蔡元培先生六十五歲論文集』, 이후 『傅孟眞先生集』第四册 '中編下'에 수록되었다.

12) "昌意娶於蜀山氏, 蜀山氏之子謂之昌濮氏, 産顓頊."

13) "昌意降處若水, 生韓流, (…) 娶淖子曰阿女, 生帝顓頊."

14) "昌意降居若水, 産帝乾荒."

15) "顓頊母獨山氏之子, 名昌僕."

16) "昌意娶蜀山氏女曰昌僕, 生高陽."

17) 徐宗元 輯, 『帝王世紀輯存』, 北京: 中華書局, 1964, 27~28쪽; "帝顓頊, 高陽氏, 黃帝之孫, 昌意之子, 姬姓也. 母曰景僕, 蜀山氏女, 爲昌意正妃, 謂之女樞. 金天氏之末, 女樞生顓頊於若水."

18) "昌意娶蜀山氏女, 生顓頊於若水之野."

19) "蜀之爲國, 肇於人皇, 與巴同囿. 至黃帝, 爲其子昌意娶蜀山氏之女, 生子高陽, 是爲帝嚳, 封其支庶於蜀, 世爲侯伯, 歷夏商周."

20) 蒙元通, 『巴蜀古史論述』, 成都: 四川人民出版社, 1981, 37쪽.

21) 『史記』「三代世表」 "蜀王, 黃帝後世也, 至今在漢西南五千里, 常來朝降輸獻於漢."

22) 『三代吉金文存』 4.31.2.

23) "從開明已上至蠶叢, 積三萬四千歲."

24) 蒙元通, 『巴蜀古史論述』, 成都: 四川人民出版社, 1981, 37쪽.

25) "此三代各數百歲."

26) "周失紀綱而蜀先王, 七國皆王, 蜀又稱帝, 此則蠶叢自王, 杜宇自帝, 皆周之叔世, 安得三千歲?" 『華陽國志』 卷二十, 「序志」.

27) "蠶叢始居岷山石室中."

28) 董恩正, 『古代的巴蜀』, 成都: 四川人民出版社 1979.

29) 徐中舒, 『論巴蜀文化』, 成都: 四川人民出版社, 1981, 1쪽.

30) 孫華, 「巴蜀文物雜識」, 『文物』 1989年 第5期.

31) 河南省考古學會·河南省博物館編, 『夏文化論文選集』 '序言', 鄭州: 中州古籍出版社, 1985.

32) 沈仲常·黃家祥 「從新繁水觀音遺址談早期蜀文化的有關問題」, 『四川文物』 1984年 第2期 참조.

33) 李學勤, 「談祝融八生」, 『江漢論壇』 1980年 第2期.

34) 『中國美術全集·工藝美術編4: 靑銅器(上)』, 北京: 文物出版社, 1985, 239쪽.

35) 馮漢驥, 「關於"楚公豪"戈的眞僞并略論四川"巴蜀"時期的兵器」, 『文物』 1961年 第11期. 后에 다음에 수록되었다. 徐中舒 主編, 『巴蜀考古論文集』, 北京: 文物出版社, 1987; 馮漢驥, 『馮漢驥考古學論文集』, 北京: 文物出版社, 1985.

5. 우가 석뉴에서 태어났다는 전설의 역사적 배경

1) 楊國勇, 「夏族淵源地域考」, 中國先秦史學會編, 『夏史論叢』, 濟南: 齊魯書社, 1985.

2) "夫作事者必於東南, 收功實者常於西北. 故禹興於西羌, 湯起於亳, 周之王也以豐鎬伐殷, 秦之帝用雍州興, 漢之興自蜀漢."

3) "孟子稱禹生石紐, 西夷人也. 傳曰禹生自西羌是也."

4) "揚雄『蜀王本紀』云: '禹本汶山郡廣柔縣人也, 生於石紐.' 『括地志』云: '茂州汶川縣石紐山在縣西七十三里.' 『華陽國志』云: '今夷人共營其地, 方百里不敢居牧, 至今猶不敢放六畜'. 按: 廣柔, 隋改曰汶川."

5) "文王生於東夷, 大禹生於西羌, 世殊而地絕, 法合而度同."

6) 王利器, 『新語校注』卷上, 北京: 中華書局, 1986. 문왕 구절에는 오류가 있는 것 같다.

7) "舜生於諸馮, 遷於負夏, 卒於鳴條, 東夷之人也. 文王生於岐周. 卒於畢郢, 西夷之人也. 地之相去也千有余里, 世之相後也千有余歲, 得志行乎中國, 若合符節."

8) "蜀王, 黃帝後世也, 至今在漢西南五千里, 常來朝降輸獻於漢."

9) 蒙元通, 『巴蜀古史論述』, 成都: 四川人民出版社, 1981.

10) 李學勤, 「炎黃文化與中華民族」, 『炎黃春秋』 總第8期.

11) 李學勤, 「『帝系』傳說與蜀文化」, 『四川文物·三星堆古蜀文化專輯』, 1992(이 책 제4장 「4. 「재계」 전설과 촉 문화」).

12) 『呂氏春秋』 「古樂」.

13) 『章太炎全集』 三, 上海: 上海人民出版社, 1984, 175, 363쪽. 제곡이 촉 땅에서 나왔다는 것은 『화양국지』에 근거한 오류다.

14) "其山有六夷七羌九氐, 各有部落."

15) 馬長壽, 『氐與羌』, 上海: 上海人民出版社, 1984, 174~175쪽.

16) 같은 책, 97~98쪽.

17) 李學勤, 「『帝系』傳說與蜀文化」, 앞의 책, 1992(이 책 제4장 「4. 「재계」 전설과 촉 문화」); 李學勤, 「論香港臺灣新出牙璋及有關問題」, 『南方文物』, 1992年 第1期(이 책 제2장 「5. 홍콩 다완에서 새로 발견된 아장과 이를 둘러싼 문제」).

18) 馬長壽, 앞의 책, 9쪽.

19) "姒, 禹氏, 禹生戎也, 一名政命."

20) 王利器, 『新語校注』 卷上, 中華書局, 1986, 43쪽; 馬國翰, 『玉函山房輯失書』, 上海: 上海古籍出版社, 1990, 20~30쪽.

21) "命以唐誥而封於夏虛, 啓以夏政, 疆以戎索." 楊伯峻, 『春秋左傳注』.

6. 상 문화가 어떻게 쓰촨에 전래되었는가

1) 『中國美術全集·工藝美術編4: 靑銅器(上)』, 北京: 文物出版社, 1985, 101쪽.

2) 梅原末治, 『河南安陽遺物之硏究』, 38쪽, 圖 19.

3) 『考古』 1973年 第1期, 圖版 9.3.

4) 『中國美術全集·工藝美術編4: 靑銅器(上)』, 108쪽.

5) 『中國文物報』, 1988年 第27期.

6) 『陝西出土商周靑銅器』 1, 111쪽.

7) 『湖南考古輯刊』 第2集, 圖版 1.

8) 『江漢考古』, 1987年 第4期, 93쪽.

7. 싼싱두이 도철문의 분석

1) 李學勤, 「商文化怎樣傳入四川」, 『中國文物報』, 1989年 7月 21日(이 책 제4장 「6. 상 문화가 어떻게 쓰촨에 전래되었는가」).

2) 四川省文物管理委員會·四川省文物考古硏究所·四川省廣漢縣文化局, 「廣漢三星堆遺址一號祭祀坑發掘簡報」, 『文物』 1987年 第10期, 圖版 11.4.

3) 四川省文物管理委員會·四川省文物考古硏究所·廣漢市文化局·文管所, 「廣漢三星堆遺址二號祭祀坑發掘簡報」, 『文物』 1989年 第5期, 컬러 圖版 2.2.

4) 같은 책, 圖版 4.1.

5) 같은 책, 圖版 4.2.

6) 같은 책, 圖版 3.3; 四川省博物館, 『巴蜀靑銅器』, 成都: 成都出版社·澳門紫雲齋出版有限公司, 260쪽.

7) 陳公柔·張長壽, 「殷周靑銅器上獸面文的斷代硏究」, 『考古學報』 1990年 第2期.

8) 『中國美術全集·工藝美術編4: 靑銅器(上)』, 北京: 文物出版社, 1985, 101쪽.

9) 陳公柔·張長壽, 「殷周靑銅器上獸面文的斷代硏究」, 『考古學報』 1990-2, '圖7'.

10) 李學勤, 「灃西發見的乙卯尊及其意義」, 『文物』 1986年 第7期.

11) Robert W. Bagley, *Shang Ritual Bronzes in the Arthur M. Sackler Collections*, Cambridge,. Mass.: Harvard University, 1987, pp. 293~301.

12) 岳陽市文物管理所, 「岳陽市新出土的商周靑銅器」, 『湖南考古輯刊』 第2集, 圖版 1.

13) 彭錦華, 「沙市郊區出土的大型銅尊」, 『江漢考古』1987年 第4期.

14) 四川省文物管理委員會·四川省文物考古研究所·廣漢市文化局·文管所, 같은 글, 10~11쪽.

15) 四川省廣漢市文化局, 『廣漢三星堆遺址資料選編(一)』, 1988.

16) 中國文物交流服務中心『中國文物精華』編委會, 『中國文物精華1990』, 北京: 文物出版社, 1990.

17) 『中國美術全集·工藝美術編4: 靑銅器(上)』, 北京: 文物出版社, 1985, 108쪽.

8. 신간 다양저우 상묘와 관련된 몇 가지 문제

1) 「江西新干發見大型商墓」, 『中國文物報』1990年 11月 15日; 夏萍, 「江西新干發見大型商墓」, 『江西文物』1990年 第4期.

2) 李學勤, 「新干大洋洲大墓的奇蹟」, 『文物天地』1991年 第1期.

3) 江西省博物館·淸江縣博物館, 「江西淸江吳城商代遺址第四次發掘的主要收穫」, 附表「吳城商代陶文和石刻文字符號」, 『文物資料叢刊』第2輯.

4) 江西省博物館·淸江縣博物館, 「近年江西出土的商代靑銅器」, 『文物』1977年 第9期; 『中國美術全集·工藝美術編4·靑銅器(上)』, 北京: 文物出版社, 1985, 圖版 104.

5) 彭適凡, 『中國南方古代印紋陶』, 北京: 文物出版社, 1987, 76쪽.

6) 같은 책, 76~85쪽.

7) 唐雲明, 「台西與吳城」, 『殷都學刊』1986年 第2期.

8) 江西省博物館·淸江縣博物館, 「江西淸江吳城商代遺址第四次發掘的主要收穫」, 附表「吳城商代陶文和石刻文字符號」, 『文物資料叢刊』第2輯, 圖版 5.2.

9) 李學勤·唐雲明, 「藁城台西靑銅器的分析」, 『中原文物』1986年 第1期.

10) 彭適凡, 『中國南方古代印紋陶』, 北京: 文物出版社, 1987, 110~111쪽.

11) 中國社會科學院考古研究所, 『中國考古學中碳十四年代數據集』, 北京: 文物出版社 1983, 61쪽.

12) 王壽藝, 「陝西城固出土的商代靑銅器」, 『文博』1988年 第6期, '封二. 4(原名 壺).

13) 李學勤, 「新干大洋洲大墓的奇蹟」, 『文物天地』1991年 第1期.

14) 李學勤·唐雲明, 「藁城台西靑銅器的分析」, 『中原文物』1986年 第1期.

15) 林巳奈夫, 『殷周時代青銅器の研究: 殷周青銅器綜覽1』, 東京: 吉川弘文館, 1984, 圖版 51~52쪽.

16) 『中國美術全集·工藝美術編4·青銅器(上)』, 北京: 文物出版社, 1985, 圖版 118.

17) 陳夢家, 「殷代銅器」, 『考古學報』 第7册, 26쪽, 圖版 66·67.

18) 李學勤, 「澧西發見的乙卯尊及其意義」, 『文物』 1986年 第7期.

19) 江西省博物館·清江縣博物館, 「江西清江吳城商代遺址第四次發掘的主要收穫」, 附表 「吳城商代陶文和石刻文字符號」, 『文物資料叢刊』 第2輯, 圖版 12.

20) 高至喜, 「論商周銅鎛」, 『湖南考古輯刊』 第3集.

21) 高至喜, 「中國南方出土商周銅鏡槪論」, 『湖南考古輯刊』 第2集.

22) 陳夢家, 「西周銅器斷代」(五), 『考古學報』 1956年 第3期.

23) 李學勤, 「安徽南部存在着頗具特色的青銅文化」, 『學術界』 1991年 第1期(이 책 제4장 「11. 안후이 남부의 청동문화」).

24) 楊泓, 『中國古兵器論叢』(修訂本), 北京: 文物出版社 1985, 8~9쪽.

25) 楊錫璋, 「安陽殷墟西北岡大墓的分期及其有關問題」, 『中原文物』 1981年 第3期.

26) 『中國美術全集·工藝美術編4·青銅器(上)』, 北京: 文物出版社, 1985, 圖版 22.

27) 陳旭·楊新平, 「商周青銅鉞」, 『中原文物』 1984年 第4期.

28) 楊新平·陳旭, 「試論商代青銅武器的分期」, 『中原文物』 1983年 特刊; 陳志達, 「殷墟武器槪述」, 『慶祝蘇秉基考古五十五年論文集』, 北京: 文物出版社, 1989.

29) 李學勤, 「商末周初的多穿戈」, 『文博』 1991年 第6期(이 책 제3장 「3. 상말주초의 다천과」).

30) 河北省文物研究所 編, 『藁城台西商代遺址』, 北京: 文物出版社 1985, 134쪽.

31) 李學勤, 「商青銅器對西土的影響」, 『殷都學刊』 1987年 第3期.

32) 于中航, 「濟南市發見青銅犁鏵」, 『文物』 1979年 第12期.

33) 彭適凡, 『中國南方古代印紋陶』, 北京: 文物出版社, 1987, 76쪽, 圖版 274.

34) 李縉雲, 「談新干商墓的瑪瑙套環人形飾」, 『中國文物報』 1991年 1月 13日.

35) 胡厚宜, 『殷墟發掘』, 上海: 學習生活出版社, 1995, 110쪽.

36) 楊建芳, 「商代玉戈之分期」, 『香港中文大學中國文化研究所學報』 第13卷, 1982.

37) 河北省文物研究所 編, 『藁城台西商代遺址』, 北京: 文物出版社 1985, 140쪽.

의고시대를 걸어 나오며

38) 中國社會科學院考古研究所, 『殷墟婦好墓』, 北京: 文物出版社, 1984, 116쪽.

39) 楊建芳, 「玉琮之研究」, 『考古與文物』 1990年 第2期.

40) 文物編輯委員會 編, 『文物考古工作十年 1979~1989』, 北京: 文物出版社 1991, 118~119쪽 참조.

41) Doris J. Dohrenwend, "Jade Demonic Images from Early China," *Ars Orientalis* Vol. X, 1975; 巫鴻, 「一組早期的玉石彫刻」, 『美術研究』 1979年 第1期; 林巳奈夫, 「所謂饕餮紋は何を表はしたものか: 同時代資料による論證」, 『東方學報』(京都大學人文科學研究所) 第56册, 1984; 鄧淑蘋, 「古代玉器上奇異文飾的研究」, 臺灣 『故宮學術季刊』 1986年 第4卷 第1期.

42) 張長壽, 「記灃西新發見的獸面玉飾」, 『考古』 1987年 第5期.

43) 張長壽, 「記灃西新發見的獸面玉飾」, 『考古』 1987年 第5期, 圖3.8. 탁본은 다음을 참조. 林巳奈夫, 「所謂饕餮紋は何を表はしたものか: 同時代資料による論證」, 『東方學報』(京都大學人文科學研究所) 第56册, 1984, 圖版 54.

44) 張長壽, 「記灃西新發見的獸面玉飾」, 『考古』 1987年 第5期, 圖 3.7. 탁본은 다음을 참조. 林巳奈夫, 「所謂饕餮紋は何を表はしたものか: 同時代資料による論證」, 『東方學報』(京都大學人文科學研究所) 第56册, 1984, 圖版 53.

45) 『中國美術全集·工藝美術編9: 玉器』, 北京: 文物出版社, 1985, 圖版 18.

46) 林巳奈夫, 「所謂饕餮紋は何を表はしたものか: 同時代資料による論證」, 『東方學報』(京都大學人文科學研究所) 第56册, 1984, 50~52쪽.

47) 李學勤, 『新出靑銅器研究』, 北京: 文物出版社, 1990, 27쪽.

48) 江西省文物考古研究所銅嶺遺址發掘隊, 「江西瑞昌銅嶺商周礦冶遺址第一期發掘簡報」, 『江西文物報』, 1990年 第3期.

49) 黃石林, 「漫談新干商墓」, 『中國文物報』 1990年 11月 29日.

9. 풍부하고 다채로운 오 문화

1) 曾騏·蔣樂平, 「長江下游新石器時代文化的考古學編年」, 『中國原始文化論集』, 北京: 文物出版社 1989.

2) "吳太伯, 太伯弟仲雍, 皆周太王之子, 而王季歷之兄也. 季歷賢, 而有聖子昌, 太王欲立季歷以及昌, 於是太伯·仲雍二人乃奔荊蠻, 文身斷髮, 示不可用, 以避季歷. 季歷果立, 是爲王季, 而昌爲文王. 太伯之奔荊蠻, 自号句吳. 荊蠻義之, 從而歸之千余家, 立爲吳太伯."

3) "太伯·虞仲, 太王之昭也, 太伯不從, 是以不嗣."

4) "余讀春秋古文, 乃知中國之虞與荊蠻句吳兄弟也."

5) "於周室我爲長."

6) 李伯謙, 「吳文化及其淵源初探」, 『考古與文物』 1982年 第3期.

7) 林留根, 「試論吳文化的多元性」 江蘇省吳文化研究會 編, 『吳文化研究論文集』, 廣州: 中山大學出版社, 1988.

8) "吳粤之劍, 遷乎其地而弗能爲良."

9) "子獨未聞大吳之巨麗乎? 且有吳之開國也, 造自太伯, 宣於延陵, 蓋端委之所彰, 高節之所興. 建至德以拂洪業, 世無得而顯稱. 由克讓以立風俗, 輕脫躧於千乘. 若率土而論都, 則非列國之所觖望也."

10) "吳有像章郡銅山, 卽招致天下亡命者盜鑄錢, 東煮海水爲鹽, 以故無賦, 國用饒足."

11) "夫吳自闔廬·春申·王濞三人招致天下之喜遊子弟, 東有海鹽之饒, 章山之銅, 三江·五湖之利, 亦江東一都會也."

12) "韓愈謂賦出天下而江南居十九, 以今觀之, 浙東西又居江南十九, 而蘇松常嘉湖五府又居兩浙十九也."

13) 李茂高·廖志豪, 「略論吳中文化的形成·發展及其原因」, 『東南文化·吳文化研究專刊』, 1989.

14) 楊向奎, 『淸儒學案新編』(一), 緣起, 濟南: 齊魯書社, 1985.

15) 高燮初·王子庚, 「吳文化與吳文化公園」, 『吳文化研究專刊』.

16) 饒宗頤, 『梵學集』, 上海: 上海古籍出版社 1993 참조.

10. 의 후오꿰의 사람과 땅

1) 李學勤, 「克罍克盉的幾個問題」, 香港中文大學中國語言及文學系 編集, 『第二屆國際中國古文字學研討會論文集』, 香港: 問學社有限公司, 1993(이 책 제3장 「4. 극뢰·극화의 몇 가지 문제」).

2) "太伯卒, 無子, 弟仲雍立, 是爲吳仲雍. 仲雍卒, 子季簡立. 季簡卒, 子叔達立. 叔達卒, 子周章立."

3) "自太伯作吳, 五世而武王克殷."

4) "名山大澤不以封."

5) "王曰叔父, 建爾元子, 俾侯于魯, 大啓爾宇, 爲周室補. 乃命魯公, 俾侯于東, 錫之山川, 土田附庸."

6) "辟啓封疆, 方數百里, 列城數十, 克敵大邦."

11. 안후이 남부의 청동문화

1) 『中國文物報』, 1990年 11月 15日, 第1·4版.

2) 李學勤, 「發見新干商墓的重大意義」, 『中國文物報』, 1990年 11月 29日.

3) 李國梁, 「皖南出土的青銅器」, 『文物研究』 1988年 第4期; 張國茂, 「先秦時期銅陵地區青銅文化簡論」, 『銅陵文史資料』 第7輯, 1992.

4) 文物編輯委員會, 『文物考古工作三十年: 1949～1979』, 北京: 文物出版社 1979, 120쪽.

5) 李國梁, 「皖南出土的青銅器」, 『文物研究』 1988年 第4期; 馬承源, 「長江下游土墩墓出土青銅器的研究」, 『上海博物館集刊』 1987年 第4期.

6) 張北進, 「安徽省東至縣發見一件青銅罍」, 『文物』 1990年 第11期.

7) 容庚·張維持, 『殷周青銅器通論』, 北京: 文物出版社, 1984, 163쪽.

8) 같은 책, 174쪽.

9) 盧連成·胡智生, 『寶鷄國墓地(上册)』, 北京: 文物出版社 1988, 圖版 24, 25.

10) 『中國美術全集·工藝美術編4: 青銅器(上)』, 北京: 文物出版社, 1985, 16～17쪽.

11) "武王崩, 三監及淮夷叛, 周公相成王, 將黜殷命. ……."

12) "成王東伐淮夷, 遂踐奄, ……."

13) "成王旣黜殷命, 滅淮夷, 還歸在豐, ……."

14) "管·蔡·武庚等果率淮夷而反. 周公乃奉成王命, 興師東伐, 作大誥. 遂誅管叔, 殺武庚, 放蔡叔. 收殷余民, 以封康叔於衛, 封微子於宋, 以奉殷祀. 寧淮夷東土, 二年而畢定. 諸侯咸服宗周."

15) "周公立, 相天子, 三叔及殷東徐奄及熊盈以畔. (…) 二年, 作師旅, 臨衛攻殷, 殷大震潰. 降辟三叔, 王子祿父北奔, 管叔經而卒, 內囚蔡叔于郭凌. 凡所征熊嬴族十有七國, 俘維九邑.

俘殷獻民, 遷于九畢. 俾康叔宇于殷, 俾中旄父宇于東."

16) 文物編輯委員會 編, 『文物考古工作三十年: 1949~1979』, 文物出版社 1979, 231쪽.

17) 陳夢家, 「西周銅器斷代」(五), 『考古學報』 1956年 第3期.

18) 高至喜, 「中國南方出土商周銅鐃槪論」, 『湖南考古輯刊』 第2集.

12. 레이구둔에서 출토된 준과 반의 성질

1) 隨縣擂鼓墩一號墓考古發掘隊, 「湖北隨縣曾侯乙墓發掘簡報」, 『文物』 1979年 第7期.

2) 『中國美術全集·工藝美術編5: 靑銅器(下)』, 北京: 文物出版社, 1986, 76~78쪽.

3) 華覺明, 「失蠟法在中國的起源和發展」, 金屬史 專輯, 『科技史文集』, 上海: 上海科技出版社 1985; 華覺明, 『中國冶鑄史論集』, 北京: 文物出版社, 1986.

4) 李學勤, 「吳國地區的尊·卣及其他」 江蘇省吳文化研究會 編, 『吳文化研究論文集』, 廣州: 中山大學出版社, 1988.

5) 安徽省文物管理委員會·安徽省博物館, 『壽縣蔡侯墓出土遺物』, 北京: 科學出版社, 1956.

6) "用酢(作)大孟姬媵彝口, 禋享是台(以), 祗盟(明)瞽褅, ……."

7) "蔡侯申作大孟姬障."

8) "蔡侯申之障盨."

9) 陳夢家, 「壽縣蔡侯墓銅器」, 『考古學報』 1956年 第2期.

10) "司尊彝掌六尊六彝之位, 詔其酌, 辨其用與其實. 春祠夏礿, 裸用雞彝鳥彝, 皆有舟. 其朝踐用兩獻尊, 其再獻用兩象尊, 皆有罍, 諸臣之所昨也. 秋嘗冬烝, 裸用斝彝黃彝, 皆有舟. 其朝獻用兩著尊, 其饋獻用兩壺尊, 皆有罍, 諸臣之所昨也. 凡四時之間祀追享朝享, 裸用虎彝蜼彝, 皆有舟. 其朝踐用兩大尊, 其再獻用兩山尊, 皆有罍, 諸臣之所昨也."

11) "鬱人掌裸器. 凡祭祀賓客之裸事, 和鬱鬯, 以實彝而陳之."

12) "鬱器, 謂彝及舟與瓚."

13) "亦尊也, 鬱鬯曰彝."

14) "鄭司農云: 舟, 尊下臺, 若今時承槃."

15) 福開森 編, 『歷代著錄吉金目』, 長沙: 商務印書館, 1939, 449~450쪽.

16) 林巳奈夫, 『周禮』の六尊六彝と考古學遺物, 『東方學報』(京都大學人文科學研究所) 第52冊, 1980.

17) 張舜徽,『淸人筆記條辨』卷3, 北京: 中華書局, 1986, 110~111쪽.

18) "槃, 承槃也."

19) "承槃者, 承水器也. (…) 槃引伸之義爲凡承受者之之偁(称), 如『周禮』珠槃, 夷槃是也."

제5장 국외 문물 정리

1. 침각문 삼각원과 기타

1) The Exhibition of Early Chinese Bronzes, Pl. XIII, BMFEA No. 6, 1934.

2) Bernhard Karlgren, Bronzes in the Hellström Collection Pl. 17, 2, BMFEA No. 20, 1948.

3) 楊錫璋,「關於商代靑銅戈矛的一些問題」,『考古與文物』1986年 第3期; 霍巍 等,「試論無胡蜀式戈的幾個問題」,『考古』1989年 第3期.

4) 陳志達,「殷墟武器槪述」,『慶祝蘇秉琦考古五十五年論文集』, 北京: 文物出版社, 1989.

5) 中國社會科學院考古硏究所安陽工作隊,「1969-1977年 殷墟西區墓葬發掘報告」,『考古學報』1979年 第1期.

6) 같은 책, 圖 64.2; 陳志達, 앞의 책, 圖 2.2.

7) 解希恭,「山西洪趙縣永凝東堡出土的銅器」,「文物參考資料」1958年 第8期.

8) 羅西章,「扶風出土西周兵器淺識」, 圖 1.3·7,『考古與文物』1985年 第1期.

9) 林巳奈夫,『中國殷周時代の武器』, 圖 183, 京都: 京都大學人文科學硏究所, 1972.

10) 盧連成 等,『寶鷄國墓地』, 圖版 26.2, 北京: 文物出版社, 1988.

11) 李學勤,『東周與秦代文明』, 北京: 文物出版社, 1984, 299쪽.

12) 胡家喜 等,「古代靑銅器腐蝕後的加固和修復」,『江漢考古』1987年 第3期. 책 표지에 이 기물의 사진이 실려 있다.

13) 周世榮,「湖南商周秦漢兵器硏究之一」, 揷圖 10.6,『湖南考古輯刊』1987年 第4集.

14) 李學勤,『東周與秦代文明』, 北京: 文物出版社 1984, 166쪽.

15) 劉瑛,「巴蜀兵器及其文飾符號」, 圖 2.16,『文物資料叢刊』(7), 1983.

16) 馮漢驥,『馮漢驥考古學論文集』, 北京: 文物出版社, 1985, 29쪽.

17) 宋治民,「略論四川戰國秦墓葬的分期」,『中國考古學會第一次年會論文集』, 北京: 文物出版社, 1980.

18) 熊傳新,「湖南寧鄕新發現 批商周青銅器」, 圖 5·6,『文物』1983年 第10期

19) 李學勤,「海外仿古續記」(2),『文物天地』1992年 第6期.

2. 선궤에 대한 초보적 연구

1) "穆王立五十五年, 崩."

2) "惟呂命, 王享國百年, 耄荒."

5. 아프가니스탄 시바르간에서 출토된 한나라 동경

1) 吳灼,「西伯爾罕的寶藏及其在中亞史研究中的地位」,『考古與文物』1987年 第4期; 梅村,「大夏黃金寶藏的發現(上)」,『文物天地』1991年 第6期.

2) 같은 글.

3) Viktor Ivanorich Sarianidi, "The Golden Hoard of Bactria", *National Geographic*, Vol. 177, No. 3, 1990.

4) 李學勤,「續論中國銅鏡的傳播」,『比較考古學隨筆』, 香港: 中華書局, 1991.

5) 孔祥星·劉一曼,『中國古代銅鏡』, 三, 一(5), 北京: 文物出版社, 1984.

6) 羅振玉,『遼居雜著』, 1929.

7)『寧壽鑒古』(涵芬樓石印本), 1913.

8) 李學勤,「論西伯利亞出土的兩面漢鏡」,『紀念顧頡剛學術論文集』(上冊), 成都: 巴蜀書社, 1990.

9) 梅原末治,『古代北方系文物の研究』, 京都: 星野書店, 1938.

10) 樋口隆康,『古鏡』, 第4章 圖 53, 東京: 新潮社, 1979.

6. 한국 김해에서 출토된 전한 동정

1) 齊東方,「韓國慶尙南道金海郡發掘伽倻墓群并出土重要文物」,『中國文物報』1994年 2月 27日.

2)『伽耶文化展』(日文) 3-5, 1992.

3) 東潮·田中俊明, 『韓国の古代遺跡 1: 新羅篇(慶州)』, 東京: 中央公論社, 1988.

4) 李學勤, 「中國銅鏡的起源及傳播」, 『比較考古學隨筆』, 香港: 中華書局, 1991.

7. 역·뇌와 외날따비

1) 王恒傑, 「'耒'·'力'一器考」, 『古文字研究』 17, 1989.

2) 徐中舒, 「耒耜考」, 『歷史語言研究所集刊』 1930年 第2本 第1分.

3) 于省吾, 『甲骨文字釋林』 中卷, 「釋耤」, 北京: 中華書局, 1979.

4) 裴錫圭, 「甲骨文中所見的商代農業」, 『農史研究』 第8集, 北京: 農業出版社, 1989.

5) "筋也, 像人筋之形."

6) "象人筋竦其身作力勁健之形."

7) "從力從肉從竹. 竹, 物之多筋者."

8) 楊樹達, 『積微居小學金石論叢』, 北京: 科學出版社 1955.

9) 島邦男, 『殷墟卜辭綜類』, 東京: 大安株式会社, 1967.

10) "斫木爲耜, 揉木爲耒."

11) 彭邦炯, 『商史探微』, 重慶: 重慶出版社, 1988, 198쪽.

12) 東潮·田中俊明, 『韓国の古代遺跡 1: 新羅篇(慶州)』, 東京: 中央公論社, 1988, 41~42쪽.

13) 李學勤, 「青川郝家坪木牘研究」, 『文物』 1982年 第10期 참조.

8. 일본 이사와성 유적지에서 출토된 『고문효경』에 관한 논의

1) 水澤市敎育委員會, 『鎭守府膽澤城』 附 「有關膽澤城古代史年表」(日文).

2) 岡田茂弘, 「東北的古代城柵」, 『一粒之籽定期講演會講演錄』(日文), 1988.

3) 宮城縣多賀城跡調査研究所, 『多賀城漆紙文書』, 多賀城: 宮城縣多賀城跡調査研究所, 1979.

4) 岩手縣水澤市敎育委員會, 『膽澤城跡: 昭和五十八年度發掘調査槪報』 II 『第43次發掘調査』(日文).

5) 岩手縣水澤市敎育委員會, 『膽澤城跡: 昭和五十八年度發掘調査槪報』 IV 『膽澤城跡第43次調査出土漆紙文書』(日文).

6) "先王有至德要道, 以順天下, 民用和睦, 上下無怨."; "德之本也, 敎之所由生也."

7) 정현은 확실히『효경』에 주석을 달았다. 다음에 보인다. 顧實,『漢書藝文志講疏』二「六藝略·孝經」, 上海: 上海古籍出版社 1987.

8)『文史』1984年 第23輯.

9) 丁晏,『孝經徵文』, 附「集先儒說辨古文孔傳之僞」·「日本古文孝經孔傳辨僞」.

10) 岩手縣水澤市教育委員會,『膽澤城跡: 昭和五十八年度發掘調査槪報』IV『膽澤城跡第43次調査出土漆紙文書』(日文).

11)「但去聖久遠, 學不厭博, 若猶敦孔注, 有心講誦, 兼聽試用, 莫令失望.」『三代實錄』, 貞觀二年 十月 十六日.

12) 岩手縣水澤市教育委員會,『膽澤城跡: 昭和五十八年度發掘調査槪報』IV『膽澤城跡第43次調査出土漆紙文書』(日文).

13)「大曆初, 予帶經耘瓜於灞水之上, 得石函, 中有絹素『古文孝經』一部, 二十二章, 壹阡捌佰柒拾貳言. 初傳與李太白, 白授當塗令李陽冰, 陽冰盡通其法, 上皇太子焉.」

14)「貞元中, 愈事董丞相幕府, 於汴州識開封令服之. 服之者, 陽冰子, 授余以其家科斗書『孝經』, 衛宏『官書』, 兩部合一卷, 愈寶蓄之而不睱學. 後來京師, 爲四門博士, 識歸公. 歸公好古書, 能通合之. 愈曰:‘古書得其據依, 蓋可講.’因進其所有書屬歸氏.」

15)「又有自項羽妾墓中得『古文孝經』, 亦云渭上耕者所獲.」

16) 李學勤,「竹簡『家語』與漢魏孔氏家學」,『孔子研究』1987年 第2期.

제6장 계속해서 보이는 새로운 지식

1. 량주 문화와 문명의 정의

1) 余杭市政協文史資料委員會·余杭市文物管理委員會·余杭市良渚文化學會·余杭市城建局,『文明的曙光: 良渚文化』, 杭州: 浙江人民出版社, 1996.

2) 李學勤,「丹尼爾及其『考古學簡史』」,『文物研究』第5輯, 合肥: 黃山書社, 1989 참조.

3) Glyn Daniel, *The First Civilizations: The Archaeology of their Origins*, New York: Thomas Y. Crowell Co., 1970.

4) 張光直,『中國靑銅時代』2集, 北京: 三聯書店, 1990, 14쪽.

2. 상주 청동기와 문화권

1) 蘇秉琦·殷瑋璋, 「關於考古學文化的區系類型問題」, 『文物』 1981年 第5期, 11쪽.

2) 佟柱臣, 「中國新石器時代文化的多中心發展論和發展不平衡論」, 『文物』 1986年 第2期, 16쪽.

3) 安志敏, 「試論文明的起源」, 『考古』 1987年 第5期, 455~456쪽.

4) 李學勤, 『東周與秦代文明』 增訂本, 北京: 文物出版社, 1991, 11~12쪽.

5) 北京鋼鐵學院冶金史組, 「中國早期銅器的初步研究」, 『考古學報』. 1981年 第3期, 287~302쪽; 蘇榮譽·華覺明·李克敏·盧本珊, 『中國上古金屬技術』, 濟南: 山東科學技術出版社, 1995.

6) 李學勤, 『中國青銅器的奧祕』, 香港: 香港商務印書館, 1987, 17쪽.

7) 林巳奈夫, 「所謂饕餮紋は何を表はしたものか: 同時代資料による論證」, 『東方學報』(京都大學人文科學研究所) 第56册, 1984, 1~97쪽.

8) 高至喜, 「商文化不過長江辨」, 『求索』 1981年 第2期, 107쪽.

9) 江鴻, 「盤龍城與商朝的南土」, 『文物』 1976年 第2期, 42~46쪽.

10) 四川省文物管理委員會·四川省博物館·廣漢縣文化館, 「廣漢三星堆遺址」, 『考古學報』 1987年 第2期, 227~254쪽.

11) 四川省文物管理委員會·四川省文物考古研究所·廣漢縣文化局, 「廣漢三星堆遺址一號祭祀坑發掘簡報」, 『文物』 1987年 第10期, 1~15쪽; 四川省文物管理委員會·四川省文物考古研究所·廣漢市文化局·文管所, 「廣漢三星堆遺址二號祭祀坑發掘簡報」, 『文物』 1989年 第5期.

12) 李學勤, 「商青銅器對西土的影響」, 『殷都學刊』 1987年 第3期, 2~6쪽.

13) "文身斷髮."

14) 李學勤, 「西周時期的諸侯國青銅器」, 『中國社會科學院研究生院學報』 1985年 第6期, 51쪽.

15) 馬承源, 「長江下游土墩墓出土青銅器的研究」, 『上海博物館集刊』 1987年 第4期, 214쪽.

16) "遷乎其地而弗能爲良."

17) 田廣金·郭素新, 『鄂爾多斯式青銅器』, 北京: 文物出版社, 1986.

3. 양현 판바에서 출토된 동 아장 등의 문제를 논하다

1) 李燁·張歷文, 「洋縣出土殷商銅器簡報」, 『文博』 1996年 第6期.

2) 李學勤, 「論香港大灣新出牙璋及有關問題」, 『南方文物』 1992年 第1期.

3) 鄧聰 編, 『南中國及隣近地區古文化研究』, 香港: 中文大學出版社, 1994.

4) 李學勤, 「論香港大灣新出牙璋及有關問題」, 『南方文物』 1992年 第1期.

5) 李學勤, 「試論牙璋及其文化背景」, 鄧聰 編, 앞의 책.

6) 陳德安, 「試論三星堆玉璋之種類·淵源及其宗教意義」, 鄧聰 編, 앞의 책.

7) 李伯謙, 「城固銅器群與早期蜀文化」, 『考古與文物』 1983年 第2期.

8) 趙叢蒼, 「城固洋縣銅器群綜合研究」, 『文博』 1996年 第4期. 劉士莪·趙叢蒼, 「論陝南城·洋地區靑銅器及其與早期蜀文化的關係」, 李紹明 主編 『三星堆與巴蜀文化』, 成都: 巴蜀書社, 1993.

9) 趙叢蒼, 「城固洋縣銅器群綜合研究」, 表 1, 『文博』 1996年 第4期.

10) 陝西省考古研究所·陝西省文物管理委員會·陝西省博物館 編, 『陝西出土商周靑銅器』 (一), 北京: 文物出版社, 1979, 99~101쪽. 이 책에서는 '102尊'도 같이 출토 되었다고 했지만, 자오 선생의 표에는 열거되어 있지 않기 때문에, 여기서는 논하지 않는다.

11) 趙叢蒼, 「城固洋縣銅器群綜合研究」, 『文博』 1996年 第4期.

12) "王左杖黃鉞, 右秉白旄以麾, 曰, '逖矣西土之人.' 王曰, '嗟! 我友邦冢君·御事·司徒·司馬·司空·亞旅·師氏·千夫長·百夫長及庸·蜀·羌·髳·微·盧·彭·濮人, ……'"

13) "八國皆蠻夷戎狄屬文王者國名. 羌在西, 蜀叟, 髳, 微在巴蜀, 盧, 彭在西北, 庸, 濮在江漢之南."

14) "三蜀之豪, 時來時往."

15) "三蜀, 蜀郡·廣漢·犍爲也. 本一蜀國, 漢高祖分置廣漢, 漢武帝分置犍爲."

16) 顧頡剛, 『史林雜識初編』, 北京: 中華書局, 1963, 26~33쪽.

17) "維女荊楚, 居國南鄉."

18) "東獵褒谷, 卒見秦惠王."

19) 顧頡剛, 앞의 책, 31쪽.

4. 이방을 재차 논하다

1) "紂克東夷."

2) 郭沫若, 『卜辭通纂』, 北京: 科學出版社, 1983, 462쪽.

3) 같은 곳.

4) 陳夢家, 『殷墟卜辭綜述』, 北京: 中華書局, 1988, 301쪽.

5) 李學勤, 『殷代地理簡論』 第2章, 北京: 科學出版社, 1959.

6) 鄧少琴·溫少峰, 「論帝乙征人方是用兵江漢」, 『社會科學戰線』 1982年 第3~4期.

7) 鄭傑祥, 『商代地理槪論』 第4章, 二, 鄭州: 中州古籍出版社, 1994.

8) 郭克煜·孫華鐸·梁方建·楊朝明, 「索氏器的發現及其重要意義」, 『文物』 1990年 第7期.

9) 『中國美術全集·工藝美術編4: 青銅器(上)』, 67, 四祀邠其卣, 北京: 文物出版社, 1985.

10) 李學勤, 「海外訪古續記」(九), 『文物天地』 1994年 第1期.

11) 『商周青銅酒器特展圖錄』, 圖版貳柒, 台北: 國立故宮博物院, 1987.

12) 中國社會科學院考古研究所, 『新出金文分域簡目』, 北京: 中華書局, 1983, 151·207쪽.

13) 李學勤, 「考古發現與古代姓氏制度」, 『考古』 1987年 第3期.

14) "對, 猶當也. 作對, 言擇其可當此國者以君之也."

15) "武王克殷, 乃立王子祿父, 俾守商祀, 建管叔于東, 建蔡叔·霍叔于殷, 俾監殷臣."

16) "武王克殷, 乃立王子祿父, 俾守商祀, 建管叔于東, 建蔡叔霍叔于殷, 俾監殷臣." "三叔及殷東徐奄及熊盈以略." "俾康叔宇宅于殷, 俾中旄父宇宅于東."

17) "取於相土之東都, 以會王之東蒐."

18) 黃懷信·張懋鎔·田旭東, 『逸周書彙集校注』 上, 547쪽. 이 책에 오류가 많아 지금 바르게 고쳤다.

19) 郭沫若, 앞의 책, 472쪽.

20) 于省吾, 『甲骨文字釋林』, 北京: 中華書局, 1979, 277~280쪽.

21) 『中國美術全集·工藝美術編4: 青銅器(上)』, 86, 北京: 文物出版社 1985.

22) 李學勤, 『殷代地理簡論』, 北京: 科學出版社, 1959, 60쪽.

23) 中國社會科學院考古研究所, 앞의 책, 205쪽.

24) 즉 자치束鼉. 다음에 보인다. 李學勤·艾蘭, 『歐洲所藏中國青銅器遺珠』, 北京: 文物出版社, 1995, 90.

25) 唐蘭,『西周靑銅器銘文分代史徵』, 北京: 中華書局, 1986, 215~216쪽. 어떤 학자는 '來' 자의 판독에 의문을 품지만(『東夷古國史硏究』第1輯, 157~158쪽), 필자가 생각하기엔 타 낭치 않다.

26) 陳夢家,「西周銅器斷代」(五),『考古學報』1956年 第3期.

27) 宋衷 注, 秦嘉謨 等輯,『世本八種』, 上海: 商務印書館, 1957, 14쪽.

5. 진봉니와 진인

1) "郡尉, 秦官, 掌佐守典武職甲卒."

2) 吳式芬·陳介祺,『封泥考略』, 北京: 中國書店, 1990.

3) 羅福頤,『古璽印槪論』, 北京: 文物出版社, 1991, 6쪽.

4) 같은 곳.

5) 羅福頤 主編,『秦漢南北朝官印徵存』, 北京: 文物出版社, 1987, 1, 9쪽.

6) 같은 곳.

7) 趙超,「試談幾方秦代的田字格及有關問題」,『考古與文物』1982年 第6期.

8) 王人聰·葉其峰,『秦漢魏晉南北朝官印硏究』, 香港: 香港中文大學文物館, 1990.

9)『珍秦齋古印展』, 澳門: 澳門市政廳, 1993.

10) 康殷·任兆風,『印典』(三), 北京: 國際文化出版公司, 1994, 2054쪽.

11) 李學勤·艾蘭,『歐洲所藏中國靑銅器遺珠』, 北京: 文物出版社, 1995, 210쪽.

6. 상대 이방의 명호와 유력 족씨

1) 陳秉新·李立芳,『出土夷族史料輯考』, 合肥: 安徽大學出版社, 2005.

2) 李學勤,「重論夷方」,『民大史學』第1輯, 北京: 中央民族大學出版社, 1996.

3) 李學勤,「論新出現的一片征人方卜辭」,『殷都學刊』2005年 第1期.

4) 李學勤,「釋多君·多子」, 胡厚宣 主編,『甲骨文與殷商史』, 上海: 上海古籍出版社, 1983.

5) "楚師可料也, 在中軍王族而已. 若易中下, 楚必歆之. 若合而陷吾中, 吾上下必敗其左右, 則 三萃以攻其王族, 必大敗之."

6) "楚之良在其中軍王族而已. 請分良以擊其左右, 而三軍萃於王卒萃, 必大敗之."

7) 위魏 삼체석경三體石經에 '捷'의 고문古文이 '㨗'로 되어 있다.

8) 沈建華·曹錦炎, 『新編甲骨文字形總表』, 香港: 中文大學出版社, 2001, 91쪽.

9) "凡軍在前曰啟, 在後曰殿."

10) 裘錫圭, 『古代文史研究新探』, 南京: 江蘇古籍出版社, 1992, 353~356쪽.

11) 李學勤, 『走出疑古時代』, 瀋陽: 遼寧大學出版社, 1997, 170~171쪽; 劉釗, 『古文字考釋叢稿』, 長沙: 岳麓書社, 2005, 101~105쪽.

12) 無名組 卜辭 『合集』 28012. "弜盅(益)襄人, 方不出于之. 弜盅(益)涂人, 方不出于之. 王其呼衛于哭, 方出于之, 有戈(捷)." 어느 곳에 방어 인력을 증가하는 것인지, 방국 명호名號는 기록되지 않았다.

13) 中國社會科學院考古研究所安陽工作隊, 「1973年小屯南地發掘報告」, 『考古學集刊』 第9集.

14) 李學勤·彭裕商, 『殷墟甲骨分期研究』, 第4章 第5·7節, 上海: 上海古籍出版社, 1996.

15) 于省吾 主編, 『甲骨文字詁林』, 北京: 中華書局, 1996, 3122~3126쪽.

16) 郭沫若, 『卜辭通纂』, 北京: 科學出版社, 1983, 463쪽.

17) 李學勤, 『殷代地理簡論』, 北京: 科學出版社, 1959, 38쪽.

18) 李學勤, 『中國古代文明十講』, 上海: 復旦大學出版社, 2003, 208쪽.

19) 琅琊郡 靈門 等 條 이하, 王先謙, 『漢書補注』, 北京: 中華書局 1983, 744쪽에 보인다. 또 다음도 참고. 楊守敬, 『水經注疏』, 南京: 江西古籍出版社 1989, 2263쪽 참고.

20) 高廣仁·邵望平, 『海岱文化與齊魯文明』, 南京: 江蘇教育出版社, 2005, 223쪽.

21) "紂克東夷."

22) 陳夢家, 『殷墟卜辭綜述』, 北京: 中華書局, 1988, 306쪽.

23) 『中國歷史大辭典』 歷史地理卷, 上海: 上海辭書出版社 1996, 146쪽.

7. 청구에서 출토된 두 뢰의 명문 연구

1) 趙叢蒼 主編, 『城洋青銅器』, 北京: 科學出版社, 2006.

2) 韋啓明, 「西安袁家崖發現商代晚期墓葬」, 『文物資料叢刊』(5), 1981.

3) 『殷周金文集成』 8941과 8942는 '亞伐'로 판독할 수 없는 것 같다.

4) 正定縣文物保管所, 「河北靈壽縣西木佛村出土一批商代文物」, 『文物資料叢刊』(5), 1981.

5) 李學勤, 『重寫學術史』, 石家庄: 河北教育出版社, 2002, 255~259쪽.

6) 陝西省考古研究所·陝西省文物管理委員會·陝西省博物館 編, 『陝西出土商周靑銅器』 (一), 二八, 北京: 文物出版社, 1979; 曹瑋, 『周原出土靑銅器』第6卷, 成都: 巴蜀書社, 2005, 1229쪽.

7) 陝西省考古研究所·陝西省文物管理委員會·陝西省博物館 編, 앞의 책; 曹瑋, 앞의 책, 1246쪽.

8) 陝西省考古研究所·陝西省文物管理委員會·陝西省博物館 編, 앞의 책, 圖版說明 5쪽.

9) 中國社會科學院考古研究所灃西發掘隊, 「1967年長安張家坡西周墓葬的發掘」, 『考古學報』1980年 第4期.

10) 劉昭瑞, 『宋代著錄商周靑銅器銘文箋證』, 廣州: 中山大學出版社 2000, 137쪽에서 '彝' 로 추측한 것은 마땅히 '簋'이다.

8. 루이 타이칭궁 대묘의 묘주에 관한 추측

1) "乃命微子開代殷後, 奉其先祀, 作微子之命以申之, 国于宋 (…) 微子開卒, 立其弟衍, 是爲微仲."

2) "紂之同母三人, 其長曰微子啟, 其次曰中衍, 其次曰受德. 受德乃紂也, 甚少矣. 紂母之生微子啟與中衍也尚爲妾, 已而爲妻而生紂. 紂之父·紂之母欲置微子啟以爲太子, 太史據法而爭之曰, '有妻之子, 而不可置妾之子.' 紂故爲後."

3) "微子舍其孫腯而立衍也."

4) "微子適(嫡)子死, 立基弟術, 殷禮也."

5) "其弟曰仲思, 名衍, 或名泄, 嗣微子後, 故號微仲."

9. 초 백서 중의 여와를 해석하다

1) 曾憲通, 「楚帛書研究述要」, 『楚地出土文獻三種研究』, 北京: 中華書局, 1993 참조.

2) 李零, 『長沙子彈庫戰國楚帛書研究』, 北京: 中華書局, 1985, 117쪽.

3) 梁玉繩, 「人物考」卷2, 『史記漢書諸表訂補十種』, 北京: 中華書局, 1982, 511쪽.

4) 李學勤, 『簡帛佚籍與學術史』, 南昌: 江西教育出版社, 2001, 48쪽.

5) 何林儀, 「長沙帛書通釋」(續), 『江漢考古』1986年 第2期.

6) 劉信芳, 『子彈庫楚墓出土文獻研究』, 臺北: 臺灣藝文印書館, 2002, 20쪽.

7) 饒宗頤·曾憲通,『楚帛書』,圖版 15·46쪽, 香港: 中華書局香港分局, 1985.

8) 李守奎,『楚文字編』, 上海: 華東師範大學出版社, 2003, 180쪽; 張守中,『包山楚簡文字編』, 北京: 文物出版社, 1996, 42쪽.

9) 于省吾,『甲骨文字釋林』, 北京: 中華書局, 1979, 232~233쪽.

10) '骨'은 형성자다. 李旭昇,『說文新證』上册, 臺北: 臺灣藝文印書館, 2002, 328~329쪽 참조.

11) 王力,『同源字典』, 北京: 商務印書館, 1982, 454~455쪽.

10. 몐양 쐉바오산 한묘 묘주에 관한 추측

1) 四川省文物考古研究院·綿陽博物館,『綿陽雙包山漢墓』, 北京: 文物出版社, 2006.

2) 같은 책, 144~145쪽.

3) 같은 책, 145쪽.

4) 盧兆蔭,「再論兩漢的玉衣」,『文物』1989年 第10期.

5) 四川省文物考古研究院·綿陽博物館, 앞의 책, 111쪽.

6) 王輝,『秦銅器銘文編年集釋』, 西安: 三秦出版社, 1990, 77쪽.

7) 四川省文物考古研究院·綿陽博物館, 앞의 책, 145쪽.

8) 『中國錢幣大辭典』, 秦漢編, 北京: 中華書局, 1998, 215쪽.

9) 四川省文物考古研究院·綿陽博物館, 앞의 책, 圖25, 33쪽.

10) 程林泉·韓國河,『長安漢鏡』, 西安: 陝西人民出版社, 2002, 47·51쪽.

11) 王先謙,『漢書補注』, 北京: 中華書局, 1983, 773쪽.

12) 任乃强,『華陽國志校補圖注』, 上海: 上海古籍出版社, 1987, 168쪽.

13) 周振鶴,『西漢政區地理』, 北京: 人民出版社, 1987, 142쪽.

11. '신고·의고·석고'를 말하다

1) 『傳統文化與現代化』1994年 第1期, 48쪽.

2) "自漢儒至慶曆間, 談經者守訓故而不鑿.『七經小傳』出而稍尚新奇矣, 至『三經義』行, 視漢儒之學若土梗."

3) 侯外廬 主編,『中國思想通史』第4卷 上册, 北京: 人民出版社, 1992, 497쪽.

4) 朱維錚 校注, 『梁啓超論淸學史二種』, 上海: 復旦大學出版社, 1985, 61쪽.

5) 같은 곳.

6) 顧潮, 『顧頡剛年譜』, 北京: 中國社會科學出版社, 1993, 101쪽.

7) 李學勤, 「重新估價中國古代文明」, 『人文雜誌』 增刊 『先秦史論文集』, 1982.

8) 朱維錚 校注, 앞의 책, 61, 383쪽.

9) 孫敦恒, 『王國維年譜新編』, 北京: 中國文史出版社, 1991, 57, 120, 122, 124, 133, 138, 150쪽.

10) 같은 책, 62쪽.

11) 같은 책, 63쪽.

12) 같은 책, 78쪽.

13) 같은 책, 162쪽.

14) 顧潮, 앞의 책, 139쪽.

15) 孫敦恒, 앞의 책, 136쪽; 顧潮, 앞의 책, 101쪽. 두 책에 기록된 날짜가 조금 다르지만, 구차오顧潮의 책을 기준으로 삼아야 할 것 같다.

16) 孫敦恒, 앞의 책, 143~144쪽. 이 글은 이후 다음 책에 수록되었다. 『靜庵文集續編』 『王國維遺書』(五), 上海: 上海古籍書店, 1983.

17) 孫敦恒, 앞의 책, 146쪽. 이 글은 이후 다음 책에 수록되었다. 『靜庵文集續編』 『王國維遺書』(五), 上海: 上海古籍書店 1983.

18) 『郭沫若全集』 歷史編1, 北京: 人民出版社, 1982, 9쪽.

19) 같은 책, 304쪽.

20) 李學勤, 「對古書的反思」, 『中國傳統文化的再估計』, 上海: 上海人民出版社, 1987.

12. 『의고시대를 걸어 나오며』에 대한 몇 가지 설명

1) "考王封其弟于河南, 是爲桓公, 以續周公之官職. 桓公卒, 子威公代立. 威公卒, 子惠公代立, 乃封其少子于巩以奉王, 号東周惠公."

우리는 '의고시대'를 완전히
벗어난 것일까?

2006년 봄, 무턱대고 칭화대학교 역사학과가 있는 문북루 건물에 들어섰다. 입구에 들어서자마자 놓인 '후모무방정后母戊方鼎'이 보였다. 그리고 계단을 찾아 두리번거릴 때, 나이가 지긋한 노신사 한 분이 학생 두어 명과 함께 건물 옆에 자전거를 세우고 있는 모습이 눈에 들어왔다. '혹시 저 분이 바로?' 이러한 확신과 함께 바로 그 자리에 서서 노신사가 들어오길 기다렸다. 학생들과 환담을 나누며 문을 들어서는 노신사, 나는 그 노신사를 따라 계단을 올라가 교실로 갔다. 그러나 교실에는 이미 학생들로 꽉 차 있어 발 디딜 틈도 없었다. 책상과 책상 사이에도 학생들이 앉아 있었고, 교실 삼면 벽에는 학생들이 서서 기대고 있었다. 심지어 복도에도 학생들이 서 있었기 때문에, 교실 문을 열어놓고 수업을 진행할 수밖에 없었다. 그리고 강의를 시작한 노신사는 두 시간 가까이 쉴 틈 없는 열강을 토해냈다. 학생들은 한 자라도

놓칠까 서로 경쟁하듯이 노신사의 강의를 받아 적었다. 그 노신사가 바로 리쉐친 선생이었다.

중국에서 유학하면서 가장 큰 특혜는 바로 적을 둔 학교에 상관없이 여러 학교를 돌아다니며 원하는 수업을 청강할 수 있다는 것이다. 그래서 나도 이러한 특혜를 십분 활용하여 칭화대학, 베이징사범대학 등 여러 학교를 돌아다니며 많은 선생님의 수업을 들을 수 있었다. 그중에서도 가장 기억에 남는 것이 바로 리쉐친 선생님의 수업이다. 비록 정식으로 수강신청을 한 학생은 10명도 채 되지 않았지만, 언제나 100여 명의 학생들로 교실은 들끓었다. 당시 이미 일흔을 훌쩍 넘긴 노구를 이끌고 수업을 진행하는 것이 쉽지 않았을 테지만, 리 선생님은 바닥에 앉아 청강하는 여러 청강생을 위해, 보다 큰 교실을 마련하여 강의를 진행하셨다. 그 후로도 리쉐친 선생님의 강의가 개설되면 반드시 찾아가 청강했다.

그리고 9년이 지난 2015년, 나는 중국 베이징대에서 서주西周 시기 군사 관련 논문 석사학위와 박사학위를 받고 귀국했다. 그 즈음 부산대 홍성화 선생님의 소개로 만난 노승현 선생님으로부터 흥미로운 제안을 받았다. 바로 리쉐친 선생님의 역작인 『의고시대를 걸어 나오며』를 번역해달라는 것이었다. 이 제안을 받았을 때, 가장 먼저 떠오른 것은 웃음 띤 얼굴로 강의를 하시던 리쉐친 선생님의 얼굴이었다. 그리고 그 책을 다시 펼쳐 보았을 때, 리 선생님의 목소리가 들리는 듯했다. 리 선생님의 얼굴과 목소리의 기억에 사로잡힌 나는 번역 제안을 선뜻 수락하며, 1년 내에 번역을 마치겠다는 지키지 못할 약속까지 하고 말았다.

이 책은 1992년 베이징대학에서 개최된 한 학술좌담회에서 시작된다. 리쉐친 선생은 이 좌담회에서 의고시대를 극복해야 한다는 취지의 발언을 했고, 리링과 웨이츠魏赤가 이를 정리하여 『중국문화』 1992년 제2기에 「'의고시대'를 걸어나오며」라는 제목으로 발표했다. 이는 당시 학술계에 큰 반향을 불러 일으켰다. 그리고 동명의 저서를 발간하기에 이른다.

여기서 말하는 '의고시대'는 19세기 청말부터 시작되어 20세기 초 구제 강을 필두로 하는 이른바 '의고파'의 역사적 인식이 풍미하던 시기로, 당시 사람들은 서양의 지식을 구하면서 중국 고대 역사를 포함한 전통 관념에 의심을 품고 비판하는 태도를 취했다. 이러한 의고 사조는 중국뿐만 아니라 중국을 연구하는 외국 학계에도 큰 영향을 끼쳤다. 외국 학계 일각에서 중국의 '하夏'를 부정하고, 갑골문이 본격적으로 나타나기 시작하는 상나라 말기 인쉬殷墟 시대부터 역사 시대로 인식하는 것이 바로 그 대표적인 영향이라 할 수 있다. 리쉐친 선생은 의고 사조가 사상사적 관점에서 봉건적 사상의 그물을 찢어버리는 데는 공을 세웠으나, 중국의 고대사와 고대 문화를 심하게 부정하여 고대 역사 문화의 공백을 초래한 한계가 있다고 평가했다. 그러나 그 '장벽'을 극복하기란 쉽지 않았다.

그러던 중, 1992년 어느 날 선생은 의고 사조라는 장벽에 선전포고를 날리고 말았다. 어떻게 보면 갑작스러운 행보로 비쳐질 수도 있지만, 당시 시대적·학술적 배경을 통해 봤을 때 예상 가능했던 시나리오라 할 수 있다.

먼저, 시대적으로 보면 '중화민족주의'가 강조되던 시기였다. 중국의 '인민'을 통합하는 이데올로기로 작용했던 사회주의가 개혁 개방을 맞아 그 힘을 잃어가고 있던 시기, 중국은 이를 대체하여 '인민'을 통합할 새로운 이데올로기가 필요했고, 이를 '중화민족주의'에서 찾은 것이다. 이는 페이샤오퉁費

孝通을 거치면서 '중화민족 다원일체화 격국中華民族多元一體化格局'이라는 구호로 제창되었는데, 공교롭게도 의고 사조에 대한 리 선생의 선전포고는 바로 그 구호와 내용적으로 밀접한 관련이 있었다.

학술적으로 보면, 중국은 1928년 인쉬 발굴부터 당시까지 60여 년을 거치면서 수많은 고고학 자료를 축적해왔다. 또 이러한 학문적 축적을 통해 중원 중심의 일원론적 문명 발생론을 지양하고, 각 지방의 문화가 서로 영향을 주고받으며 공동으로 발전해나갔다는 쑤빙치蘇秉琦의 '구계유형론區系類型論'은 중화 문명의 다원 일체적 발생론을 주장할 수 있는 이론적 토대가 되었다. 이 책을 천천히 읽다보면 이러한 시대적·학술적 배경에서 리 선생은 결코 자유롭지 못하다는 것을 알 수 있다. 이는 특히 제4장 「중원 이외의 고문화」에 잘 드러나 있다.

나는 이와 관련 리 선생과 짧게 토론한 일이 있다. 서주 금문에 보면 '촉蜀'이라는 지명이 나타나는데, 나는 석사 논문을 쓰면서 이를 현재 쓰촨 지방을 가리키는 '촉'이 아닌, 현 산둥성 지역에 있었던 것으로 추정되는 '촉' 땅으로 해석했다. 당시 리쉐친 선생이 그 석사 논문의 평가위원이었는데, 평가서를 내게 주면서 당신이 생각했을 때 촉은 쓰촨의 '촉'이고, 그에 대한 증거는 충분하다고 했다. 그때 나는 '촉도난蜀道難'을 언급하며 중원과 촉의 교류가 쉽지 않았을 것을 강조했고, 리 선생은 당신이 쓴 몇 편의 논문을 소개해주며 천천히 읽어보라고 했다. 그중 몇 편이 바로 이 책에 수록되어 있다.

이 부분에서 리 선생은 "중국 고대의 전설이 역사적 사실을 바탕으로 이뤄졌다는 것을 설명할 수 있다고 생각한다"고 했다. 그러면서 또 "물론 전설을 연구할 때에는 반드시 신중해야 한다. 그래야 견강부회를 피할 수 있다.

전설을 자의적으로 인용해 고고 문화와 대조하는 것은 아주 위험한 일이다"라고 강조했다(이 책 361~362쪽). 나 또한 고대사를 연구하는 사람으로서, 리 선생의 이러한 의론이 얼마나 중요한 것인지 전적으로 동의한다. 그러나 이러한 의론에 4장의 몇몇 글을 비춰봤을 때, 뭔가 자가당착이라는 생각이 드는 것은 단지 느낌 탓일까?

예컨대, 세계적으로 인정을 받지 못하고 있는 '하'는 물론 심지어 순임금의 나라라고 알려진 '우虞'까지 포함시켜 '우하상주'라 일컫은 부분이 눈에 띤다. 또 전설 속의 '우禹'가 지금의 쓰촨성 원촨에 있었던 석뉴에서 태어났다는 것을 증명하기 위해 수많은 사료를 인용했지만, 사료 자체에 대한 신뢰성 비판은 결여되어 있다. 마찬가지로 고대 촉과 중원이 밀접한 관련을 맺고 있었다는 전설을 해석하기 위해, 검증되지 않은 또 다른 전설과 문학 작품을 가져다 쓰고, 그것이 싼싱두이와 관련이 있는 것처럼 해석하는 것 또한 리 선생 스스로 강조했던 '의론'과 다소 모순이 있어 보인다. 이는 독자들이 신중히 검토하고 비판해야 할 부분이다.

그럼에도 불구하고 이러한 모순이 리 선생의 학문적 영향력에 결코 영향을 주는 것은 아니다. 오히려 중국 내적으로는 이를 계승 발전시킨 측면이 있다. 리 선생의 '의고 시대'에 대한 선전포고는 '하상주단대공정' (1996~2000) 및 '중화문명탐원공정'(2001~2015)이라는 중국 중앙 정부가 추진한 프로젝트로 계승되었다는 점이 이를 설명해준다.

리 선생은 '하·상·주 단대공정'을 진두지휘했다. 이는 정확한 중국사 연표의 기점이 되는 '공화 원년(기원전 841)' 이전의 연표를 세우기 위해 시작된 프로젝트로, 당시 축적된 역사학, 고고학, 문자학은 물론 천문학과 화학적

지식까지 동원하면 그리 어렵지 않을 거라고 여겼을 것이다. 그 과정에서 기존과 비할 수 없이 많은 자료가 나왔다. 그러나 모래사장만 한 모자이크 판에, 모래알 몇 줌을 더할 뿐으로, 오히려 연구자들을 혼란에 빠뜨리고 말았다. 학제간 연구 또한 방법론은 좋았으나 그 응용은 쉽지 않았다. 예컨대 기원전 1500년부터 105년까지의 월삭과 윤년 등을 정확히 복원한 장페이위 선생의 『중국선진사역표』는 연구자들이 반드시 갖춰야 할 공구서이지만, 이를 서주 금문 및 전래문헌에 보이는 천문현상이 장페이위의 『중국선진사역표』에 맞출 수 있을 정도로 정확한 기록인지는 알 수 없다. 따라서 단대공정에서는 한 달 정도 오차 범위를 두어 서주 금문에 보이는 월상을 장페이위의 『중국선진사역표』에 맞추어 정리하기도 했다. 이는 대부분의 60갑자가 오차 범위 안에 들어오면서 사실상 과학적인 조각 맞추기가 아닌 주관에 의해 조각을 맞추는 꼴이 되어버렸다.

이처럼 야심차게 시작한 '단대공정'은 기원전 2070년부터 시작되는 하·상·주 연표를 새롭게 반포했으나, 외국 학계는 물론 심지어 중국 내부 학자들의 신랄한 비판을 피할 수 없었다. 결국 정식 보고서 출간은 계속 미뤄지면서 '용두사미'로 끝을 맺고 말았다. 이러한 '단대공정'의 실패는 "우리는 아직 '의고시대'에 살고 있다"는 비판으로 이어졌고, 리쉐친의 좌절로 비춰지기도 했다.

그러나 리 선생은 그 이후로도 활발한 학술 활동을 펼치며 꾸준히 논문을 발표하고, 또 이를 묶어 책으로 발간했다. 그리고 학계의 여러 비판을 수용하면서, 학문적으로 끊임없이 도전했다. 그 도전의 화룡정점이 바로 이른바 '청화간清華簡(정식 명칭은 청화대학 소장 전국시대 죽간清華大學藏戰國竹簡)'의 정리라 할 수 있다.

'청화간'은 2008년 7월 칭화대가 입구한 전국시대 죽간으로, 수량 면에서 약 2400매에 달한다. 그때부터 지금까지 모두 8책이 출판되었는데, 아직도 출판을 기다리는 죽간이 수두룩하다. 리 선생은 이 책에서 『주역』과 관련된 자료, 『상서』 『죽서기년』류의 새로운 자료의 출현을 기대하는 모습이 역력했는데, 바로 이 '청화간' 속에 리 선생이 출현을 고대하던 자료들이 모두 다 들어 있었다. 2008년 가을, 수업 시간에 『상서』와 서주 금문을 함께 읽으면서, 리 선생은 청화간에 대한 깊은 신뢰와 기대를 표명한 바 있다. 아직도 천진난만한 어린아이 같았던 노신사의 표정이 눈에 선하다. 죽간을 하나하나 직접 눈으로 보고, 손으로 정리하면서, 리 선생이 느꼈을 학문적 희열은 가히 짐작하고도 남는 것이었다.

그러나 애석하게도 리 선생은 청화간의 완간을 보지 못한 채 우리 곁을 떠났다. 지난 2월 24일, SNS를 통해 리 선생의 부고를 받았을 때, 가슴이 먹먹함을 참아낼 수 없었다. 그의 수업을 들었던 베이징 유학 시절이 머리를 스치고 지나갔다. 리 선생의 친필이 담겨 있는 석사논문 평가서를 다시 읽어보았다. 그 속에 담긴 비판과 격려는 다시금 나를 채찍질했다. 리 선생은 상대의 비판을 겸허히 받아들일 줄 알았다. 비록 관점이 다르더라도 그 논점과 방법론에 설득력이 있으면, 먼저 그 점을 인정하고 동등한 입장에서 토론을 진행했다. 학계에 대한 자신의 공과 또한 너무도 잘 알고 있었고, 그 틈을 메우기 위해 항상 연구에 매진했다. 이는 나 같은 단지 범상한 연구자로서는 결코 범접할 수 없는 부분이다. 이 번역서의 출간을 앞둔 지금, 다시금 리쉐친 선생에 조의를 표한다.

그리고 마지막으로 한 가지 질문을 던진다.

"우리는 '의고시대'를 완전히 벗어난 것일까?"

이는 독자들의 판단에 맡긴다.

2019년 8월

이유표 삼가 쓰다

* 이 책의 번역을 제안한 노승현 선생님, 출간을 맡아준 강성민 대표님 그리고 부족한 원고를 훌륭히 다듬어주고 많은 의견을 주신 김영문 선생님, 좌세훈 선생님께 감사드린다. 그리고 출간 과정에서 많은 조언을 아끼지 않은 '동북아역사재단' 및 '동아시아출토문헌연구회' 모든 선생님께 감사의 뜻을 전한다.

찾아보기

•인명•

의고시대를 걸어 나오며

• 서명 •

ㄱ

의고시대를 걸어 나오며

의고시대를
걸어 나오며

초판 인쇄	2019년 10월 8일
초판 발행	2019년 10월 21일

지은이	리쉐친
옮긴이	이유표
펴낸이	강성민
편집장	이은혜
편집	좌세훈
마케팅	정민호 정현민 김도윤
홍보	김희숙 김상만 오혜림 지문희 우상희

펴낸곳	(주)글항아리	출판등록 2009년 1월 19일 제406-2009-000002호
주소	10881 경기도 파주시 회동길 210
전자우편	bookpot@hanmail.net
전화번호	031-955-1936(편집부)	031-955-8891(마케팅)
팩스	031-955-2557

ISBN	978-89-6735-654-5 93910

이 책의 판권은 (주)글항아리와 지은이에게 있습니다.
이 책 내용의 전부 또는 일부를 재사용하려면 반드시 양측의 서면 동의를 받아야 합니다.

이 도서의 국립중앙도서관 출판시도서목록(CIP)은 서지정보유통지원시스템
홈페이지(http://seoji.nl.go.kr)와 국가자료공동목록시스템(http://www.nl.go.kr/kolisnet)에서
이용하실 수 있습니다. (CIP제어번호 : CIP2019029130)